한 권으로 읽는
기독교
변증

한 권으로 읽는
기독교 변증

© 생명의말씀사 2025

2025년 8월 29일 1판 1쇄 발행
2025년 9월 25일   2쇄 발행

펴낸이 | 김창영
펴낸곳 | 생명의말씀사

등록 | 1962. 1. 10. No.300-1962-1
주소 | 서울시 종로구 경희궁1길 6 (03176)
전화 | 02)738-6555(본사)・02)3159-7979(영업)
팩스 | 02)739-3824(본사)・080-022-8585(영업)

기획편집 | 허윤희, 장주연
디자인 | 조현진
인쇄 | 영진문원
제본 | 보경문화사

ISBN 978-89-04-05044-4 (03230)

저작권자의 허락 없이 이 책의 일부 또는 전체를
무단 복제, 전재, 발췌하면 저작권법에 의해 처벌을 받습니다.

한 권으로 읽는
기독교 변증

김 기 호 지음

생명의말씀사

추천사

세상이 교회를 오해하고 미워하는 시대에 목회를 하면서, 기독교 변증의 필요성을 절감하고 있었다. 이에 여러 경로를 통해 관련 저서를 탐색해 보았으나, 대부분의 변증서는 외국 학자들의 저작으로, 한국 사회와 교회의 현실을 직접적으로 반영한 자료를 찾기 어려운 실정이었다. 이러한 아쉬움 가운데 저자의 집필 목적과 이 책의 원고를 접하고 읽게 되었다. 책의 내용을 읽으면서, '와우! 드디어 내가 찾던 책이 세상에 나왔구나!' 하며 반갑고 기쁘고 감사했다. 본서를 통해 그동안 느껴 왔던 학문적·목회적 갈증이 상당 부분 해소되는 기쁨을 경험할 수 있었기 때문이다.

『한 권으로 읽는 기독교 변증』은 다양한 주제를 다루면서도 신앙적 깊이와 신학적 균형을 견지하고 있으며, 특히 한국 교회 현실에 맞는 변증적 통찰을 제공한다는 점에서 큰 의의를 지닌다. 다양한 주제로나, 신앙적으로나, 신학적으로 기독교 신앙 변증이 그 어느 때보다 필요한 이 시대에 진리를 선포해야 하는 목회자 및 신앙의 난제 앞에서 고뇌하는 평신도가 반드시 읽어야 하는 책으로 적극 추천한다.

김현수(숭실교회 목사)

현시대를 살아감에 있어서 주목해야 하는 두 가지 현상을 들자면, 첫째는 포스트모던 사회요, 둘째는 반기독교적 성향이 점점 짙어지는 시대라 말할 수 있다. 포스트모던 사회의 특징은 절대주의가 부인되고 상대주의를 지지한다는 것이다. 즉 옳고 그름의 객관적 기준이 사라져 버린 시대, 나도 옳고 너도 옳음이 인정되어야 하는 시대가 된 것이다. 여기에 기독교의 딜레마가 있다. 이런 상대주의 시대에 절대 진리이신 예수 그리스도를 어떻게 거부감 없이 사람들에게 전할 수 있을지를 고민해야 하기 때문이다. 더욱이 세상은 탈기독교 시대를 넘어 반기독교 시대로 접어들고 있다는 점에서 교회의 고민은 깊어질 수밖에 없는 상황이다.

이러한 때에 『한 권으로 읽는 기독교 변증』이 출판된 것은 매우 감사한 일이 아닐 수 없다. 어디로 가야 할지 몰라 방향을 상실한 현대인들에게 매우 중요한 자료가 되리라 확신하며 기쁜 마음으로 이 책을 추천한다.

박동찬(일산광림교회 목사)

오늘날 한국 사회는 반기독교적 정서와 문화가 팽배하다. 일반 대중은 리처드 도킨스, 크리스토퍼 히친스, 샘 해리스, 유발 하라리의 무신론적 주장을 아무런 비판 없이 그대로 받아들이고 있다. 거기에 이단의 잘못된 교묘한 교리에 오염된 성도들과 시민들이 있다. 한편으로는 영국 교회와 서구 교회를 쇠퇴하게 한 19세기 독일에서 유행했던 문서비평, 역사비평, 고등비평 신학이 한국의 신학교와 교회를 공격하고 있는 상황이다. 성경의 절대 권위에 대한 도전에 직면해 있다. 이러한 때에 가장 필요한 것이 바로 기독교 변증이다. 성도에게는 자신의 신앙을 지키고 이웃에게 전도하기 위해, 신학생과 목회자와 선교사들에게는 변증적 설교를 하기 위해 필요하다. 이 시대는 변증적 설교가 매우 필요하다. 반기독교적 사상으로 세뇌된 성도들과 시민들을 설득해 주님께로 인도하기 위해서이다.

바로 이때 탁월한 기독교 변증학자인 저자의 책이 출간되어 기쁘게 생각한다. 저자의 학제 간 연구를 통한 열네 가지의 변증 주제를 다룬 이 책은 진리를 탐구하는 성도들, 특히 변증적 설교를 해야 할 신학생들, 목회자와 선교사들에게 진리의 길잡이가 될 것이다. 저자는 초대교회가 로마의 핍박을 이겨 내고 복음의 꽃을 피웠던 강력한 힘은 변증이었다고 말한다. 주 예수 그리스도를 믿는 신앙을 설명하는 '교리적 변증'과 그 믿음대로 살아가는 '윤리적 변증'이 초대교회를 살렸다. 다시 한번 이 책의 출간을 축하하며, 여러 도전 앞에 서 있는 한국의 신학교와 한국 교회를 살리는 책이 되길 바란다. 많은 성도들과 신학생, 목회자 그리고 선교사들이 반드시 읽어야 할 책이기에 강력히 추천한다.

박성규(총신대학교 총장)

현대 사회에서 기독교 신앙은 전례 없는 도전에 직면하고 있다. 상대주의, 무신론, 종교다원주의, 유신진화론 등의 사상적 조류가 교회와 다음 세대를 세차게 흔들고 있다. 시대는 흔들리고 있으며, 특히 청소년과 청년들은 신앙과 이성 사이의 깊은 갈등 속에서 방황하고 있다. 『한 권으로 읽는 기독교 변증』은 바로 이러한 시대적 고민에 대한 진지하고 체계적인 응답이다. 이 책은 기독교 신앙을 지성적으로 방어하고 설득하는 변증학의 핵심 주제들을 다루고 있다. 도덕 논증부터 부활 논증, 종교다원주의 비판, 성경의 권위에 이르기까지 이론적 토대 위에 신앙생활에서 마주하는 날카로운 질문들에 대한 구체적인 해답을 제시한다. 또한 저자의 현장 경험과 학문적 통찰이 균형 있게 어우러져, 독자들이 "왜 예수를 믿는가?"라는 근본적 질문에 지성과 신앙으로 함께 답할 수 있도록 도움을 준다. 이로써 믿음의 근거를 찾는 이들에게 신뢰할 만한 길잡이가 되리라 확신한다. 지성적 확신을 바탕으로 신앙을 변호하려는 교회 지도자, 신학생, 청년 리더, 진리를 추구하는 모든 그리스도인에게 이 책을 추천한다.

송태근(삼일교회 목사)

모든 그리스도인은 변증의 삶으로 부르심을 받았다. 이는 "너희 마음에 그리스도를 주로 삼아 거룩하게 하고 너희 속에 있는 소망에 관한 이유를 묻는 자에게는 대답할 것을 항상 준비하되 온유와 두려움으로"(벧전 3:15) 하라는 사도 베드로의 권면에 기초한다. 우리가 예수 그리스도를 구세주로 믿고 그분이 약속하신 나라를 소망하는 것에는 분명한 신앙적·신학적 이유가 있다. 그 이유를 항상 설명할 수 있도록 준비하는 것이 기독교 변증의 핵심 과제이다.

『한 권으로 읽는 기독교 변증』은 이러한 변증의 삶을 준비하고 실천할 수 있도록 돕는 탁월한 책이다. 어려운 변증 주제들을 쉽게 설명하려면 남다른 통찰력이 있어야 하는데, 이 책에는 저자의 통찰력과 학문적 역량이 잘 드러나 있다. 한국 신학자들이 쓴 기독교 변증에 대한 서적이 빈곤한 시대에, 이처럼 귀한 변증 서적이 출판되는 것은 메마른 땅에서 생수 한 그릇을 마시는 것과 같다. 이 책은 단순한 이론적 논의를 넘어, 오늘날과 같은 탈기독교적 환경 속에서 신앙의 정당성과 복음의 진리를 효과적으로 설명하려는 이들에게 실제적 도구가 되어 줄 것이다. 이 책을 통해 많은 성도들과 목회자들이 그리스도 안에 있는 소망을 세상 속에서 제대로 설명하는 데 준비될 수 있기를 기대하며 필독서로 강력하게 추천한다.

이재훈(온누리교회 목사)

『한 권으로 읽는 기독교 변증』이 출간되어 참 기쁘다. 다음 세대의 복음화 비율이 현저하게 떨어지는 현재 상황에서 한국 교회에 가장 시급하게 요청되는 것은 기독교 변증이다. 위기는 기회라는 말이 있다. 한국 교회가 위기를 기회로 바꾸려면 변증(아폴로기아), 즉 '복음을 변호하고 확증하라'는 성경의 권면을 순전한 마음으로 따라야 한다.

이 책은 상황윤리, 진화론, 무신론, 성공지상주의, 포스트모더니즘, 종교다원주의에 물든 사람들에게 기독교 신앙에 대한 오해와 반감을 풀어 줄 뿐만 아니라, 기독교 신앙의 탁월성을 설명하고자 하는 이들에게 꼭 필요하다. 하나님께서 이 책을 통해 한국 교회에 믿음과 이성이 조화를 이루고 기독교의 진리를 사랑하고 실천하는 강한 성도들을 빚어내실 것으로 믿고 기도한다. 한국 교회의 청년 사역자, 교회학교 교사 그리고 믿음과 지성의 조화를 추구하는 그리스도인들에게 이 책을 강력하게 추천한다.

장순흥(부산외국어대학교 총장)

『한 권으로 읽는 기독교 변증』은 기독교 변증의 지적 여정이자 시대를 꿰뚫는 신앙적 응답이다. 인본주의, 포스트모더니즘, 종교다원주의적 세계관이 일상이 된 오늘날의 문화 속에서, 이 책은 예수 그리스도의 복음을 성경적으로 이해하도록 독자에게 도전하는 담대한 시도이다. 동성애·동성결혼, 진멸 전쟁, 종교다원주의, 유신진화론, 부활 등의 뜨거운 쟁점들에 대해 저자는 신학적 깊이와 논리적 정합성 그리고 시대의 감수성을 지닌 글쓰기로 대응한다. 단순히 논박하기 위한 변증이 아니라, 진리를 사랑하고 오늘날의 인간을 이해하며 복음의 본질을 시대와 연결하는 목회적 지혜와 학문적 열정이 느껴진다.

이 책은 혼란스러운 현실에서 정체성의 위기를 겪는 교회와 성도들에게, 기독교 신앙을 의심하거나 궁금해하는 현대인들에게 신앙의 지성적 근거와 복음의 변함없는 능력을 일깨워 준다. 신앙을 바로 세우고 싶은 이들, 진리를 찾고 있는 이들, 복음을 더 깊이 이해하고 전하려는 모든 이들에게 일독을 권한다.

최도성(한동대학교 총장)

오늘날 기독교는 혼란스럽고, 진실한 모습을 찾아보는 것이 쉽지 않다. 안타깝게도 다양한 의견과 생각들, 오랜 전통과 관습들이 스스로를 정당화시키면서 이데올로기적 확신과 곡해로 무장하며 기독교를 자기 자화상으로 변형시켜 버린 경우를 자주 접하게 된다. 사도적 교훈 위에 세워진 정통교리 역시 무분별한 재해석과 신학적 혼합주의에 의해 위협받고 있다. 이성과 경험, 정서와 직관을 절대화하여 성경의 권위를 상대화하는 경향은 결국 기독교 신앙을 사도들로부터 전해 받은 본래의 진리에서 이탈하게 만들어 도덕적·자연철학적 통찰로 변실시키는 결과를 초래하고 있다. 이러한 비상 상황에서, 기독교 신앙의 지성적 정당성과 실천적 진리성을 일관되게 천명하는 기독교 변증은 그 어느 때보다 절실하다.

현재 탁월한 기독교 변증가로 활동하고 있는 저자는 본서를 통해 기독교 변증의 핵심 논제들을 심층적으로 다루며, 학문적 엄밀성과 신앙적 헌신이 조화를 이루는 귀한 모범을 제시하고 있다. 『한 권으로 읽는 기독교 변증』은 진리를 향한 열정과 시대적 책임감을 지닌 기독교 변증의 '보석'으로 평가를 받기에 충분하다. 이 책이 기독교 신앙의 진정성과 정당성을 고민하는 모든 기독 지성인들에게 인식론적 상대주의와 혼합주의를 헤쳐 나갈 지적 나침반으로 활용되기를 바라며 적극 추천한다.

황덕형(서울신학대학교 총장)

목차

추천사   04

서문_ 기독교에 대한 오해를 극복하고 올바른 신앙관을 정립하는 데 도움이 되기를   14

서론_ 아폴로기아: 기독교 복음을 변호하고 확증하라!   24

한국 교회의 명암이 교차하고 있다 | 성경에서 사용된 기독교 변증 | 한국 교회에 기독교 변증이 필요한 이유 | 강한 성도를 키우는 길, 그 답은 기독교 변증에 있다

1장 도덕 논증: 38
보편적인 도덕규범, 과연 하나님이 존재하는 증거인가요?

왜 우리는 도덕적인 삶을 권장하는가? | 유엔 세계인권선언문: 인간의 존엄성과 도덕의 근원은 무엇인가? | 무신론적 도덕 실재론: 무신론은 도덕을 설명할 수 있는가? | 도덕성의 근원에 대한 세속적인 다섯 가지 견해와 그에 대한 비판 | 도덕 논증은 어떻게 구성되는가?: 내면적 도덕 논증과 외면적 도덕 논증 | 절대적인 도덕규범은 어디에서 나오는가? | 플라톤의 '에우튀프론의 딜레마': 다신론은 도덕의 근원이 될 수 있을까? | 결론: 도덕 논증은 하나님의 존재를 설명한다

2장 동성결혼 반대 논증: 80
복음주의 그리스도인은 동성애와 동성결혼을 왜 반대하는 거죠?

지구촌 최대의 정치 이슈 | 왜 기독교 교단들은 동성애·동성결혼에 대해 일치된 의견을 가지지 못하는가? | 동성결혼에 대해 양분된 미국 기독교 | 동성애와 동성결혼에 대한 기독교의 다양한 입장들 | 미국 공립학교의 성적 지향으로 인한 갈등과 문제점들 | 미국 페어팩스 카운티 교육의 혼돈 | 친동성애 진영의 두 가지 주장과 모순 | '동성애, 동성결혼, 차별금지법안 제정'을 반대하는 철학적인 이유 | **동성애와 동성결혼을 반대하는 복음주의 신학적인 원칙들** | 타락한 인간의 자연적인 욕구는 절제되어야 한다 | 동성애를 방치하는 것이 진정한 인권 보호는 아니다 | '일부일처 혼인 규례'는 하나님이 설계하신 제도이다 | '성적 지향'을 명시한 차별금지법은 '종교의 자유'를 제한한다 | **결론** | 참고 자료

3장 헤렘(진멸) 전쟁에 대한 변호 논증: 124
구약의 하나님은 잔인한 전쟁광인가요?

구약성경 여호수아서의 진멸 전쟁에 대한 반감 | 모세와 바로(파라오): 열 가지 재앙에 대한 이해(출 12:29) | 가나안 정복 전쟁에 대한 분석(신 20:10-18) | 결론: 헤렘 전쟁에 대한 종합적 이해 | 다시 생각해 보기: '쫓아냄'과 '헤렘'의 전쟁 패턴이 왜 완벽히 수행되지 않았을까?

4장 종교다원주의 비판 논증: 172
많은 종교가 있는데, 왜 예수만 믿어야 하나요?

세계 종교 현황과 종교다원주의 시대 | 기독교의 선한 영향력: 인간의 존엄성 보호에 기여하는 종교 | **질문 1**: 종교다원주의가 추구하는 '종교 간 대화'는 정말로 가능한가? | 종교다원주의와 포스트모더니즘의 관계 | 주요 종교들 사이에 '종교 간 대화'의 가능성 | '맹인과 코끼리의 비유'와 '등산로의 비유', 무엇이 문제인가? | 종교다원주의의 두 가지 비유의 문제점은 무엇인가? | 기독교와 타 종교의 구원에 대한 세 가지 견해 | **질문 2**: 각 종교들의 '천국론'은 어떻게 다른가? | **질문 3**: 각 종교는 죄론과 구원론에 있어서 어떤 차이점을 보이는가? | **질문 4**: 세계 4대 성인과 종교 창시자들의 임종 모습에서 무엇을 알 수 있는가? | 석가모니의 죽음과 유언 | 그리스 철학자 소크라테스의 죽음과 유언 | 유교의 창시자 공자의 죽음과 유언 | 무함마드의 죽음과 유언 | 예수 그리스도의 죽음, 유언 그리고 부활 | **질문 5**: 불교의 특징은 무엇이며, 핵심 교리의 문제는 무엇인가? | 불교에 대한 이해 | **질문 6**: 이슬람교와 기독교, 어느 쪽이 진리인가? | 이슬람교의 특징-여섯 가지 기본 신앙은 무엇인가? | 이슬람교 신앙의 핵심적인 다섯 기둥(Five Pillars of Islam)은 무엇인가? | 성경과 꾸란, 어느 쪽이 완전한 계시인가? | 이슬람교와 기독교, 같은 신인가, 다른 신인가? | **질문 7**: 로마 가톨릭교와 프로테스탄트(개신교)는 같은 복음, 같은 구원을 말하는가? | 가톨릭교와 개신교의 차이점 | 복음주의 개신교 그리스도인들은 로마 가톨릭교도들을 전도해야 하는 것인가? | **결론**: 종교다원주의 시대에 기독교는 진리의 총합과 일관성을 가진 유일한 종교이다! | 권면: 당신은 예수에 대해서 어떻게 결정할 것인가?

5장 기적 논증: 기독교와 다른 종교의 기적이 어떻게 다른가요? 252

기독교에만 기적이 있는가? | 기적에 대한 정의 | 성경과 기적 | 기적을 반대하는 이유들, 과연 타당한가? | 기적을 믿지 못해서 망설이던 사람 | 주요 종교들은 기적을 어떻게 바라보는가? | 석가모니의 원시불교와 기적 | 이슬람교의 무함마드와 기적 | 힌두교 계열의 종교와 기적 | 무속인들의 활동의 거짓 혹은 유사 기적 | 진짜 기적과 가짜 기적의 차이: 사탄의 거짓 기적의 특징 | 기독교와 예수 그리스도의 기적과 특징 | 진정한 기적의 특징 | 기적에 대한 분별이 필요하다 | 결론: 기적 논증을 통한 교훈

6장 내기 논증: 신이 존재한다는 것에 왜 모든 것을 걸어야 하나요? 298

파스칼의 생애와 『팡세』 | 파스칼의 '인류학적 논증' | 파스칼의 내기 논증과 선택 원칙 | 성경의 내적 논증: 기독교 신앙이 진리인 열두 가지 이유 | 왜 당시 유대 지도자들은 메시아를 거절했을까? '숨은 신'과 '표징'에 대한 이해 | 결론: 『팡세』의 인류학적 논증, 내기 논증, 성경의 내적 논증

7장 부활 논증: 예수의 부활이 사실이란 증거 있나요? 346

인간이 동물과 다른 점 | 앤터니 플루 vs 게리 하버마스의 논쟁 | 예수의 부활에 대한 정반대의 입장들 | **부활 논증에 대한 세 가지 접근 방식** | 부활을 부인하는 철학적인 전제들에 대한 비판 | 역사적 증거 자료(신약성경) 분석을 통한 부활 논증 | 배경적 정황 분석 | **적용: 예수의 부활이 내게 어떤 의미를 가지는가?**

8장 지옥교리 논증: 386
사랑의 하나님이 수많은 사람을 지옥에 보낸다는 것이 말이 되나요?

현대의 사두개인들 | 사람들은 왜 지옥의 실재를 거부하고 싶을까? | 지옥이 실재한다고 말하는 성경적인 근거들 | '지옥이 필요하다'고 주장하는 세 가지 이유 | 지옥에 관한 성경 구절은 비유인가, 아니면 실제 상황인가? | 지옥의 영원한 형벌은 지나친 과잉처벌이 아닌가? | 지옥 심판보다는 윤회가 더 나은 생각 아닌가? | 부자와 거지 나사로: 지옥에 가족들이 있다면, 천국에 들어간 성도는 행복할까? | 지옥 갈 존재를 창조하신 하나님의 책임이라고? | 영원한 고통보다 영혼멸절이 더 자비롭지 않나? | 지옥교리를 거부하는 사람들에게 주는 교훈 | 적용: 전도에서 지옥교리의 중요성

9장 칼람우주론 논증: 우주는 왜 존재하는 것인가요?   426

칼람우주론 논증: 개괄적 특징 | 칼람우주론 논증의 발전 과정 | **칼람우주론 논증 분석: 전제와 결론** | 칼람우주론 논증의 대전제: '존재하기 시작한 모든 것에는 원인이 있다' | 칼람우주론 논증의 소전제: '우주는 존재하기 시작했다' | 수리철학적인 논증 | 과학적 논증: 빅뱅우주론은 우주가 존재하기 시작했다는 것을 지지한다 | 빅뱅우주론을 지지하는 과학적인 단서들 | 과학적 논증: 열역학 제2법칙을 통한 설명 | 칼람우주론 논증의 결론: '그러므로 우주에는 원인이 있다'(추론: 이 원인은 하나님이시다) | **빅뱅우주론의 발달 과정** | 초기 빅뱅우주론 | 인플레이션 빅뱅우주론 | 혼돈인플레이션 이론 | 다중우주론 | 빅뱅우주론에 대한 경쟁 이론 및 대안 이론들의 등장 | **빅뱅우주론과 다중우주론의 문제점** | 빅뱅우주론에 담긴 철학적 전제에 대한 비판 | 빅뱅우주론의 과학이론으로서의 한계 | **결론: 칼람우주론 논증과 빅뱅우주론의 활용 지침** | 기독교 창조론 교육에 있어서 칼람우주론 논증과 빅뱅우주론의 유익한 점 | 칼람우주론 논증과 빅뱅우주론에 내포된 신학적 문제점들 | 교회에서 칼람우주론 논증을 교육할 때의 학습 지침

10장 유신진화론 비판 논증: 480
　　　교회가 진화적 창조론을 도입해야 한다고요?

서론 | 유신론적 진화론의 문제점: 성경의 권위와 무오성 부정 | 유신진화론의 토대: 계몽주의와 진화론 | 유신진화론은 왜 성경유오론을 주장하는가? 그 이유와 반론 | 성경무오성의 의미는 무엇인가? | **유신진화론과 하나님의 선한 성품** | 하나님의 속성: 선함과 위대함 | 유신진화론의 '에우튀프론의 딜레마': 전능함과 선함 | 유신진화론의 이신론, 그 모순 | 유신진화론과 아담의 역사성 문제 | 결론: 창조과학과 유신진화론의 갈등-한국 교회의 나아갈 길과 방향 제안

11장 구약성경의 신적 권위 논증: 514
　　　왜 유대인의 글이 하나님의 말씀인가요?

구약성경이란 무엇인가? | 구약성경은 어떻게 구성되어 있는가? | 유대인의 히브리 성경(타나크)과 기독교의 구약성경은 동일한 내용인가? | 사람이 쓰고 편집한 구약성경을 하나님의 기록된 말씀으로 믿는가? | **구약성경의 신적인 기원 논증** | 모세오경의 율법이 어떻게 하나님의 계시로 받아들여질 수 있는가? | 구약의 일부 내용은 문제가 있어 보이는데 왜 보편적인 하나님의 계시인가? | 선지자들은 다른 선지자들의 글을 하나님의 말씀으로 인정했나? | **구약성경의 문헌학적 신뢰성: 구약성경 사본은 원본 내용을 잘 전달하고 있는가?** | 현재의 구약성경에 이르기까지의 필사 과정들 | **사해 사본은 구약성경 본문의 신뢰성을 확증하는가?** | 사해 사본의 중요성 | 마소라 사본의 중요성 | 마소라 사본과 사해 사본 비교: 이사야 53장을 중심으로 | 결론 | **헬라어 70인 역본은 구약성경의 신뢰성에 기여하는가?** | 70인 역본의 번역 과정 | 70인 역본의 문헌학적 가치 | 결론 | 유대인들은 왜 외경을 히브리 성경(타나크)으로부터 제외했을까? | 결론: 구약성경의 신적 권위와 무오성의 현대적 의미

12장 신약성경의 신적 권위 논증: 560
신약성경은 왜 하나님의 말씀인가요?

사복음서의 신적인 권위를 부정하는 사람들 | 지저스 세미나 학회의 주장들 | 복음서의 권위를 부정하는 『다빈치 코드』 | 바트 어만 교수의 성경왜곡론 | **신약성경의 신적인 권위와 기원 논증** | 초대교회는 왜 신약성경이 필요했을까? | 신약성경은 왜 하나님의 말씀인가? 신앙고백적 관점 | 신약성경의 기록 시기와 정경의 기준 | **신약성경의 정경화 과정: 세 가지 기준** | 결론: 신약성경은 하나님의 영감으로 기록된 계시의 말씀이다

13장 신약성경 사본의 신뢰성: 598
고대문헌으로서 신약성경, 얼마나 믿을 만한가요?

서론 | **본론** | 사본의 수: 그리스어 신약성경 사본과 다른 고대 사본들 비교 | 신약성경의 필사 과정 분석 | 신약성경 사본들 간에 오류가 많이 있는가? | **신약성경의 사본들: 유형과 시기** | 사본의 종류들 | 보존 지역에 따른 구분: 다섯 가지 유형 | 로마제국: 성경 소각과 성경 제작 | **결론**

14장 기독교 변증의 다섯 가지 유형과 복음 전도: 620
어떻게 변증을 활용할 수 있나요?

기독교 변증학의 다섯 가지 유형 | 변증 전도의 네 가지 단계

결론_ 기독교 변증의 사명과 시대적 요청 650

주 654

서문

기독교에 대한 오해를 극복하고
올바른 신앙관을 정립하는 데 도움이 되기를

미국 유학 생활을 마치고 한국에 돌아온 지 벌써 오랜 세월이 흘렀다. 지난 나의 삶을 돌아보면 하나님의 전적인 은혜와 인도하심이 없이는 감당할 수 없는 시간들이었기에, 매 학기 기독교 변증학 강의 첫 시간에 "여러분에게는 기독교 변증학이 교양 선택이지만 내게는 인생을 건 소명이며 전공"이라는 점을 힘주어 말하면서 강의를 시작하곤 한다.

나는 믿지 않는 가정에서 태어나 자랐지만 어린 시절 교회에 나가 신앙생활을 하면서 구원의 은혜를 체험했다. 하지만 성장 과정 중에 혼자서 성경을 읽다가 이해하기 어려운 난제들에 부딪히면 믿음이 잘 자라나지 못했다. 성경의 난제를 풀어 볼 능력이 없었던 탓에 가끔씩 일어나는 고뇌만으로도 청소년 시절에 가졌던 믿음은 약해져만 갔다.

한국에서 신학, 철학, 정치학을 공부하고 결혼 후 30대 초반의 나이에 뒤늦게 미국에 갔다. 미국 로스쿨을 졸업하고 인권 분야에서 활동하겠다는 나름 큰 포부를 가지고 있었기 때문이다. 미국에서 처음 정착한 곳은 캘리포니아 라미라다 시티인데, 그곳에 살면서 집 인근에 있는 바이올라대학교 도서관에서 법학대학원 입학시험을 준비했다. 그땐 미처 알지 못했지만, 바이올라대학교에는 윌리엄 레인 크레이그(William Lane Craig) 교수와 J. P. 모어랜드(J. P. Moreland) 교수 등과 같이 세계적인 수준의 기독교 변증학자들이 다수 포진하고 있었다.

캠퍼스를 거닐다 보면 흥미를 끄는 강좌들이 자주 열리곤 했는데, 대개 내가 청소년 시절과 대학 시절에 기독교와 성경에 대해 가졌던 오해와 반감들을 주제로 다루는 세미나였다. 인문학을 폭넓게 공부했던 내게 지옥교리는 과잉 처벌로 여겨졌고, 가나안 부족에 대한 진멸 전쟁은 무서운 학살일 수 있다는 의구심만 가득했다. 1986년도에 대학에 들어간 후, 당시 대다수의 대학생들이 그랬듯이 민주화 운동으로 인한 어수선한 시대적인 분위기 탓에 신앙에 대한 고민은 점차 주변부로 밀려났다. 바이올라대학교 캠퍼스에서 열렸던 다양한 기독교 변증 세미나들을 들으면서, 그때까지도 처리되지 않은 채로 마음속에 묻어 두었던 질문들이 점차 나를 불가지론자로 변하게 만들었다는 것을 깨달았다.

하루는 학교에서 열렸던 '기독교 신앙 변호 세미나'에 참석했는데 학생들보다 더 많은 시민이 참석했을 뿐만 아니라 사뭇 진지하게 경청하고 질문하는 것을 보고 깜짝 놀랐다. 절대적인 진리를 인정하지 않는 포스트모던 시대에 가장 부유한 나라의 시민들이 신앙 문제에 대해 깊고도 뜨거운 관심을 갖고 있다는 것이 놀라웠다.

그 후에 한 종교철학 교수가 캘리포니아주립대학교의 무신론 철학자와 벌인 "신은 존재하는가?"에 대한 공개 토론회에 참석한 이후, 기독교 철학의 지적인 풍성함과 세련된 면모를 새롭게 알게 되었다. 시대의 화두는 포스트모더니즘과 종교다원주의이지만, 사람들은 전도서의 말씀처럼 영원을 사모하는 마음과 진리에 대한 갈망을 가지고 있었다. 변증 세미나에서 난해한 질문들이 하나씩 해결되는 과정을 경험하면서, 일찍이 왜곡된 반감을 제대로 다루지 못한 것에 대한 깊은 반성의 시간도 가졌다.

그런 통렬한 반성의 시간들을 가진 후, 2001년 초 어느 날 아침, "세상의 법이 아니라 하나님의 말씀을 연구하고 복음을 변호하는 변증가가 되라"는 하나님의 세미한 음성이 마음에 들려왔다. 뒤늦은 나이에 다시 한번 인생의 진로를 수정하고, 바이올라대학교의 기독교 변증학 석사과정에 입학했다. 마치 기드온이 양털을 타작 마당에 내어놓고 하나님의 뜻을 확인하려고 했듯이, 나는 기독교 변증가의 소명이 맞는지 확증을 얻고 싶어서 기도 제목을 정하고 주님의 뜻이 분명한지를 재차 묻기 시작했다. 놀랍게도 주님은 기도 제목에 세밀하게 응답해 주셨고, 기독교 변증가로 살아가는 것이 나의 사명이라는 확신을 갖게 되었다.

기독교 변증학을 공부하는 동안에 인생을 더욱 진지하게 생각할 수밖에 없는 일이 발생했다. 눈에 넣어도 아프지 않을 만큼 예쁜 둘째 아이가 태어난 지 10일 정도 되었을 때였다. 몸에 이상을 느껴 캘리포니아주에 소재한 롱비치 메모리얼 병원에서 검사를 받았다. 신장암이라는 진단 결과를 설명하는 의사들의 표정과 암을 가리키는 대형 모니터의 화살표들이 지금도 영화 속 한 장면처럼 생생하게 기억난다.

숨 막히는 긴장감 속에서 담담한 척 집으로 돌아오다가, 이제 갓 태어난 둘째 아이와 겨우 네 살 반이 된 큰아들, 산후조리 중인 아내, 한국에 있는 연로하신 부모님을 떠올리자 눈물샘이 터졌다. 가난한 집안에 태어나서 나름 열심히 살아왔는데 왜 내게 불치의 병이라는 암이 생겼는지…. 사랑하는 아내와 두 자녀와 함께할 날이 짧을 수도 있다는 슬픔과 갈대처럼 연약한 존재라는 인간의 유한성에 대한 통감 그리고 막상 죽음을 생각하니 아직은 준비가 덜 된 나 자신을 발견하면서 서러움과 슬픔과 두려움이 뜨거운 눈물이 되어 흘러내렸다.

사망의 음침한 골짜기와 같은 시기를 보냈지만, 주의 돌보심으로 지금까지 건강하게 유학을 마치고 한동대학교에서 사명을 감당하며 살아가는 것이 생각만 해도 참으로 감사하다. 나는 그때부터 덤으로 얻은 인생을 소중하게 여기며 살아가고 있다.

석사과정을 마친 후, 앞으로 살아갈 미래와 박사과정 진학을 위해 40일 작정 기도를 하면서 하나님의 인도하심을 구했다. 주님은 내게 미국 기독교철학회장을 역임한 베일러대학교의 프랜시스 벡위드(Francis Beckwith) 교수를 만나 박사 학위 과정을 시작하도록 인도해 주셨다. 버지니아에서 목회를 하고, 프린스턴신학교에서 신학석사 과정을 공부하기도 했다. 돌이켜 보면, 짧지 않았던 미국 생활을 마치고, 지금은 하나님의 방법으로 하나님의 사람을 키우는 한동대학교 교목실에서 사역을 하고 있다. 그리고 필명에 'God's Lawyer'(하나님의 변호사)를 덧붙이는 이유는 인생의 방향을 바꾸어 기독교 변증학에 인생을 걸기로 다짐했던 그때의 소명감을 잊지 않기 위해서이다.

이 책에서 다루는 주제들은 청년 시절 나의 고민이었던 문제들일 뿐만 아니라, 미국과 한국의 대학교에서 만난 학생들 그리고 교회에서 만난 목회자와 성도들의 고민이 담긴 문제들이다. 그중에서 현대의 그리스도인들이 반드시 알고자 하는 질문들을 선정해서 이 책을 구성했다.

'서론_ 아폴로기아: 기독교 복음을 변호하고 확증하라!'에서는 기독교 변증이 무엇인지 그리고 왜 한국 교회에 필요한지를 설명하고자 한다. 한국 기독교는 20세기에 가장 모범적이고 성공적인 선교 사례로 꼽혀 왔지만, 이미 침체기와 쇠퇴기에 진입했다는 평가를 받고 있다. 현대의 무신론, 성경의 권위를 부정하는 자유주의 신학사상들, 제도권 교회를 이탈하는 청소년들의 보호 그리고 이단에 대처하는 방식을 위해서 한국 교회는 무엇보다도 교리적 변증과 윤리적 변증에 힘써야 한다. 교회사를 돌이켜 보며 다음 세대의 선교 전략이 변증에 있다는 것을 설명하고자 한다.

1장에서는 '도덕 논증'을 다룰 것이다. 도덕 논증은 인간이 가진 양심이나 객관적인 도덕규범을 하나님의 존재에 대한 증거로 제시하는 철학적 논증이다. 이 논증은 무신론자, 불가지론자 그리고 윤리적 상대주의자에게 매우 설득력 있는 논증으로, '양심 논증'과 '도덕 질서 논증'으로 구분된다. 일반적으로 도덕성의 근원을 개인, 문화, 국가, 사회계약론 그리고 진화론에서 찾으려고 하지만, 엄밀하게 분석해 보면 그런 것들은 도덕성의 근원이 될 수 없다. 그렇다면 객관적이고 보편적인 도덕규범들은 성경에서 말하는 대로 거룩한 하나님의 성품으로부터 나온 것으로 추론하는 것이 가장 합리적이라는 주장을 제시한다.

2장은 '동성애 논쟁'을 다룬다. 현재 국제 사회와 한국에서 가장 뜨거운 정치적인 이슈는 동성애와 동성결혼 문제이다. 그리스도인들은 이 문제에 대해서 어떻게 생각하고 접근해야 하는가? 서구 사회에서는 동성애와 동성결혼에 대해 자유주의 교단들과 복음주의 교단들이 서로 상반된 입장을 가지고 있다. 자유주의와 복음주의가 상반된 입장을 갖게 된 이유를 분석하고, 동성애 지지자들이 주장하는 차별금지법에 어떤 문제가 있을 수 있는지를 살펴보려고 한다. 성 소수자를 보호하려는 차별금지법은 오히려 전통 결혼 옹호자와 복음주의 그리스도인에 대한 심각한 역차별을 정당화하는 데 악용될 가능성이 크다. 민주주의의 정체와 국가 철학의 원리에서도 이 문제를 살펴볼 것이다.

3장에 소개된 '헤렘(진멸) 전쟁'은 많은 그리스도인에게 난제로 여겨지는 문제이기도 하다. 초대교회 마르시온(Marcion, 주후 85-160)이라는 이단이 구약의 하나님을 열등한 하나님으로 간주한 것도, 여호와 하나님을 이스라엘을 편애하는 부족신이며, 정복 전쟁을 벌이는 전쟁광으로 비난한 것도 모두 진멸 전쟁에 대한 반감과 오해에서 비롯되었다. 실제로 이 문제는 하나님의 사랑을 의심하게 만들기도 하며, 심지어는 이로 인해 목회를 포기한 사람도 생겨났다. 가나안 정복 전쟁을 네 가지 유형으로 구분하여 설명하고, 가나안 정복 전쟁에 대해 올바른 이해를 할 수 있도록 변증적인 해석의 원칙을 제시할 것이다.

4장은 '종교다원주의'를 다룬다. 이미 우리가 살고 있는 시대는 종교다원주의 시대인데, '왜 예수만 믿어야 하는가?'라는 문제를 다룬다. 종교다원주의자들은 '익명의 그리스도인'이라는 관점을 통해서 다른 종교들의 구원의 가능성을 열어 두고 있다. 여기서는 주요 종교들의 특징과 차이점을 비교종교학적인 관점에서 분석할 것이다. 각 종교들의 핵심 교리, 천국에 대한 견해, 창시자의 임종과 유언의 차이를 비교해 보면, 모든 종교는 결국 동일한 신을 믿는다고 말하는 종교다원주의 주장이 실제로 근거 없는 궤변이라는 것을 알 수 있다. 종교다원주의는 지나친 단순화의 오류에 빠져 있다. 기독교 신앙은 우주의 기원, 인간의 존엄성, 도덕의 근원, 사후 운명, 죄와 구원, 인간의 상태에 대해 내적으로 일관되고 통일된 견해를 가진 유일한 종교이며, 예수 그리스도는 4대 성인 중의 일인이 아니라 인류의 죄를 용서하고 구원을 베푸시는 유일한 분이시라는 것을 설명하려고 한다.

5장에서는 '기적 논증'을 다룬다. 기독교는 기적을 통해서 기독교 신앙이 진리라는 것을 설명한다. 구약성경에서 선지자들은 여호와 하나님이 유일한 참 하나님이신 것을 입증하는 방식으로 기적을 행했고, 예수님은 자신이 구약성경에 예언된 메시아임을 확증하는 과정에서 수많은 병자를 치료하시고 사랑을 베푸셨으며, 심지어 죽은 자를 살리시고 자연을 다스리는 기적을 행하셨다. 특별히 다른 종교의 기적들과 기독교의 기적들을 상호 비교하면서 창시자의 견해와 교리와의 일관성, 종교의 팽창 과정, 기적이 문헌에 기록된 시기를 고려할 때 기독교의 기적이 가장 일관성이 있으며 타당하다는 점을 설명할 것이다.

6장은 '파스칼의 내기 논증'을 다룬다. 블레즈 파스칼(Blaise Pascal)의 유고작 『팡세』는 세계적으로 널리 알려진 기독교 고전이지만 아직까지도 기독교 변증서로서는 제대로 주목을 받지 못하고 있다. 파스칼은 근대 철학의 태동기에 살면서 이성과 과학으로 진리를 결정하던 시류에 맞섰다. 그는 기독교 신앙을 비이성적, 비과학적이라고 매도하던 시대에 기독교 신앙의 합리성을 변호하고, 더 나아가 기독교 신앙이 존중받을 만하며, 궁극적으로는 그 존중의 마음을 하나님을 사랑하는 마음으로 변화시키겠다는 목적을 가지고 『팡세』를 집필했다. 이 책에는 '인류학적 논증'과 '내기 논증'이 담겨 있다. 인류학적 논증은 하나님을 떠난 인간의 비참함, 인간 이성의 한계, 야망과 사랑의 허무함, 인간의 권태로움을 조명한 후에, 인간에게 구속자가 필요하다는 결론을 이끌어 낸다. 그리고 내기 논증에서 파스칼은 하나님이 존재하신다는 것에 모든 것을 건 내기를 하라고 권면한다. 기독교 신앙이 진리라는 것을 보여 주기 위해 파스칼은 열두 가지 이유를 체계적으로 제시하고 있다. 파스칼의 『팡세』는 유한한 인생을 살면서도 초월의 세계에 대한 결단을 망설이는 사람들에게 여러모로 유익한 통찰을 제공해 준다.

7장은 '부활 논증'을 다룬다. 예수 그리스도의 부활은 사도들이 목숨을 걸고 전한 기독교 신앙의 요체이며 기독교 신앙의 핵심이다. 과학이 발달한 시대의 사람들은 유물론적인 상식과 회의주의로 인하여 죽은 자의 부활을 믿지 않으려는 경향이 있다. 그러나 그리스도의 죽음과 부활은 구약성경에 기록된 메시아에 대한 예언의 성취이기도 하다. 여기서는 신약성경 분석과 정황 분석을 토대로 하여 당시 예루살렘의 내부적 변화와 교회 공동체의 형성 그리고 로마 시대의 교회 성장의 원인이 예수님의 부활 이외에는 그 어떤 것도 타당한 설명이 될 수 없다는 점을 설명하고자 한다. 바울의 말처럼, 우리가 바라는 것이 이 세상뿐이라면 허무주의를 이겨 낼 수 없으며, 부활을 믿고 있다면 그것은 제자들의 경우처럼 반드시 삶의 변화로 나타나야 할 것이다.

8장에서 다루어진 '지옥교리' 역시 많은 사람을 불편하게 만들고 하나님을 오해하게 하는 어려운 주제다. 자유주의 신학자들이나 미국의 롭 벨(Rob Bell) 목사 같은 이들은 지옥교리를 전근대적인 발상이라고 비판하며 할 수만 있다면 그 존재를 인정하지 않으려고 한다. 그러나 지옥교리를 부정하면 더 큰 문제들이 생겨난다. 여기서는 정의의 관점, 하나님의 성품의 관점, 인간의 자유의지에 대한 관점에서 지옥교리의 필요성을 다룰 것이다. 그리고 지옥에 대한 비판과 대안적 가설들, 즉 과잉 처벌이라는 비판, 윤회가 더 낫다는 견해, 영혼소멸설, 보편구원설을 차례대로 살펴보면서 내재된 문제점들을 지적하고, 미국의 대각성 운동의 지도자였던 조나단 에드워즈(Jonathan Edwards)의 견해처럼 복음주의적 관점에서 지옥교리의 타당성과 전도 전략을 살펴볼 것이다.

9장에서는 '칼람우주론 논증'을 다룬다. 우주는 왜 존재하는 것일까? 고대 그리스 철학자로부터 20세기에 이르기까지 '영원한 우주론'이 대세였지만, 알베르트 아인슈타인(Albert Einstein)의 일반상대성 이론이 발표된 이후 지금은 138억 년 전에 우주가 시작되었다는 빅뱅우주론이 표준모델로 인정받고 있다. 빅뱅우주론은 기독교의 창조론과 일부분 조화되는 점들과 우려되는 점들을 함께 가지고 있다. 복음주의 기독교 변증학의 관점에서 빅뱅우주론의 장단점을 살펴본 후에, 교회에서 활용할 수 있는 기준을 제시할 것이다.

10장은 '유신진화론 비판 논증'을 다룬다. 유신진화론자들은 '창조'를 '진화 과정'으로 간주하기 때문에, 창세기의 엿새간의 창조, 아름다운 창조, 종류대로의 창조, 첫 사람 아담의 역사성, 원죄와 죽음의 직접적인 인과 관계를 완전히 부정한다. 유신진화론은 결국 성경의 신적인 권위를 부정하고 하나님의 선한 성품을 왜곡하며 기독교의 핵심 교리를 무너뜨리는 믿이 있기 때문에, 한국 교회가 유신진화론을 받아들여서는 안 되는 이유들을 설명하고자 한다. 성경의 창조 본문을 설화로 취급하는 유신진화론은 특별계시를 일반계시에 종속시키며 기독교 지식론을 약화시킬 수 있다는 점에서 주의할 필요가 있다.

11장에서는 '구약성경의 신적 권위 논증'을 다룬다. 그리스도인은 유대인들의 오래된 종교 문헌을 하나님의 영감으로 기록된 계시로 믿는다. 예수님과 사도들은 구약성경이 신적인 기원과 권위를 갖는다고 보았다. 모세를 통해 전해 받은 율법과 구약성경을 왜 하나님의 계시로 믿고 따라야 하는지 그 변증적 이유를 설명할 것이다.

12장에서는 '신약성경의 신적 권위 논증'을 다룬다. 신약성경은 '예수는 그리스도이며 하나님의 아들'이라는 사실에서 그 권위가 형성되었다. 왜 신약성경이 하나님의 말씀인지, 신약성경은 어떻게 형성되어 왔는지를 살펴볼 것이다.

13장은 '신약성경 사본의 신뢰성' 문제를 다룬다. 헬라어 사본 7,227개, 라틴어 및 다른 번역 사본까지 총 3만개가 넘는 사본을 통해서 신약성경이 얼마나 정확하게 전달되어 왔는지 그 문헌학적인 신뢰성을 검토하고자 한다. 현재의 신약성경에 대한 사본학의 연구 결과는 우리가 원본의 내용을 거의 포함한 사본들을 가지고 있다는 것이다. 고문서 검증법을 통해서 살펴보면 신약성경의 문헌상의 신뢰성은 아주 높다는 것을 알 수 있다.

14장은 '기독교 변증의 다섯 가지 유형과 복음 전도'를 다룬다. 성경의 핵심 교리를 수호하고, 복음을 효과적으로 전하기 위해 변증학자들은 고전적인 변증, 증거적인 변증, 전제적인 변증, 신앙지상주의 변증, 그리고 경험적·서사적 변증이라는 다섯 가지 방식을 선호한다. 필자는 전도 대상에 따라서 다양한 방법을 사용하는 '통합적 변증'을 제안한다. 성령 충만한 사도 바울은 복음을 전할 때 '변호, 증명, 논박, 초청'이라는 4단계 전도 대화법을 활용했다. 필자는 변증은 반드시 복음 전도로 이어져야 한다는 점을 강조할 것이다.

이 책에 담긴 여러 주제들을 가지고 기독교 신앙과 진리에 대하여 궁금증을 가진 주변 사람들과 함께 토론하며 고민한다면 필자로선 더할 나위 없는 영광일 것이다. 이 책은 주제별로 정리되어 있어서 반드시 첫 장부터 순서대로 읽어 나갈 필요는 없다. 관심이 가는 주제를 골라 차분하게 생각하며 읽어 나간다면, 기독교 신앙에 대해 가졌던 반감과 오해를 극복하고 올바른 신앙관을 정립하는 데 도움이 될 것이다.

나는 기독교 변증학을 공부하던 첫날부터 지금까지 작은 바울처럼 변증가로 살기를 원하고 있다. 사도 바울이 아테네를 방문해 에피쿠로스 철학자들 및 스토아 철학자들과 함께 쟁론을 벌이며 창조주 하나님과 예수 그리스도의 부활을 전하는 모습은 상상만 해도 나의 가슴을 뛰게 한다. 그는 로마로 가서 복음을 전해야 한다는 사명을 완수하기 위해서 로마 황제에게 호소하는 길을 선택했고 죄인의 신분으로 압송되었다. 그는 법정에 서서 차분하고 논리적이고 뜨거운 구원의 열정으로 십자가의 복음을 변호하고, 기독교 신앙에 대한 비판들을 논박하며, 자신을 고소하고 재판하는 사람들마저도 쇠사슬에 묶인 것 이외에는 자신처럼 그리스도인이 되기를 원한다고 외쳤다. 구원과 선교의 열정으로 불타오르던 바울의 모습, 기독교 진리를 법정에서도 당당하게 변증하던 바울의 모습은 모든 변증학자의 귀감이 된다.

이 책을 읽는 독자들에게 포스트모더니즘, 진화론, 무신론 그리고 종교다원주의 사상이 득세하는 시대를 살아가면서 때로 자신도 모르게 물들거나 갖게 된 기독교 신앙에 대한 반감과 오해가 풀어지는 데 조금이라도 도움이 되기를 기도한다. 이 책이 믿음이 자라지 못하게 했던 지적인 장애물을 제거하고 기독교 신앙에 대한 오해를 극복하고 이해를 확장시키는 데 기여할 수 있기를 바란다. 지성적인 확신, 뜨거운 열정 그리고 진실한 사랑이 없다면, 예수 그리스도의 복음과 십자가를 자랑할 수도, 헌신할 수도 없기 때문이다.

인생의 갈 바를 알지 못하고 방황하던 부족한 나를 부르셔서 기독교 변증가로 일하게 하신 주님께 무한 감사를 올려 드린다. 이 책을 출간하는 데 큰 도움을 준 생명의말씀사 편집부에게도 감사를 드린다. 평생토록 남편을 늘 돕고 기도하며 한결같이 힘이 되어 주는 사랑하는 아내 한나의 사랑과 헌신에 감사를 표한다. 미국에서 아빠를 응원하는 사랑하는 아들 민재와 딸 지희에게도 고마움을 느낀다. 마지막으로 내가 변증 사역에 집중하고 열매를 맺도록 기도해 주며 힘이 되어 주는 여러 교회들과 목사님들과 성도님들께도 감사를 드린다.

한동대학교 효암별관 연구실에서
기독교 변증가 김기호

서론_

아폴로기아:
기독교 복음을 변호하고 확증하라!

한국 교회의 명암이 교차하고 있다

1885년 4월 5일, 부활절 오후에 비 내리는 제물포항을 통해 목사 선교사인 호러스 언더우드(Horace G. Underwood, 1859-1916)가 입국한 이후, 한국 교회는 20세기 세계 선교의 모범 사례로 꼽힐 만큼 놀라운 성장과 부흥을 경험했다. 그렇지만 불과 한 세기가 지나면서 한국 교회는 침체와 쇠퇴의 시기에 접어들었다는 부정적인 평가를 부인하기 어려운 상황에 처해 있다. 다음 세대를 가늠하는 잣대가 되는 대학생 이하의 복음화 비율은 이미 5퍼센트 이하로 하락한 지 오래되었으며, 각 교회와 교단들이 회복과 성장을 위한 방안을 모색하고 있지만, 별다른 가능성이 보이지 않는 암담한 실정이다. 이런 상황 속에서 필자는 왜 한국 교회에 기독교 변증이 필요한지를 설명하는 것으로 이 책을 시작하고자 한다.

성경에서 사용된 기독교 변증

사람들은 '기독교 변증학' 하면 대개 독일 철학자 헤겔(Hegel)의 변증법을 떠올리며, 기독교 변증학을 난해한 종교철학으로 여기기도 한다. 그러나 '변증학'(apologetics)이라는 말은 고대 그리스 법정에서 자신의 무죄를 변호하거나, 자신에게 가해진 범죄 혐의를 적극적으로 반박한다는 의미를 가진 헬라어 어근 '아폴로기아'(apologia)에서 파생된 것이다.

사도 바울이 법정에 서서 피고의 입장에서 기독교 신앙과 교리를 변호하고 설명하며, 상대방의 주장을 반박하고, 그들도 그리스도인이 되기를 설득하는 과정은 기독교 변증의 핵심이 무엇인지를 잘 보여 준다. 기독교 변증의 목적은 단지 논쟁의 승리가 아니라, 영혼을 구원하고 신앙을 견고히 하는 데 있다. 사도행전은 아그립바왕과 바울의 대화를 다음과 같이 기록하고 있다.

"아그립바가 바울에게 이르되 네가 적은 말로 나를 권하여 그리스도인이 되게 하려 하는도다 바울이 이르되 말이 적으나 많으나 당신뿐만 아니라 오늘 내 말을 듣는 모든 사람도 다 이렇게 결박된 것 외에는 나와 같이 되기를 하나님께 원하나이다 하니라"(행 26:28-29).

기독교 변증은 그리스도인의 믿음이 얼마나 타당한지를 설명하고, 기독교를 혐오하거나 비난하는 이들의 비판이 얼마나 불합리한 논거에 근거하는지를 드러나게 한다. 기독교 변증은 믿음의 성장을 방해하는 타락한 인간의 병리적인 지성과 감성 안에 있는 장애물을 제거하여, 복음을 수용할 수 있는 마음의 상태를 만드는 것을 목적으로 한다. 바울은 법정 토론에서 상대방을 이겨 논쟁의 승리자가 되고자 하지 않았고, 대신에 잃어버린 영혼을 찾으며, 연약한 성도의 신앙이 성숙하도록 돕는 것을 목표로 했다.

신구약 성경은 모두 변증적이다. 구약시대의 선지자들은 범신론, 다신론, 황제 숭배가 만연한 시대를 배경으로 창조주 하나님이 존재하시는 것과 그분이 유일한 하나님이시라는 것을 선포하고 확증하는 데 주력했다. 구약성경은 '능력 대결', '예언 성취', '도덕성 논증'을 주로 사용했다.

첫째, '능력 대결'을 생각해 보자. 이것은 초자연적인 권능을 펼치는 것으로 진정한 하나님과 거짓 신을 구분하는 변증 방식이다. 모세가 이집트의 바로(파라오)에 맞서서 펼친 열 가지 재앙과 홍해를 가른 기적은 모두 하나님의 전능성을 보여 준다. 북왕국에서 활동한 엘리야 선지자도 아합왕을 추종하는 바알 선지자들에 맞서 그 유명한 갈멜산 대결을 벌였다. 그것은 바알과 여호와 중에서 누가 진정한 신인지를 보여 주는 능력 대결이었다.

둘째, '예언 성취' 논증은 성경에 기록된 예언이 실제 역사 속에서 구체적으로 성취되었음을 근거로 들어, 성경이 신의 계시라는 것을 입증하는 변증 방식이다. 이것은 하나님의 전지성과 주권적 능력을 증거한다. 바톤 페인(Barton Payne)에 의하면, 구약성경에 1,239개, 신약성경에 578개의 예언이 있다. 모세는 신명기에서 "만일 선지자가 있어 여호와의 이름으로 말한 일에 증험도 없고 성취함도 없으면 이는 여호와께서 말씀하신 것이 아니요"(신 18:22)라고 말한다. 그는 하나님의 권위를 대변하는 기석과 아울러 예언의 성취를 통해서 이스라엘의 하나님이 누구신지를 보여 준다. 모세 이후의 예언자들에게도 예언의 성취는 예언자의 권위를 확증하는 기준이 된다. 예레미야도 "평화를 예언하는 선지자는 그 예언자의 말이 응한 후에야 그가 진실로 여호와께서 보내신 선지자로 인정받게 되리라"(렘 28:9)고 말한다.

예언 성취 논증은 그 예언의 실현 여부를 통해서 하나님이 주신 예언인지를 검증할 수 있다. 구약성경에서 많은 국가들에 대한 예언, 예루살렘에 대한 예언, 메시아의 초림에 대한 예언, 포로기와 관련된 예언 등을 보면, 예언의 성취는 미래 일에 대한 하나님의 전지성과 역사를 경영하시는 하나님의 절대

주권에 토대를 두고 있다. 이 점에서 예언 성취 논증은 하나님의 말씀의 신적인 권위를 확증한다.

구약성경이 사용하는 세 번째 변증 방식은 '도덕 논증'이다. "내가 거룩하니 너희도 거룩할지어다"라는 성결의 명령은 하나님의 속성과 객관적인 도덕성의 관계를 잘 보여 준다. 613개의 율법에는 사람을 지으신 창조주의 뜻이 담겨 있다. 하나님은 어떤 사람도 계명을 완벽하게 지킬 수 없다는 것을 아셨기 때문에, 거룩함은 대속하는 제사를 통해 얻게 하셨다. 율법의 목적은 '거룩함'에 있으며, 이것은 범신론, 다신론 그리고 황제 숭배 사상에서는 찾아볼 수 없다. 다른 종교의 자기 모순적인 도덕과는 달리, 기독교의 도덕 논증은 거룩한 하나님의 성품에서 절대적인 도덕률이 나왔다고 말한다.

신약성경의 사도들 역시 모두 기독교 변증가로 살아간 사람들이다. 신약의 사도들과 그들의 제자들은 유대교의 율법주의, 로마 황제 숭배, 그리스의 다신론적 문화에 맞서서 기독교의 신앙과 교리를 지키기 위해 헌신했다. 베드로는 "너희 마음에 그리스도를 주로 삼아 거룩하게 하고 너희 속에 있는 소망에 관한 이유를 묻는 자에게는 대답할 것을 항상 준비하되 온유와 두려움으로 하고 선한 양심을 가지라 이는 그리스도 안에 있는 너희의 선행을 욕하는 자들로 그 비방하는 일에 부끄러움을 당하게 하려 함이라"(벧전 3:15-16)고 권면한다. 여기에서 '대답하다'라는 말은 법정 변호를 의미하는 그리스어 '아폴로기아'에서 유래했다.

바울도 "너희 말을 항상 은혜 가운데서 소금으로 맛을 냄과 같이 하라 그리하면 각 사람에게 마땅히 대답할 것을 알리라"(골 4:6)는 말로 권면한다. 실제로 유대의 대제사장 아나니아가 바울을 벨릭스 총독의 법정에 고소하자, 유대교 지도자들과 로마 당국자들 앞에서 재판을 받게 된 그는 예수 그리스도를 하나님으로 믿는 자신의 신앙을 적극적으로 변호한다(행 24장). 그는 그리스도인의 신앙과 삶에 대한 오해를 풀어 주며, 자신을 고소한 이들의 오류를 지적하기도 한다. 바울은 신앙의 변호를 넘어서, 총독이나 왕마저도 자신처럼 그리스도인이 되기를 권면한다.

신약성경에서 사도들을 통해 전해진 공통된 메시지는 모든 그리스도인이 변증의 임무, 즉 복음을 전하고, 귀신을 쫓아내며, 병든 자를 고치고, 이단에 맞서서 기독교 신앙을 변호할 '변증의 사명'을 부여받았다는 것이다. 필자는 왜 한국 교회에 기독교 변증이 필요한지 네 가지 이유를 간략하게 제시하고자 한다.

한국 교회에 기독교 변증이 필요한 이유

현대의 새로운 무신론에 대처하기 위해서는 변증이 필요하다

『손자병법』의 모공편에 "지피지기(知彼知己)면 백전불태(百戰不殆)"라는 말이 있다. 최근에 무신론자들의 비율이 급증하고 반기독교적인 정서가 강해지는 사회 현상의 이면에는 역사 이래 가장 효과적으로 활동하는 무신론자들이 있다는 것을 알 수 있다.

예건대, 리처드 도킨스(Richard Dawkins), 샘 해리스(Sam Harris), 크리스토퍼 히친스(Christopher Hitchens) 그리고 유발 하라리(Yuval N. Harari) 등은 대중의 폭넓은 지지를 받으며 기독교 신앙을 조롱한다. 도킨스의『만들어진 신』, 히친스의『신은 위대하지 않다』, 해리스의『신이 절대로 답할 수 없는 몇 가지』, 하라리의『사피엔스』,『호모 데우스』등은 모두 베스트셀러가 되었고, 일반 대중은 아무런 비판 없이 기독교가 악의 축이며 무신론이 더욱 타당하다는 그들의 주장을 그대로 받아들인다. 이들은 대중 강연에 모두 능숙하며, 저널이나 출판, 방송을 통해서 무신론자들이 유신론자들보다 더욱 도덕적이고 과학적이라고 주장한다.

이들뿐만 아니라, 미국 공립학교 교육과정에서 창조론을 제거하는 데 주도적 역할을 해온 무신론 단체인 미국시민자유연맹(ACLU)은 2015년 '오버거펠 대 호지스'(Obergefell v. Hodges) 판례(미 연방대법원 동성결혼 합헌 판결) 이후에도 지속적으로 종교자유보호법이 위헌이라고 주장한다. 이들은 기독교 신앙의 자유를 제한하고 반기독교적인 사회 환경을 조성하는 데 앞장서고 있다. 이제 세상에서 무신론은 더 이상 음지에 숨어 있지 않다. 무신론자들은 신의 존재를 부인하는 광고를 버스에 부착하며 무신론적인 삶을 찬양한다. "신은 없는 것 같으니 걱정 말고 인생을 즐겨라"(There's probably no God. Now stop worrying and enjoy your life).

우리나라도 무종교인들이 전체 인구의 약 65퍼센트에 이르며, 무신론자의 비율도 거의 15퍼센트나 된다는 조사 결과가 나왔다. 계몽주의 시대의 이신론은 포스트모던 시대에 이르러 무종교인과 무신론자의 비율의 증가로 이어지는 경향을 보인다. 근대의 이신론은 성경의 하나님의 구원 활동과 기적을 부정한다. 칼 마르크스(Karl Marx)의 공산주의 사상, 찰스 다윈(Charles Darwin)의 진화론 그리고 지그문트 프로이트(Sigmund Freud)의 심리학은 기독교에 타격을 주었다. 프로이트의 심리학은 신이란 단지 인간이 만들어 낸 개념에 불과하며, 하나님은 폭군적인 아버지를 투영한 것에 불과하다고 주장한다. 영국의 저명한 복음주의 신학자 제임스 패커(J. I. Packer)는 프로이트의 심리학이 영국 교회의 쇠퇴를 촉진시킨 주요한 요인이었다고 평가한 바 있다.

오늘날 신(新)무신론의 기수들은 과거보다 더욱 대중적이고 더욱 도전적인 방식으로 그리스도인의 신앙을 공격하고 있다. 그들은 무신론적인 진화론, 심리학, 과학을 결합하여 대중을 직접 설득하는 방식으로 활동한다. 따라서 21세기의 신무신론으로부터 믿음이 연약한 교인들과 청소년들의 신앙을 지키기 위해서는 이런 새로운 무신론의 허점을 분석하고 지적해 논파하는 기독교 변증학의 방법이 더욱 절실하게 필요하다.

성경의 권위를 지키기 위해 변증이 필요하다

설교의 황태자로 불린 찰스 스펄전(Charles Spurgeon, 1834-1892)과 복음주의 신학자 제임스 패커는 19세기 독일에서 유행했던 문서비평, 역사비평, 고등비평 신학이 영국 교회의 쇠퇴를 초래한 원인이라고 비판한다.

물론 고등비평의 방법은 성경의 배경적 이해를 확장하여 성경의 문학적 구조를 이해하고 설교의 깊이를 더해 줄 수 있는 장점을 가지고 있다. 그렇지만 고등비평은 이성 중심의 계몽주의 철학의 영향에서 자유롭지 못하다. 이성에 어긋난다고 보이는 내용들에 대해서는 성경의 신적인 권위를 부정하고, 초자연적인 기적을 신화로 취급하며, 성경을 오류가 많이 포함된 문헌 정도로 보게 한다. 그들에게 '이성'은 형이상학적 명제와 성경의 초자연적인 요소들을 비진리로 판단하는 역할을 한다. 그래서 창세기의 창조와 노아 홍수는 설화로 취급되고, 오병이어의 기적은 각자 가져온 도시락을 나누어 먹은 사건으로 각색되며, 그리스도의 부활은 오래 살고 싶은 욕구를 가진 사람들이 조작한 기독교의 상징적인 교리 정도로 왜곡된다. 이에 대해 스펄전은 자유주의 신학이 성도의 믿음을 손상시키고 영국 교회를 쇠락하게 만들 것이라고 그의 설교 중에 여러 차례 예견한 바 있다.

종교개혁가들이 타락한 로마 가톨릭의 교권에 맞서서 "오직 성경"을 외쳤던 것처럼, 복음주의 기독교 변증가들 역시 비평 신학과 자유주의 신학의 도전에 맞서 성경의 권위를 옹호하는 데 최선을 다하고 있다. 근대 계몽주의 시대 이후, 성경은 인간이 편집한 문헌이고 오류투성이라는 비판을 받아 왔다. 그리고 포스트모더니즘은 성경적인 보편적 진리와 보편적인 윤리를 부정할 뿐만 아니라, 상대주의, 다원주의, 젠더 이데올로기 등과 같은 새로운 '절대성'을 만들어 사회를 혼란에 빠뜨리고 있다.

종교개혁가들이 중세 로마 가톨릭이 전통으로 가려 놓았던 '성경'이 진리의 원천이라는 것을 확신했던 것처럼, 복음주의 기독교 변증가들은 이런 세속적 문화의 흐름에 맞서서 성경의 신적인 권위를 수호하는 것이야말로 그 어느 때보다도 시급하고 절실하다는 것을 인식하고 있다. 기독교 변증은 신약성경과 구약성경이 진실로 신뢰할 만한 하나님의 말씀인지를 묻는 사람들에게 성경의 예언 성취 논증, 사본적 신뢰성, 고고학적인 발견, 성경 난제 설명을 통해서 성경의 신적 권위와 무오성을 확증한다. 절대 진리를 부정하고 기독교의 유일성을 인정하지 않으려는 포스트모던 시대에, 성경의 신적인 권위와 성경적인 신앙을 지키는 데 최선의 방식은 기독교 변증이다. 사도들은 예수 그리스도에 대한 신앙과 성경의 권위에 대한 존중을 가르쳤다. 성경에는 구원에 이르는 하나님의 지혜가 담겨 있기 때문에, 한국 교회는 "변증하라"는 베드로의 권면을 따라야 한다(벧전 3:15).

이단으로부터 교회를 지키기 위해 기독교 변증이 필수적이다

교회사를 보면, 이단으로부터 교회를 보호하고 성도를 지키기 위해서 사도들과 그들의 제자들, 그리고 교부들이 변증적인 활동을 했다. 오늘날 한국 사회에서 이단은 양적으로 팽창해 왔다. 통계를 보면, 명목상 기독교인 중 최소 백만 명 정도는 이단 사이비 집단에 속해 있다고 볼 수 있다. 이단은 신격화된 교주를 섬기며, 삼위일체 교리를 부정하고, 강박관념과 공포심을 통해서 추종자들을 통제하는 '가스라이팅 수법'을 사용한다.

예수님은 말세에 택한 성도들을 미혹하여 멸망으로 이끌려는 이단들과 거짓 선지자들이 활동할 것을 미리 말씀해 주셨다.

"그때에 사람이 너희에게 말하되 보라 그리스도가 여기 있다 혹은 저기 있다 하여도 믿지 말라 거짓 그리스도들과 거짓 선지자들이 일어나 큰 표적과 기사를 보여 할 수만 있으면 택하신 자들도 미혹하리라"(마 24:23-24).

사도 바울은 로마서에서 타락한 본성을 가진 사람들이 창조주를 대신하여 우상과 일월성신을 숭배할 것이라고 말했다.

"이는 그들이 하나님의 진리를 거짓 것으로 바꾸어 피조물을 조물주보다 더 경배하고 섬김이라…"(롬 1:25).

사도 요한은 예수 그리스도가 육체로 오셨음을 부인하는 자들은 적그리스도에게 속한 자라고 분명하게 경고했다(요일 4:3). 베드로는 말씀에 의한 창조, 노아 홍수의 역사성 그리고 예수 그리스도의 재림을 조롱하는 거짓 교사들이 활동할 것을 예언했다(벧후 3장).

여러 이단들은 사회봉사 활동으로 자신들의 정체를 선한 모습으로 위장하고 있지만, 그들의 실제 모습은 정통 교회를 파괴하고, 추종자들을 노예로 삼으며, 가정을 파괴하는 반사회적 집단에 지나지 않는다. 성경은 이에 대해 "이것은 이상한 일이 아니니라 사탄도 자기를 광명의 천사로 가장하나니"(고후 11:14)라고 이미 경고했다.

교회사를 보면, 사도들과 제자들, 교부들은 당대의 여러 이단으로부터 기독교 신앙과 진리를 지키기 위해 노력했다. 『팡세』를 통해 기독교를 변증한 블레즈 파스칼(Blaise Pascal)에 의하면, "이단을 방지하는 가장 손쉬운 방법은 진리 전부를 가르치는 것이며, 이단을 반박하는 가장 확실한 방법은 진리 전부를 선포하는 것"이다. 참으로 옳은 말이다. 한국 교회는 성도들에게 십자가의 도와 진리를 담은 성경의 핵심 교리를 온전하게 가르쳐야 한다. 또한 한국 교회는 세상보다 더 높은 도덕성을 가지고 빛과 소금처럼 살아갈 수 있는 그리스도인들을 길러 내야 한다. 한국 교회가 이단 문제를 해결하기 위해서는 십자가의 복음, 교리적 변증, 윤리적 변증에 집중해야 한다.

빠른 속도로 교회를 떠나는 청소년들을 위해 기독교 변증이 더욱 필요하다

한국의 중고생과 대학생의 실질적인 복음화 비율이 5퍼센트 미만으로 집계된 지는 제법 오래되었다. 교회를 떠나는 청소년들이 눈에 띄게 많아지고 있다. 이는 단순히 출생률 감소로 인한 현상이 아니라는 점이 더욱 심각하다. 일명 '가나안 신자'(교회에 출석하지 않는 기독교인)는 그들이 교회를 떠나게 된 이유로 '믿음과 이성의 부조화'를 꼽는다. 이들은 성경과 교리에 대해서 의문에 빠졌을 때, 교회의 사역자나 교사로부터 타당한 답변을 얻지 못할 경우, 기독교 신앙을 맹신으로 단정하고 마음의 문을 닫았다. 필자의 경험으로는, 교회 생활을 오랫동안 해온 그리스도인 대학생들도 다윈의 진화론, 프로이트의 심리학, 무신론자들의 집멸 전쟁 비판 때문에 결국 그들의 신앙이 퇴보했다고 말한다.

교육 수준이 높아진 성도들은 성경 내용과 신앙의 문제들에 대해서 지성적인 확신을 요구한다. 이런 상황에서 "그냥 믿어라" 하고 답변한다면, 그들의 믿음은 오히려 침체되고 쇠퇴하게 될 것이 자명하다. 믿음은 하나님의 은혜로 주어지는 선물이지만, 그 믿음이 성장하고 성숙해지기 위해서는 지성적인 도움이 절실하다. 비바람을 맞으며 나무의 뿌리가 깊게 내리듯이, 질문을 통해 믿음은 더욱 깊어질 수 있다. 회의와 의심은 신앙의 적이 아니라, 신앙을 확고하게 정립하게 만드는 좋은 계기가 될 수 있다. 흔들리는 청소년들을 복음에 대한 확신을 가지고 믿음을 변호할 수 있는 수준으로 키우려면 변증이 필요하다.

영국의 평신도 기독교 변증가 C. S. 루이스(C. S. Lewis)는 1940년경에 당시 영국 공립학교 교과서(일명 Green book)를 분석한 결과, 그 안에 유물론, 무신론, 상황윤리 등 반기독교 사상이 가득한 것을 알게 되었다. 그는 이런 교육이 지속되면 수십 년이 지나지 않아서 영국 사회는 "가슴 없는 인간"(man without chest), 곧 하나님에 대한 지식과 도덕적 숭고미를 상실한 세대를 만나게 될 것이라는 암울한 예측을 한 바 있다. 오늘날 나타난 영국 교회의 쇠락한 모습은 그의 예측대로 된 것이라고 말해도 지나치지 않다.

한국 청소년들도 대부분의 시간을 세속화된 교육 환경에서 보내고 있다. 학교 교과서 안에는 다양한 무신론적인 사상들, 즉 진화론, 상대주의, 유물론, 젠더 이데올로기 등이 가득하다. 이런 상황 속에서 다음 세대의 주역인 청소년들이 "가슴 없는 인간"으로 변질되지 않게 하려면, 교회학교의 커리큘럼에 기독교 변증을 필수적으로 포함시켜야 한다. 한국 교회는 남아 있는 청소년들이라도, 그들의 질문에 성실하고 설득력 있는 답변을 제공해야 한다. 이 점에서, 교회학교 사역자와 교사들은 우선적으로 기독교 변증 교육을 받아야 한다. 청소년들이 기독교 신앙의 탁월성과 삶의 문제에 대해 타당한 답변을 얻는다면 나중에 교회를 떠나 가나안 신자가 되지 않을 것이고, 유물론자, 진화론자, 불가지론자로 변질되지 않을 것이다.

기독교 변증은 이런 점에서 예방 주사와 같다. 예방 접종을 받은 사람들은 항체를 보유해 질병에 저항할 능력을 갖는 것처럼, 기독교 변증은 청소년들이 일반 대학에 진학하거나 직장 생활을 할 때 세속 사회에서 필연적으로 직면하게 될 반기독교적인 질문들과 그에 대한 답변을 미리 공부함으로써 지성적 방어 능력을 갖추게 하기 때문이다. 기독 청소년들은 변증 교육을 통해 흔들리지 않는 견고한 신앙인으로 성장해 직업 소명을 이루어 갈 수 있을 것이다.

다시 말하면, 기독교 변증은 하나님이 선물로 주신 믿음을 지성적으로 확증하는 강력한 도구이다. 신앙과 지성을 조화롭게 만들어 주는 변증적 성경 공부나 세미나가 교회학교 사역자와 교사들 그리고 학부모들에게도 절대적으로 필요하다. 진리에 대한 토론과 변증은 그들을 한국의 C. S. 루이스와 같은 평신도 변증가로 만들어 낼 수 있다.

강한 성도를 키우는 길, 그 답은 기독교 변증에 있다

필자는 지금까지 현재의 한국 교회와 교회학교에 왜 기독교 신앙을 변증하는 교육이 필요한지를 간략하게 설명했다. 하나님을 거스르는 세속적 권위에 맞선 구약의 선지자들 그리고 주 예수 그리스도께서 부르신 사도들을 생각해 보라. 그들은 세상에 굴복되거나 동화되지 않고 세상을 이긴 믿음의 영웅들이다. 믿음의 영웅이 되기 위해서는 하나님을 인격적으로 알고 사랑해야 하며, 하나님의 말씀을 삶의 기준으로 믿고 따라야 한다.

바울은 디모데에게 성경은 구원에 이르는 지혜를 줄 뿐만 아니라 하나님의 사람으로 온전하게 하며 모든 선한 일을 행할 능력을 갖추게 한다고 가르친다(딤후 3:15-17). 강한 성도는 하나님의 말씀을 가진 사람들이다. 기독교 변증은 성경의 신적인 권위와 무오한 계시를 옹호한다. 기독교 변증은 성경의 진리를 지성적으로 확신하고 십자가의 도를 자랑스럽게 여기는 성도를 만드는 데 유익하다.

그런데 많은 그리스도인이 한국 교회의 당면한 위기를 극복하기 위해서 부흥과 성장의 방안이 필요하다는 데 공감하면서도 기독교 변증이 가장 효과적인 방식이라는 것에 대해서는 잘 알지 못하고 있다. 흔히 교육을 백년지대계(百年之大計)라고 한다. 집 짓는 재목용 나무를 키우는 데도 수십 년이 걸린다. 마찬가지로 기독교 변증은 단기간에 이룰 부흥 전략이 아니라, 시대를 맞서고 이길 수 있는 '일당천'의 성도를 길러 내는 장기적 교육 방식이다.

"너희 중 한 사람이 천 명을 쫓으리니 이는 너희의 하나님 여호와 그가 너희에게 말씀하신 것같이 너희를 위하여 싸우심이라"(수 23:10).

초대교회 역사가인 마이클 그린(Michael Green)에 의하면, 주후 313년 콘스탄틴(Constantine) 대제의 밀라노 칙령이 내려져 더 이상 핍박을 받지 않게 되었을 때에, 그리스도인은 이미 로마 전인구의 약 12퍼센트인 700만 명가량에 이르렀다고 한다. 초대교회가 핍박의 시대를 돌파하고 성장할 수 있었던 이유는 바로 기독교 신앙의 변증적 특성에 있었다. 한마디로, 주 예수 그리스도를 믿는 신앙을 설명하는 '교리적 변증'과 그 믿음대로 살아가는 '윤리적 변증'이 로마의 핍박을 이겨 내고 복음의 꽃을 피우는 강력한 힘으로 작용했던 것이다.

기독교 변증 교육은 진화론, 무신론, 포스트모더니즘 사상을 이길 수 있는 건강한 성도를 양육하는 데 필수 불가결하다. 한국 사회에 비종교인의 숫자가 늘어 가고 있고, 무신론의 파도도 더욱 거세게 몰아쳐 오고 있다. 다음 세대 주역인 청소년을 더 이상 잃지 않으려면, 믿음이 연약한 성도들을 확고한 신앙을 가진 성도로 양육하려면, 이단에 맞서 교회를 지키고자 한다면 한국 교회는 더 이상 지체하지 말고 사도들과 교부들이 심혈을 기울였던 기독교 변증 교육에 깊은 관심을 가져야 한다. 기독교 변증은 핍박의 시대를 살아간 초대교회에 주신 하나님의 명령이며, 핍박의 시대에도 꽃피운 초대교회 신앙의 핵심이다. 베드로의 권면은 종교다원주의와 포스트모더니즘, 진화론과 무신론의 시대를 살아가는 오늘날의 그리스도인에게도 동일히 주신 하나님의 명령이기도 하다.

"너희 마음에 그리스도를 주로 삼아 거룩하게 하고 너희 속에 있는 소망에 관한 이유를 묻는 자에게는 대답할 것을 항상 준비하되 온유와 두려움으로 하고 선한 양심을 가지라 이는 그리스도 안에 있는 너희의 선행을 욕하는 자들로 그 비방하는 일에 부끄러움을 당하게 하려 함이라"(벧전 3:15-16).

1장

도덕 논증:
보편적인 도덕규범,
과연 하나님이 존재하는 증거인가요?

왜 우리는 도덕적인 삶을 권장하는가?

"왜 우리는 도덕적인 삶을 살아야 하는가?", "사람들은 기본적으로 권선징악의 원칙을 가지고 있는데, 왜 권선징악의 원칙은 인류의 사회에서 보편적인 가치로 자리 잡게 되었을까?" 이런 질문들을 다루는 '도덕 논증'(Moral Argument)은 인간이 기진 양심이나 객관적인 도덕 규범을 통해서 인격을 가진 선한 신의 존재를 추론하는 변증 방식이다. 이 논증은 고대 그리스 철학자 플라톤(Plato)과 아리스토텔레스(Aristotle)에 의해 다뤄졌지만, 근대 이후에 더 발전된 신 존재 증명 방식 가운데 하나이다. 특별히 도덕 논증의 발전에 기여한 사람은 독일의 철학자 임마누엘 칸트(Immanuel Kant, 1724-1804)와 영국의 문학자이자 기독교 변증가인 C. S. 루이스이다.

칸트는 존재론적 논증, 우주론적 논증 그리고 목적론적인 논증 등과 같은 전통적인 신 존재 증명들에 대해서는 비판적인 입장을 표현했다. 그렇지만 그는 도덕 논증에 대해 호의적인 평가를 했다. 『실천이성비판』에서 도덕적 행위의 최고 목적은 "최고선"(summum bonum)이다. 최고선은 덕과 행복이 일치하는 이상적 상태를 말한다. 하지만 현실에서 최고선을 이루는 것은 불가능하다. 따라서 칸트는 인간이 덕을 실현하기 위해서는 영혼의 불멸이 필요하고, 인간의 행복과 관련해서는 신의 존재가 필요하다고 주장했다.

칸트가 말하는 신은 실천이성에 의해 요구되는 '가정적 존재'이기 때문에, 인간이 감각으로는 알 수 없는 존재이다. 그러나 성경에서 말하는 신은 초월성(신은 피조물과 달리 우주와 시공간을 초월해서 존재한다는 개념)과 내재성(신은 인간과 인격적 관계를 갖고 역사 안에서 활동한다는 개념)을 가진 하나님이시다. 성경의 하나님은 우주와 자연만물을 창조하신 분이며, 역사 속에서 인간과 인격적인 관계를 맺고 구원을 베풀고 때로 기적을 행하시는 신이다. 성경의 하나님과 칸트의 철학적 개념으로서의 신은 서로 다르다.

기독교 변증가인 C. S. 루이스는 성경에 기록된 대로 아담의 존재와 타락, 그 이후 인간의 본성에 전해진 원죄의 결과를 인정했다. 루이스는 아담의 실존과 타락을 역사적 사실로 보았다. 아담은 자유의지를 가진 존재로 창조되었다. 아담은 자유의지를 남용하여 자기중심적인 존재로 변했다. 자기중심성(self-centeredness)은 본래적 의지의 왜곡이다. 아담의 타락은 인류와 자연 전체에 영향을 미쳤다. 원죄는 아담의 자유의지에 의해 발생한 것이다. 루이스는 인간의 본성이 타락했지만 선과 악을 어느 정도 알 수 있는 양심의 기능이 남아 있기 때문에 객관적인 도덕 가치의 존재를 인식할 수 있다고 보았다. 루이스의 주장에 따르면, 객관적이고 보편적인 도덕 가치와 절대적인 도덕률은 거룩한 하나님의 성품과 존재에서 나온 것이다.

가령 제2차 세계대전 이전에 국제 관계에서 최고의 규범은 '내정불간섭'의 원칙이었다. 그러나 참혹한 전쟁범죄를 겪은 인류는 '인권 보호'를 국가 주권과 내정불간섭의 원칙보다 상위의 가치로 설정함으로써 국제 인권 사상을 발전시켰다. 국가의 존재 이유는 인권을 보호하기 위한 것이기에, 만일 특정한

국가가 자국민이나 타국민을 노예로 삼거나 인종청소를 자행한다면 국제사회는 인도주의적 간섭의 의무를 수행해야 한다. 인권을 침해한 국가는 내정불간섭의 원칙을 주장할 수 없다. 왜 인류는 세계대전 이후에 인간이 불가침의 권리를 가진 존재라고 여기게 된 것일까?

필자는 인간 본성의 선함과 악함이라는 양면성을 비교하면서 도덕 논증의 실마리를 풀어 가고자 한다. 인류의 역사에는 인간의 본성이 악한 모습 또는 선한 모습으로 나타나는 사례가 참으로 많다. 유가 철학을 대표하는 맹자(주전 372-289)와 순자(주전 313-238)는 인간의 본성에 대해 성선설과 성악설이라는 상반된 견해를 주장했다.

맹자는 당시 군주들이 부국강병 정책으로 패도를 추구하는 것을 반대하고 왕도(王道: 덕으로 다스리며 인을 행하는 것) 정치를 주장했다. 맹자의 성선설은 왕도 정치를 위한 교육론이다. 맹자에 의하면, 인간은 선한 본성을 가지고 태어난다. 인간의 선한 본성에는 네 가지 도덕성의 씨앗이 있다. 네 가지 본성, 즉 사단(四端)은 측은지심, 수오지심, 사양지심, 시비지심이다. 사단의 뿌리는 사덕(四德: 인, 의, 예, 지)이다. 예컨대 누구든지 우물에 빠진 어린아이를 구하려고 하는 것은 사람이 측은지심(불쌍히 여기는 마음)을 가졌기 때문이다. 그래서 맹자의 교육관은 인간의 타고난 도덕적 본성을 잘 기워 내는 것을 강조한다.

반면에 순자는 '사람은 태어날 때부터 이기적이고 쾌락을 추구한다'고 보았다. 인간의 악한 본성을 제어하지 않으면 사회는 혼란에 빠질 수밖에 없다는 것이다. 가령, 사람의 욕심을 내버려두면 서로 다투고 빼앗고 쾌락만 추구한다고 본다. 그래서 순자는 예치(禮治: 사회규범을 통해서 인간의 악한 본성을 다스리는 것)를 통해서 이를 해결하고자 했다. 순자는 법 제도를 통해서 인간의 악한 본성을 억제하고 사람이 선하게 행동하도록 교육해야 한다고 주장했다. 순자의 성악설은 법치(法治)와 연결된다. 맹자의 성선설과 순자의 성악설은 인간 본성의 선한 면과 악한 면에서 각각 다른 측면을 주목한 것이다.

칸트는 『영구 평화론』에서 세계보편시민의 권리를 "환대성(hospitality)의 권리"로 주장했다.[1] 환대성의 권리는 "한 이방인이 낯선 땅에 도착했을 때에 적으로 간주되지 않을 권리"를 말한다.[2] 칸트가 보기에 사람들은 지구라는 땅덩어리를 공동으로 소유하기에 그런 권리를 갖는다. 보편적 환대성의 원칙의 이면에는 인간의 양면성에 대한 칸트의 통찰이 담겨 있다. 사람은 친구에게는 우정과 호의를 베풀지만, 적에게는 실제로 잔인하게 대하는 습성이 있다는 것이다. 인간의 본성이 타인을 향하여 환대와 적대라는 상이한 반응을 보인다는 것을 보여 주는 사례들은 인류의 현대사만 보아도 가득하다.

먼저, 인간의 본성이 극악하다는 것을 보여 주는 20세기 현대사의 사례를 살펴보자.[3] 제2차 세계대전 동안 아돌프 히틀러(Adolf Hitler)의 나치 정부가 독일과 점령 지역에서 유대인, 슬라브족, 집시, 장애인 등 최소 1천만 명 이상을 학살한 사건인 '홀로코스트'를 살펴보자. 홀로코스트란 말은 원래 히틀러의 광기 어린 대량 학살을 지칭하는 용어로 쓰이다가 1960년대 이후부터는 6백만 명의 유대인 학살을 뜻하는 단어로 사용되기 시작했다. 홀로코스트는 인간의 본성이 얼마나 악할 수 있는지를 보여 주는 사건이다. 유대인을 인간으로 간주하지 않았던 히틀러의 신념을 추종했던 독일 정부의 관료, 군경과 시민들은 직간접적으로 유대인 말살에 참여했다. 유대인들은 강제수용소에서 강제 노역에 동원되었고 일부는 끔찍한 생체 실험을 당하기도 했으며 가스처형실에서 대량으로 학살되었다.

아우슈비츠 수용소에서 근무한 폴란드 경비원 즈막레우스카(Szmaglewska)의 증언에 의하면, 가스처형실에서 처형이 집행된 후, 아직 숨결이 붙어 있는 어린아이들은 산 채로 소각로에 던져지거나 구덩이에 매장되었다고 한다. 그들의 울부짖는 소리가 수용소에 울렸다고 한다. 독일 나치가 가스 처형 방식을 선호한 이유는 경제적으로 저렴했기 때문이다. 1,500명을 살해하는 데 드는 비용이 불과 6.75달러 정도였다. 당시 유럽에 있던 유대인들의 약 70퍼센트가 학살된 것으로 보인다.

　나치를 피해 미국으로 망명했던 유대인 정치사상가 한나 아렌트(Hannah Arendt, 1906-1975)가 던진 철학적 화두는 "어떻게 근본악이 이 세상에 나올 수 있는가?"로 집약된다. 그녀에 의하면, 나치 정권은 인간의 본성을 말살하는 전체주의적 체계 속에서 탄생했다. 한나 아렌트는 독일 관료와 군경의 '무사유'(thoughtlessness)가 끔찍한 홀로코스트를 일으킨 원인이었다고 진단한다. 그들은 독일의 법률과 상관의 명령이 불의한지를 따져 보지 않고서 아무런 생각 없이 대량 학살을 자행했다. 계몽주의 철학은 인간의 본성을 선하다고 본다. 그런데 어떻게 근대 철학을 꽃피운 독일에서 홀로코스트와 같은 학살이 일어났을까? 악은 어디에서 온 것일까? 아담의 원죄를 부정하는 종교들과 근대 철학은 인간의 본성 안에 있는 악을 제대로 설명할 수 없다.

　중국의 형벌 제도를 찾아보면 인간 본성의 악한 면을 볼 수 있다. 중국인들은 반역자들에게 가장 고통스러운 형벌 방식을 적용했다. 그들은 극도의 공포심을 조장하며 권력을 유지하려고 한 것이다. 2014년 이라크와 시리아 지역에서 세력을 떨친 이슬람 무장 단체(일명 ISIS)는 다른 종교를 가진 부족을 집단으로 살해하거나 그리스도인 소녀들과 부녀자들을 성노예로 삼고 매매하기도 하는 등 잔익한 전쟁범죄를 저질렀다.

　영국 옥스퍼드 엠네스티 강좌는 철학, 법학, 문학, 정치학, 역사학, 종교학 등의 분야의 세계적인 석학을 초청하여 매년 개최된 인권 강연으로 알려져 있다. 1993년에 진행된 옥스퍼드 엠네스티 강좌는 『현대사상과 인권』이라는 책으로 출간되었다. 이 책의 서론은 제2차 세계대전 중에 일어난 잔악한 인간의 살인과 전쟁범죄를 중요한 사례로 인용하고 있다.

"세르비아 점령군은 여성이나 아동을 대상으로 하는 특별한 강제수용소를 만들었다. 전쟁범죄는 특별한 여성 강제수용소에서 자행되었다. 그곳에서 어린

여아들, 소녀와 성인 여성들이 그들의 부모, 형제와 자매, 남편과 자녀들이 보는 앞에서 강간을 당했다. 목격자들의 증언에 따르면 강간당한 사람들은 그 후 더욱 잔인하게 학살되고 그들의 유방은 절단당하고 자궁이 도려내어졌다. … 지진아 수용소에서는 3백 명 이상의 어린 소녀들이 강간당했다."[4]

우리는 독일 나치의 홀로코스트, 세르비아 점령군의 인종청소 그리고 수니파 이슬람극단주의(ISIS)의 만행에 분노한다. 양심이 있는 사람들은 전쟁범죄자들을 반드시 처벌해서 그런 일이 다시는 반복되지 않게 해야 한다고 주장한다. 전쟁이라는 상황은 인간이 얼마나 악한 본성을 가졌는지를 여지없이 드러낸다. 그렇지만 전쟁의 참화 가운데에서도 선한 사마리아 사람처럼 불행에 처한 이들을 돕고자 한 사람들이 있었다.

이제 인간의 선한 본성과 양심이 작동했던 사례들을 살펴보자. 전쟁이라는 살벌한 상황 속에서도 우리에게 감동을 주는 사람들이 있었다. 첫째, 이레나 센들러(Irena Sendler, 1910-2008)의 이야기이다. 나치 독일은 1939년 9월 폴란드를 침공한 직후 유대인 말살 정책에 따라 바르샤바에 거주하던 유대인들을 모두 색출했다. 나치는 남녀노소를 막론하고 유대인들을 모두 강제수용소에 집어넣었다. 당시 바르샤바의 시청에서 사회복지사로 일하던 센들러는 비록 자신이 유대인은 아니었지만 이 문제에 관심을 갖게 되었다. 그녀는 수용소 내에 장티푸스가 발병하여 창궐하게 되자 위생 검사를 빌미로 동료 20여 명과 함께 수용소 안에 있던 2,500명의 유대인 어린아이들을 탈출시켜 학살당하지 않게 했다. 1942년 센들러는 독일 비밀경찰(게슈타포)에 의해 체포된 후 고문을 받았다. 하지만 동료와 아이들의 신원을 끝내 밝히지 않았다.

두 번째 감동적인 이야기는 1943년경 프랑스 위그노파(Huguenots: 칼뱅주의를 따르는 프랑스의 개신교도)의 유대인 구출 활동에 관한 것이다. 독일 나치 정부에 의해서 유대인 학살이 자행되던 즈음에, 프랑스의 남동쪽 세벤느 산맥에 위치한 르 샹봉 쉬르 리니옹 마을에서 있었던 일이다. 그 마을 주민들의 대부분은 위그노파 개신교인들이었다.[5] 약 3,500명의 마을 주민들이 거의 6천 명에 달하는 유대인과 어린아이들을 구하기 위해 한마음으로 협력했다. 그들은 독일 나치 정부의 감시를 피해서 유대인과 아이들을 자기 마을의 아지트, 가정집, 학교, 수도원 및 수녀원 등에 숨겨 두었고, 가짜 신분증을 제공해서 험준한 산맥을 넘어 안전한 지역인 중립국 스위스의 제네바로 탈출시켰다. 위그노파 개신교인들은 모든 사람이 하나님의 자녀라는 성경적인 신념을 갖고 있었다.

세 번째 이야기는 독일 사업가인 오스카 쉰들러(Oskar Schindler, 1908-1974)의 유대인 구출 이야기이다. 쉰들러는 본래 나치 정권에 협조하며 유대인의 노동력을 이용해 돈을 벌던 탐욕스러운 사업가였다. 하지만 유대인이 학살되는 현실을 목격하면서 자신의 군수공장을 통해 약 1,200명의 유대인을 아우슈비츠 강제수용소로부터 구출했다. 그는 자기 재산의 대부분을 뇌물로 사용하면서 유대인들의 생명을 구한 공로로, 비유대인으로서는 드물게 예루살렘의 시온산 유대인 묘역에 묻혔다. 그의 이야기는 1993년에 상영된 스티븐 스필버그(Steven Spielberg) 감독의 영화 "쉰들러 리스트"로 전 세계에 알려졌다. 나치의 전체주의적 광풍이 사람들의 도덕감을 마비시키던 때에 그는 인류애와 양심에 따라 행동한 사람으로 평가된다.

필자는 지금까지 인간 본성의 두 얼굴, 선한 모습과 악한 모습을 보이는 상반된 사례를 대비시켜 설명했다. 우리는 악이 인간을 유린할 때 슬픔과 분노를 느낀다. 반면에 인류애를 가지고 헌신한 사람들을 존경의 마음으로 바라본다. 왜 우리는 악한 행동에 분노하며 선한 행동을 권장하는 도덕적 가치를 가지고 있는가?

유엔 세계인권선언문: 인간의 존엄성과 도덕의 근원은 무엇인가?

제2차 세계대전 말 프랑스 가톨릭 철학자인 자크 마리탱(Jacques Maritain)은 유엔 세계인권선언문의 형성에 결정적인 영향을 끼친 인물로 평가를 받고 있다. 그는 '인간의 이성, 자유, 타고난 존엄성'(the inherent dignity)에 주목했다. 그는 자연법에 토대를 둔 보편성을 강조하고 신앙과 인권의 조화를 주장했다. 유엔 세계인권선언은 다음과 같은 전문을 가지고 있다.

"인류 가족 모두의 존엄성과 양도할 수 없는 권리를 인정하는 것이 세계의 자유, 정의, 평화의 기초이다. 인권을 무시하고 경멸하는 만행이 과연 어떤 결과를 초래했던가를 기억해 보라. 인류의 양심을 분노케 했던 야만적인 일들이 일어나지 않았던가?"

그래서 유엔 세계인권선언문 제1조는 "모든 사람은 태어날 때부터 자유롭고, 존엄하며, 평등하다. 모든 사람은 이성과 양심을 가지고 있으므로 서로에게 형제애의 정신으로 대해야 한다"라고 명시한다. 사실, 유엔 세계인권선언문은 "왜 우리는 인간의 존엄성에 동의를 해야 하는가?"라는 철학적 질문을 시작으로 여러 질문을 던진다. "객관적이고 보편적인 도덕적 가치가 존재하는가?", "인간은 왜 존엄성과 권리를 갖고 있다고 생각해야 하는가?", "인간의 존엄성의 근거는 무엇인가?" 모든 사람에게 타당한 옳고 그름에 대한 객관적인 기준(도덕규범)이 있는가? 인간의 존엄성은 결국 인간이 무엇이며 인간이 무엇을 소망하고 살아가는지를 묻는 도덕과 관련된 주제이다.

'도덕'(Morality)이란 무엇일까? 미국 기독교철학회장을 역임했고 베일러 대학교 철학과 교수인 프랜시스 백위드(Francis J. Beckwith)는 '도덕'의 특징을 다음과 같이 설명한다.[6]

첫째, 우리가 알 수 있는 객관적이고 보편적인 도덕규범이 존재한다. 도덕규범의 존재를 부인한다면 그는 도덕적 회의주의자(Moral Skeptics)일 것이다. 그러나 '객관적이고 보편적인 도덕 가치가 존재한다'는 것에 동의하려면 유신론적인 세계관을 전제해야 한다. 무신론적인 우주를 전제한다면 인간의 존엄성, 도덕적 책임과 도덕적 가치들은 무엇으로도 설명될 수 없기 때문이다.

둘째, 도덕규범은 물질이 아니다. 도덕규범은 무게, 높이, 크기 등 외연과 같은 물리적인 속성을 갖지 않는다. 도덕규범은 과학적인 도구를 통해서 발견할 수 있는 화학적인 요소로 구성된 것도 아니다. 도덕규범이 비물리적인 방식으로 존재하는 것이라면 세계관으로서의 유물론은 잘못되었다고 평가할 수 있다.

셋째, 도덕규범은 인격과 지성을 가진 사람들 상호 간에 이루어지는 배려와 대화이다. 도덕규범은 '사람은 약속을 지켜야 한다'는 정언명법 형태로 '너는 약속을 지켜라'와 같은 명령형 그리고 '약속은 지키는 것이 좋다'와 같은 서술형 형태로 나타난다.

넷째, 도덕규범에는 의무가 있다. 도덕성의 당위는 사람이 마땅히 특정한 방식으로 행동해야 하는 것을 뜻한다. '당위'는 사실에 대한 문제가 아니라 '어떻게 해야 하는가'에 대한 규범적 주장이다. 다시 말하면 '사람이 거짓말을 한다'는 진술은 '사실'을 다룬 것이지만, '사람이 거짓말을 해서는 안 된다'는 진술은 도덕적 당위를 말한 것이다. 법정에서 거짓 진술을 한 사람을 비판하거나 처벌하는 것은 도덕적 당위(규범)를 어겼기 때문이다. 일부 무신론자마저도 어느 정도 객관적인 도덕이 존재한다고 생각한다.

그러나 이 세상의 법정, 형사법, 경찰만으로는 결코 정의를 완전하게 구현할 수 없다. 만일 법정에서 전관예우, 유전무죄 그리고 무전유죄가 이루어진다면, 그런 관행들은 '만인은 법 앞에 평등하다'는 사상을 위배한 것으로 사회 정의를 훼손한 경우라고 볼 수 있다. 그리고 경찰이나 검찰의 부실한 수사와

판사들의 잘못된 판결로 인해 무고한 사람이 희생되는 경우에도 정의는 실현되지 않는다. 실제로 살인범이라는 누명을 쓰고 오랜 세월을 교도소에서 복역하다가 진범이 잡혀서 뒤늦게 풀려나오는 억울한 사람도 있다.

독일의 히틀러와 같은 최고 권력자들은 국내 사법기관을 장악했기 때문에 처벌받지 않을 것이다. 그들에게는 권선징악의 규칙이 제대로 작동되지 않는 것처럼 보인다. 그들이 최고 권력자이기 때문에 처벌받지 않는다면 그것은 완전한 정의가 아니다. 그래서 "안 걸리면 장땡이다"라는 말은 모든 죄인에 대한 완벽한 처벌이 이 땅에서는 불가능하다는 것을 말한다. 완전범죄는 수사기관이 어떤 증거도 확보하지 못했기 때문에 처벌할 수 없다. 그러므로 이 땅의 사법 체계와 형법은 불완전하여 모든 범죄자를 공정하게 처벌할 수 없다.

민주정치의 옹호자 존 롤즈(John Rawls)는 '유권자'가 최후의 법정 역할을 수행할 수 있다고 주장했지만, 실상은 그렇지 않다. 토마스 홉스(Thomas Hobbes)는 그의 저서 『리바이어던』에서 '민주정'이 불안정하다는 점을 지적했다. 그 이유는 일반 대중이 선동될 수 있기 때문이다. 홉스의 견해를 따르면, 일반 대중이 완전한 정의를 실현하기는 불가능하다. 출생의 우연성과 권력의 특수성을 공정하게 다룰 수 없다면 세상은 말 그대로 불공평한 곳이다.

구약성경의 전도서 기자는 "또 내가 해 아래에서 보건대 재판하는 곳 거기에도 악이 있고 정의를 행하는 곳 거기에도 악이 있도다 내가 내 마음속으로 이르기를 의인과 악인을 하나님이 심판하시리니"(전 3:16-17)라고 말한다. 이 말씀은 법정이 불완전하다는 것 그리고 히틀러 같은 악한 지도자는 사후에 하나님의 공의로운 심판을 피할 수 없다는 것을 말한다.

앞에서 설명한 것처럼 도덕은 환상도, 물질도, 우연의 산물도 아니다. 도덕의 근원은 지성적이며 인격적인 존재일 수밖에 없다. C. S. 루이스는 『순전한 기독교』에서 도덕법의 존재는 도덕법의 수여자를 암시한다고 말했다. 인격이 있는 신이 도덕성의 출처이다. 도덕성의 근원은 보편적 도덕규범을 강제할 수 있는 도덕적 권위를 가진 신인 것이 틀림없다. 다시 말하면, 도덕성은 다른 것에 자신의 존재를 의존하지 않는 자존하는 존재(신)로부터 나와야 한다. 오직 하나님만이 세상을 공평하게 심판하실 수 있다.

"모든 나라 가운데서 이르기를 여호와께서 다스리시니 세계가 굳게 서고 흔들리지 않으리라 그가 만민을 공평하게 심판하시리라 할지로다"(시 96:10).

무신론적 도덕 실재론: 무신론은 도덕을 설명할 수 있는가?

거룩한 하나님을 전제하는 도덕 논증을 거부하는 사람은 이렇게 반문하기도 한다. "무신론자들은 인격과 행위가 모두 비도덕적인가? 다시 말해서 무신론자들은 착하게 살 수 없단 말인가?" 물론 어떤 무신론자들은 나름 '객관적인 도덕 가치들'을 인정하며 어느 정도 착하게 살 수 있다. 도덕 논증은 '모든' 무신론자들과 비유신론자들이 착하게 살 수 없다고 주장하는 것이 아니라, 하나님이 존재해야만 도덕성과 도덕규범들을 설명할 수 있다고 말한다.

미국의 무신론 철학자 에릭 윌렌버그(Erik Wielenberg)는 '객관적인 도덕 가치들'이 존재한다는 것에 동의하지만, 이 객관적인 도덕 가치들은 신의 존재와는 무관하게 객관적으로 실재한다고 본다. 즉 객관적인 도덕 가치들은 있지만 그것은 하나님에게서 나온 것이 아니라는 것이다. 이것이 '무신론적 도덕 실재론'의 핵심 요지이다. 이들은 강간이나 살인은 도덕적으로 비열하다고 비난하고 사랑이나 우정은 도덕적으로 타당하다고 말한다.

월터 시놋-암스트롱(Walter Sinnot-Armstrong)은 유신론자들이 무신론자들을 죄인으로 취급하는 것은 잘못이라고 주장한다. 그 역시 강간이 누군가를 다치게 하는 잘못된 행동이라고 비판한다. 그에 의하면, 무신론자이면서도 도덕적이고 자기희생적인 사람들이 많이 있기 때문에 일방적으로 '무신론자들'을 '도덕관념이 결여된 사람들'이라고 말하는 기독교인을 고집불통이라고 비판한다.7) 존 롤즈도 "모든 사람은 전체 사회의 복지라는 명목으로도 유린될 수 없는 정의에 입각한 불가침성을 갖는다"라고 말하며, 개인의 존엄성을 보호해야 하는 것이야말로 정의 사회가 가져야 하는 최고의 원칙이라고 주장한다.8) 무신론 철학자들도 여성에 대한 강간을 반대하고 약자의 인권을 존중해야 한다는 것이 자명한 도덕적 규범에 속한다고 본다.

하지만 무신론자들이 무신론 체계 안에서 보편적인 도덕 가치를 주장하는 것은 일종의 자기모순이다. 무신론적 도덕 실재론이 왜 자기모순적인 주장인가?

첫째, 무신론적 도덕 실재론에서 말하는 도덕적 사실들은 우주의 한 부속품처럼 존재해야만 한다. 그러나 사랑, 박애, 우정 등과 같은 도덕적 가치들은 결코 물질로 환원될 수 없는 성질의 것들이다. 또한 그것들은 사회의 모든 구성원이 동의하는 객관적인 가치들이기 때문에 주관적인 개인의 생각들로도 환원되지 않는다. '객관적인 도덕 가치들'을 '비물질적인 실재'로 간주하는 순간에, 무신론자들은 스스로 모순에 빠질 수밖에 없다.

둘째, 도덕적 사실들은 '강간은 잘못이다', '살인은 잘못이다'라는 도덕적 진술문을 포함한다. 도덕적 진술은 사람들의 마음속에 생각으로 존재한다. 무신론적 도덕 실재론에 의하면, 객관적인 도덕적 가치에 대한 명제들은 마음속에 존재해서는 안 된다. 도덕적 진술이 마음 안에 있다고 하면, 비물질적인 마음의 영역을 인정하지 않기 때문에, 역시 자기모순이다.

셋째, 현실적으로 비인격적이고 추상적인 도덕적 사실과 이것에 근거한 도덕적 가치는 사람들에게 의무감으로 작용한다. 그런 도덕적 사실이 존재한다고 해도 "왜 우리가 그것들을 도덕규범으로 따라야 하는가?"라는 질문에 무신론자들은 정확한 답변을 제시할 수 없다. 한마디로 무신론적 도덕 실재론의 문제점은 도덕적 가치에 대한 형이상학적 근거를 제시하지 못할 뿐만 아니라, 도덕적 의무와 동기를 정당화할 근거를 전혀 설명할 수 없다는 것이다.

만일 사람들이 '악을 억제하고 선을 장려할 의무'를 비롯한 여러 도덕적 규범을 인정하고 따라야 한다면, 그것은 도덕법의 수여자, 즉 비물질적이면서 인격적이신 하나님의 존재를 상정하는 것이 가장 자연스럽다. 인간의 존엄성을 보호하는 객관적이고 보편적인 도덕규범은 무신론적 도덕 실재론으로는 타당하게 설명할 수 없다. 오직 자기 형상으로 사람을 지으신 하나님을 전제할 때만 착하게 살아야 하는 도덕적 의무와 동기가 가장 명료하게 설명된다.

도덕성의 근원에 대한 세속적인 다섯 가지 견해와 그에 대한 비판

도덕성과 도덕규범들은 어디에서 나오는 것일까? 세속 사회는 다섯 가지 사상을 도덕성의 근원으로 제시한다. 문화적 상대주의, 국가관습주의, 윤리적 주관주의, 사회계약론 그리고 사회진화론이다. 이 다섯 가지가 도덕성의 근원이 될 수 있는지를 검토해 보자.

문화적 상대주의(Cultural Relativism)

문화적 상대주의란 특정 문화의 신념, 가치, 관습은 그 문화의 맥락에서 이해해야 한다는 주장이다. 서구 중심의 보편적인 기준으로 다른 문화를 판단하지 못하게 한다. 각 사회 문화의 가치는 그 문화권의 역사에서 형성되었기 때문에, 모든 문화권을 판단할 보편적인 가치는 존재하지 않는다. 다시 말하면, 옳고 그름의 기준은 문화마다 다르기 때문에, 초문화적인 객관적 도덕성의 존재를 인정하지 않는다. 각 개인은 자기 문화의 규범과 가치를 따르기만 하면 된다.

프란츠 보아스(Franz Boas, 1858-1942)는 에스키모 사회에는 아내를 공유하는 관습이 있다고 말하면서도 그것을 사회적 유대와 동맹 관계로 해석했다. 그러나 일부일처제 중심의 문화권에서는 절대 허용될 수 없는 관습이었다. 문화적 상대주의는 각 문화마다 옳고 그름에 대한 도덕성의 기준과 내용이 달라진다고 본다. 또한 다양한 문화권들은 서로 다른 문화를 가지고 있으며, 모든 문화권이 따라야 할 객관적인 도덕 가치는 없다고 주장한다.

그래서 문화적 상대주의자들은 최고 가치로 '관용'을 강조한다. 관용은 현대의 영미 윤리학에서 최고의 규범으로 자리를 잡아 가고 있으며 '상호 간에 다름'을 받아들이게 한다. 타 문화에 대한 관용을 보편적 가치로 삼으면 특정 문화의 고유한 특성을 보호할 수 있다. 하지만 특정 문화의 악한 관습을 관용이라는 명목으로 정당화할 수 있을까?

문화적 상대주의와 비교되는 '문화적 절대주의' 개념이 있다. 문화적 절대주의는 특정 문화나 도덕적 가치가 절대적이라는 견해이다. 문화적 절대주의는 강대국의 '자국 문화 우선주의'나 약소국의 강대국에 대한 '문화 사대주의'로 나타나기도 한다.

필자는 타락한 인간이 만든 모든 문화에는 필연적으로 악한 속성이 있다고 생각한다. 어떤 문화이든지 간에 모든 문화에는 타락의 영향이 반영되어 있다. 따라서 그 문화의 규범과 관습이 보편적인 도덕성에 위배된다면 그것은 용인될 수 없다. 문화적 상대주의는 관용이라는 이름으로 다양성을 인정해야 한다고 말하지만, 여성 전족, 여성 할례, 조혼과 같은 것들은 폐지되어야 할 악한 관습일 뿐이다. 문화마다 다양한 관습과 특성이 있다는 것은 역사적 사실이다. 그러나 '다양한 문화들이 존재한다'는 것에서 '객관적인 도덕성이 없다'는 결론을 내리는 것은 논리적인 비약이다. 프랜시스 백위드는 '도덕에 대한 견해가 일치하지 않는다'는 사실에서 '도덕적 진리가 없다'는 결론을 도출할 수 없다고 본다.[9]

어떤 특정한 문화권 내부에서도 관습은 변하기도 한다. 가령 조선 시대에 종모법(어머니가 노비인 경우에 모든 자녀를 노비가 되게 하는 법)이 있었다. 조선 시대는 기본적으로 종부법(아버지의 신분을 따르는 것)이었지만, 노비의 경우에는 종모법을 따랐다. 1894년 갑오개혁 때 노비제도가 폐지된 후, 현재 대한민국 국민은 누구나 종모법을 악한 법으로 단죄하고 비판할 것이다.

인류가 오랫동안 노예제도를 유지해 왔을지라도, 노예제도는 분명히 잘못된 것이다. 그것은 시대와 문화를 초월한 '절대적인 도덕 가치'에 어긋난다. 구약성경에 의하면 안식년과 희년에는 노예를 풀어 주어야 한다. 타인을 노예로 삼는 것은 타락한 인간의 본성이 만들어 낸 것이지 결코 하나님이 원하시는 뜻이 아니기 때문이다. 이 점에서 문화 상대주의이든지 문화 절대주의이든지 간에, 인간의 문화는 절대적인 도덕 가치와 규범들의 출처가 될 수 없다. 오히려 모든 문화는 하나님의 절대적인 도덕 가치를 통해서 평가받고 교정되어야 한다.

국가관습주의(State Practice Theory)

국가관습주의란 특정 국가의 오랜 법률적 관행이 법적 효력을 가진다고 보는 이론이다. 국가의 정책과 법규를 준수하는 것이 옳다고 간주하고, 국가의 법률적 관행은 합법성과 도덕성을 함께 갖는다고 본다.

나치 독일의 경우를 생각해 보자. 히틀러는 1933년 집권한 뒤, 자신의 당을 제외한 모든 정당을 해산시켰다. 1935년 9월 15일 뉘른베르크에서 열린 나치의 전당대회에서 일명 뉘른베르크법(독일인의 혈통과 명예를 지키기 위한 법률과 제국시민법)이 통과되었다. 나치 정부는 유대인 판사와 변호사도 모두 해임했다. 그들은 게르만의 혈통을 가진 사람만 판사가 되게 했다. 히틀러는 차별, 몰수, 처벌을 정당화하는 독일 법률과 정책을 만들어 놓은 후에 독일 국민들로 하여금 따르게 했다. 그리고 오래 지나지 않아 유대인 말살 정책, 집시, 장애인, 전쟁 포로 등에 대해 학살을 자행했다.

한마디로 말하면, 독일의 뉘른베르크법은 이런 학살을 명령했고, 히틀러의 부하들은 그 법을 충실하게 따랐다. 당시 독일은 국가가 국민들이 지킬 도덕 규범과 법률을 만든 후에 국가권력으로 그것을 시행하게 되면, 국가가 제정한 법률에 반대하는 사람은 모두 범법자가 되는 분위기였다. 그래서 유대인을 도와주려는 시도들은 독일 정부에 의해서 처벌을 받았다.

나중에 전범자들이 체포되었을 때 그들은 한결같이 법에 따라, 상관이 시키는 대로 했다고 변호하며 자신들은 죄가 없다는 논리를 폈다. 그러나 뉘른베르크 전범 재판소는 '법 위의 법' 개념을 통해서 국가관습주의를 인정하지 않았다. 정치철학자인 한나 아렌트는 히틀러 나치 정부의 2인자였던 아돌프 아이히만(Adolf Eichmann)이 체포된 후 그의 재판에 참여했다. 그녀는 아이히만이 악인의 전형적인 모습일 것으로 예상했지만, 실제로 그의 모습은 너무나 평범한 이웃 아저씨처럼 보였다. 이 재판을 보면서, 그녀는 '악의 평범성'(Banality of evil)과 '무사유'(thoughtlessness)라는 유명한 철학적 명제를 만들어 냈다.[10] 아렌트에 의하면, '악의 본질'은 평범한 사람들이 법규와 상관의 명령을 아무런 비판적인 숙고 없이 그냥 따르는 것에 있다. 즉 '비판적 사고의 결여'가 악을 실현하는 조건이다.

국가관습주의는 때로 권력을 가진 기득권층의 부도덕성을 드러낸다. 근대 시대에는 동서양을 막론하고 노예제도가 국가권력으로 정당화되었고, 노예 소유주는 이를 부의 축적 수단으로 활용했다. 18세기 영국은 노예무역, 상류층의 타락, 대중의 빈곤, 범죄 증가와 알코올중독이라는 총체적인 위기의 시대였다. 영국이 1773년부터 약 10년 동안 공급한 노예는 30만 명이 넘었고, 15만 명 정도는 운송 중에 사망했다고 한다. 당시 국가 수입의 3분의 1은 노예무역을 통한 탓에, 대부분의 의원들이 노예제도를 지지했다. 영국의 역사학자인 G. M. 트리벨리언(G. M. Trevelyan)은 당시의 영국을 "거대한 카지노"

라고 평가했다. 영국 정부의 형법에서 사형에 해당되는 죄목이 무려 2백 개가 넘었을 정도였다.

어떤 희망도 없어 보이던 영국에 성경적 가치를 가진 사람들에 의해 변화의 바람이 불어왔다. 퀘이커 교도들이 1724년에 노예무역과 단절을 선언했고, 감리교 창시자인 존 웨슬리(John Wesley), 리처드 백스터(Richard Baxter), 윌리엄 윌버포스(William Wilberforce) 등이 노예제도에 대한 반대의 목소리를 냈다. 특히 윌버포스는 21세에 하원의원이 된 후 41년 동안 의원 생활을 했다. 그는 의원이 된 지 7년 후 28세에 쓴 일기에 이런 고백을 남겼다.

"하나님은 내 일생에 두 가지 완수해야 하는 사명을 주셨다. 노예제도를 폐지하는 일과 영국의 악습을 개혁하는 일이다."

윌버포스는 무려 150회나 의회에서 논쟁을 벌였고, '영국 하원의 나이팅게일'이라고 불릴 만큼 매혹적인 목소리와 웅변 능력이 시너지 효과를 발휘해서 '영국 제일의 웅변가'라는 별칭을 얻었다. 그의 웅변은 공허한 사변이 아니라, 확고한 성경적 신념에 근거한 것이었다.

"영국이 진정 위대한 나라가 되고자 한다면, 하나님의 법을 지켜야 하는데, 노예제도는 하나님을 분노하게 하는 일이다. 기독교적 국가를 자처하는 영국이 황금에 눈이 멀어, 노예제도를 갖고 있다니. … 이러고도 오래 살아남은 제국은 역사에 없었다."

결국 그의 활동에 힘입어 노예제도는 1833년 7월 27일 그가 세상을 떠나기 사흘 전에 폐지되었다.[11]

국가관습주의의 한계를 보여 주는 또 다른 사례를 살펴보자. 1973년 미국 연방대법원은 '로 대 웨이드'(Roe v. Wade) 판례를 통해서 낙태를 불법으로 판단했던 텍사스 낙태법을 위헌으로 판정했다. 이 판례는 텍사스 주법이 수정헌법 제14조의 '적법절차', '사생활 보호권'을 위반한 것으로 보았다. '로 대 웨이드' 판례는 임신 초기와 중기에는 여성의 권리를 보호하되, 임신 24주 이후에는 주 정부가 낙태를 법으로 금지할 수 있지만, 산모의 생명이 위험한 경우에는 낙태를 허용한다. 그러나 이 판례는 2022년 6월 미국 연방대법원의 '돕스 대 잭슨 여성건강기구'(Dobbs v. Jackson Women's Health Organization) 판례로 완전하게 뒤집혔다. 이 판례에 의하면, 낙태 권리가 헌법에 명시되어 있지 않기 때문에 연방 정부 차원에서의 낙태 보호를 없애고 각 주 정부에 낙태의 합법성 여부를 독자적으로 결정하도록 일임한 것이다. 같은 사안에 대해서 연방대법원의 판례가 바뀌는 것을 보면, 국가의 법률이 도덕성을 만들어 내는 원천은 아니라고 본다.

흑인들의 인권 신장을 위해 헌신했던 마틴 루터 킹 주니어(Martin Luther King Jr., 1929-1968)의 사례도 마찬가지이다. 그는 미국 사회 내에서 유색인종을 차별하던 '짐 크로 법'(Jim Crow Law, 1870년대 후반까지 미국 남부에서 시행된 흑인 차별법)의 부당함을 드러내는 비폭력 저항 운동을 이끌었다. 그에 의하면, 실정법은 자연법에 위배되면 불의한 법이 되고, 자연법과 조화를 이루면 정의로운 법으로 평가된다. 그는 비폭력 저항 운동의 공로로 1964년에 노벨평화상을 받았다. 이것은 불의한 실정법, 즉 짐 크로 법이 도덕성의 근원이 될 수 없다는 것을 명백하게 보여 준 사례이다.

현대의 국제법에 따르면, 한 국가 문화가 심대한 인권침해를 지속적으로 국가권력을 통해서 자행할 경우에 그 국가의 자율성(내정불간섭)은 보호받지 못할 수 있다.[12] 존 롤즈는 그의 저서 『만민법』에서 국제사회가 특정 국가의 주권을 제한할 수 있는 경우는 국가권력이 심각한 인권침해를 지속적으로 자행할 때라고 규정했다. 그는 국가의 의무는 인권 보호에 있다는 것을 천명했다. 가령, 북한이 정치범 수용소를 운영하는 것은 정치 문화를 조성할 수 있는 국가 주권의 원리로도 정당화될 수 없는 비도덕적 행위이다. 그래서 국제 사회는 북한 당국이 정치범이나 기독교인들을 처벌하는 수용소를 철폐하도록 압력을 넣어야 할 책무가 있다.

그러므로 국가의 관습과 법규가 도덕성의 출처가 된다는 국가관습주의 주장은 잘못된 것이라고 평가할 수 있다. 국제인권법은 각국의 주권의 정당성 여부를 평가할 상위의 도덕 원칙이 존재한다고 본다. 인도주의적 간섭의 원리는 특정 국가의 법률과 정책적 관행이 불의한 경우에는, 그에 대한 시정을 요구할 수 있게 했다. 이 점에서 불의한 실정법을 정당화하는 국가관습주의는 도덕성의 출처가 될 수 없다는 것이 분명하다.

윤리적 주관주의(Ethical Subjectivism)

윤리적 주관주의는 도덕적 판단이 객관적인 사실이 아니라, 각 개인의 주관적인 감정, 태도, 신념에 따라 결정된다고 보는 이론이다. 즉 개인이 옳고 그름을 판단하는 주체라는 것이다. 윤리적 주관주의는 특정한 문화에 우월한 도덕적 지위를 부여하지 않고, 각 개인들을 최종적인 도덕적 판단자로 본다. 도덕성은 개인이 신택하는 취향에 따라 달라진다.

개인적 상대주의는 무정부적 상태로도 흘러갈 수 있다. 구약성경 사사기의 마지막 부분을 보면, "그때에는 … 사람들은 저마다 자기의 뜻에 맞는 대로 하였다"(삿 21:25, 새번역). 사람들이 각자의 뜻대로 살았다는 것은 그들이 절대적인 도덕적 규범에 의거한 삶을 살지 않고, 각자의 이해관계에 따라서 행동했다는 것을 말한다. 이처럼 모든 개인 각자가 옳음과 그름의 기준을 결정하는 것을 윤리적 주관주의라고 한다.

현재 세계 인구 82억 명이 각각 윤리의 최종적인 판단자가 된다면 어떤 일이 벌어질까? 모든 개인이 옳고 그름을 판단하고 행동한다면 이 세상은 정글의 법칙이 적용되는 사회가 될 것이고, 결국 도덕적 무정부 상태에 빠질 수밖에 없다. 각 개인이 도덕의 근원이라면 그 사회는 약육강식의 사회, 즉 강자의 이익이 정의가 되는 불의한 사회라고 할 수 있다.

윤리적 주관주의가 도덕적 무정부 상태로 빠질 수밖에 없는 이유는 각 개인이 도덕의 주체가 되어 행동하기 때문이다. 강자가 쾌락을 추구하기 위해서 약자를 강간하거나 살인할 수도 있다는 것이다. 만약 자율성이 윤리의 근원이라면 갱단, 마약, 살인, 강간 등 모든 악한 행동들도 정당화될 수 있게 된다. 상황윤리는 절대적인 옳고 그름이 없다고 가르치며, 인간의 자율성과 자유로운 선택만을 강조한다. 만일 윤리적 주관주의가 옳다고 하면, 강간이나 살인, 고문을 도덕적으로 잘못된 행동이라고 조금도 비판할 수 없다. 그러나 우리는 자신의 쾌락을 얻기 위해 타인을 해롭게 하는 행위를 옳은 것으로 여기지 않는다. 다음의 경우를 보면 개인의 자율성을 도덕의 근원으로 간주할 수 없다는 것이 분명하다.

(a) 나의 쾌락을 얻기 위해 다른 사람을 고문하는 것은 언제나 어디서나 정당하지 않다.
(b) 나의 쾌락을 얻기 위해 다른 사람을 강간하는 것은 언제나 어디서나 정당하지 않다.
(c) 나의 쾌락을 얻기 위해 어린 아기를 학대하는 것은 언제나 어디서나 정당하지 않다.

상술한 대로, 윤리적 주관주의는 각 개인의 자유를 극대화하는 철학적 입장이다. 독일의 철학자 막스 슈티르너(Max Stirner, 1806-1856)는 오직 자기 자신만이 자기의 관심사이고, 자기 자신보다 자신에게 더 중요한 것은 없다고 했다.[13] 그는 심지어 근친상간이나 살인도 정죄할 수 없다고 주장했다. 만일 어떤 윤리적 주관주의자가 자신이 죽임을 당하거나 학대받기를 원하지 않는다면, 이것은 자가당착의 오류이다. 바로 이 점에서 윤리적 주관주의는 거짓이고, 객관적 도덕의 근원이 될 수 없다고 평가할 수 있다.

조직신학자이자 기독교 변증가인 존 M. 프레임(John M. Frame)은 "한 인간이 선함의 표준이 될 수 없는 이유는 그 본성이 완전하지 않기 때문"이라고 주장한다.[14] 윤리적 주관주의는 도덕적 무정부 상태나 허무주의에 빠질 수밖에 없다. 허무주의는 절대적인 진리, 선, 도덕 가치들의 존재를 부인하기 때문에, 필연적으로 도덕적 무정부 상태에 빠질 수밖에 없으며, 도덕적 무의미성을 벗어날 수 없다. 만일 윤리적 주관주의가 잘못되었다는 것에 동의한다면, 우리는 개인이 아닌 다른 것에서 객관적이고 보편적인 도덕성의 근원을 찾아야만 한다.

사회계약론(Social Contract Theory)

어떤 사람들은 사회계약론을 통해서 도덕성을 설명하기도 한다. 세속적 휴머니즘의 아버지로 불리는 뉴욕대학교 철학과 석좌교수인 폴 커츠(Paul Kurtz, 1925-2012)는 하나님의 존재를 믿지 않는 무신론자들도 도덕적인 삶을 살 수 있다고 주장한다. 그리스도인이 아닌 사람도 선한 삶을 살 수 있다. 그리고 이들은 선함(the goodness)의 근거로 '사회계약론'을 제시한다. 이들은 한 번뿐인 이생의 삶을 위해서 재산과 생명을 보호하는 사회계약을 준수하는 것이 필요하다는 논변을 취한다.

그렇지만 사회계약사상은 도덕의 근거를 명확하게 설명하지 못한다. 존 롤즈는 사회계약론의 맹점이 공정성을 보장하지 못하는 것에 있음을 지적했다. 즉 계약론은 강자와 약자, 부자와 빈자, 남자와 여자, 장애인과 비장애인 사이에서 강자, 부자, 남자, 비장애인에게 유리한 법질서를 만들 수 있다.

마이클 샌델(Michael J. Sandel)은 그의 저서 『정의란 무엇인가』에서 계약이 도덕적으로 한계가 있다고 말한다. 시카고에 사는 어느 할머니가 화장실 변기에 누수가 발생하자 배관공을 불러 고치려고 했다. 배관공은 5만 달러에 수리를 하기로 할머니와 계약을 맺었다. 그러나 신고를 받은 경찰은 이 수리업자를 사기죄로 체포했다. 수리업자가 시세를 모르는 할머니에게 시장가격보다 훨씬 높은 수리비를 요구했고, 경찰은 이것을 '사기성 계약'으로 본 것이다. 따라서 이 사건은 쌍방 간의 '합의'만으로 도덕적 의무가 발생하지 않는다는 것을 보여 준다.15)

심지어 기업이나 국가 간에 체결된 조약이라도 그 내용과 절차에 사기나 착취 구조가 있다면 그것은 불공정한 계약이나 조약으로 판정될 것이다. 그렇게 되면 그 계약이나 조약은 그 자체로 무효가 될 수 있다.

사회진화론(Social Darwinism)

사회진화론은 찰스 다윈의 생물학적 진화론을 사회에 적용한 것으로, '사회, 인종, 국가, 계급 간에도 경쟁과 적자생존의 원리가 작동한다'는 이론이다. 영국의 허버트 스펜서(Herbert Spencer)가 적자생존의 원칙을 사회에 적용한 이후에 한동안 발전해 왔다. 오늘날 영국의 진화생물학자로 활동하는 리처드 도킨스는 그의 저서 『이기적 유전자』에서 사회진화론을 지지한다. 도킨스에 의하면, 도덕은 진화의 산물이다. 그는 혈연선택과 상호이타주의가 사람들 사이의 도덕, 즉 이타적 행동을 설명한다고 본다.

그러나 필자가 보기에 도덕성의 핵심은 이타성에 있기 때문에, 도킨스의 주장처럼 혈연관계 안에서의 희생으로는 도덕성을 적절하게 설명할 수 없다. 아무런 혈연관계가 없는데도 불구하고, 강자가 약자를 위해 자기희생을 선택하는 이타성에 도덕의 핵심이 있다. 사회진화론자들은 사회규범이 강간을 금지하기 때문에 해서는 안 된다고 생각할 뿐이지, 강간이 도덕적으로 나쁘다고 비판할 근거를 전혀 제시하지 않는다. 더 나아가 사회진화론자들은 강한 민족을 번영시키기 위해서 약한 민족을 희생시키는 인종청소마저도 적자생존의 원리로 정당화된다는 궤변을 늘어놓는다.

그리고 독일의 나치 정부는 '신체적, 유전적으로 순수한 아리안 혈통을 가진 독일 아이'를 많이 출산하기 위해서 레벤스보른(Lebensborn, 독일어로 '생명의 샘'이란 뜻) 프로그램을 실시한 적이 있다. 이것은 나치의 우생학 출산 프로그램이었다. 만일 사회진화론이 옳다면, 우월한 아리안종의 보존과 출산을 증대시킬 목표로 진행된 레벤스보른 정책을 도덕적으로 비판할 수 없을 것이다. 그러나 전범 재판소는 레벤스보른 관련자들을 모두 전범으로 처벌했다. 이것은 사회진화론에 명백한 자기모순이 있다는 것을 말해 준다. 우리는 '많은 미혼모를 강제로 투입하여 약 2만 명의 독일 아이를 낳게 한 레벤스보른 정책은 전형적인 인권침해 사례이다' 그리고 '강간은 나쁜 것이다'와 같은 도덕적 비판에 동의한다. 그렇지만 사회진화론자들은 이러한 보편적인 도덕규범을 부정할 것이다.

찰스 다윈의 적자생존의 원칙은 칼 마르크스의 공산주의 사상의 노동자 혁명 사상에도 적용되었다. 마르크스는 공산주의 혁명, 즉 전 세계의 노동자들이 단결하여 부르주아를 타도하자는 혁명론을 주장했다. 그는 생산수단을 독점한 자본가기 노동자를 착취하기 때문에, 노동자 혁명을 착취를 종식시키고 정의를 실현하는 수단으로 정당화했다. 그렇지만 노동자의 계급투쟁 과정에서 필연적으로 폭력성을 초래한다. 무산계급의 투쟁론은 유산계층의 인권, 생명, 자유, 재산을 강제로 박탈하기 때문에 도덕적인 정당성을 가질 수 없다. 이 점에서 공산주의자들은 "왜 도덕적이며 선한 삶을 살아야 하는가?"에 대한 형이상학적인 근거를 전혀 제시할 수 없다.

『인종, 평등 그리고 역사의 부담』(Race, Equality, and the Burdens of History)의 저자이며 사회윤리와 법철학자로 활동했던 존 아더(John Arthur, 1946-2007)[16]는 비유신론자들도 좋음, 옳음, 그름 등의 도덕적 용어를 사용하기 때문에,

하나님이 도덕성의 근원이 아니라고 주장한 적이 있다. 그는 무신론자들도 도덕적 개념을 정확히 이해하고 있으며, 그러한 기준에 맞는 삶이 가능하다고 말했다. 또한 미국 플로리다주립대학교 철학과 교수인 마이클 루즈(Michael Ruse)도 객관적인 도덕률은 환상에 지나지 않는다고 주장하면서도 노예제도와 성폭행은 도덕적으로 옳지 않다고 말한다. 하지만 이런 주장은 자기모순이다. 도덕률이 환상이라면, 노예제도나 강간을 비난할 근거가 전혀 없기 때문이다.

필자는 앞에서 세속 사회에서 도덕성의 근원으로 거론되는 다섯 가지(문화적 상대주의, 국가관습주의, 윤리적 주관주의, 사회계약론 그리고 사회진화론)는 결코 도덕성의 근원이 될 수 없다는 것을 설명했다. 도덕성의 근원은 유신론에서만 찾을 수 있다.

기독교 변증가 윌리엄 레인 크레이그(William Lane Craig)는 2009년 캘리포니아주에 있는 바이올라대학교에서 "신이 존재하는가?"라는 제목으로 무신론자 크리스토퍼 히친스(Christopher Hitchens)와 공개 토론을 벌였다. 그는 거기에서 무신론자의 허점을 이렇게 지적한다. 무신론자들은 도덕을 객관적 토대가 없는 환영(幻影, illusion)으로 규정하고 단지 생존과 재생산을 위한 도구적 개념으로 이해한다는 것이다. 크레이그는 "도덕성을 위한 신학적 메타-윤리적 토대의 불가결성"(The Indispensability of Theological Meta-Ethical Foundations for Morality)에서 다음과 같이 말한다.

"만약 신이 존재하지 않는다면, 도덕이란 인간의 관습일 뿐이다. 달리 말해 도덕은 완전히 주관적이며 구속력을 갖지 못한다. 우리는 우리가 실제로 하는 행동 그대로 행할 것이며, 신의 부재 속에서 그런 행동을 더 이상 옳다(그르다)고 말할 수 없을 것이다. 신이 존재하지 않는다면 객관적인 도덕 가치가 존재하지 않기 때문이다. 그래서 우리는 진실로 신이 없이는 선할 수 없다."[17]

도덕 논증은 어떻게 구성되는가?:
내면적 도덕 논증과 외면적 도덕 논증

도덕 논증은 인간 내부의 양심이나 인간 외부에 있는 보편적인 도덕 가치와 규범을 통해 거룩한 하나님의 존재를 추론하는 논증이다. 도덕 논증은 내면적 도덕 논증과 외면적 도덕 논증으로 구분된다. 전자는 '양심'을 활용하고, 후자는 '도덕 가치의 질서'를 포함한다. 내면적 도덕 논증에서 양심은 인간의 마음에 존재하는 도덕적 직관이고 양심을 통해 느끼는 도덕적 의무감은 하나님이 주신 보편적인 도덕 가치이다. 양심은 보편적인 도덕 가치를 인식하고 있다. 반면에 외면적 도덕 논증은 도덕 판단을 내릴 때 개인의 외부에서 객관적이고 보편적인 도덕률의 근거를 찾는다. 사람들은 일차적으로는 사회적, 문화적, 법률적 기준에 호소하지만, 궁극적으로 신의 의로운 심판을 기대한다. 가장 완전한 권선징악은 하나님의 심판을 통해 이루어진다고 보기 때문이다.

내면적 도덕 논증 : 양심 논증

내면적 도덕 논증은 인간의 내면에 있는 양심을 통해서 객관적인 도덕 가치와 하나님의 존재를 추론한다. 도덕 논증은 자연법(Natural Law)과 관련되어 있다. 자연법은 사람들이 만든 인위적인 법률과 가치를 담은 실정법에 대칭된다. 자연법 사상은 인간의 이성과 자연의 질서에 기초한 불변의 도덕 법칙을 말한다. 실정법과는 달리, 자연법은 인간 본성 안에 있는 옳음(선)과 그름(악)에 대한 분별력(양심)을 다루며, 실정법의 정당성 여부를 평가하기도 한다. 미국의 마틴 루터 킹 주니어 목사의 경우를 생각해 보자. 그는 당시의 짐 크로 법(인종분리법)이 양심과 신앙을 위배한다고 보고 그 실정법을 비폭력적인 방식으로 거부했다. 이처럼 양심은 실정법을 왜 준수해야 하는지 또는 왜 거부해야 하는지를 따지기도 한다.

다시 말하면, 자연법 사상은 모든 사람이 어느 정도 '옳음과 그름에 대한 기준(양심)'을 가지고 있다고 본다. 양심은 자연법의 내적인 목소리로 간주된다. 성 어거스틴(Augustine, 354-430)은 자연법을 인간의 이성으로 이해할 수 있는 도덕적 법칙으로 보았다. 신의 영원법이 인간 본성에 발현된 것이 자연법이라는 뜻이다. 토마스 아퀴나스(Thomas Aquinas, 1225-1274)는 신이 만든 자연과 인간에게 적용되는 자연법의 윤리 체계를 완성시켰다. 아퀴나스가 말하는 자연법의 제1원리는 "선을 행하고 악을 피하라"는 것이다. 자연법에서 인간의 양심은 옳음을 추구하게 하고 그름을 피하게 하는 중요한 능력이다. 아퀴나스는 '양심은 자연법을 따르는 인간의 내면적 판단 기능'이라고 보았다.

내면적 도덕 논증은 양심의 존재와 기능을 통해서 신의 존재를 추론하기 때문에, 무엇보다도 양심이 무엇인지에 대한 개념 정의를 필요로 한다. 양심은 도덕적인 선행에 대한 격려와 비도덕적 악한 행위에 대한 견책과 연관되어 있다. 양심은 정당하다고 판단되는 것을 행하도록 하는 충동과도 관여된다. 때로 사람들은 '양심선언'을 하기도 하고 "양심의 가책으로 괴롭다"고 말하기도 하며, "양심적으로 생각하고 판단하겠다"고 말하기도 한다.

현대사상에서 양심의 의미는 기독교 전통이 가르치는 의미와는 많은 차이가 있다. 문화상대주의에 영향을 받은 사람들은 양심을 특정한 문화권의 산물로 규정한다. 즉 어느 문화나 집단의 규범이 각 개인의 마음속에 투과된 것을 양심으로 이해하기에, 양심은 선천적이라기보다는 후천적인 문화나 교육, 삶의 경험이 어우러져 만들어진 것으로 본다. 양심의 가책이라는 것도 어릴 때부터 받았던 교육과 반복된 행동이 몸에 배어 나타나는 조건반사 같은 심리 상태라고 본다. 그러나 기독교 규범 윤리학에서는 양심은 사람마다 정도가 다르기는 하지만 선천적으로 소유하는 것으로, 그러한 양심의 소질이 어떻게 발현되는가 하는 것은 사람마다 다르지만, 인간성의 본질을 구성하는 것으로 여긴다.

특별히 양심을 윤리학의 중심 주제로 다룬 사람은 조셉 버틀러(Joseph Butler, 1692-1752) 주교이다. 버틀러에 의하면, 덕은 인간의 본성을 따르고, 악덕은 인간의 본성을 거스르는 것이다. 여기에서 '인간의 본성을 따른다'는 말은 육체의 본능과 생리적 충동에 따라 산다는 말이 아니다. 이는 인간 이하의 동물들과는 구별되는 상위의 원리(가령 자기애, 이타심, 양심의 원리)를 이성의 분별력을 통해서 따른다는 것이다.[18] 버틀러는 인간이 이성적으로 따라야 할 원칙을 하나님이 사람을 자신의 형상으로 지으셨다는 것에서 찾는다. 그리고 우리의 이런 원칙은 도덕적 경험, 즉 양심을 통해서만 찾을 수 있다는 것이다. 버틀러의 도덕철학은 도덕감(sense of morality)과 정의감(sense of justice)을 가진 존 롤즈의 인간관 형성에 영향을 끼쳤다.[19]

양심에는 감정적 측면, 인지적 측면, 의지적 측면이 있다. 각각의 특색을 살펴보자. 첫째로, 양심의 감정적 측면은 우리가 옳다고 믿는 일을 한 경우에는 만족감이 따라오지만, 반대로 의롭지 않은 행동을 했을 경우에는 불쾌한 감정이나 죄책감이 발생한다는 것이다. 이러한 양심의 감정적 힘은 도덕적 행위의 동기로 작용한다. 둘째로, 양심의 인지적 측면은 양심이 도덕적인 선과 악, 옳음과 그름을 구별하게 해주는 힘이라고 본다. 셋째로, 양심의 의지적 측면을 살펴보면, 양심은 의지를 통해서 행위로 연결되며, 의지적 결단이 없다면 행위로 이어지지 않는다는 것이다. 그래서 기독교 규범 윤리의 차원에서, 양심은 사람들로 하여금 옳은 일을 하게 하는 동력을 제공해 주며, 잘못한 일에 대해서는 반성하고 교정할 힘을 제공해 준다.

임마누엘 칸트도 양심의 존재는 어떤 신적인 존재를 요청한다고 보았다. 칸트에 의하면, 인간의 이성은 물자체(物自體, Ding an Sich)의 세계나 도덕적 자유의 세계에 대해서 파악할 능력이 부족하기 때문에, 인간의 이성이나 양심은 하나님의 존재를 요청할 수밖에 없다. 칸트의 양심 논증에 따르면, 사람들은 신의 존재에 대한 약한 인식을 가지고 있으며, 초감각적인 실재인 신은 사람의 도덕의식에서 자신을 드러낸다.

인간은 아무리 악하다고 해도 각자의 마음속에 최소한의 양심을 가지고 있다. 양심은 신의 존재를 부정할 수 없게 만드는 확실한 증거이다. 사람의 양심은 인격적이고 거룩한 하나님이 자신의 이미지로 사람을 창조하셨기 때문에 생긴 것이다. 장 폴 사르트르(Jean-Paul Sartre, 1905-1980)는 객관적인 도덕 규범의 존재를 부인하면서 개인의 모든 자유의 행동을 옳은 것으로 보았다. 그러나 그는 말년에 이르러 강간이나 인종청소에 반대했다. 만일 객관적인 옳고 그름의 가치 기준이 없다면, 사르트르가 다른 사람의 행동이 잘못되었다고 비난할 어떤 이유도 없다. 어떤 특정한 행동을 비난하는 것은 그 자체가 선과 악을 구분하는 자연법을 알고 있다는 것을 나타낸다.

로마의 그리스도인들을 방화범으로 몰아 집단으로 처형한 네로 황제(Nero, 주후 37-68)는 궁궐 안에서 잠 못 이루며 번민했다고 한다. 그는 주후 68년에 친위대까지 가담한 반란을 피해서 로마를 탈출했지만 그의 종 파온(Phaon)의 별장에서 자살로써 생애를 마쳤다. 무엇이 네로 황제로 하여금 번민과 죄책감에 시달려 자살하도록 만들었을까? 양심이 그를 괴롭혀 정죄했기 때문이 아닌가?

양심은 모든 사람이 가지는 반성의 원리이다. 양심은 사람의 행동에 대해 선과 악을 분별하여 판단을 내리게 한다. 인간의 본성은 여러 가지 욕망과 충동, 열정과 애착, 양심으로 이루어져 있다. 양심은 이 중에서 가장 상위에 있는 것이다. 사람은 본성의 충동을 이기고 양심의 명령에 따라 살아야 한다. 요약하자면, 양심 논증 이론은 보통 사람들이 실제의 삶에서 겪는 인간 내면에 있는 양심을 통해 하나님의 존재를 증명한다는 점에서 가장 실제적인 논증이다. 사도 바울은 양심을 다음과 같이 말한다.

"이런 이들은 그 양심이 증거가 되어 그 생각들이 서로 혹은 고발하며 혹은 변명하여 그 마음에 새긴 율법의 행위를 나타내느니라"(롬 2:15).

외면적 도덕 논증: 권선징악의 원리

외면적 도덕 논증이란 인간 외부에 있는 객관적인 도덕률이 하나님의 존재와 연결된다고 보는 논증이다. 이것은 독일 철학자 임마누엘 칸트가 사용한 '도덕 질서 논증'과 유사하다. 칸트는 도덕규범 자체가 신의 존재와 연결된다고 보았다. 도덕규범들에는 우선적인 것과 더 중요한 것을 담은 규범이 있다. 가령 '자녀의 기분을 좋게 하는 것'과 '자녀를 올바르게 훈육하는 것'은 다르지만, 훈육이 더 중요하다. 때로 훈육이 필요한 경우에 부모는 자녀의 기분이 상할지라도 혼을 낼 수밖에 없다.

"매를 아끼는 자는 그의 자식을 미워함이라 자식을 사랑하는 자는 근실히 징계하느니라"(잠 13:24).

더 높고 우선적인 도덕규범이 존재한다. 구약의 율법 613개를 집약하면 십계명이 되고, 다시 압축하면 '하나님 사랑', '이웃 사랑'의 두 가지 강령으로 나타난다. 모세는 신명기 28장에서 여호와의 계명을 잘 지키면 복이 있고, 지키지 않으면 화가 있다는 하나님의 경고를 분명하게 전했다. 율법의 준수 여부에 상과 벌이 달리 결정된다는 것이다. 하나님은 이스라엘 백성에게 '권선징악'의 원칙을 분명하게 정해 주셨다.

권선징악 원칙의 배후에는 도덕규범을 제정한 입법자로서의 신적인 존재(하나님)가 있다. 사람들은 대개 본성적으로 선을 장려하고 악을 징계하는 데 동의한다. 사람들은 2001년 9월 11일 뉴욕 세계무역센터를 비행기로 들이받아 일반 시민들을 살상한 테러범들에게 신의 심판이 있어야 한다고 외친다. 반면에 아프리카의 원주민들에게 의술을 베푼 알베르트 슈바이처(Albert Schweitzer, 1875-1965) 같은 사람에게는 존경의 박수를 보낸다. 인류는 오랫동안 권선징악 원칙을 적용해 왔던 것이다. 도덕 가치와 규범은 모든 사람이 지켜야 한다는 점에서 보편적이다. 그런 보편적 도덕률을 제정하고 수여한 분은 하나님이시다.

그렇지만 외면적 도덕 논증을 비판하는 사람들은 두 가지 이유를 댄다.

첫째로, 진화론자에 의하면 양심은 의도되지 않은 진화의 산물이다. 양심이나 도덕감은 인간이 본래 소유하고 있는 것이 아니라 진화의 과정 가운데 들어오게 된 개념이라고 보기 때문이다. 진화는 생존을 위한 것이기 때문에 자기희생을 통해서 다른 사람을 살린 사람의 숭고한 희생을 전혀 설명할 수 없다. 진화론의 입장에서는 자기희생은 정당화될 수도 없고, 권장할 수도 없기 때문이다. 그러나 우리의 현실 속에서 국가는 '모범시민상'을 만들어서 그런 이타적 희생을 기리고 있다. 이 점에서 양심을 비의도적인 진화의 산물로 규정할 수는 없다.

둘째로, 여전히 나쁜 고통과 악이 실재한다는 사실은 도덕 질서를 통한 신의 존재 입증을 약화시킨다는 비판도 있다. 가령, 전쟁범죄, 인종청소, 강제수용소에서의 생체실험, 9·11테러 등은 명백하게 악한 것이다. "악이 기승을 부리고 있다면, 어떻게 도덕적 질서를 통해서 신의 존재를 설명할 수 있겠는가?" 그러나 이런 비판도 '악을 악이라고 판단하며', '악행을 저지른 사람은 반드시 처벌받아야 한다'고 생각한다는 점에서 권선징악이라는 도덕적 가치에 호소하고 있다.

가령, 조셉 버틀러는 도덕적 입법자(하나님)가 최후의 심판에서 모든 악한 것들을 바로잡아 줄 것이라고 믿는다. 버틀러에 의하면, 인간의 본성을 따르는 것이 미덕이고, 본성을 거스르는 것은 악덕이다. 그의 사상은 선한 인간의 본성론에 뿌리를 내리고 있다. 그래서 양심은 인간의 본성의 구조 속에서 최고의 권위를 가진 재판관 역할을 하고, 모든 인간이 공통적으로 가진 도덕적 능력이다. 사람들이 인종청소, 강간, 아동 학대를 처벌받아야 할 나쁜 짓이라고 생각하는 것도 양심 때문이다.

하지만 적자생존의 진화론적 시각에서 본다면, 인종청소와 강간은 비판받지 않아도 된다. 좋은 유전자를 가진 자식(다음 세대)을 낳을 수만 있다면, 그 방법이 인종청소이든지, 강간이든지 하등 문제 될 것이 없기 때문이다. 그런데 왜 우리는 세르비아의 인종청소, 나치의 유대인 학살, 아동 학대 등을 나쁜 행위라고 비판하는가? 반면에 정직과 효도 등은 왜 바람직한 행동으로 여기는가? 사람들은 객관적으로 선한 가치와 악한 가치가 존재한다고 간주한다. 악은 선과 비교해서 악한 것이고, 선은 악과 비교해서 선한 것이다. 도덕적 질서 논증은 상대주의를 용인하지 않는다.

2013년에 이라크와 시리아 일부 지역을 장악한 수니파 이슬람 극단주의(일명 ISIS, 국제사회는 그들을 테러 집단으로 간주하고 '다에쉬'[Daesh]로 부르기도 한다)는 그들의 폭력적 행동 때문에 국제사회로부터 비판을 받았다. 그들은 점령 지역의 여성들을 성폭행하고 노예로 매매를 하기도 했다. 그들의 악행에 대한 비판을 다음처럼 재구성할 수 있다.

(a) 만일 상대주의가 참이라면, 집단학살·강간은 항상 잘못된 것이 아니다. 왜냐하면 어떤 문화나 개인은 특정한 상황 아래에서 집단학살·강간을 허용할 수도 있기 때문이다.
(b) 그러나 집단학살·강간은 항상 잘못된 것이다.
(c) 그러므로 상대주의는 거짓이다.

많은 철학자들은 도덕성이 신의 존재를 지지하는 좋은 논증을 제공한다고 생각해 왔다. 도덕 논증을 탁월하게 사용한 학자는 윌리엄 솔리(William Sorley)

이다. 그는 자연 질서와 도덕 질서를 실재(實在)의 구성 요소로 본다. 그는 이 두 질서를 가장 일관성 있게 설명하려면 반드시 '신의 존재'를 전제해야 한다고 보았다. 객관적인 도덕 가치들과 규범들은 하나님을 전제할 때에만 가장 잘 설명된다는 것이다.

필자가 수업 시간에 학생들에게 "만일 하나님이 존재하지 않는다면 객관적인 도덕 가치들은 존재하지 않는다"고 말했다고 가정해 보자. 상식이 있는 상당수의 학생들은 '객관적인 도덕규범이 없다'는 말을 부정하고 "객관적인 도덕 가치들은 실제로 존재한다"고 대답할 것이다. 윌리엄 솔리의 도덕 논증이 바로 그 내용을 다루고 있다. 그의 논증을 다음처럼 구성할 수 있다.

(a) 만약 하나님이 존재하지 않는다면, 객관적인 도덕적 가치들과 의무들은 존재하지 않는다.
(b) 객관적인 도덕적 가치들과 의무들이 존재한다.
(c) 그러므로 하나님은 존재한다.

이와는 반대로, 무신론자들은 "객관적인 도덕 질서가 기독교 신의 존재를 증명한다"는 주장을 완전히 부정하려고 한다. 그들은 악의 존재와 고통의 문제를 통해서 오히려 선한 신은 존재하지 않는다고 말한다. 더 나아가 그들은 객관적으로 선한 가치들이 존재한다는 것 자체를 부인한다. 사회적으로 금기하는 행동은 그런 행동들이 사회적 이익에 해를 끼치기 때문에 사회적으로 금지될 뿐이다. 그리고 세계 안에 여전히 무고한 자의 고통이 있다는 것은 신이 존재하는 세상에서는 존재할 이유가 없다고 주장한다.

무신론자들에 의하면, 악의 존재는 논리적인 차원에서 전능하거나 착한 신의 존재를 부정한다. 즉 그들은 경험적인 차원에서 '신이 존재한다면 악이 없을 것'이기 때문에, 현실적으로 악이 존재하기 때문에 '신이 없다'고 주장한다. 그들은 논리적인 악, 경험적인 악을 통해 신의 '비존재(없음)'를 다음과 같이 설명한다.

(a) 악이 존재한다.
(b-1) 하나님이 악을 없애기를 원하지 않기 때문에 악이 존재한다. 그러므로 하나님은 선하지 않다.
(b-2) 하나님은 악을 없애고 싶어도 없앨 능력이 없다. 그래서 하나님은 전능하지 않다.
(c) 지선하지도, 전능하지도 않은 하나님은 이미 하나님이 아니다.

필자가 보기에 무신론자들의 외면적 도덕 논증 비판은 타당하지 않다. 이 논증을 보면, 무신론자들이 신을 부정하는 것에 초점을 맞추었지만, 선함과 악함이라는 도덕적 가치들이 존재한다는 것을 이미 인정하고 있기 때문이다. 무신론자들도 나치의 유대인 학살, 일본군의 성노예, 세르비아의 인종청소 그리고 9·11테러를 악한 행위라고 비난할 것이다. 선함과 악함의 구분은 유신론을 전제할 때 가장 설득력 있게 설명된다. 그러므로 무신론자들이 악과 고통이 있다는 사실을 통해서 '신한 하나님의 비존재(없음)'를 주장할 때, 그들의 논리는 다음과 같이 재반박될 수 있다.

(a) 만약 하나님이 존재하지 않는다면, 객관적인 도덕 가치들은 존재하지 않는다.
(b) 악이 존재한다.
(c) 그러므로 (악을 악이라고 판단하게 하는) 객관적인 도덕 가치들이 존재한다.
(d) 그러므로 하나님은 존재한다.

절대적인 도덕규범은 어디에서 나오는가?

지금까지 논의한 대로, 문화, 국가 관습, 개인이 도덕의 근원이 될 수 없다면, 절대적인 도덕규범은 도대체 어디에서 연원하는가? 이 질문에는 단 두 가지의 대답만이 가능하다.

(a) 도덕은 '비인격적 존재'(impersonal being)로부터 나온다.
(b) 도덕은 '인격적 존재'(personal being)로부터 나온다.

첫 번째 명제, '도덕은 비인격적 존재로부터 나온다'는 주장을 살펴보자. 비인격적인 존재는 물질 자체, 운명론, 범신론 세 가지로 나눠서 생각할 수 있다.

첫째, 물질 자체는 도덕을 만들 수 없다. 무신론자였던 버트런드 러셀(Bertrand Russell)에 의하면, 사람의 사랑과 신념, 소망과 두려움은 모두 원자들의 우연한 배열의 소산일 뿐이다. 또한 사람의 열정, 감정과 생각은 한 개인의 죽음을 넘어서까지 유지되지 않는다. 러셀에게 도덕은 물리적이고 생물학적인 요인들의 우연한 결합의 소산일 뿐이다. 유물론자들은 물질만이 존재하는 모든 것이기 때문에 '비물질'이 존재한다는 것 자체를 인정하지 않는다. 도덕은 인격과 인격의 상호 관계에 적용되는 규범이라는 점을 고려하면, 물질로부터 인간의 도덕적 의무(obligation)가 나왔다고는 볼 수 없다.

둘째, 희랍 종교에서 말하는 운명론이나 숙명론도 도덕적 당위(Ought)를 만들어 낼 수 없다. 도덕은 인간의 의지적 선택이 반영된다. 가령 예수님은 "사람이 친구를 위하여 자기 목숨을 버리면 이보다 더 큰 사랑이 없나니"(요 15:13)라고 말씀하셨다. '친구를 위한 희생'은 숭고한 우정이 무엇인지를 말해 준다. 그런데 친구가 친구를 위해 죽는 것이 의지적 선택이 아니라 그렇게 짜여진 운명이라면 그것을 숭고한 희생이라고 말할 수 없다. 운명론에는 인간의 자유의지와 선택이 반영되지 않기 때문에, 운명에서 도덕적 당위는 도출되지 않는다.

셋째, 범신론적 세계관 역시 도덕성의 근원이 될 수 없다. 일원론적 범신론은 '모든 것이 신이며, 모든 것이 하나'라는 견해이다. 그래서 범신론에서는 선악 간의 구분 자체가 무의미하다. 힌두교의 가르침은 '아트만(Atman)은 브라만(Brahman)'이다. 이 말은 아트만(개인적 자아)과 브라만(비인격적인 우주 자체)이 하나로 통합된다는 말이다.

범신론 사상은 인격과 비인격의 구분이 없다. 결국 자연 합일 사상은 인격적인 개인이 비인격적인 우주(브라만)에 흡수되어 사라지는 것을 말한다. 이런 범신론적 체계 안에서는 객관적인 도덕적 가치를 찾아볼 수 없다. 윤회의 교리를 가진 종교에는 도덕성의 근거가 없다. 윤회론은 장애인이나 사회적 약자들의 현 상황을 모두 전생의 업보로 본다. 따라서 이들은 당연히 그런 고통스러운 삶을 살아야 한다. 그러므로 범신론의 모순을 다음과 같이 표현할 수 있다.

(a) 범신론이 참이라면, 객관적인 도덕 가치들은 존재하지 않는다.
(b) 객관적인 도덕 가치들이 존재한다.
(c) 그러므로 범신론은 거짓이다.

두 번째 명제, '도덕은 인격적 존재로부터 나온다'는 견해를 살펴보자. 우리는 '정직해라', '부모에게 순종하고 효도해라', '살인하지 말라'는 도덕규범을 배워 왔다. 이런 규범들에는 도덕적 당위성이 내포되어 있다. 도덕은 인격적인 존재의 상호 관계에 적용되는 것이다. 그러므로 도덕률은 물질(비인격적인 존재)에서는 나올 수 없다. 도덕은 인격적인 존재인 하나님으로부터 나왔다고 전제하는 것이 제일 좋은 설명이다.

어떤 사람들은 기독교, 유교, 이슬람교, 힌두교, 불교 등 각 문화권마다 다른 도덕률을 가지고 있기에, 시대와 문화를 초월하는 절대적인 도덕률 같은 것은 없다고 주장한다. 그러나 '다양한 문화들이 존재한다'는 주장에서 '보편적 도덕규범이 없다'는 결론은 도출되지 않는다. 한마디로, '인격을 가진 인간'에게 적용되는 절대적인 도덕 가치들은 '완전하게 인격을 가진 선한 하나님'으로부터 나왔다고 보아야 한다.

(a) 만일 하나님이 존재하지 않는다면, 도덕적 의무도 존재하지 않는다.
(b) 모든 사람에게는 각각 도덕적 의무가 있으며, 이 도덕적 의무는 사회적으로 구성되는 것 이상이다.
(c) 그러므로 하나님은 도덕적 의무의 근원으로 존재한다.

플라톤의 '에우튀프론의 딜레마': 다신론은 도덕의 근원이 될 수 있을까?

앞에서 논의한 대로, 우리는 절대적인 도덕성은 비인격적인 존재가 아니라, 인격을 가진 초월적인 존재(신)로부터 나왔다고 생각하는 것이 훨씬 설득력이 있다는 것을 알았다. 그런데 그 신은 하나인가(유일신) 또는 많은가(다신론)? 플라톤은 『에우튀프론』(Euthyphro)에서 일찍이 이 문제를 다루었다.

소크라테스(Socrates)는 사람들에게 이렇게 묻는다. "거룩한 것은 신들이 승인했기 때문에 거룩한 것인가? 아니면 그것이 거룩한 것이기 때문에 신들이 승인한 것인가?" '신들이 승인했기 때문에 그것이 거룩하다'는 주장을 생각해 보자. 만약 신이 악한 본성을 가지고 있다면, 악한 신이 요구하는 명령이 선할 수는 없다. 반대의 경우 '그것이 거룩했기 때문에 신들이 승인했다'는 말을 분석해 보자. 신들이 복종하고 따라야 하는 더 높은 수준의 규범이 있다면, 이미 그 신들은 절대적인 존재(신)가 될 수 없다.

플라톤의 신명론(Divine Command Theory)에 따르면, 사람들은 "도덕적 선과 신의 의지를 동일시"하거나 또는 "도덕적 선을 신이 명령하는 것과 동일시"한다.[20] 즉 사람들은 '신이 명령한 행동은 선한 행동'이라고 생각하거나 '선한 규범이기 때문에 신들이 지키라고 요구한다'고 생각한다. 그렇지만 플라톤의 고민은 다신론의 신들이 도덕적인 성품에 문제가 많이 있다고 본 것이다. 그리스 신화와 로마 신화의 신들은 기독교 하나님의 속성, 즉 '전지, 전능, 거룩함'이라는 성품을 갖고 있지 않다.

따라서 플라톤의 '에우튀프론의 딜레마'는 기독교의 신 존재 증명에 반대되는 논거로 사용될 수 없다. 그 이유는 그리스의 신 개념과 성경의 신 개념이 다르기 때문이다. 그리스의 다신론의 신들에게는 완전한 전지함과 전능함과 선함을 찾아볼 수 없다. 그리스의 신들은 서로 갈등을 일으키고 상호 간에 죽고 죽인다. 또한 그 신들의 능력과 지성은 절대적이지 않고 상대적일 뿐이다. 다신론에서는 신들은 능력, 지혜, 도덕성에 심각한 한계를 갖고 있다. 따라서 다신론의 신들은 보편적인 도덕규범의 근원이 될 수 없다.

반면에 기독교의 하나님은 완전함, 전능함, 전지함, 거룩함 그리고 지선함의 속성을 가지고 있다. 더욱이 하나님의 거룩함이 사람들의 도덕성의 원천이 된다. "내가 거룩하니 너희도 거룩할지이다"(레 11.44)라는 명령은 거룩한 하나님의 성품을 사람들이 지켜야 하는 도덕성의 목표로 설정해 준다. 십계명은 하나님의 거룩함을 사람에게 적용한 것이다. 따라서 하나님은 "간음하지 말라. 절도하지 말라. 살인하지 말라. 거짓 증언을 하지 말라"고 우리에게 가르치신다. 도덕 논증은 하나님의 거룩한 성품에서 도덕이 나왔다는 것을 말한다. 성경에는 양심 논증과 도덕적 질서 논증을 지지하는 구절들이 많이 있다.

"하나님은 공정한 재판장이시요, 언제라도 악인을 벌하는 분이시다"(시 7:11, 새번역).

"하나님은 의로우신 재판장이심이여 매일 분노하시는 하나님이시로다"(시 7:11).

"의인이 악인의 보복당함을 보고 기뻐함이여 그의 발을 악인의 피에 씻으리로다 그때에 사람의 말이 진실로 의인에게 갚음이 있고 진실로 땅에서 심판하시는 하나님이 계시다 하리로다"(시 58:10-11).

"율법 없는 이방인이 본성으로 율법의 일을 행할 때에는 이 사람은 율법이 없어도 자기가 자기에게 율법이 되나니 이런 이들은 그 양심이 증거가 되어 그 생각들이 서로 혹은 고발하며 혹은 변명하여 그 마음에 새긴 율법의 행위를 나타내느니라"(롬 2:14-15).

"이에 숨은 부끄러움의 일을 버리고 속임으로 행하지 아니하며 하나님의 말씀을 혼잡하게 하지 아니하고 오직 진리를 나타냄으로 하나님 앞에서 각 사람의 양심에 대하여 스스로 추천하노라"(고후 4:2).

"스스로 속이지 말라 하나님은 업신여김을 받지 아니하시나니 사람이 무엇으로 심든지 그대로 거두리라 자기의 육체를 위하여 심는 자는 육체로부터 썩어질 것을 거두고 성령을 위하여 심는 자는 성령으로부터 영생을 거두리라 우리가 선을 행하되 낙심하지 말지니 포기하지 아니하면 때가 이르매 거두리라"(갈 6:7-9).

그리스도인들은 하나님이 주신 양심과 도덕법에 일치하는 삶을 살아야 한다. 제자들은 선한 행실을 통해서 하나님께 영광을 돌려야 한다. 양심은 신의 형상으로 지음을 받은 인간의 특성이다. 양심은 옳음과 그름을 가려내는 내면의 소리이며, 인간으로 하여금 정의를 위해 살게 하고 불의에 항거하게 만든다. 바울은 '양심'(conscience)이라는 단어를 고린도전서에서 18회나 사용한다(고전 4:4, 8:7 등). 히브리서에서는 '양심'(συνείδησις, syneidēsis)에 해당하는 헬라어 단어가 5회 사용된다(히 9:9, 14, 10:2, 22, 13:18). 그리고 베드로는 2회 사용하고 있다(벧전 3:16, 21). 바울은 좋은 양심, 깨끗한 양심, 깨끗하지 못한 양심을 구분한다.

양심은 성도의 삶에 반드시 필요하다. 양심은 각자의 숨겨진 마음의 동기와 행위들에 대해서, 즉 우리의 간음과 살인과 미움과 옹졸함과 시기와 질투와 거짓 증언에 대해서 우리의 범죄를 고발할 것이다. 비록 인간의 양심이 타락했다고는 하지만, 여전히 수많은 범죄와 잘못을 지적하고 있다. 모든 사회와 개인을 초월하는 객관적인 가치가 존재한다면, 그것은 개인이나 사회나 문화가 출처가 아니라, 거룩한 하나님으로부터 온 것으로 보는 것이 타당하다.

모든 종교마다 나름대로의 윤리 기준을 가지고 있다. 하지만 모든 종교적 전통 중에서 인격적이며 그리고 선의 근원이 되는 전능하신 하나님을 일관되게 주장하는 것은 오직 기독교뿐이다. 하나님의 성품은 도덕규범, 가령 십계명이나 산상수훈에 반영되어 있다. 공의의 하나님의 개념은 하나님이 바로 정직, 정의, 사랑 등의 도덕 기준들의 근원이시라는 사실에 근거한다. 도덕 가치들은 여러 가지이지만, 최종적이면서 궁극적인 도덕의 근원과 기준은 오직 하나뿐이어야 한다. 이 세상에는 오직 하나의 인격적인 근원이 있을 뿐이다.

이미 앞에서 설명한 것처럼, 임마누엘 칸트는 신이 도덕적 삶을 완성하게 한다는 이유로 신의 존재를 요청한다. 그는 "최고선(행복)은 오로지 신이 현존한다는 조건 아래서만 생기므로, 그것은 신이 현존한다는 그 전제를 의무와 불가분리적으로 결합한다. 다시 말해 신의 현존을 받아들임은 도덕적으로 필연적이다"라고 말했다.[21] 최소한 칸트 철학에서는 신이 존재하지 않는다면 도덕적 삶은 불완전하게 된다. 기독교 변증가 존 프레임에 의하면, 이런 점에서 도덕 논증은 불가지론자와 무신론자에게 하나님의 존재를 설명하거나 유추할 수 있게 하는 논증 방식이 된다. 악의 존재는 도덕의 존재를 말하는 것이며, 이것은 하나님의 존재를 전제하기 때문이다.

결론: 도덕 논증은 하나님의 존재를 설명한다

지금까지의 논의를 다시 점검해 보자. "당신은 도덕적 상대주의자로 살아갈 것인가?" 프랜시스 백워드 교수에 의하면, 도덕적 상대주의는 철학적으로 실패한 주장이다.[22] 도덕적 상대주의가 옳다면 병든 사회를 개선할 필요도 없다. 윌리엄 윌버포스와 마틴 루터 킹 주니어 같은 개혁자는 아예 할 일이 없을 것이다. 그러나 인류의 역사는 그런 개혁가들을 통해서 사회의 구조적 악을 점차 해결해 왔다.

우리 사회는 개인의 자율성을 존중하지만 자신의 성적인 쾌락을 위해 어린아이를 성 노리개로 삼는 소아성애자들을 용인하지 않는다. 이것은 윤리적 주관주의가 결코 절대적인 도덕성의 근거가 될 수 없다는 것을 단적으로 증명한다. 그리고 도덕적 상대주의가 옳다면 우리는 여성 할례를 비난할 수 없을 것이다. 그렇지만 현대인들에게 여성 할례는 잘못된 종교적 관습이며 이를 해당 국가마저도 법규로 금지하고 있고, 다른 국가의 시민들도 여성 할례를 비인간적인 구습으로 비판하고 있다. 이런 점을 고려해 볼 때, 도덕적 상대주의와 문화적 상대주의는 모두 절대적인 도덕성의 근원이 아님을 분명하게 알 수 있다.

도덕적 상대주의를 지지하는 사람들은 '불일치의 논증'과 '관용의 논증'에 의존한다. 불일치 논증은 문화마다 도덕적 규범들이 다르다는 것이며, 관용의 원리는 타 문화에 사는 사람들이 그들 사회의 문화적 가치에 따라 사는 방식과 그들의 도덕규범을 그 자체로 존중해 주어야 한다는 것이다. 그러나 '문화마다 도덕규범이 다르다'는 것과 '관용의 원리에 따라 그들의 문화적 관습이 보호되어야 한다'는 것에서 '객관적인 도덕규범이 없다'는 결론이 나오는 것은 아니다. 가령, 여성 할례와 같은 특정 문화의 악습을 관용의 정신으로는 결코 보호할 수 없다는 것은 너무나 자명하다.

이런 점에서 보면, 도덕적 상대주의는 논리적 설득력이 없다. 그래서 우리는 도덕적 상대주의 대신에, 모든 문화에 적용되어야 하는 객관적이고 보편적인 도덕규범이 존재한다는 결론을 내려야 한다. 지금까지 살펴본 것처럼, 절대적인 도덕적 가치들은 문화, 국가 관습, 개인, 계약론 그리고 진화론에서는 결코 나올 수 없다. 도덕규범은 환상도 아니고, 진화의 산물도 아니다. 절대적인 도덕성의 근원은 성경에서 말하는 대로 지성과 인격을 가지신 거룩한 하나님이라고 추론하는 것이 가장 합리적이다.

기독교의 도덕 논증은 인간의 도덕적 경험과 인류의 역사에 대한 반성을 토대로 객관적인 도덕성의 출처를 묻는 논증이다. 임마누엘 칸트는 토마스 아퀴나스의 우주론적인 논증과 목적론적인 논증, 안셀름(Anselm)의 본체론적인 논증에 대해 부정적인 평가를 했지만 도덕 논증에 대해서는 긍정적인 평가를 했다. 칸트는 밤하늘의 별처럼 각자의 마음에 있는 양심과 도덕성이 명료하다고 보았다.

사람들은 대개 권선징악의 개념을 가지고 있고, 권선징악의 원리는 인류의 경험, 개인적인 경험, 역사적인 반성에 적용되는 도덕규범이다. 악인이 벌을 받아야 한다는 우리의 상식은 양심과 도덕 질서를 인정하고 있는 셈이다. 그러므로 도덕 논증은 인간의 경험과 실존적 반성을 토대로 논리적인 예리함을 가지고 있다. 상대주의를 넘어서서 객관적인 도덕규범을 추구하는 것은 우리의 상식에도 부합한다. 도덕 논증은 기독교의 사랑과 공의의 하나님이 객관적이고 절대적인 도덕성의 근원이요 출처라는 것을 말해 주는 설득력 있는 논증이다.

2장

동성결혼 반대 논증:
복음주의 그리스도인은 동성애와 동성결혼을 왜 반대하는 거죠?

지구촌 최대의 정치 이슈

정치철학자 마사 누스바움(Martha C. Nussbaum)에 의하면, 동성결혼(Same-sex marriage)의 문제는 유대교-기독교 전통을 가진 서구 사회에서 최대의 정치적 이슈가 되었다. 2025년 기준으로 전 세계 38개국이 헌법이나 법률을 통해서 동성결혼을 승인했다. 2015년 6월 미합중국 연방대법원은 '오버거펠 대 호지스' 판결을 통해 동성결혼을 합헌으로 결정했다. 우리나라에서도 동성애자들이 성적 지향을 인정받고 동성결혼의 권리를 실현하기 위해 차별금지법을 법제화하려고 활동하고 있다.

복음주의 그리스도인은 친동성애 그룹의 활동에 대해서 어떻게 대처해야 하는 것일까? 필자는 복음주의 신학적 관점에서 동성애와 동성결혼의 문제를 조망하면서 다음과 같은 내용을 다루고자 한다. 첫째, 기독교 주요 교단들이 동성애와 동성결혼에 대해 서로 다른 입장을 가지는 이유가 무엇인지를 살펴보겠다. 둘째, 동성결혼이 통과된 이후 미국 교육계에서 드러난 문제점을 통해서 동성애에 대한 찬반 논거를 살펴보겠다. 셋째, 복음주의적 그리스도인들이 동성결혼과 동성애에 대해 어떤 원칙들을 가지고 있어야 하며 어떤 자세로 그들을 대해야 하는지를 논의하고자 한다.

왜 기독교 교단들은 동성애 · 동성결혼에 대해 일치된 의견을 가지지 못하는가?

동성결혼에 대해 양분된 미국 기독교

일반 시민들은 개신교 교단들이 포괄적 차별금지법과 동성결혼에 대해 찬성과 반대라는 상반된 입장으로 분열된 것을 의아하게 생각한다. 자유주의 교단은 동성결혼을 적극적으로 인정하고, 복음주의 교단은 적극적으로 반대하고 있다. 미국의 상황을 살펴보자. 미국 개신교의 주류 교단들은 동성애와 동성결혼을 적극적으로 지지한다. 실제적으로 미국 연방대법원이 2015년 6월에 동성결혼을 인정하기 전에 미국의 주류 교단들과 종교 지도자들은 동성결혼을 합법화해 달라는 탄원서를 미국 연방대법원에 제출하기도 했다. 미국 연합장로교단(PCUSA)은 2011년에 동성애자들도 성직자가 되도록 허용했고, 2014년에는 결혼에 대한 전통적인 정의를 수정하여 동성결혼을 인정했다.

미국의 개신교 교단 중에서 동성애자나 성전환자가 성직자가 될 수 있도록 허용하고 동성결혼을 지지하는 진보적인 입장을 가진 교단들로는 미국 연합감리교회(UMC), 미국 연합그리스도교회(UCC), 미국 연합장로교회(PCUSA), 미국 성공회(TEC), 미국 복음주의루터교회(ELCA), 미국 침례교회(ABCUSA) 그리고 그리스도제자교회(DOC) 등이 있다. 그러나 이런 교단들에 속한 일부 교회는 동성결혼을 반대하며 모든 교회 재산을 포기하면서까지 교단을 탈퇴하고 있다.

이와는 반대로 보수적인 복음주의 진영의 교단들은 동성애자의 성직 임명을 허용하지 않으며 동성결혼도 인정하지 않는다. 동성결혼을 반대하는 복음주의적인 미국 개신교의 교단들은 미국 남침례교단(SBC), 대부분의 침례교단들, 미국 장로교(PCA), 하나님의성회(AOG), 나사렛 교단(The Church of the Nazarene), 기독교선교연합(C&MA), 미국 웨슬리언교회(TWC) 및 복음주의 독립교단들 등이다. 이 교단들은 성경이 동성애와 동성결혼을 죄로 규정한다고 본다.

미국에서 같은 기독교인데도 불구하고 교단에 따라 동성결혼에 대한 찬반 입장이 다른 이유는 성경 계시의 절대적인 권위에 대한 태도 그리고 동성애에 관련된 성경 본문을 해석하는 기준이 각 교단마다 다르기 때문이다.

동성애와 동성결혼에 대한 기독교의 다양한 입장들

성경 해석의 원리: 근본주의, 복음주의, 자유주의

그리스도인들은 동성애와 동성결혼이 문제를 성경의 관점에서 파악하려고 한다. 왜냐하면 성경이 기독교 신앙의 규범을 담고 있는 원천이기 때문이다. 성경을 해석하는 입장과 기준에 따라 근본주의(fundamentalism), 복음주의(evangelism), 자유주의(liberalism)로 구분할 수 있다.

첫째, 근본주의란 성경의 모든 문자는 하나님의 감동으로 기록되었으며 성경 전체가 무오하고 권위 있는 하나님의 말씀이라는 것을 전적으로 받아들인다. 근본주의는 기독교의 성경적인 신앙을 옹호하고 복음을 전파하는 것을 우선적인 목표로 삼는 입장이다.[1] 근본주의는 19세기 말에서 20세기 초 미국에서 자유주의 신학에 반대하면서 등장한 신학적 입장이다.

일부 신학자들은 근본주의를 반지성주의로 매도하고 있지만, 한국 개신교 역사에서 가장 대표적인 보수 정통주의 신학자로 평가받는 박형룡 박사(1897-1978)는 근본주의를 '정통주의'라고 보았다. 그는 "근본주의는 기독교의 역사적, 전통적, 정통적 신앙을 그대로 믿고 지키는 것, 즉 정통신앙과 동일한 것이니만큼, 이것은 곧 기독교 자체"라고 말했다. 근본주의와 정통주의는 성경의 무오성, 삼위일체, 예수 그리스도의 신성과 인성, 동정녀 탄생, 예수 그리스도의 대속적인 죽음과 부활, 재림 교리를 믿는다는 점에서 공통점을 갖는다.

근본주의자들이 보기에 소돔성이 멸망한 가장 중요한 원인은 '동성애'에 있다. 레위기 18장 22절의 "가증한 일"(abomination)을 동성애로 간주하는 이유는 동성애가 하나님의 창조 질서를 파괴하는 것이기 때문이다. 근본주의는 사도 바울이 로마서 1장에서 하나님을 떠나 우상 숭배를 하는 인간의 타락상을 설명하는 중에도 특별히 동성애를 강조했다고 본다. '역리로 쓰는 것'(롬 1:26)은 하나님의 창조 질서를 무너뜨리는 동성애 행위를 말하며, 아울러 고린도전서 6장 9-10절의 "탐색"과 "남색"은 하나님 나라의 유업을 받지 못하게 하는 불의한 죄의 목록에 해당한다.

둘째, 복음주의는 성경을 하나님의 특별계시로 믿는다. 복음주의의 골자는 "성경의 권위와 자족성, 그리스도의 십자가의 대속과 구속의 유일성, 개별적 회심의 중요성"이다.[2] 이들은 성경을 이중 저작물로 본다. 다시 말하면, 성경은 성령의 감동으로 기록된 계시이면서도, 약 40여 명의 저자들이 자신들의 지식, 인격과 문화를 통해 쓴 저작물로 간주한다. 성경을 현대에 적용하기 위해서는 해석이 필요하긴 하지만 구원의 교리에 있어서는 어떤 오류도 없다고 본다.

복음주의자들은 소돔과 고모라의 멸망 이유를 동성애라는 한 가지 죄만으로 한정하지 않는다. 레위기에 명시된 "가증한 일"에 동성애가 해당되지만,

그 본문에 함께 열거되어 있는 수간, 간음, 근친상간 등도 하나님이 가증하게 여기시는 죄라는 것이다. 복음주의 진영은 에스겔서의 내용처럼, 소돔 사람들이 복합적인 죄악 때문에 심판을 받았다고 본다. 그들은 하나님이 동성애뿐만이 아니라, 소돔에 만연한 다른 죄악들과 가난한 자를 멸시하는 사회적 불의까지 포함하여 모든 죄를 복합적으로 심판하셨다고 본다.

"네 아우 소돔의 죄악은 이러하니 그와 그의 딸들에게 교만함과 음식물의 풍족함과 태평함이 있음이며 또 그가 가난하고 궁핍한 자를 도와주지 아니하며 거만하여 가증한 일을 내 앞에서 행하였음이라 그러므로 내가 보고 곧 그들을 없이 하였느니라"(겔 16:49-50).

이들은 동성애를 하나님의 창조 질서를 무너뜨린 죄로 보면서도 로마서 1장에 언급된 다른 죄악들과 같은 수준의 죄로 이해한다. 바울은 동성애와 모든 불의, 추악, 탐욕, 살인, 분쟁, 악독 등을 함께 언급하고 있다(롬 1:29-31). 레위기에서 금지했던 것처럼, 고린도전서 6장 9-10절의 하나님 나라를 유업으로 받지 못하는 죄의 목록에도 동성애가 포함되어 있다는 것이다.

셋째, 자유주의는 전통적인 기독교 교리를 이성과 과학, 역사적 비판과 사회적 인식에 따라 재해석하려는 신학적 흐름이며, 18세기 계몽주의 철학에 영향을 받은 신학사상이다. 이들은 성경을 유일신 사상이 집대성된 역사적 산물로 간주하고, 과학이 발달하기 이전에 기록된 성경에는 오류가 포함되어 있다고 말한다. 따라서 이들은 성경의 문자와 내용을 현대적 관점에서 새롭게 이해하고 재해석해야 한다고 주장한다. 예수님을 도덕 교사로 보며, 기적과 초자연적인 사건들도 상징이나 신화로 해석한다. 자유주의의 성경 해석에 의하면, 하나님이 소돔성을 심판하신 이유는 동성애가 아니라 나그네를 환영하지 않는 비환대(inhospitality, 무례함, 불친절) 때문이다. 에스겔 16장의 "가증한 일"도 동성애가 아니라, 이스라엘의 영적인 간음과 매춘, 즉 우상 숭배로 본다. 본문에서 문제가 되는 것은 동성애 자체가 아니라, 매춘과 아동 학대라고 해석한다. 즉 동성애 자체가 문제가 아니라 성의 남용과 학대가 소돔과 고모라가 멸망한 원인이라는 것이다.

그러므로 성경의 신적인 권위와 계시를 절대적으로 인정한다는 점에서 정통주의와 근본주의는 동일한 입장이라고 평가할 수 있다. 복음주의는 성경의 권위를 지키되 성경에 대한 비판과 해석의 원리를 수용하며 성경 안에 있는 다양한 문학적 장르를 인정한다.[3] 그러나 자유주의 신학사상은 계몽주의 철학의 영향을 받았기 때문에 인간의 본성에 대한 지나친 낙관주의를 전제하고 있다. 자유주의 신학은 성경의 무오성을 부정하며, 기독교 신앙을 이성과 과학으로 재해석해야 한다고 주장한다. 심지어 기독교의 독특한 교리인 무에서 유의 창조, 성경의 기적, 예수 그리스도에 대한 교리(부활과 재림)를 사실로 간주하지 않으려는 경향도 드러내고 있다.[4] 필자는 '복음주의'(근본주의를 포함한 확장된 개념)와 '자유주의' 두 가지로 구분하여 논의하고자 한다.

자유주의는 '이성과 문화'를 근거 삼아 동성결혼을 지지한다

동성애자의 성직자 안수를 공식적으로 허용하고 동성결혼을 지지하는 교단들은 현대사상, 과학, 문학과 예술에 대해 개방적인 자세를 취하고, 그것들에 권위를 부여한다는 특징이 있다. 그들은 각기 서로 다른 교단임에도 불구하고 동성애자와 동성결혼을 위한 기도, 신학, 예전(the liturgy)에서 강력한 유대감을 국제적으로 형성하고 있다. 친동성애 지지 교단들은 '성경, 전통, 이성, 인권'이라는 네 가지 기준을 통해서 동성애 문제를 파악하며, 동성애 지향성과 동성결혼의 권리를 신으로부터 받은 가치 있는 선물로 간주한다. 그들은 동성애와 동성결혼을 지지하는 것이 성경의 가르침과 조화를 이룰 수 있다고 본다.

무엇보다도 친동성애 신학자들은 '이성'을 동성애 문제를 해결하는 권위의 근거로 사용한다. 이성을 권위의 근원으로 사용하는 것은 다음 두 가지를 의미한다.

첫째, 문화 안에서 작동하고 있는 인간의 이성은 인간의 행동의 패턴에 따라 계속해서 새로운 진리를 발견할 수 있다고 본다. 우주에 대한 새로운 과학적 탐구, 인류의 문화와 인간의 본성에 대한 새로운 통찰은 끊임없이 발전하고 있다는 관점을 가진다. 그리고 동성애 문제도 심리학자, 사회학자, 과학자들의 연구 성과에 의존해야 한다는 것이다.

둘째, 세계와 인간에 대한 새로운 지식은 성경과 전통의 요소에 대한 비평으로 이어질 수 있다. 이들은 성경의 저자들은 어느 정도 그들의 상황 속에 제한된다고 주장한다. 또한 이들은 성경의 저자들이 현대의 과학과 상충하는 고대의 우주관을 가지고 있으며, 현대 사회에서 용인될 수 없는 노예제도, 절대군주제도, 여성 비하적인 문화를 지지한다고 비판한다. 그래서 성경의 가르침도 문화적인 한계와 제약을 받기 때문에 성경의 동성애 관련 진술도 현대의 지식에 비추어서 새롭게 해석되어야 한다고 주장한다. 이들은 성경의 일부를 비판하는 것은 성경 전체를 거부하는 것이 아니라고 주장한다. 이들은 성경의 저자들이 문화적 세약성을 갖기 때문에, 성경의 모든 율법과 명령이 현대의 문화에 그대로 적용될 수 없다고 주장한다. 이들은 동성애자의 인권과 동성결혼의 권리도 법과 사회로부터의 존중이라는 차원에서 정당한 요구라고 주장한다.

그래서 친동성애 신학자들에게 동성애는 혐오스럽고 가증한 죄가 아니다. 이들은 동성애를 하나님의 나라를 유업으로 받지 못하게 하는 죄로 규정한 사도 바울의 견해를 다음과 같이 비판한다.

첫째, 이들은 사도 바울이 '동성애 성향'과 '동성애 탐닉자'를 구분하지 못했다고 비판한다. 완전한 동성애자들은 여자와의 '올바른 성관계'를 처음부터 갖지 않았을 것이기 때문이다. 동성 배우자들이 서로 사랑하고 진정한 헌신의 관계에 있다면 바울의 정죄는 타당하지 않다는 것이다.

둘째, 동성애자에 대한 바울의 정죄는 인격적 본성에 반대되는 행동을 한 그 사람에게만 해당된다고 주장한다. 가령, 존 보스웰(John Boswell, 1947-1994)은 로마서 1장 26-27절에서 자연스런 관계는 부도덕함을 전제하지 않는다고 보며, 바울이 비판하고자 한 핵심은 이방인들이 자연스러운 유신론적 성향과 올바른 성적인 성향을 포기했다는 것을 지적했다는 것으로 이해한다.

셋째, 동성애 금지는 그 시대와 문화에 제한되는 것이지 현대에 적용되는 것은 아니라고 해석한다. 가령 서우(Seow)는 바울의 동성애 비판을 모든 세대에 적용해서는 안 된다고 주장하고, 빅터 폴 퍼니쉬(Victor Paul Furnish)는 바울의 비판은 과학이 발달하기 이전의 태도에서 비롯되었다고 본다.[5] 이들은 동성애가 우상 숭배와 결합되었을 경우에 한해서만 죄가 된다고 주장한다.

복음주의는 '성경'을 기준으로 삼아 동성결혼을 반대한다

복음주의 교단은 성경의 말씀을 동성결혼 반대의 근거로 내세운다. 근본주의와 정통주의도 동일하게 성경을 근거로 동성애를 죄로 규정하고 동성결혼을 반대한다. 성경은 하나님의 감동으로 기록된 무오한 계시(하나님의 말씀)이다. 하나님은 성령의 영감을 통해서 모든 세대에게 필요한 하나님의 뜻을 기록하게 하셨다.

성경은 문화를 초월하여 적용되어야 할 진리이기 때문에 그리스도인들은 성경의 권위에 순종해야 한다. 미국 남침례교를 비롯한 복음주의 교단들은 성경의 신적인 권위와 무오성을 믿는다. 하나님이 성경을 주신 목적은 인류에게 "구원에 이르는 지혜"(딤후 3:15)를 전달하기 위한 것이다. 복음주의는 성경의 계시의 완전성을 믿기 때문에, 자유주의 신학을 따르는 주류 교단들이 인간의 이성과 문화를 권위의 근거로 삼아서 성경의 교훈을 문화의 상대성에 예속시켜서 동성애와 동성결혼을 정당화하는 것은 잘못이라고 비판한다.

결혼 규례에 대한 복음주의 입장

복음주의는 창세기에 기록된 성경의 일부일처 결혼 규례를 강조한다. 신정통주의 신학자 에밀 브루너(Emil Brunner, 1889-1966)가 지적한 대로, 결혼은 창조 세계를 보존하기 위해 하나님이 정하신 규례이다. 하나님은 창세기 1장에서 창조 세계를 다스릴 수 있도록 사람들이 이 땅에서 생육하고 번성하며 땅을 다스리게 되기를 원한다고 말씀하셨다. 하나님은 사람이 생육하고 번성하는 방식으로 결혼 규례를 제정하신 것이다.

"하나님이 자기 형상 곧 하나님의 형상대로 사람을 창조하시되 남자와 여자를 창조하시고"(창 1:27).

창세기 2장에 보면, 하나님은 남자와 여자를 동등한 능력을 가진 존재로 만드셨고 특별히 남자가 외롭지 않도록 돕는 배필로 여자를 만드셨다. 하나님은 "남자가 혼자 있는 것이 좋지 않으니, 그를 돕는 사람, 곧 그에게 알맞은 짝을 만들어 주겠다"(창 2:18, 새번역: 새번역은 "남자"로, 개역개정은 "사람"으로 번역했다)라고 말씀하셨다. 하나님이 남성과 여성을 창조하신 이유는 이성애에 근거한 결혼 제도를 변치 않는 규례로 정하셨기 때문이다. 아담과 하와는 인류 최초의 인간이며, 첫 부부이고, 일부일처제의 원형이다. 이것이 하나님이 최초로 만드신 결혼 규례이다. 아담은 하나님이 본인의 갈빗대로 만들어 아내로 주신 하와에 대해 이렇게 표현했다.

"아담이 이르되 이는 내 뼈 중의 뼈요 살 중의 살이라 이것을 남자에게서 취하였은즉 여자라 부르리라 하니라"(창 2:23).

예수님은 마태복음 19장에서 제자들에게 창세기 본문과 동일한 관점으로 결혼 제도를 설명해 주시며, 당시 남자들에게 유리한 이혼 문화에 대해 엄중하게 경고하셨다.

"예수께서 대답하여 이르시되 사람을 지으신 이가 본래 그들을 남자와 여자로 지으시고 말씀하시기를 그러므로 사람[a man, 남자]이 그 부모를 떠나서 아내에게 합하여 그 둘이 한 몸이 될지니라 하신 것을 읽지 못하였느냐 그런즉 이제 둘이 아니요 한 몸이니 그러므로 하나님이 짝지어 주신 것을 사람이 나누지 못할지니라 하시니"(마 19:4-6).

예수님은 이 말씀을 통해 아담과 하와에 대한 창세기 본문을 참된 사실로 확증해 주셨으며, 결혼 제도는 인류가 타락한 이후에도 여전히 보존해야 하는 제도라고 선언하신 것이다. 한 남자와 한 여자는 각자의 부모로부터 분리되어 독립된 가정을 형성해야 한다. 최초의 사람, 아담과 하와는 똑같이 하나님의 형상으로 창조되었다. 다만 아담은 흙에서, 하와는 아담의 갈빗대에서 취해졌다는 점에서만 다르다.

본래 한 몸이었던 아담과 하와는 결혼 제도를 통하여 한 몸이 된다. 아담과 하와는 단순한 친구나 동거인이 아니며, 그들은 오직 "한 몸"이라는 표현으로만 설명되는 신비로운 부부가 된 것이다. "아담과 그의 아내 두 사람이 벌거벗었으나 부끄러워하지 아니하니라"(창 2:25)는 말씀은 타락 이전에 부부의 친밀함을 함축한다. 사도 바울은 에베소서 5장 31-32절에서 남녀의 결혼을 그리스도와 교회의 연합으로 비유한다. 남자가 부모를 떠나 자기 아내와 합하여 그 둘이 한 몸이 되는 것은 큰 비밀이며, 그 관계는 그리스도와 교회의 관계와 같은 것이다.

하나님 앞에서 이루어진 결혼 언약은 부부 상호 간의 사랑과 협력을 요청한다. 남편과 아내는 하나님이 주신 배필이요, 친구요, 협조자이다. 웨스트민스터 신앙고백에 의하면, "결혼은 한 남자와 한 여자 사이의 연합이어야 하며, 하나님이 제정하신 것이다. 결혼은 남편과 아내가 상호 도움을 주기 위해, 합법적인 자녀를 낳기 위해 그리고 부도덕한 행위를 예방하기 위해 제정되었다"(웨스트민스터 신앙고백 24:1). 또한 말라기 선지자는 결혼의 중요한 목적 중의 하나는 경건한 자손을 얻는 출산에 있다고 말했다(말 2:15). 생육하고 번성하라는 하나님의 문화명령은 출산을 통해서 이루어진다. 물론 '자녀를 출산하지 못했다'는 이유로 결혼 언약이 무효가 되는 것은 아니다.

결혼에 대한 성경의 가르침은 남성과 여성이 다른 성별로 창조되었고, 남성과 여성의 결혼 제도만이 하나님이 정하신 질서라는 것이다. 따라서 동성결혼은 성경의 일부일처 혼인 규례를 대체할 수 없다. 성경적인 결혼관은 일부일처 결혼 제도뿐이다. 부패한 본성을 가지고 태어난 사람이 동성애와 동성결혼을 원한다고 해도, 그것이 도덕적으로 옳은 것이 될 수는 없다.

자유주의 해석에 대한 복음주의의 비판

데릭 셔윈 베일리(Derrick Sherwin Bailey, 1910-1984)는 동성애를 반대하는 교회의 전통적인 견해를 반박했다. 그는 바울을 포함하여 성경의 서사들이 '성적 지향'(sexual orientation)이라는 개념을 알지 못했다고 말하며 성경의 진리를 시대에 맞도록 재해석해야 한다고 주장한다. 베일리는 소돔의 "이런 악"(this wickedthing)은 동성애를 지칭하는 것이 아니라, 나그네와 손님을 환대하는 고대 근동 사회의 풍속을 저버린 비환대를 가리킨다고 보았다. 베일리의 주장을 더욱 강력하게 주장한 존 보스웰은 '말라코스'(μαλακός)라는 단어가 동성애를 지칭한다는 사실을 의도적으로 회피한다. 그는 소돔성이 멸망한 이유를 하나님이 보내신 방문자들을 푸대접했기 때문이라고 말한다.

베일리와 보스웰 같은 자유주의 신학자들에 의하면, 소돔 사람들이 천사들을 자기들에게 내어 달라고 요구하는 성경 본문, 즉 "우리가 그들을 상관하리라"(창 19:5)는 말은 동성애 행위를 의미하지 않는다는 것이다. 5절의 "상관하리라"에 해당하는 히브리어 '야다'(yadha)는 동성의 성행위가 아니라 그냥 '알려고 한다'는 의미였다고 해석한다. 또한 그들은 성경 전반에 걸쳐서 소돔의 죄에 대한 언급이 많이 있긴 하지만, 소돔의 죄를 동성애로 단정하지 말라고 주장한다. 그들에게 소돔의 죄는 '사회적 부정의'로 간주된다.

그렇지만 복음주의 신학자들은 베일리와 보스웰이 성경의 원뜻을 왜곡했다고 비판한다. 동성애를 죄로 규정하는 성경 본문이 상대적으로 소수이긴 하지만, 그것이 동성애를 옹호하는 신학자들의 논거를 뒷받침하지 않는다. 신약성경에서 사도 바울과 베드로, 유다는 모두 동성애와 성적인 음란함이 소돔과 고모라의 심판의 원인이라고 공통되게 지적한다.

복음주의 신학자 존 스토트(John Stott)에 의하면, 디모데전서 1장 10절에 불법한 죄의 사례로 언급된 것, 즉 "간음하는 자와, 남색하는 자"(for the sexually immoral and homosexuals, 새번역)에서 "남색하는 자"에 해당되는 헬라어를 구분해서 보아야 한다. '말라코스'(남색하는 자)는 남색의 상대자로서 동성애에서 수동적 역할을 하는 부드러운 남자, 즉 여성처럼 행동하는 남성을 가리킨다. '아르세노코이테스'(남색하는 자)는 동성애 관계에서 적극적인 남자 역할을 하는 남성 동성애자로 추정한다.[6] 사도 바울은 고린도전서 6장에서 하나님의 나라에 들어가지 못할 죄들의 유형을 열거할 때, 남성 매춘부와 동성애자를 의미하는 형용사 '말라코이'(malakoi)를 포함시킨다. 그리고 디모데전서 1장에서는 명사 '아르세노코이테스'(arsenokoites, 남색하는 자)와 '포르노스'(pornos, 음행하는 자)를 구분하여 표현한다.[7]

상술한 대로 복음주의는 동성애를 성경이 분명하게 가증한 죄로 규정하여 금지한다고 본다. 성경은 죄의 지향성과 죄의 행동 및 결과를 명료하게 구분한다. 하나님은 가인에게 "죄의 소원(desire)은 네게 있으나 너는 죄를 다스릴

찌니라"(창 4:7, 개역한글)고 말씀하셨다. "죄의 소원"은 죄를 짓는 성향이다. 인간의 타락한 본성은 음행과 동성애와 같은 부도덕한 죄를 향한 성향을 갖는다. 따라서 사람은 말씀과 성령으로 그 죄의 성향을 억제시키고 다스려야 한다.

필자가 보기에 동성애와 동성결혼을 지지하는 자유주의 해석은 성경을 왜곡한 것이다. 오히려 성경은 명확하게 동성애를 금지하는 것으로 보는 복음주의적 견해가 옳다. 존 스토트는 성경 본문이 동성애를 금지하지 않는다는 자유주의 해석이 틀렸다고 본다. 그는 성경의 교훈을 따라서 "그리스도인들이 동성애 관행을 거부하는 것이 타당하다"라고 주장한다. 성경은 동성애 관행을 가증한 죄로 규정한다. 동성애가 소돔과 고모라의 유일한 죄는 아닐지라도 하나님이 정하신 질서를 파괴하는 중대한 죄악이라는 것은 분명하다.

미국 공립학교의 성적 지향으로 인한 갈등과 문제점들

미국 페어팩스 카운티 교육의 혼돈

미국 버지니아주 페어팩스 카운티는 미국 동부에서 가장 부유하고 교육 수준이 높은 카운티 중의 하나이다. 페어팩스 교육위원회는 2014년 11월에 학교에서 보호되어야 할 권리 항목에 '성적 지향'을 추가했고, 「워싱턴 포스트」 2015년 6월 26일 보도에 의하면, 교육위원들은 학부모들의 강력한 반대에도 불구하고 '성 정체성'(gender identity)과 '트랜스젠더'(transgender)를 성교육에 포함시킬 것을 10대 2의 표결로 통과시켰다.

연방정부는 교육위원회가 '성 정체성'을 보호하지 않을 경우에, 카운티 교육국에 배정된 4,200만 달러의 예산을 삭감하겠다고 위협했다. 그때 미국시민자유연합(ACLU) 버지니아 지부와 페어팩스 프라이드(FCPS Pride)와 같은 친동성애 단체들은 인권 캠페인을 벌여서 교육위원회가 성적 지향과 성 정체성 법안(Sexual Orientation and Gender Identity, SOGI 법안)을 통과시키도록 큰 압력을 행사했다.

페어팩스 카운티 교육위원회가 성 소수자들을 보호하겠다고 선언하자, 학부모들이 거세게 반발했다. '성 정체성' 기준에 따르면, 생물학적 남성이 여성의 성 정체성을 가졌을 경우, 그는 여성 화장실이나 탈의실을 이용할 수 있다. 그것은 일반적으로 여학생들에게 불안감을 느끼게 할 뿐만 아니라, 성폭행을 당할 위험성도 높아지기 때문이다. 이것을 수학여행 기간 중 숙박 문제로 적용해 보자. 트랜스젠더 여성(태어날 때 생물학적 남성이지만 자신의 성 정체성을 여성으로 인식하는 사람)이 생물학적 여학생들과 함께 같은 방에서 잠을 자는 것도 허용해야 하는가? 반대로 트랜스젠더 남성(여성으로 출생했지만 자기 성 정체성을 남성으로 인식하는 사람)이 생물학적인 남성들과 함께 방을 써야 하는가?

'성 중립'(gender-neutrality) 또는 '공용(all gender) 화장실'은 성폭행의 위험성을 증대시키는데도 미국 연방교육국이 예산 삭감이라는 위협을 통해서 공립학교들이 '성 정체성'을 보호하도록 강제하는 것은 정당한가? 남성과 여성의 구분은 자연법에 의존하는데, 국가가 자연법을 어기고 동성결혼을 반대하는 자들을 처벌하고 동성결혼을 자연스러운 행위로 가르치는 것은 도덕적으로 옳은가?

2021년 버지니아 주지사 선거에서 공화당의 글렌 영킨(Glenn Youngkin) 후보는 라우든 카운티에서 발생한 성폭행 사건을 문화전쟁 이슈로 활용하여 당선되었다. 2021년 5월 라우든 카운티 스톤 브리지 고등학교 여자 화장실에서 십 대 소녀가 트랜스젠더 남자 학생에게 성폭행을 당했다. 영킨 후보는 이 사건을 '학교 내 안전 위협' 사건으로 규정하고 민주당의 트랜스젠더 학생 보호 정책을 비판했다. 이 사건에 대한 유권자들의 반감으로 영킨 공화당 후보는 민주당 주지사를 이기고 주지사로 당선되었다.

미국 민주당의 버락 오바마(Barack Obama) 대통령과 조 바이든(Joe Biden) 대통령 행정부는 성 소수자 보호를 강화시켜 왔지만, 이에 대해 불만을 표출하는 시민들이 적지 않았다. 미국 공화당의 도널드 트럼프(Donald Trump) 대통령은 두 번째 임기를 시작한 후 2025년 2월 5일 행정명령을 통해 연방교육부를 폐지하고 교육에 관한 권한을 주 정부 및 지방 정부로 이양할 것을 천명하고, 트랜스젠더 여성(생물학적 남성)이 여성 스포츠 경기에 출전하는 것을 금지시켰다.[8] 민주당과 공화당, 진보적인 시민단체와 보수적인 시민단체들 사이에는 트럼프 대통령의 행정명령에 대해 찬반 논쟁이 벌어지고 있다. 앞으로도 법률적인 논쟁은 계속되겠지만, 보수적인 가치관을 가진 시민들은 남성과 여성 두 가지 성별만이 존재한다는 트럼프 대통령의 선언을 적극적으로 지지하고 있다.

친동성애 진영의 두 가지 주장과 모순

첫 번째 주장-'동성결혼 반대자는 동성애자 혐오자'-에 대한 비판

동성결혼 지지자들은 과거의 인종차별이 도덕적이지 않았던 것처럼, 동성애자들의 성적 지향과 성 정체성을 차별하는 것은 비도덕적인 행위라고 비판한다. 이들은 과거 '인종 간 혼인 금지법'이 비도덕적인 법률이었던 것처럼, 동성결혼 반대도 비도덕적인 행위라고 비판한다.

버지니아주에는 1924년에 제정된 인종순혈법(Racial Integrity Act)이 있었다. 미국 연방대법원은 1967년 '러빙 대 버지니아'(Loving v. Virginia) 판례를 통해서 인종 간 결혼을 금지한 주법을 만장일치로 철폐했다. 이 판례는 미국에서 결혼의 자유와 평등권을 확립한 중대한 판례로 꼽힌다. 얼 워렌(Earl Warren)

대법원장은 이 판례에서 결혼의 자유가 기본적 자유에 해당되며, 인종 간 결혼을 금지한 법은 수정헌법의 평등 보호 조항과 적법절차 조항을 침해한 것이라고 판결했다. 인종과 피부색은 타고나는 것이기 때문에, 이것을 이유로 결혼을 금지하는 것은 비도덕적인 인종차별 행위에 해당한다.

동성결혼 지지자들은 이와 똑같은 논리를 동성결혼 반대자들에게 적용하려고 한다. 미국 연방대법원에서 2015년 '오버거펠 대 호지스' 판례를 내놓자, 동성애 지지자들은 동성결혼에 대한 어떤 공적인 논의나 의견 표명을 허용하지 않으면서 동성결혼 반대자들을 '비도덕적인 인종차별주의자'로 비판하기 시작했다.

그렇다면 우리는 '인종 간 혼인 반대'와 '동성결혼 반대'가 같은 '도덕적 문제'인지에 대해 질문해 보아야 한다. 동성결혼 반대가 과거의 인종 간 결혼 금지와 동일한 유형의 차별인가? 그들은 동성결혼을 반대하는 것은 성 소수자를 차별하는 범죄 행위라고 주장한다. 실제로, 연방대법원의 동성결혼 합헌 판결 이후, 전통적인 결혼관(남성과 여성의 결혼)과 성경적인 결혼관(일부일처 결혼) 지지자들은 '관용이 없는 완고한 사람'이라는 비난을 받고 있다. 그리고 동성결혼 옹호자들이 동성결혼에 동의하지 않는 사람들을 부도덕하고 완고한 시민으로 매도하는 것은 타당한 것인가?

예일대학교 석좌교수였던 로버트 달(Robert A. Dahl, 1915-2014)은 민주주의 정치체제를 옹호하는 대표적인 정치사상가이다. 그는 자신의 저서 『민주주의』에서 민주주의의 장점 열 가지를 자세히 설명한다. 민주주의는 독재사회의 출현을 예방하며, 천부인권에 토대를 둔 기본권을 보장하고, 개인의 자유와 인간의 발달에 기여한다고 보았다. 또한 민주주의는 사회적·경제적 번영에 이바지하며, 민주주의 국가 상호 간에는 전쟁이 일어나지 않는다고 주장했다. 로버트 달에 의하면, 기본권 보호에서 가장 중요한 것은 '표현의 자유'이다. 표현할 수 없다면, 사상과 종교와 양심의 자유는 무의미해지기 때문이다.

가령, 사회에서 첨예한 논쟁이 벌어지는 임신중절을 생각해 보자. 미국 연방대법원은 1973년 1월 22일에 '로 대 웨이드' 판례를 통해서 임신 초기에 여성의 낙태할 권리를 개인의 자유로 인정했다. 그렇지만 2022년 '돕스 대 잭슨 여성건강기구' 판례는 '로 대 웨이드' 판례를 공식적으로 폐기했다. 이 판례에 의하면, 임신중절에 대한 권한은 각 주정부에 있으며, 낙태는 더 이상 연방 헌법상 보장된 권리가 아니다. 임신중절에 대한 찬반 의견은 자유롭게 표현될 수 있다. 임신중절을 반대하는 사람들을 '여성혐오주의자'로 처벌할 수는 없다.

그런데 동성애자들은 동성결혼에 대한 반대 의견 표명 자체를 허용하지 않으며, 반대자들을 성 소수자를 혐오하는 사람들이라고 비판한다. 민주주의 사회에서 표현의 자유를 박탈하는 것은 '반민주적인 행태'이다. 그것은 복음주의 그리스도인들이 반대 의견을 표명하지 못하도록 재갈을 물리는 것으로, 민주주의에 대한 위협이다. 미국의 정치철학자 존 롤즈도 국가권력이 종교의 자유와 종교에 따른 사상의 자유를 제한하는 것은 옳지 않다고 주장한다. 국가의 헌법적 의무는 종교의 자유, 양심의 자유, 사상의 자유를 보호하는 것이고, 모든 시민은 사상과 신앙의 자유를 추구하고 그 내용을 자유롭게 표명할 수 있어야 한다.

두 번째 주장 – '동성애자는 선천적으로 태어난다' – 에 대한 비판

동성애자들은 자신들이 선천적으로 동성애자로 태어났다고 말한다. 따라서 동성애 성적 지향은 부끄러운 죄가 아니고 치료받아야 하는 정신질환도 아니다. 이들에게 동성애는 하나님이 창조하신 자연스러운 인간의 본성일 뿐이다. 이들의 선천성 주장을 살펴보자. 일반적으로 동성애는 세 가지의 특징, 즉 동성을 향한 성적 끌림 현상, 동성과의 성관계, 동성애자로서의 성 정체성 등을 갖는다.[9]

동성애의 선천성을 주장하는 이론은 조성이론(constitution theory)과 후천성을 주장하는 환경이론(environmental theory)이 있다. 조성이론에 의하면 동성애는 호르몬의 균형이 맞지 않거나 유전적 요인에서 비롯된 것이다. 동성애자들은 자신들의 선천적인 성향을 바꿀 필요가 없으며 자유롭게 추구할 권리가 있다. 동성애의 선천성 주장은 '하나님이 어떤 사람들을 선천적으로 동성애자로 지으셨다'는 논리로 확장된다. 친동성애 신학자들은 사람이 동성애자나 이성애자로 태어나는 것도 전적으로 하나님의 결정 사항이고, 동성애적 성적 지향 역시 창조의 일부라고 주장한다.

이런 선천성 주장은 동성애와 동성결혼의 도덕적 정당성으로 이어진다. 동성애가 선천적으로 조성된 체질이거나 유전적인 영향이라면, 동성애에 대한 어떤 비판도 정당하지 않을 것이다. 그렇다면 그들의 요구대로 동성애자들에 대한 비성경적인 혐오를 멈추고 동성애자들이 자신들의 권리를 추구할 수 있도록 도와야 할 것이다.

동성애자가 선천적으로 태어난다고 주장하는 근거는 다음의 몇몇 연구 결과에 의존한다. 1993년에 딘 해머(Dean Hamer)는 두 명 이상의 남성 동성애자 형제가 있는 40가족을 조사한 결과 "염색체 Xq28이 남성 동성애자의 탄생과 관련되어 있다"고 주장했다.[10] 또 다른 연구자들은 "남성 동성애자의 두뇌에서 전시상하부의 간질핵(INAH-3)이 동성애와 관련되어 있다"고 말했다. 또한 "쌍둥이의 동성애 비율이 일반인보다 높다"는 주장은 1952년 칼만(Kallmann)의 연구를 시작으로, 2010년 랑스트롬(Langstrom)의 연구 결과에 의해서도 자주 인용된다.

그러나 1952년 칼만의 연구에서는 일란성 쌍둥이 형제의 동성애 비율이 100퍼센트, 이란성 쌍둥이 형제의 동성애 비율이 15퍼센트였었는데, 2010년 랑스트롬의 연구에서 일란성 쌍둥이의 동성애 일치 비율은 여성 12.1퍼센트, 남성 9.9퍼센트로 떨어졌다. 칼만 연구는 적은 표본 수로 지나치게 과장된 것이었음이 드러났다. 그들은 이런 일련의 연구 결과를 통해서 '동성애는 선천적으로 태어나는 것'이라고 주장하는 것이다. 그러나 동성애의 유전성을 주장한 연구 결과는 그 이후에 시행된 다른 연구들을 통해서 부인되었다.

현재 유전정보를 종합적으로 연구하는 게놈연관연구(Genome-wide Association Study, GWAS) 기술이 급속히 발달하고 있다. 1999년 조지 라이스(George Rice)는 Xq28에 존재하는 네 개의 표지 유전자(DXS1113, BGN, Factor8, DXS1108)를, 동성애 형제와 비동성애 형제들의 유전자를 비교한 결과 Xq28은 남성 동성애자와 아무런 상관이 없다는 것을 밝혔다. 2000년 이후 시행된 연구 결과는 일란성 쌍둥이가 동성애자가 될 비율이 너무 낮아서, 동성애가 유전적으로 결정된다는 주장은 전혀 근거가 없는 것으로 밝혀졌다.

지난 2012년 드라반트 연구원 등은 23세 이상 남녀 동성-이성애자 2만 3,874명을 대상으로 게놈연관연구를 했다. 그 결과 X염색체상에는 물론 전체 유전정보상에서도 동성애 관련 유전인자를 하나도 발견하지 못했다. 2016년 미국 존스 홉킨스 의과대학의 로렌스 메이어(Lawrence Meyer)와 폴 맥휴(Paul McHugh) 박사가 이끈 연구팀은 "게이, 레즈비언, 트랜스젠더가 특별한 성적 지향이나 성 정체성을 가지고 태어난다는 과학적 증거가 없다"는 연구 결과를 밝혔다.[11]

2019년에는 세계 최대의 동성애 유전성에 대한 연구 결과가 나왔다. 이 연구에서는 46만 9,427명의 유전 데이터를 분석한 결과 동성애를 결정하는 단일 유전자는 존재하지 않는다고 결론을 지었다. 이 연구는 하버드대학교와 MIT 브로드 연구소가 주도한 것으로 과학 저널에 소개되었으며 BBC 방송과 CNN 방송에도 그 연구 결과가 소개되었다. CNN은 2019년 8월 29일에 "동성애 유전자는 (여전히) 없다-There's (still) no gay gene"는 타이틀을 띄웠다. 그 연구 결과는 동성애가 선천적으로 유전된다는 것을 부정했다. 그 연구는 성적 지향과 관련된 다섯 개의 유전자 변이를 찾긴 했지만 동성애자의 유전적 출생의 근거는 되지 않았다고 평가했다. 연세대 의과대학 명예교수는 "다섯 개의 유전자 변이는 동성애 행동의 1퍼센트를 설명할 뿐이다"라고 말했다. 이 연구 결과는 동성애가 선천적인 유전적 영향이 아니라, 후천적인 복합적 요인으로 형성된다는 것을 밝힌 것이다.[12]

2010년 로잔대회(남아공 케이프타운에서 개최)를 준비한 보고서는 동성애가 선천적인 것이 아니라 후천적으로 발생한다는 발전이론(developmental theory)을 지지했다.[13] 동성에 대한 성적인 지향성은 심리적 요인, 환경적 요인, 자신의 의지적 선택 등의 다양한 요인들이 복합적으로 작용한 결과로 생긴 것으로 본다. 심리적 영향이란 어릴 때 성적으로 학대받은 경험을 통해 형성된 것이고, 환경적 요인이란 '또래 집단'의 영향이나 동성애의 경험을 통해 습득된 것을 말하고, 의지적 선택 요인이란 자신이 의도적으로 동성과의 성적인 관계를 추구한 것을 말한다. 어떤 사람이 우연히 혹은 강압적으로 동성애를 경험한 이후 자신을 동성애자로 여기는 경우나 동성애를 미화하는 영상 매체를 통해 동성애가 형성된 경우도 많이 있다. 한마디로 요약하면, 이 연구들은 한결같이 동성애 성향은 선천적인 것이 아니라, 후천적으로 습득된다고 결론을 내렸다.

2024년 9월에 인천에서 열린 제4차 로잔대회는 제3차 로잔대회와 유사한 입장을 표명했다. 제4차 로잔대회에서 발표한 "서울선언문"은 68번 항목에서 "동성 간의 성관계는 하나님의 창조 질서를 왜곡하는 죄"라고 표명했다. 59번 항목에서는 "하나님이 정하신 결혼은 한 남자와 한 여자의 배타적인 결합"이라고 규정하고, 61번 항목에서 "동성결혼을 창조주의 설계와 의도를 위반한 죄악"으로 선언했다.[14]

'동성애, 동성결혼, 차별금지법안 제정'을 반대하는 철학적인 이유

'동성결혼 반대'와 '인종 간 혼인 반대'는 동일한 '도덕성' 범주가 아니다

전술했듯이, 1967년 미국 연방대법원은 '러빙 대 버지니아' 판례를 통해서 1924년에 제정된 미국 버지니아주의 '인종순혈법'을 폐지했다. 연방대법원은 인종순혈법이 미국 헌법 수정조항 제14조 '시민의 평등한 보호 조항'을 위배했다고 본 것이다. 선천적으로 타고난 피부색으로 사람을 차별하는 것은 그 자체로 비도덕적인 행위이다.

예를 들어 보자. "철수는 부도덕한 사람이야"라는 말은 그의 의지, 동기 그리고 행동을 도덕적인 관점에서 비판하는 것이다. 그러나 사람의 피부색은 의지적 선택과는 무관하다. 사람이 태어날 때 가지는 피부색은 자기 의지대로 선택해서 얻은 결과가 아니기 때문이다. 피부색은 자신의 의지가 전혀 반영되지 않은 상태로 유전적으로 부모로부터 주어진 것이다. 따라서 개인의 의지가 반영되지 않은 결과, 즉 피부색을 이유로 사회적인 차별을 받거나, 피부색으로 결혼의 자유가 제한당하는 것은 그 자체가 '비도덕적인 행위'이다. 과거 독일의 나치는 우생학 이론을 국가정책에 도입하여 다른 인종에게 강제로 불임수술을 시행했다. 이것은 인권침해와 비윤리적 결과를 초래했다. '인종 간 혼인 금지'는 비도덕적인 행위로 간주할 수 있다.

세계 역사의 흐름을 보면 '인종 간 결혼 금지'는 두 인종이 상하 계급으로 분리된 사회 안에서만 존재했다. 근대 영국의 식민지에서 인종 간 결혼을 금지한 것은 백인이 기득권을 가진 지배 계층이었고, 흑인은 피지배 계층이었기 때문이다. 프랜시스 백위드 교수에 의하면, 인종 간 혼인 금지 법안은 보통법(common law)에서는 선례를 찾기 어렵다. 단지 백인의 문화적 주도권을 유지할 목적과 지배 계층의 백인들이 인종적 순수 혈통을 보존하기 위해 만든 조악한 법안에 불과했다. 보통법 체계에서 결혼의 필수 조건은 인종과는

무관하며 남성과 여성의 상보성에 의존하는 것이다. 따라서 인종 간 결혼 금지는 도덕적인 관점으로도 타당하지 않으며 성경적인 근거도 없다. 인종 간 결혼 금지 법률(인종순혈법)은 대개 백인이 유색인종을 지배하는 사회적 억압 기제로 작용했기 때문에 그 자체가 비도덕적이라고 단정할 수 있다.

그렇다면 '동성결혼 반대' 견해도 도덕적 범주에 속하는 것인가? 남성과 여성의 결혼 제도는 인류 역사의 처음부터 있었던 규범이다. 인류는 남녀 간의 결혼, 즉 이성애에 입각한 결혼 제도를 올바른 것으로 인식해 왔다. 유신론에 토대를 둔 종교들은 창조주가 사람을 남자와 여자로 창조했기 때문에 남성과 여성의 결혼을 자연스러운 것으로 보았다.

성 어거스틴과 아퀴나스의 철학, 루터와 칼뱅의 종교개혁 사상, 로크와 칸트의 근대 철학, 간디와 마틴 루터 킹 주니어 같은 사상가들은 모두 남성과 여성의 성적인 연합을 결혼의 핵심적인 조건으로 간주했다. 동양의 유교 사상도 남녀 간의 혼인 제도를 통해서 가문 계승과 국력의 신장을 추구했다. 즉 동서양을 막론하고 인류의 역사는 오랫동안 남성과 여성의 결합을 결혼 제도의 핵심 조건으로 이해했다. 인종(피부색)이 달라도 남자와 여자는 결혼해서 자녀를 낳을 수 있다는 점에서 자연스럽다. 따라서 피부색이 다른 인종 간에 결혼을 금지하는 것은 정당화될 수 없다.

앞에서 살펴본 대로, 대부분의 의학적 연구 결과는 동성애자의 성 정체성이 선천적인 것이 아니라 후천적으로 형성된다고 한다. 동성애의 성 정체성은 피부색처럼 선천적으로 타고난 것이 아니라 후천적인 복합적인 작용으로 습득된 것이다. 피부색에는 개인의 의지가 반영되지 않지만 동성애의 성 정체성과 동성결혼에는 개인의 의지와 선택이 반영된다. 동성결혼을 반대하는 사람들은 전통적으로 또는 성경적으로 남자와 여자의 성별 구분을 따르지만, 동성애자들은 성별이 사회적으로 결정된다는 젠더 이론을 따른다.

다시 말하면 동성애 성향은 심리학의 범주에 속하고, 피부색은 생물학적 영역에 속한다. 따라서 선천적인 피부색을 이유로 '인종 간 혼인 금지'를 주장하는 사람이나 법률은 그 자체가 비(非)도덕적인 것이다. 그렇지만 '개인의 의지가 반영된 동성애와 동성결혼'을 반대하는 사람들을 비도덕적이라고 비난할 수는 없다. '동성결혼 반대자'를 '인종 간 결혼 금지 반대자'와 같은 도덕성 문제로 비난하는 것은 선천적인 범주와 후천적인 범주를 혼동한 '범주 착각의 오류'에 해당된다고 할 수 있다.

동성결혼은 민주주의 국가의 전통적인 가족 제도를 파괴한다

동성결혼은 인류가 오랜 역사 속에서 지켜 왔던 '남성과 여성의 결합'으로서의 결혼 그리고 그 결혼을 통해 형성되는 가정을 해체하고 있다. 미국의 경우, 2015년 6월 미국 대법원의 판례를 통한 가족에 대한 새로운 정의(남자와 여자의 결혼이 아니라, 단순히 두 사람 간의 결합)는 이미 성 혁명을 통해 약화된 전통적인 가족 체제를 더욱 빠르게 붕괴시키고 있다.

프랑크푸르트 학파(Frankfurter Schule)는 20세기 초 비판이론을 중심으로 한 철학 및 사회학 학자들의 집단이다. 이들의 사상은 현대의 페미니즘, 젠더 이론, 퀴어 이론, 포스트모더니즘의 발전에 철학적인 영향력을 미쳤다. 이런 이론들은 대개 전통적인 가족을 해체하고 결과적으로 민주 사회를 약화시키고 있다.

이탈리아 마르크스주의 이론가인 안토니오 그람시(Antonio Gramsci, 1891-1937)는 '문화적 헤게모니 이론'을 통해서 자유 민주주의 국가 체제를 부정적으로 평가했다. 그에 의하면, 국가는 강제력을 가진 기구로서, 도덕적 문화적 지배력을 행사하여 피지배 계급의 자발적인 동의를 끌어내는 구조에 지나지 않는다. 그는 자유민주주의 체제보다는 사회민주주의 체제를 지지했다. 그리고 프랑스의 미셸 푸코(Michel Foucault, 1926-1984)는 그의 저서 『성의 역사』에서 가족과 성적 규범이 권력의 산물이라고 재해석했으며, 그의 견해는 성적 정체성이 사회적으로 구성된다고 보며 성 소수자 보호에 큰 영향을 끼쳤다. 결과적으로 푸코의 사상은 퀴어 이론의 토대를 제공했다고 평가할 수 있다.

포괄적 차별금지법안을 제정하는 일에 반대하는 이유는 다음 세 가지로 설명할 수 있다.[15]

첫째, 성적 지향 항목을 차별금지법안에 포함시키면 동성결혼에 동의하지 않은 사람들을 비도덕적인 사람들이라는 프레임을 씌워 처벌할 수 있기 때문이다. 상술한 것처럼, 성적 지향과 성 정체성을 인종 문제와 동일한 것으로 다루는 것은 어떤 역사적, 철학적 근거도 없다. 복음주의 그리스도인들은 성경적 근거를 토대로 해서 동성애자들의 성적 지향과 성 정체성을 보호하는 포괄적 차별금지법안 제정을 반대하고 있다. 그리스도인에게 성경은 신앙의 표준이다. 성경의 가치에 따라서 반대하는 것을 마치 그리스도인은 도덕성이 결여된 사람이라고 비난하는 것은 옳지 않다.

둘째, 성적 지향의 특성은 지나치게 모호하여 무엇을 보호해야 하는지가 분명하지 않다. 오늘날 유럽과 미국 등 서구 사회에서 동성결혼이 헌법적 수준에서 합법성을 갖게 된 것은 동성애자들의 주도면밀한 투쟁과 로비에 있다고 할 수 있다. 성 정체성을 너무 광범위하게 해석하면 복음주의 그리스도인들의 신앙의 자유가 제한될 수 있다.

셋째, 성적 지향을 보호하는 것은 전통적인 결혼 제도를 심각하게 약화시킨다. 사회는 결혼 제도를 통해서 유지된다. 정치철학자 존 롤즈는 그의 명저 『정의론』에서 '일부일처제'를 사회의 주요 제도로 본다. 롤즈가 가족을 사회의 주요 제도로 설정하는 이유는 가족의 중요한 역할 때문이다. 가족의 역할은 자녀들에게 도덕적, 정치적 능력을 발전시키는 것이다. 일부일처제를 사회의 주요한 기본 제도로 간주하는 이유는 부모의 자녀 양육의 필요성 때문이다. 부모는 자녀를 사랑하고 자녀는 부모의 사랑을 받으며 자라난다. 롤즈는 질서정연한 사회에서 구성원들의 출생과 사망은 매우 중요하며, 출생을 통해서만 그 사회에 진입하기 때문에, 아이를 출산할 수 있는 남녀의 혼인 제도는 국가에서 필수 불가결한 것이다.

미국은 2015년의 동성결혼 합헌 판결 이후에 공립학교와 관공서에서 동성결혼을 권장하고 동성애 성향을 자연스러운 욕구로 교육해 왔다. 결과적으로 전통적인 일부일처 결혼 제도는 약화되고 있다. 동성결혼의 합법화는 이성 간에 이루어지는 전통적인 결혼관과 부부의 성적인 관계를 통한 자녀 출산을 가능하게 하는 결혼 규례를 약화시킨다. 미국에서 동성결혼이 합헌이 된 것은 2015년이다. 그런데 2023년 통계에 의하면, Z세대 미국 청소년들의 성 소수자(LGBTQ) 비율은 최근 28퍼센트까지 급증했다. 성 소수자 확대는 불가피하게 전통적인 결혼의 축소로 이어질 수도 있다. 보수적인 관점에서 보면, 남성과 여성이 선천적으로 태어나는 것이 아니라 사회적으로 만들어진다는 젠더 이데올로기는 전통적인 가족 제도의 토대를 약화시키고 있다.

반면에 이슬람 율법 중심의 국가, 권위주의 국가, 공산주의 국가 진영에서 동성결혼은 대부분 금지되어 있다. 이란과 사우디아라비아에서는 동성애를 형법상 범죄로 규정하고, 심지어 사형까지 언도할 수 있으며, 러시아는 '동성애 선전 금지법'을 가지고 있다. 적절한 인구가 그 국가의 경제력과 군사력의 유지에 필수적이라는 점을 고려한다면, 최소한 동성결혼 증가는 그 국가의 적절한 인구 유지에 직접적인 기여를 할 수 없는 것으로 평가할 수 있다.

'동성애·동성결혼 비판 금지'는 종교·양심·사상의 자유를 제한할 수 있다

세계인권선언 제18조는 사상·양심·종교의 자유를 기본권으로 보호되어야 할 권리로 명시한다. 대한민국 헌법도 모든 국민은 '양심의 자유'와 '종교의 자유'를 갖는다고 선언하고 있다. 종교적 신앙에 따라 동성애를 죄라고 규정하며 동성결혼을 거부할 수 있는 종교의 자유는 하늘이 부여한 천부적 인권에 토대를 두고 있다. 동성결혼을 반대할 수 있는 종교적인 자유는 반드시 보호되어야 할 근본적인 권리이다.

그런데 차별금지 조항은 동성애에 대한 어떠한 비판도 표현하지 못하게 한다. 동성애자의 성 정체성을 보호하는 차별금지법이 제정된다면 종교의 자유는 극도로 제한될 수 있고, 심지어 동성애를 죄로 설교한 성직자도 처벌받을 수 있다. 따라서 포괄적 차별금지법안에 '동성애 정체성' 항목이 있어서는 안 된다. 포괄적 차별금지법안은 인간의 기본권인 종교·양심·사상의 자유를 제한할 것이다. 기본권 항목들에서도 종교의 자유는 상위의 개념이다. 정부의 역할은 모든 시민에게 법 앞에 평등과 자유를 보호하는 것이다. 특별히 정부는 종교의 자유를 보호하고, 종교적 신념에 따라 예배할 자유와 신에 대한 진리를 추구할 자유를 보호해야 할 책무를 가지고 있다.

롤즈의 "정의의 두 원칙"에 의해서 보장되는 기본 권리에는 "정치적 자유권, 언론과 집회의 자유, 양심과 사상의 자유, 사유재산권과 신체의 자유, 법의 지배라는 명목으로 부당한 체포 및 구금으로부터의 자유" 등이 포함되어 있다. 국가의 책무는 당연히 양심과 사상의 자유, 종교의 자유를 우선적으로 보호하는 것이다. 롤즈는 『정치적 자유주의』에서 표현의 자유를 중요하게 평가한다. 그러나 포괄적 차별금지법안은 동성결혼에 대한 반대 의견을 표명하지 못하게 한다는 점에서 반민주적인 법률이라고 할 수 있다.

정치철학자 마이클 샌델(Michael Sandel)은 동성결혼의 합헌 결정보다는 오히려 '혼인제 폐지'를 통해서 아예 국가가 혼인 제도에 간섭하지 않는 것이 더 옳다는 의견을 피력한 바 있다. 정부가 혼인 문제를 사적인 영역에 남겨 두는 것이 이 문제에 대한 진정한 해결책이라는 것이다. 샌델은 동성결혼이라는 결혼의 형식이 공동체의 인정과 영광을 받을 만한 것인지를 묻는다.

동성애자의 성적 지향과 성 정체성을 차별할 수 없는 권리로 규정하고 나면 더 많은 문제가 발생한다. 앞에서 설명한 것처럼 2023년 미국 밀레니얼 세대와 Z세대 청소년의 경우 성 소수자 비율이 거의 28퍼센트에 이르고, 이들 중에서 양성애자 비율은 약 70퍼센트에 가깝다.[16] 이런 비율은 화장실과 탈의실에서 양성애자에 의해서 성폭력이 발생할 가능성이 증가한다는 것을 의미한다. 생물학적 여성이 화장실과 탈의실에서 온전히 보호받지 못하고 폭행당할 위험성에 노출되는 것은 심각한 문제이다.

또한 성적 지향 보호를 명시한 포괄적 차별금지법이 통과되면 성적 지향이라는 가치는 기존의 헌법에서 보장했던 종교와 사상의 자유를 제한하는 '독재적 지위'를 갖게 된다. 공공장소를 비롯해서 심지어 가정에서도 동성애와 동성결혼을 비방했다는 이유로 처벌을 받을 수도 있다. 유럽의 국가들에서 동성결혼 주례를 거부하고 동성애를 비판했던 사람들에게 내려지는 처벌을 보라. 성적 지향을 명시한 포괄적 차별금지법은 시민들의 신앙의 자유를 제한하고, 성적 지향 항목은 독재자의 횡포처럼 악용될 가능성이 크다.

국가는 철학적 원리인 '온정주의(paternalism) 관점'에서도 동성애와 질병의 상관관계를 알리고 예방할 책무를 갖는다

온정주의란 국가나 권위 있는 당국이, 마치 부모가 자녀를 보호하는 것처럼, 시민을 적극적으로 보호하는 태도나 정책을 말한다. 이 과정에서 국가는 각 개인의 사유나 자율성을 일정하게 제한할 수 있지만 그것을 개인의 이익이나 복지를 위한다는 명분으로 정당화하는 정치철학적 입장이다.

첫째로, 국가는 국민의 건강을 보호할 온정주의적 책무를 가지고 있다. 의료기관의 연구 결과에 따르면 동성애 과정에서 심각한 질병들이 전파되고 있다. 가령 에이즈(HIV), 임질, 매독, 인간 유두종 바이러스, 간염, 헤르페스 등이 대표적인 질병들이다. 물론 이런 질병들은 이성애를 통해서도 전파될 수 있지만 현재의 통계 지표는 동성애가 이성애보다 훨씬 높은 전파율을 갖고 있다는 것을 보여 준다. 우리나라의 자료에 따르면, 최근 청소년들의 에이즈 감염자가 급증하고 있다. 2014년에 1만 1,503명이었던 국내 에이즈 환자는

2023년에 1만 9,745명으로 증가했다. 이 중에서 동성애 접촉으로 인한 에이즈 감염은 전체의 60.3퍼센트에 이른다. 동성애가 에이즈를 전파하는 가장 주된 원인이라는 말이다.

전체 인구에서 이성애자와 동성애자의 비율을 고려할 때 이성애보다는 동성애가 에이즈의 주된 통로라는 것은 부인하기 어렵다. 따라서 국가는 동성애와 질병의 상관관계를 적극적으로 알리고 계몽해야 한다. 국민의 건강에 대해서 국가의 역할은 매우 중요하다. 현재 판매되는 담배갑 외면에는 흡연이 각종 암을 유발할 확률을 높인다는 내용이 인쇄되어 있다. 또한 만 19세 미만의 청소년에게는 주류 판매를 금지하고 있다. 술과 담배를 많이 팔면 세수(稅收)가 증가하겠지만, 국가는 국민의 보건과 행복에 책무를 가지고 있기에 술과 담배의 부작용을 적극적으로 시민들에게 계몽하고 있다.

국가의 국민에 대한 보건의 책무를 고려할 때 2002년 무렵 담배인삼공사를 민영화한 것은 당연한 일이다. 또한 마약 거래에 대해서도 국가가 강력하게 개입을 하고 마약사범을 단속하는 이유도 동일하다. 2023년 기준으로 국내 마약사범은 2만 7,611명이다. 전년 대비 50퍼센트가 증가했다고 한다. 국가가 술, 담배의 부작용을 계몽하고 마약류를 단속하는 것처럼, 동성애와 에이즈의 상관관계에 대해서도 적극적인 계몽과 적절한 규제를 해서 시민의 건강을 보호해 행복한 삶을 살 수 있는 여건을 마련함이 마땅하다.

둘째로, 국가는 모든 국민이 저마다 행복을 추구할 권리를 보호해야 한다. 행복추구권과 종교의 자유는 헌법상 기본권으로 서로 밀접한 철학적·법적 연관성을 갖는다. 대한민국 헌법 제10조는 행복추구권을 다음과 같이 규정하고 있다.

"모든 국민은 인간으로서의 존엄과 가치를 가지며, 행복을 추구할 권리를 가진다. 국가는 개인이 가지는 불가침의 기본적 인권을 확인하고 이를 보장할 의무를 진다"(헌법 제10조).

또한 국민이 종교적 신념에 따라 살 권리는 헌법상의 기본권으로 보호받는다(헌법 제20조). 행복추구권은 각 시민이 정신적·영적 자유 속에서 자신의 삶을 스스로 구성하고 선택할 수 있어야 진정한 행복이 가능하다고 본다. 따라서 국가는 복음주의 기독교를 믿는 국민이 자신의 행복을 추구할 수 있도록 국가의 법률과 정책으로 종교의 자유를 지원해야 한다. 이 점에서 종교의 자유를 제한할 여지를 가지는 포괄적 차별금지법안이 제정되지 않아야 한다고 말할 수 있다.

그러므로 앞에서 살펴본 것처럼, 국가는 전통적인 결혼 제도를 보호하고 종교와 양심의 자유에 대한 천부인권을 보장할 책무를 갖고 있다. 또한 국가는 국가철학의 온정주의의 관점에서도 동성애와 연관된 질병 문제를 적극적으로 계몽하고 예방해서 모든 국민이 행복한 삶을 살도록 지원할 책무를 갖고 있다.

동성애와 동성결혼을 반대하는 복음주의 신학적인 원칙들

타락한 인간의 자연적인 욕구는 절제되어야 한다

동성애자들은 자신들의 동성애 성적 지향과 성 정체성이 타고나는 선천적인 욕구이기에 마땅히 보호받아야 할 권리라고 주장한다. 이런 주장은 사람의 타고난 본성이 선하다는 철학적 인간관을 전제한다. '인간의 선천적인 욕구는 죄가 아니다'라는 주장은 인간이 본래 선한 본성을 갖고 태어난다는 계몽주의적 인간론에 기반한 것이다. 정말로 인간의 본성에서 비롯된 선천적인 욕구는 선한 것인가? 이른바 펠라기우스와 어거스틴 사이에 벌어진 논쟁을 통해 이 문제를 분석해 보자.

펠라기우스(Pelagius, 주후 354-418)는 인간은 본래 선하며 원죄 없이 태어난다고 주장했다. 아담의 죄는 인간에게 유전되지 않기 때문에 인간은 자유의지로 선을 행할 수 있다고 보았다. 근대의 계몽주의 철학자들도 대체로 인간은 선한 본성을 가지고 있다고 강조했다. 그러나 성경은 아담의 타락 이후 모든 사람은 타락한 죄성을 가지고 태어난다고 말한다. 아담의 범죄(원죄)에 따라 그 이후의 모든 인류는 부패한 본성을 가지고 태어난다. 따라서 모든 인간의 본래적인 모든 욕구가 선한 것은 아니다.

성 어거스틴은 펠라기우스의 주장이 그리스도의 대속의 사역을 무의미하게 만든다고 비판했다. 아담의 타락 이후에 인간은 자기의 의지로 선을 선택할 수 없다. 하나님의 은혜가 없다면 인간은 참으로 무기력한 존재에 지나지 않는다. 사도 바울은 에베소서에서 인간을 "본질상 진노의 자녀"(엡 2:3)라고 부른다. 예레미야 선지자는 인간의 마음이 "만물보다 거짓되고 심히 부패한 것"(렘 17:9)이라고 말했다. 그렇지만 인간은 부패한 마음을 가지고 있기 때문에 반드시 타락한 욕망을 다스려야 한다. 하나님은 가인에게 "죄가 너를 원하나 너는 죄를 다스릴지니라"(창 4:7)고 말씀하셨다. 이 말씀은 사람이 '죄의 욕구'(its desire)를 다스려야 한다는 것을 뜻한다. 사람의 타락한 본성은 살인, 시기, 질투, 음란 등 수많은 죄악의 욕구를 자연스러운 본성으로 느낀다.

물론 남녀 이성 간 결혼에서도 다양한 범죄가 파생될 수 있다. 그것은 인간의 본성이 타락했기 때문에 생기는 범죄이다. 그러나 이성 간의 결혼에서 파생되는 일부 문제 때문에 동성결혼을 권장하는 것은 옳은 해법이 아니다. 동성결혼과 동성애는 비도덕적인 문제를 유발하고 있다. 국내에서도 에이즈 환자의 60퍼센트는 동성애자들을 통해서 전파된 것이다. 소아성애자들도 자신들이 선천적으로 그런 성향을 가지고 있다고 주장한다. 하지만 소아성애는 용납될 수 없다.

사도 바울은 로마서 8장에서 "육신을 따르는 자는 육신의 일을, 영을 따르는 자는 영의 일을 생각하나니 육신의 생각은 사망이요 영의 생각은 생명과 평안이니라 육신의 생각은 하나님과 원수가 되나니 이는 하나님의 법에 굴복하지 아니할 뿐 아니라 할 수도 없음이라"(롬 8:5-7)고 기록하며 육의 생각을 다스려야 한다고 말한다. 한마디로 말하면, 펠라기우스는 '인간은 스스로 구원이 가능하다'고 주장했지만, 사도 바울은 하나님의 은혜를 통해서만 구원을 받는다고 말했고(엡 2:8-9), 성 어거스틴도 인류 전체가 원죄의 영향 아래에 있기 때문에 예수 그리스도의 은총이 필요하다고 주장한 것이다.

복음주의 신학적 입장에서 볼 때 인간의 본성은 타락한 죄성을 갖고 있다. 동성결혼 반대 운동을 전개하는 단체들은 대개 '동성애는 선천적으로 태어나는 성향이 아니다'라는 것에 초점을 맞추고 있다. 지금까지의 의학적인 연구 결과도 선천성을 입증하지 못하고 있다. 그렇지만 복음주의 신학의 인간관에서 보면, 아담 이후에 모든 인간은 선천적으로 죄성을 가지고 태어난다고 본다. 칼뱅주의의 '전적인 타락설' 또는 알미니안주의의 '부분 타락설'은 모두 '인간은 원죄의 영향 아래 태어난다'는 것을 인정하고 있다. 원죄 교리는 '타고나는 선천적인 욕구는 무조건 옳은 것이라는 주장'을 부정한다. 예수께서는 타고난 자연적인 욕구에는 사람을 더럽게 만드는 죄성이 있다고 말씀하셨다.

> "입에서 나오는 것들은 마음에서 나오나니 이것이야말로 사람을 더럽게 하느니라 마음에서 나오는 것은 악한 생각과 살인과 간음과 음란과 도둑질과 거짓 증언과 비방이니 이런 것들이 사람을 더럽게 하는 것이요…"(마 15:18-20).

그렇다. 예수님의 말씀에 의하면, 인간은 타락한 마음을 갖고 태어난다. 따라서 복음주의자들은 성경적인 인간론과 원죄교리에 의거해서, 동성애자들의 주장, 즉 '동성애는 타고난 성향과 자연스런 갈망이기 때문에 보호를 받아야 한다'는 주장을 거부한다.

동성애를 방치하는 것이 진정한 인권 보호는 아니다

하나님은 회개하는 죄인을 용서하고 병든 사람을 치료하기를 원하시지만 친동성애자들은 동성애가 선천적이고 자연스러운 성향이기 때문에 동성애는 죄가 아니고, 동성애를 고치려는 어떤 치료도 필요하지 않다고 주장한다. 그러나 1973년 이전까지 미국의 정신의학회는 동성애를 질병으로 간주했었다.

심리학자 지그문트 프로이트에 의하면 동성애는 치료 가능한 질병에 속한다. 프로이트는 동성애가 확고해지기 이전에는 정신분석을 통해 치료가 된다고 보았다. 또한 우리 주변에 탈동성애에 성공한 사람들이 있다. 그들의 탈동성애를 통해, 우리는 동성애적 경향성은 실제로 치료 가능하다고 본다. 인간은 타락하고 부패한 본성을 가지고 있지만, 하나님의 은혜는 그런 나쁜 습관도 끊어 낼 수 있다. 성경은 타락한 본성을 가진 자연인은 성령에 의해 거듭나야 한다고 말한다.

사도 바울은 "불의한 자가 하나님의 나라를 유업으로 받지 못할 줄을 알지 못하느냐 미혹을 받지 말라 음행하는 자나 우상 숭배하는 자나 간음하는 자나 탐색하는 자나 남색하는 자나 도적이나 탐욕을 부리는 자나 술 취하는 자나 모욕하는 자나 속여 빼앗는 자들은 하나님의 나라를 유업으로 받지 못하리라"(고전 6:9-10)고 말한다. 그리고 "너희 중에 이와 같은 자들이 있더니 주 예수 그리스도의 이름과 우리 하나님의 성령 안에서 씻음과 거룩함과 의롭다

하심을 받았느니라"(고전 6:11)고 말한다. 성령의 새롭게 하심과 복음의 능력은 어떤 사람이든지 그 본성을 바꿀 수 있다.

프로이트의 주장대로, 동성애 성향은 적절한 치료를 통해 이성애로 변할 수 있다. 진정한 인권 보호는 동성애 경향성을 치료하고, 동성애자로 하여금 인류의 오랜 자연법과 성경에 따라 일부일처의 결혼을 하고 살도록 돕는 것이다. 동성애자의 성적 지향을 치료하는 것이야말로 진정한 인권 보호라고 할 수 있다. 죄인이 자기 마음대로 죄를 짓고 살도록 방임하는 것은 인권 보호가 아니다. 죄의 충동을 이기고 올바른 삶을 살도록 가르쳐야 한다. 동성애자에 대한 치료를 원천적으로 박탈하는 것은 인권 보호를 빙자한 인권침해일 뿐이다. 그리스도의 사랑과 말씀으로 동성애의 잘못된 습관과 행동을 끊고 하나님께로 돌아올 수 있는 기회와 환경을 제공해야 한다.

'일부일처 혼인 규례'는 하나님이 설계하신 제도이다

복음주의 기독교가 일부일처 결혼을 성경적인 결혼관이라고 말하면, 어떤 사람들은 이렇게 반문하기도 한다. "아브라함도 다윗도 일부다처제를 하지 않았는가?", "왜 꼭 일부일처제를 고집해야 하는가?" 그들은 성경의 결혼 규례가 일부일처혼과 일부다처혼을 모두 허용했다면 동성결혼도 허용해야 한다고 주장한다.

그러나 성경은 일부다처 결혼을 권장한 적이 한 번도 없다. 성경은 창세기의 아담과 하와의 결혼 이후 늘 일부일처 결혼을 규례로 삼았다. 하나님은 마치 결혼식장에서 신부의 아버지처럼 여자를 남자에게로 인도해 오셨다. 원래 아담의 몸의 일부인 갈비뼈로 만들어진 하와가 아담과 연합함으로써 다시 '한 몸'이 되게 하신 것이다. 결혼을 통한 결합은 시대를 넘어서서 모든 세대에 적용된다. 하나님이 창세기에서 아담과 하와를 창조하시고 둘이 하나가 되게 하신 최초의 결혼 장면은 일부일처제의 원형이다. 아담의 자녀 중에서 셋 계열은 노아까지 모두 일부일처 결혼 규례를 준수한 것으로 보인다. 동생 아벨을 살해한 타락한 가인 계보에서 일부다처혼이 등장했고 라멕이 최초로 두 아내(아다 및 씰라)를 둠으로써 일부다처혼이 시작되었다(창 4:19).

성경의 결혼 규례는 동성결혼과 일부다처혼이 아니라 '일부일처 결혼'이다. 결혼 규례의 원형은 창세기 2장 24절이다. 그런데 현대의 일부 학자들은 하나님이 이스라엘 사람들의 문화 속에서 일부다처혼을 허용하셨다고 주장한다(출 21:10; 레 18:18; 신 21:15-17; 삼하 12:7-8).

이들에 의하면, 아브라함의 형제 나홀은 첩을 두었고, 아브라함도 사라의 몸종 하갈을 통해 이스마엘을 낳았으며, 하갈이 죽은 후에 그두라를 후처로 두었다. 에서는 세 아내를 얻었고, 야곱은 두 자매를 부인으로 얻었고 그녀들의 두 몸종을 첩으로 두었다. 창세기에 기록된 것을 토대로 하면, 일부다처혼은 대략 여섯 사례가 있다. 그리고 사사 시대부터 남북 왕국 시대까지 약 열세 건의 일부다처혼이 있었다. 기드온, 야일, 입산, 압돈, 삼손, 엘가나, 사울, 다윗, 솔로몬, 르호보암, 아비야, 아합(왕하 10:1 "아합의 아들 칠십 명이 사마리아에 있는지라"는 구절은 이세벨 이외에 다수의 처첩들이 있었다는 것을 간접적으로 알려 준다), 여호람 등이 행한 것이다. 일부다처혼을 행했지만 어떤 처벌도 받지 않은 이 13명 중에서 12명은 군사 지도자(사사) 혹은 최고 권력자인 군주였기 때문이다.

그렇지만 성경은 일부다처혼을 부정적으로 평가한다. 가정에서 일부다처제는 불행의 원인이 되었다. 아브라함의 경우에 하갈이 낳은 이스마엘의 후손과 아브라함의 본처 사라가 낳은 이삭의 후손 간의 갈등, 야곱의 열두 아들 간의 갈등, 다윗의 자녀들 간의 골육상잔 그리고 압살롬의 반역 행위 등이 그 대표적인 예이다. 이 모든 불행은 일부다처혼의 결과에서 비롯된 것이다.

창조 이후에 결혼에 대한 하나님의 뜻은 일부일처 결혼 제도이다. 타락한 인간의 본성이 일부다처혼을 만들었을 뿐이다. 일부다처 가정에서는 후손들이 서로 갈등하고 형제간이라도 살인을 피하지 않는 경우도 많이 있었다. 출애굽기 21장 10절("만일 상전이 다른 여자에게 장가 들지라도 그 여자의 음식과 의복과 동침하는 것은 끊지 말 것이요")은 하나님이 일부다처혼을 허락하셨다는 말이 아니라 여러 명의 부인을 둔 완악한 남자들에게 본처에게 소홀하지 말라는 계명을 주신 것이다.[17] 다른 세 본문(레 18:18; 신 21:15-17; 삼하 12:7-8)에서도 하나님의 뜻은 일부다처혼이 아니라, 일부일처혼이다. 예수님은 창세기의 말씀(창 2:24)을 재확인해 주심으로써 일부일처혼이 창조주의 뜻임을 분명하게 보여 주셨다(마 19:4-6). 타락한 인간의 본성이 가증한 죄악들, 즉 동성애, 다자성애 그리고 수간(獸姦)을 가져왔을 뿐이다.

'성적 지향'을 명시한 차별금지법은 '종교의 자유'를 제한한다

친동성애 그룹은 한국의 복음주의 기독교가 차별금지법안 통과를 반대하는 것이야말로 성 소수자 혐오라며 강력하게 항의하고 비판한다. 대한민국 헌법 제11조는 "모든 국민은 법 앞에서 평등하다. 누구든지 성별·종교 또는 사회적 신분에 의하여 정치적·경제적·사회적·문화적 생활의 모든 영역에 있어서 차별을 받지 아니한다"고 명시하고 있다. 복음주의 성향을 가진 한국의 기독교계는 포괄적 차별금지법 제정을 반대하는 입장을 견지하고 있으며, 한국에서는 동성결혼을 인정하는 입법이 아직까지 이루어지지 않았다.

차별금지법은 헌법의 평등의 이념에 따라 성별, 장애, 인종, 언어, 출신 지역, 종교, 사상 또는 정치적 의견, 학력, 성적 지향 등을 이유로 정치적·경제적·사회적·문화적 생활의 모든 영역에서 합리적인 이유가 없이는 어떤 차별도 금지한다는 내용을 담고 있다.

문제는 '동성애의 성적 지향을 반대하는 것'에 대한 처벌 규정이 점점 강화되는 법안들이 발의되고 있다는 점이다. 가장 최근에 발의된 포괄적 차별금지법안은 동성애에 대한 부정적인 언급을 한 자에게 1년 이하의 징역형, 3천만 원 이하의 강제이행금, 차별 행위에 대한 2-5배 이하의 배상금을 규정하고 있다. 동성애와 동성결혼을 반대하는 사람들을 처벌하겠다는 차별금지법안은 헌법이 보장하는 표현의 자유와 신앙의 자유를 제한할 뿐만 아니라, 반대자들에게 징역형과 벌금형을 부과한다는 점에서 복음주의 그리스도인에 대한 '차별법'이라고 말할 수 있다. 포괄적 차별금지법안은 복음주의 그리스도인들의 신앙과 표현을 강제로 억압하겠다는 국가 주도의 폭력적 위협이다.

문재인 대통령 재임 시의 국가인권위원회는 성 소수자 보호를 지향하는 방향으로 활동했다. 그 위원회는 성 소수자에 대한 어떤 차별도 용납하지 않겠다고 공언하고 동성애를 반대하는 복음주의 학교에 대해서 시정을 요구하곤 했었다. 문제는 국가 기관인 국가인권위원회가 남녀 양성 간의 결혼만을 인정하는 현행 헌법과 민법과는 반대로 동성애와 동성결혼을 적극적으로 지지한다는 점이다.

현행 헌법 제36조 제1항은 "혼인과 가족 생활은 개인의 존엄과 양성의 평등을 기초로 성립되고 유지되어야 하며, 국가는 이를 보장한다"고 명시하고 있다. 민법 제826조에는 부부(夫婦, 지아비와 지어미)는 동거하며 서로 부양하고 협조하여야 한다고 명시되어 있다. 그간 우리나라 대법원은 이성 간의 혼인만을 허용하고 동성 간의 혼인은 허용하지 않는다고 해석해 왔다. 그런데 국가인권위원회는 헌법과 법률 및 시민의 도덕성에 어긋나는 행동을 추구한다는 점에서 '초법적 국가 기관'의 모습을 보이고 있다는 점은 심각하게 우려할 만하다.

2008년 미국에서 브래들리 파울러(Bradley LaShawn Fowler)라는 동성애자는 동성애를 죄로 번역한 성경의 표현이 동성애자인 자신에게 정신적 피해를 주었다면서, 이에 대한 명예훼손으로 존더반 출판사와 토마스 넬슨 출판사를 고소했다. 그럼 동성애가 죄라는 성경의 원문의 내용을 동성애가 죄가 아니라는 것으로 '오역'을 해야 한다는 말인가?

또 하나의 예를 들어 보자. 동성결혼이 미국 헌법에서 합헌으로 통과된 후에, 미국의 동남부 일명 바이블 벨트에 속한 보수적인 주들은 종교적인 믿음과 행위를 보호하기 위한 '종교자유회복법'(Religious Freedom Restoration Act)을 통과시키려고 했다. 이 법안의 내용은 동성애와 동성결혼에 대해서 비판적인 설교와 의견을 표현하는 복음주의적 교회와 그리스도인들을 보호하기 위한 것이다. 그런데 친동성애 기업들과 무신론적인 미국자유시민연맹은 이미 종교자유회복법을 위헌으로 만들어 잇달아 폐기되도록 만들고 있다. 이런 일련의 상황들은 미국의 그리스도인들에게 종교의 자유를 장차 심각하게 제한할 수도 있다는 우려를 주고 있다.

한국의 복음주의 그리스도인들이 생각하기에 성적 지향과 성 정체성을 보호하고 이에 대한 비판을 금지하는 포괄적 차별금지법안은 결코 좋은 법이 아니다. 그리스도인은 "하나님이 허락하지 않으신 것을 권리로 주장할 수 없다"고 믿는다.[18] 복음주의 그리스도인들은 '한 남성과 한 여성의 결합'이라는 성경적인 결혼관을 수호하고자 한다. 이런 종교적 신념을 따를 수 있는 자유는 보호되어야 한다. 평화롭고 온건한 방식으로 동성결혼의 문제를 지적하는 것이 왜 문제라는 말인가? 성경적인 결혼을 옹호하기 때문에 동성결혼은 싫다고 말하는 것이 무슨 문제인가?

동성애에 대해 반대 의견을 표명하는 사람을 처벌하겠다는 발상은 헌법이 보장하는 기본권보다도 동성애자의 성적 지향을 상위의 개념으로 설정한 것이다. 차별금지법은 복음주의 그리스도인에 대한 새로운 역차별을 명시하는 것이나 마찬가지이다. 서구 사회의 그리스도인들은 동성결혼 헌법이 통과된 후 이미 법적으로 약자가 되어 버렸다. 한국의 그리스도인들은 종교의 자유와 표현의 자유를 억압하는 차별금지법안이 통과되지 않도록 지속적인 연합 활동을 하고 있다.

옥스퍼드대학교의 존 피니스(John Finnis) 교수는 현대의 법 체계의 차별금지 조항에 '성적 지향'이라는 항목을 추가하는 것은 시민들이 저항해야 한다고 주장한다. '성적 지향'이라는 항목은 차별금지법이 보호하는 다른 모든 항목보다 우위에 있다. '성적 지향'에 어긋나게 되면 헌법과 차별금지법이 보호해야 할 '종교의 자유'는 무시되며, '성적 지향'을 인정하지 않는 사람들과 복음주의 그리스도인들의 종교의 자유는 심각하게 제한을 당할 수밖에 없다. 이것은 '성적 지향'이 초헌법적, 초법적인 독재적 지위를 가지기 때문이다.

결론

현재 친동성애 단체들은 동성애와 동성결혼에 대한 어떤 비판도 용인하지 않고, 반대자들의 의견 표현 자체를 막으려고 한다. 그들은 퀴어신학을 통해서 자신들을 정당화한다. 이는 심히 우려할 만한 일이다. 사도 바울은 로마서 1장 32절에서 "그들이 이 같은 일을 행하는 자는 사형에 해당한다고 하나님께서 정하심을 알고도 자기들만 행할 뿐 아니라 또한 그런 일을 행하는 자들을 옳다 하느니라"라고 말하며 오만한 자들의 특징을 세밀하게 기록하고 있다. 다행히도 2024년 제4차 로잔대회는 "서울선언문"에서 동성 간의 성관계와 동성결혼을 성경의 교훈을 위배하는 죄로 규정했다. 따라서 복음주의 교회와 그리스도인은 동성애자와 동성결혼에 대해 세 가지 자세를 가져야 한다.

첫째, 진리의 관점에서 교회는 일부일처제를 결혼 제도의 성경적 표준이자 규범적 진리로 명확히 설정할 필요가 있다. 창세기에 나타난 결혼 규례에 대한 예수님의 해석은 일부일처제가 보편적이며 변함없이 적용되는 규범임을 보여 준다. 이것은 결코 양보되거나 타협될 수 없는 결혼관의 핵심이다.

비록 미국의 주류 교단들이 동성애 성직자를 임명하고 동성결혼을 지지한다고 해서, 그것이 반드시 성경적인 근거를 가지는 것은 아니다. 앞에서 설명한 것처럼 현대 서구 교회가 동성애를 수용한 기준은 성경이 아니라 이성과 문화를 근거로 삼았기 때문이다. 그러나 복음주의 신앙에 의하면, 성경은 동성애를 죄라고 분명하게 규정했으며 하나님은 동성결혼을 허용하지 않으신다. 예수 그리스도에 속한 교회는 복음주의적 성경 해석을 거부하는 교회 내 일부 구성원들에게 동성애 및 동성결혼 지지를 결코 하나님의 뜻으로 받아들일 수 없다는 점을 분명하게 표명해야 한다. 신구약 성경이 동성애를 중대한 죄로 본다는 점은 변함없이 동일하다.

둘째, 동성애를 지지하거나 동성애 성직자를 배출하는 교회는 사도적 전통과 가르침에 충실한 교회의 본질을 상실하게 된다는 점을 명심해야 한다. 존 스토트는 볼프하르트 판넨베르그(Wolfhart Pannenberg) 박사의 견해를 인용하면서 동성애를 지지하는 교회는 더 이상 성경적인 교회가 아니라고 단정했다. 그는 다음과 같이 단언한다.

"동성애 결합과 결혼을 대등한 것으로 인정하는 교회는 더 이상 거룩한, 보편적, 사도적 교회가 아니다."

특별히 성경의 권위를 인정하는 복음주의 교회의 경우, 동성애적 성향을 공개적으로 유지하거나 이에 대한 회개가 없는 이들을 성직자로 안수하는 것은 성경적 원리에 위배된다고 볼 수 있다. 성경적 윤리 기준에 따르면, 성적인 죄에 대한 회개가 없는 삶을 지속하는 사람은 성경적인 교회의 리더십의 지위에 있어서는 안 된다.

"또 비유로 말씀하시되 맹인이 맹인을 인도할 수 있느냐 둘이 다 구덩이에 빠지지 아니하겠느냐"(눅 6:39).

만일 남색하는 자나 음행하는 자가 교회의 리더가 된다면, 그들은 많은 사람을 잘못된 길로 인도할 것이다. 성경은 교회 안에서 리더십을 가진 사람들에 대해 더 엄격하게 말씀의 기준이 적용되어야 한다고 말한다. 야고보서는 "내 형제들아 너희는 선생 된 우리가 더 큰 심판을 받을 줄 알고 선생이 많이 되지 말라"(약 3:1)고 말한다. 하지만 과거에 동성애자였다가 하나님의 은총과 성령의 능력으로 회심한 후에 동성애를 그만두었다면 교회의 성직자나 리더십이 될 수 있다.

셋째, 예수 그리스도의 교회와 그리스도인은 2010년 로잔언약처럼 동성애자들을 더 이상 '적'으로 간주하지 말고 '잃어버린 자'로 보며 그들이 변화될 수 있도록 기도하며 도와야 한다. 또한 2024년 제4차 로잔대회 "서울선언문"처럼 동성애자들이 목양의 대상이라는 점을 분명히 하고 예수 그리스도의 사랑으로 그들을 품고 진리로 가르쳐야 한다. 성경의 일부일처의 결혼관은 인권이나 문화라는 빌미로 변질될 수 없는 불변의 진리이다. 진리가 없는 사랑은 교회의 본질을 잃게 하듯이 사랑 없는 진리는 잃어버린 자를 영영 놓치게 만든다는 것을 기억해야 한다. 동성애자들을 포함한 모든 죄인은 그리스도의 말씀과 성령의 새롭게 하심을 통해서 얼마든지 새로운 피조물이 될 수 있다.

"그런즉 누구든지 그리스도 안에 있으면 새로운 피조물이라 이전 것은 지나갔으니 보라 새것이 되었도다"(고후 5:17).

사도 바울은 동성애자는 하나님 나라에 가지 못할 것이라고 명확하게 단정하면서도, 바로 그다음 구절에 동성애자들이 변화되었다는 사실을 기록한다.

"불의한 자가 하나님의 나라를 유업으로 받지 못할 줄을 알지 못하느냐 미혹을 받지 말라 음행하는 자나 우상 숭배하는 자나 간음하는 자나 탐색하는 자나 남색하는 자나 도적이나 탐욕을 부리는 자나 술 취하는 자나 모욕하는 자나 속여 빼앗는 자들은 하나님의 나라를 유업으로 받지 못하리라 너희 중에 이와 같은 자들이 있더니 주 예수 그리스도의 이름과 우리 하나님의 성령 안에서 씻음과 거룩함과 의롭다 하심을 받았느니라"(고전 6:9-11).

결론적으로, 그리스도인들은 동성애자들이 예수 그리스도를 인격적으로 만나고 성령의 은혜를 통해서 거듭난 새로운 피조물이 되어 하나님의 자녀가 되도록 도움을 주어야 한다. 예수 그리스도에게 은혜와 진리가 함께 있듯이, 그분의 몸 된 복음주의 교회와 그리스도인들은 동성애와 동성결혼의 문제에 대하여 '진리'와 '은혜'를 함께 주장해야만 한다. 일부일처혼은 하나님이 정하신 성경적인 결혼 규례라는 확고한 진리관을 유지하고, 동성애자를 포함해서 누구든지 성령의 능력과 말씀으로 새로운 존재로 변화될 수 있다는 강력한 은혜를 신포해야 한다.

또한 한국 사회에 퍼진 '동성애는 선천적'이라는 견해는 반드시 의학적, 과학적 차원에서 거부되어야 한다. 이미 동성애 선천성 논리는 의학적, 과학적 연구에서 모두 유전적 근거가 없다는 결론을 지었기 때문이다. 그리고 그리스도인이 차별금지법안을 반대하는 것은 동성애자 개개인을 혐오하기 때문이 아니라, 양심과 신앙에 따라 자기의 신념을 표현할 수 없는 전제주의를 방지하기 위해서이다. 로버트 달 교수가 말한 것처럼, 천부적 인권을 보호하는 자유민주주의의 핵심은 바로 표현의 자유에 있다. 모든 시민은 누구나 자유롭게 자기 의사를 표명할 권리를 누릴 수 있어야 한다. 따라서 그리스도인의 신앙과 양심의 표현이 제한당할 수 있는 차별금지법 제정은 옳지 않다.

참고 자료

1981년 태동되어 현재 약 1천여 명의 신학자들이 10분과에서 활동하고 있는 한국복음주의신학회는 동성애에 관한 선언문을 2017년 4월 22일 지구촌교회 수지 채플에서 초안을 검토한 후 5월 2일 최종 선언문을 다음과 같이 발표했다. 전문은 다음과 같다.[19]

1. **신앙고백과 원칙** 우리는 하나님의 말씀인 성경이 모든 문제의 최종 판단 기준임을 믿는다. 그러므로 동성애와 동성결혼 문제에 대한 판단은 성경에 근거한다.

2. **성경적 판단** 성경은 동성애가 하나님의 창조 질서(창 2:18-25)에 어긋나는 것임을 분명히 선언한다(창 19:5, 7, 9; 롬 1:26-27; 딤전 1:9-10). 성경은 동성애를 타락한 사람들 가운데 있는 행위와 습관으로 규정하며, 하나님의 백성은 이런 관습에 따르지 말아야 한다.

3. **현대 교회에 적용** 성경은 동성애를 엄격히 금하기 때문에 성경을 믿는 우리는 동성애를 인정할 수 없다. 동성애적 성향을 가진 사람은 동성애가 잘못된 것임을 분명히 인식하고 성령의 능력에 의존하여 이런 성향을 극복하여 참된 성화의 길로 나아가도록 애써야 한다. 동성애를 실행하는 사람들은 교회 공동체의 예배는 참여하지만 교회의 온전한 회원권은 가질 수 없으며, 성찬의 참여와 교회 직분을 가질 수 없다. 그러나 성령께 의존하여 그 동성애를 극복할 때는 이 모든 권한을 회복할 수 있다.

4. **동성애적 성향의 변화 가능성** 예수 그리스도를 진정 자신의 구주와 주님으로 영접한 사람들은 내주하시는 성령의 능력에 근거하여 동성애적 성향을 극복할 수 있다. 동성애를 극복한 사람들의 증언이 이를 입증하고 있다. 그러므로 동성애자들은 성령께 의존하여 자신을 변화시키려고 노력해야 한다.

5. **동성애자의 교회 출석** 동성애자뿐 아니라 그 어떤 사람도 교회 예배에 참석해야만 복음의 말씀을 듣고 자신을 변화시킬 수 있는 가능성이 더 많다. 그러므로 누구든지 교회 예배에 참여해야 하며, 선포되는 말씀에 비추어 자신을 성령께서 변화시켜 주시기를 간절히 간구하고 노력해야 한다.

6. **세상 속의 동성애자들** 세상에는 동성애자들이 항상 존재해 왔다. 우리는 여러 가지 상황과 이유로 동성애자가 된 자들에 대하여 진심 어린 이해와 사랑으로 대하며, 그들이 동성애와 동성결혼의 문제의 심각성을 인식하도록 최선을 다해야 한다.

7. **인권 운동으로서 동성애 확산 운동에 대하여** 동성애를 용인하는 것이 동성애자의 인권을 존중하는 것이라는 주장은 받아들일 수 없다. 동성애자도 하나님의 사랑의 대상이지만 동성애는 성경에서 하나님이 거부하시며 특히 동성애의 행위는 행위자의 육체적, 정신적 건강에 유익하지 않기 때문에 오히려 반대해야 한다.

8. **사랑의 동기** 동성애자들 역시도 하나님의 사랑과 관심과 돌봄의 대상이지만 동성애를 인간애의 한 부분이라고 말하는 것은 잘못이며 참된 그리스도의 사랑은 잘못된 습관과 행동으로부터 그들을 회복하도록 도와주는 것이다.

3장

헤렘(진멸) 전쟁에 대한 변호 논증:
구약의 하나님은 잔인한 전쟁광인가요?

구약성경 여호수아서의 진멸 전쟁에 대한 반감

구약의 하나님은 사랑의 하나님이 아니신가? 사도 요한은 "하나님은 사랑이시라"(요일 4:16)고 했는데, 구약성경에서는 그 하나님이 대량 학살을 명령하는 독재자와 같지 않은가? 여호수아서의 진멸(헤렘) 전쟁은 수백만의 유대인을 학살한 홀로코스트 또는 그리스도인과 소수종파를 학살하는 급진 수니파 무장단체의 범죄와 무엇이 다른가? 가나안 정복 전쟁의 기사는 많은 사람을 곤혹스럽게 만든다.

실제로 기독교를 혐오하는 무신론자들은 구약의 하나님이 이스라엘 부족만을 편애하고 싸움을 즐기는 전쟁광이라고 비판한다. 가령, 현대의 대표적인 무신론자로 활동하는 리처드 도킨스는 창세기의 노아 홍수 기사에 나오는 여호와 하나님을 당시의 모든 사람을 홍수로 심판하는 잔인한 신이라고 비판한다. 크리스토퍼 히친스(1949-2011)는 조상이 지은 죗값을 3-4대에 이르는 후손에게까지 연장해서 벌주는 잘못된 신이라고 비판한다.[1]

현대의 무신론자들만이 구약의 하나님을 비판하는 것은 아니다. 마르시온(주후 84-160)은 구약의 하나님과 신약의 하나님을 구분했고, 구약의 하나님은 전쟁과 분노의 신으로 규정했지만, 신약의 하나님은 사랑의 하나님으로 보았다. 그는 구약성경 전체를 배척했고, 단지 편집된 누가복음과 10개의 바울서신으로 이루어진 자신만의 정경을 만들었다. 그는 영지주의(Gnosticism)처럼 예수님이 '육체를 가진 신'이 아니라 환영(幻影)처럼 보였다고 주장했다.

삼위일체란 용어를 가장 먼저 사용한 교부 터툴리안(Tertullian, 155-c. 240)은 『마르시온에 대한 비판』(Against Marcion)이라는 글에서 마르시온의 사상을 체계적으로 비판했다. 그는 신약의 하나님은 사랑의 하나님이지만 여전히 죄악을 심판하시고, 구약의 하나님은 심판하는 신이지만 여전히 신실한 사랑을 베풀어 주시는 신이라는 점에서, 신약의 하나님과 구약의 하나님은 분리되지 않는다고 반박했다. 또한 예수님은 단순한 환영이 아니라 육체로 오신 하나님이라는 것을 확고하게 천명했다. 터툴리안에 의하면, 마르시온은 자신이 로마의 주교가 되고 싶었는데 다른 사람이 주교로 임명되자 교회를 떠나 이단을 창립했다. 마르시온은 이단이 되기 전에 이미 신앙을 버린 상태였다.[2] 결국 마르시온은 주후 144년에 이단으로 판정받았다.[3]

하지만 예수님이 사랑하시던 제자 사도 요한은 하나님의 본질을 사랑이라고 보았고, 예수님도 구약성경의 하나님을 아바 아버지, 사랑과 공의의 하나님으로 가르쳐 주셨다. 그런데 왜 리처드 도킨스는 구약성경의 하나님을 잔인한 전쟁광이라고 비판하는 것일까? 구약의 하나님은 흉악한 부족 신이나 전쟁광인가? 아니면 요한 사도의 증언처럼 모든 사람과 민족을 사랑하시는 자비로운 하나님인가? 먼저 모세가 이스라엘 백성에게 전해 준 말씀을 살펴보자.

"네 하나님 여호와께서 네게 넘겨주신 모든 민족을 네 눈이 긍휼히 여기지 말고 진멸하며 그들의 신을 섬기지 말라 그것이 네게 올무가 되리라"(신 7:16).

모세의 후계자 여호수아 장군의 가나안 정복 전쟁은 이른바 가나안 부족들을 진멸하는 전쟁으로 알려져 있다. 히브리어 '헤렘'이란 단어는 '바쳐진다', '근절한다', '금한다'는 뜻이다. 여호수아서의 문맥상 '진멸을 통한 성별(聖別)'을 의미한다. 여호수아는 언뜻 인종청소처럼 보이는 진멸, 즉 적을 완전히 멸절시키라는 전쟁 명령을 내렸다.

> "이와 같이 여호수아가 그 온 땅 곧 산지와 네겝과 평지와 경사지와 그 모든 왕을 쳐서 하나도 남기지 아니하고 호흡이 있는 모든 자는 다 진멸하여 바쳤으니 이스라엘의 하나님 여호와께서 명령하신 것과 같았더라"(수 10:40).

모든 살아 있는 존재들을 다 죽여 멸망시키라는 명령은 구약성경의 하나님을 너무 잔인한 독재자나 전쟁광, 이스라엘만을 편애하는 부족 신으로 비판하게 했다. 필자 역시 젊은 학창 시절, 남녀노소를 막론하고 진멸하라는 명령에 대한 거부감을 가진 적이 있다. 차라리 우리 역사를 다룬 『삼국사기』나 『삼국유사』를 읽는 편이 더 낫겠다고 생각하기도 했었다. 하지만 일반 역사서는 창조주, 우주의 기원, 인간의 존엄성, 죄의 기원과 결과, 구원의 문제를 가르치지 않는다는 것을 깨닫고 다시 성경으로 돌아온 기억이 있다.

제2차 세계대전 이전의 국제사회에서 모든 국가의 주권은 최고의 가치였다. 하지만 세계대전 이후, 국제사회는 인도주의적 간섭을 통해서 일부 국가의 주권을 제한할 수 있다는 국제법의 발전을 이루어 냈다. 제2차 세계대전 이후 국제법에 '인도주의적 간섭'(Humanitarian intervention)의 기준을 마련한 것은 전쟁범죄의 잔학성 때문이었다. 인도주의적 간섭이란 "제3국 내에 존재하고 있는 자국민(또는 때로 외국인도 포함)의 신체나 재산을 구하기 위해, 또는 그들을 중대한 침해를 입을 절박한 위험으로부터 구해 내기 위해 그 제3국에 대해 무력을 사용하는 것"을 말한다.[4)] 국제사회는 외교적 제재, 경제적 제재 그리고 군사적 제재에 참여해야 한다. 전쟁범죄는 평화에 대한 죄(crimes against peace)와 인도에 대한 죄(crimes against humanity)로 구분된다. 핵심 사항은 교전자(군인)가 아닌 민간인을 대상으로 한 살육은 전쟁범죄라는 것이다. 1907년 헤이그 육전 규칙 제25조에 의하면, 민간인과 민간인들이 사는 마을은 공격과 포격의 대상이 되어서는 안 된다. 어린아이들과 부녀자들을 강간하거나 살해하는 것도 정당화될 수 없다.

구약성경의 진멸 전쟁 본문을 보면 사랑이 풍성한 하나님이 무자비한 진멸 명령을 내리신 것이 분명하다(신 7:2, 20:16-17). 헤렘 전쟁은 실제로 일어난 역사인가? 문학적 과장인가? 아니면 실제 역사와는 관계없이 후대의 사가들의 주관적인 역사 해석인가? 이런 질문들을 고려할 때 여호수아서의 진멸 전쟁에 대한 올바른 해석이 필요하다는 것을 알 수 있다. 여호수아서는 진멸 전쟁 명령이 공의의 하나님의 절대 주권임을 강조한다. 그러나 궁극적으로 하나님의 뜻은 전쟁 없는 사회를 만드시는 것이다.

"그가 많은 민족들 사이의 일을 심판하시며 먼 곳 강한 이방 사람을 판결하시리니 무리가 그 칼을 쳐서 보습을 만들고 창을 쳐서 낫을 만들 것이며 이 나라와 저 나라가 다시는 칼을 들고 서로 치지 아니하며 다시는 전쟁을 연습하지 아니하고"(미 4:3).

영국의 근대사상가인 토마스 홉스는 '자연상태'(state of nature)에서 '만인의 만인에 대한 투쟁'이 벌어진다고 주장했다. 자연상태란 국가나 정부와 같은 정치적 권위 없이 살아가는 상태를 말한다. 법도 없고 강제력 있는 정치적 권위도 없는 상태에서 사람들은 서로 늑대 같은 존재로 싸우게 될 것이다. 역사를 보면 개인 간의 싸움과 국가 간의 전쟁으로 가득하다.

이사야와 예레미야는 우상 숭배와 사회의 부정의를 지적하고 회개와 각성을 촉구했다. 그러나 유다 왕국의 끝 무렵의 모습은 우상 숭배와 타락한 민족주의였다. 선지자들은 하나님이 전쟁을 허용하실 수 있다고 말했다. 외세의 침략 전쟁은 부패한 유다 백성을 처벌하고 교정하는 수단으로 허용될 수 있다. 하나님이 직접 전쟁을 일으키시는 것이 아니라, 이스라엘에 대한 보호를 거둬들이심으로써 외세의 침략이 가능해진 것이다. 하나님의 공의는 이스라엘 민족에게도 동일하게 적용되는 기준이다. 구약의 하나님을 이스라엘만을 편애하고 전쟁의 광기에 사로잡힌 부족 신으로 비판하는 것은 구약성경 본문의 의미를 잘못 해석하고 오해한 까닭이다.

필자는 이 글에서 구약의 난제로 꼽히는 여호수아의 가나안 정복 전쟁에 대해 올바른 해석 기준을 제시하려고 한다. 그런 과정을 통해서 구약성경의 하나님은 폭군이 아니라, 사랑과 공의로 충만한 하나님이심을 설명할 것이다. 아울러 우리의 삶에 그 교훈을 적용해 보려고 한다.

모세와 바로(파라오): 열 가지 재앙에 대한 이해(출 12:29)

모세의 지도 아래 이스라엘 백성은 400여 년간 노예로 살던 이집트를 떠나게 되었다. 출애굽기의 서막에는 이집트의 바로와 이스라엘의 모세 사이에 있었던 숨 막히는 긴장감이 기록되어 있다. 모세는 바로에게 이스라엘 백성을 내보내라는 하나님의 명령을 전달한다. 그렇게 하지 않으면 재앙이 있을 것이라고 예고한다.

하나님이 모세를 통해서 이집트에 내리신 재앙들은 열 가지가 된다. 그 마지막 열 번째 재앙은 이집트의 모든 장자가 죽는 것이었다. 여기에서 불신자들은 왜 하나님이 모세와 바로의 싸움에 끼어드셨는지 묻는다. 그리고 왜 바로의 잘못으로 이집트 백성들의 장자들이 죽어야 했는지도 묻는다. 사랑의 하나님이 모든 장자(갓난아이도 포함되어 있음)를 죽게 하셨는가? 이집트에 내려진 열 가지 재앙의 의미를 먼저 살펴보자.

첫째, 가해자 집단과 피해자 집단을 혼동해서는 안 된다. 당시 이집트의 왕과 백성은 가해자이고, 이스라엘은 피해자이다. 요셉 이후 약 400년 동안 이집트에 거주하던 이스라엘 백성은 노예로 살았으며, 그동안에 어떤 인권 보호도 받지 못했을 것이다. 출애굽기 1장 15-22절을 보면, 한동안 이스라엘의 가정에서 태어난 사내아이는 나일강에 던져져 죽임을 당하던 비극의 역사가 있었다.

"갓 태어난 히브리 남자아이는 모두 강물에 던지고, 여자아이들만 살려 두어라"(출 1:22, 새번역).

가해자인 이집트의 관점이 아니라 피해자인 이스라엘 민족의 관점에서 이 문제를 파악해야 한다. 특별히 이스라엘의 남자아이들은 태어난 즉시 강물에 제물로 던져졌던 특수한 역사 상황을 이해해 보라. 피지배 민족 입장에서 보면, 이집트에 내려진 열 가지 재앙은 하나님의 은혜와 개입이다.

현대 사회는 범죄 피해자의 가족들보다 가해자의 인권 보호에 더 많은 관심을 보이는 것 같다. 사회의 여러 인권 단체들도 범죄자의 인권 보호에 대해서는 큰 관심을 갖지만, 범죄 희생자의 가족의 인권에 대해서는 별다른 관심을 표명하지 않는 경우가 많다.

가령 노점상을 하던 가장이 살인 사건의 희생자가 되었다고 가정해 보자. 노점상의 죽음으로 그나마 빈곤하던 그 가정의 삶은 완전히 파탄에 이르고 가족들은 극도로 어려운 상황에 처하게 된다. 피해자의 자녀와 가족은 인권 보호의 사각지대에 놓여 있다. 그런데도 인권 단체는 가해자의 인권 보호와 교도소의 복지시설 향상에만 관심을 갖는다. 이집트의 바로와 이집트 백성은 이스라엘 민족에게 가혹한 비인간적 대우를 했다. 따라서 열 가지 재앙은 피해자 중심으로 설명되어야 한다.

둘째, 어떤 사람들은 "하나님이 바로의 마음을 완악하게 하셨다면, 그것은 하나님의 책임이지, 왜 바로의 잘못인가?"라고 반문하기도 한다. 출애굽기 4-14장은 바로의 마음이 강퍅해지는 과정을 잘 보여 주고 있다. '마음을 강퍅하게 한다'(완고하게 한다)는 표현은 이 부분에서 약 20회 나온다. 하나님이 직접 바로의 마음을 강퍅하게 하셨다는 표현도 10회나 나온다. 이 점에 대해서 월터 카이저(Walter Kaiser)는 "여호와께서 바로의 마음을 강퍅하게 하시는 것은 여섯 번째 재앙부터"라고 구분한다.5) 처음부터 다섯 번째 재앙까지 바로는 스스로 자기의 마음을 완악하게 했다. 여섯 번째 재앙부터는 하나님이 그의 마음을 완악하게 하셨다고 성경은 진술한다.

하나님이 바로의 성품이 유순한데도, 일부러 바로를 완악한 사람으로 만드신 것이 아니다. 바로 자신이 자신의 마음을 완악하게 한 것이다. 술객들이 세 번째 재앙에서 모세와 아론을 "하나님의 손가락"이라고 인정했을 때에도, 바로는 그 술객들의 말을 전혀 듣지 않았다. 하나님은 재앙들을 미리 예고하셨기에, 바로는 하나님의 존재와 능력을 알 수 있었다. 그럼에도 불구하고 바로는 자신의 마음을 더욱 완악하게 하여 여호와를 대적했다.

하나님이 사람을 완악하게 하시는 방식들에는 '허용적 완강'과 '결과적 완강'이 있다. 출애굽기 4-14장을 보면 하나님이 바로의 마음을 직접 완악하게 만드셨을 어떤 가능성도 함축하지 않는다. 모세를 통한 재앙의 예고는 사실 바로에게 주신 하나님의 자비이다. 그런데 바로는 자신의 권력을 남용함으로써 하나님의 자비를 무시했고, 결과적으로 스스로 자신을 완악하게 만들었다.

셋째, 하나님을 거역하는 잘못은 바로가 저질렀는데, 왜 이집트 백성의 모든 장자가 죽어야 할까? 태양신의 아들로 숭배된 바로가 자기 마음을 완악하게 만든 것이지 이집트 백성의 잘못은 아니라는 것이다. 그러나 이런 비판은 타당하지 않다. 이집트의 바로와 그 백성은 이스라엘 백성에 비해 우월한 갑의 위치에 있었다. 그들은 이스라엘 사람들을 노예로 부리면서 경제적인 이득을 얻었다. 이집트 백성들도 자신들의 악행을 인정해야 했기 때문이다.

네 번째 재앙부터 이집트 사람과 이스라엘 진영은 확연히 구분되었다. 출애굽기 8장 22절은 "그날에 나는 내 백성이 거주하는 고센 땅을 구별하여 그곳에는 파리가 없게 하리니 이로 말미암아 이 땅에서 내가 여호와인 줄을 네가 알게 될 것이라"는 하나님의 말씀을 기록하고 있다. 다섯 번째 재앙에서 이집트의 가축은 죽었지만, 이스라엘의 가축은 죽지 않았다(출 9:6). 모세를 통한 열 가지 재앙은 우연히 일어난 자연 재난이 아니라 하나님의 말씀대로 실행되었다. 여섯 번째 재앙(무거운 우박)도 모세를 통해서 미리 예고되었지만 이집트 백성 중 일부는 여전히 듣지 않았다.

"여호와의 말씀을 마음에 두지 아니하는 사람은 그의 종들과 가축을 들에 그대로 두었더라"(출 9:21).

재앙을 주신 목적은 여호와 하나님이 진정한 신이라는 사실을 알리시려는 것이다. 그런데 이집트 백성은 재앙이 극심함에도 여호와 하나님을 존중하지 않았다.

넷째, 열 번째 재앙(장자의 죽음)의 핵심은 하나님의 말씀에 대한 순종의 여부가 중요한 기준이라는 것을 말한다. 앞에서 살펴본 대로, 여호와의 말씀을 믿은 이집트인이 있었다면, 그는 유월절 의식에 참여하여 재앙을 피할 수 있었을 것이다. 이스라엘 사람이 무조건 보호를 받는 것도 아니다. 만일 유월절 의식, 즉 어린양을 잡아 피를 문설주와 인방에 바르는 유월절 규례를 따르지 않았다면, 이스라엘 사람이라도 장자의 죽음을 피할 수 없었다. 하나님은 출애굽기 12장에서 이렇게 말씀하셨다.

"내가 애굽 땅을 칠 때에 그 피가 너희가 사는 집에 있어서 너희를 위하여 표적이 될지라 내가 피를 볼 때에 너희를 넘어가리니 재앙이 너희에게 내려 멸하지 아니하리라"(출 12:13).

말씀에 대한 순종이 재앙을 피하는 유일한 방법이다. 모세가 출애굽을 할 때 일부 이집트인들과 다른 외국인들도 따라서 함께 나왔다. 모세를 통하여 장자의 재앙이 일어날 것이라는 경고를 받은 후에도, 대부분의 이집트 사람들은 '민족 대 민족'의 대결 구도에 사로잡혀서 하나님을 존중하지 않았을 것이다.

다섯째, 열 가지 재앙은 이집트의 '비정상적인 상황에 대한 교정적 정의'로 볼 수 있다. 제2차 세계대전 말, 미국은 제2차 세계대전의 빠른 종식을 위해서 1945년 8월 6일에는 히로시마에, 9일에는 나가사키에 원자폭탄을 투하했다. 우리 민족은 36년간 나라를 빼앗겼고, 청년들은 강제노역과 전쟁터로, 젊은 여성들은 일본군의 성노예로 빼앗겼다. 그래서 미군에 의한 원폭 투하를 일본군이 저지른 악행에 대한 천벌로 여겼던 이들도 많았다. 이집트는 400년 동안에 지배자였고, 이스라엘은 그들의 노예였다. 이집트인들은 가해자였고 이스라엘 사람들은 피해자였다.

한 국가가 특정 민족이나 인종에 대해 불의를 행했을 경우 보상을 위한 교정적 정의가 필요하다. 존 F. 케네디(John F. Kennedy) 미국 대통령은 1961년에 연방정부가 고용 과정에서 차별을 금지하고 소수집단의 기회를 확대하기 위해서 대통령 행정명령으로 '적극적 평등실현조치'(Affirmative Action)를 시행했다.[6] 미국이 오랫동안 노예제도와 인종차별정책을 유지하고 있었던 것에 대한 반성적 조치였다. 더 나아가 흑인과 소수인종의 평등권을 적극적으로 보호하기 위한 것이었다. 미국 사회 안에 있던 뿌리 깊은 인종차별을 해소하고 교정하기 위한 것이었다.

바로와 이집트 백성은 400년 동안 이스라엘 백성을 부당하게 학대했고 노예 노동을 통해 막대한 경제적 이득을 얻었으며, 심지어 갓 태어난 이스라엘 사내아이들을 나일강에 던져 죽게 하는 범죄를 저질렀다(출 1:16).

"여호와께서 애굽 사람들에게 이스라엘 백성에게 은혜를 입히게 하사 그들이 구하는 대로 주게 하시므로 그들이 애굽 사람의 물품을 취하였더라"(출 12:36).

이집트는 열 번째 재앙이 내릴 때까지 결코 반성하지 않았다. 하나님은 이집트의 죄를 심판하고 400년 동안 노예로 살아온 이스라엘 민족을 해방시키기를 원하셨다. 하나님의 열 가지 재앙은 이집트의 만행에 대한 하나님의 공의로운 심판과 교정적 정의가 이루어진 것으로 보아야 한다.

가나안 정복 전쟁에 대한 분석(신 20:10-18)

이제 구약성경의 최고의 난제로 꼽히는 '헤렘 전쟁'(Herem War)을 분석해 보자. 신명기와 여호수아서를 읽어 보면, 여호와 하나님은 가나안 일곱 족속들을 남녀노소 가리지 말고 완전하게 진멸하라는 명령을 반복해서 말씀하신다는 것을 알 수 있다.

가나안의 모든 족속을 진멸하라는 명령을 문자 그대로 이해한다면 그것이 인종청소와 같은 범죄와 다를 바가 무엇인가? 예수님과 사도들은 헤렘 전쟁을 알고 있었음에도 불구하고 여호와 하나님을 여전히 공의와 사랑의 하나님으로 말하고 있는가?

거룩한 하나님의 성품: 공의

구약성경을 읽어 보면, 하나님은 이스라엘 민족을 선택하셨지만, 여전히 이방 민족을 동일하게 사랑한다고 말씀하신 적도 많다. 만민을 사랑하시는 하나님과 헤렘을 명령하시는 하나님. 언뜻 상반되어 보이는 말씀을 잘 이해할 필요가 있다.

하나님의 도덕적 순결은 '거룩함', '의로움', '정의'로 표현된다. 하나님의 거룩함은 악을 미워하시는 절대적으로 순결한 하나님의 성품을 말한다. 하박국 선지자는 "주께서는 눈이 정결하시므로 악을 차마 보지 못하시며 패역을 차마 보지 못하시거늘"(합 1:13)이라고 표현했다. 하나님의 의로우심은 다른 존재들과의 관계에 적용된 거룩함이다. 아브라함은 소돔과 고모라를 위해 중보기도를 할 때, 하나님의 정의에 호소했다.

"주께서 이같이 하사 의인을 악인과 함께 죽이심은 부당하오며 의인과 악인을 같이 하심도 부당하니이다 세상을 심판하시는 이가 정의를 행하실 것이 아니니이까"(창 18:25).

조직신학자인 밀라드 에릭슨(Millard J. Erickson)에 의하면, 하나님의 정의는 그분이 율법을 집행하실 때에 공정하다는 것을 말한다.[7] 하나님의 공의는 죄를 공정하게 심판하실 때 나타난다.

가나안 족속의 죄악들

성경에 의하면 하나님은 가나안 족속들의 죄악에 대해서 염증을 느끼셨다. 하나님의 공의의 성품(거룩함, 의로움, 정의)으로 가나안의 죄를 보신 것이다. 당시 가나안 부족들은 인신제사, 수간(獸姦), 동성애, 근친상간, 우상 숭배와 음행, 극심한 도덕적 부패 등으로 점철되어 있었다.

가령, 수간을 예로 들어 보자. 모세오경에서만 짐승과 사람의 성적인 접촉(수간)을 네 번 언급한다(출 22:19; 레 18:23-30, 20:15; 신 27:21). 짐승과의 성적인 교접은 하나님의 창조 목적에 상반되는 행위이며 가증한 일이다. 하나님은 남자와 여자를 창조하셨고 부부가 되게 하셨다. 어떤 동물도 사람의 고독을 해결하거나 사랑의 동반자가 될 수는 없다. 수간은 가나안 족속, 이집트, 바벨론에서 아주 흔한 풍속이었다는 것을 입증하는 자료들이 있다.[8] 예를 들어, 나일강의 동부 삼각주에는 여자들이 염소들과 동거 생활을 하는 이교도 풍습도 있었다.

수간은 하나님이 정하신 인간과 짐승의 경계를 허물고 섞는 것을 뜻하기 때문에 문란한 일이요 가증한 일이 된다. 따라서 성경에서 수간은 사형에 해당되는 죄이다.[9] 이것은 현대인들이 생각해도 환멸을 느낄 만한 내용이다(신 18:9-14). 하나님의 관점에서 동성애는 창조의 질서를 어긴 죄악이며, 근친상간은 가정의 질서를 무너뜨리는 죄악이다.

현대 법률의 관점에서 보아도 사람을 신에게 제물로 바치는 것은 인신공양에 해당되는 끔찍한 범죄이며, 수간도 용인될 수 없는 죄악이다. 당시 가나안 부족들의 종교가 이런 행위들을 종교적 관행으로 시행했다고 할지라도, 그런 문화 자체를 도덕적으로 흠결이 없다고 말해서는 안 된다. 전범 재판소가 독일 나치의 유대인 학살, 장애인 학살, 강제 불임, 생체실험 등을 전쟁범죄로 단죄한 것처럼, 인신공양과 수간의 관행은 도덕적으로 정당화될 수 없다.

하나님은 가나안 족속들에게 400여 년이나 회개할 기회를 주셨지만, 그들은 회개하지 않았다. 가정에서 부모의 역할을 생각해 보자. 자녀가 선행을 했을 때와 악행을 했을 때, 부모가 동일한 보상을 줄 수 있을까? 칭찬과 꾸중을 구분하는 기준이 명확하지 않은 부모는 결국 자녀를 망치게 될 것이다. 부모가 자녀의 선행을 칭찬하고 악행을 꾸짖는 것은 부모의 교육관이 분명하다는 것을 의미한다.

"매를 아끼는 자는 그의 자식을 미워함이라 자식을 사랑하는 자는 근실히 징계하느니라"(잠 13:24).

자녀를 향한 부모의 마음은 공의를 기준으로 삼아야 한다. 자녀에게 화를 내야 할 경우와 칭찬할 경우가 명확하게 구분되어야 한다. 평소 사랑이 넘치던 부모가 자녀의 잘못된 행동에 대해서는 사랑의 매를 든다. 이것은 부모의 성품이 변덕스럽다는 것을 의미하지 않는다. 오히려 자녀의 부도덕한 인격과 행동 때문에 부모의 훈육 방식이 달라진 것이다.

"나 여호와는 변하지 아니하나니 그러므로 야곱의 자손들아 너희가 소멸되지 아니하느니라"(말 3:6).

이 말씀은 불변하는 하나님의 신실하심을 말해 준다. 초대교회에서 이단으로 정죄를 받은 마르시온은 구약의 하나님의 공의를 잔인함으로 오해했다. 그는 하나님의 불변하는 속성인 도덕적 '거룩함과 의로움과 정의'를 올바르게 이해하지 못했다. 그러나 사도 요한이나 교부 터툴리안은 구약에 계시된 하나님이 사랑과 공의를 행하는 하나님이시라고 분명하게 이해했다.

정복 전쟁 네 가지 패턴!

여호수아의 가나안 정복 전쟁을 역사적인 사실로 인정하는 윌리엄 F. 올브라이트(William F. Albright)와 그의 제자인 어니스트 라이트(Ernest Wright)는 '정복 모델'을 옹호했다. 1960년대까지 하솔, 벧엘, 데비르 등의 유적에서 나온 증거들은 가나안에 외부의 침입자들이 들어와서 전쟁이 있었다는 것을 보여 주고 있다.

필자는 사람들이 하나님을 잔인한 부족 신으로 오해하는 까닭은 가나안 정복 전쟁의 패턴을 종합적으로 이해하지 못했기 때문이라고 본다. 진멸 명령은 모세와 여호수아를 통해서 자세히 기록되었다. 이스라엘 백성은 이집트에서 약 400년을 노예로 살았다. 모세의 인도를 따라 이집트를 탈출했지만, 그들은 광야에서 약 40년을 보냈다. 그리고 여호수아를 따라서 비로소 젖과 꿀이 흐르는 약속의 땅 가나안에 진입할 수 있었다. 당시 가나안에는 도시 문명을 이룬 여러 부족들이 살고 있었다.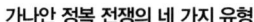 가나안 정복 전쟁은 약속의 땅을 차지하는 과정에서 발생한 불가피한 전쟁이었다.

가나안 정복 전쟁의 네 가지 유형

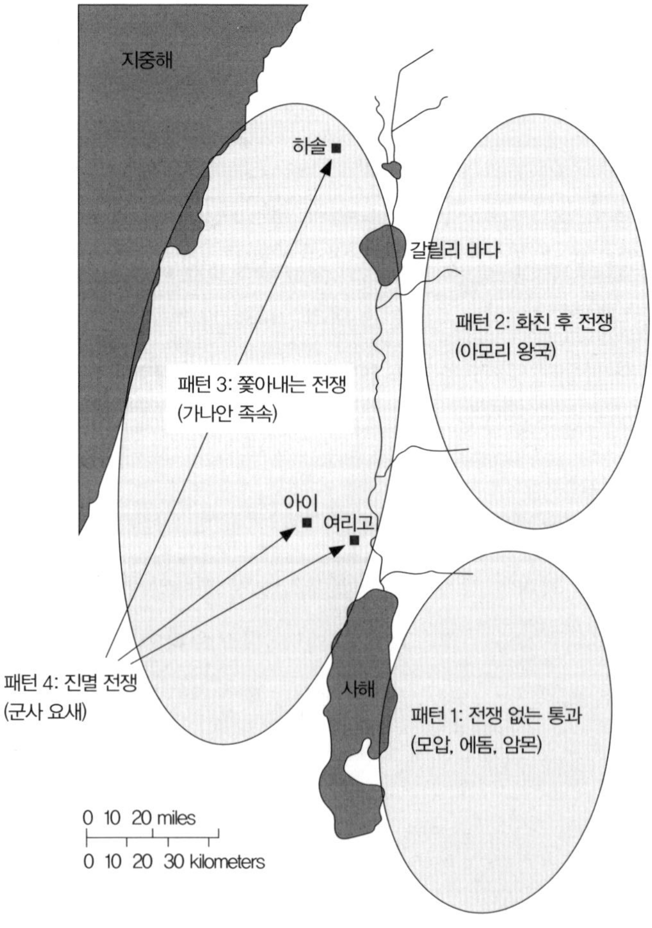

사해의 남동쪽 지역 전쟁과 요단강 동쪽 지역 전쟁은 말년 모세의 지도 아래 이루어졌다. 그리고 요단강 서쪽 지역(약속의 땅)에서 벌어진 정복 전쟁은 새로운 리더 여호수아의 지도 아래 이루어졌다. 가나안 정복 전쟁을 분석해 보면, 거기에는 네 가지 패턴(통과, 화친, 쫓아냄, 진멸)이 있다는 것을 알 수 있다.

패턴 1: 전투 없이 통과하라!

가나안에 진입할 때 첫 번째 전쟁 패턴은 '전투 없이 통과하라'는 원칙이다. 하나님은 에돔, 모압, 암몬 족속의 영역을 지날 때에는 전쟁을 하지 않고 통과할 것을 모세에게 말씀하신다. 이스라엘은 광야에서 약 40년의 생활을 마칠 무렵, 사해의 남동쪽을 향해 올라가고 있었다. 그때에 여호와 하나님은 이스라엘 백성에게 에서의 자손과 롯의 자손이 거주하던 지역에서는 전쟁을 하지 말고, 식량도 사서 먹고, 물도 사서 먹어야 한다고 말씀하셨다.

> "너는 또 백성에게 명령하여 이르기를 너희는 세일에 거주하는 너희 동족 에서의 자손이 사는 지역으로 지날진대 그들이 너희를 두려워하리니 너희는 스스로 깊이 삼가고 그들과 다투지 말라 그들의 땅은 한 발자국도 너희에게 주시 아니하리니 이는 **내가 세일산을 에서에게 기업으로 주었음이라** 너희는 돈으로 그들에게서 양식을 사서 먹고 돈으로 그들에게서 물을 사서 마시라"(신 2:4-6).

> "우리가 세일산에 거주하는 우리 동족 에서의 자손을 떠나서 아라바를 지나며 엘랏과 에시온 게벨 곁으로 지나 행진하고 돌이켜 모압 광야 길로 지날 때에 여호와께서 내게 이르시되 모압을 괴롭히지 말라 그와 싸우지도 말라 그 땅을 내가 네게 기업으로 주지 아니하리니 이는 **내가 롯 자손에게 아르를 기업으로 주었음이라**"(신 2:8-9).

"여호와께서 내게 말씀하여 이르시되 네가 오늘 모압 변경 아르를 지나리니 암몬 족속에게 가까이 이르거든 그들을 괴롭히지 말고 그들과 다투지도 말라 암몬 족속의 땅은 내가 네게 기업으로 주지 아니하리니 이는 **내가 그것을 롯 자손에게 기업으로 주었음이라**"(신 2:17-19).

이 구절들은 무엇을 말하는가? 하나님은 에서와 롯과 맺었던 약속을 기억하고 그들과 그 후손들에게 주신 땅을 기업으로 인정하셨다. 이것은 하나님이 싸움을 좋아하는 전쟁광이 아니라, 약속을 기억하는 성실하신 분이라는 것을 말한다. 창세기는 이미 수백 년 전에 에서가 세일산에 거주했다는 것을 기록하고 있다.

"이에 에서 곧 에돔이 세일산에 거주하니라"(창 36:8).

하나님은 이스라엘에게 가나안 땅을 주신 것처럼, 에돔, 모압, 암몬 족속에게도 거주할 땅을 주셨다. 이것은 땅을 창조하신 주님의 절대적인 권한이다. 하나님은 이스라엘이 북쪽에 있던 모압의 영토를 지날 때에도 그리고 암몬 족속의 땅을 지날 때에도 전쟁을 하지 말고 그냥 통과할 것을 명령하셨다.

하나님이 아브라함에게 약속하신 땅은 가나안 지역이다. 그래서 에서와 롯의 자손들이 사는 지역을 지나갈 때에는 싸우지 말고 통과하라고 하신 것이다. 하나님은 역사를 주관하시면서 민족들의 경계를 정하셨다. 사도 바울은 "그분은 인류의 모든 족속을 한 혈통으로 만드셔서, 온 땅 위에 살게 하셨으며, 그들이 살 시기와 거주할 지역의 경계를 정해 놓으셨습니다"(행 17:26, 새번역)라고 말한다. 에돔, 모압, 암몬 지역에서 일체의 전쟁을 금지하셨던 것만 보아도, 하나님이 다른 부족들을 무조건 진멸하라는 명령을 내리는 신이 아니라는 것을 알 수 있다.

패턴 2: 화친을 제안하라!

두 번째 전쟁 패턴은 신명기 20장 10-14절에서 찾아볼 수 있다. '먼저 화친을 제안하라'는 전쟁 패턴은 이스라엘이 요단강 동쪽 성읍에 있는 족속들과 전쟁을 할 때 적용되었던 원칙이다. 요단강 동쪽 지역은 아모리 남왕국과 북왕국이 있던 곳이다. 그 민족들은 하늘에 솟을 만큼 높은 성벽을 가지고 있었다고 한다. 요단 서쪽 가나안 지역에는 31개 도시가 있었던 것에 비해, 동쪽 지역에는 약 60개가 넘는 성읍이 있었다. 하나님은 아모리 왕국이 차지하고 있던 땅들에 대해서는 '선(先)화친 제안'을 명령하셨고, 이 제안이 거부될 경우에 전쟁을 허용하셨다. 모세는 다음처럼 설명한다.

"네가 어떤 성읍으로 나아가서 치려 할 때에는 그 성읍에 **먼저 화평을 선언하라** 그 성읍이 만일 화평하기로 회답하고 너를 향하여 성문을 열거든 그 모든 주민들에게 네게 조공을 바치고 너를 섬기게 할 것이요 만일 너와 화평하기를 거부하고 너를 대적하여 싸우려 하거든 너는 그 성읍을 에워쌀 것이며 네 하나님 여호와께서 그 성읍을 네 손에 넘기시거든 너는 칼날로 그 안의 남자를 다 쳐죽이고 너는 오직 여자들과 유아들과 가축들과 성읍 가운데에 있는 모든 것을 너를 위하여 탈취물로 삼을 것이며 너는 네 하나님 여호와께서 네게 주신 적군에게서 빼앗은 것을 먹을지니라"(신 20:10-14).

이스라엘은 요단강 동쪽 지역에 사는 민족들에 대해서는 먼저 '화친을 제안'해야 한다. 그리고 화친을 제안했음에도 불구하고, 그들이 그 제안을 거부하면서 공격해 온다면, 이스라엘은 전쟁을 피할 수 없다. 그 경우에는 '남성들'(군인들)만 죽이되 비전투원은 살려 두어야 한다는 것이다. 실제로 아모리 왕국은 화친을 거부하고 이스라엘을 공격해 왔다. 하나님은 이 전쟁에서 '용사인 성인 남자 군인'만 죽일 수 있을 뿐, 여자와 유아들과 가축들은 죽이지 못하게 명령하셨다. 민수기는 이 부분을 다음과 같이 기록하고 있다.

"이스라엘이 아모리 왕 시혼에게 사신을 보내어 이르되 우리에게 당신의 땅을 지나가게 하소서 우리가 밭에든지 포도원에든지 들어가지 아니하며 우물물도 마시지 아니하고 당신의 지경에서 다 나가기까지 왕의 큰길로만 지나가리이다 하나 **시혼이 이스라엘이 자기 영토로 지나감을 용납하지 아니하고 그의 백성을 다 모아 이스라엘을 치러 광야로 나와서 야하스에 이르러 이스라엘을 치므로** 이스라엘이 칼날로 그들을 쳐서 무찌르고 그 땅을 아르논에서부터 얍복까지 점령하여 암몬 자손에게까지 미치니 암몬 자손의 경계는 견고하더라"(민 21:21-24).

"이스라엘이 이같이 그 모든 성읍을 빼앗고 그 아모리인의 모든 성읍 헤스본과 그 모든 촌락에 거주하였으니 헤스본은 아모리인의 왕 시혼의 도성이라 시혼이 그 전 모압 왕을 치고 그의 모든 땅을 아르논까지 그의 손에서 빼앗았더라 그러므로 시인이 읊어 이르되 너희는 헤스본으로 올지어다 시혼의 성을 세워 견고히 할지어다 헤스본에서 불이 나오며 시혼의 성에서 화염이 나와서 모압의 아르를 삼키며 아르논 높은 곳의 주인을 멸하였도다 모압아 네가 화를 당하였도다 그모스의 백성아 네가 멸망하였도다 그가 그의 아들들을 도망하게 하였고 그의 딸들을 아모리인의 왕 시혼의 포로가 되게 하였도다 우리가 그들을 쏘아서 헤스본을 디본까지 멸하였고 메드바에 가까운 노바까지 황폐하게 하였도다 하였더라 이스라엘이 아모리인의 땅에 거주하였더니"(민 21:25-31).

이스라엘이 아모리 족속과의 전쟁에서 승리한 이후, 아르논은 이스라엘의 동쪽 국경 지역이 되었다. 모세는 요단강 동쪽 지역의 전쟁에 있어서 '진멸'과

'쫓아냄'을 함께 적용했다. 그러나 신명기에서는 시혼 왕의 성읍에 대해서 진멸 명령을 내렸다. 다음 구절을 보라.

"그때에 우리가 그의 모든 성읍을 점령하고 그의 각 성읍을 그 남녀와 유아와 함께 하나도 남기지 아니하고 진멸하였고"(신 2:34).

여기에서의 '진멸'은 동쪽 전 지역 60개 성읍 모두에 적용된 것이 아니라 예외적으로 시혼 왕의 성읍과 바산 왕 옥의 성읍에만 적용된 것 같다. 아울러 아모리 사람들을 쫓아냈다는 다음 구절을 보라.

"모세는 야스엘로 사람을 보내어 탐지하게 한 다음, 그 주변 촌락들을 점령하고 거기에 있던 아모리 사람들을 내쫓았다"(민 21:32, 새번역).

요단강 동쪽 지역 전쟁에 대한 기록은 신명기와 민수기에서 서로 다르게 묘사되어 있다는 것을 주목해야 한다. 민수기 기록은 '쫓아냈다'는 것을 강조하는 반면에, 신명기는 '진멸했다'는 표현을 강조한다.

신명기는 사실 보도 그 자체보다는 하나님의 전쟁이라는 종교적 관점에서 기록한 것이다. 요시야왕은 토라를 성전에서 발견한 후에 남은 통치 기간에 신명기 역사를 재조명한 것으로 보인다. 그래서 신명기의 헤렘(진멸)에 대한 부분은 국제정치 갈등 속에서 이스라엘의 신앙을 다시 확립하고자 한 요시야의 종교개혁 관점으로 해석될 필요가 있다. 신명기적 관점은 이방인을 학살하는 것을 정당화하는 것이 아니라, 이스라엘이 이방 종교와 혼합되지 않는 순수한 종교성을 가져야 한다는 것을 강조한다.

패턴 3: 요단강 서쪽 지역 거주민을 쫓아내라!

세 번째 전쟁 패턴은 '쫓아내라'는 패턴이다. 이 전쟁 패턴은 요단강 동쪽 지역에서의 전쟁과 요단강 서쪽 지역에서의 전쟁, 두 지역에 함께 적용된 원칙이다. 전쟁이라는 것 자체가 비극이다. 그러나 현대 국제법에서도 교전 행위 중에 전투 중인 군인들 간의 살상은 법률적으로 문제가 되지 않는다. 약 3,400년 전의 전쟁은 '승자 독식'(Zero-Sum Game)이다. 그런 시대 상황에서 군인과 민간인을 구분하고 민간인에 대한 살상을 금지한 것은 시대를 앞선 것이라고 평가할 수 있다. 실제로 민간인과 전투원을 구분하고, 민간인을 살해하지 못하게 한 현대의 법은 헤이그 협약(1899년)과 제4차 제네바 협약(1949년)에서 최초로 등장했다. 군인들을 죽이되 비전투원은 살려 두라는 명령은 현대의 법규보다도 수천 년 앞서서 제정된 것으로, 정의전쟁의 원칙을 담고 있다. 그러므로 하나님이 모든 생명체를 진멸하기를 원하는 무자비한 전쟁광이 아니었다는 사실을 분명히 알 수 있다.

가나안 땅은 하나님이 오래전에 아브라함에게 주겠다고 하신 '약속의 땅'이다. 요단강을 건너 서쪽에 있는 땅이 젖과 꿀이 흐르는 약속의 땅이다. 하나님의 명령은 가나안에 거주하는 부족민들을 모두 죽여 없애는 것이 아니라, 죄가 가득한 그들을 다른 곳으로 쫓아내는 것이다. 하나님이 모세에게 주셨던 최초의 명령은 '쫓아내라'는 것이었다.

"너는 내가 오늘 네게 명령하는 것을 삼가 지키라 보라 내가 네 앞에서 아모리 사람과 가나안 사람과 헷 사람과 브리스 사람과 히위 사람과 여부스 사람을 **쫓아내리니** 너는 스스로 삼가 네가 들어가는 땅의 주민과 언약을 세우지 말라 그것이 너희에게 올무가 될까 하노라"(출 34:11-12).

하나님이 가나안 부족들을 '쫓아내게' 하시는 이유는 이스라엘의 종교적 거룩함이 목적이다. 레위기 18장에 "그 땅도 더러워졌으므로 내가 그 악으로 말미암아 벌하고 그 땅도 스스로 그 주민을 토하여 내느니라"(레 18:25)고 기록된 대로 그들의 죄는 이미 극에 달했다. 그들은 자녀를 몰렉에게 주어 불로 통과하게 했으며 짐승과 통간했다(레 18:21-23). 그들과 공존하게 되면 가나안 종교의 영향을 받아 이스라엘도 음란한 종교 문화를 가지게 될 수 있기 때문이다. 당시 가나안 지역의 바알과 아세라 신상을 섬기는 종교는 음란함이 극에 달한 상태였다. 가나안 부족을 쫓아내는 이유는 종교적인 거룩함을 이루기 위한 것이었다.

"너희는 도리어 그들의 제단들을 헐고 그들의 주상을 깨뜨리고 그들의 아세라 상을 찍을지어다 너는 다른 신에게 절하지 말라 여호와는 질투라 이름하는 질투의 하나님이니라 너는 삼가 그 땅의 주민과 언약을 세우지 말지니 이는 그들이 모든 신을 음란하게 섬기며 그들의 신들에게 제물을 드리고 너를 청하면 네가 그 제물을 먹을까 함이며 또 네가 그들의 딸들을 네 아들들의 아내로 삼음으로 그들의 딸들이 그들의 신들을 음란하게 섬기며 네 아들에게 그들의 신들을 음란하게 섬기게 할까 함이니라 너는 신상들을 부어 만들지 말지니라" (출 34:13 17).

모세는 가나안 땅에 들어가지 못했다. 그는 느보산에 올라가서 가나안 땅을 바라본 후에 세상을 떠났다. 모세의 후계자 여호수아의 지도 아래 가나안 정복 전쟁이 첫 5년간 성공적으로 수행되었다. 약 45년 전 가나안 땅을 염탐했던 열두 정탐꾼 중에서 여호수아와 함께 "가나안 땅을 얻을 수 있다"고 믿음으로 고백했던 갈렙도 어느덧 85세의 노인이 되었다. 그때 갈렙은 여호수아에게 이렇게 요청한다.

"이제 보소서 여호와께서 이 말씀을 모세에게 이르신 때로부터 이스라엘이 광야에서 방황한 이 사십오 년 동안을 여호와께서 말씀하신 대로 나를 생존하게 하셨나이다 **오늘 내가 팔십오 세로되** 모세가 나를 보내던 날과 같이 오늘도 내가 여전히 강건하니 내 힘이 그때나 지금이나 같아서 싸움에나 출입에 감당할 수 있으니 **그날에 여호와께서 말씀하신 이 산지를 지금 내게 주소서** 당신도 그날에 들으셨거니와 그곳에는 아낙 사람이 있고 그 성읍들은 크고 견고할지라도 여호와께서 나와 함께하시면 **내가 여호와께서 말씀하신 대로 그들을 쫓아내리이다** 하니"(수 14:10-12).

여호수아서 14장에서 갈렙은 믿음의 사람으로 등장한다. 비록 육신의 나이는 85세가 되었지만, 갈렙은 변함없이 강한 믿음을 가진 사람이었다. 그는 거인들이 살고 있어서 아직도 정복하지 못한 헤브론 산지를 바라보면서 여호수아에게 "이 산지를 지금 내게 주소서"(수 14:12)라고 요청한다. 갈렙의 말은 그곳에 사는 아낙 자손 모두를 죽이겠다는 것이 아니라, 그들을 그 땅에서 쫓아내겠다는 것이다. 그가 믿음이 약해져서 '진멸 전쟁' 대신에 '쫓아냄'의 원칙을 선택한 것이 아니다. 원래 하나님의 으뜸 명령이 '쫓아내라'는 것이었기 때문이다.

필자는 가나안 정복 전쟁의 원칙이 처음부터 군인들이 있는 요새와 일반 민간인이 거주하는 성읍에 대해 각기 다른 명령이 내려졌다고 본다. 요단강 서쪽 지역(가나안 땅)에 대한 하나님의 으뜸 명령은 죄악이 가득한 가나안 부족들을 그 땅에서 '쫓아내는' 것이었다. 갈렙의 요청을 들은 여호수아는 '쫓아내는 패턴'에 대해서 동의하고 축복한다.

"너희의 하나님 여호와 그가 너희 앞에서 **그들을 쫓아내사** 너희 목전에서 그**들을 떠나게 하시리니** 너희의 하나님 여호와께서 너희에게 말씀하신 대로 너희가 그 땅을 차지할 것이라"(수 23:5).

패턴 4: 진멸 전쟁(군대의 요새에 국한된 명령)

'진멸'(헤렘)을 이스라엘의 잔혹한 전쟁 방식으로만 생각하는 것은 완전한 오해이다. '헤렘'은 당시 고대의 전쟁에서는 일반적인 현상이었다. 가령, 모압 비석의 비문에서도 헤렘 전쟁을 찾아볼 수 있다. 모압에서 발견된 비석에는 "메사 왕이 느보의 성읍을 헤렘(진멸)에 처한 것을 자랑한다"라는 내용이 기록되어 있다.[11] 모압이 섬기는 그모스 신에게 '봉헌물', 즉 제물로 드렸다는 종교적 의미이다.

여호와 하나님은 '통과하라', '화친하라'(화친을 거부하면 전쟁하라), '쫓아내라', '진멸하라'는 네 가지 전략을 처음부터 주셨다. 그런데 유독 '진멸하라'는 전쟁의 원칙만을 강조하여 가나안 정복 전쟁의 처음부터 끝까지 진멸 전쟁이 행해졌다고 주장하는 것은 성경 본문을 오독했기 때문에 생긴 오해이다. 성경을 오독함으로써 하나님의 성품을 왜곡한 것이다. 가나안 정복 전쟁은 나치의 홀로코스트 명령이나 세르비아의 인종청소처럼 무차별적인 학살로 이루어진 것이 아니다.

'진멸하라'는 명령은 '쫓아내라'는 명령과 함께 이해해야 한다. 가나안 지역의 민간인을 대상으로는 '쫓아냄'이 으뜸 명령이고, 군대가 주둔한 요새를 대상으로는 '진멸'이 으뜸 명령이다. 신명기 2장은 헤스본 왕 시혼과의 전쟁에서도 진멸전쟁이 있었다고 말한다(신 2:34). 그러나 민수기에서는 '몰아냈다'고 기록하고 있다(민 21:32).

"그때에 우리가 그의 모든 성읍을 점령하고 그의 각 성읍을 그 남녀와 유아와 함께 하나도 남기지 아니하고 **진멸하였고**"(신 2:34).

"모세가 또 사람을 보내어 야셀을 정탐하게 하고 그 촌락들을 빼앗고 그곳에 있던 아모리인을 **몰아내었더라**"(민 21:32).

요단강 서쪽 지역(가나안 땅)에서의 '진멸하라'는 원칙은 여리고성, 아이성, 하솔성에 적용되었을 뿐이다. 이 외에 다른 성읍들에 대해서는 '쫓아내라'는 명령이 적용되었다. 요단강 동쪽 지역에서 있었던 전쟁은 모세의 말년에 있었다. 이 전쟁은 홍해를 건너온 1세대 군인들이 광야에서 모두 사망하고 난 이후이다("모든 군인이 사망하여 백성 중에서 멸망한 후에"[신 2:16]).

종합적으로 민수기와 신명기를 대조해 보면, 헤스본 왕 시혼과 바산 왕 옥과의 전쟁에서는 '화친, 쫓아냄, 진멸'이 함께 적용되고 있다는 것을 알 수 있다. 프린스턴 신학교 구약학 교수인 데니스 올슨(Dennis T. Olson) 박사는 민수기와 신명기 해석은 상반된 것이 아니라, 상호의존적이라고 말한다.

민수기는 이스라엘이 약속의 땅으로 나아가는 과정에 하나님의 신실한 은혜가 있었다는 것을 강조한다.[12] 민수기 기록은 역사 기술 형식이어서 전쟁의 승리라는 관점을 반영한 것이고, 신명기는 이방 종교와의 동화를 방지하기 위한 신앙적 관점으로 기록된 것이기 때문에 '헤렘'이라는 단어가 사용되었다고 본다.[13]

요단강 동편 지역의 전쟁

요단강 동편 지역에서의 전쟁은 화친을 거부한 족속들과의 전쟁이다. 민수기와 신명기 기록이 약간 다른 것은 전쟁을 바라보는 관점의 차이 때문이다. 앞서 설명한 대로 민수기는 전쟁에서의 승리를 기록한 역사 기술 방식으로 기록되어, 완전한 승리를 강조한다. 민수기에서는 '헤렘'을 강조하지 않는다. 그러나 신명기 기록은 종교적인 목적을 위해 쓰였기 때문에 하나님께 드려짐이라는 '헤렘'의 의미를 전쟁 기록 방식에 적용했다. 헤스본은 사해의 북쪽 끝

자락에 위치한 성읍국가였다. 모세는 헤스본 왕에게 어떤 피해도 주지 않도록 할 것이니 통과하도록 허락해 달라고 요청한다. 그러나 헤스본 왕 시혼은 모세의 화친 요청을 거부하고 공격해 왔기에 결국 이스라엘과 전쟁이 일어났다는 것을 신명기는 다음과 같이 기록하고 있다.

"내가 그데못 광야에서 헤스본 왕 시혼에게 사자를 보내어 평화의 말로 이르기를 나를 네 땅으로 **통과하게 하라** 내가 큰길로만 행하고 좌로나 우로나 치우치지 아니하리라 너는 돈을 받고 양식을 팔아 내가 먹게 하고 돈을 받고 물을 주어 내가 마시게 하라 나는 걸어서 지날 뿐인즉 … 헤스본 왕 시혼이 우리가 통과하기를 허락하지 아니하였으니 이는 네 하나님 여호와께서 그를 네 손에 넘기시려고 그의 성품을 완강하게 하셨고 그의 마음을 완고하게 하셨음이 오늘날과 같으니라"(신 2:26-28, 30).

모세는 화친이 받아들여지지 않자, 아모리 남쪽 지역을 장악하고 있던 헤스본 왕 시혼과 전쟁을 벌이게 되었다. 그 전쟁에서 승리를 거둔 후에, 이스라엘은 북쪽으로 진군하여 바산 왕 옥과 결전을 벌인다. 바산 지역은 갈릴리 호수 동변, 남쪽으로는 야르묵강을 접경으로 하며, 북쪽으로는 헬몬산에 이르는 길르앗 북쪽 고원지대의 비옥한 땅을 말한다. 참나무가 울창하게 자라고 있었고 땅이 평평하고 비옥해서 유목업에는 안성맞춤이었다.

모세는 신명기 3장에서 "우리 하나님 여호와께서 바산 왕 옥과 그의 모든 백성을 우리 손에 넘기시매 우리가 그들을 쳐서 한 사람도 남기지 아니하였느니라 그때에 우리가 그들에게서 빼앗지 아니한 성읍이 하나도 없이 다 빼앗았는데 그 성읍이 육십이니 곧 아르곱 온 지방이요 바산에 있는 옥의 나라이니라 그 모든 성읍이 높은 성벽으로 둘려 있고 문과 빗장이 있어 견고하며 그 외에 성벽 없는 고을이 심히 많았느니라"(신 3:3-5)고 말하며 당시 상황을 회고하고 있다.

이스라엘이 요단강 동쪽 지역 헤스본의 시혼 왕과 바산의 옥 왕에게서 빼앗은 땅은 남쪽으로는 아르논강에서 북쪽으로는 헬몬산까지 직선거리로 225킬로미터가 되는 광활한 지역이었다. 여기까지는 모세의 인도 아래 치러진 전쟁이다. 하지만 모세는 요단강을 건너지 못하고 죽으리라는 하나님의 말씀대로, 느보산에서 가나안 땅을 바라보는 것으로 그의 모든 사명을 마쳤다.

요약하면, 요단강 동편 지역의 전쟁 전략은 원래 '화친'이었다. 화친을 받아들이면 이스라엘 군대가 평화롭게 통과하고 조공을 받는 것으로 완결될 것이다. 그러나 평화조약을 받아들이지 않을 경우에는 피차 전쟁을 피할 수 없었고, 교전 중인 적군을 죽이는 것은 고대 전쟁에서 일반적이었다.

신명기에서는 요단강 동쪽 지역 전쟁에서 부분적으로 '헤렘'(진멸)이 있었다고 말한다. 신명기의 헤렘 전쟁에는 두 가지 기록 목적이 있는 것으로 보인다. 첫째로, 헤스본 왕 시혼과 바산 왕 옥이 화친을 거부하고 이스라엘을 먼저 공격해 온 전쟁에 대해 반격하는 과정에 적용되었다. 둘째로, 신명기가 약속의 땅을 요단강 동편 지역 일부를 포함하는 것으로 간주했기 때문이다. 그래서 요단강 동쪽 지역(트랜스 요르단)에 르우벤 지파, 갓 지파, 므낫세 지파의 절반이 거주하게 된다. 이스라엘이 거주하는 땅에서는 이방 종교의 영향을 제거하고 하나님께 그 땅을 봉헌한다는 개념이 적용된 것이다. 성경을 꼼꼼히 읽어 보면 '헤렘'은 완벽하게 실행된 적이 없다. 왜냐하면 이방 부족들이 그 땅에서 이스라엘과 공존해 있었기 때문이다.

요단강 서편(가나안 땅)의 헤렘 전쟁

모세는 여호수아와 2세대 이스라엘 백성에게 요단강 서쪽 지역에 사는 민족들과의 전쟁에서는 호흡하는 모든 것을 진멸(헤렘)하라는 명령을 전달한다.

"오직 네 하나님 여호와께서 네게 기업으로 주시는 이 민족들의 성읍에서는 호흡 있는 자를 하나도 살리지 말지니 곧 헷 족속과 아모리 족속과 가나안 족속과 브리스 족속과 히위 족속과 여부스 족속을 네가 **진멸하되** 네 하나님 여호와께서 네게 명령하신 대로 하라"(신 20:16-17).

여호수아서는 모세의 후계자 여호수아가 진행한 약속의 땅(가나안) 정복 전쟁 이야기를 다룬다. 여호수아서는 에브라임 지파 소속 여호수아를 지도자로 삼은 이스라엘 열두 지파가 단결하여 약속의 땅을 차지했다는 사실을 기록하고 있다. 여호수아는 가나안을 점령해야 하는 하나님이 주신 시대적 사명을 가진 이스라엘의 지도자이다. 여호수아가 '살아 숨 쉬는 모든 것을 죽였다'는 표현은 여호와의 전쟁이라는 관점에서 '헤렘'을 보았기 때문이다. 여호수아의 업적은 '헤렘'이었다.

"이와 같이 여호수아가 그 온 땅 곧 산지와 네겝과 평지와 경사지와 그 모든 왕을 쳐서 하나도 남기지 아니하고 호흡이 있는 모든 자는 다 **진멸하여** 바쳤으니 이스라엘의 하나님 여호와께서 명령하신 것과 같았더라"(수 10:40).

이스라엘 민족이 드디어 요단강을 건넌 후에, 여호수아가 첫 번째 치러야 하는 전투는 여리고성을 공격하는 것이었다. 여리고성은 지구상에서 가장 오래된 성곽도시로 알려졌다. 여리고는 사해 북동쪽 13킬로미터 지점, 해발 -225미터의 요르단 골짜기에 위치해 있으며, 높이 10미터가 넘는 종려나무들이 많아서 종려의 성읍이라고 불렸다. 여호수아 2장에서 6장까지는 여리고성을 향해 나가는 준비 과정부터 여리고성을 헤렘으로 하나님께 드리는 내용이 이어진다.

여리고성 전투에서 이스라엘은 그 성안에 있는 모든 것(남녀 노소와 소와 양과 나귀)을 칼날로 멸했다고 한다(수 6:21). 이런 진멸 명령은 아이성 전투(수 8장), 가나안 남부와 북부를 점령할 때에도(수 10-11장) 동일하게 반복된다. 가나안 정복 전쟁에서도, 앞에서 말한 대로, 가나안 땅의 일반 거주민에게는 '쫓아냄의 원칙'이 적용되었지만, 여리고성, 아이성, 하솔성 등의 전투에서는 헤렘이 처음부터 명령되었다. 왜 여리고성, 아이성, 하솔성 등에 대해서는 진멸 전쟁이 명령되었을까?

하나님이 여리고성에 있는 모든 것을 완전히 진멸하라고 명령하셨다는 것은 분명하다. 여리고성에 대한 진멸 명령을 정확하게 이해하기 위해서 몇 가지 분별이 필요하다.

첫째, 모세와 여호수아를 통해 내려진 진멸 명령은 일반인들이 거주하는 '성읍'과 군인들이 거주하는 '군대 요새'를 정확히 구분했다는 것을 알아야 한다. 더글라스 그로타이스(Douglas Groothuis)에 의하면, 도시로 번역된 '이르'(Ir)는 일반인들이 사는 성읍이 아니라, 성채와 군사 요새 같은 곳을 말한다. 이곳들은 성벽으로 둘러싸여 있는 곳으로 일반인들이 거주하는 곳은 아니었다. 여리고성과 아이성은 민간인이 사는 마을이 아니라 군사 요새에 해당된다. 또한 여리고성과 아이성의 '왕'으로 표현되는 히브리어 '멜렉'(melek)은 군사행정관을 뜻할 수도 있다.

이 점에서 이스라엘 민족이 여리고성을 공격하게 된 이유는 팔레스타인 지역의 중요한 지점에 있는 특수한 군사 요새였기 때문이라는 것을 알 수 있다. 즉 여리고성 전투는 군사 요새를 공격하는 전쟁이었다. 또한 여호수아 10-11장의 남부 연합군과의 전쟁이나 북부 연합군과의 전쟁 역시 가나안 부족들의 연합군이 먼저 공격해 왔고, 이스라엘은 그에 대한 방어 성격을 띤 전쟁을 수행했다. 이스라엘이 싸우지 않으면 전멸당할 수도 있는 위험한 상황이었다.

특별히 '살아 숨 쉬는 모든 것을 다 죽이라'는 진멸 명령은 가나안 땅 전체 모든 성읍에 적용된 적은 없다. 히브리어 '이르'는 일반 민간인이 거주하는 성읍과 군인들이 거주하는 요새, 둘 다 의미한다. '이르'를 요새와 성읍으로 구분하지 않고 '성읍'으로 번역했기 때문에 그런 오해가 더 깊어졌다고 본다.[14]

여리고성은 일반적인 성읍이 아니라, 특수한 군사 요새이다. 여리고성의 왕은 일반적인 도시국가의 왕이 아니라, 방위를 위임받은 군대의 사령관일 것이다. 고고학적 발굴 결과를 토대로 할 때에, 여리고성은 이중 성벽으로 구성된 요새이다. 여리고성의 외벽은 5미터 정도 높이의 옹벽 위에 두께 2미터, 높이 7미터의 진흙 벽돌 벽으로 세워졌다. 외벽의 높이는 옹벽까지 고려하면 약 12미터 정도가 된다. 내벽은 지상 14미터 정도 높이의 둑 위에 다시 세워졌다. 여리고성은 난공불락의 구조를 가진 이중 성벽으로 된 요새이며, 내벽 안의 넓이는 대략 6에이커, 내벽과 외벽 사이는 3에이커로 약 1,200-1,800명 정도의 군인들이 거주했다고 추정할 수 있다. 헤렘(진멸) 명령은 가나안 전 지역의 모든 거주민에게 적용된 것이 아니라, 여리고성, 아이성, 하솔성 등 몇몇 군사 요새에만 제한적으로 적용되었을 뿐이다.

둘째, 가나안 정복 전쟁은 이른바 '여호와의 전쟁', 즉 종교적 목적을 위해 수행되었다는 것을 기억해야 한다. 여호수아의 리더십 아래에서 이스라엘이 요단강을 기적으로 건너자 가나안에 살던 부족들은 용기를 잃게 되었다. 여호수아 5장은 라합의 진술을 통해서 이런 사실을 잘 기록하고 있다.

"요단 서쪽의 아모리 사람의 모든 왕들과 해변의 가나안 사람의 모든 왕들이 여호와께서 요단 물을 이스라엘 자손들 앞에서 말리시고 우리를 건너게 하셨음을 듣고 마음이 녹았고 이스라엘 자손들 때문에 정신을 잃었더라"(수 5:1).

라합의 진술은 이스라엘 군대가 요단강을 건너왔을 때, 여리고성 민간인들은 두려움으로 가득했다는 것이다. 단지 여리고성의 군인들은 전투 태세에 들어갔다. 여리고성은 이스라엘 자손을 막으려고 굳게 닫혀 있었고, 출입하는 사람이 없었다(수 6:1). 하나님은 여리고성 전투를 승리로 이끌기 위해서 매우 특별한 명령을 내리신다. 먼저 이스라엘의 출애굽 2세대 남자들에게 할례를 받으라고 하셨다.

"그때에 주님께서 여호수아에게 말씀하셨다. '너는 돌칼을 만들어, 이스라엘 자손에게 다시 할례를 베풀어라'"(수 5:2, 새번역).

가나안 정복 전쟁의 목적이 단순히 전쟁에서 이기는 것이라면 할례는 불필요하다. 오히려 할례를 받은 직후에는 군인들의 육체적인 힘이 약해진다. '할례 의식'은 여리고성 전투가 하나님이 명령하신 '거룩한 전쟁', 즉 성전(聖戰)임을 보여 주는 종교의식으로 행해졌다. 그런 후에, 하나님은 이스라엘에게 일주일 동안 여리고성을 에워싸고 돌게 하는 명령을 주신다.

"여호와께서 여호수아에게 이르시되 보라 내가 여리고와 그 왕과 용사들을 네 손에 넘겨 주었으니 너희 모든 군사는 그 성을 둘러 성 주위를 매일 한 번씩 돌되 엿새 동안을 그리하라 제사장 일곱은 일곱 양각 나팔을 잡고 언약궤 앞에서 나아갈 것이요 일곱째 날에는 그 성을 일곱 번 돌며 그 제사장들은 나팔을 불 것이며 제사장들이 양각 나팔을 길게 불어 그 나팔 소리가 너희에게 들릴 때에는 백성은 다 큰 소리로 외쳐 부를 것이라 그리하면 그 성벽이 무너져 내리리니 백성은 각기 앞으로 올라갈지니라 하시매"(수 6:2-5).

구약성서학자들은 가나안 정복 전쟁이 실제로 이루어진 전쟁인지 여부에 대해 서로 다른 견해를 내세운다.[15] 어떤 구약학자들은 고고학적 발굴을 토대로 여리고 정복 전쟁을 완전한 허구적 이야기로 보고, 헤렘법은 요시야왕의 개혁이라는 맥락에서 해석되어야 한다고 주장한다. 그러나 이스라엘 역사의 권위자인 존 브라이트(John Bright)에 의하면, 팔레스타인 거주민들이 모두 전멸당한 것은 아니지만, 가나안 정복 전쟁 자체는 허구가 아니라 역사적 사실이라고 본다.[16]

진멸 전쟁은 이스라엘과 전쟁을 벌이거나 끝까지 싸운 가나안 지역의 군사 요새들에만 적용된다. 여호수아는 가나안 정복 전쟁의 성패를 좌우할 큰 전투를 여러 차례 치렀고 승리했다. 가나안 지역의 도시국가들의 연합군을 상대로 승리를 거두었다. 그리고 군사 요새인 여리고성, 아이성, 하솔성들을 함락하여 재로 만들어 버렸다. 그러나 그 이외의 성읍은 진멸이 아니라 쫓아냄의 원칙이 적용되었다. 가나안 땅에 거주하던 족속들 중에서 기브온 부족은 이스라엘과 협약을 맺어서 살아남았다. 그러나 이스라엘은 이방 민족을 쫓아내지 않고 공존했으며, 하나님께 그 땅을 봉헌한다는 의미의 '헤렘'을 완결 짓지 못하고 가나안 종교에 영향을 받기 시작했다. 가나안의 다른 부족들은 그 땅에 그대로 남아서 이스라엘의 영적인 타락을 이끌었다.

결론: 헤렘 선생에 대한 종합석 이해

이제 "구약의 하나님은 잔인한 전쟁광인가?"라는 처음에 제기한 질문에 대해 답변을 해야 할 때가 되었다. '헤렘'을 올바르게 하려면 가나안 정복 전쟁에 나타난 네 가지 전쟁 패턴(교전 없는 통과, 화친 조약, 쫓아냄, 진멸[헤렘])을 종합적으로 고려해야 한다. 데이비드 하워드(David Howard)에 의하면, 진멸(헤렘)은 몇몇 도시에 이루어진, 제한된 경우에만 해당되는 것이다. 구약성경의 하나님은 이방 민족을 언제나 어디서나 잔인하게 살인하라는 일반 명령을 내리신 적이 없다.[17]

헤렘은 이슬람교의 지하드와는 다르다. 꾸란은 이교도에 대한 참수 명령을 언제나 어디서나 집행해야 하는 일반 명령으로 내리지만, 헤렘은 약속의 땅을 정복하던 과정에서 몇몇 군사 요새와 이스라엘을 늘 괴롭혀 왔던 가나안 족속, 특히 아말렉 족속에만 적용된다. 그리고 가나안 땅을 차지하는 과정에서 '쫓아냄'과 '헤렘'(진멸) 명령은 가나안 족속의 패역함과 타락에 대한 하나님의 공의로운 심판이었다. 여호수아의 리더십 아래에서 이스라엘은 여호와 하나님을 섬기는 신정국가로 기틀을 잡고 나라의 근본이 형성되는 중요한 시기였다. 헤렘은 신정국가의 성립과 이스라엘의 신앙의 순결성을 확립하기 위한 특별한 '종교적' 명령이었다. 구약성경 전체는 당시의 문화와는 달리 모든 이방인과 나그네를 선대할 것을 명령하고 있다.

가나안 정복 전쟁에 대해 다음 여섯 가지 결론을 내릴 수 있다.

첫째, 구약의 하나님은 이스라엘만을 편애하는 부족 신이 아니다

구약의 하나님은 구약성경의 특정 구절이 아니라, 구약 전체를 통해서 이해해야 한다. 구약성경이 말하는 하나님은 이스라엘만의 하나님이 아니라, 이방인을 포함한 세계 만민의 하나님이시다. 가령 이사야 19장 25절을 보면, 하나님은 이집트와 앗수르를 향하여 '나의 백성', '나의 손으로 지은 자들'이라고 말씀하신다. 반면에 선민사상을 가진 이스라엘에게 "너희는 내 백성이 아니요 나는 너희 하나님이 되지 아니할 것임"(호 1:9)을 경고하신다. 또한 여호와 하나님은 이방 국가 모압이 멸망할 때 슬퍼 우셨으며(렘 48:31), 요나 선지자의 국수주의(國粹主義)를 책망하시기도 한다. 하나님은 요나에게 "하물며 이 큰 성읍 니느웨에는 좌우를 분변하지 못하는 자가 십이만여 명이요 가축도 많이 있나니 내가 어찌 아끼지 아니하겠느냐"(욘 4:11)라고 말씀하셨다.

하나님은 이스라엘 민족을 선택하셨지만 이스라엘의 죄를 눈감아 주지는 않으셨다. 이스라엘이라도 하나님의 말씀에 순종하지 못하면 진멸당할 수 있다. 여리고성에 살던 라합의 이야기와 니느웨성에 하나님의 메시지를 전한 요나 선지자의 이야기는 '하나님은 이방인을 동일하게 사랑하신다'는 것을 잘 보여 준다. 이방인이라도 하나님의 말씀에 순종하면 산다. 가나안 족속을 '진멸하라'는 명령에 대해 하나님이 히브리 민족만을 편애하시기 때문이라는 오해는 가나안 정복 전쟁의 네 가지 유형을 구분하지 못한 데서 비롯된 것이다.

하나님이 아브라함을 선택하여 부르신 목적도 '땅의 모든 족속'으로 복을 받게 하기 위한 것, 즉 창세기 10장에 언급된 당시의 약 70개의 민족들에게 복 주시기 위함이다. 바울은 갈라디아서 3장 8절에서 이 과정과 메시지를 '복음'이라고 불렀다.

"또 하나님이 이방을 믿음으로 말미암아 의로 정하실 것을 성경이 미리 알고 먼저 아브라함에게 복음을 전하되 모든 이방인이 너로 말미암아 복을 받으리라 하였느니라"(갈 3:8).

하나님은 이방인의 역사에도 간섭하신다. 하나님은 이스라엘을 이집트에서 인도하신 것처럼, 블레셋 사람을 갑돌(Crete)에서, 구스 사람을 기르(Kir)에서 인도하셨다(암 9:7). 하나님은 구약성경에서 나그네 된 이방인들을 사랑해야 한다고 하셨다. 하나님은 다른 민족도 사랑하시며, 하나님의 집은 단지 이스라엘의 집이 아니라, 만민의 기도하는 집이기 때문이다(사 56:7). 솔로몬은 성전을 봉헌할 때, "이방인이 주께 부르짖는 대로 이루사 땅의 만민이 주의 이름을 알고 주의 백성 이스라엘처럼 경외하게 하시오며"(왕상 8:43)라고 기도했다.

하나님은 이스라엘만을 편애하신 것이 아니라, 하나님을 경외하는 자를 사랑하시며, 죄악을 끝까지 뉘우치지 않는 자를 심판하신다. 하나님이 이스라엘만을 편애하셨다면 주전 722년경에 어찌 이스라엘 왕국이 앗수르에 의해서 멸망당하고, 주전 586년경에 유대 왕국이 바벨론에 의해 공격을 받아 나라를 잃고 포로로 끌려가게 하셨겠는가? 하나님께 선택받은 이스라엘과 유다 왕국이 멸망한 것만 보아도 하나님이 그들을 편애하시는 부족신이 아니라는 것을 명확하게 알 수 있다.

둘째, 하나님은 죄에 대해 공정하게 심판하신다

하나님의 정의는 하나님 자신이 그 율법과 일치되게 행하신다는 것을 말한다. 그분의 정의는 공적인 의로우심이다. 하나님의 공의는 율법을 집행하고 죄를 처벌할 때에도 공정하다는 것을 의미한다. 하나님의 공의의 성품은 이스라엘의 죄는 눈감아 주고 가나안 족속의 죄만을 심판하는 부당한 편애를 갖지 않는다. 하나님의 공의는 이스라엘 민족과 가나안 민족을 동일한 기준으로 심판한다. 가나안 부족들을 심판하신 이유는 신명기에 분명히 제시되어 있다.

> "네가 가서 그 땅을 차지함은 네 공의로 말미암음도 아니며 네 마음이 정직함으로 말미암음도 아니요 **이 민족들이 악함으로 말미암아** 네 하나님 여호와께서 그들을 네 앞에서 쫓아내심이라 여호와께서 이같이 하심은 네 조상 아브라함과 이삭과 야곱에게 하신 맹세를 이루려 하심이니라"(신 9:5).

공의로운 하나님은 가증한 죄가 가득해지는 것을 용납하지 않으신다. 역사가들에 의하면, 로마나 폼페이의 멸망도 사회 내부의 죄와 도덕의 붕괴에 그 원인이 있다. 가나안 족속들은 근친상간, 인신공양(레 18:21), 동성애, 수간 및 온갖 종류의 가증한 악(레 18:23-24, 20:3)을 자행했다. 그래서 성경은 몸 안에 독소나 상한 음식이 들어오면 몸이 토해 내듯이 가나안 땅이 그 부족들을 토해 내기 시작했다고 말한다(레 18:25, 27-30). 결국 가나안 민족들의 진멸이나 쫓겨남의 이유는 그들의 죄악이 불러온 하나님의 심판 때문이었다. 하나님은 레위기에서 이스라엘 백성이 가나안 족속들의 범죄를 모방하여 범죄를 저지르지 말라는 교훈을 다음과 같이 주신다.

"너희는 이 모든 일로 스스로 더럽히지 말라 내가 너희 앞에서 쫓아내는 족속들이 이 모든 일로 말미암아 더러워졌고 그 땅도 더러워졌으므로 **내가 그 악으로 말미암아 벌하고 그 땅도 스스로 그 주민을 토하여 내느니라** 그러므로 너희 곧 너희의 동족이나 혹은 너희 중에 거류하는 거류민이나 내 규례와 내 법도를 지키고 이런 가증한 일의 하나라도 행하지 말라 너희 전에 있던 그 땅 주민이 이 모든 가증한 일을 행하였고 그 땅도 더러워졌느니라 너희도 더럽히면 그 땅이 너희가 있기 전 주민을 토함같이 너희를 토할까 하노라 이 가증한 모든 일을 행하는 자는 그 백성 중에서 끊어지리라 그러므로 너희는 내 명령을 지키고 너희가 들어가기 전에 행하던 가증한 풍속을 하나라도 따름으로 스스로 더럽히지 말라 나는 너희의 하나님 여호와이니라"(레 18:24-30).

성경에 기록된 내용을 참고하면, 당시 가나안 부족들의 죄악은 끔찍했다. 하나님은 그들에게 악행을 돌이킬 수 있는 기회를 400여 년이나 주셨다. 하나님이 아브라함 자신이 아니라, 그의 4대손이 이 땅을 차지할 것을 말씀하신 이유는 그때까지 아모리 족속의 죄악이 아직 가득 차지 않았기 때문이었다. 하나님은 여리고 성민들이 이스라엘 사람들이 아니라는 이유만으로 그냥 죽이라는 명령을 내리신 것이 아니라, 이미 그들의 죄악이 극에 달하기까지는 참으셨던 것을 알 수 있다.

하나님이 이미 가나안 사람들에게 회개하고 변화될 수 있는 충분한 유예기간과 경고의 시간을 주셨다면, 끝까지 돌이키지 않은 가나안 부족들이 응당 책임을 져야 하는 것은 아닐까? 가령, 잔학한 살인범이 체포되어 형벌을 받는다면, 그가 저지른 죗값을 당연하게 받은 것이지, 재판관이나 형 집행관을 자비가 없다고 비판할 수 없는 것과 마찬가지이다.

셋째, 진멸 전쟁은 절대 주권을 가지신 하나님의 명령이었다

창조주 하나님은 생명을 주거나 도로 취하실 권리가 있다. 마치 토기장이가 토기에 대한 절대적인 권리를 가지고 있는 것처럼 말이다. 여호수아의 군대는 하나님의 공의로운 명령을 준행했을 뿐이다. 여리고성을 비롯해서 가나안 부족들이 심판을 받은 이유는 자신들의 죄악 때문이었고, 공의를 행하시는 하나님은 민족들의 죄를 심판하신다.

사울왕은 사무엘 선지자를 통해 아말렉 족속을 진멸하라는 하나님의 명령을 받았다. 사무엘은 사울왕에게 "지금 가서 아말렉을 쳐서 그들의 모든 소유를 남기지 말고 진멸하되 남녀와 소아와 젖 먹는 아이와 우양과 낙타와 나귀를 죽이라 하셨나이다"(삼상 15:3)라며 하나님의 명령을 전한다.

노먼 가이슬러(Norman L. Geisler)에 의하면, 이 사건은 오히려 하나님의 거룩한 속성을 보여 준다. 아말렉 족속은 이미 완전하게 부패한 족속이었다. 그리고 그들은 출애굽 때부터 이스라엘 종족을 말살하려고 시도한 민족이다. 그들은 이스라엘 백성의 후미로 처지는 노약자와 장애인과 힘없는 자들을 비겁하게 죽이곤 했다. 아말렉에 대한 진멸 명령은 그들의 죄로 인하여 주어진 것이다. 아말렉의 진멸 명령도 완전하게 성취되지 않고 부분적으로 이루어졌다.[18] 죄가 심판을 부른다. 여리고성과 아말렉에 대한 진멸 명령을 불의하다고 비판하는 것은 공의로운 하나님의 절대 주권에 의문을 제기하는 것과 마찬가지이다. 가나안 지역의 부족들은 무죄한 사람들이 아니다. 하나님이 가나안 족속들을 구제 불능 또는 치료 불능으로 판단하셨다면, 누가 심판하시는 하나님의 주권을 비난할 수 있는가? 바울은 이렇게 말한다.

"이 사람아 네가 누구이기에 감히 하나님께 반문하느냐 지음을 받은 물건이 지은 자에게 어찌 나를 이같이 만들었느냐 말하겠느냐 **토기장이가 진흙 한 덩이로 하나는 귀히 쓸 그릇을, 하나는 천히 쓸 그릇을 만들 권한이 없느냐** 만일 하나님이 그의 진노를 보이시고 그의 능력을 알게 하고자 하사 멸하기로 준비된 진노의 그릇을 오래 참으심으로 관용하시고 또한 영광 받기로 예비하신 바 긍휼의 그릇에 대하여 그 영광의 풍성함을 알게 하고자 하셨을지라도 무슨 말을 하리요"(롬 9:20-23).

하나님의 공의는 죄를 묵과하지 않는다. 종교개혁가 장 칼뱅(Jean Calvin)은 임종 직전에 여호수아서 주석을 완성했다. 그 주석에서 칼뱅은 여리고성의 멸망을 하나님의 공의의 관점으로 보아야 한다고 말했다. 그는 "만일 이것이 하나님의 명령으로 시행된 것이 아니라면 비인간적인 학살이었을 것"이라고 말했다. 그러나 인간의 생사와 역사를 주관하시는 '하나님의 공의'라는 관점으로 명령하신 것이라면 헤렘 전쟁에 대한 모든 논쟁은 종결된다고 단언했다.

넷째, 진멸 전쟁은 구속사의 관점에서 보아야 한다

가나안 정복 전쟁에서 나온 '진멸하라'와 '쫓아내라'는 명령은 구속사의 관점에서 이해되어야 한다. 신명기는 종교혼합주의를 경계하면서 "그들이 그들의 신을 섬기는 온갖 역겨운 일을 당신들에게 가르쳐서, 당신들이 주 당신들의 하나님께 죄를 짓게 할 것"(신 20:18, 새번역)이라고 경고하고 있다. 다시 말하면, 가나안 족속을 진멸하라는 명령의 궁극적인 목적은 이스라엘이 종교적으로 타락하지 않게 하는 것이라고 분명히 말하고 있다(신 20:16-18). 종교적 순수성을 지키는 목적은 당시 신정국가 체제 아래에서 이스라엘 민족의 정체성을 지키는 것과 같다. 이스라엘은 하나님의 계시(율법)를 후대에 전달해야 하며, 만민을 위한 제사장 국가로서 사명을 가지고 있기 때문에 이런 종교적 순수성을 하나님이 요구하셨다고 본다. 그래서 세상 역사가 아닌, 구속사(구원의 역사)의 큰 틀에서 이 문제를 바라보아야 한다.

하나님은 인류 구원의 역사를 이루어 가기 위해서 일부를 절단해야 하는 아픔을 무릅쓰고 선을 행하시는 것이다. 그것은 마치 외과 의사가 환자를 살리기 위해서 도려내야 할 부위를 거침없이 절단하는 것과 같다. 가나안 족속들의 전멸은 '~하지 않는다면'이라는 조건절의 영향을 받는다. 다시 말하면, 하나님이 그들에게 악한 길에서 돌이킬 시간을 주셨을 때, 그들이 회개하면 파멸의 재앙은 임하지 않았을 것이다. 사실 가나안 족속은 출애굽 사건과 모세의 인도 아래 있던 40년 동안 하나님이 행하신 일들에 대한 소식을 듣고 알고 있었다. 그럼에도 불구하고 여리고성의 거주자(군인과 민간인 포함) 중에는 라합의 가족 이외에는 하나님께로 돌아온 사람이 없었다. 하나님은 가나안 족속들의 죄악의 잔이 다 차도록 기다리셨으며, 충분히 오래 참으시고, 충분한 기회를 주셨다.

다시 말하면, 하나님이 이스라엘을 선택하신 이유는 그들을 제사장 국가로 세우셨기 때문이다. 이스라엘은 하나님의 계시를 받아 보존할 사명이 있으며, 유다 지파를 통해서 메시아가 오셔야 한다. 따라서 하나님은 이스라엘이 가나안 종교와 섞이지 않고 순결하게 보존되기를 원하셨다. 하나님의 구속사가 진행되는 과정에서 가나안의 종교를 배제하는 '헤렘과 쫓아냄'의 전쟁 원칙을 이해할 필요가 있다.

다섯째, 여호와의 전쟁이라는 관점을 이해해야 한다

요단강 동편 약속의 땅에서 벌어진 진멸 전쟁은 여호와의 전쟁(the war of YHWH)이라는 관점에서 이해되어야 한다. '여호와의 전쟁'이라는 말이 성립되려면 적들은 '이스라엘의 적인 동시에 하나님의 적'이어야 한다.[19] 여호와의 전쟁은 여호와가 직접 주관하시는 전쟁을 말한다.

구약의 헤렘 전쟁은 윤리적인 관점으로 읽어서는 안 되고, 여호와 하나님이 수행하시는 전쟁(여호와의 전쟁)이라는 관점에서 이해해야 한다. 헤렘 전쟁의 목적은 유일신 하나님을 경외하는 신앙의 순수성을 지키기 위한 것이다. 여호수아서에서도 신명기처럼 가나안 부족들은 완전한 진멸을 당한 것처럼 묘사되기도 한다. 이 전쟁은 '여호와의 전쟁'이다. 가령, 모세는 "너희는 두려워하지 말고 가만히 서서 여호와께서 오늘 너희를 위하여 행하시는 구원을 보라 … 여호와께서 너희를 위하여 싸우시리니 너희는 가만히 있을지니라"(출 14:13-14)고 말한다. 이것은 만군의 하나님 여호와가 직접 참여하고 싸우시는 '여호와의 전쟁'이라는 것을 분명하게 보여 준다. 여리고성 점령 과정에서도 여호와 하나님은 여호수아에게 "보라 내가 여리고와 그 왕과 용사들을 네 손에 넘겨 주었으니"(수 6:2)라는 승리의 약속을 주셨다.

진멸(헤렘)이라는 강력한 명령에는 가나안의 바알주의를 조금도 용납하지 않으려는 신명기적 신앙관이 반영되었다. 헤렘은 거룩의 개념을 이스라엘 공동체에 구현하기 위한 목적으로 수행된 것이다. 다시 말하면, 헤렘법은 여호와 하나님을 섬기는 신앙을 파괴하는 이방 종교의 영향력을 제거함으로써 메시아를 기다리는 이스라엘의 신앙 공동체성을 확고하게 세워 나갈 목적으로 주어졌다.

여섯째, 진멸 기록은 당시의 전승 표현 방식이다

헤렘 명령은 약 3,400년 전에 있었던 '승리 표현' 방식으로 이해해야 한다. '역사 기록 방식'은 전쟁에서의 승리를 사실 그대로 기록하는 것에 초점을 맞추는 반면에, '신앙 기록 방식'은 전쟁의 목적을 강조한다. '헤렘 명령'은 주로 신명기에 반영되어 있다. 이것은 '진멸하라'는 명령을 '역사 기록'으로 읽지 말고, 신앙적인 관점에서 읽어야 한다는 것을 뜻한다.

필자가 반복해서 말하는 것처럼, 여호수아 당시에 그리고 사사 시대에도 가나안 족속은 박멸된 적이 없다. 하나님은 모세와 여호수아에게 '진멸'과 '쫓아냄'을 함께 명령하셨다. 믿음의 사람 갈렙도 모세 시대에 받은 명령이 '쫓아냄의 전쟁'이었다고 회고한다. 따라서 '가나안 모든 부족을 진멸했다' 또는 '모조리 쫓아냈다'는 표현을 그 시대의 통속적인 용례, 즉 전쟁 승리를 기록하는 일반적인 수사법으로 해석할 필요가 있다. 이런 해석이 본문의 의미와 상충하지 않는다.

고대 근동의 역사 서술 방식을 살펴보면 '완전히 진멸했다'는 소멸의 언어를 사용한다. 가령 앗수르의 왕 산헤립은 "나는 위험한 적들인 히림메(Hirimme)의 군사들을 칼로 베어 넘어뜨렸다. 한 명도 달아나지 못했다"라는 과장된 표현을 사용했고, 이집트의 투트모세 3세도 "미탄니(Mitanni)의 수많은 군대를 완전히 소멸했다"라는 과장법적 표현으로 자신의 승리를 기록하고 있다. 그러나 기록에 의하면 실제로 적군을 다 죽인 것은 아니었다. 여전히 그들의 적군은 살아남아 싸우고 있었다.

여호수아서를 주의 깊게 읽어 보라. 가나안 부족들이 다 진멸되었다는 표현에도 불구하고 여전히 그들이 이스라엘과 함께 살고 있었다는 것을 알 수 있다. 고대 근동 제국들이 전쟁의 승리를 과장해서 표현했다는 것을 감안해야 한다. 여호수아서도 당대의 사람들이 이해하는 방식으로 기록되었을 것이다. 가나안 부족들은 부분적으로 '진멸'되었고, 부분적으로 '쫓겨났을' 것이다. 가나안의 모든 부족이 한날한시에 대량 학살을 당한 것은 아니다. 그래서 필자는 '여호수아가 하나님의 말씀대로 가나안 정복 전쟁을 승리로 이끌었다'는 전승 보고를 '다 진멸했다' 혹은 '다 쫓아냈다'는 당시에 사용되던 수사적 표현으로 간주하는 것이 좋다고 본다.

다시 생각해 보기:
'쫓아냄'과 '헤렘'의 전쟁 패턴이 왜 완벽히 수행되지 않았을까?

성경을 보면, 여호수아가 생존한 당대에도 그리고 여호수아를 수행하던 장로들이 살아 있던 그다음 시대에도 '진멸'과 '쫓아냄'의 명령은 완전하게 수행된 적이 없다는 것을 알 수 있다. 구약성경에서 '진멸'(헤렘)이라는 단어는 약 50회 정도 사용된다. 하나님이 반복해서 '진멸'을 명령하셨기에, 이스라엘은 몇몇 도성에서 진멸 전쟁을 수행했다. 그러나 이스라엘은 가나안 정복 전쟁에서 그 뜻을 군사적인 차원에서나 종교적인 차원에서 완전하게 이루지 못했다. 여리고성에서는 라합 가족이 살아남았다. 여호수아가 하솔성 왕을 죽이고 그 성읍을 불살랐다고 여호수아서는 기록하고 있다.

"하솔은 본래 그 모든 나라의 머리였더니 그때에 여호수아가 돌아와서 하솔을 취하고 그 왕을 칼날로 쳐죽이고 그 가운데 모든 사람을 칼날로 쳐서 진멸하여 호흡이 있는 자는 **하나도 남기지 아니하였고** 또 하솔을 불로 살랐고"(수 11:10-11).

그러나 사사기는 이렇게 말한다.

"여호와께서 하솔에서 통치하는 **가나안 왕 야빈의 손에 그들을 파셨으니 그의 군대 장관은 하로셋 학고임에 거주하는 시스라요 야빈왕은 철병거 구백 대가** 있어 이십 년 동안 이스라엘 자손을 심히 학대했으므로 이스라엘 자손이 여호와께 부르짖었더라"(삿 4:2-3).

불과 한 세대가 지나지 않아서 가나안 왕 야빈(하솔성 왕의 후예로 추정되는 사람)

이 철병거 구백 대를 가졌다고 나온다. 이것은 여호수아가 하솔성 전투에서 크게 이겼고, 당시 하솔성 왕도 죽였지만, 하솔성의 왕족들과 백성들이 완전하게 박멸되었다는 것을 의미하지는 않는다. 그 성읍 사람들은 많이 살아남았다. 또한 가나안 부족을 다 쫓아내야 한다는 '쫓아냄의 명령'도 철두철미하게 수행하지 않았다. 여호수아는 세상을 떠날 때가 되었을 즈음, 이스라엘 백성에게 다음과 같은 마지막 메시지를 남긴다.

"너희 중에 남아 있는 이 민족들 중에 들어가지 말라 그들의 신들의 이름을 부르지 말라 그것들을 가리켜 맹세하지 말라 또 그것을 섬겨서 그것들에게 절하지 말라"(수 23:7).

여호수아의 말년에 이스라엘은 이미 가나안 부족들과 공존하고 있었기 때문이다. 이스라엘 백성 사이에 남아 있던 가나안 부족들은 어떤 역할을 했을까?

"그러므로 이스라엘 자손은 가나안 족속과 헷 족속과 아모리 족속과 브리스 족속과 히위 족속과 여부스 족속 가운데에 거주하면서 그들의 딸들을 맞아 아내로 삼으며 자기 딸들을 그들의 아들들에게 주고 또 그들의 신들을 섬겼더라 이스라엘 자손이 여호와의 목전에 악을 행하여 자기들의 하나님 여호와를 잊어버리고 바알들과 아세라들을 섬긴지라"(삿 3:5-7).

역대기의 기록을 보아도, 가나안 부족들과 이스라엘 민족은 공존했으며, 솔로몬은 가나안 부족들을 강제노역에 동원했다.

"이스라엘이 아닌 헷 족속과 아모리 족속과 브리스 족속과 히위 족속과 여부스 족속의 남아 있는 모든 자 곧 이스라엘 자손이 다 멸하지 않았으므로 그 땅에 남아 있는 그들의 자손들을 솔로몬이 역군으로 삼아 오늘에 이르렀으되"(대하 8:7-8).

이스라엘이 가나안 부족들을 '진멸하지도 못하고 쫓아내지도 못한 이유'는 무엇일까? 이스라엘은 여호수아의 리더십 아래 가나안 정복 전쟁에서 승리를 거두었다. 전쟁의 승리는 이스라엘의 삶에 다방면으로 획기적인 변화를 겪게 했을 것이다.

첫째로, 그들은 유목 생활 대신에 도시 생활과 농경문화 속에서 살게 되었다. 또한 그들은 성읍과 성벽을 건축할 수 있는 건축 기술, 농경문화에서 풍년을 가져올 농사짓는 기술이 필요했을 것이다. 이집트 지역과 그리스 지역의 건축술은 기원전의 과거에서도, 현대인들이 생각해도 놀라울 정도이다. 요단강 동편에 있었던 아모리 왕국은 하늘 높이 솟은 성벽을 가지고 있었다. 이스라엘의 주거, 성벽 건설을 위해서 그런 기술을 가진 이들이 필요했던 것으로 보인다.

둘째로, 가나안 족속들은 오랫동안 농사를 지었다. 그들은 농사에 필요한 비를 내려 준다는 바알과 그의 배우자 아세라 신을 섬겨서 풍년을 기원하고 가축들의 수가 많아지게 하는 **종교** 제의를 행했다. 이스라엘 사람들도 가나안의 바알과 아세라를 섬기는 의식에 점차 합류했을 가능성이 높다. 그래서 여호수아는 지파의 지도자들에게 혼합주의 종교를 경계하고 여호와 하나님만 섬기는 온전한 신앙을 지키도록 요구하며 결단을 촉구했던 것이다.

"만일 여호와를 섬기는 것이 너희에게 좋지 않게 보이거든 너희 조상들이 강 저쪽에서 섬기던 신들이든지 또는 너희가 거주하는 땅에 있는 아모리 족속의 신들이든지 **너희가 섬길 자를 오늘 택하라** 오직 나와 내 집은 여호와를 섬기겠노라 하니"(수 24:15).

이스라엘 사람들은 가나안에 정착한 후 현지인의 가나안 종교와 문화에 조금씩 동화되어 갔다. 그들은 바알과 아세라를 통해서 농경사회의 풍요로운 수확과 번영을 원했다. 가나안 종교는 기우제를 빌미로 집단 혼음을 통해 육체의 향락을 추구했다. 이것은 결국 이스라엘의 영적인 간음과 도덕적 타락으로 이어졌다. 마침내 이스라엘은 제사장 국가로서 지녀야 할 거룩함을 상실하고 말았다. 이런 상황을 예상이라도 한 것일까? 여호수아는 세겜에서 언약을 맺은 후에 이스라엘 민족의 미래에 대한 예언적인 메시지를 남겼다.

> "만일 너희가 여호와를 버리고 이방 신들을 섬기면 너희에게 복을 내리신 후에라도 돌이켜 너희에게 재앙을 내리시고 너희를 멸하시리라 하니"(수 24:20).

이 경고대로, 하나님은 이스라엘의 역사에 무서운 심판을 내리셨다. 솔로몬 사후에 북부 이스라엘 왕국은 여호와 하나님만 섬기는 신앙을 버리고, 하나님과 이방 신을 함께 섬기는 혼합적 종교 문화를 이뤘다.

> "그들의 하나님 여호와의 모든 명령을 버리고 자기들을 위하여 두 송아지 형상을 부어 만들고 또 아세라 목상을 만들고 하늘의 일월 성신을 경배하며 또 바알을 섬기고 또 자기 자녀를 불 가운데로 지나가게 하며 복술과 사술을 행하고 스스로 팔려 여호와 보시기에 악을 행하여 그를 격노하게 하였으므로 여호와께서 이스라엘에게 심히 노하사 그들을 그의 앞에서 제거하시니 오직 유다 지파 외에는 남은 자가 없으니라"(왕하 17:16-18).

모세와 여호수아가 경고한 것처럼, 북부 이스라엘 왕국은 주전 722년경에 앗수르 제국의 왕 살만에셀 5세(Shalmaneser V)와 사르곤 2세(Sargon II)에 의해서 처참하게 파괴되어 열 지파의 흔적을 제대로 유지하지 못하게 되었다. 그리고 남부 유다 왕국도 영적인 타락과 도덕적인 타락이 극심했다. 열왕기하 23장을 보면, 유다 왕국이 멸망하기 직전에는 하나님의 성전 곁에도 바알과 아세라와 하늘의 일월성신을 섬기는 제단이 있었다(왕하 23:4). 결국 유다 왕국도 바벨론 제국에 의해서 주전 586년에 솔로몬 성전이 파괴되고 시드기야왕은 포로로 끌려가고 그의 왕자들은 죽임을 당했다. 그리고 남유다 왕국 사람들은 바벨론에 포로로 끌려가 70년이라는 포로기를 보내게 된다.

일찍이 이사야와 예레미야가 포로 귀환을 예언하고, 다니엘이 확증한 대로 바사의 황제 고레스(Cyrus)는 주전 538년에 귀환 명령을 내렸다. 1차 귀환에는 다윗 왕조의 후손이며 유다 지파의 지도자였던 스룹바벨을 따라 유대인 백성 4만 2,360명(총 5만 명 정도)이 돌아왔다. 주전 458년에는 에스라를 따라 유대 남자만 1,754명(여자와 아이를 합해 약 5천 명 정도)이 귀환했다. 그리고 주전 445년 느헤미야 총독은 소규모 인원을 이끌고 3차로 귀환해서 예루살렘으로 돌아왔다. 지혜로운 자는 역사를 통해서 배워야 한다. 느헤미야는 예루살렘에 총독으로 부임한 후, 이스라엘 사람들이 여전히 이방 사람들과 혼인하는 것을 보고 강렬한 분노를 표출한다. 느헤미야는 역사를 통해 교훈을 얻었기에, 왜 이스라엘이 망하게 되었는지를 간략하지만 분명한 어조로 다음과 같이 말한다.

"또 이르기를 옛적에 이스라엘 왕 솔로몬이 이 일로 범죄하지 아니하였느냐 그는 많은 나라 중에 비길 왕이 없이 하나님의 사랑을 입은 자라 하나님이 그를 왕으로 삼아 온 이스라엘을 다스리게 하셨으나 이방 여인이 그를 범죄하게 하였나니 너희가 이방 여인을 아내로 맞아 이 모든 큰 악을 행하여 우리 하나님께 범죄하는 것을 우리가 어찌 용납하겠느냐"(느 13:26-27).

다시 여호수아의 고별 설교를 들어 보자. 그는 정복 전쟁을 거의 완료한 후에, 만일 이스라엘이 가나안 부족을 쫓아내지 아니하고 종교적으로 혼합되면, 결국은 약속의 땅에서 멸망할 것이라고 경고한다.

"너희가 만일 돌아서서 너희 중에 남아 있는 이 민족들을 가까이하여 더불어 혼인하며 서로 왕래하면 확실히 알라 너희의 하나님 여호와께서 이 민족들을 너희 목전에서 다시는 쫓아내지 아니하시리니 그들이 너희에게 올무가 되며 덫이 되며 너희의 옆구리에 채찍이 되며 너희의 눈에 가시가 되어서 너희가 마침내 너희의 하나님 여호와께서 너희에게 주신 이 아름다운 땅에서 멸하리라"(수 23:12-13).

현대의 종교다원주의 시대를 살아가는 우리에게 여호수아의 권면은 중요한 교훈을 준다. 당시 이스라엘 사람들은 새로운 땅에서의 성공과 형통의 신화를 이루기 위해 가나안 종교문화와 타협했다. 우리도 성공과 번영을 위해 종교다원주의와 형통의 신학과 타협하고 있지는 않은가? 여호수아의 메시지는 분명하다. 하나님이 타락한 가나안 종교와 문화를 심판하신 것처럼, 이스라엘이 만약 가나안 종교와 문화를 따른다면 그들과 동일한 심판을 받게 될 것이다.

현대 한국 그리스도인의 의식을 살펴보면, 종교다원주의에 상당한 영향을 받고 있는 것으로 보인다. 민주주의 사회는 종교의 자유를 인정하고, 헌법은 모든 종교인이 평화적인 관계를 유지하고 타인의 종교의 자유를 존중하라고 말한다. 그렇지만 다른 종교와의 평화를 위한다는 명목으로, 그리스도인들이 오직 예수 그리스도를 통한 구원 교리를 포기하거나 종교다원주의와 타협하는 것은 절대로 용납되어서는 안 될 것이다.

4장

종교다원주의 비판 논증:
많은 종교가 있는데,
왜 예수만 믿어야 하나요?

세계 종교 현황과 종교다원주의 시대

　현대 사회는 많은 종교가 공존하고 있는 종교다원주의 시대이다. 인류의 역사와 문화를 들여다보면 종교가 아주 많이 있는데, 왜 기독교를 선택해야 하고, 왜 예수 그리스도 한 분만을 구세주로 믿어야 하는가?

　『종교대백과사전』(World Christian Encyclopedia)에 의하면 약 4,300개기 넘는 종교들이 있다. 리즌트대학교의 데이비드 바레트(David Barrett)와 토드 존슨(Todd M. Johnson) 교수의 연구에 의하면, 전 세계에 있는 종교의 숫자는 대략 1만 개 정도 된다.[1] 2025년도를 기준으로 현재 세계 인구는 약 82억 명으로 추산되며 그중에서 종교 인구는 약 72억 명 정도가 된다. 기독교 26억 3천만 명, 이슬람교 20억 3천만 명, 힌두교 11억 1천만 명, 불교 5억 3천만 명, 중국민속종교 4억 5천만 명 정도이다. 세계인구통계에서 주요 종교인 숫자를 비교해 보면, 기독교 32퍼센트, 이슬람교 24퍼센트, 힌두교 13퍼센트, 불교 6퍼센트를 차지한다.[2] 우리나라의 경우 2024년 조사에 의하면, 기독교

20퍼센트, 불교 17퍼센트, 천주교 11퍼센트, 기타 2퍼센트, 무종교 51퍼센트 비율을 보인다.

이렇게 많은 종교가 있다는 사실과 각기 다른 종교를 믿는 종교인들이 있다는 현실을 감안할 때, 어떤 하나의 특정한 종교가 자기 교리만 옳고 다른 종교들은 틀렸다고 주장하는 것이 편협하고 배타적으로 보일 수 있다. 더욱이 민주주의는 종교의 자유를 헌법적 기본권으로 인정하고 있으며, 다양한 종교를 선택할 권리와 자유를 완전히 보장한다.[3] 헌법이 보장하는 종교의 자유에 따라, 시민들은 어떤 종교를 선택하거나 배교를 해도 어떤 처벌도 받지 않는다. 여기서 되짚어 보아야 할 부분이 있다. 민주주의 국가의 헌법은 '다양한 종교를 보호하고 신앙의 자유를 보장한다'고 규정한다. 그러나 이 법규가 '모든 종교는 같은 신에 이르는 길이다'라는 '종교다원주의'의 주장을 지지하는 근거가 될 수는 없다.

기독교의 선한 영향력: 인간의 존엄성 보호에 기여하는 종교

무신론자들은 종교를 부정적으로 보거나 심지어 인류에게 해로운 것으로 비판하기도 한다. 스티븐 와인버그(Steven Weinberg)는 「뉴욕 타임스」에 "종교가 있든 없든 선한 사람은 선한 일을, 악한 사람은 악한 짓을 하는 법이다. 하지만 선한 사람이 악한 짓을 할 때에는 꼭 종교가 개입된다"고 말하며, 종교를 악과 폭력의 원인인 것처럼 묘사했다.[4] 무신론 생물학자 리처드 도킨스는 아예 사후 세계를 믿는 종교는 모든 사람을 살인 무기로 만들 수 있는 '종교 바이러스(밈)'라고 비판한다.

먼저 종교(宗敎)가 무엇인지 그 개념부터 정리해 보자. 우리가 흔히 사용하는 '종교'라는 단어는 무슨 뜻을 지니고 있는가? 본래 산스크리트어 '싯단타'

(Siddhanta, 확립된 교리)라는 말이 '종'(宗)으로 옮겨졌고, '데사나'(Desana, 설법)라는 단어에서 '교'(敎)라는 말로 옮겨졌다. 따라서 중국 불교에서 사용했던 '종교'라는 단어는 '근본이 되는 가르침'이란 뜻을 갖는다. 이것은 서구 사회에서 사용했던 'religion' 전체를 의미하는 단어는 아니다. 영어 단어 'religion'은 라틴어 're'와 'ligare'를 합한 단어로 '다시 묶다'라는 뜻을 가진다. 그래서 성 어거스틴은 '종교'라는 단어가 '하나님께로 다시 결합하는 것, 하나님께 대한 경외'를 의미한다고 말했다. 힌두교와 불교에서 말하는 '종교'(근본이 되는 가르침)의 의미와 기독교가 말하는 '종교'(하나님께로 다시 결합하는 것)의 의미는 서로 다르다.

앞에서 말한 무신론자들의 주장처럼 종교는 악한 것인가? 그럼, 기독교도 악한 종교인가? 미국과 한국의 건국과 발전 과정에서 드러난 기독교의 선한 영향력을 살펴보자.

『미국의 민주주의』라는 책을 지은 알렉시스 드 토크빌(Alexis de Tocqueville)은 1830년대에 미국을 방문해서, 미국이 짧은 기간 내에 강대국으로 발전하는 이유를 찾아보고자 했다. 토크빌은 정치학과 법학의 관점에서 미국의 발전 원인으로 광대한 영토, 군사력, 경제력, 인구 등을 꼽았다. 그러나 이 책에는 토크빌의 놀라운 통찰이 담겨 있다. 그는 미국이 유럽 국가들을 제치고 강대한 나라로 성장하는 가장 중요한 이유로 미국의 '민주주의 정치 시스템'과 '청교도 정신이 만드는 공동체의 유대감'을 들었다. 토크빌에 따르면, 청교도들의 신앙관이 미국이라는 신생 국가의 건국과 발전 과정에 지대한 영향을 끼쳤다. 스티븐 와인버그와 리처드 도킨스 같은 무신론자들이 '종교 무용론'을 주장하는 것은 그들이 역사를 제대로 파악하지 못하고 있으며 피상적인 수준에서 종교를 비판하고 있는 것임을 알 수 있다.

미국에서도 종교다원주의는 명백한 시대적 흐름이다. 청교도의 기독교 신앙관이 신대륙에서 미국이라는 신생 국가의 건국과 발전 과정에 큰 영향을 끼쳤다. 그럼에도 불구하고 미국을 건국한 국부들은 헌법을 만드는 첫 과정에서부터 '기독교 국가'를 수립하려는 목적을 갖고 있지 않았다. 오히려 미국 헌법은 종교의 자유를 지지하는 내용을 헌법에 새겼다. 미국 수정 헌법 제1조는 "미합중국 의회는 특정 종교를 옹호하거나 자유로운 종교 행위를 금지하는 … 법률을 제정할 수 없다"는 점을 명시하고 있다.

미국의 국부들은 정교 분리의 원칙이 '국가의 국가다움'과 '교회의 교회다움'을 지키는 최선의 방식이라고 보았다. '정교 분리'는 그리스도인과 교회가 세상일에 대해 침묵해야 한다는 뜻으로 오해해서는 안 된다. 표현의 자유를 가진 시민들은 자신들의 종교와 가치관을 자유롭게 말할 권리가 있다. 다만 국가가 특정한 종교와 가치관을 편애해서 다른 가치관과 종교를 억압하지 않아야 한다는 뜻일 뿐이다.

오늘날의 미국 문화를 보면, 청교도 정신은 점차 사라지고, 대신에 종교다원주의가 증가하는 경향이 나타나고 있다. 한 조사에 따르면, 미국인의 79퍼센트는 '모든 종교가 결국은 동일하다'는 종교다원주의를 수용했으며 '다른 종교를 믿어도 구원을 받을 수 있다'고 응답했다. 토크빌은 미국이 위대한 국가로 성장하는 이유를 청교도 정신의 확산에서 찾았으며, 만일 미국이 이러한 청교도적 정신을 상실하게 된다면, 그 위대함 또한 사라질 것이라는 역사학자로서의 통찰을 그의 저술에 담았다.

대한민국의 건국과 발전 과정을 살펴보면 미국의 경험과 유사하다는 것을 알 수 있다. 과거 일제 강점기에 지속된 대한의 독립운동과 그 이후 대한민국의 건국 과정에서 기독교 정신이 끼친 영향력은 참으로 대단했다. 독립선언문에 서명한 지도자 33명 중에 그리스도인이 16명이나 된다. 과거 임시정부 지도자들은 기독교 정신에 입각한 새로운 나라를 염두에 두었다고 한다. 1920년 1월에 발표한 조선총독부관보(朝鮮總督府官報)를 참고하면, 그 당시 교회는 총 2,883개이며, 교인 총수는 35만 5,114명으로 나와 있다.[5] 그렇지만 당시 기독교 인구가 매우 미약한 상황임에도 불구하고 김구, 김규식, 이승만 등 임시정부 지도자들은 독립 이후 건국의 기초가 기독교 신앙의 확립에 있어야 한다는 점을 여러 차례 강조했다.[6]

한국 기독교는 한국 전쟁 이후 세계 선교사에서 유례를 찾기 힘들 정도의 놀라운 성장과 부흥을 경험했다. 그렇지만 최근 실시한 한국 기독교인들의 의식 조사 보고서에 의하면, 기독교의 독특한 교리(오직 예수를 통한 구원과 부활, 지옥 심판 등)에 대한 믿음은 약화되는 대신에, 종교다원주의 사상이 점차 강화되는 현상이 나타나고 있다.

결론적으로 말하면, 기독교 정신은 미국과 한국의 건국 초기에 큰 영향을 끼쳤다. 하지만 종교다원주의가 현대 사회의 중요한 이데올로기로 자리를 잡아 가고 있으며, 기존의 기독교인 중에서도 '다른 종교에도 구원 가능성이 있다'는 주장에 동의하는 경우가 늘어 가고 있는 추세이다.[7] 따라서 필자는 종교다원주의의 주장들에 대해 여러 가지 질문을 통해서 검토하고자 한다.

질문 1: 종교다원주의가 추구하는 '종교 간 대화'는 정말로 가능한가?

종교다원주의와 포스트모더니즘의 관계

현대의 종교다원주의 시대를 가장 잘 설명할 수 있는 단어는 포스트모더니즘(post-modernism)이다. 포스트모더니즘은 탈근대주의 혹은 후기근대주의로 표현된다. 서구 사회에서 종교다원주의는 왜 발생하게 되었을까?

리처드 플란팅가(Richard Plantinga) 교수에 의하면, 콜럼버스의 발견, 종교개혁, 계몽주의, 서구 사회의 위기, 아시아의 부흥, 세계화 등이 서구 사회에서 종교다원주의를 촉진시켰다고 한다.[8] 포스트모더니즘은 대체적으로 모더니즘(modernism, 근대주의)의 성과인 과학주의, 이성주의 그리고 인간주의를 비판한다는 특징을 갖고 있다.[9] 중세의 교권 중심의 사회와는 달리, 모더니즘은 인간의 이성과 과학기술을 통하여 인류의 역사 발전에 관해 낙관적인 견해를 표명했다. 인간의 이성은 만물의 척도로 군림했으며, 종교적 교리는 이성에 의해서 평가되고, 근대사상가들은 오직 이성과 과학을 통해서 성경을 분석하면서 성경의 계시의 무오성과 신적인 권위를 부정했다. 다시 말하면 근대사상은 이성, 관찰 그리고 경험을 통해 진리를 확증할 수 있다고 생각했다.

그러나 제1차 세계대전과 제2차 세계대전은 인류의 미래에 대해 낙관적인 전망 대신에 비관적인 전망을 갖게 했다. 포스트모더니즘은 절대적인 진리와 절대적인 도덕규범을 인정하지 않고, 모든 진리는 상대적이며 주관적인 것으로 본다. 세계대전은 인간의 이성과 과학의 한계와 위험성을 깨닫게 해주었기 때문에, 포스트모더니즘은 절대적인 진리 대신 상대성을 강조하고, 인간의 보편적 이성 대신 각 개인의 감성과 영성을 강조한다.

포스트모던 시대의 종교다원주의는 한 종교만이 옳으며 구원의 길을 독점한다는 배타주의를 인정하지 않는다. 종교다원주의의 관점을 수용한 사람들은 '진리는 하나가 아니라 다양하다', '여러 종교들이 진리를 공유하고 있다'고 본다. 이들은 종교의 상대성과 다원성을 지지하기 때문에, 오직 성경만이 완전한 특별계시이고 '오직 예수 이외에 다른 구원의 길은 없다'는 복음주의 그리스도인들의 주장을 매우 배타적이며 오만한 자세라고 생각한다. 종교다원주의는 종교들 상호 간에 공통된 영성과 윤리가 있다는 것을 강조하는 경향이 있다. 그래서 종교다원주의가 추구하는 '여러 종교 안에 공통적인 초월적 영성'은 기독교 신앙의 '초월성'을 공격하고, 종교다원주의의 '종교를 윤리

규범으로 환원'하는 사상은 기독교 신앙의 내재성과 구원론의 중심을 무너뜨리고 있다고 볼 수 있다.[10]

근대 계몽주의 철학의 영향을 받은 기독교의 자유주의 신학사상은 성경의 영감설, 기적의 가능성, 천국과 지옥의 존재, 예수의 부활 등에 대해 전적으로 동의하지 않게 되었다. 이러한 자유주의 신학사조가 교회에 유입되면서 기독교는 고유의 초월성과 영성을 상당히 상실하게 되었다. 서양 사람들은 영성을 상실한 기독교 대신, 점차 동양 종교에 관심을 가지게 되었다. 미국에서는 이미 불교와 동양의 종교들이 시민들의 인기와 관심을 끌고 있다. 미국의 어린아이들이 즐겨 보는 "에어 버디즈"(Air Buddies)라는 어린이 만화 영화에는 주인공(개)들이 가부좌를 튼 부처의 모습이나 요가 행동을 흉내 낸다. 이것은 서구 사회가 불교와 동양 종교에 큰 관심을 갖고 있다는 것을 보여 주는 단적인 사례이다.

사람은 동물과는 달리 종교성을 갖고 있다. 그러나 계몽주의 철학과 현대의 자유주의 신학사상의 영향을 받은 기독교가 신비와 영성을 상실해 가고 있기 때문에, 서구인들은 동양 종교의 신비로움에 마음을 빼앗기게 된 것이다. 구약성경의 전도서 기자는 "하나님이 모든 것을 지으시되 때를 따라 아름답게 하셨고 또 사람들에게는 영원을 사모하는 마음을 주셨느니라"(전 3:11)고 말하며, 아름다움과 영원성을 추구하는 인간의 본질적인 갈망이 있다는 것을 언급한다.

모든 사람은 하나님과 천국을 향한 귀소본능을 갖고 있다. C. S. 루이스에 의하면, 사람만이 가지고 있는 초월적인 갈망은 사람이 이 땅에서만 살도록 지어진 존재가 아니라, 초월적인 세상에서도 살도록 만들어진 존재라는 것을 보여 준다. 종교 창시자들 가운데 오직 예수 그리스도만 사람들에게 영생을 주겠다고 약속하셨다.

"내가 진실로 진실로 너희에게 이르노니 내 말을 듣고 또 나 보내신 이를 믿는 자는 영생을 얻었고 심판에 이르지 아니하나니 사망에서 생명으로 옮겼느니라"(요 5:24).

예수 그리스도가 사람들의 초월적인 갈망을 해결하실 수 있다는 것을 포스트모던 사회를 살아가고 있는 사람들에게 알릴 필요가 있다.

주요 종교들 사이에 '종교 간 대화'의 가능성

포스트모던 사회는 인간의 이성적 사유 활동에 의해 발견되는 절대적인 진리의 존재를 거부하면서, 보편적 진리보다는 각 개인의 특수한 진리관이나 느낌을 중시하는 개인주의적 경향을 강조한다. 그래서 사람들은 절대적 진리로서의 종교관을 해체하고, 다양한 영성과 상대주의적 진리관을 수용하게 되었다. 이들은 "신이 있다고 해도 각자 다르게 느낄 수 있다"고 말한다. 그래서 종교다원주의자들은 '종교 간 대화'(interreligious dialogue)를 추구한다.

그 이유는 종교 간의 대화를 통해서 '진리는 하나가 아니라 다양하다'는 것과 '각 종교들이 상호 간에 진리를 보완하고 상호이해를 통해 더욱 풍부한 진리를 갖게 된다'고 보기 때문이다. 영국의 종교철학자 존 힉(John Hick)은 모든 종교는 "하나의 궁극적 실재를 문화적으로 다르게 표현한 것"이라고 단언한다. 실제로 입헌 민주주의는 각 종교들의 평화로운 공존을 법률에 명시하고 보호한다.

"종교다원주의 사회에서 다른 종교인들이 어떻게 평화롭게 지낼 수 있을까?"는 정치철학의 중요한 주제이다. 그래서 존 롤즈는 『정치적 자유주의』에서, 한 사회 내에서 서로 다른 종교를 가진 사람들이 어떻게 평화롭게 공존할 것인지에 대한 정치철학의 원리를 제안하기도 했다. 그러나 어떤 종교다원주의자들은 '종교 간 대화'나 '다른 종교에 대한 존중'을 넘어서 '종교 통합'을 주장하기도 한다.

그리스도인들의 입장에 볼 때도, 민주사회에서 종교 간에 평화를 구축하는 일은 필요하다. 그것은 민주주의 법질서가 그 사회 안에 있는 다양한 종교인들에게 요구하는 사항이기도 하다. 시민들은 '다른 종교를 존중하고 다른 종교인들과 평화롭게' 공존해야 한다. 이것은 민주주의 사회의 구성원으로서 가져야 할 시민의 덕목이다. 민주주의 헌법에 명시되어 있는 '종교의 자유'는 시민들의 기본권으로서 보호되어야 한다. 그렇지만 복음주의 그리스도인은 '모든 종교가 궁극적으로 같은 신에 이르는 길'이라는 주장을 수용할 수 없다.

종교다원주의가 말하는 '종교 간 대화'는 다른 종교에 대한 이해를 단순히 확장하자는 뜻이 아니다. '종교 간 대화'를 통해서 '각 종교의 진리를 더욱 풍요롭게 발전시킬 수 있다'는 주장은 '모든 종교가 궁극적으로 동일한 신을 믿는다'는 것을 전제한다. 정말로 모든 종교는 같은 신을 섬기고 궁극적으로 동일한 신적인 존재에 이르게 되는 것일까? 주요 종교들의 '종교 간 대화'가 실제로 가능한지 살펴보자.

첫째, 복음주의 기독교와 이슬람교, 두 종교 사이에 '종교 간 대화'는 가능할까? 현재 세계에서 가장 큰 종교는 기독교이고, 세계에서 두 번째로 큰 종교이면서 가장 급성장하고 있는 종교는 이슬람교이다. 기독교와 이슬람교는 '같은 신'에 이르는 길인가? 기독교는 프로테스탄트(개신교), 로마 가톨릭 그리고 동방 정교회로 구분된다. 우선, 필자는 복음주의 기독교 입장에서 이슬람교와 비교해 볼 것이다.

로마 가톨릭 신학자 한스 큉(Hans Küng)과 예일대학교 신학교수인 미르슬라브 볼프(Miroslav Volf)는 꾸란의 알라와 성경의 하나님을 동일한 신으로 본다.[11] 따라서 기독교계의 자유주의 신학자들은 '종교 간 대화'를 가능한 것으로 본다. 이들에게 기독교의 여호와 하나님은 이슬람의 알라와 '동일한 신'이며, 두 종교 사이에 평화로운 관계가 가능하다고 주장한다. 그렇지만 복음주의자들에게 있어서, 두 종교는 본질적으로 서로 다른 종교이며 성경의 하나님과 꾸란의 알라는 같은 신이 아니라 다른 신이다.

이슬람교의 입장에서 본다면, 이슬람교와 기독교 사이에 '종교 간 대화'는 원론적으로 가능하지 않다. 이슬람교는 정치, 경제, 종교, 문화를 하나로 통합하는 '샤리아 체제'를 추구한다. 꾸란은 "성서의 백성과 논쟁하지 말라"(꾸란 29:46)는 구절과 함께 "우리와 너희가 믿는 바는 하나이다"라고 말하도록 가르친다. 언뜻 이슬람과 기독교가 조화를 이룰 수 있을 것 같다. 그렇지만 꾸란의 다른 구절은 "우상 숭배자들은 어디서 만나든지 죽이라"(꾸란 9:5)고 말하며, 배교자와 불신자들을 만나면 참수하라고 명령한다(꾸란 47:4). 따라서 이슬람교가 알라만을 섬기는 '단일한 신정사회'를 추구하는 한, 복음주의 기독교와 양립하기는 어렵다.

이슬람교가 '종교 간 대화'를 추구한다면, 그것은 공존이 아니라, 이슬람교의 일방적인 확대를 뜻할 것이다. 자유주의 신학사상을 가진 신학자들, 즉 한스 큉과 미르슬라브 볼프가 기독교와 이슬람교의 '종교 간 대화'가 가능하다고 보는 이유는 그들이 알라와 여호와를 같은 신으로 보기 때문이다. 존 힉도 기독교와 이슬람교가 동일한 신을 믿으며 동일한 신적 근원을 갖고 있다고 보기 때문에, '종교 간 대화'는 가능하다고 여기며 두 종교가 상호 간에 진리를 보완하여 평화적 관계와 발전을 이룰 수 있다고 생각한다.

그렇지만 복음주의 기독교의 관점에서 볼 때, 기독교와 이슬람교가 동일한 신을 믿는다는 주장은 신학적으로 성립하기 어렵다. 복음주의자들은 두 종교의 신 개념이 본질적으로 상이하며, 핵심 교리들 또한 상호 충돌한다고 본다. 가령, 기독교에서 하나님은 삼위일체인 동시에 초월성과 내재성을 모두 지닌 창조주로 이해되고, 인간은 신의 형상으로 창조된 존재로 간주된다. 반면에 이슬람교에서 알라는 단일신으로 삼위일체 개념을 부정하고, 아담을 자기 형상으로 창조했다는 사상도 수용하지 않고, 인간과의 내재적 관계를 강조하지도 않는다.

이런 신 개념의 본질적인 차이는 예수 그리스도에 대한 이해에서 뚜렷하게 드러난다. 기독교의 예수는 삼위일체의 제2위격으로서, 십자가에 죽었다가 부활하신 구세주이지만, 꾸란의 이사(예수)는 신이 아니라 예언자이며, 십자가에 달려 죽은 적도 없고, 신성을 가진 삼위일체의 한 위격으로 간주되지 않는다.

이처럼 신론과 기독론의 근본적인 차이를 고려할 때, 복음주의 기독교는 이슬람과 동일한 신을 믿지 않기 때문에, 복음주의자들은 종교다원주의자들이 제안하는 '종교 간 대화'의 가능성을 수용하지 않을 것이다.

둘째, 유대교와 복음주의 기독교 사이에 '종교 간 대화'는 가능할까? 먼저 유대교와 기독교의 공통점을 찾아보자. 두 종교는 모두 유일신 여호와 하나님(Yahweh, 야훼)을 믿으며, 유대인의 히브리어 성경은 기독교의 구약성경과 그 내용이 동일하다. 두 종교는 모두 아브라함을 믿음의 조상으로 인정한다는 점에서 공통점이 있다. 아브라함은 유일신 신앙을 위하여 당시 그의 선조들이 거주하던 메소포타미아 지역을 떠나 약속의 땅 가나안에 정착했다. 마태복음의 첫 구절에는 "아브라함과 다윗의 자손 예수 그리스도의 계보라"(마 1:1)고 기록되어 있다. 그리스도인들은 아브라함의 영적인 자손들로 간주된다. 사도 바울은 "그런즉 믿음으로 말미암은 자들은 아브라함의 자손인 줄 알지어다"(갈 3:7)라고 가르친다. 그럼에도 불구하고 유대교와 기독교 사이에는 근본적인 차이점이 있다.

첫째로, 기독교는 예수를 메시아로 믿지만, 유대교는 거부하고 있다. 유대인들은 다윗의 왕조를 복원하고 계승할 정치적인 메시아를 기다렸다. 유대교와 달리, 기독교의 가장 독특한 특징은 바로 예수 그리스도에 대한 신앙에 있다. 이사야는 처녀가 낳은 아들로 오시는 메시아를 예언했다(사 9장). 또한 그는 고난받는 메시아를 예언했다(사 53장). 스가랴 선지자는 정복자가 아니라 겸손하여 나귀를 타고 오시는 메시아를 예언했다(슥 9:9). 유대교는 예수가 하나님의 아들이자 신(神)이라는 주장을 신성모독으로 간주한다. 또한 그들은 예수가 성전을 재건하지도 않았고 토라를 준수하지 않았기 때문에 메시아로 인정하지 않는다. 반면에 기독교가 예수를 신성을 가진 메시아로 믿는 이유는 그분이 메시아에 관한 구약의 모든 예언을 성취하셨기 때문이다.

둘째로, 기독교는 구약성경과 신약성경을 모두 경전으로 사용하고 있지만 유대교는 오직 타나크(구약성경)만을 경전으로 인정한다. 유대교는 율법 준수와 선행을 통한 구원을 주장하지만, 기독교는 예수께서 모든 율법을 완성하셨고, 예수 그리스도를 믿음으로 구원을 받는다는 교리를 갖고 있다. 더 이상 동물 희생제사가 필요하지 않다.

셋째로, 유대인들의 예배 장소는 주로 시나고그(회당)이다. 이스라엘 백성은 바벨론에 포로로 끌려간 후부터 회당이라는 혁신적인 제도를 이루어 내었다. 유대인들은 안식일에 회당에서 예배를 드리고, 율법을 배운다. 그리스도인들은 일요일에 교회에 모여 예배를 드리고, 설교와 성례전을 집행한다.

한마디로, 기독교, 이슬람교 그리고 유대교가 결코 타협하지 못하고 불일치하는 부분은 메시아 신앙이다. 유대교는 여전히 다른 메시아를 기다리고 있고, 이슬람교는 예수를 실패한 선지자로 보지만, 기독교는 예수를 하나님의 아들이며 구세주로 믿는다. 바로 이 점에서 세 종교 간에 '종교 간 대화'는 가능하지 않다.

'맹인과 코끼리의 비유'와 '등산로의 비유', 무엇이 문제인가?

종교다원주의는 기독교, 유대교, 이슬람교, 힌두교 그리고 불교가 상이한 교리를 가지고 있음에도 불구하고 궁극적으로 '같은 신'에 이르는 길이라고 주장한다. 종교다원주의자들은 '맹인과 코끼리의 비유'와 '등산로의 비유'를 통해서 모든 종교가 궁극적으로 동일한 신적인 존재에 이르게 된다고 주장한다. 종교다원주의가 말하는 유명한 두 가지 비유를 살펴보고, 그 이야기에 담긴 모순을 검토해 보자.

맹인과 코끼리의 비유 설명

종교다원주의자들이 즐겨 사용하는 '코끼리의 비유'는 무엇을 의미하는가? 맹인 몇 사람이 코끼리를 만지고 있는 모습을 상상해 보자. 코끼리의 코를 만진 맹인은 '이 동물은 두꺼운 동아줄과 같다'고 생각하고, 귀를 만진 맹인은 '이 동물은 큰 부채처럼 생겼다'고 말할 것이다. 코끼리의 다리를 만진 맹인은 '이 동물은 큰 기둥처럼 생겼다'고 생각할 것이다. 물론 이 이야기에서 맹인들은 코끼리 전체의 모습을 볼 수 없기 때문에, 자신이 만진 코끼리의 한 부위를 통해서 코끼리를 묘사할 수밖에 없다. 이 비유의 핵심은 각 맹인들의 다양한 묘사는 '같은 코끼리'의 특정 부분에 대한 설명이라는 것이다. 맹인들이 각각 만지고 있는 부분들은 동일한 코끼리의 한 부분이듯이, 모든 종교는 동일한 신적인 실재에 대한 일부분의 이해를 갖고 있으며, 다양한 종교들은 '동일한 신적 존재'에 대한 다양한 표현에 지나지 않는다는 것이다.

등산로의 비유 설명

'등산로의 비유'도 종교다원주의자들이 즐겨 사용하는 이야기이다. 힌두교의 신비주의자 라마크리슈나(Ramakrishna, 1836-1886)는 "어떤 사람은 산을 북쪽에서 오르고, 어떤 사람은 남쪽에서 오른다. 하지만 결국 다들 같은 정상에 도달한다"라고 말했다. 존 힉은 "예수, 부처, 무함마드는 모두 같은 궁극적 실재를 향해 가는 서로 다른 길"이라고 했다.

등산로의 비유는 '산 정상에 올라가는 길은 여러 가지'라는 사람들의 경험에 호소한다. 산 정상으로 가는 등산로가 굳이 하나일 필요가 없으며, 올라가는 길은 달라도 결국에는 같은 정상에 도달하게 된다. 따라서 모든 종교의 역할은 등산로와 같은 것으로, 종교를 '동일한 신'에게 다가가는 다양한 방식 정도로 이해한다. 무엇보다도 '등산로의 비유'의 장점은 '모든 종교도 나름대로 다양한 진리를 갖고 있다'는 상대주의와 타 종교에 대한 관용 정신에 있다. 모든 종교는 나름대로 다양한 진리를 가지고 있으며, 각각의 종교는 같은 신에게로 가는 다양한 방식들을 제공한다는 것이다.

앞에서 말한 두 가지 비유는 다음과 같은 철학적인 전제들을 가지고 있다.

(a) 모든 종교는 궁극적으로 같은 신을 믿는다.
(b) 뭐든지 열심히 믿으면 진리이다.

어떤 사람들은 세계의 주요 종교들인 기독교, 이슬람교, 유대교는 '동일한 신'을 믿는 종교라고 말하면서, 현재 중동의 종교적 갈등을 해결하는 방식은 3대 종교의 공통점인 '하나님'만 강조하면 된다고 주장한다. 종교다원주의를 지지하는 자유주의 신학자들은 하나님을 우주의 창조주로 이해하지만, 그들이 말하는 창조주는 기독교의 특별계시인 성경 안에서 드러나는 하나님과는 다르다고 할 수 있다. 그들은 특별계시인 성경을 통해서만 신을 정확하게 알게 된다는 것을 수용하지 않는다. 오히려 이런 보편적 신관을 갖게 되면 다양한 종교들과의 대화를 통해서 각 종교의 진리가 더욱 풍부해질 것이라고 주장한다.

종교다원주의의 두 가지 비유의 문제점은 무엇인가?

그렇다면 종교다원주의자들이 즐겨 사용하는 이 두 가지 비유의 문제점은 무엇인가?

첫째, 이 비유들은 모든 종교가 '동일한 목적지'(같은 신)를 향해 가는 길이 아닐 가능성을 전혀 인정하지 않는다. 주요 종교들 간에는 상호 대립, 상호 모순, 상호 간에 양립 불가능한 교리들이 있다. 가령, 이슬람교에서는 "알라 외에는 다른 신이 없고, 무함마드는 알라의 예언자이다"를 공개적으로 외쳐야만 무슬림이 될 수 있다. 이슬람교는 이외의 다른 길을 전혀 인정하지 않는다. 알라는 초월성과 단일성만 있을 뿐, 인류와 교제하는 내재성을 갖지 않는다. 이슬람교에 따르면, 예수는 선지자이지만 삼위일체의 한 분 하나님도 아니고, 십자가에 달려 죽은 적도 없고 부활한 적도 없다. 이슬람교는 예수 그리스도를 구세주로 인정하지 않는다.

하지만 사도 베드로는 예수 이외에 "천하 사람 중에 구원을 받을 만한 다른 이름을 우리에게 주신 일이 없음이라"(행 4:12)고 선포했다. 예수님은 자신만이 하나님께 가는 유일한 길이라는 것을 강조하셨을 뿐(요 14:6), 여러 길 중에 하나라고 말씀하신 적이 한 번도 없다.

힌두교는 혼합주의 특성을 갖고 있기 때문에 이 두 비유를 좋아한다. 하지만 힌두교는 베다 경전의 절대적인 권위와 윤회의 교리를 양보하지 않기 때문에, 이것을 부인하는 기독교와는 양립할 수 없다. 힌두교의 신론은 다신론과 범신론이 섞여 있다. 소승불교는 무신론적이고, 대승불교는 다신론적인 신론을 갖고 있다. 그러나 기독교는 인격적이며 거룩한 하나님, 초월성과 내재성을 갖는 창조주와 구세주를 믿는다는 점에서 다른 종교들과는 확연히 다른 종교이다.

둘째, '등산로의 비유'는 종교 간에 양립 불가능한 교리가 있다는 것을 인정하지 않는다. 미국의 종교사회학자 피터 버거(Peter L. Berger)에 의하면, 현대인들은 백화점의 물건을 고르듯이 종교를 선택한다. 그들은 모든 종교가 근원적으로 동일하기에, 어느 종교를 선택하든지 간에 별다른 차이가 없을 것이라고 생각한다. 영국의 철학자 존 힉은 모든 종교를 궁극적 실체(신)에 대한 상이한 반응으로 간주한다.

정말 주요 종교들의 신은 같은 신일까? 만약 모든 종교가 같은 신(같은 진리)으로 가는 길이 아니라면, 어떤 종교를 선택하는 결정은 나중에 큰 차이를 가져올 것이다. C. S. 루이스에 의하면, 다른 종교들은 진리의 파편들을 가지지만, 진리 전체를 갖지 못한다. 이런 종교들은 우주의 기원과 도덕의 근원, 사후의 문제에서 일관성이 없기 때문이다. 가령, 소승불교는 창조의 신이 없으며 인격적인 신을 인정하지 않는다. 힌두교는 범신론적이면서도, 다수의 신을 믿으며 여신을 숭배하는 경향이 있다. 이슬람교는 알라를 유일신으로 삼고 무함마드를 최고의 예언자로 섬기지만, 기독교는 무에서 유를 창조한 절대자이며 거룩한 인격을 가지신 창조주를 믿으며, 그분을 삼위일체 하나님으로 이해한다.

다시 말하면, 코끼리와 등산로의 비유는 각 종교의 신과 핵심 교리를 피상적으로 알고 있거나 아예 모르는 사람들이 주장하는 소박한 견해에 지나지 않는다.

기독교의 핵심 교리는 다른 종교와 달리 절대자의 창조 신앙, 인간의 타락, 예수 그리스도의 십자가를 통한 구원, 예수 그리스도의 재림으로 이루어지는 하나님 나라의 완성이라는 독특한 세계관을 담고 있다. 무신론자들은 예수님을 인류의 위대한 도덕 교사로 인정한다고 말하면서도 예수님이 전한 메시지 그대로를 믿으려고 하지 않는다. 즉 그들은 예수님을 기독교의 창시자로 존중한다고 말하면서도 예수님이 친히 자신을 구약에 예언된 메시아이며 사람들의 죄를 용서하는 구세주이고, 하나님의 아들이라고 말씀하셨다는 것을 인정하지 않으려고 한다.

　기독교 신앙은 예수 그리스도를 삼위일체 하나님의 한 위격으로 믿는다는 점에서 '예수 메시아'를 거부하는 유대교와 '이사(예수)를 실패한 선지자'로 규정하는 이슬람교와는 본질적으로 다르다. 다른 종교들은 구원이나 윤회를 위해서 선한 행위와 업적을 강조하지만, 기독교는 예수 그리스도의 십자가의 희생을 통한 죄 사함과 은혜로 얻는 구원을 강조한다.

　셋째, 세계 종교는 대개 자기 힘으로 구원을 추구하는 자연종교와 중보자에 의한 구원을 강조하는 계시종교로 구분된다. 자연종교는 자력구원(自力救援), 즉 개인이 수행과 선행을 통해 스스로 구원을 이룬다는 사상을 가진 종교이다. 계시종교는 타력구원(他力救援), 즉 신의 은총으로 인간이 구원을 얻을 수 있다는 교리를 가진 종교이다. 종교학자들은 자연종교로 불교, 유학(유교), 도가철학(도교) 등을 꼽으며, 계시종교로는 유대교, 이슬람교, 기독교를 꼽는다.

　자연종교는 자기 수행과 선행을 강조한다. 불교는 선한 업을 쌓아 윤회를 계속하며, 궁극적으로는 윤회를 벗어날 수 있게 하는 해탈, 열반 그리고 무아 사상을 가르친다. 유교는 종교적 요소를 가진 도덕철학이다. 군자의 도는 인을 바탕으로 끊임없이 수양을 쌓는 것이며 궁극적으로는 '수신, 제가, 치국, 평천하'에 이르는 것을 목표로 한다. 도가철학은 무위자연 사상을 통해 도와 하나가 되는 삶을 가르치고, 도교는 장생불사와 신선의 길을 추구한다.

　종교학자들이 말하는 계시종교들을 살펴보자. 우선, 이슬람교는 형식상 계시종교에 속하지만, 자신의 선행과 악행의 양에 따라서 사후에 천국과 지옥이 결정된다는 점에서 선행을 강조하는 자연종교적 특성이 강하게 남아 있다. 유대교는 유일신교로서 여호와 하나님이 주신 율법을 받은 계시종교이지만, 여전히 메시아를 기다리고 있다. 이에 비해, 기독교는 불교처럼 해탈을 가르치지 않으며, 유교처럼 군자의 도를 설파하지도 않고, 도교처럼 무위자연을 최고의 원리로 여기지 않는다. 예수 그리스도는 창조주이며 구세주이다.

종교 간의 핵심 교리가 확연하게 다름에도 불구하고, 종교다원주의자들과 자유주의 신학자들은 유일한 구세주 예수 그리스도에 대한 믿음, 원죄와 인간 본성의 타락, 인간의 행위가 아니라 하나님의 은혜를 통해서만 천국에 갈 수 있다는 믿음을 의도적으로 거부하거나 약화시키려고 한다. 상술한 대로, 자연종교와 계시종교는 상호 간에 그 내용이 다르며, 계시종교 중에서도 기독교는 기독론과 구원론에 있어서 유대교와 이슬람교와는 본질적으로 다른 교리를 가진 종교이다.

기독교와 타 종교의 구원에 대한 세 가지 견해

이제까지의 내용을 정리해 보자. 종교다원주의 시대에 기독교와 타 종교의 관계를 설명하는 세 가지 견해가 있다. 즉 배타주의, 포괄주의 그리고 종교다원주의이다.

첫째, '배타주의'는 복음주의 기독교의 입장이다. 이 견해는 예수님과 사도들이 전한 복음의 핵심을 담고 있다. 복음주의 기독교는 오직 예수 그리스도의 유일성과 절대성을 고수한다. 예수 그리스도를 믿는 것 이외에는 다른 구원의 길은 없다. 구원에 대해서 예수 이외는 거부하기 때문에 '배타주의'라고 부른다.

둘째, '포괄주의'는 로마 가톨릭교회가 지지하는 신학적 입장이다. 포괄주의는 독일 출신의 예수회 신학자인 칼 라너(Karl Rahner, 1904-1984)가 말한 '익명의 그리스도인'(Anonymous Christian)이라는 사상에 근거한다. '익명의 그리스도인'이라는 말은 예수를 명시적으로 알지 못하고 믿지 않는 다른 종교인들이라도 진실하게 양심을 따라 살면 모두 구원받을 수 있다는 뜻이다. 로마 가톨릭교회는 1962-1965년에 열린 제2차 바티칸 공회에서 칼 라너의 사상을 '교회에 관한 교의 헌장'에 포함시켰다. 이로써 다른 종교에도 진리가 있고 다른 종교인들에게도 구원이 있다는 것을 천명한 것이다.

셋째, '종교다원주의'는 모든 종교가 나름 저마다 구원의 길이 되며 궁극적으로 같은 신에게 이를 수 있다는 주장을 함축한다. 종교다원주의의 흐름은 종교들 사이에 '종교 간 대화'를 강조하며 전도와 선교는 불필요하다고 본다.

요약하자면, 포괄주의와 종교다원주의는 복음주의 기독교의 구원론을 비판한다. 그렇지만 종교들의 차이점을 연구해 보면, 포괄주의나 종교다원주의는 자기모순에 빠진다. '동일한 신'이 각 종교에 서로 다른 우주관, 인간관, 구원관을 말했다면 그 신은 올바른 정신을 가진 신(神)이라고 할 수 없지 않겠는가? 예컨대, 불교에서는 인간의 소멸(해탈)을 말하고 기독교에서는 불멸의 개인을 말하며, 불교에서는 윤회를 말하고 기독교에서는 창조와 사후 단 한 번의 심판을 말한다면, 우리는 그것을 '같은 신의 다른 교훈' 혹은 '다른 신의 다른 교훈'으로 이해해야 할까? 예수 그리스도와 사도들은 단 한 번도 예수 그리스도 이외에 다른 이를 통한 구원을 말한 적이 없다. 기독교의 교리는 가장 일관성이 있다. 천하에 구원받을 만한 이름은 예수밖에 없다.

질문 2: 각 종교들의 '천국론'은 어떻게 다른가?

세계의 주요 종교들이 '천당', '천국'에 대한 교리를 가지고 있다. 종교들의 천국론에 대한 차이점을 살펴보면 같은 종교인지, 다른 종교인지를 정확하게 알 수 있을 것이다. 이슬람교의 천국, 불교의 극락, 기독교의 천국을 차례대로 살펴보자.

첫째, 이슬람교의 하디스와 고전적 해석에 따르면 천국은 여러 명칭으로 구분되는 장소이다. 꾸란에 등장하는 천국의 이름은 '에덴의 동산', '안식의 장소', '즐거움의 낙원', '평화의 집', '기쁨의 동산', '영원한 정원' 등으로 불린다. 천국 중에서 최고는 알-피르다우스(Al-Firdaus, 꾸란 18:107-108)라고 한다. 사히흐 무슬림 하디스에 따르면 천국을 무려 100등급으로 나누기도 한다. 아무튼 알라를 경외하는 이들은 '기쁨의 동산', 즉 '낙원'에 들어간다(꾸란 56:26). 여기에는 과일, 고기, 샘들, 젖과 꿀, 포도주, 황금 보석, 의복과 비단들이 있다(꾸란 35:33, 18:31).

꾸란과 하디스의 설명에 따르면, 이슬람의 천국은 남성 위주의 쾌락을 즐길 수 있는 곳으로 여겨진다. 가령 꾸란은 전사자(순교자)가 받는 특혜를 다음과 같이 언급한다. "알라의 길을 위해 싸우는 자는 누구든지 전사하든지 개선하든지 알라로부터 큰 상을 받을 것이다"(꾸란 4:75). 알라는 순교한 무슬림들을 위하여 아내들을 준비해 준다(꾸란 35:33, 18:31, 56:12-39). 자미앗 티르미디 하디스에 의하면, 알라가 순교자를 위해 아름다운 눈을 가진 72명의 천상의 미녀(Huri, 후리)들을 선물로 준비해 준다고 한다.[12] 후리는 희귀한 창조물로, 영원한 처녀로 만들어졌다고 한다.[13]

이 점을 곰곰이 생각해 보자. 이슬람교의 천국에서 여성이란 존재는 도대체 무엇인가? 72명의 아내들은 한 남편을 섬기고 성적인 쾌락을 제공해 주는 수단에 지나지 않는다. 이슬람의 천국에서 여성의 존엄성은 전혀 보장되지 않는다. 지상의 쾌락이 연장된 그곳에서는 도덕성의 완성과 인격의 거룩함을 찾아볼 수 없을 것 같다. 단지 남성 전사자(순교자)를 위한 향락과 술이 있을 뿐이다.[14] 일부 이슬람 학자들은 '후리'를 순결하고 아름다운 존재에 대한 비유적 표현이라고 말하기도 하지만, 꾸란에는 여성이 천국에서 받는 보상이 거의 언급되어 있지 않다는 점도 매우 특이하다.

둘째, 대승불교의 극락에 대한 견해를 살펴보자. 기독교의 천국과 불교의 극락은 같은 장소를 가리키는 것인가, 아닌가? 석가모니의 가르침에는 신적 존재에 대한 사상이 포함되어 있지 않다는 점에서, 불교는 무신론적인 종교라고 말할 수 있다.

석가모니의 가르침을 잘 보존하고 있는 소승불교에는 극락정토의 개념이 거의 없다. 윤회의 한 과정으로서 '천상계'를 말하고 있지만, 최종적인 장소가 아니라, 여전히 윤회를 계속해야 하는 과정 중에 지나는 한 곳일 뿐이다. 소승불교는 윤회의 고리를 끊고 열반에 이르러야 한다는 것을 강조한다. 석가모니의 원래 가르침, 즉 원시불교와 원시불교에서 나온 소승불교의 핵심적인 가르침은 모든 것을 무아(無我)와 무상(無常)의 관점으로 보게 한다는 것이다. 소승불교의 팔리경전은 "몸은 무상하고, 무상한 것은 고통이며, 고통스러운 것은 '나'가 아니다"라고 가르친다. 소승불교에서 불멸의 자아 같은 존재는 없다.

그러나 소승불교와는 달리 대승불교는 타자에 의한 구원론을 가지고 있으며, 아미타불, 미륵보살 등에 의해 극락, 정토(淨土), 불국토(佛國土, 부처의 나라)에 갈 수 있다고 주장한다. 극락과 미륵보살 같은 개념은 원시불교에는 없던 가르침이기에, 소승불교에서는 대승불교를 '비불설'(非佛說), 즉 부처의 원래 가르침이 아니라고 비판하기도 한다. 아무튼 일반인들은 대승불교의 '극락'을 기독교의 '천국'과 유사하다고 생각하는 것 같다. 기령, 기독교인들이 "예수님 믿고 천국 가세요"라고 전도하면, 지나가던 불교 신자들은 "우리는 부처님의 공덕으로 극락에 갑니다"라고 답변한다. 그렇지만 대승불교의 극락과 기독교의 천국은 확연하게 다르다. 겐신(Genshin)이 편찬한 『왕생요집』이라는 불경의 '염리예토' 편에 의하면, 극락은 윤회의 한 과정일 뿐이며, 극락에 있는 사람도 그가 쌓은 선업을 다 소진하면 극락에서도 죽음의 과정을 통해서 다음 생애로 또다시 윤회를 해야 한다. 더욱이 극락에서 겪는 죽음의 고통은 지옥에서의 고통보다도 16배나 강하다고 한다.

극락을 설명하는 불교의 경전들은 무량수경, 관무량수경, 아미타경, 원각경, 법화경 등이 있는데 저마다 설명이 다르다. 특히 대승불교의 경전인 법화경(法華經)에는 "불국토(극락)에는 부녀자가 없다"고 기록되어 있다. 여성은 극락에 갈 수 없으며, 여성은 부처가 될 수 없다는 대승불교의 가르침은 여성에게 차별적이다. 이런 점을 종합해 보면, 석가모니가 가르쳤던 가르침의 최종 목적은 극락왕생이 아니라, 윤회를 벗어나 무아에 이르는 해탈일 뿐이다.

셋째, 힌두교의 천국에 대한 견해를 살펴보자. 힌두교는 오랜 세월 동안 전승되고, 다른 문화와 종교를 통해 유입된 인도 신화를 담고 있다. 힌두교의 신은 너무 다양하다. 힌두교에는 일신론, 다신론, 범신론, 교체신론(최고의 신으로 숭배받는 신이 때와 장소에 따라 여러 다른 모습으로 나타나는 것을 의미한다)을 포함하며, 심지어 무신론적 전통도 있다. 힌두교에도 천상과 지옥에 대한 개념이 존재하지만 영원한 거처가 아니라 윤회의 과정에서 선업이나 악업이 해소될 때까지 임시적으로 머무는 곳이다. 힌두교의 '푸라나' 문학에서는 7층의 천국과 7층의 지옥을 묘사하기도 한다. 인도인들의 세계관에 따르면, 사람들의 사후 운명은 죽음의 신 '야마'가 결정한다.

그렇지만 힌두교의 천국은 기독교의 천국과는 달리, 영원한 것이 아니라, 일시적으로 머무는 곳에 지나지 않는다. 원래 힌두교 초창기 신화에서는 '지옥'이라는 개념 자체가 없었으나 주전 6세기경에 불교와 자이나교와의 접촉을 통해서 새롭게 유입된 것으로 보인다. 근본적으로 힌두교의 사후세계는 순환적인 우주관을 따르기 때문에, 천상과 지옥은 부차적인 것에 지나지 않는다. 업보의 교리에 따라서, 자신의 행위에 대한 보응을 받고 다시 세상으로 환생해야 하기 때문이다. 힌두교의 최고의 가르침은 환생에서 벗어나는 해탈, 즉 아트만(Atman, 개인)이 우주(Brahman, 브라만)에 흡수되어 하나가 되는 것이다. 힌두교의 업보교리는 비인간적이고 비도덕적인 카스트 제도를 정당화하는 수단으로 사용된다.

넷째, 기독교의 천국(Heaven)은 다른 주요 종교와는 완전히 다르다.

먼저, 기독교의 천국은 다른 종교들과는 달리, 시집가고 장가드는 일이 없다. 사두개인들이 예수님께 부활 후의 결혼 관계를 물었을 때 예수님은 "부활 때에는 장가도 아니 가고 시집도 아니 가고 하늘에 있는 천사들과 같으니라"(마 22:30)고 답변하셨다. 천국에서는 죽음도 없고 생육도 없으므로 결혼 기능 자체가 소멸한다. 천국은 이 땅의 혈연관계가 연장되는 곳이 아니라, 하나님과의 교제가 중심이다.

또한, 기독교의 천국은 임시적으로 체류하는 곳이 아니라, 하나님의 임재 속에서 의인들이 영원한 생명과 복락을 누리는 곳이다. 예수님은 천국과 지옥을 병렬구조로 대칭하여 "그들은 영벌에, 의인들은 영생에 들어가리라"(마 25:46)고 설명해 주셨다. 밀라드 에릭슨에 의하면, '천국'을 우주론적인 의미로, '하늘'을 하나님에 대한 사실상의 동의어로 그리고 하나님의 거처로 설명한다. R. C. 스프로울(R. C. Sproul)이 지적하듯이 "기독교에는 타협할 수 없는 초자연성이 있다." 성경을 보면, 천국의 가장 중요한 특징은 하나님의 현존에 있다. 천국은 성도들이 하나님과 완전한 교제 안에 거하는 영원한 생명의 상태를 누리는 곳이다.

아울러, 기독교의 천국에는 죄와 죽음이 없다. 예수 그리스도의 재림으로 완성되는 하나님의 나라에는 눈물도, 사망도, 애통하는 것도, 아픈 것도 다시 있지 않다(계 21:4). 다시 말하면 천국은 하나님의 의, 도덕성, 거룩함 그리고 죽음과 눈물이 없는 상태이면서 동시에 분명히 실존하는 장소이다.

마지막으로, 기독교의 천국은 예수 그리스도를 구세주로 믿는 모든 사람이 거하는 곳이다. 예수님은 제자들에게 "내 아버지 집에 거할 곳이 많도다 그렇지 않으면 너희에게 일렀으리라 내가 너희를 위하여 거처를 예비하러 가노니 가서 너희를 위하여 거처를 예비하면 내가 다시 와서 너희를 내게로 영접하여 나 있는 곳에 너희도 있게 하리라"(요 14:2-3)고 말씀하셨다. 예수님은 최후의 심판에서 이렇게 선언하신다.

"그때에 임금이 그 오른편에 있는 자들에게 이르시되 내 아버지께 복 받을 자들이여 나아와 창세로부터 너희를 위하여 예비된 나라를 상속받으라"(마 25:34).

요한계시록은 천국의 아름다운 모습을 다음과 같이 묘사하고 있다.

"내가 들으니 보좌에서 큰 음성이 나서 이르되 보라 하나님의 장막이 사람들과 함께 있으매 하나님이 그들과 함께 계시리니 그들은 하나님의 백성이 되고 하나님은 친히 그들과 함께 계셔서 모든 눈물을 그 눈에서 닦아 주시니 다시는 사망이 없고 애통하는 것이나 곡하는 것이나 아픈 것이 다시 있지 아니하리니 처음 것들이 다 지나갔음이러라"(계 21:3-4).

다시 생각해 보자. 공산주의 창시자인 칼 마르크스는 기독교의 천국에 대한 교리와 신앙을 '인민의 아편'이라고 비판한 적이 있다. 아편이 고통을 잊게 하는 것처럼, 종교의 내세관이 사람들로 하여금 현재의 부정의와 고통을 외면하게 만든다는 것이다. 그러나 그의 비판은 잘못되었다. 기독교의 교리는 현재의 부정의를 외면하지 못하게 한다.

실제로 현세의 고통과 불의를 외면하게 만드는 것은 윤회와 업보의 교리를 가진 종교들이다. 왜냐하면 현재의 모든 상황을 전생의 업보로 보기 때문이다. 가령, 피살되거나, 장애를 가지고 태어나거나, 강간을 당하는 것 등은 모두 그들의 전생의 업보로 인하여 발생한 것이라고 본다. 심지어 예수님이 채찍을 맞고 십자가에 못 박혀 죽으신 것을 전생의 업보로 설명하는 불교 승려도 있다. 이것은 업보의 교리를 가진 종교는 사람들이 당하는 고통을 인과응보의 업보로 여겨 그런 상황을 당연하게 생각한다는 것을 단적으로 보여 준다.

기독교의 천국은 남녀의 차별이 없으며, 죽음도 눈물도 없고 예수 그리스도를 믿는 의인들이 영원한 복락을 누리는 곳이다.

질문 3: 각 종교는 죄론과 구원론에 있어서 어떤 차이점을 보이는가?

앞에서 설명한 것처럼, 세계의 주요 종교들은 핵심 교리에 있어서 양립 불가능한 차이점을 가지고 있다. 특별히 죄론과 구원론에 있어서 큰 차이가 있다. 각 종교의 죄론이 다르다는 것은 현실 사회와 인간의 상황에 대한 문제 분석과 대안이 다르다는 것을 뜻한다. 죄와 구원의 관점에서 주요 종교들을 비교해 보자.

첫째, 기독교가 다른 종교와 다른 본질적인 차이점은 바로 원죄와 자범죄의 중대성을 인정하고 죄를 용서받는 방식을 제시하는 반면에, 다른 종교들(힌두교, 불교, 이슬람교)은 인간의 원죄를 인정하지 않고 인간의 도덕적 업적과 공로를 통해서 스스로 해탈이나 구원을 이루도록 가르친다는 것이다. 기독교는 메시아를 통해 죄 사함과 구원을 핵심 교리로 선포하지만, 불교의 창시자 석가모니는 원죄를 인정하지 않는다.

석가모니는 인류의 보편적인 현상을 고통으로 파악했다(고성제). 그리고 그 고통의 원인이 인간의 무지, 갈애로 인한 것이며, 존재의 소유에 대한 집착이 고통을 일으킨다고 보았다(집성제). 그래서 그는 집착을 버리는 수행을 통해서(도성제), 윤회를 벗어나 해탈에 도달하여 '무아'를 이룬다고 가르쳤다(멸성제). 불교의 니카야 경전에 의하면 "윤회는 시작을 찾을 수 없다"고 한다. 즉 윤회는 시작도 끝도 없는 무한한 생사의 반복으로 이루어진다. 영원한 과거로부터 영원한 미래에까지 계속되는 것이 윤회전생인데, 선업을 통해서 다음 생애에 좋은 존재로 태어나도록 하고, 궁극적으로 열반(무아)에 이를 수 있다는 것이다.

힌두교는 인간의 원죄를 인정하지 않고 인간이 비인격적인 우주와 합일을 이루어야 한다고 가르친다. 스와니 비베카난다(Swami Vivekananda, 1863-1902)는 1893년 시카고를 방문해서 행한 강연에서 "인간을 죄인이라고 말하는 것이야말로 죄이다"라고 말하며 기독교의 원죄 교리를 비판했다. 힌두교는 인간(아트만)이 비인격적인 우주(브라만)와 합일되는 것을 최고의 교리로 가르친다. 브라만(우주)은 인격을 가진 존재가 아니라 중립적 실재일 뿐이다. 그리고 힌두교는 베다의 권위에 대한 배타적 진리관을 주장하고 있다.[15] 혼합주의를 표방하면서도 힌두교는 베다의 권위에 대해서는 조금의 타협도 허용하지 않는다.

이슬람교의 꾸란 원문 전체에는 원죄에 대한 어떤 언급도 없으며 타락 교리와 원죄를 인정하지 않는다(꾸란 2:35-39). 아담은 낙원에서 금지된 과일을 먹음으로 죄를 범했으나, 알라와의 친교가 단절되지는 않았다. 낙원에서 저지른 아담의 죄는 이미 용서받았다. "그러나 아담은 그의 주님으로부터 몇 마디 말씀을 받았고, 그의 주님께서는 그를 용서하셨다"(꾸란 2:37). 이 구절을 보면, 꾸란에서는 아담의 원죄를 부정한다. 악은 인간의 내면(본성)에서 나오는 것이 아니라 철저하게 외부에 있는 악마의 유혹으로부터 오는 것이다. 인간은 악에 대해 저항하고 선을 행할 수 있으며 근본적으로 죄를 짓지 않을 수 있는 존재이다.

이슬람교는 개인의 선행을 통해서 구원을 얻는 종교이며 사람은 각자 자기의 죄의 문제를 해결해야 한다(꾸란 4:111). 이슬람교에 의하면 무슬림은 다섯 가지 기둥(신앙고백, 기도, 자선, 금식, 메카 순례)을 지킴으로써 구원을 얻게 된다. 구원을 받지 못한다면 그것은 전적으로 그 개인의 과실이다. 구원은 행위로 결정되지만, 그 평가는 알라만이 할 수 있다. 그래서 무슬림은 자선이나 선행을 하면서도 그들이 천국에 갈 수 있다는 확신을 가지지 못하는데, 그 이유는 알라가 어떤 판결을 내릴지 알 수 없기 때문이다(꾸란 7:156). 이슬람교는 중보자인 예수 그리스도를 통한 대속의 교리를 믿지 않기 때문에 다른 자연종교들처럼 개인의 선행을 통한 구원을 강조할 뿐이다. 그래서 꾸란은 "죄를 짓는 사람은 누구나 그 죄에 대한 책임을 진다"(꾸란 6:164, 35:18)라고 가르친다.

둘째, 불교와 기독교의 경우, 우주의 기원과 종말에 대한 현격한 차이가 있다. 불교의 석가모니는 우주론이나 인간의 기원론에 대해서 침묵했다. 불교는 영원한 과거로부터 영원한 미래로 이어지는 윤회를 통한 순환론적인 인생관을 갖고 있다. 세계는 창조된 것이 아니라, 그냥 계속 존재하는 것처럼 보이는 망상일 뿐이다. 불교는 시간과 공간 안에서 독립된 존재는 없다고 본다. 반면에 기독교는 전능한 신에 의해서 무로부터 만물이 창조되었다고 믿는다.

기독교의 역사관은 순환적이지 않고 '창조-타락-구원-완성'이라는 직선적인 시간관을 갖고 있다. 기독교의 창조론에서 핵심은 인간이 하나님의 형상으로 지음을 받은 존귀한 존재이며, 성도는 개별적으로 하나님 앞에서 인격적 존재로 간주되어 영생을 누린다는 것이다. 그러나 불교의 무아는 개인의 인격성과 존재가 소멸된다는 사상이다. 힌두교의 아트만(개인)도 비인격적인 우주(브라만)에 흡수되어 사라진다. 이에 비해서, 기독교는 우주의 창조에서부터 최후의 심판까지 직선적인 역사관을 가지고 있으며, 사람은 개별성을 가진 존재로 천국 혹은 지옥에서 영원히 존재하게 된다는 독특한 교리를 갖고 있다.

셋째, 기독교는 인간을 하나님의 형상으로 보기 때문에, 하나님의 부르심과 구원에 있어서는 남녀에게 어떤 차별도 없다. 아담과 하와는 동등하게 창조되었다. 하나님은 결혼 규례를 통해서 일부일처혼을 정립하셨고, 예수님은 그것이 창조주가 정하신 변치 않는 규례인 것을 확인해 주셨다. 마태복음 19장 4-6절에서 예수님은 "사람을 지으신 이가 본래 그들을 남자와 여자로 지으시고 … 그러므로 사람이 그 부모를 떠나서 아내에게 합하여 그 둘이 한 몸이 될지니라 … 그런즉 이제 둘이 아니요 한 몸이니 그러므로 하나님이 짝지어 주신 것을 사람이 나누지 못할지니라"고 말씀하셨다. 물세례와 성령세례에서도 남녀의 차별이 없고, 천국에서도 여성들은 어떤 차별도 받지 않는다.

그러나 불교는 여성에게 차별적인 종교이다. 니카야 경전에 의하면, 석가모니는 제자 아난다에게 "여자는 어리석다"고 말한 적이 있다. 그리고 불교의 율장에 따르면 비구(남자 출가승)를 파문하는 네 가지 죄는 음행, 도둑질, 살생, 거짓말로 출가 수행자의 자격을 완전히 상실하게 된다. 하지만 비구니(여자 출가승)에게는 여기에다 네 종류의 죄(마촉, 팔사성중, 부비구니중죄, 수순피거비구)가 추가된다. 계율에서도 비구에게는 250여 개의 금계가, 비구니에게는 348개의 금계가 주어진다. 남자 승려보다 여자 승려에게 더 많은 금계(구족계)를 부여하는 것은 여자의 업장(전생에 지은 죄로 인해 받는 장애)이 더 많다고 보기 때문이다.

일부 대승불교 전통, 특히 라마 불교의 특정 교리 해석에 따르면 여성으로서는 곧바로 완전한 해탈에 이를 수 없다고 본다. 또한 관무량수경에 의하면 극락정토에는 여성이 존재하지 않는다고 서술되어 있다. 이런 점을 고려할 때, 불교의 전통적 견해에는 여성에게 차별적인 면이 있다는 것을 알 수 있다.

이슬람교 역시 여러 면에서 여성에게 차별적인 종교라는 특징을 갖고 있다. 꾸란에 따르면 한 남자는 네 명의 부인을 둘 수 있게 되어 있다(꾸란 4:3). 네 명의 부인 이외에도 '오른손이 소유한 것' 즉 '하녀들'과의 관계를 통해서 아이들을 낳을 수도 있다. 남편이 원하는 경우에 이혼을 쉽게 할 수 있고, 남편의 동침 요구를 거부할 경우에는 아내를 구타해도 된다는 구절도 있다.[16]

무함마드는 다른 무슬림 남자들에게는 네 명의 아내를 둘 수 있게 했지만(꾸란 4:3), 자신에게는 일부사처제 규정을 적용하지 않았다. 무함마드는 여성에 대한 특권을 가지고 있었고, 그래서 그는 많은 아내를 두었다고 한다. "너는 네가 원하는 아무라도 동침할 수 있느니라"(꾸란 33:51). 이슬람의 전승에 의하면 무함마드에게는 대략 13명의 아내가 있었다고 한다. 그렇지만 무함마드가 여섯 살 난 아이샤와 결혼한 것 그리고 양자의 아내 자이납을 자기 아내로 맞아 결혼한 것은 무함마드의 도덕성에 대한 심각한 의문을 갖게 한다.

꾸란에는 아들들의 아내들과는 결혼할 수 없다고 명시되어 있기 때문이다.

꾸란에서 여성의 인격은 남성에 비해 차별적인 지위를 갖는다고 볼 수 있다. 일부 시아파 전승에 따르면 무함마드에게는 총 21명의 아내가 있었다고도 한다.[17] 이슬람교는 여성에 대해 부정적인 편견을 가지고 있다. 여성들이 히잡을 쓰고 다니는 이유는 꾸란이 여성을 유혹과 간음의 주체로 묘사하고 있기 때문이다(꾸란 24:31, 33:59).

넷째, 기독교는 다른 종교와는 달리, 죄에 대한 분명한 교리를 가지고 있고, 죄를 설명하는 용어도 매우 다양하다. 기독교는 아담의 원죄로부터 모든 문제가 발생했고 예수 그리스도를 통한 대속과 회복이 약속되어 있다. 죄의 종류와 특성을 나타내는 용어도 다양하다. 죄에 대한 대표적인 단어들을 살펴보자. 헬라어 '하마르타노'(표적을 못 맞힘)는 하나님의 기준에 이르지 못한 것을 말한다. 헬라어 '아세베오'(불신앙, 불경스러움)는 의로움의 부재와 의로움의 기준에 위배되는 행동을 말한다. 히브리어 '아바르'(위반하다)는 계명을 어기는 것을 말한다. 히브리어 '마알'(배신, 배반)은 하나님에 대한 배반을 의미한다. 히브리어 '쉬쿠츠'(가증한 것, 혐오)는 하나님이 극도로 불쾌하게 여기시는 죄로 우상 숭배, 동성애, 인신제사, 주술 등에 대해 사용되는 단어이다.

기독교는 아담 이후의 모든 사람이 죄성을 가지고 태어난다고 본다. 사도 바울은 "의인은 없나니 하나도 없으며"(롬 3:10), "모든 사람이 죄를 범하였으매 하나님의 영광에 이르지 못하더니"(롬 3:23)라고 말한다. 그렇지만 기독교는 모든 죄인에게 예수 그리스도를 믿음과 하나님의 은혜로 얻는 구원의 길을 제시한다.

"그리스도 예수 안에 있는 속량으로 말미암아 하나님의 은혜로 값없이 의롭다 하심을 얻은 자 되었느니라"(롬 3:24).

앞에서 설명한 것처럼, 기독교가 다른 주요 종교와 다른 독특한 점은 바로 원죄와 자범죄의 중대성을 인정하고 죄를 용서받는 방법을 제시한다는 것이다. 다른 종교들이 선행을 통한 자력구원을 강조하는 데 비해, 기독교는 죄의 권세를 이긴 성화(거룩함)를 강조한다는 것도 매우 독특하다고 할 수 있다.

"나는 너희의 하나님이 되려고 너희를 애굽 땅에서 인도하여 낸 여호와라 내가 거룩하니 너희도 거룩할지어다"(레 11:45).

사도 바울도 "누구든지 하나님의 성전을 더럽히면 하나님이 그 사람을 멸하시리라 하나님의 성전은 거룩하니 너희도 그러하니라"(고전 3:17)고 권면하며, 베드로도 "오직 너희를 부르신 거룩한 이처럼 너희도 모든 행실에 거룩한 자가 되라"(벧전 1:15)고 그리스도인들에게 말한다.

기독교는 죄를 용서받고 거듭난 성도들에게 하나님의 성품에 참여하라고 가르친다. 기독교의 핵심 교리를 보자. 중생은 예수님을 구주로 믿고 영적으로 하나님의 자녀로 태어나는 것이다. 칭의는 하나님이 죄인에게 그리스도의 대속을 통하여 법정에서 무죄를 선언하시는 것이다. 성화는 중생한 성도가 점진적으로 그리스도를 닮아 가는 과정이다. 기독교는 도덕성을 넘어서 '거룩함'을 추구한다. 거룩함은 인간의 공로를 통해서 얻어지는 것이 아니라, 그리스도의 십자가의 대속을 통해서 주어진다. 사도 바울은 의를 믿음으로 얻는다는 점을 분명하게 선언한다.

"그러므로 사람이 의롭다 하심을 얻는 것은 율법의 행위에 있지 않고 믿음으로 되는 줄 우리가 인정하노라"(롬 3:28).

질문 4: 세계 4대 성인과 종교 창시자들의 임종 모습에서 무엇을 알 수 있는가?

종교의 창시자들은 자기를 어떻게 이해했을까? 모두 자신을 신이라고 말했을까? 예수 그리스도, 석가모니, 무함마드, 소크라테스 그리고 공자 등 세계의 주요 종교 창시자들과 사상가의 임종 모습을 비교해 본다면, 그 창시자가 신인지, 인간인지를 구별하는 데 도움이 될 것이다.

석가모니의 죽음과 유언

석가모니의 본명은 고타마 싯다르타(Siddhartha Gautama)이며 현재 네팔 룸비니 지역의 카필라바스투성에서 숫도다나왕과 마야 부인 사이에서 태자로 태어났다. 그의 생존 시기는 주전 563년경-483년경 또는 주전 624년경-544년경이다. 한국불교는 주전 624년 출생-544년 입적 연도를 따른다.[18] 싯다르타는 16세에 이웃 왕국의 두 왕녀(고파 그리고 야소다라)와 결혼을 했고, 야소다라를 통해서 아들 라훌라를 낳았다. 그는 29세에 출가하여 6년간 수행을 하고 35세에 보리수 아래에서 깨달음(Bodhi)을 얻게 된다. '부처'라는 말은 '붓다'의 음역으로, '깨달은 자'라는 뜻이다. 그는 80세에 세상을 떠날 때까지 약 45년 동안 포교 활동을 했다.

그는 철저하게 깨달음을 얻은 사람이라는 자기의식을 가지고 있었을 뿐, 자신을 신으로 생각한 적은 없다. 초기 불교 경전을 보면, 박카리라는 제자가 죽어 가면서 스승인 석가모니에게 예배하고 싶다고 말했다. 그러나 석가모니는 그 제자의 예배를 받는 것을 거부했다. 주위에 있던 사람들이 석가모니에게 "당신은 신인가?"라고 물었을 때에도 "아니다"라고 부정하며, 자신은 그냥 깨달음을 얻은 자라고 답변했을 뿐이다.

석가모니가 세상을 떠나게 된 이유는 사소한 사건에서 비롯되었다. 춘다라는 재가신도가 대접한 돼지고기 요리(돼지고기와 버섯을 함께 조리한 음식)를 섭취한 이후, 그는 하혈을 동반하는 심한 설사 증세를 겪게 되었다. 그리고 약 3개월이 지나서 석가모니는 열반에 들었다고 전해진다. 사인은 식중독이나 그 음식에 포함된 독버섯에 의한 중독이었을 것으로 추정된다. 제자인 아난다가 "우리는 누구를 의지하며 살아야 합니까?"라고 묻자, 석가모니는 다른 이를 의지하지 말고 스스로 정진하라고 가르쳤을 뿐이다. 한국불교에 따르면, 석가모니는 주전 544년 2월 15일 보름달이 비치는 밤에 다음과 같은 최후의 가르침을 남기고 입적했다.

> "걸식하는 수행자 여러분에게 간곡하게 말한다. 모든 형성된 것들은 무너지게 마련이다. 부지런히 정진하여라."[19]

석가모니의 가르침에 담긴 불교의 생사관을 다시 설명하면, '살아 있는 모든 것은 다 죽게 마련'이라는 생사필멸의 교리에 있다. 그는 삶에 대한 집착을 깨트리는 길은 팔정도를 수행하여 해탈에 이르는 것뿐이라고 가르쳤다. 고통스러운 윤회를 벗어나는 해탈은 오온(五蘊, 인간 존재를 구성하는 다섯 가지 요소)으로 이루어진 자신이 '원래 없다'(무아)는 것을 깨닫는 것에 있다. 열반이 무아를 뜻한다면, 열반은 개인이 완전하게 멸망하거나 소멸하는 것에 대한 다른 표현이 아닌지를 생각해 보아야 한다.

우리는 석가모니의 모습에서 고통의 문제를 고민했던 위대한 수행자의 모습을 찾아볼 수는 있다. 그러나 죽음의 문제를 극복하고 영원히 존재하는 신의 모습을 찾아볼 수는 없다. 한마디로 불교의 창시자인 석가모니는 제자들에게 자기 자신을 신으로 가르친 적이 없고, 수행을 통하여 윤회를 벗어나 열반(무아)에 이르기를 추구했던 '깨달음을 얻은 자'로 간주하는 것이 타당한 평가로 보인다.

그리스 철학자 소크라테스의 죽음과 유언

세계 4대 성인 중의 한 사람으로 꼽히는 소크라테스(Socrates, 주전 470-399)는 다른 소피스트들과는 달리 아테네 사람이다. 소피스트들은 대부분 식민지 출신이어서 아테네에 대한 애국심이 부족했고, 단순히 웅변술이나 변론술, 처세술을 가르쳤다. 이에 비해 소크라테스는 아테네 시민의 한 사람으로 애국적인 견지에서 그 시대의 문제를 논했다. 소크라테스의 아버지는 조각가이고, 어머니는 산파(조산원)였다. 그는 나라를 사랑했기에 포티다이아 전쟁(주전 432년), 델리온 전쟁(주전 424년), 앙피볼리스 전쟁(주전 422년)에 참전했다.

그는 길거리에서 만나는 사람마다 붙잡고 스스로의 모순을 깨닫게 하는 대화를 나누었다. 이것이 혼란된 생각을 분명하게 드러내고 새로운 통찰력을 있게 해준다는 그의 '산파술'(産婆術)이다. 그래서 소크라테스의 가장 유명한 표현은 "너 자신을 알라"는 말로 여겨진다. 소크라테스의 산파술은 대화를 통해 상대방이 스스로의 무지를 깨닫게 하는 것을 목적으로 한다. 실제로는 "너 자신을 알라"는 말은 소크라테스가 처음 말한 게 아니라 아테네의 신전에 기록되어 있는 경구를 인용한 것이다.

주전 399년 소크라테스는 아테네 청년의 정신을 위태롭게 하며 타락시킨다는 죄목으로 사형 판결을 받았다. 재판관들은 그를 신을 모독하는 자로 판결했다. 소크라테스는 국가의 전통적인 신을 믿지 않고 새로운 신을 도입한다는 이유로 법정에 고소되어 사형선고를 받았다. 그는 자신을 이렇게 변호했다.

"아테네 시민 여러분, 나는 여러분을 존경하고 사랑하지만, 여러분보다는 신에게 복종할 것입니다. 그리고 나는 이 목숨을 다할 때까지 살아 있는 한, 지혜를 사랑할 것이며, 내가 언제 누구를 만나든지 여러분을 타이르고 밝혀낼 것이며, 내가 늘 하는 말로 이렇게 가르치기를 결코 중단하지 않을 것입니다. 즉 '나의 가장 친한 벗이여, 자네는 지혜와 세력에서 그토록 이름 높은 이 위대한 나라인 아테네의 시민이면서, 될 수만 있으면 재물이나 많이 차지하고 싶다든가, 명예나 지위를 얻기에만 노심초사하고 있을 뿐, 도덕적인 판단, 진리 및 너의 영혼을 할 수 있는 데까지 개선하는 데는 조금도 관심이 없고, 또 노력도 하지 않는 것을 부끄럽게 생각하진 않는가?"(『변명』, 29d)[20]

소크라테스는 국외로 도망을 치라는 친구 크리토(Crito)의 권고를 거부하고 감옥에서 약 1개월의 기간을 보냈다. 그는 처형되는 당일에도 영혼의 불멸에 관해 대화를 나누다가 독배를 마셨다. 그의 마지막 대화는 『파이돈』에 이렇게 기록되어 있다.

"여보게 크리토, 아스클레피오스(Asclepius, 의술의 신)에게 내가 닭 한 마리 빚진 것이 있네. 꼭 잊지 마시게!"(『파이돈』, 118)

그는 왜 이런 말을 유언으로 남기게 되었을까? 당시에 사람들은 병이 낫게 되면 아스클레피오스 의술의 신에게 닭 한 마리를 바치며 감사의 마음을 표했다고 한다. 소크라테스는 영혼불멸 사상을 믿었지만, 몸의 불멸을 소망하지는 않았으니, 독배를 마신 몸이 나을 것을 믿어서 미리 닭 한 마리를 바치라고 하지는 않았을 것이다. 당시 헬라 철학은 몸을 영혼의 감옥으로 여기고 있었기에, 그가 몸의 불멸을 상상하지는 않았을 것이다. 아마도 그는 영혼의 감옥인 육신이 죽게 되면 영혼의 불멸이 시작된다는 헬라철학적인 생각을 했을지도 모른다.

소크라테스는 사형이 집행되던 날에도 '영혼불멸에 대한 토론'을 벌이면서, "혼은 불사(athanatos)이다. 그리고 불사하는 것은 불소멸(adíaphthoron)한다. 따라서 혼은 불멸이다"라는 논증을 했다. 그의 영혼불멸 논증은 단순히 영혼의 불멸을 증명하는 것에 있지 않다. 오히려 어떻게 살아야 하는가에 대한 지혜의 문제를 다루고 있다고 보인다. 아무튼 소크라테스는 독배를 마신 후에도 친구들을 위로했다. 이 점을 보면, 그는 지혜를 사랑하는 현인이 분명하다. 그러나 소크라테스는 자기 자신을 신(神)이라고 말한 적도 없을 뿐만 아니라, 죽음 이후의 일에 대해서 자신은 무지하다는 것을 안다는 점에서 지혜롭다고 고백한다.

"나는, 여러분, 이런 점에서도 아마 다른 많은 사람들과는 다를 것이고, 따라서 만약 어떤 점에서 다른 사람들보다 지혜가 있다고 말할 수가 있다면, 그것은 즉, 나는 저승의 일에 관해서는 잘 모르기 때문에, 그대로 모른다고 생각하고 있다는 점을 들 것입니다."[21]

우리는 플라톤이 남긴 소크라테스의 대화록을 통해서 서양철학의 위대한 인물이 남긴 지혜를 배울 수 있다. 우리는 소크라테스를 인류의 스승으로 존중할 수는 있지만 그에게서 신의 모습을 발견할 수 없다. 사실 그는 『변명』에서 "여러분들이 나를 사형에 처해 죽인다면 그것은 나를 해치는 것이 아니라, 여러분 스스로를 해치는 일이 될 것입니다. … 여러분이 나를 사형에 처함으로써 신이 여러분에게 내린 선물에 무엇인가 잘못을 저지르는 일이 없기를 바라는 마음입니다"라고 썼다. 소크라테스는 자신이 사형을 당하지 않는 것이 신에게 죄를 짓지 않는 길이라는 것을 설득하고 있다. 그렇지만 그는 탈출을 선택하지 않고 불멸의 존재에 대한 토론으로 생애를 마감한다.

유교의 창시자 공자의 죽음과 유언

세계 4대 성인의 한 사람으로 꼽히는 공자(주전 551-479)는 유교라는 철학 체계를 통해서 아시아 문화권에 큰 영향을 미쳤다. 그는 주전 551년 노나라 귀족의 후손으로 창평향 추읍(지금의 산동성 곡부 일대)에서 출생했다. 그는 19세에 결혼해서 아들로는 공리(孔鯉)가 있다. 공자의 본명은 '구'(丘)이고 자는 '중니'(仲尼)이다.

공자는 나이 50세 무렵에 노나라의 관직을 갖게 되었는데, 현재의 법무장관쯤 되는 직책을 가진 것으로 보인다. 그러나 56세에 공자의 개혁적 정치를 거부하던 귀족들과의 갈등으로 사직하고 노나라를 떠나게 되었다. 공자는 옛날 주공처럼 자신의 정치적 포부를 펼치고 싶어 약 13년 동안이나 여러 나라를 다니면서 이상적인 정치를 실현할 기회를 얻고자 했지만 그를 중용하여 써 주는 이가 없었다. 공자는 자신의 철학적, 정치적 포부를 펼 수 없다는 사실에 무기력함을 느꼈다.

『사기』(史記)에 보면, 공자가 정나라로 갈 때 제자들이 동행했다. 공자가 제자들과 떨어지게 되어 동문 옆에 우두커니 서 있었다. 제자 자공이 사람들에게 스승의 용모를 설명하며 저잣거리에서 공자를 찾고 있었다. 그때 한 노인이 "동문 옆에 웬 노인이 서 있는데 그 양반을 찾는지 모르겠구려. 생김새는 요임금 같고, 목은 순임금과 우임금을 섬긴 고요와 비슷하며, 어깨는 명재상 자산을 닮았습니다. 그렇지만 … 맥 빠져 우두커니 서 있는 모습이 주인이 황망 중이라 미처 얻어먹지 못해 기운이 빠진 상갓집 개를 연상케 합니다"라고 말했다. 공자를 찾아 만난 자공이 이 말을 나중에 공자에게 전하자, 공자는 자신을 '상갓집 개'라고 표현한 것이 자신의 처지에 딱 들어맞는 표현이라고 답변했다. 그의 인생에서 마지막 5년 정도는 저술 활동에 집중한 것으로 알려져 있다. 공자는 자신의 뜻을 펼치지 못하는 것에 대해 아무도 원망할 수 없고, 하늘도 원망할 수 없다고 한탄했을 뿐이다.

공자는 가정에서 아내로부터 인정받지 못했고, '주유열국'하느라 가정을 소홀히 했다. 또한 공자가 69세 되던 해에 외아들 공리가 50세의 나이로 세상을 먼저 떠났다. 자식을 먼저 보낸 슬픔이 가시기도 전에 가장 기대했던 제자 안연(顏淵)이 죽었다. 공자는 안연의 죽음 소식을 듣고서 "하늘이 나를 망치는구나! 하늘이 나를 망치는구나!"라고 탄식을 했다고 한다. 공자가 72세 되던 해에는 제자 자로(子路)가 위나라에서 벼슬을 하다가 내란에 휩쓸려 사망했다는 소식을 듣고 슬퍼했다. 공자의 제자 자로는 공자 자신이 '도가 행해지지 않아 뗏목을 타고 바다로 나아간다면 나를 따를 자'는 자로뿐이라고 할 만큼 아꼈던 제자였다.

그는 죽기 7일 전에 자신의 죽음을 예감한 듯 이런 말을 남겼다. 그의 마지막 모습은 『사기』와 『논어』에 전해져 오고 있다. 공자는 "아무도 나를 알아주지 않는구나!"라고 탄식했다고 한다.

"태산이 무너지려는도다! 들보가 부러지려는도다! 철인이 시들려는도다! 내 시조는 은나라가 아니더냐. 어젯밤 꿈에 두 기둥 사이에 편안히 앉아 있는 꿈을 꾸었다. 나는 이제 아무 말도 하지 않으련다. 하늘이 무슨 말을 하던가? 사시가 운행되고 만물이 생장하지만 하늘이 무슨 말을 하던가?"

자공이라는 제자가 죽음을 앞둔 공자에게 계속해서 유언을 남겨 줄 것을 요청했으나 공자는 침묵했다. 공자는 죽음에 대해서 할 말이 없다고 말했다. 그래서 '유교는 종교가 아니고 학문이다'라고 말하기도 한다. 실제로 공자는 소크라테스와 마찬가지로 자신은 죽음과 그 이후의 문제에 대해 알지 못한다는 것을 솔직하게 말했다. 죽음 이후의 문제를 다루지 않기 때문에, 유교는 유학(儒學)으로 불리는 것이 옳다. 공자는 『논어』(論語) 위정(爲政)편에 자신의 인생을 시기로 나누어 놓은 듯이 설명한다.

"나는 열다섯 살에 배움에 뜻을 두었고, 서른 살에는 자립했으며, 마흔 살에는 미혹되지 않게 되었고, 쉰 살에는 하늘의 사명을 알게 되었으며, 예순 살에는 귀로 듣는 대로 모든 것을 순조로이 이해하게 되었고, 일흔 살에는 마음 내키는 대로 좇아도 법도를 넘어서지 않게 되었다."[22]

우리는 공자의 사상과 삶에서 '군자의 도'를 추구했던 위대한 현인의 모습을 찾아볼 수 있지만, 공자 자신이 말한 것처럼, 그는 죽음 이후의 일에 관심도 없을 뿐만 아니라 알지 못했다. 공자는 자기 자신을 신으로 주장한 적도, 그렇게 생각한 적도 없었다. 기독교적인 관점에서 공자를 평가해 보자. 공자는 철저한 인본주의자로 보인다. 그는 보이지 않는 세계에 대해서는 무관심했고, 현세의 정치에 지나칠 정도로 집중했으며, 사후세계의 삶에 대해서도 불가지론을 표명했다. 공자는 주전 479년에 72세로 세상을 떠났다. 공자 역시 자신을 신으로 말한 적이 없다.

무함마드의 죽음과 유언

이슬람교의 창시자 무함마드(Muhammad, c. 570-632)는 카리스마적 예언자이자 강력한 군사적 지도자였다. 그는 주후 570년경 아라비아반도의 메카에서 유복자로 태어났다. 그의 아버지 압둘라(Abdullah)는 무함마드가 태중에 있을 때 세상을 떠났다. 어머니 아미나(Aminah)는 그가 6세가 되었을 때 사망했다. 고아가 된 그는 조부 압드 알무탈립(Abd al-Muttalib)과 삼촌 아부 탈리브(Abu Talib)의 보살핌 속에서 자랐다. 청년 시절, 그는 메카의 부유한 상인의 낙타를 모는 사람으로 고용되어 생계를 이어 갔다. 무함마드가 25세 되던 해에 그 거상이 사망하자, 그의 미망인 카디자(Khadijah)가 무함마드에게 청혼했고, 두 사람은 결혼했다. 이 결혼을 계기로 무함마드는 경제적인 안정을 누리게 되었다고 한다.

무함마드 당시 아라비아는 우상을 숭배하는 다신론 신앙이 지배적이었다. 수많은 신들 중에서 최고 신은 알라였다. 무함마드 역시 어린 시절에는 아라비아의 전통 신앙을 따랐으나 점차 회의감을 느끼게 되었다고 전해진다. 전승에 따르면 그는 카디자의 사촌 와라카(Waraqah)와 시인 우마이야(Umayyah)를 통해 유대교와 기독교를 접촉하기 시작한 것으로 보인다. 그는 네스토리우스파와 컬리리디아니즘(Collyridianism)의 영향을 받은 것으로 추정된다. 무함마드는 40세 무렵, 자신을 가브리엘이라고 밝힌 천사를 통해서 알라로부터 계시를 받기 시작한 것으로 전해진다.

무함마드는 인접한 부족들을 대상으로 군사력으로 점령하며 자신의 세력을 점차 확장해 나갔다. 그의 탁월한 군사적 리더십 아래 그의 세력은 아라비아반도를 넘어서 정치적·종교적 영향력을 확보하게 되었다. 그는 아라비아 지역에 강력한 신정통치 체제를 수립했고, 종교와 정치를 통합한 신정국가 체제에서 스스로 왕과 선지자의 권위를 동시에 행사했다. 무함마드는 전통적인 모든 우상 숭배를 금지하고, 유대교와 기독교를 압박해서 이들 종교를 이슬람교에 흡수하거나 종속 관계로 편입시키려고 노력했다.

무함마드는 죽음 직전에는 메디나에서 병상에 누워 있었다. 자신의 죽음이 임박했음을 알았던 무함마드는 병상에서 자신의 후계자에게 중요한 역할을 맡기기 위해 지시를 내렸다. 그는 신뢰할 수 있는 동료인 아부 바크르(Abu Bakr)에게 기도회를 맡겼으며, 아부 바크르는 무함마드 사후에 첫 번째 칼리프로 선출되었다.

무함마드는 주후 632년 6월 8일, 63세의 나이로 죽음을 맞이했다. 사히흐 알-부카리 하디스에 의하면, 무함마드는 열병으로 20일 동안 투병을 했다. "무함마드는 병에 걸린 후 열병으로 고통을 겪었다. 그의 몸이 점점 약해져, 마지막에는 기도회를 이끌 수 없었다"고 한다. 사히흐 무슬림 하디스에 의하면, 열병을 앓던 무함마드는 애처 아이샤(Aisha)의 품에 안겨 죽음을 맞이했다. 그는 가족과 가까운 동료들에게 마지막 말을 전했다. 그는 고통 속에서 다음과 같은 마지막 말을 남겼다고 한다.

"내가 너희에게 두 가지를 남긴다. 그것은 알라의 책과 내 후손인 가족이다. 이 두 가지를 지키면 결코 길을 잃지 않을 것이다."

마지막 모습에 대한 또 다른 내용은 "오, 알라여! 이제 모든 고통에서 벗어나기를 원합니다", "알라여, 나를 용서하소서. 나를 높은 곳 반려단에 가입시켜 주소서. 낙원에… 영원!… 용서!… 높은 곳에, 그 복된 곳에"라는 기도였다. 이 기도를 끝으로 무함마드는 63세의 나이로 이 세상을 떠났다.

예수 그리스도의 죽음, 유언 그리고 부활

인류의 성현과 종교 창시자들과 비교해 볼 때 예수 그리스도의 십자가 죽음은 매우 독특하고 본질적인 차이가 있다. 종교 창시자 가운데서 예수님은 유일하게 결혼하지 않았고 자녀도 없다. 석가모니, 소크라테스, 공자 그리고 무함마드는 모두 결혼했고 자녀를 두었다. 이들에 비해 예수님은 약 30세 정도에 요단강에서 세례를 받으신 후에 약 3년 정도 공적인 활동을 하며 전도자의 삶을 사셨다. 그리고 가장 젊은 나이 33세 정도에 로마의 채찍 형벌과 십자가 형벌이라는 가장 고통스러운 처형 방식으로 죽임을 당하고 부활하셨다. 다른 종교 창시자와 사상가들과 비교해 볼 때 예수님은 매우 독특한 삶과 메시지를 남기셨다.

첫째, 예수님은 자신이 하나님이라고 선포하셨다. 석가모니도 무함마드도 자신이 하나님이라고 선포하지 않았다. 그러나 예수님은 자신은 하나님과 같다고 말씀하시면서 하나님만이 행하실 수 있는 수많은 기적을 일으키셨다. 꾸란에 따르면, 무함마드는 기적을 행한 적이 없고, 원시불교에서 석가모니도 기적을 행한 적이 없다. 이사야 선지서의 예언처럼, 예수님은 처녀의 아들로 태어났고, 죽은 자를 살리며, 나병 환자를 고치고, 보지 못하는 자를 보게 하며, 말 못 하는 자를 말하게 하는 기적을 행하셨다.

둘째, 예수님은 구약성경의 메시아에 대한 예언을 성취하고 오셨다. 바톤 페인(Barton Payne)의 『성경 예언 백과사전』(Encyclopedia of Biblical Prophecy)에 의하면, 메시아의 초림과 관련된 136개에 달하는 모든 예언을 성취하셨다. 복음서에는 십자가에 달려 처형되는 과정에 남기신 '가상칠언'(십자가 위에서 하신 말씀)이 기록되어 있다. 예수님의 마지막 말씀은 "다 이루었다"는 것이다. 이 말씀은 메시아의 오심과 죽음에 대한 구약성경의 예언을 성취했으며 인류를 위한 대속과 구원의 길을 완성했다는 뜻이다.

셋째, 다른 종교의 창시자들이 수명을 다하고 노환이나 질병으로 사망한 것과는 달리, 예수님은 십자가에서 죽음을 당하기 위해 이 땅에 태어나셨다. 메시아의 출생과 죽음은 구약성경에 예언되어 있었다. 예수님은 인류의 죄를 대속하기 위해서 자신을 하나님께 화목제물로 드리셨던 것이다. 예수님은 자기 생명을 많은 사람의 대속물로 주어 죗값을 다 지불하고 하나님의 의를 이루셨다. 예수님은 체포되기 직전 제자들과 함께했던 최후의 만찬에서도 "나로 말미암지 않고는 아버지께로 올 자가 없느니라"(요 14:6)고 분명하게 말씀하셨다.

넷째, 예수님은 십자가에 달려 죽으신 지 삼 일 만에 부활하셔서, 하나님의 아들이라는 예수님의 신성을 선포하셨다. 주요 종교 창시자들의 임종 모습과 비교하면 아주 독특하다는 것을 알 수 있다.

석가모니는 '생자필멸'을 말하며, 살아 있는 것은 죽을 수밖에 없으니, 죽음을 받아들이라는 교훈을 남겼다. 소크라테스는 육체를 영혼의 감옥으로 여겼고, 몸의 부활이 아닌 영혼의 불멸 사상을 가르쳤을 뿐이다. 공자 역시 '생자필멸'의 사상을 받아들였으며, 죽음 이후의 세계에 대해서 자신은 알지 못한다고 말했다. 자신의 정치적 이상을 실현하지 못하고 죽는 것을 아쉬워했다. 무함마드는 고통에서 벗어나기를 기도하면서 죽음을 맞이했다.

그러나 예수 그리스도는 인류의 죽음을 통분히 여기고 안타까워하셨다. 예수님은 나인성 과부의 죽은 아들을 향해 "청년아 … 일어나라"(눅 7:14)고 말씀하셨다. 또한 죽은 지 나흘이 지난 나사로의 무덤 앞에서는 눈물을 흘리며 "나사로야 나오라"(요 11:43)고 말씀하셨다. 예수님은 십자가에 달린 상태에서도 옆에 있던 강도를 전도하고 구원받게 하셨다. 자신을 불의한 재판에 넘긴 이들과 못을 박은 로마 병사들을 용서하는 기도를 드리셨다. 자신의 소명을 "다 이루었다"(요 19:30)고 말씀하시고 운명하셨다.

또한 예수님만이 사망의 권세를 깨고 예언한 대로 삼 일 만에 부활하셨다. 종교 창시자와 사상가들 가운데 오직 예수님만이 부활하셨다. 예수님의 빈 무덤은 우리에게 부활이 사실임을 알려 준다. 그러므로 예수 그리스도를 단순히 세계 4대 성인 중의 한 분이라거나, 다른 종교 창시자와 사상가들과 동등한 분으로 생각하는 것은 틀렸다.

다섯째, 예수님은 승천하신 후에도 역사의 종말이 올 때까지 제자들 및 모든 그리스도인에게 하나님의 성령으로 임하여 함께하신다.

"제자들이 나가 두루 전파할새 주께서 함께 역사하사 그 따르는 표적으로 말씀을 확실히 증언하시니라"(막 16:20).

교회사를 살펴보면, 살아 계신 예수 그리스도가 그리스도인들을 만나시고, 성령의 은총을 경험한 수많은 증언이 있음을 알게 된다.

결론적으로 말하면, 종교 창시자들 가운데서 가장 독특한 분은 예수 그리스도이다. 비교종교학자들이 제일 설명하기 어려워하는 분도 기독교의 창시자 예수 그리스도이다. 예수님의 생애와 전도 기간이 가장 짧았지만 기독교는 세상에서 가장 큰 종교가 되었다. 성 어거스틴은 '종교'의 의미는 사람을 창조주에게 다시 연결해 주는 것이라고 말했다. 이 점에서 기독교는 하나님께 가는 유일한 종교이다. 예수님의 삶과 교훈은 석가모니(수행의 방법), 공자(교육의 방법), 소크라테스(계몽의 방법), 무함마드(전쟁을 통한 세력 확장)와는 너무 달랐다. 예수님은 '구약성경에 예언된 메시아이며 하나님의 본체'이시다.

성경을 읽어 보면, 우리는 '예수님에 대해서 구세주로 믿을 것인가, 말 것인가?'라는 선택의 문제에 직면하게 된다. 요한복음은 예수님을 믿는 자에게는 하나님이 영생을 주시지만, 믿지 않는 자에게는 영원한 형벌이 주어진다고 말한다.

"하나님이 세상을 이처럼 사랑하사 독생자를 주셨으니 이는 그를 믿는 자마다 멸망하지 않고 영생을 얻게 하려 하심이라 하나님이 그 아들을 세상에 보내신 것은 세상을 심판하려 하심이 아니요 그로 말미암아 세상이 구원을 받게 하려 하심이라 그를 믿는 자는 심판을 받지 아니하는 것이요 믿지 아니하는 자는 하나님의 독생자의 이름을 믿지 아니하므로 벌써 심판을 받은 것이니라"(요 3:16-18).

질문 5: 불교의 특징은 무엇이며, 핵심 교리의 문제는 무엇인가?

불교에 대한 이해

석가모니의 가르침의 핵심

불교(佛敎)는 '부처의 가르침의 종교'를 의미하며 석가모니가 설법한 원시불교를 시작으로 소승불교가 나왔고, 나중에 대승불교가 나왔다. 『세계 종교 사상사』를 저술한 미르치아 엘리아데(Mircea Eliade)에 의하면, 불교는 "종교의 창시자가 자신을 신의 예언자 혹은 신의 사도라고 공언하지 않고, 심지어는 최고의 존재-신의 관념 자체를 부정하는 유일한 종교"이다.[23]

불교를 이렇게 규정하는 것은 석가모니의 설법을 중심으로 한 원시불교의 특성이라고 할 수 있다. 원시불교는 석가모니 입적 후에 제자들이 그의 가르침을 따라 세운 불교를 말한다. 소승불교는 대승불교가 성립되기 이전에 출가(出家)를 강조하는 불교로 흔히 '무소의 뿔처럼 혼자서 가라'는 말로 표현된다. 한국과 일본에 주로 전파된 불교는 대승불교로서 중생을 구원하는 구원자로서의 법신과 보살 개념을 갖고 있다는 특징이 있다.

막스 베버(Max Weber)에 의하면, 대승불교는 삼신(三身)론-화신(化身), 보신(報身), 법신(法身)-의 부처 개념을 발전시켰다.[24] 석가모니가 영원 불멸의 법신이 되었다는 대승불교의 가르침은 원시불교 석가모니의 가르침과는 분명한 차이점이 있다. 대승불교는 부처처럼 수행하기보다는 부처를 구원자로 숭배하고, 부처로부터 자비와 긍휼을 바라기 때문에 점차 많은 보살을 섬기는 종교로 변했다. 이 법신으로서의 부처는 힌두교에서 발생하여 대승불교에 영향을 미친 환생 철학으로 이해할 수 있다.

고타마 싯다르타는 열반에 이르기 전에 이미 550회나 환생했다고 한다.[25]

그의 탄생을 신비화하는 사람들은 싯다르타가 태어나자마자 "나는 이 세상에서 가장 고귀한 존재, 가장 위대한 존재, 가장 먼저 태어난 존재이다. 이것은 나의 마지막 탄생이며 장래에 내가 다시 태어나는 일은 없을 것이다"라고 말했다고 한다. 바로 이 점에서 고대의 원시불교와 나중에 나온 대승불교의 가르침은 상호 충돌한다는 것을 알 수 있다. 고대불교는 '영혼'의 개념 자체를 거부하고 있기 때문이다.[26] 극락, 지옥, 구세주들이 강조되고 있는 것은 고대 소승불교 사상이 아니라 대승불교 사상이며, 이것은 힌두교적인 영향을 받았거나, 달라이 라마(Dalai Lama)의 티베트불교처럼 정령 숭배 종교와 결합되어 변화되었다고 보는 것이 타당해 보인다.

석가모니는 '삼법인', '사성제', '팔정도', '12연기설'을 통해 고통의 원인에 대한 해결책을 제시하고 해탈하는 방법을 가르쳤다. 그가 해탈에 이르는 진리로 확증한 '삼법인'은 제행무상(諸行無常), 제법무아(諸法無我), 일체개고(一切皆苦)이고, 열반적정(涅槃寂靜)을 더하면 사법인이 된다. 시간과 공간 안에 변하지 않은 독립적인 실재는 존재하지 않는다는 것인데, 이를 깨닫지 못한 중생은 고통의 세월을 보낼 수밖에 없다는 것이다. 그래서 석가모니는 35세에 득도한 이후에 인도의 베나레스에서 첫 설법을 전했다. 그의 '사성제'(Four Noble Truths), 즉 해딜에 이를 수 있는 불교의 네 가지 원칙은 다음과 같다.

첫째 원칙은 고성제이다. 고통은 누구에게나 있다. 해탈은 계속되는 고통으로부터 벗어나는 것이다. 산다는 것 자체가 고통을 수반하며 태어난 이상 고통을 면할 수 없다. 열반은 고통에서 벗어나는 것이다. 고통이라고 번역되는 '둑카'(Duhkha)는 일반적인 생로병사의 고통, 변화에 의해 초래되는 고통 그리고 주어진 조건이나 상태에 의한 고통으로 구분된다.

둘째는 집성제이다. 고통의 원인은 갈망(욕망)이며 지나친 집착 때문이라고 본다. 감각적 쾌락을 위한 욕망, 자기를 영원히 유지하고자 하는 욕망, 자살로 이어지는 소멸의 욕망으로 구분한다. 이것을 '번뇌'(Tanha)라고 부른다. 소멸(자살)로도 윤회는 파괴되지 않는다.

셋째는 멸성제로서, 고통으로부터 벗어나는 것은 번뇌를 버리는 것으로 가능해진다. 욕망을 그치면 고통도 없어진다. 그래서 열반은 모든 갈망이 소멸된 상태이다.

마지막 넷째 원칙은 도성제이다. 석가모니가 만든 해법은 네 번째인 도성제에 있다. 멸도(滅度)에 이르는 여덟 가지 방법, 즉 팔정도를 따름으로 욕망을 제거할 수 있다는 것이다. 사람이 번뇌를 스스로 없앨 수 있는 여덟 가지 길-정견, 정사, 정어, 정업, 정명, 정정진, 정념, 정정-을 통해서, 석가모니는 모든 사람은 열반(Nirvana)에 이를 수 있다고 보며, 죽음과 환생의 부단한 순환(윤회)으로부터 해방된다고 가르쳤다.

힌두교와 비교해 볼 때, 불교의 획기적인 차이점은 "힌두교의 불평등한 계급과 인간관을 평등한 인간관으로, 신 중심 세계관을 인간 중심적인 연기(緣起)의 세계관으로, 고행을 중심으로 하는 수행관을 중도(中道)의 수행관으로 그리고 내세적 해탈관을 현세적 해탈관으로 전환시킨 것"이다.[27] 석가모니는 보리수 아래서 수행하여 도를 이루고 견성성불(見性成佛)하였는데, 그 내용은 '인연'이다. "모든 존재는 인연에 따라 생기고 인연에 따라 없어진다. 이렇게 없어졌다 생겼다 하는 것"이다. 석가모니는 이렇게 설명했다.

> "이 인연설은 모든 사물의 실체를 인정하지 않는 무아사상의 토대가 된다. '모든 존재는 서로 의지하고 서로 관련하여 존재하는 인연생기(因緣生起)이므로 무아(無我)인 것이다.'"[28]

대부분의 사람들이 동의하는 것처럼, 불교를 창시한 석가모니는 심오한 사상가였음이 분명하다. 그는 인간의 보편적인 문제의 근원을 고통으로 보고, 고통을 해결하는 방편으로 팔정도를 제시했다는 점에서, 그의 문제의식과 해결방법론은 분명한 체계를 갖고 있다.

흔히 불교의 핵심 사상을 '무아사상'과 '윤회사상'으로 압축할 수 있다. '윤회사상'이란 인간의 생은 끝없이 마치 수레바퀴처럼 돌고 돈다는 것이고, '무아사상'은 '나'는 존재하지 않는다는 사상이다. 인간의 고통은 존재하지 않는 '나'를 존재한다고 착각하는 것에서 시작한다. '부처'(Budda)라는 이름은 '이것을 깨달은 사람'을 뜻한다. 석가모니는 '나 없음'(무아)을 깨닫게 되면 생의 고통과 윤회의 과정에서 해방될 수 있다고 가르쳤다. 이것이 불교의 궁극적인 목적이다. 석가모니의 가르침은 사람들로 하여금 무아에 이르러 이 고통스러운 윤회의 사슬에서 벗어나도록 돕는 것이다.

불교 핵심 교리의 모순

불교의 핵심 사상인 '윤회사상'과 '무아사상'은 불교의 교리에 잠재된 심각한 문제점을 노출한다. '무아설', '윤회설', '성불'은 그 내용이 서로 조화를 이루지 못하는 것으로 보인다.[29] 필자는 불교 사상의 모순을 다섯 가지 관점에서 살펴보려고 한다.

첫째, 석가모니의 원시불교의 가르침을 참고하면, 석가모니나 성불한 스님들이 해달해서 열반에 이르렀다면 당연히 '무아'가 되고, 더 이상 존재하지 않아야 한다. 그런데도 대승불교는 석가모니와 성불한 스님들이 중생들을 계도하기 위해 그들 사후에 지금도 존재한다고 말한다.

가령 성철 스님(1912-1993)의 열반 게송(偈頌)을 읽어 보면, 그는 평생 사람들을 속였고 무간지옥에 떨어졌다고 한다.[30] 불교에서는 그의 삶을 절대 부정과 절대 긍정으로 표현한 것이라고 해석한다. 만약 불교의 해석대로 성철 스님 정도 되는 분은 지옥에 가서 중생들을 계도해야 한다고 가정해 보자. 여기에서 몇 가지 중요한 질문이 생긴다. 촛불이 꺼지듯이 소멸되었어야 할 '자아'가 여전히 존재한다고 말하기 때문이다. 여기에서 원시불교와 대승불교의 큰 차이점이 있다. 원시불교의 석가모니는 해탈하면 '무아', 즉 존재가 소멸된다고 가르쳤다. 그렇다면 석가모니의 초기 가르침의 관점에서 볼 때에, 성철 스님은 실제로는 해탈하지 못한 것일 수 있다. 대승불교의 가르침이, 해탈한 후에 법신이나 미륵으로 존재하는 것이 가능하다고 가르친다면, 그것은 원래 석가모니의 초기 가르침인 무아사상과 상충된다.

만약 대승불교의 해석대로라면, 석가모니나 성철 스님도 사후에 여전히 존재하니, 그들도 이루지 못한 무아를 어느 누가 이룰 수 있단 말인가? 누가 해탈할 수 있다는 것인가? 무아는 윤회를 거듭하던 한 개인의 존재 자체가 소멸되는 것이다. 무아는 존재가 소멸되어 그냥 사라져 없어지는 것인데, 어떻게 이것이 인류의 고통을 해결할 수 있는 해답이 된다는 말인가? 이런 점에서 불교의 무아사상은 고통에 대한 근원적인 해답이 될 수 없고, 석가모니의 원래 가르침인 무아와 대승불교의 열반에 이른 승려의 '사후 존재'는 상호 간에 모순이 된다고 볼 수 있다.[31]

둘째, "불교는 자기 동일적 윤회 주체를 상정함이 없이, 한 생애에서 다음 생으로 이어지는 오온 상속으로서의 윤회를 설한다"고 말하는 것 이외에, 자아의 존재 여부에 관한 질문에 대해서 분명한 답변을 제시하지 못한다.[32] '오온'(五蘊)-색(물질과 형태), 수(감각), 상(지각과 상상), 행(행동과 의지) 그리고 식(의식)-은 인간을 구성하는 다섯 가지 요소를 말한다. 석가모니는 '오온'이 진정한 자아가 아니라고 말했다.

자아가 존재하지 않는다면 윤회가 무슨 의미가 있다는 말인가? 아니면 "자기의 존재를 믿는 것은 영속성이라는 이단에 떨어지는 것이고, 자기를 부정하는 것은 죽음으로 소멸된다고 하는 이단에 떨어지는 것"이기 때문에, 답변을 할 수 없었던 것은 아닐까?[33] 무아사상에 의존하는 불교의 해탈관은 인간이 당하는 고통에 대한 참된 답이 될 수 없다. 촛불이 꺼지듯이 사라지는 존재의 절대적인 소멸이 어떻게 한 존재(인간)가 당하는 고통에 대한 해답이 될 수 있는가?

열반은 구원이 아니라 한 개인의 멸망을 말할 뿐이다. 불교의 해탈이 '내가 없다'(무아)를 깨달아야 이룰 수 있는 것이라면 그리고 인간에게 고통을 가져오는 업보가 '윤회'나 '무아'로 해결된다면, 스스로 노력하고 부지런히 정진하라는 석가모니의 마지막 가르침은 헛된 행위를 하게 할 뿐이다.

셋째, 불교의 윤회설에 따르면 중생은 업의 영향으로 인해 여섯 가지 존재계(지옥도, 아귀도, 축생도, 수라도, 인간도, 천상도)를 무한한 과거부터 무한한 미래에 이르기까지 반복적으로 윤회전생(輪廻轉生)을 해야 한다. 그렇지만 윤회설은 인간의 존엄성을 설명하지 못한다. 가령, 윤회론의 관점에서 보면 샴쌍둥이는 전생의 업보로 그렇게 태어난 것이며, 교통사고로 장애를 갖게 된 사람도 역시 전생의 업보에 의해 그렇게 된 것이다. 업보는 이 세상의 불의와 고통과 질병의 문제를 해결할 수 없다. 부처는 팔정도를 가르쳤지만, 숙명론적인 업보를 자신도 바꿀 수는 없다는 것을 분명히 말했다. 불교는 강간을 반대할 수 있는가? 살인, 사기, 강간, 사고를 당하는 것도 전생의 업보 때문이 아닌가?

불교는 교리상 긍휼을 베풀어 환자를 고치거나 죽은 이를 살리는 기적이 필요하지 않다. 현재의 문제는 전생의 업보이며, 윤회를 벗어나는 무아를 이루려면 고통에서 벗어나려고 하는 집착마저도 버려야 한다는 게 석가모니의 가르침이다. 이 점에서 불교는 현재의 형편을 개선할 기적을 전혀 필요로 하지 않는다. 다음 생애에 다른 육체를 가지고 태어나면 그만이기 때문이다. 사람의 행동이 업보에 따라 진행되는 것이라면, 불의를 행하는 자, 고통을 야기하는 자의 모든 행위도 정당화시켜 주는 역할을 하는 것이 업보교리이다. 따라서 불교는 업보에 함축된 여러 모순들을 명확하게 설명하지 못한다.

넷째, 불교의 가르침대로 윤회설이 옳고, 해탈하는 사람들이 있다면, 인구는 계속해서 줄어들어야 한다. 불교의 궁극적인 진리는 자아의 소멸(무아 사상)을 통해 윤회의 순환 고리에서 벗어나는 것이다. 해탈에 이르는 순간에 더 이상 그 존재는 다른 형태로 변하여 존재할 수 없다. 이 점을 고려하면, 인구의 숫자는 당연히 줄어야 하는데 지구상의 인구는 계속 늘고 있지 않은가? 필자가 보기에 인구의 폭발적인 증가는 불교의 해탈의 교리가 실제로 전혀 이루어지지 않는다는 것을 보여 준다고 생각한다. 해탈하는 사람이 많을수록 인구수는 감소되어야 한다.

다섯째, 불교의 가르침을 받아들인다고 해도 성불하는 데 시간이 너무 많이 걸린다. 사람이 부처가 되기까지 걸리는 시간은 무려 '삼아승기백대겁', 즉 1조 년의 61승이라고 한다. 이것은 엄청난 상징적 수치로 실제 시간이라기보다는 불교적 영겁의 개념을 강조하는 표현으로 보기도 한다. 아무튼 이 기간은 영원한 과거와 영원한 미래가 존재한다고 상상해야만 어쩌면 가능할 것이다. 그러나 우주가 약 138억 년 전에 아무것도 없는 상태에서 발생했다고 하는 우주천문학의 빅뱅이론만 고려해 보아도 불교에서 말하는 성불에 필요한 시간을 확보하는 것은 사실상 불가능하다. 우주의 나이가 너무 짧아서 성불을 이룰 수 있는 시간이 충분하지 않기 때문이다.

결론적으로, 필자는 불교가 고통의 문제를 해결하는 방식, 즉 소유와 존재에 대한 강한 집착을 버리게 하는 가르침은 훌륭하며, 기독교의 교훈과 일맥상통하는 부분이 있다고 본다. 그렇지만 원시불교의 '무아'와 대승불교의 '성불'이 서로 다른 개념이요, 양립할 수 없는 개념인 것은 분명하다. 무아가 맞으면 성불이 거짓이고, 성불이 맞으면 무아가 거짓이 되기 때문이다. 그리고 세상의 기원, 인간의 존엄성의 근거, 여성에 대한 인격 무시, 영원한 과거와 미래로 이어지는 윤회설, 윤회설이 가지는 모순, 석가모니 스스로가 신이라고 말하지 않았다는 사실을 종합적으로 고려할 때에 불교의 가르침이 내적으로 일관성이 있다고는 생각하기 어렵다.

불교는 무에서 유의 창조, 타락한 인간들을 위한 그리스도 예수의 십자가의 희생을 통한 대속과 구원, 최후의 심판을 말하는 기독교의 교리와는 너무나 다른 교리를 가진 종교이다. 이런 점을 고려해 보면, 종교다원주의자가 주장하는 것처럼 기독교와 불교는 '동일한 신'(익명의 그리스도)을 믿는 종교로 여길 수는 없다.

질문 6: 이슬람교와 기독교, 어느 쪽이 진리인가?

전 세계에서 가장 큰 종교는 기독교이고, 가장 급성장하는 종교는 이슬람교이다.

이슬람교의 특징―여섯 가지 기본 신앙은 무엇인가?

무함마드는 쿠라이쉬족의 하쉼 가문에서 압둘라의 아들로 태어났다. 25세에 당시 40세인 카디자라는 과부와 결혼하여 여러 아이들을 낳았지만 모두 죽고, 파티마(Fatima)라는 딸 하나만 살아남았다고 한다.[34] 그는 40세쯤(610년경)에 시우디아라비아의 메카 근교의 히라산 동굴에서 천사를 통해 계시를 받았다고 한다.[35] 꾸란은 아랍어로 '읽혀야 할 것', '외움'이라는 뜻이다. 무함마드는 문맹이었을 것으로 추정되며, 그가 직접 글로 남긴 것은 없다. 그에게 들었던 내용들을 기억하는 사람들의 구술에 의존해서 기록되었을 것이다. 경전으로서의 꾸란은 3대 칼리프인 오스만 이븐 아판(Uthman ibn Affan)이 646년에 완성했다. 이슬람교의 여섯 가지 기본 신앙(이만)을 좀 더 자세히 살펴볼 필요가 있다.

첫째, 알라는 알―일라(Al-Ilah)의 약자로, 이슬람교는 '오직 알라만이 참 신'이라고 믿는다. 원래 알라는 무함마드 가문이 속해 있던 쿠라이쉬족이 섬겨

왔던 달신(moon god)의 이름이다. 알라신은 한 분, 영원, 무한, 정의, 자비, 사랑, 주권적인 의지를 갖고 있다. 무함마드는 기독교의 삼위일체를 삼신론으로 오해했다. "마리아의 아들 예수여, 너는 사람들에게 '알라가 아니라, 나와 나의 어머니를 신으로 숭배하라'라고 말하였는가"(꾸란 5:116). 알라신의 단일성은 기독교의 삼위일체 교리를 부인하며 서로 조화될 수 없다. 꾸란이 부분적으로 알라의 자비와 사랑을 말하기는 하지만, 자비와 사랑이 알라의 본질은 아니다.

둘째, 이슬람교에서 최고 권위를 가지는 경전은 꾸란이다. 이슬람교는 네 종류의 책-모세의 토라(Torah), 다윗의 시편(자부르, Zabur), 복음서(인질, Injil) 그리고 꾸란(Quran)-이 알라신으로부터 영감을 받아 쓰였다. 이 중에서 꾸란이 흠이 없고 최종적이며 궁극적인 완전한 계시라고 주장한다. 꾸란은 알라의 말씀이며, 천국에 있는 원본, '책의 어머니'의 복사판이다. 꾸란은 총 114수라(Surah, 장)로 구성되어 있다. 길이가 긴 수라는 앞에 위치하고, 짧은 수라는 뒤에 위치한다.

꾸란은 무함마드가 610년부터 632년까지 알라의 계시를 받았고, 그의 사망 후에 수집된 계시를 편집해서 만들어졌다. 칼리프 오스만은 그전에 몇 종류 사본이 있었던 것 중에서 하나의 사본을 표준으로 정하고, 나머지는 소각해 버렸다. "아니 이것이야말로 영광스런 꾸란으로 하늘에 보관된 명판에 쓰여 있는 것이다"(꾸란 85:21-22). 하디스(Hadith, 전승)에 실린 말은 수나(sunna, 관습)로 불린다. 이슬람교 학자들은 꾸란의 내용과 다른 구약성경과 신약성경의 해당 부분이 변질되었다고 주장하며, 꾸란을 통해서 그 내용을 교정해야 한다는 원칙을 말한다(꾸란 2:2, 43:2-4).

셋째, 알라의 선지자들에 대한 믿음이다. 알라는 인류에게 12만 4천 명의 예언자를 보냈는데, 꾸란에는 아담, 노아, 아브라함, 모세, 아론, 롯, 요나, 엘리야, 다윗, 솔로몬, 스가랴, 예수, 무함마드 등 25명의 이름이 언급되어 있고, 그중 21명은 성경에도 나오는 사람들이다. 알라의 선지자와 예언자들을 메신저로 보냈기에 이슬람교 신자들은 이들의 교훈을 따라야 한다. 이슬람교에서 가장 중요한 예언자는 무함마드이다.

넷째, 이슬람교는 천사들에 대한 믿음을 갖고 있다. 특별히 가브리엘(꾸란을 계시한 천사), 말라크(지옥을 지키는 천사), 이즈라일(사망의 천사), 이즈라필(종말에 심판날의 나팔을 부는 천사), 키라만, 카티빈(사람의 선행과 악행을 기록하는 천사, 사람의 오른쪽과 왼쪽에 있는 천사), 문카르와 나키르(사망한 이들을 심문하는 천사) 등이 있다. 이외에도 수많은 천사들이 알라의 뜻에 절대적으로 순종한다고 믿는다.

다섯째, 알라가 행하는 최후의 심판이 있다는 믿음이다. 마지막 날에 죽은 자들이 부활할 것이라고 한다. 알라가 심판자가 되어 사람들을 천국이나 지옥으로 보내게 될 것이며, 천국은 쾌락의 장소이고, 지옥은 알라와 무함마드를 거역한 사람들이 가는 장소이다.

여섯째, 알라가 모든 것을 주관한다는 정명 또는 숙명에 대한 믿음이다. 알라가 모든 것을 알고 있으며 모든 것을 발생시키고 소멸시킨다는 운명론이라고 할 수 있다.

상술한 대로, 이 여섯 가지 기본 신앙은 이슬람교도가 믿어야 하는 핵심적인 신조이다.

이슬람교 신앙의 핵심적인 다섯 기둥(Five Pillars of Islam)은 무엇인가?

알라에 대한 절대적인 복종을 위해서 이슬람교도가 실천해야 하는 다섯 가지 의무 사항이 있다. 무함마드가 정한 다섯 가지 의무는 흔히 이슬람교 신앙의 '오주'(五柱)로 불린다. 이슬람교의 다섯 가지 기둥이 무엇인지 그 내용을 살펴보자.

첫째, 신앙고백(Shahada, 샤하다)이다. "알라 외에 다른 신은 없으며, 무함마드는 신의 사도이다." 모든 무슬림은 이 고백을 소리 내어 외쳐야 할 의무가 있다. 그들은 이 신조를 암송만 해도 이슬람교에 들어오는 새로운 개종자가 될 수 있다고 말한다.

둘째, 기도(Salat, 살라트)이다. 모든 무슬림은 '하루 다섯 번'의 기도를 해야 한다. 그들은 정결례(기도하기 전에 얼굴, 손, 발을 씻어야 한다는 것)를 하고 나서 메카를 향해 선 자세, 엎드려 절하는 자세, 무릎을 꿇는 자세로 기도한다. 기도하는 시간은 해 뜨기 전, 정오, 정오와 일몰의 중간, 해 질 무렵 그리고 밤이 되었을 때이다. 살라트는 일종의 집단 기도 행위로서 아랍어로 기도한 후에 자국어 기도를 덧붙일 수 있다. 공식 예배 시간에는 이맘(종교 지도자)이 대표로 기도문을 읽는다.

셋째, 자선(Zakat, 자카트)이다. 일종의 의무적인 납부금으로 자선과 구제를 위해서 총 수입금의 2.5퍼센트를 바쳐야 한다. 이것은 이슬람교의 좋은 전통으로 간주된다. 자카트는 의무적인 것이며, 자발적인 자선금은 '자선'이라는 이름으로 각자 알아서 헌금을 한다.

넷째, 라마단 금식(Saum, 사움)이다. 이슬람력으로 아홉 번째 달, 라마단 기간에는 한 달 동안 일출부터 일몰까지 금식해야 하고, 술, 흡연, 수분 섭취 그리고 성관계도 완전히 금지된다. 그러나 일몰 후에는 일출 전까지 모든 것이 허용된다.

다섯째, 메카 순례(Hajj, 핫지)이다. 무슬림은 1년에 1회는 메카 성지를 방문해야 한다. 최소한 일생에 꼭 한 번은 메카를 반드시 방문하고 정해진 규칙에 따라 흑석이 있는 카바 신전을 일곱 바퀴 돌면서 기도문을 외쳐야 한다.

상술한 대로 다섯 가지 기둥 이외에 '지하드'(Jihad)가 추가되면 여섯 가지 기둥으로 말해지기도 한다. 지하드는 일반적으로 불신자들과의 전쟁에 모든 어른 남자를 소집하는 것으로 '성전(聖戰)의 의무'이다. 지하드는 마음(정신)의지하드, 손(직업과 신체를 통한)의 지하드, 혀(논쟁)의 지하드, 칼의 지하드(무력과 전쟁)로 구분하기도 한다.

성경과 꾸란, 어느 쪽이 완전한 계시인가?

무함마드가 한때 모세오경과 시편과 복음서의 영감성을 인정했을 만큼, 성경이 이슬람교에 영향을 미쳤다는 것은 분명하다. 그래서 두 종교에는 최후의 심판과 육체의 부활, 알라신의 속성, 믿음의 조상 아브라함 등에 관한 유사한 부분들이 있다. 그렇지만 이슬람교와 기독교 그리고 경전인 꾸란과 성경 간에는 상호 간에 충돌되는 부분도 적지 않다. 두 종교 간의 갈등 이면에는 진리와 계시의 온전성 문제가 깔려 있다. 이제 꾸란과 성경의 차이점을 살펴보자.

첫째, 프랑스의 블레즈 파스칼은 기독교와 이슬람은 선교 방식에 있어서 근본적인 차이점이 있다고 보았다. 기독교는 순교를 당함으로써 복음을 전했지만, 이슬람교는 상대방을 죽임으로써 그 세력을 확장했다는 것이다. 꾸란에 의하면, 배교는 알라신을 부인하고 그의 예언자 무함마드를 부인하는 것을 말한다. 유대인과 그리스도인은 우상을 섬기는 사람들이기 때문에 참수하여 죽이게 되어 있다. 샤리아법은 일절 다른 종교의 자유를 인정하지 않는다. 이슬람 사회에서 다른 종교로의 개종은 죽음에 해당되는 죄이다. 무슬림이 된다는 것은 모든 법적 권리를 갖는 시민이 되는 것을 의미하지만, 배교는 알라의 진노를 받는 일이다.

둘째, 이슬람은 꾸란을 통해 신구약 성경을 대체하고, 무함마드의 예언이 그 이전의 모든 예언을 능가한다고 주장한다. 꾸란과 성경의 내용은 서로 명확하게 모순되고 양립 불가능해 보이는 내용들이 상당히 있다. 무함마드는 성경의 완전성에 대해 모순된 견해를 가지고 있는 것으로 보인다. 그가 성경을 읽은 사람들에게 물어보라고 하면서도(꾸란 5:47-51, 21:7), 성경의 계시가 틀렸다고 말하는 것은 분명히 모순된 가르침이다.

셋째, 로버트 모리(Robert Morey) 박사에 의하면, 꾸란과 성경의 내용은 최소 100곳 이상 서로 다르다. 그중 일부를 살펴보자.[36]

- 꾸란에서는 알라가 아담에게 동물의 이름을 지으라고 요구하지 않고, 오히려 알라가 아담에게 동물의 이름들을 가르쳐 주었다(꾸란 2:32, 그러나 성경에서는 아담이 동물의 이름을 짓는다).
- 노아의 방주는 홍수 후에 주디산에 정착한다(꾸란 11:44, 그러나 성경에서는 아라랏산에 정착한다).
- 아브라함의 아버지는 아즈라이다(꾸란 6:74, 그러나 성경에서는 데라이다).
- 아브라함이 희생 제사를 드린 아들은 이스마엘이다(꾸란 37:100-112, 그러나 성경에서는 이삭이다).
- 야곱은 아브라함의 손자가 아니라 아들이다(꾸란 19:49, 그러나 성경에서는 야곱은 아브라함의 손자이다).
- 이집트 바로의 부인이 모세를 입양했다(꾸란 28:8-9, 그러나 성경에서는 모세는 바로의 딸의 양자이다).
- 예수님이 나신 곳은 종려나무 아래에서다(꾸란 19:22, 그러나 성경에서는 베들레헴의 마구간에서 태어나셨다).
- 모친 마리아의 아버지는 이무란이다(꾸란 66:12, 그러나 기독교에서 누가복음의 족보를 마리아의 계보로 이해한다면, 마리아의 아버지는 헬리이다. 일부 기독교 외경에 따르면 마리아의 아버지는 요아킴이다).
- 모세의 인도 아래 이집트를 탈출한 유대인들이 다시 이집트로 되돌아갔다(꾸란 2:56-57, 그러나 출애굽기와 민수기를 보면, 이스라엘 백성은 광야에서 40년을 보낸 후 여호수아의 인도로 가나안 땅에 들어갔다. 이스라엘은 이집트로 되돌아가지 않았다).

- 노아의 아들 중의 한 명은 방주에 타지 않았고 홍수에 휩쓸려 익사했다 (꾸란 11:43, 그러나 성경에서는 노아의 세 아들과 며느리들이 모두 살았다).
- 노아와 모든 친족이 구원받았다(꾸란 21:76, 그러나 성경에서는 세 아들과 세 며느리 이외에 구원을 받은 사람은 없다).
- 세례 요한의 아버지 스가랴는 3일 동안 말을 하지 못했다(꾸란 3:41, 그러나 성경에서 스가랴는 요한이 태어나서 할례를 받을 때까지 말을 하지 못했다).
- 예수님의 어머니 마리아를 가끔은 아론의 누이라고 말한다(꾸란 19:28, 그러나 성경에서 아론의 누이 이름은 미리암이다).
- 예수님이 무함마드가 올 것을 예언했다고 한다(꾸란 61:6, 그러나 성경은 무함마드의 출현을 예언한 적이 없다. 요한복음의 해당 구절은 성령에 대한 설명이다).
- 그리스도의 제자들은 무슬림이다. 무함마드가 나기 600년 전에 그리스도의 제자들은 "우리가 무슬림"이라고 선포했다(꾸란 3:52. 그러나 성경에서는 예수님의 제자들은 그리스도인이라고 불렀다).

이슬람교와 기독교, 같은 신인가, 다른 신인가?

꾸란에 의하면, 알라는 기독교의 하나님과 유대교의 여호와 하나님이 동일한 신인 것처럼 말하는 구절도 있지만, 내용상 다른 신일 수 있는 특징도 많이 있다. 대개 꾸란의 한국어 번역본에서는 '알라'를 '하나님'으로 번역하고 있는데, 이것은 올바른 번역일까? 버락 오바마(Barack Obama, 미국 제44대 대통령)는 무슬림이나 그리스도인, 유대인이 모두 '동일한 하나님'을 섬긴다고 말한 적이 있다. 그렇다면 여기에서 반드시 검토하고 넘어가야 할 사항들이 있다. 이슬람교와 기독교는 같은 신을 믿는가?

첫째, 이슬람교의 주장처럼 알라와 하나님이 동일한 신이라면, 현대의 많은 이슬람 국가들에서는 왜 이슬람교에서 기독교로 개종한 사람들을 박해하거나 죽이는 것일까? 기독교와 이슬람교가 '같은 신'을 섬기는 것이라면, 기독교로의 개종은 배교가 아니기 때문에 그리스도인이 되었다는 이유만으로 죽일 수는 없을 것이다.[37] 개종자를 배교자로 참수하는 이유는 이슬람교 스스로 알라와 여호와를 '다른 신'으로 보는 까닭이다. 또한 그들은 기독교의 삼위일체가 시르크(shirk)의 죄를 범한 것으로 간주한다. 예수는 인간 선지자일 뿐 결코 알라의 아들이 될 수 없기 때문이다.

이런 점을 고려할 때 이슬람의 알라와 기독교의 여호와 하나님, 이슬람의 이사 알마시흐와 기독교의 예수 그리스도는 동일한 존재가 아니라고 보아야 한다. 이사 알마시흐는 인간 선지자일 뿐 결코 신과 동격인 존재는 아니며, 기독교의 예수 그리스도는 삼위일체 중의 한 분으로 하나님이시기 때문이다. 이사와 예수가 동일하다면 무슬림들이 그리스도인을 우상 숭배자로 참수하는 것은 자기모순이다. 이슬람 국가에서 벌어지는 기독교 핍박은 그들 스스로 같은 신을 섬기는 것이 아니라고 생각한다는 것을 보여 준다.

둘째, 이슬람교는 기독교의 삼위일체를 아버지 하나님, 모친 마리아, 예수님으로 생각하는데, 이것은 정통적인 기독교의 삼위일체에 대한 정확한 이해가 아니다. 삼위일체는 성부, 성자, 성령이 위격상으로는 다르지만, 본질상 한 분이라고 믿는 기독교의 핵심 교리이다. 그런데 무함마드는 성부, 마리아, 성자 예수님을 삼위일체로 오해하고 비판했던 것이다. 이것은 정통 기독교의 삼위일체의 내용이 아니다. 무함마드는 당시 5세기경에 아라비아반도에 퍼진 초기 기독교의 이단 사상인 '컬리리디아니즘'의 영향을 받았을 것으로 추정된다.[38] 컬리리디아니즘은 성모 마리아를 신격화한 이단 사상이다.

또한 이슬람교는 예수가 하나님이신 것을 부정한다. 알라는 아들을 낳지 않으니, 알라가 아들을 가졌다는 것은 잘못된 주장이라고 비판한다. 알라가 아들을 낳을 수 없으니 예수는 알라의 아들이 아니라, 한 명의 선지자일 뿐이다. "예수는 알라신의 사자에 불과하며 그가 아들을 가진다는 것은 그의 무한

하신 위엄에 전혀 동떨어진 이야기이다"(꾸란 4:171).

꾸란은 예수님에 대해서 일치되지 않는 견해를 가지고 있다. 꾸란에 의하면, 예수는 알라가 말씀으로 창조한 존재이고, 알라의 능력으로 동정녀 마리아에게 옮겨졌으며, 십자가에 못 박히지 않았고 부활하지 않았다고 한다. 꾸란은 예수를 죄 없는 자로 말하면서도 예수는 단지 한 인간에 불과하다고 말한다. 그리고 무함마드가 예수보다 더 우월한 선지자이며 모든 계시의 완결자라고 믿는다.

셋째, 이슬람교는 예수 그리스도가 메시아인 것을 부인한다. 그들은 예수가 기적을 행하고 승천한 선지자 중의 하나이고, 다시 재림할 것이라고 말하기 때문에 언뜻 '같은 예수'를 말하는 것으로 생각하기 쉽다. 그러나 앞서 말한 대로 꾸란은 성육신을 부정하고, 십자가의 대속의 죽음을 인정하지 않으며 그리고 재림하는 예수가 사람들에게 "무슬림이 되라"는 메시지를 전할 것이라고 주장한다는 점에서, 이슬람교에서 말하는 예수와 성경이 말하는 예수는 동일인이라고 볼 수 없다.

무슬림은 한마디로 예수의 사역을 실패한 것으로 본다. 예수가 십자가에서 죽지 않았고, 십자가에서 대신 죽은 사람은 유다인데, 예수처럼 보여 모두를 속인 짓일 수도 있다고 본다. "사람들이 예수를 죽이지도 십자기에 못 박지도 않았는데 사람들에게 그처럼 보였을 뿐이다. 유다가 대신 죽은 것이다"(꾸란 4:157-8). 그렇지만 신약성경에는 가룟 유다가 예수님을 대신해서 십자가에서 죽은 것이 아니라, 목을 매어 죽었다는 것을 확실하게 기록하고 있다(마 27:5). 꾸란이 예수 그리스도의 십자가의 죽음과 육체적인 부활을 부인한다는 점에서 고대 영지주의 이단설과 유사한 내용을 가지고 있다. 꾸란은 예수 그리스도의 인생의 마지막에 대해서는 명확한 견해를 갖고 있지 않다. 예수님의 십자가의 죽음과 부활을 부인하는 것은 기독교의 핵심 모두를 부인하는 것과 마찬가지이다.

넷째, 이슬람교는 외형상 유대교와 기독교와 같은 유신론 종교에 속함에도 불구하고, 하나님과 알라가 다르다고 말할 수 있는 또 다른 이유는 '구원론'이 다르기 때문이다. 이슬람교는 도덕 행위를 통한 구원론을 반영하고 있다. 무슬림은 앞에서 설명한 대로 다섯 가지 기둥-신앙고백(샤하다), 기도(살라트), 자선(자카트), 금식(사움), 메카 순례(핫지)-을 지키면서 살지만, 그들은 죽는 순간에도 자신들이 천국에 들어가는지를 알 수 없다. 자신들의 선행과 악행 중에 어느 쪽이 더 무거운지를 미리 알 방법이 없기 때문이다. 자신들이 사후에 천국과 지옥 중 어느 곳에 있을지의 여부는 오직 알라만이 결정하고 판단한다고 믿는다(꾸란 36:54, 53:38). 오직 알라만이 사람들의 선행과 악행의 무게를 안다. 이 점에서 이슬람은 자연종교의 특성, 즉 행위구원이라는 특성을 갖는다고 볼 수 있다.

이와는 달리 기독교는 오직 믿음을 통한 구원을 강조한다. 하나님이 아가페 사랑으로 우리를 먼저 사랑하시며, 죄인인 우리의 구원을 위해서 독생자 예수 그리스도를 십자가에 죽게 하셨다. 그래서 성도들은 마음과 뜻과 정성을 다해 하나님을 사랑해야 한다. 예수 그리스도의 대속의 은혜를 힘입어 성도들은 은혜로만 구원을 받게 된 것이다. 바울은 기독교의 언약사상은 행위구원론이 아니라, 은혜와 믿음에 의한 구원론에 근거한다는 것을 분명히 말한다.

"너희는 그 은혜에 의하여 믿음으로 말미암아 구원을 받았으니 이것은 너희에게서 난 것이 아니요 하나님의 선물이라 행위에서 난 것이 아니니 이는 누구든지 자랑하지 못하게 함이라"(엡 2:8-9).

결론적으로 말하면, 이슬람교와 기독교의 결정적인 차이점은 예수 그리스도를 신과 메시아로 믿는 신앙고백 여부에 있다. 이슬람교는 예수님의 성육신과 승천을 인정하지만 십자가의 대속적 죽음과 부활을 부인한다. 무슬림은 예수가 하나님도 아니고, 사람들의 죄를 용서하는 구세주도 아니라고 생각한다. 꾸란은 "죄를 짓는 사람은 누구나 그 죄에 대한 책임을 져야 한다"(꾸란 10:109)고 가르친다. 반면에 기독교는 성경대로 예수 그리스도가 십자가에 죽으신 지 삼 일 후에 부활하셨고, 우리의 죄를 대신 담당하셨다는 것을 믿는다. 예수님은 하나님 앞에서 우리를 위한 유일한 중보자이시고, 믿는 자에게 구원을 주시는 구세주이며, 삼위일체 하나님의 한 분이라고 믿는다.

질문 7: 로마 가톨릭교와 프로테스탄트(개신교)는 같은 복음, 같은 구원을 말하는가?

로마 가톨릭교와 프로테스탄트는 16세기 종교개혁이 일어나기 전까지는 동일한 역사적 연원을 가지고 있었다. 기독교의 역사적 흐름을 보면, 1054년에는 동방교회와 서방교회가 분열되었으며, 이후 서방교회는 16세기 종교개혁을 계기로 로마 가톨릭교와 프로테스탄트로 갈라졌다. 동일한 기독교 전통에 속하기 때문에 유사점도 있지만 양자 간에 분명한 차이점도 존재한다.

로마 가톨릭교(이하 가톨릭교)와 프로테스탄트(이하 개신교)는 여러 측면에서 공통된 신앙적 특성을 공유한다. 예를 들어, 창조주이신 하나님에 대한 믿음, 삼위일체에 대한 신앙, 예수 그리스도를 구세주로 고백하는 믿음, 성경을 하나님의 영감으로 기록된 말씀으로 인정하는 점 그리고 사도신경이나 니케아 신경과 같은 신앙고백을 고수하는 점 등에서 가톨릭교와 개신교는 공통점을 가진 것으로 볼 수 있다.

그럼에도 불구하고, 구약성경의 정경(正經)에 관하여는 가톨릭교와 개신교가 상이한 입장을 취하고 있다. 가톨릭교는 히브리어 성경 외에도 그리스어

70인역(Septuaginta)본에 포함된 이른바 '제2경전'을 정경으로 수용했으며, 이는 1546년에 열린 트렌트 공의회를 통해 공식적으로 확정되었다. 반면, 개신교는 지금도 유대교 전통에 따라 히브리어 성경 39권만을 구약성경으로 인정하고 있으며, 이런 기준은 1517년 마르틴 루터(Martin Luther)의 종교개혁을 기점으로 명확하게 정립되었다. 그 결과, 개신교와 가톨릭교 간의 성경관 및 일부 교리적인 차이는 점차 심화되었다. 개신교와 가톨릭교 상호 간의 주요 차이점들을 간략하게 살펴보자.

가톨릭교와 개신교의 차이점

첫째, 교회론의 근거가 되는 베드로의 신앙고백에 대해 가톨릭교와 개신교는 서로 다른 해석을 하고 있다. 공생애가 종반에 이를 무렵 예수님은 제자들에게 자신을 누구라고 생각하는지를 물으신 적이 있다. 그 질문을 들은 베드로가 "주는 그리스도시요 살아 계신 하나님의 아들이시니이다"라는 고백을 하자 예수님이 그를 칭찬하셨던 장면을 마태는 다음과 같이 기록하고 있다.

"시몬 베드로가 대답하여 이르되 **주는 그리스도시요 살아 계신 하나님의 아들이시니이다** 예수께서 대답하여 이르시되 바요나 시몬아 네가 복이 있도다 이를 네게 알게 한 이는 혈육이 아니요 하늘에 계신 내 아버지시니라 또 **내가 네게 이르노니 너는 베드로라 내가 이 반석 위에 내 교회를 세우리니** 음부의 권세가 이기지 못하리라"(마 16:16-18).

예수님은 이 "반석" 위에 내 교회를 세우겠다고 말씀하셨다. "반석"은 무엇을 의미할까? 가톨릭교에서는 "반석"을 베드로 개인으로 해석하고 베드로가 교회의 수장권, 더 나아가 하늘나라 입국 심사관 역할까지 맡았다고 주장한다. 그러나 개신교는 "반석"을 베드로 개인이 아니라, 베드로가 했던 '신앙고백'으로 본다. 베드로는 그리스도의 공생애와 초대교회의 역사에서 중요한 리더십을 인정받은 사도였다는 것은 분명하다. 가톨릭교 신학자 한스 큉에 의하면, 베드로는 사도행전 15장에 기록된 사도들과 장로들의 회의에서 예루살렘 공동체의 중요한 지도자 중 한 사람으로 활동했다. 그리고 바울은 이방인 선교를 담당하고, 베드로는 유대인 선교 사역을 담당한 대표적인 사도였던 것은 분명하다.[39]

하지만 이 성경 구절이 교황권을 의미하는 것으로 해석할 수 있을까? 주께서 말씀하신 "너는 베드로라 내가 이 반석 위에 내 교회를 세우리니"라는 말씀의 헬라어 원문을 분석하면, '베드로'는 남성명사(*petros*)이고, '반석'이란 말은 여성명사(*petra*)로 기록되어 있다. 왜 '반석'을 여성명사로 표현했을까? 그것은 '반석'이 베드로 개인을 의미하는 것이 아니라, 베드로가 하늘에 계신 아버지의 계시로 알게 된 신앙고백이기 때문이다. 예수 그리스도의 몸 된 교회는 이와 동일한 신앙고백 위에 세워져 왔다. '반석'(*petra*)이 베드로 개인이 아니라 그의 신앙고백이라고 해석할 수 있는 몇 가지 이유가 더 있다.

예수님은 베드로의 신앙고백을 칭찬한 후에, 곧바로 그다음 상황에서 십자가의 길을 방해하는 그를 '사탄'이라고 부르며 호된 꾸중을 하셨다.

"예수께서 돌이키시며 베드로에게 이르시되 사탄아 내 뒤로 물러가라 너는 나를 넘어지게 하는 자로다 네가 하나님의 일을 생각하지 아니하고 도리어 사람의 일을 생각하는도다 하시고"(마 16:23).

예수님은 누가복음 22장에서 베드로에게 "시몬아, 시몬아, 보라 사탄이 너희를 밀 까부르듯 하려고 요구하였으나 그러나 내가 너를 위하여 네 믿음이 떨어지지 않기를 기도하였노니 너는 돌이킨 후에 네 형제를 굳게 하라"(눅 22:31-32)고 당부하셨다. 베드로처럼 변하기 쉬운 개인이 교회의 터가 될 수는 없다. 후에 베드로는 산 돌(the livingstone)이신 예수님과 산돌들(livingstones)인 그리스도인들의 차이점을 분명히 구분하여 말한다.

"사람에게는 버린 바가 되었으나 하나님께는 택하심을 입은 보배로운 산 돌이신 예수께 나아가 너희도 산 돌같이 신령한 집으로 세워지고"(벧전 2:4-5).

주님의 당부대로 베드로는 회개한 이후에 그리스도인들을 '산돌들'이 되게 하는 일에 헌신했다. 그리고 베드로뿐만 아니라, 다른 사도들은 복음을 전하면서 수많은 교회를 세웠으며, 뒤늦게 이방인을 위한 사도로 부름을 받은 바울도 '주 예수 그리스도에 대한 신앙고백'을 가진 교회들을 세웠다. 또한 초대 예루살렘 교회의 지도자는 베드로가 아니라 예수님의 형제 야고보였다는 사실을 고려할 때에, "반석"을 베드로 개인으로 해석하기 어렵다.

교회사를 보면, 마태복음 16장 18-19절 말씀이 베드로의 수위권을 지지하는 것으로 해석된 것은 4세기가 지나면서부터이다. 교황권이 태동된 시기는 기독교가 로마의 국교로 인정되고서도 한참 지난 주후 445년 레오(Leo I) 로마 주교 때이다. 당시 동방교회는 로마 교회가 베드로와 로마 주교를 신비하게 일치시키는 것을 이해하지 못했다.[40] 그리고 교황권이 공고해진 시기는 그레고리 1세(Gregory I, 재위 590-604) 교황 때이다. 이런 점을 종합할 때, "반석"을 베드로 개인으로 해석하는 것은 문제가 있으며, 오히려 반석을 베드로의 신앙고백으로 해석하는 것이 타당하다고 할 수 있다.

둘째, 개신교와 가톨릭교의 가장 큰 차이는 단연코 마리아 숭배 여부에 있다. 신약성경에는 놀라울 정도로 마리아에 대한 언급이 적다. 사도들은 마리아에 특별한 존경심을 표명하지 않았다. 베드로, 바울, 요한, 야고보는 교회에 보내는 그들의 서신에서 마리아의 이름을 단 한 차례도 언급한 적이 없다. 신약성경은 마리아에 대해 거의 침묵하고 있다. 이 사실을 감안한다면, 가톨릭교가 마리아에게 '최고 숭경'을 표명하는 것 자체는 신약성경의 취지에 위반되는 것으로 평가할 수 있다. 로레인 뵈트너(Loraine Boettner) 박사에 의하면 초대교회는 마리아에 대한 일체의 숭배를 하지 않은 것으로 보인다.

로마제국 시대, 기독교가 공인되고, 이후 국교로 채택된 시기에는 기독교는 다섯 개의 교구, 즉 로마, 안디옥, 콘스탄티노플, 알렉산드리아 그리고 예루살렘 등으로 구성되어 있었다. 성 어거스틴이 속해 있었던 로마 교구는 주후 431년 제3차 에베소 공회에서 마리아를 '하나님의 어머니'이자 '영원한 동정녀'로 공식 호칭하자는 안건을 제안했다. 에베소 공의회에서는 당시 로마를 포함한 많은 교구가 '하나님의 어머니 교리(Theotokos)'를 지지해서 통과되었고, 주후 451년에 열린 칼케돈 공의회에서는 이 결정이 재확인되었다.

'영원한 동정녀'설은 『야고보 원복음』이라는 외경에 근거한 것으로, 영지주의적 이단 사상과 마리아 신격화 내용이 포함되어 있다. 저자는 누구인지 알려져 있지 않다. 교부 터툴리안(Tertullian, 주후 c. 160-c. 225)은 마리아 숭배 사상에 대해 적극적으로 반대했고, 마리아는 예수를 출산한 후에 남편 요셉과 정상적인 결혼생활을 했으며 복음서에 등장하는 야고보, 요셉, 유다, 시몬을 요셉과 마리아의 자녀라고 말했다.

마리아에 대한 공경 사상은 16세기 종교개혁이 일어나기 전까지 중세의 교회 전통 속에서 계속 강화되었다. 그러나 마르틴 루터와 장 칼뱅을 비롯한 종교개혁가들은 마리아를 '주님의 어머니'로 칭하는 데에는 신학적으로 동의했지만, 오직 하나님께 드려야 할 찬양, 기도, 예배 행위를 마리아에게 하는 관행은 잘못된 것으로 보아 이를 배격했다.

그러나 가톨릭교는 1854년 비오 9세(Pius IX)에 의해 마리아 무염시태설(Immaculate Conception of Mary) 교리를 공식 선포하고, 이어 마리아의 평생무

죄설에 대한 신학적 입장을 더욱 강화했다. 또한 1950년에는 비오 12세(Pius XII)에 의해 성모 승천 교리를 정식으로 공포함으로써 마리아를 숭배하는 교의적인 체계를 한층 공고히 했다.

특히 1954년에 반포된 교황 교서에는 마리아에게 '하늘의 여왕'이라는 칭호가 부여되었으며, 가톨릭교의 전통은 마리아에 대한 다음과 같은 다수의 칭호를 통해 숭경의 대상이 되었다는 것을 명시하고 있다. 하나님의 어머니, 하늘의 여왕, 천사들의 여왕, 사도들의 여왕, 은혜의 어머니, 구속의 협력자 그리고 버금가는 중보자 등이다. 이와 같은 호칭을 통해 마리아에 대한 숭경이 단순히 예수님의 모친으로 존경하는 정도를 훨씬 넘어, 구속의 역사 안에서 마리아를 공동의 중보자, 즉 인간과 그리스도 사이의 중보자이면서, 이제는 거의 사람과 하나님 사이를 중재하는 영적인 매개자 지위를 부여하는 방향으로 심화되어 왔다는 것을 알 수 있다. 특히 '구속의 협력자'라는 칭호는 마리아가 예수 그리스도와 함께 인류를 구속했다고 칭송하는 신학적 해석까지 제공하고 있다.

이처럼 마리아를 숭상하는 교리적 발전에도 불구하고, 신약성경에는 마리아를 숭배하도록 암시하는 말씀도 없으며 승천에 대한 기록도 찾아볼 수 없다. 그럼에도 가톨릭의 전통 안에서는 지금도 마리아에 대한 숭배 사상이 확산되고 있으며 수많은 마리아 성당이 건립되고 있다. 이런 점에서 볼 때 마리아 숭경 사상은 현대 가톨릭교의 중심적인 역할을 차지한다는 것을 방증한다고 볼 수 있다.

그러나 사도들은 마리아를 여왕으로 부른 적이 단 한 차례도 없다. 사도 바울은 "하나님과 사람 사이에 중보자도 한 분이시니 곧 사람이신 그리스도 예수라"(딤전 2:5)고 밝히 선언하고 있다. '하늘의 여왕'이라는 호칭도 가나안의 여신 아스다롯을 부르던 호칭이었을 뿐이다. 구약성경은 예레미야 선지자를 통해서 '하늘의 여왕'을 이방인이 경배하는 우상으로 강력하게 비판했다.

"자식들은 나무를 줍고 아버지들은 불을 피우며 부녀들은 가루를 반죽하여 하늘의 여왕을 위하여 과자를 만들며 그들이 또 다른 신들에게 전제를 부음으로 나의 노를 일으키느니라"(렘 7:18).

그러므로 가톨릭교의 마리아에 대한 '최고 숭경' 사상은 신약성경과 사도의 가르침과 일치하지 않는다. 마리아에게 기도하는 것, 마리아를 신격화하는 것, 마리아를 통해 구원과 대속이 가능하다고 주장하는 것은 성경에 기록된 사도들의 가르침을 너무나도 많이 벗어난 잘못된 주장이며, 명백한 우상 숭배이다. 마리아는 '축복받은 여인'이지만 결코 신적인 존재로 격상해서 예배와 기도의 대상으로 삼으면 안 된다.

셋째, 개신교와 가톨릭교의 또 다른 차이점은 교도권(교회에서 가르치는 권위)에 대한 최종적인 권위가 교황에게 있느냐의 여부에 있다. 가톨릭교는 성경에 대한 해석의 권위는 교회에 있고 그리고 최종적인 권위는 교황이 가지고 있다고 말한다. 가톨릭교의 교리서에 따르면 "그리스도께서 사도들에게 맡기신 이 가르침의 임무는, 그들의 후계자인 교황과 주교들에게 맡겨졌으며, 이를 교도권(Magisterium)이라고 부른다"라고 명시하고 있다.

가톨릭교의 입장에 따르면, 하나님의 계시는 '성경과 전통'이라는 두 가지 원천을 통해 전달된다고 본다. 이것을 '이중 근원론'이라고 한다. 교회의 교리는 성경과 전통에 근거하여 형성된다. 가톨릭교에 따르면, 교회는 성경과 전승에 종속되는 존재가 아니라, 이들을 해석하고 보존하는 권위를 가진 주체로 본다. 그래서 1869년 제1차 바티칸 공의회는 교황의 수위권을 명시했고, 교황이 성경 해석에 대한 교도권의 최종적인 권위를 가지고 있으며, 교회 전체의 신앙과 도덕적인 문제에 대해 교황이 공식적인 결정을 내릴 경우, 그 결정에는 어떤 오류도 없다는 '무류성'을 주장했다.

그러나 루터와 칼뱅 같은 종교개혁가들은 로마 가톨릭교회의 이중 근원론과 교도권을 강도 높게 비판했다. 그들은 성경 해석에서 전통의 역할을 완전하게 부정하면 각 개인에 따라 성경에 해석이 달라져 혼동에 빠지는 해석적 아나키즘(anarchism)의 위험성을 인식했다. 이에 따라 종교개혁자들은 교황의 권위 대신에, 초대 교부들의 성경 해석의 원칙과 내용을 추구했다. 만일 교부들의 해석이 성경과 다를 경우에는 성경 해석의 궁극적인 권위를 사도들이 기록한 성경 자체에 두었다.

루터에게 최고의 권위는 복음이었다. 루터는 성경은 성경으로 해석해야 한다는 원칙을 제시했다. 성경은 교황의 해석이 필요하지 않을 정도로 명확하기 때문이다. 종교개혁가들은 교황의 권위 대신에 성경 자체의 권위와 성령의 조명을 강조했다. 종교개혁가들은 예수 그리스도의 신성, 삼위일체, 유아세례 등에 대한 교부들의 가르침을 수용했다. 중세의 부패한 교리와 투쟁을 하던 루터는 자신의 양심이 하나님의 말씀에 사로잡혔기 때문에 교황과 종교회의의 권위를 수용하지 않겠다고 천명했다. 종교개혁가들에게 성경은 살아계신 하나님의 말씀이며, 하나님의 말씀을 담은 그릇이기도 하다.

로마 가톨릭교회와 교황은 성경의 해석권을 자신들의 전유물처럼 주장했지만, 에라스무스(Erasmus)는 누구나 성경을 읽고 이해하고 해석할 수 있다고 주장했으며, 울리히 츠빙글리(Ulrich Zwingli)도 성경은 하나님의 말씀이며, 인간의 모든 말을 압도한다고 주장했다. 그는 "우리 종교의 기초는 기록된 말씀, 하나님의 성경"이라는 점을 강조했다.

루터의 명저인 『독일 그리스도인 귀족에 고함』은 교황에 대한 강력한 비판을 담고 있다.[41] 가톨릭교는 종교개혁가들의 요구를 거부하는 이유로 세 가지를 말했다. 첫째로, 교황의 영적인 권력이 세속 권력보다 위에 있으며, 둘째로, 교황만이 성경 해석을 할 수 있고, 셋째로, 교황 이외는 공회를 소집할 수 없다는 주장을 폈다. 루터는 그 책에서 교황이 자기의 기득권을 보호하기 위해 '삼중 방어벽'을 설치했다고 비판한다. 삼중 방어벽이란 성경, 전통, 교도권이라는 세 요소가 교회의 진리 체계를 지키기 위한 통합적이고 상호보완적인 수단임을 나타내는 가톨릭의 개념이다. 하지만 루터가 보기에, 그 세 가지 이유는 개혁을 거부하는 핑계에 지나지 않는다. 종교개혁가들은 부패한 가톨릭교를 세속법으로도 비판할 뿐만 아니라 성경으로도 책망하고자 했다.

루터는 삼중 방어벽의 모순을 지적하며 "왜 우리가 믿음도 성령도 갖지 못한 교황을 따라야 하는가?"라고 반문하며 강력하게 비판했다. 이 점에서 루터의 실질적인 종교개혁 기점을 1522년으로 보기도 한다. 영국의 알리스터 맥그래스(Alister McGrath)에 의하면, 루터의 학문적인 개혁사상은 이때로부터 교회와 사회의 개혁으로 발전했다.[42]

넷째, 가톨릭교와 개신교는 연옥 교리와 면죄부에 대하여 서로 다른 입장을 갖고 있다. 가톨릭교는 연옥과 면죄부 교리를 교황의 권위를 통해서 가톨릭교의 교리로 삼았지만, 개신교는 연옥설과 면죄부를 성경적인 근거가 전혀 없는 비성경적인 교리로 간주하고 배격해 왔다. 연옥설은 주후 593년 교황 그레고리 대제(Gregory the Great)에 의해서 제안된 것이다. 이 연옥설이 가톨릭교의 공식 교리로 선포된 것은 약 800년이 지난 1439년의 플로렌스 공의회에서 가톨릭교회 교리로 확정된 이후이다. 가톨릭교는 그 교리들의 근거로 고린도전서 3장 13-15절, 마카베오기 12장 44-46절을 제시한다.

마카베오기에는 "죽은 자들을 위하여 기도하는 것은 거룩하고 건전한 사고이다. 이는 그들의 죄로부터 풀려나게 하려 함이다"(2 마카베오 12:46)라는 구절이 있고, 고린도전서에는 '불이 각 사람의 공적을 드러낼 것'이라는 내용이 있지만, 종교개혁가들은 고린도전서 말씀은 연옥과 면죄부와는 전혀 관련이 없다고 주장한다. 성경의 직접적인 가르침에 따르면 죽은 자를 위한 기도는 필요하지 않으며, 죽은 후에 새로운 기회가 주어지는 것도 아니다. 오히려 성경은 "한 번 죽는 것은 사람에게 정해진 것이요 그 후에는 심판이 있으리니"(히 9:27)라고 분명하게 선언한다.

유대인들은 주후 90년 얌니아 지방에서 유대교의 정경 목록을 약 400년 전에 에스라가 확정했던 목록 그대로 수용했다. 유대교의 히브리 경전 24권과 개신교의 구약성경 39권은 그 내용이 동일하다. 유대인들은 얌니아 회의에서도 마카베오기를 정경으로 인정하지 않았다. 가톨릭교는 오직 구원은 하나님의 은혜로 얻는다는 개신교의 구원관을 받아들이지 않는다. 종교개혁가들이 보기에, 연옥 교리는 죄의 정결함을 얻기 위해서 면죄부를 사거나 다른 사람의 공력을 첨가하는 비성경적인 시도일 뿐이다.

또한 면죄부 교리는 교황 클레멘스 6세(Clemens VI)에 의해서 1343년에 가톨릭교의 교리로 선포되었다. 1457년에 교황 칼릭투스(Calixtus)는 연옥에 있는 영혼들이 면죄부에 의해 구원받을 수 있다고 가르쳤고, 1476년에 교황 식스투스 4세(Sixtus IV)는 생존한 사람들이 연옥에 있는 친척들의 영혼들을 위해서 면죄부를 구입하면 그들의 고통의 기간이 단축된다고 가르쳤고, 심지어 살아 있는 자들도 면죄의 대상에 포함시켰다. 그러나 종교개혁가들은 가톨릭교의 연옥과 면죄에 대한 교리는 성경에 근거한 것이 아니며 비성경적인 교리라고 비판하고 거부했다.

결론적으로 말하면, 개신교와 가톨릭교 양자 간의 근본적인 차이는 종교개혁의 슬로건-오직 예수, 오직 성경, 오직 은혜, 오직 믿음 그리고 오직 하나님의 영광!-을 통해서 더욱 분명하게 드러난다. 고행과 금식을 통한 수도에도 열심을 기울였지만 영혼의 깊은 번민과 죄책감에서 벗어나지 못했던 루터는 "오직 의인은 믿음으로 말미암아 살리라"(롬 1:17)는 로마서 말씀을 통해 칭의의 교리를 깨닫고, 평생 복음 선포에 매진했다. 그는 바르트부르크성에 유폐되면서 성경을 독일어로 번역하기 시작했다.

현대의 그리스도인들은 종교개혁의 정신에 따라 근본으로 돌아가야 한다. 즉 '오직 성경'을 무오한 계시의 원천으로 받아들이고, '오직 예수 그리스도'를 통한 유일한 구원의 길을 고수해야 한다. 사탄과 거짓 교사는 성도로부터 성경을 빼앗으려고 한다.

"길가에 있다는 것은 말씀을 들은 자니 이에 마귀가 가서 그들이 믿어 구원을 얻지 못하게 하려고 말씀을 그 마음에서 빼앗는 것이요"(눅 8:12).

"좋은 땅에 있다는 것은 착하고 좋은 마음으로 말씀을 듣고 지키어 인내로 결실하는 자니라"(눅 8:15).

그리스도인은 오직 하나님의 말씀만을 교리의 근원이며 풍성한 생명을 주는 원천으로 믿고, 성령의 조명하심 가운데 하나님의 말씀 안에 있는 생명의 능력을 경험해야 한다.

복음주의 개신교 그리스도인들은 로마 가톨릭교도들을 전도해야 하는 것인가?

필자는 교회에서 세미나를 진행할 때 "천주교인들에게 전도해야 하나요?"라는 질문을 종종 받는다. 성경이 말하는 구원의 방식은 간단하다.

"영접하는 자 곧 그 이름을 믿는 자들에게는 하나님의 자녀가 되는 권세를 주셨으니"(요 1:12).

이 말씀처럼 자신의 죄를 회개하고 예수 그리스도를 구세주로 믿고 영접하면 누구나 구원을 받을 수 있다. 이 말은 개신교 교회를 다닌다고 해서 구원이 보장되는 것도 아니고, 반대로 가톨릭교회에 다닌다고 해서 모두 구원을 잃는 것도 아니라는 뜻이다. 중요한 것은 예수 그리스도에 대한 성경적인 신앙을 갖고 있느냐의 문제이다. 필자가 생각하기에, 로마 가톨릭교도들에게 최소한 다음 몇 가지 질문은 해야 할 필요가 있다.

첫째, "성경대로 알고 믿고 있는가?"라는 질문을 할 필요가 있다. 예수님은 당시 종교 지도자들이었던 사두개인들에게 "너희가 성경도, 하나님의 능력도 알지 못하는 고로 오해하였도다"(마 22:29)라고 책망하신 적이 있다. 복음은 모든 믿는 자에게 구원을 주시는 하나님의 능력이다(롬 1:16). 그리스도인의 믿음은 반드시 성경에 근거해야 한다. 로마서는 "믿음은 들음에서 나며 들음은 그리스도의 말씀으로 말미암았느니라"(롬 10:17)는 믿음의 원칙을 선언하고 있다. 루터는 복음이 교회를 만들었기 때문에 성경의 권위는 복음에 의지한다고 믿었다. 그래서 그는 복음의 진수가 '오직 은혜', '오직 믿음', '오직 예수'에 있다고 가르쳤다. 예수 그리스도와 사도들이 전한 구원의 방법은 유일한 구세주 예수 그리스도를 믿고 자신의 죄를 회개하는 것이다.

둘째, "원래의 정경이 지지하지 않는 교리는 정당한가?"라는 질문도 해야 한다. 정경은 공식적으로 인정된 기독교의 경전이다. 지금 가톨릭교의 구약성경은 개신교의 구약성경과는 다르다. 가톨릭교는 트렌트 공의회 이후 히브리 성경(구약정경)에 토비트기, 지혜서, 집회서, 바룩기, 마카베오기와 같은 구약 외경을 제2의 정경으로 승인했지만, 개신교에서는 이 책들을 외경으로 분류한다. 종교개혁가들과 복음주의 신학자들은 '구원의 교리'는 정경에서만 나온다고 본다. 루터와 칼뱅은 가톨릭교가 성경에서 전혀 근거를 찾을 수 없는 교리, 즉 마리아 숭배와 면죄부 교리를 강요하고 있다고 비판했다. 가톨릭교는 1546년 트렌트 공의회를 통해서 루터와 칼뱅이 지적했던 비성경적 교리들을 적극적으로 옹호할 목적으로 구약의 외경을 제2의 정경으로 지위를 격상시켰던 것이다. 이렇게 함으로써, 종교개혁 이후에 가톨릭교는 여전히 비성경적인 교리들을 유지하게 되었다.

종교개혁가들이 지적했던 연옥설과 면죄부 그리고 성모 마리아 숭배에 대한 교리들은 정경에서는 어떤 근거도 없다는 점을 가톨릭교도들에게 알려 주어 올바르게 생각할 기회를 주어야 한다. 성경에 어긋나는 잘못된 교리는 문제가 있다.

셋째, "오직 예수 그리스도를 믿음으로써 죄 사함을 받았는가?"라는 질문을 던져야 한다. 예수님은 사람들이 침상에 누운 중풍병자를 데려왔을 때 "네 죄 사함을 받았느니라 하는 말과 일어나 걸어가라 하는 말 중에 어느 것이 쉽겠느냐 그러나 인자가 세상에서 죄를 사하는 권능이 있는 줄을 너희로 알게 하려 하노라"(마 9:5-6)고 말씀하시면서, 죄를 사하는 권세가 주님께 있다는 것을 알게 하셨다.

'예수' 이름의 뜻은 "자기 백성을 그들의 죄에서 구원할 자"(마 1:21)라는 것이다. 오직 그리스도 예수를 영접하는 것으로만 하나님의 자녀가 될 수 있으며 구원을 받을 수 있다. 요한복음은 "영접하는 자 곧 그 이름을 믿는 자들에게는 하나님의 자녀가 되는 권세를 주셨으니"(요 1:12)라고 선언하고 있다. 그것은 하나님이 "세상을 이처럼 사랑하사 독생자를 주셨으니 이는 그를 믿는 자마다 멸망하지 않고 영생을 얻게 하려 하심"(요 3:16)이기 때문이다.

신약시대에 구원은 각 개인이 그리스도 예수를 주님으로 영접했을 때 받게 된다. 눈에 보이는 가톨릭교회나 개신교의 지역 교회가 구원을 자동으로 보장해 주지 않는다. 오직 성경대로 예수 그리스도를 구세주로 믿는 신앙을 통해서만 하나님의 은혜로 구원을 받을 뿐이다. 가톨릭교에서 말하는 것처럼 마리아의 중보, 일곱 성사(Seven Sacraments)의 참여, 고행과 선행을 통해서 구원을 얻는 것이 아니다. 사도 바울은 구원의 방식을 분명하게 진술했다.

"사람이 의롭게 되는 것은 율법의 행위로 말미암음이 아니요 오직 예수 그리스도를 믿음으로 말미암는 줄 알므로 우리도 그리스도 예수를 믿나니 이는 우리가 율법의 행위로써가 아니고 그리스도를 믿음으로써 의롭다 함을 얻으려 함이라 율법의 행위로써는 의롭다 함을 얻을 육체가 없느니라"(갈 2:16).

'이신칭의'가 구원의 유일한 방법이다.

"너희는 그 은혜에 의하여 믿음으로 말미암아 구원을 받았으니 이것은 너희에게서 난 것이 아니요 하나님의 선물이라 행위에서 난 것이 아니니 이는 누구든지 자랑하지 못하게 함이라"(엡 2:8-9).

넷째, 하나님과 사람 사이에 중보자는 오직 예수 그리스도 한 분이라는 점을 분명하게 말해 주어야 한다. 성경을 읽어 보면, 예수님과 사도들은 예수님의 모친 마리아를 경배하라고 가르친 적이 없다. 성경은 "하나님은 한 분이시요 또 하나님과 사람 사이에 중보자도 한 분이시니 곧 사람이신 그리스도 예수라"(딤전 2:5)고 선언한다. 우리가 죄 사함을 얻고 구원을 받을 수 있는 유일한 방식은 예수 그리스도를 믿는 것뿐이다. 그래서 그리스도인들은 하나님의 "뜻을 따라 예수 그리스도의 몸을 단번에 드리심으로 말미암아 우리가 거룩함을 얻었노라"(히 10:10)고 선언할 수 있게 되었다.

요약하자면, 개신교와 가톨릭교는 공통적으로 예수 그리스도를 구세주로 믿으며 삼위일체 신앙을 공유한다는 점에서 신앙의 본질적인 측면에서는 일치점을 보인다. 그러나 신앙생활의 실천과 교리적 구조에서는 본질적인 차이점들이 존재한다. 이러한 차이는 특히 16세기 종교개혁 당시 더욱 뚜렷하게 부각되었으며 루터, 칼뱅, 츠빙글리 등 주요 개혁자들은 가톨릭교의 교리와 제도에 대해 강력한 비판을 제기했다. 20세기 영국의 청교도 설교가인 마틴 로이드 존스(Martyn Lloyd-Jones) 목사 또한 가톨릭교의 신학은 성경이 전하는 복음의 본질을 왜곡하고 있다고 평가했다. 특히 교황의 무류성과 절대적인 권위에 대한 교리는 성경적 기독교의 본질과는 거리가 먼, 인간적인 제도에 불과하다고 주장했다.

가톨릭교가 성경의 유일한 권위를 부정하고, 교회의 전통과 교황의 교도권을 최고의 권위로 두는 것은 자기모순이며 비성경적인 주장이다. 가톨릭교의 핵심적인 교리들, 즉 성모 마리아 숭배, 성인들을 통한 중보, 연옥 교리와 면죄부, 고해성사, 미사 중심의 성례 이해 등은 종교개혁가들이 문제점으로 지적했던 것들인데 고쳐지지 않았다. 따라서 가톨릭교는 여전히 복음적인 개혁의 대상이라는 것이다. 다만 개신교에 속한 교단과 교회들도 주님이 원하시는 그대로, 사도들이 전해 준 교회 모습 그대로를 유지하고 있는지 반성해야 한다.

결론: 종교다원주의 시대에 기독교는 진리의 총합과 일관성을 가진 유일한 종교이다!

지금껏 세상의 주요 종교들을 비교하며 살펴보았다. 비록 종교다원주의가 이 시대의 화두라고 해도 '모든 종교가 동일한 신과 구원에 이르는 길'이라는 주장은 완전히 틀렸다. 그런 주장은 각 종교의 핵심 교리의 특성을 구분하지 못한 무지와 사람들의 근거 없는 신념에 지나지 않는다. 각 종교들은 우주의 기원과 죄의 기원, 인간의 존엄성, 구원의 방식, 사후 천국의 모습 그리고 여성의 가치에 대해서 서로 조화되지 않으며, 결코 양립 불가능한 커다란 차이점을 가지고 있다. 각 종교들은 부분적으로 옳은 내용들을 포함하고 있지만, 전체적인 교리 체계에서는 내적인 일관성이 결여되어 있다.

C. S. 루이스의 말처럼, 자연종교는 진리의 부분을 가지고 있지만 진리의 총합은 없다. 민주주의 사회에서 개인이 종교를 선택하는 것은 순전히 자유

의 영역에 속한다. 그러나 종교를 선택한 결과는 천양지차(天壤之差)로 나타날 것이다. 영원히 수치스러운 존재로 고통당하거나 혹은 영원히 빛나는 존재로 영생을 누리거나 말이다.

제임스 사이어(James Sire)에 의하면, "그리스도인 유신론자가 된다는 것은 단지 지성적인 세계관을 갖는다는 것뿐만 아니라, 무한하고 인격적인 우주의 주님께 인격적으로 의탁하는 것이다. 그리고 그것은 매우 살 만한 가치가 있는 검토된 삶으로 우리를 이끈다."43) 기독교는 우주의 기원, 인간의 존엄성, 도덕의 근원, 사후 운명, 죄와 구원, 인간의 상태에 대해 내적으로 일관되고 통일된 견해를 가지고 있는 유일한 종교이다.

성경은 분명히 "어떤 길은 사람이 보기에 바르나 필경은 사망의 길이니라"(잠 14:12)고 말한다. 모든 종교가 동일한 구원과 동일한 신에 이른다는 주장은 잘못된 것이다. 오직 기독교만이 진리의 총합을 갖고 있다. 우리가 태양을 통해 만물을 밝히 볼 수 있듯이, 기독교의 교리를 받아들일 때 모든 것이 명료하게 이해된다. 기독교의 핵심적인 교리는 구세주이신 예수 그리스도를 통한 죄 사함과 구원이다. 예수 그리스도는 불교의 석가모니처럼 깨달음을 통해 윤회를 벗어나는 길을 가르치시지 않는다. 대신 예수님은 인류의 죄를 용서하고 구원하기 위해서 자신의 생명을 대속물로 주려고 이 땅에 오셨다.

"인자가 온 것은 섬김을 받으려 함이 아니라 도리어 섬기려 하고 자기 목숨을 많은 사람의 대속물로 주려 함이니라"(막 10:45).

예수님은 유교의 창시자 공자처럼 군자의 도를 추구하시지도 않았고 윤리만을 강조하는 도덕 교사의 삶을 추구하신 적도 없다. 오히려 예수님은 "도둑이 오는 것은 도둑질하고 죽이고 멸망시키려는 것뿐이요 내가 온 것은 양으로 생명을 얻게 하고 더 풍성히 얻게 하려는 것이라 나는 선한 목자라 선한 목자는 양들을 위하여 목숨을 버리거니와"(요 10:10-11)라고 말씀하셨다. 이슬람교의 무함마드는 무력을 통해서 믿음을 강요했지만, 반면에 예수님은 베드로에게 "네 칼을 도로 칼집에 꽂으라 칼을 가지는 자는 다 칼로 망하느니라"(마 26:52)는 말씀으로 폭력에 의존하지 않도록 가르치셨다.

다른 종교의 창시자들은 자신이 유일한 창조주라고 주장한 적이 없지만, 예수님은 자신을 본 자는 하나님을 본 것이며, 자신에게는 죄를 용서하는 권세, 모든 사람을 심판하는 권세가 있으며, 자신이 유일한 구원의 길이라는 것을 분명하게 선포하셨다.

"내가 곧 길이요 진리요 생명이니 나로 말미암지 않고는 아버지께로 올 자가 없느니라"(요 14:6).

베드로를 비롯한 사도들도 예수님을 하나님의 아들이요, 유일한 구세주로 믿고 이렇게 선포했다.

"이 예수는 너희 건축자들의 버린 돌로서 집 모퉁이의 머릿돌이 되었느니라 다른 이로써는 구원을 받을 수 없나니 천하 사람 중에 구원을 받을 만한 다른 이름을 우리에게 주신 일이 없음이라 하였더라"(행 4:11-12).

예수의 유일성에 대한 신조는 기독교가 다른 종교와는 근본적으로 다르며, 예수 그리스도는 다른 종교 창시자들과 근본적으로 다르다는 것을 뜻한다. 따라서 복음주의 기독교는 종교다원주의 사상을 진리로 수용하지 않으며, 또한 가톨릭교의 포괄주의 신학, 즉 다른 종교나 사상에 구원이 있으며 그 구원은 그리스도의 것이라는 '익명의 그리스도인' 교리를 비성경적인 교리로 간주하고 배척한다.

권면: 당신은 예수에 대해서 어떻게 결정할 것인가?

지금까지의 논의를 토대로 볼 때에, 예수님은 4대 성인이나 다른 종교의 창시자들과는 확연하게 다른 분이라는 것이 분명해졌다. 소크라테스도, 공자도, 석가도, 무함마드도 자신을 신이라고 말하지 않았다. C. S. 루이스는 예수님의 정체성에 대해 『순전한 기독교』에서, 예수님을 위대한 인류의 스승이라고 분류하는 것을 선심성 헛소리로 치부했다. 루이스는 예수님의 정체성에 대해 세 가지 가능성을 다음과 같이 설명한다.

"제가 이런 말을 하는 것은 '나는 예수를 위대한 도덕적 스승으로는 기꺼이 받아들이지만, 자신이 하나님이라는 주장만큼은 받아들일 수 없다'는 어리석기 짝이 없는 말을 그 누구도 못하게 하기 위해서입니다. 우리는 이런 말을 할 수 없습니다. 인간에 불과한 사람이 예수와 같은 주장을 했다면, 그는 결코 위대한 도덕적 스승이 될 수 없습니다. 그는 정신병자-자신을 삶은 달걀이라고 말하는 사람과 수준이 똑같은 정신병자-거나 아니면 지옥의 악마일 것입니다. 이제 여러분은 선택해야 합니다. 이 사람은 하나님의 아들이었고, 지금도 하나님의 아들입니다. 그게 아니라면 미치광이거나 그보다 못한 인간입니다. 당신은 그를 바보로 여겨 입을 틀어막을 수도 있고, 악마로 여겨 침을 뱉고 죽일 수도 있습니다. 아니면 그의 발 앞에 엎드려 하나님이요 주님으로 부를 수도 있습니다. 그러나 위대한 인류의 스승이니 어쩌니 하는 선심성 헛소리에는 편승하지 맙시다. 그는 우리에게 그럴 여지를 주지 않았습니다. 그에게는 그럴 여지를 줄 생각이 처음부터 없었습니다."[44]

성경은 오직 예수 그리스도를 유일한 구세주로 선언하며, 예수님은 베드로와 사도들의 신앙고백을 당연하게 받으셨다.

"주는 그리스도시요 살아 계신 하나님의 아들이시니이다"(마 16:16).

예수 그리스도가 유일한 구세주인 이유는 그분이 구약에 예언된 메시아로서, 인류의 죄의 문제와 죽음의 문제를 완전하게 해결하셨기 때문이다. 사도 바울은 예수 그리스도를 구약성경에 오시리라 예언된 그 메시아이며, 하나님의 본체의 형상이라고 고백한다(빌 2:6; 히 1:3). 사도 요한은 이렇게 증거한다.

"말씀이 육신이 되어 우리 가운데 거하시매 우리가 그의 영광을 보니 아버지의 독생자의 영광이요 은혜와 진리가 충만하더라"(요 1:14).

이제 남은 것은 예수 그리스도를 향한 당신의 태도를 결정하는 것이다. 로마서는 구원의 방식을 간결하고 확실하게 알려 준다.

"네가 만일 네 입으로 예수를 주로 시인하며 또 하나님께서 그를 죽은 자 가운데서 살리신 것을 네 마음에 믿으면 구원을 받으리라 사람이 마음으로 믿어 의에 이르고 입으로 시인하여 구원에 이르느니라"(롬 10:9-10).

부활하신 예수 그리스도를 만났던 사도들은 담대하게 '오직 예수!'의 복음을 전했다. 베드로는 천하에 사람을 구원할 유일한 이름은 예수 그리스도라고 선포했다. 이제 당신은 어떤 선택을 할 것인가? "누구든지 주의 이름을 부르는 자는 구원을 받으리라"(롬 10:13)는 말씀의 은총이 당신에게 임하기를 바란다.

5장

기적 논증:

기독교와 다른 종교의 기적이 어떻게 다른가요?

기독교에만 기적이 있는가?

성경에는 많은 기적이 기록되어 있다. 구약성경의 모세, 엘리야, 엘리사는 초자연적인 기적을 통해서 여호와가 참된 하나님이신 것과 그들이 전하는 메시지의 신적인 권위를 주장했다. 복음서는 예수 그리스도가 행하시는 기적이 구약에 예인된 메시아의 표적이라고 선포했다. 기독교 변증학에서 말하는 '기적 논증'(argument from miracles)은 초자연적인 기적의 존재나 발생을 근거로 신의 존재와 개입을 주장하는 철학적·신학적 논증이다. 더 나아가 초자연적인 기적이 기독교의 진정성을 입증하는 증거라고 주장한다.

문제는 기독교뿐만 아니라 세상의 주요한 종교들에도 저마다 기적 전승이 있다는 것이다. 기독교가 기적을 활용하여 진정성을 주장한다면, 다른 종교도 마찬가지 아닌가? 기독교가 기적 논증을 사용해서 기독교의 진정성을 증명하려고 한다면, 다른 종교들도 기적을 통해서 자신들의 종교의 진리를 확증할 수 있는가? 다른 종교의 기적 전승을 어떻게 이해해야 하는가?

미국의 제3대 대통령인 토마스 제퍼슨(Thomas Jefferson)은 계몽주의 사고를 가진 인물이었기에, 사복음서에서 기적, 천사, 초자연적인 사건들, 예수의 부활을 제외하고 도덕적 교훈을 강조한 성경 『제퍼슨 바이블』을 편집하기도 했다. 그는 성경의 기적이 기독교 신앙에 불필요하다고 생각했다. 기적을 종교의 진실성을 판별하는 기준으로 삼는 것 자체를 거부했다.

무신론 철학자 버트런드 러셀은 신의 행위로서의 기적을 믿지 않았다. 따라서 그는 '기적이 기독교 신앙이 진리임을 증명한다'는 기독교의 주장을 다른 종교들도 같은 방식으로 사용할 수 있다고 본다. 즉 '기적은 불교가 진리임을 증명한다', '기적은 이슬람교가 진리임을 증명한다'는 주장도 가능해진다는 것이다. 따라서 기적을 활용하여 자기 종교의 진정성을 뒷받침하려고 한다면, 기적 논증은 기독교만이 독점적으로 사용할 수 있는 전유물이 아니라는 것이다. 러셀은 기독교의 기적 논증, 즉 기적을 통해서 다른 종교들의 허위성을 드러내고 기독교의 진정성을 증명하려는 시도는 실패한다고 주장한다.[1]

성경 66권 중에서 '기적'을 포함한 책은 구약성경에 15권, 신약성경에 8권, 총 23권이나 된다. 권수로 치면 성경 전체의 35퍼센트에 해당된다. 기적을 부인하는 유일한 길은 성경의 하나님의 존재를 부정하는 것이다. 그래서 C. S. 루이스는 "기적이 불가능하다고 생각하는 사람들이 성경을 읽는 것은 시간 낭비일 뿐이다. 왜냐하면 성경의 중요한 논점을 회피한 채 성경을 읽기 때문이다"라고 말하기도 했다.[2] 하나님의 초자연적인 개입은 기적을 통해 나타났고, 성경은 이것을 중요하게 다루고 있기 때문에 기적을 빼면 성경은 아예 제 모습을 갖기도 어려울 정도이다.

복음주의적 그리스도인들은 성경에 기록된 기적 사건은 '기독교가 진리'임을 입증하는 증거라고 믿는다. 교회 역사가인 마이클 그린은 첫 4세기 동안에 기독교가 폭발적으로 부흥할 수 있었던 세 가지 이유를 제시했고, 그중의 하나는 성령의 권능으로 나타나는 기적이라고 말했다. 치유하고 귀신을 쫓아내는 능력이 초대교회에 많이 나타났다.[3] 필립 젠킨스(Philip Jenkins) 역시, 오늘날 제3세계 교회의 성장과 부흥은 성령의 권능이 나타나기 때문이라고 언급했다.[4] 영국의 역사학자 에드워드 기본(Edward Gibbon, 1737-1794)은 『로마제국 쇠망사』에서, 로마제국으로부터 핍박을 받던 기독교가 빠르게 성장한 이유 중의 하나를 '기적을 일으키는 능력'으로 보았다. 그에 의하면, 초대교회에는 신유의 기적과 귀신을 쫓아내는 능력이 계속해서 나타났다.

복음주의 기독교는 기적을 통해서 기독교 신앙의 진정성과 예수 그리스도가 메시아이며 하나님이신 것을 확증하는 데 동의한다. 따라서 필자는 이 장에서 기적에 대한 정의, 성경에 기록된 기적에 관한 말씀을 살펴볼 것이다. 그리고 '기적이 원천적으로 불가능하다'는 리처드 도킨스와 같은 무신론자들의 주장을 반박하고자 한다.

기적에 대한 정의

먼저, '기적'(miracle)이란 무엇인지 개념 규정부터 해보자. '기적'은 자연의 법칙을 초월하거나 위반하는 것으로 보이는 특별한 사건이다. 기적은 종종 신이나 초자연적인 존재의 개입으로 추정하며 일상적인 자연적 원인으로는 설명할 수 없다고 여겨지는 사건이다. 신학적 입장에서 기적은 인격을 가진 신(神)이 특별한 목적이나 계시를 위해 역사 속에서 일으킨 특별한 사건을 뜻한다. 무신론은 신의 존재를 인정하지 않기 때문에 기적이 발생할 가능성을 완전히 부정한다. 이신론적 세계관은 신이 자연 질서와 역사에 개입하지 않기 때문에 기적이 일어나지 않는다고 본다. 유신론적 세계관은 전지전능한 신이 언제든 초자연적인 개입을 통해 기적을 행할 수 있다고 본다.

다시 말하면, 기적은 자연적으로 드물게 일어나는 예외적 현상이 아니다. 가령, 월식과 일식같이 반복되는 자연 현상은 기적이 아니다. 한국에서 '모세의 기적'이라고 불리는 '바닷물 갈라짐 현상'도 기적이 아니다. 그것은 달의 인력이 작용해서 발생하는 자연 현상으로, 해수면이 낮아지는 저조기에 주변보다 해저 지형이 높은 곳이 수면 위로 드러나 육지와 섬, 섬과 섬이 잠시 동안 연결되는 것을 말한다. 이런 바닷물 갈라짐 현상은 드문 자연 현상이지만, 모세가 홍해를 가른 사건은 기적이다. 성경에 의하면, 홍해의 바닷물은 둘로 갈라져 벽처럼 세워졌고, 바닥은 말라서 사람들이 걷고 말과 수레가 지나갈 만한 단단한 땅이 되었다.

"모세가 바다 위로 손을 내밀매 여호와께서 큰 동풍이 밤새도록 바닷물을 물러가게 하시니 물이 갈라져 바다가 마른땅이 된지라 이스라엘 자손이 바다 가운데를 육지로 걸어가고 물은 그들의 좌우에 벽이 되니"(출 14:21-22).

기독교 변증가 윌리엄 레인 크레이그 박사에 의하면, 기적은 '어떤 사건이 발생한 시간과 공간 속에서 그 사건이 자연적 원인에 의해서는 산출될 수 없는 경우에 발생한 사건'이며 '초월적인 존재(신)가 의지와 능력으로 일으킨 특별한 사건'이다. 따라서 희귀한 자연 현상이나 드문 자연의 과정은 결코 기적으로 분류되지 않는다.

성경과 기적

성경과 교회사에는 기적의 존재에 대한 이야기들이 많이 있다. 특히 사복음서와 사도행전에는 기적과 관련된 사건이나 장면들이 가득하다. 우선, 예수님의 공생애의 3대 사역은 가르치며, 전파하고, 치유하는 일이었다. 예수님은 하나님 나라를 선포하며 치유와 기적을 복음의 신적인 권위를 확증하는 수단으로 삼으셨다. "때가 찼고 하나님의 나라가 가까이 왔으니 회개하고 복음을 믿으라"(막 1:15)는 메시지를 선포하신 예수님은 공생애 기간에 한량없는 권능으로 사람들을 그들의 죄, 질병, 죽음, 어둠의 권세로부터 해방시키셨다.

"예수께서 온 갈릴리에 두루 다니사 그들의 회당에서 가르치시며 천국 복음을 전파하시며 백성 중의 모든 병과 모든 약한 것을 고치시니 그의 소문이 온 수리아에 퍼진지라 사람들이 모든 앓는 자 곧 각종 병에 걸려서 고통당하는 자, 귀신 들린 자, 간질하는 자, 중풍병자들을 데려오니 그들을 고치시더라 갈릴리와 데가볼리와 예루살렘과 유대와 요단강 건너편에서 수많은 무리가 따르니라"(마 4:23-25).

사도 요한은 예수님으로부터 직접 부름을 받고, 주님의 공생애와 십자가의 죽음 그리고 부활과 승천을 직접 목격하고 복음 전파의 특별한 사명을 받은 사도이다. 요한은 예수님이 행하신 수많은 기적 중에서 메시아를 입증하는 일곱 개의 표적을 요한복음에 기록했다. 가나 혼인 잔치에서 물을 포도주로 만든 기적(요 2:1-11), 왕의 신하의 아들을 살리는 기적(요 4:46-54), 38년 된 병자를 고친 기적(요 5:3-9), 오병이어의 기적(요 6:5-13), 풍랑 위를 걸은 기적(요 6:16-21), 선천적 맹인을 고친 기적(요 9:1-7) 그리고 죽은 나사로를 살린 기적(요 11:33-44) 등이다. 요한은 일곱 개의 표적을 특별하게 선별한 이유를 다음과 같이 설명한다.

"예수께서 제자들 앞에서 이 책에 기록되지 아니한 다른 표적도 많이 행하셨으나 오직 이것을 기록함은 너희로 예수께서 하나님의 아들 그리스도이심을 믿게 하려 함이요 또 너희로 믿고 그 이름을 힘입어 생명을 얻게 하려 함이니라"(요 20:30-31).

예수님은 "나를 믿는 자는 내가 하는 일을 그도 할 것이요 또한 그보다 큰 일도 하리니 이는 내가 아버지께로 감이라"(요 14:12)고 말씀하셨다. 예수님이 승천하신 후, 마가의 다락방에서 오순절 성령의 강림을 경험한 사도 베드로와 요한은 성전에서 예수 그리스도의 이름으로 기적을 공개적으로 행했다.

"제구시 기도 시간에 베드로와 요한이 성전에 올라갈새 나면서 못 걷게 된 이를 사람들이 메고 오니 이는 성전에 들어가는 사람들에게 구걸하기 위하여 날마다 미문이라는 성전 문에 두는 자라 그가 베드로와 요한이 성전에 들어가려 함을 보고 구걸하거늘 베드로가 요한과 더불어 주목하여 이르되 우리를 보라 하니 그가 그들에게서 무엇을 얻을까 하여 바라보거늘 베드로가 이르되 은과 금은 내게 없거니와 내게 있는 이것을 네게 주노니 나사렛 예수 그리스도의 이름으로 일어나 걸으라 하고 오른손을 잡아 일으키니 발과 발목이 곧 힘을 얻고 뛰어 서서 걸으며 그들과 함께 성전으로 들어가면서 걷기도 하고 뛰기도 하며 하나님을 찬송하니 모든 백성이 그 걷는 것과 하나님을 찬송함을 보고 그가 본래 성전 미문에 앉아 구걸하던 사람인 줄 알고 그에게 일어난 일로 인하여 심히 놀랍게 여기며 놀라니라"(행 3:1-10).

속사도 교부들 중 하나인 폴리캅(Polycarp, 주후 69-155)의 제자인 이레니우스(Irenaeus, 주후 130-202)는 당시 영지주의라는 이단을 강력하게 비판하면서 초대교회를 보호하는 데 기여했다.5) 이레니우스는 초대교회에서 기적이 계속해서 일어나고 있다는 사실을 다음과 같이 기록하고 있다.

"진실로 그의 제자인 사람들은 그분께 은총을 받아 각자가 그분으로부터 받은 은사에 따라 다른 이들의 덕을 세우기 위해서 그분의 이름으로 기적을 행했다. 어떤 사람들은 정말로 마귀를 쫓았고 … 어떤 이들은 예언을 했고 … 또 다른 사람들은 손을 얹어 병든 사람을 치유했는데 그들은 모두 건강하게 되었다. 나아가 내가 이미 말한 대로 죽은 사람이 다시 살아나 우리들과 함께 여러 해 동안 살기도 했다."[6]

주님의 직접 부름을 받은 사도들과 그들의 직계 제자 그룹인 속사도 교부들 시대에도, 복음을 전파하며 교회를 세워 나갈 때 여전히 많은 기적이 있었다. 과학이 발달한 현대에도 우리는 의학적으로 이해할 수 없는 기적이 일어난다는 선교 보고를 종종 접하고 있다. 필자가 2000년 초 미국 바이올라 대학교의 기독교 변증 세미나에 참석했을 때에도, 여전히 선교지에서 병자가 치유되는 기적이 일어나고 있다는 보고를 들은 적이 있다.

일반적으로 우리는 신뢰할 만한 증언을 통해 그 기적이 실제로 일어난 사건인지의 여부를 판단한다. 성경의 하나님은 그분의 사랑하는 백성을 긍휼히 여기시고 때에 따라 치유와 기적을 베푸신다. 구약성경의 선지자들과 신약성경의 사도들은 때때로 치유의 기적을 직접 행했다. 복음서는 예수 그리스도가 직접 수많은 기적을 행하셨다는 사실을 분명하게 전하고 있다. 이처럼 성경은 기적의 가능성을 변함없이 확증하고 있다.

기적을 반대하는 이유들, 과연 타당한가?

'기적은 결코 일어나지 않는다'는 부정적인 진술은 어떤 철학적 근거도, 경험적 근거도 없다. 가령, '까마귀는 검다'라는 보편적인 진술은 '어느 장소에서 하얀 까마귀 한 마리를 관측했다'는 단 하나의 관찰 사례만 있어도 거짓이 된다. 성경의 기록과 마찬가지로, 오늘날에도 의학적인 차원에서의 기적적인 사건들이 많이 보고되었다. 기적이 발생한 사례가 하나 이상만 있어도, '기적이 원천적으로 불가능하다'는 주장은 결코 타당하지 않다는 것을 알 수 있다.[7]

과학철학자 칼 포퍼(Karl Popper, 1902-1994)의 '반증주의'를 기적에 적용해 보면, 영국의 경험주의 철학자 데이비드 흄(David Hume)의 논리가 참 허술하다는 것이 드러난다. 흄은 '기적이란 곧 자연법의 침해'라고 주장한다. 그는 과학 체계에서 기적이 불가능하다고 말하며, 많은 무신론 과학자들은 지난 수백 년 동안에 발생한 기적들을 입증할 만한 충분한 증거들이 없었다고 주장한다. 그들이 보기에 그리스도인들의 기적은 '희귀한 자연적 현상이거나 잘못된 보고'에 지나지 않는다.

기적의 가능성을 원천적으로 부정하는 흄의 논리는 참으로 허술하다. 그는 처음부터 신의 존재를 부정하는 자연주의 철학적 전제를 깔고 있다. 그것은 논증이 아니라 가정을 반복하는 것에 지나지 않는다. 현대 철학자 리처드 스윈번(Richard Swinburne)은 '베이즈 정리'를 통해서 '기적이 일어났다'는 보고에 대해 '신뢰할 만한 증인과 증거'가 있다면 기적이 실제로 일어났을 확률이 매우 높다고 본다.

또한 C. S. 루이스 역시 흄이 '기적이 결코 일어나지 않았다'고 주장했을 때 그 주장을 지지하는 절대적인 증거가 있는지를 되묻는다. 그래서 루이스는 '기적이 없다'는 주장 자체를 거짓된 진술로 단정한다. 그 이유는 '기적이 일어났다'는 많은 경험 사례들이 존재하기 때문이다. 그래서 루이스는 '기적이 일어나지 않는다'는 흄의 진술은 타당하지 않고, 오히려 '기적은 실제로 일어난 사건'이라는 견해를 논리적인 면에서나 경험적인 면에서 타당한 주장이라고 본다. 특별히 루이스는 기독교의 기적이 다른 종교에 비해서 내적인 일관성을 가지고 있다고 평가한다. 흄은 기적에 반대되는 증거들만을 수집하려고 노력한 '확증편향의 오류'에 빠져 있을 뿐이다.

흄 못지않은 대륙의 합리주의 철학자 베네딕트 스피노자(Benedict Spinoza)도 역시 기적의 가능성을 부정한다. 그의 자연주의적 비판에 의하면, '신의 기적'이라는 개념 자체는 자기모순이다. 스피노자의 '범재신론'적인 철학에서 자연과 신은 일정한 부분 동일하다. 즉 '신은 자연을 초월하지만, 자연은 여전히 신의 일부'라고 본다. 그래서 자연법칙을 깨는 신의 행동은 신 자신의 본성에 위배되기 때문에 기적은 불가능하다. 다시 말하면, 스피노자에 의하면, 자연 자체가 신 자신의 일부분이기 때문에 신이 자연을 거스르는 행동을 할 수 없다는 것이다. 범재신론 체계에서는 기적이라는 말 자체가 '신의 자기모순'이다. 스피노자는 "만일 누군가 하나님이 자연법칙에 위배되게 행할 수 있다고 확신한다면 그는 사실 그 자체에 의해 하나님이 자신이 세운 자연법칙에 반하여 행동하고 있다고 확신하도록 강요하는 것이다. 그리고 이것은 명백히 부조리이다"라고 말한다.[8]

그러나 '기적은 없다'는 스피노자의 결론은 '기적이 일어날 가능성은 없다'는 스피노자 자신의 선험적 전제(편견)에 의존하기 때문에 자기모순이다. 그는 '순환 논증의 오류'에 빠져 있다. 스티븐 에반스(Stephen Evans) 교수에 의하면, '기적은 자연법칙을 깨뜨리는 것'이라는 스피노자의 주장은 '신이 자신이 만든 피조물로부터 부재하고 있다'는 잘못된 생각을 갖게 할 수 있다. 성경대로 하나님이 말씀을 통해서 피조 세계를 유지하고 있다면, 하나님이 기적을 통해서 자연 세계에 개입하실 때에도 자연은 여전히 하나님의 섭리—만물을 유지하고 운행하시는 활동—에 의해서 변함없이 운행된다. 따라서 하나님의 개입(기적)이 곧 자연법의 파괴를 의미한다는 스피노자의 주장은 잘못되었다는 것이다.[9]

신학자 프리드리히 슐라이어마허(Friedrich Schleiermacher, 1768-1834)는 스

피노자의 입장을 수용해서 기적을 부인한다. 그 역시 절대적인 기적을 '자연의 상호관련성을 확실하게 중단시키는 것'으로 본다. 그래서 기독교 신앙에서 기적은 제거되어야 마땅하다고 주장한다. 독일 신학자 루돌프 불트만(Rudolf Bultmann, 1884-1976)도 마찬가지로 성경에 기록된 창조, 성육신, 치유, 그리스도의 부활 등은 신화일 뿐 실제 기적이 아니라고 주장한다.

현대의 과학주의(Scientism)도 신이 일으키는 기적 자체를 인정하지 않는다. 여기서 '과학'과 '과학주의'(혹은 과학만능주의)라는 단어의 차이를 구분할 필요가 있다. 과학은 '과학(science) 자체'로서 인류의 문명 발전에 기여하는 바가 크다. 그렇지만 과학주의(과학만능주의)는 일종의 유물론적 철학을 가진 세계관으로, 과학의 방법과 지식만이 진리를 결정한다고 주장하는 견해일 뿐이다. 유물론자는 처음부터 기적의 발생 가능성을 원천적으로 부인하려고 할 것이다. 이런 점에서 '기적의 가능성 여부'는 세계관에 따라 서로 다른 결론에 이르게 된다. 유물론자와는 달리, 유신론자는 신의 개입에 의해서 언제라도 기적이 발생 가능하다고 보기 때문이다.

기적을 믿지 못해서 망설이던 사람

기독교 사립대학인 한동대학교의 설립자로 약 20년간 총장으로 재직했던 김영길 박사(1939-2019)는 원래 무신론 과학자였다. 그는 "물질세계를 벗어난 영혼이나 영적인 세계는 단지 상상의 산물로 여기고 과학자가 영적인 세계를 믿는 것을 부적절하다고 생각했다"고 그의 지난날을 회상했다. 그가 그리스도인이 되는 데에 가장 큰 난관은 기적의 문제였다. 기독교 경전에는 기적이 가득하다. 가나 혼인 잔치에서 물을 포도주로 만든 기적, 디베랴 바다 건너편에서 소년의 작은 도시락 하나를 가지고 성인 남자 5천 명이 먹고도 열두 광

주리가 남았던 오병이어의 기적은 그를 혼란스럽게 했다.

그는 가나 혼인 잔치에서 예수님이 행하신 최초의 기적, 즉 "물을 배달하는 과정에서 화학방정식이 물(H_2O)에서 포도주의 주성분인 에탄올(C_2H_5OH)로 바뀌는 것은 상온에서 일어나는 것이 불가능하기 때문에" 결코 믿을 수 없었다. 그리고 오병이어 사건은 "과학의 기본 법칙인 질량과 에너지 보존의 법칙, 즉 열역학 제1법칙에 어긋나기 때문에 믿을 수 없었다"고 한다.[10] 그의 말을 들어 보자.

"과학자로서 나는 한때 기적은 과학적으로 불가능한 사건이라고 생각했다. 물이 포도주로 변하고(요 2:9), 물고기 두 마리와 보리떡 다섯 개로 수천 명을 먹이는 것은(마 14:19) 분명 과학적으로 이해할 수 없는 기적적인 사건들이다. 그러나 동물들이 인간 세계를 보면 모든 것이 기적으로 보일 것이다. 사람들이 차를 운전하고 비행기를 타고 신문을 읽고 컴퓨터를 조작하는 것은 집에서 기르는 동물들에게는 기적이다. 그러나 인간에게는 이 모든 일이 당연한 과학의 산물이자, 기적이 아닌 상식이다. 하위 차원의 세계에서는 상위 세계의 모든 일이 기적이지만, 상위 세계에서는 당연한 상식이듯이, 성경에 기록된 기적의 사건도 하나님이 개입하시면 얼마든지 가능하다고 생각했다. 우주를 설계하고 만물을 존재케 하신 창조주 하나님이 개입하고 간섭하시면 기적은 당연하다. 기적은 자연과학이 밝힐 수 있는 영역 밖에 있다. 성경에 나타난 기적을 받아들이는 것은 전능하신 하나님의 존재를 믿고 받아들이느냐 아니냐의 관점에 달려 있다."[11]

김영길 박사의 말처럼 "과연 기적은 가능한 것인가?"라는 질문에 대한 답은 유신론적 세계관을 수용하는지의 여부에 달려 있다. 전지전능하고 인격적인 신의 존재를 믿는 유신론적 세계관을 수용하면 기적은 언제나 가능하다.

창조주이신 하나님은 자연법의 운행에 개입할 능력과 권리가 있으며, 기적은 자연법칙을 넘어서 간섭하시는 하나님의 특별한 행위로 언제나 허용될 수 있다. 반대로 비유신론적인 세계관 – 유물론, 범신론, 업보교리를 가진 종교 등 – 을 택한다면 기적은 불가능하거나 부적절하고, 혹은 전혀 필요하지 않을 수 있다. 다시 말하면, "기적이 가능한가?"라는 질문에 대한 답변은 초월적이며 인격적인 신의 존재를 믿을 때에는 언제나 가능하고, 반대로 그런 전능한 신의 존재를 부정하면 완전히 불가능하다. 창조주의 존재를 믿는다면, 구약성경의 예언을 성취하며 오신 예수 그리스도의 기적과 부활을 믿는 데에는 아무 문제가 없다.

"만물이 그로 말미암아 지은 바 되었으니 지은 것이 하나도 그가 없이는 된 것이 없느니라"(요 1:3).

"믿음으로 모든 세계가 하나님의 말씀으로 지어진 줄을 우리가 아나니 보이는 것은 나타난 것으로 말미암아 된 것이 아니니라"(히 11:3).

초월적이고 전능한 인격적인 신이 존재한다면, 그가 원하는 시간과 장소와 대상과 방식으로 자연법칙과 역사에 개입하거나 간섭할 수 있다. 성경에 있는 그러한 개입과 간섭을 우리는 '기적'으로 본다. 다음으로 각 종교 간의 기적을 비교해 보며, 기독교의 기적이 어떤 점에서 다른 종교보다 탁월한지를 설명하고자 한다.

주요 종교들은 기적을 어떻게 바라보는가?

타당성 검토를 위한 네 가지 기준

기적을 자연적인 현상이 아니라, 초월적이며 인격적인 신의 의지적 행위로 정의한다면, 우리는 '주요 종교가 나름 고유한 기적을 갖고 있다'는 주장을 면밀하게 검토해 보아야 한다. 필자는 아래에서 제시된 네 가지의 기준을 가지고 주요 종교-불교, 힌두교, 이슬람교, 기독교-의 기적을 상호 비교하면서 검증하려고 한다. 기독교가 기적을 통해서 계시종교임을 증명하려고 하듯이, 다른 종교들도 저마다 기적에 관한 이야기를 보유하고 있다. 따라서 각 종교의 기적의 진위를 살펴보려면 다음 네 가지 질문을 토대로 종교 간 기적의 특징을 상호 비교 분석할 필요가 있다.

첫째, 각 종교는 교리적 차원에서 초자연적이며 절대적 존재인 인격적인 신을 믿는가? 주요 종교들은 다양한 신론을 가지고 있다. 기독교는 전지전능한 창조주이며 거룩하신 한 분 하나님을 믿지만, 그렇지 않은 종교들도 있다. 그런 종교의 철학적 전제에서는 기적의 가능성이 아예 배제되거나 기적을 전혀 필요로 하지 않는다.

둘째, 각 종교의 창시자들은 기적에 대해 긍정적인 혹은 부정적인 견해를 가지고 있는가? 종교의 창시자들이 기적을 폄하하는 시각을 가지고 있거나, 공개적으로 기적을 행하기를 거부했다면, 그 종교의 기적의 진실성은 의심될 수 있다. 즉 실제로 발생한 역사적 사건이 아닐 수 있다.

셋째, 각 종교 창시자가 행했다는 기적 사건을 담은 문헌이 그 창시자 사후 오랜 시간이 경과한 후에 나온 문헌인가? 그렇다면 그것은 포교의 목적을 위해서 조작되었을 가능성이 높다. 특별히 각 종교의 창시자들이 초자연적인 기적을 행하는 것에 대해서 거부감을 표명하거나 혹은 기적을 일으킬 필요성에 대해 전혀 동의하지 않았다면, 그 종교의 창시자가 행했다는 기적에 관한 기록은 후대의 문헌에서 그 창시자를 신비한 존재로 만들기 위해 인위적으로 덧붙인 이야기일 수 있다. 창시자의 일화와 그것을 문헌으로 기록한 시기의 간격이 짧고 직접 목격한 증인이 있다면, 그 기적은 사실로 보아야 한다. 창시자와 거의 동시대의 증언이 없다면, 그 기적 이야기는 크게 신뢰할 수 없을 것이다.

넷째, 만일 그 종교에서 기적을 없앤다면, 그 종교의 가르침이 여전히 유지될 수 있는가? 힌두교, 불교, 뉴에이지, 천도교 등은 그들의 종교적 가르침을 위해 기적이 필연적으로 있어야 하는 종교가 아니다. 기적이 없어도 그런 종교들의 가르침에는 조금도 문제가 될 게 없다. 그러나 기독교의 경우는 다르다. 만일 기독교에서 기적을 제거하면, 기독교는 존재하지 못하며, 성경의 권위와 진실성도 상실되고 말 것이다. 왜냐하면 기독교의 핵심 교리와 중요 사건-가령 천지창조, 출애굽 사건, 성육신, 신유, 예수님의 부활 등-은 하나님의 행위(기적)를 통해서 이루어졌기 때문이다. 다음 도표를 통해서 간단히 비교해 보자.

	기적에 대한 창시자의 견해	기적과 교리의 관계	창시자와 기적을 기록한 문헌-시간차	종교의 확장에서 기적의 역할
불교	석가모니는 기적에 부정적임	소승불교: 무신론 (기적을 행할 신이 없음) 대승불교: 다신론 (기적을 행할 이유 없음), 범신론(기적이 필요하지 않음) 업보교리는 기적 필요성 부인, 질병과 가난은 업보의 결과	대승불교 경전: 600년 후 등장 소승불교 경전: 400년 후 등장 기적에 대한 동시대 증인 없음	모든 것이 망상이라는 깨달음을 강조 기적에 의존해서 선교하는 종교가 아님

이슬람교	무함마드는 자신은 기적을 행하지 않으며, 알라의 메신저라고 함	알라: 기적을 베푸는 신 아님 사람: 알라의 형상이 아님	꾸란: 기적 없음 하디스: 무함마드 사후 200-300년 사이에 나온 문헌, 기적에 대한 증인 없음	군사적으로 팽창하는 종교 기적을 통해 포교하지 않음
기독교	예수님은 기적을 적극적으로 활용하심	여호와: 창조주, 치료하는 신 예수님: 수난은 치료의 근거 전인 구원론: 질병 치유 포함	복음서와 사도행전: 대개 증인들과 동시대에 기록됨	기적은 선교의 중요한 방식

이 도표를 보면, 네 가지 기준이 각 종교의 기적을 비교하고 진실성을 판단하는 데 매우 유익하다는 것을 알 수 있다.

이제 각 종교의 창시자, 즉 불교의 석가모니, 이슬람교의 무함마드, 힌두교와 샤머니즘의 기적 사례들을 분석한 후에, 그것들이 기독교의 기적과는 어떤 점에서 차이가 있는지를 비교해 보자.

석가모니의 원시불교와 기적

첫째, 불교의 창시자 석가모니, 즉 고타마 싯다르타는 포교 활동 기간에 기적을 중요하게 생각하지 않았다. 그는 참선을 통해 초능력을 얻으려는 수행자들에게 그렇게 하지 말라고 권면했다. 가령, 어느 날 석가모니가 물 위를 걷기 위해 강에서 20년 동안이나 고행을 한 수도자를 만난 적이 있다. 그때 석가모니는 그에게 "한 푼 반의 뱃삯을 내면 강을 건널 수 있는데 왜 헛된 노력을 하는가? 네 기적의 가치는 한 푼 반이로구나"라고 말했다고 한다. 또한 죽은 아들을 살려 달라는 어떤 여자의 간청을 들었을 때에, 석가모니는 그녀가 마을에서 초상이 나지 않은 집을 찾아 일곱 움큼의 쌀을 얻어다가 미음을 끓여 먹이면 죽은 아들이 살아날 것이라고 말한 적이 있다. 그렇지만 그 여자는 초상을 치르지 않은 집을 찾아낼 수 없었다. 그러자 석가모니는 생자필멸, 즉 "모든 사람은 죽음을 피할 수 없다"고 말하며, 아들의 죽음을 받아들이라고 말했다.

석가모니는 그의 생애 동안에 자신을 영원한 신적 존재로 언급하지도 않았을 뿐만 아니라, 자기 가르침이 진리라는 것을 증명하기 위해서 기적을 사용한 적도 없다고 보는 것이 타당하다. 불교의 윤회와 업보의 교리는 굳이 현재의 고통을 줄이고 상황을 개선할 수 있게 하는 기적의 필요성을 요구하지 않는다. 따라서 필자는 석가모니가 기적을 행했다는 후대의 이야기들은 석가모니의 원래 가르침과 일치하지 않는다고 본다.

둘째, '기적'을 '초자연적인 인격적 존재의 행위'라고 정의한다면, 불교는 교리적인 면에서 볼 때 기적이 불가능하다고 할 수 있다. 전통적으로 불교의 학파들은 철학적 일원론과 범신론적 세계관을 가정하고 있다. 범신론적 세계관을 수용한 초기 불교에서의 '신'은 비인격적인 궁극적 실재이다.[12] 그래서 '인격적인 신의 존재의 행위'로서의 기적은 불교 교리에서는 있을 수 없다. 무신론이 기적을 전혀 필요로 하지 않는 것처럼, 범신론에서도 기적을 허용할 이유가 전혀 없다. 더욱이 불교의 교리적 특성은 윤회를 벗어나 무아에 이르는 것이기 때문에, 기적이 없어도 불교는 계속해서 존속할 수 있다. 또한 기적을 인격적인 신의 행위로 규정한다면, 불교처럼 인격적인 신의 존재를 부인하는 종교는 신의 기적을 통해서 그 종교의 진리성을 입증하려고 하지 않는다.

따라서 불교에서 말하는 기적은 성경이 기록하고 있는 기적과는 다르다. 성경의 기적은 인격과 전능성을 가진 창조주의 개입으로 이루어지는 기적인 반면, 불경에 기록된 기적은 석가모니의 가르침과는 전혀 무관하게 수행자들의 비범한 초능력이나 신통력을 자랑하기 위한 것이 대부분이기 때문이다. 한마디로 존 힉의 말처럼, 불교의 기적은 사실이 아니라 포교를 목적으로 각

색된 이야기로 보아야 한다.

셋째, 불교는 '업보론'을 핵심 교리로 갖고 있다. 지금 당하고 있는 질병이나 죽음 등의 모든 사건은 전생의 업보이니, 기적을 통해서 질병을 치유하거나, 신체 장애를 낫게 하는 것이나, 죽음을 피해 보려는 시도는 업보교리에 어긋나는 것이다. 만일 어떤 사람이 장애인으로 태어났다면, 그것은 전생의 업보적 결과이다. 그렇게 된 것은 당연지사이다. 이런 점에서, 그 사람의 불행한 신체적 상태나 질병을 치유해 줄 이유가 없다. 업보교리를 수용한다면, 전생의 업보로 형성된 현재의 고통이 가득한 상태를 개선할 수 있는 기적은 논리적으로 불필요하다. 기적을 베풀어 환자를 치유하는 것은 오히려 그 환자가 자신의 악업을 소멸시킬 기회를 없애는 것이나 마찬가지이기 때문이다.

넷째, 석가모니의 기적에 대한 기록은 석가모니 사후 수백 년이 지나 나온 문헌이기 때문에, 후대에 신화화되는 과정에서 조작되거나 삽입되었을 가능성이 높다. 불교의 문헌은 성격에 따라 세 가지-경장, 율장 그리고 논장-로 분류된다. 석가모니의 초기 가르침을 담은 경장, 승가의 구성원들을 위해 만들어진 계율은 율장, 불교의 학승들에 의해 발전된 저서들은 논장이라고 부른다.[13]

불교는 석가모니의 생전과 입멸 직후까지를 중심으로 하는 원시불교, 부처 입멸 후 100년 후부터 주후 1세기 사이에 등장한 20여 개의 종파를 부파불교(부파불교 중 하나인 '상좌부'를 소승불교로 부름), 주후 1세기에서 5세기에 발전한 대승불교로 구분한다. 석가모니의 가르침을 나뭇잎에 기록한 것을 패엽경이라고 하지만, 석가모니의 가르침이 경전, 즉 문헌으로 기록된 것은 부처의 입멸 후 최소 수백 년 정도의 기간이 지나서였고, 그전까지는 구전으로만 전해졌다.

일반적으로 불교의 경전을 원시경전(초기불교경전), 소승경전(부파불교경전) 그리고 대승경전으로 구분하는데, 원시경전으로는 아함경, 법구경, 백유경, 옥야경 등이 있고, 소승경전으로는 중아함, 장아함 그리고 일부 율장 등이 있다. 대승불교 경전으로는 반야심경, 금강경, 법화경, 승만경, 유마경, 화엄경, 무량수경, 아미타경, 능가경, 열반경, 법망경 등이 있다. 현재 실물로 일부라도 남아 있는 불경 중에 가장 오래된 것은 주후 1세기와 2세기에 기록된 것으로 코뿔소경(주후 1세기), 법구경(주후 2세기), 대반열반경(주후 2세기) 등과 같은 것들이다. 불교 전승으로는 팔리경전이 주전 1세기경에 기록되었다고 하지만 신뢰받지 못하는 이론이고, 현재 불경의 형태를 갖추게 된 시기는 대개 주후 5세기경으로 추정하는 것이 불교계의 정설이다.

석가모니의 기적에 대한 이야기의 진위를 판별하기 위해서는 몇 가지 기준이 필요하다.

첫째, 불교의 경전 자체가 부처의 입멸 후 최소 수백 년이 지나서 문헌(경전)으로 나왔기 때문에 부처가 행한 기적들의 진위를 판별한 증인들이 없다는 것을 염두에 두어야 한다.[14] 창시자의 활동 시기와 경전이 기록된 시기 간에 이렇게 수백 년이라는 큰 차이가 난다면, '부처가 기적을 행했다'는 불교 전승 기록의 진실성 여부를 판단할 객관적인 자료와 근거들이 부족하다.

둘째, 교리적인 일관성을 고려할 때, 불교의 교리에서 과연 기적이 필요한지를 살펴보아야 한다. 다시 말하면, 석가모니는 원래 기적에 대하여 부정적인 견해를 가지고 있었고, 원시불교의 철학적 전제는 초월적인 인격적 신의 존재를 인정하지 않는다는 점을 고려할 때, C. S. 루이스는 "석가모니의 가르침을 존중한다면, 그가 기적을 행했다는 것을 받아들일 수 없다"고 지적한 바 있다.

석가모니에 의하면, 현재의 고통은 집착에서 비롯되거나 업보에 의해서 형성된 것이다. 집착으로 인한 고통은 열반에 이르러 '무아'가 되면 궁극적으로 해결된다. 그리고 업보로 인한 현재의 고통은 감내할 수밖에 없다. 그런데

'기적'이 어떤 사람의 불행한 처지, 장애, 고통을 개선하는 것을 의미한다면, 불교의 업보교리에는 기적이 필요하지 않다. 예를 들면, 집착으로 생긴 고통은 집착을 버리면 해결되고, 업보로 생긴 고통은 그 고통 그대로를 감내하는 것이 최선의 길이다. 사바세계(인간이 윤회하며 번뇌 속에서 살아가는 현실 세계)는 '고통을 참고 견디며 살아가는 세계'이기 때문에, 굳이 어떤 사람의 고통스러운 상태를 고쳐 주는 기적은 불교의 업보교리에 어긋난다. 이 점을 고려할 때, 불교의 교리에는 기적이 필요하지 않다.

마지막으로, 설령 불교에 기적이 있다고 해도, 그것은 기독교처럼 초자연적이며 초월적이고 절대적인 인격을 가진 신에 의한 기적이 아니라는 것은 분명하다. 그렇다면 불교에서 말하는 기적의 특징은 무엇일까? 불교의 초기 경전인 팔리율장은 수행자들이 지켜야 할 계율을 가르치는 경전이다. 이 경전의 4장에는 비구들이 행할 수 있는 초능력이 나온다. 즉 신족통(원하는 장소에 모습을 바꾸어 자유롭게 출현하는 능력), 천안통(사람의 미래의 운명을 보는 능력), 천이통(초인적인 청력), 타심통(타인의 마음을 아는 능력), 숙명통(남이나 자신의 전생을 보는 능력), 누진통(세계와 인생의 진리를 깨달아 아는 능력)이 있다. 설사 불교의 수행자들에게 이런 초능력이 생긴다고 해도, 그것은 수행자가 자기 능력을 과시하는 방식이 될지언정, 타인의 길병을 치료하는 목적과는 무관하다. 불교는 모든 것이 망상일 뿐, 실제로는 존재하지 않는다는 것을 깨우쳐야 한다고 말한다.

C. S. 루이스는 "석가모니의 가르침은 해탈에 이르는 것인데, 기적을 통해서 현재 상황을 고쳐 보려고 집착하는 것이야말로 석가모니 자신의 가르침에 어긋난다"고 지적했다. 루이스에게 불교의 기적은 실제 사건이 아니라 포교를 위해 각색된 이야기일 뿐이다.

이슬람교의 무함마드와 기적

비교종교학자들은 이슬람교가 유대교와 기독교의 맥락에서 생겨난 종교라고 말한다. 당시 아라비아반도에는 상당수의 유대교인들과 기독교인들이 있었다. 이슬람교의 창시자인 무함마드의 초기 가르침은 유대교와 기독교에 대해 호의적인 태도를 가지고 있었다. 그의 초창기 가르침에는 기도할 때에 예루살렘을 향하여 기도하도록 되어 있고, 성경을 가진 이들과 잘 지내라고 가르친다.

무함마드가 기도의 방향을 예루살렘에서 메카로 변경한 것은 메디나에 있는 유대 공동체가 무함마드를 신의 계시를 받는 지도자로 인정하지 않았기 때문에 생긴 일이다. 무함마드의 초기 가르침은 유대교와 기독교에 대해 어느 정도 동질감을 강조했지만, 나중에 무함마드는 유일신 알라에 대한 절대적인 순종을 거부하는 유대교와 기독교인들을 우상을 숭배하는 죄를 지은 것으로 여겨 극단적으로 처단하게 했다.[15]

이슬람교는 기독교 및 유대교와 유사한 유일신 종교이면서도 실제로는 신론, 구원론, 인간론, 죄론에 있어서 상호 간에 모순된 특징을 갖고 있다. 그럼 이슬람교의 무함마드는 기적에 대해서 어떤 견해를 가졌는지 살펴보자.

첫째, 무함마드는 사람들이 신이 보낸 표적인 기적을 행해 보라는 요청을 받았음에도 불구하고, 기적을 통해서 자신의 종교적 권위를 입증하기를 거부했다. 그는 "기적은 오직 알라만이 할 수 있다. 나는 단지 평범한 경고자일 뿐"(꾸란 29:50)이라는 점을 분명히 말했다.

꾸란에 기록된 모세의 모습을 보면, 모세는 지팡이를 던져 뱀이 되게 하는 것(꾸란 7:107), 하얗게 변하는 손(꾸란 28:32), 바다를 가름(꾸란 26:63), 열 가지 재앙(꾸란 7:133), 바위에서 물을 냄(꾸란 2:60) 등과 같은 기적을 행했다. 이런 기적은 이집트의 바로(왕)와 술사들이 인정할 수밖에 없을 정도로 명확했다. 그러나 자세히 살펴보면, 꾸란의 내용은 성경에 기록된 모세의 기적 사건과는 상당히 다르거나 부정확하게 묘사되고 있다. 그렇지만 무함마드는 주위 사람들의 거듭된 요청에도 불구하고 기적을 한 차례도 행한 적이 없다. 꾸란에서 무함마드는 단지 자신은 알라의 경고를 전하는 사자라고 거듭 말했을 뿐이다(꾸란 17:90-93).

둘째, 무슬림들이 무함마드의 기적을 믿는 이유는 이슬람교의 두 번째 경전인 하디스에 무함마드가 기적을 행했다는 전승이 있기 때문이다. 메카의 사람들이 기적을 보여 달라고 요청하자, 무함마드는 히람산 위에서 달을 두 개로 쪼개는 기적을 보여 주었다(사히흐 부카리 하디스 5208). 하지만 하디스의 기록 외에는 아무도 달이 갈라진 사건을 목격한 바 없다. 그는 친구의 부러진 다리를 고쳐 주고, 적은 음식으로 많은 사람을 먹였으며, 나뭇가지로 강철 검을 만들어 내고, 노새를 타고 승천했다고 한다. 한번은 무함마드가 설교를 하고 있을 때, 곁에 있던 대추야자나무가 슬피 울기 시작했다. 이에 무함마드가 손으로 그 나무를 쓰다듬어 주자, 그 나무는 울음을 그쳤다는 이야기도 그가 행한 기적으로 소개된다(사히흐 부카리 하디스 4.783).

그러나 영국의 존 힉 교수는 하디스의 기적 이야기들의 진정성을 의심한다. 무함마드 자신이 기적을 통한 확증을 전혀 선호하지 않았고, 꾸란에서 자신은 기적을 행하지 않는 메신저라는 사실을 확언했기 때문이다.

셋째, 무함마드가 행했다는 기적들이 기록된 책은 '꾸란'이 아니라 '하디스'라는 점을 주목해야 한다. 무함마드가 계시를 받은 시기와 하디스가 간행된 시기 사이에는 큰 세월의 격차가 있다. 하디스는 주후 610-632년경에 있었던 무함마드의 언행을 그의 사후 200년 이상 지난 후에 집필한 것들이다. 현재 널리 인정된 여섯 종류의 하디스 집필 연도를 살펴보면 다음과 같다. 사히흐 알-부카리는 846년, 사히흐 무슬림은 875년, 수난 아부 다우드는 884년, 수난 앗-티르미디는 884년, 수난 이븐 마자는 887년, 수난 안-나

사이는 915년에 각각 집필되었다. 현재 부카리(870년 사망)가 편집한 하디스와 무슬림 이븐 핫자즈(875년 사망)가 편집한 하디스가 가장 널리 읽히고 있다.

그러나 무함마드가 632년에 사망한 후, 하디스가 집필되기까지 구전 기간이 너무 길어 직접 목격한 증인이 아무도 없다는 것과 어록 수집 방법의 문제로 인하여 하디스의 신빙성에 의문이 제기되기도 한다. 꾸란에서 무함마드는 기적을 행한 적이 없는데, 하디스에서는 기적을 행했다고 하니, 그 주장에 일관성이 없다. 따라서 무함마드의 기적 이야기는 후대의 이슬람 지도자들이 포교를 목적으로 삽입하거나 무함마드를 신비화하기 위해 만든 '허구적 신화'일 가능성이 아주 크다.

더욱이 무슬림 학자들의 연구에 의해서도, 무슬림들은 무함마드의 권위를 확증해 줄 다른 기적이 필요하다고 생각하지 않는다. 그들은 무함마드가 예언자임을 증명해 주는 것은 꾸란 자체의 숭고한 아름다움과 위대함이라고 본다.16) 그들에 의하면, 꾸란은 알라의 계시를 직접 받은 것으로 어떤 흠도 없는 계시의 완결판이다.

그러나 꾸란의 내용들에 중대한 모순이 있다는 것과 사본들 간의 많은 차이점은 꾸란의 완결성에 의문을 갖게 한다. 가령 하만이 파라오 시대에 있었다는 것(꾸란 28:8), 사람을 점액 한 방울로 만들었다는 것(꾸란 23:14) 그리고 쾌락을 얻은 여자에게 소정의 보수를 주라는 것(꾸란 4:24)에 대해서는 논쟁이 있다. 또한 1972년에 예멘에서 발견된 '사나 대사원 사본'과 이스탄불의 '톱카피 사본' 간에는 불일치하는 부분들이 많다. 무함마드는 기독교의 삼위일체 교리를 '성부-마리아-예수'로 오해하고 있지만 이것은 기독교의 정통적인 삼위일체론이 아니다. 꾸란에서 성경 내용을 언급한 구절 중에 약 120군데 정도가 성경 내용과 다르기 때문에 과연 성경과 꾸란, 어느 쪽이 완전한 계시인지를 비교할 필요가 있다.17) (이 점에 대해서는 본서 제4장 "종교다원주의 비판 논증"을 참고하라.)

넷째, 이슬람교의 알라의 속성에는 피조된 세계의 인간들을 위해 기적을 베푸는 자비로운 속성이 없는 것으로 보인다. 알라는 인간 세계 안에 거하지 않는 신으로 '초월성'만을 가지고 있을 뿐이다. 이슬람교의 알라는 칠층천을 창조했고(꾸란 2:29), 인간의 운명을 결정하며, 심판자이면서, 철저하게 초월적인 절대자로 숭배된다.

더글라스 그로타이스 교수는 "이슬람의 알라는 인식 불가능한 사령관이며 인간은 알라의 형상대로 만들어지지 않은 알라의 노예들이다"라고 말한다. 알라와 인간의 관계에서, 인간은 알라신을 섬겨야 하는 완전한 노예로 설명된다. 그러나 기독교의 성경에 의하면, 아담은 하나님의 형상으로 창조되었고, 신자들은 그리스도의 대속을 통하여 하나님의 친밀한 자녀가 된다. 반면에 꾸란에 의하면, "하늘과 땅을 막론하고 자비로우신 알라께는 종의 신분이 아니고서는 나올 수 있는 자가 없다"(꾸란 19:33)고 한다.

꾸란의 대부분은 "은혜로우시고 자비로우신 알라의 이름으로!"라는 말로 시작하며, 알라신이 인간을 사랑한다(꾸란 3:31)는 구절도 있긴 하지만, 이슬람 학자들은 알라와 인간 사이에 상호적인 사랑이 있을 수 있다는 것을 인정하지 않는다. 인간과 알라 사이에 친밀한 사랑과 우정이 가능하다고 생각하는 것 자체가 알라를 불경스럽게 격하시키는 일이기 때문이다.

비록 꾸란이 알라의 자비를 말한다고 할지라도, 그것은 꾸란의 중심 메시지가 아니다. 꾸란을 통해 가르쳐지는 이슬람교의 핵심 사상은 알라의 초월성과 단일성을 강조하는 것이다. 이 점에서 알라는 사람들로부터 복종을 통한 숭배를 받기 원하는 신으로 보는 것이 타당하며, 이슬람교에서 기적은 가능하지 않다.

이슬람의 알라신은 피조 세계와 완전하게 구분되어 결코 인간 세상 안에는 존재하지 않는다. 따라서 알라는 자신이 세워 놓은 자연 질서와 충돌하면서까지 기적을 베풀어 사람에 대한 사랑을 표현하는 신은 아니라고 할 수 있다.[18]

다섯째, 현재 이슬람은 전 세계에서 두 번째로 큰 종교로 약 20억 명의 신자를 가지고 있으며, 27개국에서 국교로 채택했다. 그러나 이슬람교는 기독교처럼 기적과 순교를 통해서 성장한 종교가 아니라, 창시자 무함마드 때부터 주로 전쟁을 통해서 복속과 점령이라는 방식으로 세력을 확장했다. 정복된 지역에서는 신정체제가 수립되었기 때문에 자연스럽게 문화적·종교적·경제적인 면에서 이슬람 세력은 더욱 커질 수밖에 없었다. 따라서 하디스에 있는 '기적'을 모조리 제거한다고 해도, 이슬람교의 핵심 교리와 현재에 이른 팽창을 설명하는 데에는 어떤 문제도 없어 보인다. 그러므로 이 점에서 이슬람교는 기적이 꼭 필요하지 않은 종교라고 말할 수 있다.

힌두교 계열의 종교와 기적

다른 주요 종교들과는 달리, 힌두교는 그 기원이 명확하지 않다.

첫째, 힌두교는 '모든 것이 하나'라는 교리를 가지고 있다. 선과 악의 구분이 명확하지 않은 상태에서 기적의 필요성은 전혀 개입될 여지가 없다. 요가나 민족 전통 수련법들은 일종의 범신론적 세계관을 가지고 있다. 범신론자들은 신의 개입 기적을 인정하지 않는다. 존재하는 모든 것이 신인데 특별한 신에 의한 기적이 있을 필요가 없다.

'마음수련원', '단월드'도 역시 범신론적·범재신론적 세계관을 가진 종교에 지나지 않는다. 요가나 단학은 단순히 건강한 심신을 위한 체조와 호흡법, 건강 수련법이 아니다. 그것들은 일종의 윤회적인 세계관을 가진 범신론적 종교들이다. 그 수행법과 명상법들이 범신론적 종교적 가르침과 종교의식을 수반하고 있다. 요가는 힌두교의 고행을 통한 구원법이며, 단학의 호흡도 우주적인 기를 받아들여서 결국 우주와 인간의 합일을 추구하는 것이다. "나는 곧 우주이며, 우주는 곧 나다"라는 사상에서는 기적이 불필요하다.

둘째, 힌두교의 업보교리는 기적을 필요로 하지 않는다. 불교의 경우와 마찬가지로, 선천적 장애나 후천적 사고, 질병, 왕이든지 노예이든지 현재의 상태는 전생의 행동이 낳은 업보의 결과일 뿐이다. 업보는 인과응보라는 엄격한 필연성을 요구한다. 즉 악업을 탕감해 주거나 용서해 줄 신은 존재하지 않으며, 자신의 선업과 악업의 행위 결과에 걸맞은 대가를 받는다는 보응 사상이 핵심이다.

악업의 결과는 전생의 악행으로 인하여 현세에서 고통을 받아야 마땅하기 때문에, 고통을 경감시키는 기적이 있어서는 안 된다. 인과응보의 원리에 따라 현재의 상태를 개선하려는 어떤 시도도 정당하지 않다고 보기 때문에, 업보교리는 현재 상황을 개선하려는 기적을 수용하지 않는다.[19]

힌두교의 신론과 인간론에서도 기적은 필요하지 않다. 힌두교의 핵심적인 가르침은 '아트만(개인)과 브라만(우주)은 하나'라는 것이다. 개개인의 영혼은 브라만이라는 우주의 영혼이라는 것이다. 인간이 모든 것이며 인간이 신이라는 가르침이다. 범신론적인 힌두교의 철학에서 중요한 것은 하나 됨이다. 인격을 가진 인간이 윤회를 하다가 언젠가 인격성이 없는 우주와 합일되어야 한다는 것이다. 다시 말하면, 아트만(개인)은 브라만(우주)에게 흡수되어 사라질 운명이다. 이처럼 자아의 궁극적 소멸을 가르치는 힌두교의 교리는 기적을 통해 질병을 치료하고 건강을 회복시켜 주는 기적의 필요성을 요구하지 않는다. 힌두교에서 기적은 불필요하다.

셋째, 힌두교에 기적이 있다면, 그것은 종교를 위한 기적이 아니라 어떤 사람의 자기과시적인 초능력으로, 도덕적 의미가 없는 사건이나 루머일 뿐이다. 가령, 1995년 '가네샤(Ganesha) 신의 동상이 우유를 마셨다'는 기적 이야기가 있었다. 그렇지만 이것은 나중에 건조하고 미세한 금이 있는 신상에 우유가 스며들어 사라진 사건으로 설명되었다. 그것은 기적이 아니라 자연스러운 현상이었다. 더욱이 힌두교인들이 기적으로 여긴 '가네샤 우유 증발 사건'은 어떤 도덕적인 의미도 없다. 가난한 자에게 우유가 생긴 것도 아니고 병든 사람이 치료된 것도 아니다. 힌두교 수행자는 신통력을 얻으려고 애쓰는데, 그 신통력의 원천은 신이 아니라, 수행자 개인 내부에 있다. 신통력을 행하는 목적은 자기 과시일 뿐이다.

인도의 요가나 우리나라의 단학과 같은 전통적 수련법은 특별히 인간의 잠재적 초능력 계발을 강조하고 있다. 현대인들에게 건강 체조와 단전호흡법 등으로 많이 소개되고 있다. 요가는 극도로 어려운 신체의 자세와 고행을 요구한다. 가령 한 팔을 평생 들고 사는 이들도 있고, 일정 기간 금식하기도 하며, 추위와 더위를 참는 훈련을 하기도 한다.

신체의 기능을 극대화하는 훈련을 통해서 어느 정도는 강한 육체적인 힘이나 정신적인 능력이 발휘될 수 있을지도 모른다. 그러나 인간의 육체와 잠재력을 극대화한 초능력은 그냥 인간의 제한적인 능력일 뿐이다. 그것은 성경이 말하는 하나님의 초자연적이며 절대적인 능력(기적)과는 확연히 다르다. 초능력의 주체는 인간 수행자이지만, 기적의 주체는 하나님이시다.

넷째, 이러한 수련을 강조하는 단체들의 공통점은 영적인 존재들과 인간이 하나가 되는 접신 현상에 있다. 예를 들면, 박수무당이 작두를 타는 것은 속이거나 귀신의 힘을 빌린 현상일 것이다. 한국의 무당들은 빙의(신내림)를 통해서 신점을 치기도 하고 과거를 맞힌다는 소문이 있다. 그렇지만 무당이 실제로 과거를 알아맞힌다는 능력은 검증된 것이 아니다. 사람들은 무당이 말한 것들 중에서 틀린 말은 기억하지 않고, 비슷하게 맞는 말만 기억한다. 그리고 무당은 대개 모호한 진술을 해서 사람들의 공감을 얻는다.

가령, "과거에 고생깨나 했겠어", "팔자가 고약해", "겉은 강한데 속은 외로워" 등과 같은 표현은 주관적으로 심리적인 동의를 얻어 내는 데 유리하다. 심리학적인 차원에서 무당은 '콜드 리딩'(Cold Reading)과 '바넘 효과'(Barnum

Effect)를 잘 사용한다. 콜드 리딩은 상대방에 대한 사전 정보가 없어도 그 사람의 말투, 표정, 옷차림, 태도를 통해서 상대방의 문제를 추론해 마치 상대방의 속마음을 읽는 것처럼 보이는 기술이고, 바넘 효과는 일반적이고 모호한 진술이 자기의 상황에 맞다고 느끼게 하는 것이다.

불교에서도 수행자가 영적인 존재와 만나는 것을 부인하지 않는다. 달라이 라마도 역시 티베트불교가 귀신들의 존재와 활동에 의존해 왔다는 것을 인정하고 있다.[20] 불교에서 49제나 천도제를 지내는 경우도, 사람이 죽은 후 49일간 윤회가 정해지지 않은 중음신(中陰身, 생과 사의 중간 단계나 윤회의 중간 단계) 상태에 있다고 생각하기 때문이다. 중음신 상태는 일종의 '귀신처럼 머무는 중간 단계'로도 보는데, 이것은 초기 불교에서는 나타나지 않고, 티베트와 동아시아 국가의 불교신앙과 민간신앙이 결합되어 나온 형태로 보인다.

샤머니즘과 일부 불교 교리에서는 사람이 죽어서 귀신이 된다고 말하는 반면, 성경은 사람은 죽으면 하나님 앞에서 심판을 받아 천국이나 지옥으로 간다고 말한다. 성경은 하나님과 천사 그리고 타락한 천사인 사탄, 마귀와 귀신들이 있다고 말한다. 그러나 악마들은 사람을 속이거나 유사한 기적을 행할지언정 창조주가 행하시는 창조적 기적을 행할 수는 없다는 것은 분명하다.

결론적으로 말하면, 힌두교는 세계 3대 종교로, 힌두교 신자는 세계 인구의 약 15퍼센트 정도(약 12억 명)를 차지하고 있으며, 그중에서 95퍼센트는 인도에 거주하고 있다. 힌두교는 현대에 명상, 요가 등을 통해서 서구로 확산되고 있다. 힌두교의 경전은 신화적인 성격을 띤 이야기를 기록하고 있지만 아무도 그것을 실제 역사적인 사건으로 해석하지는 않는다. 인간도 수련을 통해 가능하다고 보는 신적 능력의 신화적 표현이다. 힌두교는 범신론 체계를 갖고 있기 때문에, 기독교처럼 절대자이신 하나님이 사람을 사랑해서 치료하고 공급하며 살리시는 기적은 가능하지 않고 필요하지도 않다.

무속인들의 활동의 거짓 혹은 유사 기적

한국인의 종교적인 배경 문화는 샤머니즘이다. 지금도 수십만 명의 무속인들이 활동하고 있다고 한다. 정태기 목사의 『내면세계의 치유』라는 책에 다음과 같은 재미있는 예화가 소개되어 있다.

"교회에 다니는 일가족이 정신착란 증세를 보였다. 처음에는 며느리가, 두 번째에는 남편이 그리고 마지막으로는 시아버지가 차례대로 정신착란 증세를 보였다. 그 가족이 출석하던 교회의 목사님은 이 가족을 위해 열심히 기도했다. 어느 날, 목사님이 외부 세미나에 참석하기 위해 사흘간 교회를 떠났다가 돌아와 보니, 그 가족 모두가 온전히 치료되었다는 기쁜 소식을 듣게 되었다. 목사님은 기도 응답이라고 좋아했는데, 알고 보니 무당이 푸닥거리를 한 후에 그 가족의 정신병이 다 나았다는 것이다."[21]

이것은 어떻게 설명할 수 있는가? 무당도 기적을 일으킬 수 있는가? 정태기 목사는 이 사건을 다음과 같이 분석했다. 애가 타던 일가가 목사님이 세미나에 간 사이에, 용하다는 무당을 불러왔다. 불려 온 무당은 집 안을 한 번 휘 돌아보더니 대뜸 한다는 소리가 "이 집에 귀신이 붙었구먼, 시어머니 귀신이 붙었어…"라고 말했다. 극심한 죄책감에 시달리던 이들은 무당의 말을 듣고 그날 밤에 굿판을 벌였다. 시어머니가 죽고 나서 가족이 정신병이 생겼으니, 무당이 한 말은 사실 그 동네에 사는 누구나 할 수도 있는 말이었지만, 가족은 그 무당을 영험하게 생각한 것이다.

그날 밤에 한동안 살풀이춤을 추던 무당이 시어머니 신을 받았다며 설쳐대기 시작한다. 제일 먼저, 며느리에게 달려든다. "너 이년, 나한테 너무했어. 이 죽일 년!" 무당이 눈 시퍼렇게 뜨고 달려들자, 며느리는 무당의 바짓

가랑이를 붙잡고 살려 달라고 애원한다.

한국 사회에 고부갈등은 심한 편이다. 더구나 치매에 걸린 시어머니가 돌아가신 후에, 며느리는 어떤 죄책감을 가지고 있었는데, 무당이 시어머니 신을 받았다고 눈을 부릅뜨니, 마치 시어머니를 본 듯한 며느리가 살아 있는 시어머니에게 빌듯이 잘못을 비는 것이다. 울며불며 용서를 구하는 며느리를 내려다보면서 무당은 속으로 회심의 미소를 짓는다. 그리고 슬그머니 본색을 드러낸다. "이제 북망산으로 떠나야 할 텐데, 노자 한 푼 없구나…." 며느리가 얼른 무당 손에 돈을 쥐여 준다. 그러자 무당은 너스레를 떨며, "잘 있거라, 나는 간다, 언제 갈 거나, 북망산을…." 어쩌고 한다.

무당이 며느리를 놓아주자, 며느리의 옥죄었던 마음은 그제야 죄책감에서 벗어난다. 마치 시어머니가 자신을 용서해 준 것처럼 말이다. 그다음, 무당은 아들에게로 간다. "이놈아, 너도 나한테 너무 잘못했어. 내가 너를 어떻게 키웠는데…. 계집 말만 듣고 나를 괄시해. 이 죽일 놈!" "아이고 엄니, 잘못했어요." 이런 식으로 아들도 어머니에게 면죄부를 받는다. 시아버지도 동일한 과정으로 자신을 괴롭혀 온 죄책감에서 벗어난다. 이렇게 굿판이 끝이 나고 나서, 가족들이 죄책감을 벗어버리고 정신을 차리자, 동네 사람들은 그 무당 용하다고 혀를 내두른다.

정태기 목사에 의하면 이 사건은 무당이 일으킨 기적이 아니다. 만일 그 교회의 목사가 심리학의 기초만 알았더라도 목회상담을 통해서 그 가족이 가진 죄책감을 해결할 수 있었을 것이라고 본다. 시어머니가 죽은 후에, 그 가족들이 정신착란 증세를 보였다면, 그 원인은 죽은 사람과 관련된 것이 분명하기 때문이다.

무당의 굿을 통해 환자는 그 무당이 죽은 모친을 만나는 것과 같은 착각을 한다. 따라서 무당을 통해, 죽은 자로부터 자신의 죄를 용서받는 심리적인 효과를 얻게 된다. 그래서 환자는 죄책감으로부터 해방감을 얻게 되고 마음의 안정을 얻을 수도 있다. 무당의 굿판을 통해 일종의 '플라시보 효과'(placebo effect), 즉 치료 성분이 없는 약재가 환자의 기대심으로 인해 긍정적인 임상적 효과를 나타내는 현상이 유발된 것이다.

이 사건은 그 가족의 죄책감을 해소하여 정신착란 증세가 일시 멈춰진 것이지, 결코 기적은 아니다. 모든 무당의 굿판이 플라시보 효과를 주는 것도 아니라는 점을 명심해야 한다. 플라시보 효과는 그 질병과 문제를 근원적으로 완전하게 고친 것이 아니다. 찰나적 위안감을 어쩌다 주는 경우가 있을 뿐이다. 그것은 진정한 치료가 아니라 자기 착각에 기반한 것이다. 그러나 예수 그리스도는 죄에 대한 완전한 용서와 전인 구원적 치유를 이루어 주신다.

진짜 기적과 가짜 기적의 차이: 사탄의 거짓 기적의 특징

지금까지 살펴본 대로, 이슬람교, 불교, 힌두교와는 달리 기독교는 신의 형상으로 인간이 창조되었고, 죄에 빠진 인간을 구하기 위해서 독생자 예수 그리스도가 십자가에 달려 대속의 죽음을 당하셨다고 말한다. 그래서 예수님을 구세주로 믿는 사람들에게 죄 사함과 구원을 얻는 은혜를 베풀어 주셨다. 인류를 향한 하나님의 사랑은 '아가페'로 설명되며, 아가페는 죄인을 위해 대신 죽으신 예수의 십자가로 나타난다. 그래서 기독교는 교리적으로 기적이 가능하다. 사랑의 하나님이 계시고 죄인과 병자들을 긍휼히 여기시기 때문에 언제든 기적이 일어날 수 있다.

하지만 불교와 힌두교와 이슬람교는 인류의 죄를 대속하는 메시아가 없으며, 인간을 사랑하며 치유하는 인격적인 신 개념을 보유하고 있지 않기 때문에, 교리적으로 기적을 일관성 있게 설명하지 못한다.

그럼에도 불구하고 독자들은 "다른 종교에는 기적이 하나도 없나?"라고 반문할 수 있다. 가령, 지금은 드문 일이지만 과거에 무당이 시퍼렇게 날이 선 칼날 위에서 춤을 추거나 초인적인 힘을 발휘했다는 이야기들도 있었다. 또한 기독교 이외의 다른 종교에도 언뜻 보아 기적이라고 분류될 수 있는 사건들이 있었다고 말한다. 이 질문을 다루기 위해서는 진정한 기적과 거짓 기적을 구분하는 일이 그리스도인에게 매우 중요하다.

먼저, 사탄으로부터 나오는 거짓 기적의 특징을 살펴보자.

첫째, 사탄은 제한된 능력을 가지고 있는 피조물에 지나지 않는다(골 1:15-16). 사탄은 타락한 천사로서, 결코 전능하신 하나님과 비견되는 존재가 아니다. 사탄은 겨우 창조적 기적을 모방해서 흉내를 낼 수 있을 뿐이다(살후 2:9). 모세의 기적을 모방하던 이집트의 술객들은 모세의 셋째 재앙, 즉 '땅의 티끌로 이를 만드는 것'을 흉내 내지 못하고 그들의 실패를 자인한다. 그들은 바로에게 모세가 "하나님의 권능"(This is the finger of God, 출 8:19)으로 기적을 행하고 있다고 보고했다. 모세가 지팡이를 던져 뱀을 만들었을 때에, 바로의 마술사들도 역시 뱀을 만들었다고 하지만, 그것은 눈속임(마술)에 불과했다. '뱀'과 '이' 중에서 무엇이 만들기 쉬울까? 이집트의 술객들이 뱀을 만들 능력이 있었다면 '이'를 만드는 것은 너무 쉬운 일이었겠지만, 그들은 '이'를 만들어 내지 못했다. 다시 말하면, '이'를 만들어 낼 능력이 없는 마술사들이 '이'보다 더 복잡한 '뱀'을 만들어 낼 수 없다는 것은 너무 당연하지 않은가? 바로의 술객의 행위들은 현대의 마술처럼 주변 사람의 눈을 속이는 속임수였을 뿐이다.

둘째, 사탄의 거짓 기적의 특징은 대체적으로 비술(occult) 행위와 결부되어 있다. 비술은 반복되는 주문, 비밀 종교의식, 매개물을 통해서 강신술과 초혼술을 행하는 것을 말한다. 불교나 요가, 단학 등의 초인적인 행위들은 비술을 통해서 이루어지는 경우가 많다. 이들의 공통점은 어떤 귀신의 힘을 빌린다는 점이다. 그래서 비술 행위를 통해서 일어나는 사건은 하나님이 주신 창조적 기적이 아니라, 귀신이 가져오는 어떤 현상일 뿐이다. 성경은 초혼술에 대해 강력한 경고를 준다.

"그의 아들이나 딸을 불 가운데로 지나게 하는 자나 점쟁이나 길흉을 말하는 자나 요술하는 자나 무당이나 진언자나 신접자나 박수나 초혼자를 너희 가운데에 용납하지 말라 이런 일을 행하는 모든 자를 여호와께서 가증히 여기시나니 이런 가증한 일로 말미암아 네 하나님 여호와께서 그들을 네 앞에서 쫓아내시느니라"(신 18:10-12).

레위기 20장 6-7절에는 주님의 확고한 뜻이 강하게 표현되어 있다.

"접신한 자와 박수무당을 음란하게 따르는 자에게는 내가 진노하여 그를 그의 백성 중에서 끊으리니 너희는 스스로 깨끗하게 하여 거룩할지어다 나는 너희의 하나님 여호와이니라"(레 20:6-7).

셋째, 거짓 기적은 도덕적인 악과 결부되어 있기 마련이다. 가령, 이단의 교주들이나 거짓 선지자들은 추종자들을 가스라이팅하기 위해서 일부러 기적을 연출할 수 있다. 그래서 예수님은 거짓 선지자의 위선이나 속임수에 현혹되지 말고, 그들의 열매를 보며 판단하는 지혜가 필요하다고 가르치셨다(마 7:20). 예를 들면, 사기꾼의 말은 그럴듯해 보일지라도 그 사기꾼의 인격은 악하기 때문에, 시간을 갖고 살펴보면 악행이 드러나기 마련이다. 1997년 사이비 종말론 단체인 '다미선교회'가 주동한 재림 사건을 기억해 보라. 이장림은 1992년 10월 28일이 예수 재림과 휴거가 이루어지는 날이라고 주장해 사회적 물의를 일으켰다. 그러자 정작 이장림 자신은 약 2만여 명의 추종자들에게 재산 헌납을 유도하고 자신은 약 33억의 헌금을 개인 계좌에 보관했고, 휴거일 이후로 만기일이 설정된 환매조건부채권 등에 투자했다. 이장림의 경우, 추종자들에게는 종말일 이전에 재산을 헌납하도록 말했지만, 정작 자신은 종말을 믿지 않고 상반된 행동을 했기 때문에 그는 전형적인 종교 사기꾼이라고 단정할 수 있다.

넷째, 사탄의 거짓 기적은 오류 가능성을 가지며 즉각적이고 영속적인 기적을 동반하지 않는다. 하지만 예수께서 맹인 바디매오의 눈을 뜨게 하신 성경의 기사를 보라. 맹인의 눈과 시신경은 주님의 말씀에 따라 즉각 회복되며 완치되었다. 바디매오의 기적은 하나님의 능력으로 행해진 기적이다. 그러나 사탄의 거짓 기적은 자연의 법칙을 초월한 창조적인 능력으로 이루어진 기적이 아니다. 그것은 영속적인 치유 효과를 가지지 않는다. 한마디로, 사탄의 기적은 아주 비범해(supernormal) 보일지라도, 초자연적인 기적이 아니라 속임수이거나 가짜 기적이다.

다섯째, 사탄의 거짓 기적과 표적은 하나님께 영광을 돌리는 것이 아니라, 수행자의 능력을 자랑하게 하며, 사람들을 미혹하고, 결국 창조주 하나님을 떠나게 한다. 성경은 사탄의 역사로 거짓 기적이 발생한다고 말한다(살후 2:9). 사탄은 미혹하는 영이며 거짓의 아비이기 때문에 거짓 기적이나 조잡한 모방을 만들 뿐이다.

여섯째, 마술사의 마술과 성경의 기적은 완전히 다르다. 진정한 기적은 (a) 하나님의 통제 아래 있고, (b) 하나님의 영광을 위해서, (c) 사람들을 긍휼히 여기는 하나님의 사랑에 의해서 행해진다. 그러나 마술은 (a) 인간이 하는 행동이고, (b) 대중을 속이는 속임수가 개입되며, (c) 물질적인 재료를 가지고 진행된다. 예수님은 대중의 오락과 즐거움을 위해서 기적을 행하신 적이 없고, 어떤 속임수를 포함하신 적도 없다. 다시 말하면, 마술은 인간이 인간을 속이는 행위이지만, 기적은 하나님이 사람을 긍휼히 여겨서 일으키시는 초자연적인 사건이다.

기독교와 예수 그리스도의 기적과 특징

다른 종교의 창시자들과 비교할 때, 기독교와 예수님의 기적은 아주 독특하다. 기독교의 기적은 기독교 신앙의 교리적 틀 안에서 매우 적합하다. 네 가지 이유를 들어 보겠다.

첫째, 예수님은 기적을 적극적으로 활용해서 자신이 메시아임을 확증하셨다. 복음서의 기적은 이사야의 예언처럼 나사렛 예수가 '하나님이 보내신 메시아'임을 입증하기 위한 목적으로 기록된 것이다. 복음서에 따르면, 예수님은 팔레스타인 전 지역을 다니시면서 헤아릴 수 없을 정도로 많은 사람을 치유하셨다.

불교의 석가모니와 이슬람교의 무함마드가 기적을 폄하하거나 부정적인 견해를 보인 반면에, 예수님은 기적을 메시아적 사역의 특징 그리고 신적 능력의 증거로 확실하게 사용하셨다. 예수님은 세례 요한의 제자들에게 "너희가 가서 보고 들은 것을 요한에게 알리되 맹인이 보며 못 걷는 사람이 걸으며 나병환자가 깨끗함을 받으며 귀먹은 사람이 들으며 죽은 자가 살아나며 가난한 자에게 복음이 전파된다 하라"(눅 7:22)고 말씀하셨다. 예수님은 자신이 행하는 기적은 자신의 메시아 됨을 진실되게 입증하는 것으로 주장했다.

> "내가 아버지 안에 거하고 아버지께서 내 안에 계심을 믿으라 그렇지 못하겠거든 행하는 그 일로 말미암아 나를 믿으라"(요 14:11).

예수 그리스도는 하나님의 나라를 전파하기 위해 기적을 사용하셨다. 사도 바울은 "하나님의 나라는 말에 있지 아니하고 오직 능력에 있음이라"(고전 4:20)고 단언했다. 또한 예수님은 제자들도 동일한 기적을 행하게 될 것이라고 말씀하셨다.

"내가 진실로 진실로 너희에게 이르노니 나를 믿는 자는 내가 하는 일을 그도 할 것이요 또한 그보다 큰 일도 하리니 이는 내가 아버지께로 감이라 너희가 내 이름으로 무엇을 구하든지 내가 행하리니 이는 아버지로 하여금 아들로 말미암아 영광을 받으시게 하려 함이라"(요 14:12-13).

둘째, 기독교의 핵심 교리인 삼위일체 하나님은 치유와 기적을 행하시는 사랑의 하나님이시다. 구약성경에서 하나님은 이스라엘 백성에게 "나는 너희를 치료하는 여호와"(출 15:26)라고 자신을 알려 주셨다. 예수님의 공생애의 3대 사역 중에 하나는 병자들을 치료하시는 것이었다.

"예수께서 온 갈릴리에 두루 다니사 그들의 회당에서 가르치시며 천국 복음을 전파하시며 백성 중의 모든 병과 모든 약한 것을 고치시니"(마 4:23).

예수님의 치유 사역은 계속해서 이스라엘과 이방 지역으로 확장되었다.

"그의 소문이 온 수리아에 퍼진지라 사람들이 모든 앓는 자 곧 각종 병에 걸려서 고통당하는 자, 귀신 들린 자, 간질하는 자, 중풍병자들을 데려오니 그들을 고치시더라 갈릴리와 데가볼리와 예루살렘과 유대와 요단강 건너편에서 수많은 무리가 따르니라"(마 4:24-25).

예수님의 천국 복음은 하나님의 통치가 자연과 사람과 영적인 세계, 모든 영역에서 이뤄진다는 것을 말한다. 풍랑을 다스리는 기적, 죽은 자를 살리는 기적, 귀신을 쫓아내는 축사는 모두 예수님의 신적인 권세를 보여 준다. 친히 십자가에 죽으신 지 삼 일 만에 살아나서 죄와 죽음을 이기신 생명의 주권자로서의 예수님의 절대적 권세를 보여 준다. R. A. 토레이(R. A. Torrey) 박사는 그의 책 『신유』에서 "예수 그리스도의 속죄적 죽음으로 인해 우리는 육신의 치유뿐만 아니라 우리 몸의 부활과 완전케 함과 영화롭게 됨도 얻었다"라고 말한다. 그리스도의 복음은 영혼의 구원과 병든 육체의 치유까지 포함하는 전인적 구원의 효과를 가져온다.

또한 성령 하나님도 신유의 은사를 베풀어 주신다. 기독교의 인간론에 의하면, 최초의 사람 아담과 하와는 하나님의 형상으로 창조되었으며 하나님의 숨결이 불어 넣어져 살아 있는 존재가 되었다. 비록 타락 이후에도, 하나님은 변함없이 인류를 사랑하시고 아가페의 사랑을 확증해 주셨다. 요한삼서 1장 2절에서 "사랑하는 자여 네 영혼이 잘됨같이 네가 범사에 잘되고 강건하기를 내가 간구하노라"는 기도는 인간의 전인적 구원을 축원하는 내용이다.

특히 다른 종교 창시자의 기적은 직접적인 증인도 없고 측근들 앞에서 행한 것이 대부분이지만, 예수님이 행하신 기적은 적대자와 불신자를 포함한 대중 앞에서 공개적으로 행해졌다. 주님을 밤늦은 시간에 찾아왔던 니고데모는 예수님의 기적을 보고 하나님이 함께하시는 분이라고 생각했다.

"그가 밤에 예수께 와서 이르되 랍비여 우리가 당신은 하나님께로부터 오신 선생인 줄 아나이다 하나님이 함께하시지 아니하시면 당신이 행하시는 이 표적을 아무도 할 수 없음이니이다…"(요 3:2).

그리고 예수님이 죽은 지 나흘 된 나사로를 믿지 않는 유대인들 앞에서 다시 살리시는 장면을 상상해 보라. 마리아와 마르다는 그들의 오라버니인 나사로가 아프다는 기별을 받은 예수님이 제때에 오시지 않은 것에 대해 섭해했다. 예수님은 두 자매에게 "네 오라비가 다시 살아나리라"(요 11:23)고 말씀하셨지만 온전히 믿지 못하는 두 자매와 유대인들 앞에서 큰 소리로 "나사로야 나오라"(요 11:43)는 말씀으로 죽은 자를 불러내셨다. 적대적인 유대인들

앞에서 행하는 공개적인 기적 때문에, 종교 지도자들은 곤혹스러운 심경을 이렇게 표현하고 있다.

"이에 대제사장들과 바리새인들이 공회를 모으고 이르되 이 사람이 많은 표적을 행하니 우리가 어떻게 하겠느냐 만일 그를 이대로 두면 모든 사람이 그를 믿을 것이요…"(요 11:47-48).

이처럼 기독교는 신론과 기독론, 인간론의 차원에서 기적의 필요성과 정당성을 확증한다. 예수님의 기적은 제자, 불신자 그리고 적대적인 사람들이 함께 있는 상황에서 이루어진 것이 대부분이다.

셋째, 예수님의 기적은 목격자들이 생존한 동시대와 다음 세대에 기록되었다. 가령, 고린도전서 15장의 부활하신 예수님의 출현은 실제로 부활 사건이 발생한 지 5년 이내에 기록된 것으로 보인다. 바울은 부활과 승천을 목격한 증인 중에 아마 절반은 살아 있으니 그들에게 예수의 부활이 진짜였는지를 물어보라고 한다. 그만큼 많은 증인이 당시에 생존해 있었기에 기적에 대한 성경 기록의 진실성은 결코 의심할 수 없다.

예수님은 인간의 역사 속에 간섭해 들어온 하나님 나라의 표징으로 병자들을 고치는 기적을 행하셨고 귀신들을 쫓아내는 축귀 사역을 행하셨다. 심지어 당시의 적대적 세력들, 고대의 역사가들, 심지어 현대의 대부분의 신약 비평가들도 예수님이 행하신 기적을 꾸며진 이야기가 아니라, 진짜 실재했던 사실로 본다.[22]

넷째, 기독교와 기적은 '불가분'(不可分)의 관계이다. 즉 기적은 기독교에서 제외시킬 수 없는 핵심 요소이다. 현재 전 세계에서 제일 큰 종교인 기독교에서 기적을 빼면, 기독교는 모든 것이 무너진다.

성경 66권에서 기적을 포함한 책은 23권으로 권수로는 전체의 35퍼센트에 해당한다. 만일 기적을 부정하고 성경에서 제거한다면, 기독교의 신론, 기독론, 성경론 그리고 핵심적인 교리들이 전부 무너지게 된다. 성경의 하나님은 창조와 치유와 기적을 행하시며, 구약성경에서 예언된 메시아의 특성은 기적을 행하는 자로 언급되어 있기 때문이다.

만일 사복음서에서 기적을 뺀다면, 복음서 89장에서 최대 45-50장 정도를 찢어서 버려야 한다. 나사렛 예수의 사역에서 기적을 뺀다면, 그는 그리스도가 될 수 없다. 이미 구약성경에 메시아의 증표는 기적을 행하는 것으로 예언되어 있었기 때문이다. 기적을 뺀다면, 우리와 인격적인 관계를 맺으시는 하나님의 '내재성'을 설명할 수 없다. 기적을 빼면, 성경에 기록된 수많은 기도 응답으로 주어진 기적은 모두 속임수가 될 뿐이다. 앞서 말한 것처럼, 구약성경의 선지자들, 복음서의 예수 그리스도, 사도행전의 사도들은 기적을 기독교의 진정성을 보여 주는 독특하고 확실한 방식으로 사용했다.

초대교회 역사가 마이클 그린이 말한 것처럼, 초대교회가 로마에서 급성장하게 된 이유 중의 하나는 예수의 이름과 성령의 능력으로 나타나는 기적에 있다. 모든 사도가 순교자가 되거나 순교적 삶을 살았고, 예수 그리스도의 이름으로 많은 기적을 행했다.

블레즈 파스칼이 정확하게 지적한 것처럼, 이슬람은 전쟁으로 팽창했지만, 기독교는 순교와 기적을 통해서 성장했다고 할 수 있다. 한마디로, 기적을 빼면 기독교는 성경의 권위, 하나님의 내재성 그리고 나사렛 예수의 메시아 자격을 확신할 수 없다. 기적에 대해 부정적인 견해를 가진 다른 종교와는 달리, 기적과 기독교는 불가분의 관계이다.

진정한 기적의 특징

진정한 기적은 유신론적 세계관에서만 가능하다. 기적은 자연의 법칙을 넘어선 하나님의 특별한 행위이며, 그것은 세상과 인간에 대한 하나님의 특별한 간섭이다. 조직 신학자 웨인 그루뎀(Wayne Grudem)은 "기적이란 하나님의 사람들에게 놀라움과 경이감을 불러일으키고 자기 자신에 대해 증언하시는, 특별한 하나님의 활동이다"라고 말한다. 창조주 하나님은 창조된 세계 안의 특정한 시간과 공간 속으로 오셔서, 특정한 사람과 사건에 간섭할 능력과 권리를 가지고 계신다.

하나님이 베푸신 진정한 기적은 다음 몇 가지 특징을 갖는다. 첫째, 진정한 기적은 자연법을 초월하는 사건이다. 풍랑이 치는 바다를 걸으신 것은 중력의 법칙을 벗어난 기적이다. 오병이어를 통해서 5천 명을 먹이신 사건은 질량보존의 법칙을 초월한 기적이다. 둘째, 진정한 기적은 즉각적인 결과와 영속적인 결과를 가져온다. 복음서를 보면, 예수 그리스도는 수많은 병자를 즉시로 완치하셨다. 셋째, 구약성경에서 기적의 목적은 '하나님이 선지자를 보내시고 세우셨다'는 확증을 위한 것이다. 신약성경에서 기적의 목적은 '예수 그리스도를 하나님의 아들로 믿게 하기 위함'이다.

"예수께서 제자들 앞에서 이 책에 기록되지 아니한 다른 표적도 많이 행하셨으나 오직 이것을 기록함은 너희로 예수께서 하나님의 아들 그리스도이심을 믿게 하려 함이요 또 너희로 믿고 그 이름을 힘입어 생명을 얻게 하려 함이니라"(요 20:30-31).

예수님은 "내가 내 아버지의 이름으로 행하는 일들이 나를 증거"(요 10:25)한다고 말씀하셨다.

"…이 구원은 처음에 주(Lord)로 말씀하신 바요 들은 자들이 우리에게 확증한 바니 하나님도 표적들(signs)과 기사들(wonders)과 여러 가지 능력(miracles)과 및 자기의 뜻을 따라 성령이 나누어 주신 것으로써 그들과 함께 증언하셨느니라"(히 2:3-4).

C. S. 루이스에 의하면, 그리스도인들이 옹호하는 핵심적인 기적은 하나님이 인간이 되신 성육신(Incarnation)이다. 모든 기적은 성육신을 준비하거나 혹은 성육신으로 말미암아 가능하게 된 것이다.[23]

기적에 대한 분별이 필요하다

처음에 질문했던 것처럼 다른 종교에 전해지는 기적 이야기를 어떻게 이해해야 할까? 필자는 다른 종교에 기적이라고 부를 만한 예외적인 사건이 하나도 없다고 말하는 것이 아니다. 설령 어떤 종교에 기적이라고 부를 만한 예외적인 사건들이 있다고 해도, 앞에서 제시한 네 가지 기준, 즉 창시자의 견해, 교리와의 일관성, 문헌의 신뢰성, 종교의 존속 가능성을 적용해 보면, 오직 기독교만이 기적에 대해 일관성과 정합성을 갖고 있다고 말할 수 있다. 반면에, 성경은 사탄이 거짓 기적을 행할 수도 있다고 말한다.

그렇다면 거짓 기적의 특징은 무엇인가? 앞에서 설명한 내용을 요약해 보자.

첫째, 거짓 기적은 창조주 하나님 대신에 우상을 숭배하게 한다. 악령은 사람들의 주의와 관심을 하나님에게서 멀어지게 하기 위해 기만적인 목적으로 기적처럼 보이는 유사 기적을 행할 수 있다. 이집트의 바로의 마술사들이 했던 것은 속임수로, 거짓 기적이다.

둘째, 거짓 기적은 거짓 선지자나 마술사가 사람을 속여서 자기 이익을 도모하기 위한 것이다. 거짓 기적은 창조주와 구세주가 베풀어 주는 초자연적인 기적이 아니라, 일종의 속임수이다.

셋째, 다른 종교의 기적은 신뢰할 만한 이유가 전혀 없다. 앞에서 설명한 대로 불교와 힌두교는 기적을 베풀 인격 신이 없으며 업보교리는 기적의 필요성을 거부한다. 이슬람교의 알라는 초월성만 있고 내재성이 없어서 역사 안에서 기적을 행할 이유가 없다. 따라서 다른 종교들이 말하는 기적 이야기를 실제 사건에 대한 기록으로 간주할 이유가 없고, 무비판적으로 수용할 필요도 없다. 거짓 선지자들의 거짓 기적에 대한 경고는 이미 모세를 통해서 주어졌다.

"너희 중에 선지자나 꿈꾸는 자가 일어나서 이적과 기사를 네게 보이고 그가 네게 말한 그 이적과 기사가 이루어지고 너희가 알지 못하던 다른 신들을 우리가 따라 섬기자고 말할지라도 너는 그 선지자나 꿈꾸는 자의 말을 청종하지 말라 이는 너희의 하나님 여호와께서 너희가 마음을 다하고 뜻을 다하여 너희의 하나님 여호와를 사랑하는 여부를 알려 하사 너희를 시험하심이니라"(신 13:1-3).

예수님은 마지막 시대에 성도를 미혹하는 거짓 선지자들의 기적이 있을 것이라고 미리 알려 주셨다.

"그때에 사람이 너희에게 말하되 보라 그리스도가 여기 있다 혹은 저기 있다 하여도 믿지 말라 거짓 그리스도들과 거짓 선지자들이 일어나 큰 표적과 기사를 보여 할 수만 있으면 택하신 자들도 미혹하리라"(마 24:23-24).

그러므로 교계에서 종종 보고되는 사건들이 거짓 기적인지, 참된 기적인지의 여부를 판별하기 위해서는 다음의 네 가지 질문을 통해 주의 깊게 살펴보아야 한다.

첫째, "그 기적은 하나님의 성품과 약속에 근거하며 성경의 교리에 일치하는가?" 기적은 하나님의 사랑과 거룩함과 진리에 부합해야 한다. 기적은 성경의 가르침을 위반하지 않는다. 쉽게 말하면, 거짓말이나 탐욕이나 폭력을 조장하는 것은 잘못이다.

둘째, "객관적으로 기적의 확실성을 보증할 증인들이나 자료가 있는가?" 주관적인 느낌은 기적이 아니다. 예수께서 병자를 치료하고 귀신을 쫓아내신 사역은 사도들, 목격자, 증인들 앞에서 객관적으로 이루어졌다.

셋째, "그것은 예수 그리스도께 영광을 돌리는가?" 만약 기적처럼 보이는 사건이 우상, 사람, 교주를 섬기게 하고 하나님과 성경으로부터 멀어지게 만든다면 그것은 사탄의 속임수이다.

넷째, "기적과 치유를 경험한 사람의 신앙이 성숙과 성화의 방향을 지향하고 있는가?" 나무는 열매로 알듯이, 성령의 열매를 맺어야 진실한 그리스도인이라고 할 수 있다. 원예사가 화초를 가꾸듯이 토기장이 하나님도 기적과 말씀으로 사람을 빚으신다. 기적 자체가 목적이 아니라, 기적을 통해서 예수 그리스도의 말씀 중심으로 신앙생활을 해야 한다. 예수께서는 권능을 가장 많이 행하신 고을들이 회개하지 않는 것을 엄중하게 책망하셨다.

"화 있을진저 고라신아 화 있을진저 벳새다야 너희에게 행한 모든 권능을 두로와 시돈에서 행하였더라면 그들이 벌써 베옷을 입고 재에 앉아 회개하였으리라 내가 너희에게 이르노니 심판 날에 두로와 시돈이 너희보다 견디기 쉬우리라"(마 11:21-22).

결론: 기적 논증을 통한 교훈

지금까지 기적 논증을 살펴본 대로, 우리는 기적이 가능하다는 결론을 내릴 수 있다. 유물론자, 범신론자에게 기적은 원천적으로 불가능하다. '기적이 불가능하다'는 회의주의적인 주장은 논리적으로나 경험적으로 근거가 없는 억측에 지나지 않는다. 기적 그 자체는 과학을 넘어선 영역에 속한다. 김영길 총장의 말처럼, 기적의 가능성은 전능한 창조주의 존재를 인정하느냐에 따라서 수용되거나 거부될 수 있다.

성경의 기적은 객관성과 완전성에 있어서 다른 종교의 기적 이야기와는 전혀 다르다. 다른 종교는 창시자, 교리, 문헌, 종교의 존속과 팽창 과정에서 기적을 제대로 설명할 수 없다. 오직 기독교가 기적을 가장 일관되고 완전하게 설명한다. 따라서 기적을 통해 그 종교의 진정성을 주장하는 기적 논증은 오직 기독교 교리 체계에서만 타당하다. 기적이 불가능하다는 것을 입증하는 유일한 방법은 하나님의 존재를 부인하는 것뿐이다. 선하고 전능한 신이 있다면 기적은 언제나 가능하다.

예수님은 사람들에게 천국을 모든 것을 걸고서 반드시 사야 하는 보배와 진주로 설명하셨다. 보배는 탁월함, 희소성, 아름다움을 담고 있다. 기독교의 기적은 그리스도가 메시아이심을 증명하는 데에 초점을 맞춘다. 성경의 기적들은 역사적으로 신뢰할 수 있으며, 기독교의 교리와 체계적인 연관성을 갖는다.

기독교의 기적은 하나님의 성품과도 잘 연결된다. 예수님이 공생애 동안에 수많은 기적을 행하신 가장 중요한 목적은 '인자가 세상에서 죄를 사하는 권능이 있는 줄을 알게 하려는 것'이다(마 9:6). 아울러 예수님은 죄인들과 병든 자들의 상황에 깊은 연민을 느끼셨다. 다른 종교의 창시자들처럼, 그들의 가련한 처지와 상황을 당연하게 여기지 않고 긍휼히 여기셨다.

우리는 성경과 교회사에서 기적적인 사건과 이야기는 늘 있어 왔다는 것을 알고 있으며, 신뢰할 만한 증인들의 증언과 객관적인 자료들이 있다는 것을 안다. 기독교의 기적은 상술한 대로 교리적인 일관성, 창시자이신 하나님의 적극적인 활용 의지 그리고 기적을 빼면 기독교의 교리가 성립되지 않는 점에서 다른 종교의 기적 이야기와는 그 성격이 판이하다. 다른 종교의 기적은 대개 창시자들이 기적을 활용할 의사가 없었고, 교리상 기적이 필요하지 않으며, 객관적인 증언이 부족하며, 기적이 아니라 다른 방식으로 그 종교가 유지될 수 있다. 다른 종교들이 말하는 기적은 성경처럼 기적을 확증하는 요소가 매우 약하다.

어떤 학자들은 사도의 시대처럼 은사를 통한 치유는 이미 종결되었다는 '기적 중지론'(Cessationism)을 주장한다.[24] 반면에 J. P. 모어랜드에 의하면, 기적과 은사는 결코 중단되지 않았으며 비서구적 교회는 중지론의 입장을 가진 적도 없다. 오늘날에도 많은 그리스도인은 기도 응답과 치유를 통해 살아계신 하나님의 사랑과 은혜를 여전히 체감한다.

그리스도인들은 기적 논증에 동의할지라도, 신앙생활은 말씀 중심으로 해야 한다. 종교개혁가들이 말한 것처럼, 성령의 조명 아래 성경 말씀을 중심으로 신앙생활을 하는 것이 바람직하다. 그리고 기적은 분명히 기독교의 진정성을 지지하는 수단이 되지만, 예수님이 친히 예언하신 대로 마지막 때에 성도를 미혹하는 거짓 선지자들이 거짓 기적을 꾸며낼 것이라는 점에 유의해야 한다. 성령의 은사에 열린 마음을 갖되, 거짓 기적에 현혹되지 않도록 성경의 핵심 교리와 인격적인 열매를 통해서 잘 분별해야 한다.

6장

내기 논증:
신이 존재한다는 것에
왜 모든 것을 걸어야 하나요?

파스칼의 생애와 『팡세』

블레즈 파스칼의 불후의 명작『팡세』는 종교와 무관하게 폭넓은 독자층을 가지고 있다.[1] 『팡세』는 단순히 기독교 신앙을 철학적으로 설명하는 딱딱한 변증서가 아니다. 파스칼은 근대철학과 근대과학이 발달하던 시기에 살았지만, 근대적 인간 이성의 위대함이 아니라 '인간의 비참함'에 주목한다. 이 책은 당시의 무신론자들, 세련된 불가지론자들, 지성적 교양인들, 사교계의 사람들, 데카르트(Descartes)와 몽테뉴(Montaigne)를 따르는 사람들, 프랑스의 절대왕정, 도덕성이 없는 제주이트파(Jesuits, 예수회), 장세니스트(Jansenists, 얀센파)를 핍박하는 교황청을 염두에 두고 집필되었다. 파스칼이 세상을 떠난 후에 유고작으로 출간되었다.[2]

그는 기독교 신앙을 조롱하던 사람들에게 기독교 신앙의 탁월함을 설명하고, 더 나아가 하나님을 사랑하는 마음을 갖도록 하고 싶었다. 그는 신앙의 길을 가로막는 장애물을 제거하고 겸손하게 신의 은총을 기다리며 경건하게 살아가도록 가르친다. 필자는 인류의 고전인 『팡세』를 통해서 무신론과 탈종교 현상(기존 종교에 관심이 없는 무종교인이 늘어 가는 현상)을 어떻게 극복할 수 있는지를 찾아보고자 한다.

파스칼의 생애 - 짧은 인생이었지만 탁월했던 천재의 자취

파스칼은 39세의 짧은 인생을 살았지만, 확률, 물리, 수학, 과학, 문학, 발명, 행정 등에서 천재성을 유감없이 드러냈다. 먼저 수학과 과학에서 그의 천재성과 업적을 간단하게 조명해 보자.

1623년에 태어난 파스칼은 1626년에 어머니를 잃고, 누이 질베르트(Gilberte)와 자크린느(Jacqueline)와 함께 자랐다. 그는 공식적인 학교 교육을 받지 않고, 법률가인 동시에 뛰어난 수학자였던 아버지로부터 직접 교육을 받았다. 그의 누이의 기록에 의하면, 파스칼은 12세 무렵에 유클리드 기하학의 핵심 원리 일부를 스스로 깨우친 것으로 보인다. 소년 파스칼은 자신의 방법으로 유클리드 기하학 1권 32번 명제 - 삼각형 내각의 합은 두 직각의 합과 같다 - 를 발견했다고 한다. 이후에 파스칼의 아버지는 수학 교재를 파스칼에게 주며 수학, 논리, 물리 등을 가르쳤다고 한다. 불과 몇 년이 지나지 않아 파스칼의 천재성은 수학과 과학에서 특별히 두드러지게 나타난다. 그는 16세에 원추곡선론을 발표했고, 2년여 동안 연구 끝에 18세에 유럽에서는 두 번째로 준자동계산기를 만들었다.[3]

23세에는 진공을 증명하기 위해 토리첼리(Torricelli)의 실험을 더욱 정교한 방식으로 확증했다. 당시의 데카르트 철학의 추종자들과 예수회는 진공의 존재를 거세게 부인했지만, 파스칼은 진공혐오설을 신봉하는 것은 습관에 의해서 강화된 감각의 착각에 지나지 않는다고 반박했다. 이것은 그에게 명성을 가져다주었고 예수회와 최초로 충돌하게 되었다. 또한 파스칼은 1653년에 압력원리 - 현재 1파스칼(Pa)은 1제곱미터당 1뉴턴의 힘이 작용할 때의 압력에 해당된다-를 발표했다. 1654년에는 친구 드 메레(de Mere)의 도박이론에 대한 질문에 답하던 과정 중에 확률과 통계에 기여한 삼각형 이론을 정립하게 된다.

그는 1654년에 2차 회심을 경험한 후 기독교 광신에 빠졌다는 비판을 받았다. 그러나 회심한 지 약 4년이 지난 1658년에 기하학의 난제로 여겨졌던 사이클로이드(룰렛곡선) 문제를 해결하고 적분법의 원리를 발견했다. 특별히 파스칼의 천재성은 사영기하학과 확률 분야의 업적으로 인하여 더욱 돋보였다.[4] 하지만 파스칼은 생애의 마지막 1년 동안 심한 병세로 인하여 고생하다가, 1662년 8월 19일에 평안한 모습으로 세상을 떠났다.

파스칼의 회심과 은혜 체험

파스칼은 두 차례 회심을 경험한다.[5] 이른바 파스칼의 1차 회심은 1646년 그가 23세 되던 해에 있었다. 그 무렵 그의 가족은 루앙에 체류하고 있었고, 아버지가 마차 사고로 큰 부상을 당했다. 당시 두 명의 얀센파 접골사들이 그의 부친을 치료하는 동안 파스칼에게도 영향을 미쳤다. 얀센파는 성 어거스틴의 은총론, 하나님의 선택과 예정교리를 신앙의 근간으로 삼았다. 그들에게 있어서, 회심은 새 마음으로 거듭나는 것이며, 중생은 기독교 신앙의 본질로 여겨졌다.

파스칼에 의하면, 진정한 회심은 "인간이 수없이 진노하게 했던 그리고 인간을 어느 때나 정당하게 멸할 수 있는 보편적 존재 앞에 자기를 무(無)"로 만들고, 하나님 없이는 "인간은 아무것도 할 수 없고 또 신으로부터 버림받음 외에 아무것도 받을 자격이 없음"을 인정하는 것이다. 다시 말하면, "세속적 사랑의 대상을 끊어 내고 자신의 죄인 됨을 인정하는 것"이 진정한 회심이다.[6] 죄인은 오직 하나님의 사랑과 은총으로만 거듭날 수 있다.

파스칼의 회심에 대한 견해는 당시 로마 가톨릭의 입장과 달랐다. 1차 회심 후에도 여전히 수학과 과학 분야에서 활동을 했으며, 병약했던 파스칼은 건강과 기분 전환을 위해서 사교클럽을 방문하곤 했다. 파스칼은 이 기간 동안에 '에로스의 사랑'과 '육체의 질서' 안에 살아가는 많은 세상 사람들을 보게 된다. 클레오파트라의 사랑의 예를 통해서 세속적 사랑의 허망함을 지적한 것도 이 시기의 경험에 기인한 것으로 보인다.

파스칼의 인생에서 결정적으로 중요한 사건은 그의 나이 31세였던 1654년 11월 23일 밤에 있었던 은혜 체험이다. 이것은 흔히 '2차 회심'으로 명명되는 사건이다. 이 사건은 중생의 회심이라기보다는 강력한 은혜 체험 또는 신의 임재 경험으로 보인다. 파스칼은 이 체험을 하기 전에 이미 수개월 동안 계속된 신의 침묵과 현실에 대한 혐오감 속에서 시간을 보냈다. 그가 남긴 "메모리알"(비망록)은 '불'로 시작되는 30여 행의 짧은 글이지만 그 안에 성구 여덟 개를 불어와 라틴어로 인용하고 있다. 거기에는 요한복음 17장 3절과 25절, 20장 17절 세 개 구절이 포함되어 있다.[7]

파스칼은 신의 임재를 경험한 후에 두 가지 중요한 저서 『프로뱅시알』(시골 친구에게 보내는 편지)과 『팡세』를 집필하는 데 전력하게 된다. 『프로뱅시알』은 예수회를 비판하고 얀센파를 보호하기 위해 쓴 18편의 편지를 묶어 출판한 것이고, 『팡세』는 기독교 신앙을 등지고 살면서 신을 믿지 않는 인간들을 위해 쓴 기독교 변증서이다.

파스칼의 기독교 변증서 『팡세』의 구성

파스칼은 왜 기독교 변증서인 『팡세』를 구상하게 되었을까? 무엇보다도 『팡세』는 파스칼이 근대의 이성주의 철학에 대한 비판자였다는 것을 보여 준다.[8] 파스칼은 『팡세』에서 근대철학의 아버지라고 불리는 데카르트의 '코기토 명제'(*cogito ergo sum*-나는 생각한다. 그러므로 나는 존재한다)의 한계를 지적하고 데카르트의 '이성의 절대화'를 오만한 것이라고 비판했다. 그는 데카르트를

'무용하고 불확실한 철학자'로 평가했는데[9] 그 이유는 데카르트의 이신론적 철학이 유신론적 토대를 약화시킨다고 보았기 때문이다. 이 점에서 파스칼은 반이성주의자라고 불리기도 하지만 이성 자체를 부인하거나 데카르트의 기하학적 견해를 무시한 것은 아니었다. 다만 파스칼은 이성을 궁극적 판단의 준거로 삼아 보편적 진리에 도달할 수 있다고 주장하는 데카르트의 독단론의 한계를 지적한 것이다.[10]

파스칼은 근대의 반기독교적인 시대정신에 맞서서, 기독교 신앙의 진리성을 옹호하고자 했다. 그가 선택한 방법은 몽테뉴와 소크라테스처럼 인간의 자기 인식에서부터 시작하는 것이다. 파스칼에게 있어서 하나님은 이성주의자들의 하나님이 아니다.[11] 그가 '신에 대한 형이상학적인 증명'을 시도하지 않은 이유는 일반인들에게 그런 논리가 너무나도 멀고 너무나 복잡한 것이어서 감명을 주지 못할 것으로 보았기 때문이다(L381).

그럼에도 파스칼은 근대적 상황에서 기독교 신앙이 이성에 전혀 어긋나지 않는다는 것을 밝히고자 『팡세』를 집필하게 되었다는 것을 분명히 밝힌다. 파스칼이 보기에 사람들이 기독교 신앙을 멸시하는 이유는 그것이 진실일까 봐 두려워하기 때문이다. 그래서 그는 먼저 기독교 신앙이 결코 이성에 어긋나지 않음을 설명하고 기독교 신앙이 왜 진리인지에 대한 이유를 논증하겠다고 말했다(L35).

그는 『팡세』를 집필하려고 하는 세 가지의 목적을 명료하게 밝힌다.

> 제1과제는 "멸시의 마음을 존경심으로 되돌려 놓는 것."
> 제2과제는 "존경의 마음에 사랑의 마음을 불어넣는 것."
> 제3과제는 "기독교가 진리라는 것을 밝히는 것."

파스칼은 "제1편 순서"라는 항목에서, 『팡세』를 두 부분으로 구분한다. 제

1부는 인간의 본성에 대한 연구를 통해 '신 없는 인간의 비참함'을 밝히고, 제2부는 성경을 통해 비참한 인간에게 구속자가 있다는 '신 있는 인간의 복됨'을 논증하겠다는 집필 목적을 설명하고 있다(L29). 필자는 『팡세』에 담긴 파스칼의 세 가지 기독교 변증 방식, 즉 인류학적 논증, 내기 논증, 성경의 내적 논증을 자세히 설명하고자 한다.

파스칼의 '인류학적 논증'

『팡세』 제1부에서 가장 중요한 것은 파스칼의 '인류학적 논증'(Anthropological Argument)이다. 파스칼은 인간의 본성과 현상에 대한 깊은 통찰을 통해서 '인간의 비참함'의 상황을 정확히 짚어 냈다.

당시 16세기의 근대 지성인들은 인본주의 시대와 탐험의 시대를 갈구했다. 근대철학의 아버지로 불리는 르네 데카르트는 '코기토 명제'를 통해서 인간의 이성을 진리의 중심으로 소환했다. 이것은 '인간은 만물의 척도'라고 말했던 고대 그리스 철학자 프로타고라스(Protagoras, 주전 c. 490-c. 420)의 사상을 근대로 복귀시킨 것이다. 근대철학은 인간의 이성을 인간의 위대함의 특징으로 간주한다. 이성이야말로 세상을 이해하고 진리를 판단하는 고귀한 수단이라는 것이다. 그렇지만 파스칼은 근대철학의 이성관에 비판을 제기하며, 이성의 마지막 사명은 인간의 유한성을 자각하는 것이라고 주장했다.

『팡세』에는 종교와 관계없이 그리고 책 전체의 문맥과는 관계없이 우리가 언제나 암송하고 인용하고 싶을 만큼 멋지면서도 깊은 통찰을 가진 많은 경구가 담겨 있다. 대표적인 경구들의 뜻을 분석해 보면서 파스칼이 말하는 인류학적 논증을 살펴보자.

"인간은 생각하는 갈대이다"(Man is a thinking reed).

파스칼은 이 말을 통해서 데카르트와는 달리 이성의 역할은 인간이 갈대처럼 연약하고 유한한 존재임을 자각하는 것이라고 말한다. '갈대'는 인간을 상징하는 성경 구절에서 나왔다. 예수님은 세례 요한의 의심을 들은 후에, 그를 "바람에 흔들리는 갈대"(마 11:7)에 비유하셨다. 성경은 갈대를 일반적으로 인간의 연약함에 대한 비유적 표현으로 사용한다. 마태복음 12장 20절은 상한 갈대를 사람의 특성으로 묘사하고 있다.

"상한 갈대를 꺾지 아니하며 꺼져 가는 심지를 끄지 아니하기를 심판하여 이길 때까지 하리니"(마 12:20).

요한복음 18장 31절에 의하면, 대제사장과 유대 종교 지도자들은 자신들에게 사형을 집행할 권한이 없었기 때문에, 총독 빌라도에게 예수님을 보냈다. 그들은 "우리가 이 사람을 보매 우리 백성을 미혹하고 가이사에게 세금 바치는 것을 금하며 자칭 왕 그리스도라 하더이다"(눅 23:2)라는 정치적인 고발을 한 것이다. 빌라도는 1차 심문 결과 예수님에게 죄가 없다는 것을 알게 되었다. 그러니 유대 종교 지도자들이 빌라도 총독에게 "이 사람을 놓으면 기이사의 충신이 아니니이다"(요 19:12)라고 외쳤기 때문에 빌라도는 예수님을 십자가에 못 박도록 병사들에게 넘겼다.

로마의 병사들은 이스라엘의 왕이라는 죄명으로 처형되는 예수님을 조롱할 때 그분의 오른손에 왕의 홀 대신 갈대를 들게 했다. 이는 병사들의 의도와는 달리, 예수님이 갈대처럼 연약한 모든 인류에 대해 왕의 권세를 가지고 계신다는 상징적인 표현이 되었다. 다음의 성경 구절을 살펴보자.

"가시관을 엮어 그 머리에 씌우고 갈대를 그 오른손에 들리고 그 앞에서 무릎을 꿇고 희롱하여 이르되 유대인의 왕이여 평안할지어다 하며 그에게 침 뱉고 갈대를 빼앗아 그의 머리를 치더라"(마 27:29-30).

'인간은 갈대처럼 유한성, 연약함, 비참함을 가진 존재'라고 보는 파스칼의 인간관은 데카르트의 입장과는 분명하게 다르다. 데카르트는 인간의 이성을 진리를 판단하는 주체로 간주했지만, 파스칼에게는 '인간은 생각하는 갈대'일 뿐이다. '인간은 갈대처럼 연약하고 유한한 존재'임을 자각하는 것이야말로, 인간 이성이 반드시 해야만 하는 중요한 사명이다.

인간은 무한자가 아니라 유한자이며, 따라서 인간의 유한성은 신의 무한성과는 질적으로 완전히 다르다. 인간은 생각하도록 지음을 받은 특별한 존재이다. 그러나 생각하는 능력 그 자체가 중요한 것이 아니라, 올바르게 생각하는 것이 중요하다. 인간의 사유 기능이 올바르게 작동한다면, 자신이 비참하다는 사실을 알게 된다. 인간의 위대함은 자신의 비참함을 아는 데에 있다. 파스칼의 '갈대 인간론'은 다음처럼 표현되어 있다.

"인간은 자연 가운데서 가장 연약한 한 줄기 갈대일 뿐이지만, 그는 생각하는 갈대다. ⋯ 비록 우주가 그를 박살 낸다고 하여도, 인간은 그를 죽이는 우주보다 여전히 더 숭고하다. 왜냐하면 그는 자신이 죽어 가고 있음을 알며, 우주가 자신을 압도함을 알고 있기 때문이다. 그러나 우주는 아무것도 모른다. ⋯ 그러므로 우리의 존엄은 사유로 이루어져 있다. 우리의 회복을 위해 우리는 채울 수 없는 시공간에 의존할 것이 아니라, 생각에 의존해야 한다. 따라서 올바로 생각하려고 노력하자. 이것이 도덕의 기본 법칙이다"(L391).

파스칼에 의하면, 이성은 진리의 준거가 될 수 없다. 그 이유는 인간이 오류 가능한 존재이기 때문이다. 인간의 이성은 지식을 획득하는 과정에서 불확실성과 오류 가능성을 노출한다. 파스칼에 의하면, 인간은 오직 은혜를 통해서만 오류로부터 벗어날 수 있다.

"소위 근대철학자들이 주장하는 진리의 두 가지 원천인 '이성'과 '감각'은 참되지 않을 뿐만 아니라, 서로 속이기도 한다. 감각은 그릇된 외양을 통해서 이성을 속인다. 감각이 마음을 속이는 것처럼, 마음에 의해 속기도 한다. 감각은 그릇된 인상을 야기하는 열정의 영향을 받는다"(L390).

오래전에 널리 알려진 유머가 있었다. 할아버지와 손자가 동네 목욕탕에 함께 갔다. 할아버지는 수증기가 모락모락 나는 온탕에 몸을 담그면서 "어, 시원하다" 하고 말했다. 손자는 그 말을 듣고 온탕에 들어갔다. 하지만 곧바로 "앗, 뜨거워!" 하고 소리를 지르며 탕 밖으로 나와서 이렇게 말했다. "세상에 믿을 사람 하나도 없네!" 온탕의 온도는 똑같은데 할아버지와 손자가 서로 다른 경험을 한다. 아마 할아버지도 어릴 적에는 온탕의 물이 뜨거웠을 것이다. 몸이 늙어 가니 뜨거운 물을 개운하다고 느끼는 것이다. 이 이야기는 경험의 주체도 변하고 경험의 대상도 변한다는 것을 말한다. 같은 대상도 다르게 느껴질 수 있다. 인간의 이성과 감각은 그릇될 수 있다는 말이다.

"클레오파트라의 코가 조금만 낮았더라면 세상의 지도가 달라졌을 것이다."
파스칼의 말 중에서 '클레오파트라의 코' 이야기는 모르는 사람이 거의 없을 정도로 유명하다. 파스칼은 이 말을 통해 하나님 없는 인간이 얼마나 허망한 존재인지 그리고 얼마나 허망한 것을 추구하는 존재인지를 설명한다. 많은 사람이 행복을 꿈꾸지만 대부분 허망한 결말로 이어진다. 클레오파트라 7세가 사랑을 하게 된 원인과 그 사랑의 결과는 하룻밤 안개와 같다.

클레오파트라는 남동생과 결혼하여 공동 바로(파라오)로 등극했지만, 권력 다툼 끝에 권좌에서 밀려났다. 주전 48년 그녀는 당시 이집트에 잠시 체류한 로마의 정치 지도자요 장군인 시저(Gaius Julius Caesar, 주전 100-44)를 만난 후에 아들 카이사리온을 낳았다고 한다. 그러나 로마로 복귀한 시저는 주전 44년에 암살을 당하고 만다. 시저의 유언장에는 클레오파트라와 그의 아들에 대한 어떤 언급도 없었고, 대신 옥타비아누스(Gaius Julius Caesar Octavianus, 주전 50-주후 14)를 양자로 삼아 후계자로 공인하고 모든 것을 넘겨주었다.

클레오파트라는 옥타비아누스의 여동생과 이미 결혼했던 마르쿠스 안토니우스(Marcus Antonius, 주전 83-30)와 결혼해서 세 명의 자녀를 두었다고 한다. 주전 31년 9월 2일 안토니우스는 옥타비아누스와 맞붙은 악티움 해전에서 참패하고 이집트 알렉산드리아로 퇴각했다. 주전 30년 8월 옥타비아누스의 군대가 알렉산드리아에 입성하자 안토니우스는 패배를 인정하고 자살을 선택했고, 이 소식을 전해 들은 클레오파트라도 침실에서 자살했다고 한다.

당시 프랑스에서는 클레오파트라의 이야기가 극단의 연극 소재로 널리 사용되었다. 파스칼은 인간의 허망함을 진실로 알고 싶다면, 그녀의 사랑의 원인과 결과를 살펴보라고 말한다. 클레오파트라는 사랑, 영토 확장, 이집트의 국력 증대를 추구했지만 어떤 것도 이루지 못했다. 클레오파트라는 권력욕으로 인하여 로마의 영웅 시저와 안토니우스를 사랑했지만, 그 결과는 너무나 허망했다. 비록 그녀의 사랑이 잠시 이집트와 로마를 흔들었을지라도, 그녀는 모든 것을 잃게 되었다. 그래서 파스칼은 "만일 클레오파트라의 코가 조금만 낮았더라면 세상의 지도가 달라졌을 것"(L90)이라고 말했던 것이다.

"이성과 감각은 서로 속일 수 있다."

파스칼의 내기 논증이 널리 알려진 것에 비하면, 인류학적 논증은 그동안 별다른 주목을 받지 못했다. 유신론에 호의적이지 않은 지성인들은 파스칼의 『팡세』를 이성과 과학에 대한 배신이나 혹은 천재의 화려한 경력에 있어서의 탈선 정도로 여기기도 했다. 그러나 파스칼의 인류학적 논증은 다른 종교와 달리 기독교가 인간의 두 본성을 가장 탁월하게 설명하는 유일한 세계관이라는 것을 명쾌하게 보여 준다.[12] 데카르트가 인간 이성이 가진 기하학적 섬세함을 주목했다면, 파스칼은 인간의 유한성을 보았다. 이것이 두 사람 사이의 근본적인 차이점일 것이다.

파스칼에 의하면, 무신론자들은 정말 중요한 문제에 대해서는 무관심하고 사소한 것들에 대해서는 지나친 관심을 보이는 모순된 사람들이다. 사람이 자신의 생명을 잃는 것에 대해서나 영원한 불행의 위험에 대해서 무심한 것은 결코 자연스럽지 않다. 그런데 무신론자들은 가장 중요한 문제에 대해 무관심하다. 신을 떠나 있는 인간의 삶의 양태는 참으로 공허하고, 비참하며, 이기적이고, 변덕스럽고, 권태롭고, 불안하다. 인간은 망각의 존재라서 무엇보다도 자신의 비참한 상태를 잊고 싶어 한다.[13]

그래서 사람들은 기분을 전환할 수 있는 여러 방법을 고안해 냈다. 사람들이 오락, 도박, 사냥, 잡담 등으로 시간을 보내는 이유는 그런 것들을 통해서 잠시라도 권태로움에서 벗어나고 싶어 하기 때문이다. 평민들은 잡담이나 오락, 도박을 통해서 자신의 비참한 상황을 잊으려고 하고, 귀족들은 사냥으로 시간을 보내며, 왕들은 전쟁을 통해 권태를 잊어 보려고 할 것이다. 그러나 기분 전환을 위한 다양한 방법들 자체가 우리를 가장 비참하게 만든다. 그냥 기분 전환을 위하여 '시간 죽이기'를 하다 보면 어느덧 죽음의 순간이 다가오기 때문이다.

인간은 이성을 통해 회의에 빠지거나 독단에 이르기도 한다. 사람은 자신의 권태로움과 비참함을 잊어 보려고 하지만, 인간의 본성은 의심스러운 것에 대해서는 확실성을 추구하기 때문에 회의론을 거부하고, 우리의 이성은 확실성에 대해 의심하기 때문에 독단론을 거부한다. 따라서 회의와 독단, 그 어느 것도 인간의 비참함을 망각하게 할 수는 없다. 파스칼은 그것을 "인간은 천성적으로 쉽게 믿는가 하면 의심이 많고, 소심한가 하면 통이 크다"(L239)라고 표현한다. 그는 인간이 자신의 비참함을 자각할 때 역설적으로 가장 위대한 존재가 된다는 것을 이렇게 말한다.

"인간의 위대는 자신이 비참하다는 것을 아는 점에서 위대하다. 나무는 자기가 비참하다는 것을 모른다. 그러므로 자신의 비참을 아는 것은 비참하다. 그러나 자신이 비참하다는 것을 아는 것이 곧 위대함이다"(L210).

파스칼에 의하면, 인간이 자기의 비참함을 알지 못하고 하나님을 알면 오만해지고, 하나님을 알지 못한 채 자신의 비참함을 알게 되면 절망에 빠진다. 자신의 비참을 알지 못하는 사람은 신 대신에 자신을 영화롭게 하려고 할 뿐이다. 파스칼은 사람이 예수 그리스도 없이 신을 아는 것은 불가능하다고 말한다. 중보자인 예수 그리스도에 의해서 하나님을 알게 된 사람들은 자신의 비참함도 알게 된다(L381). 여기에서 파스칼은 인간의 본성에 이중성, 즉 비참함과 위대함이 있다는 것에 주목한다. 인간은 비참한 존재이면서 동시에 위대한 존재이다. 그는 이렇게 말한다.

"인간은 본성적으로 두 방식으로 고찰된다. 하나는 인간의 목적에 따라서. 이때 인간은 위대하고 비길 데 없다. 다른 하나는 대중에 따라서. 이때 인간은 비천하고 무가치하다"(L242).

파스칼은 인간 현존재의 비참함을 파악한 후 구원의 문제로 전환한다. 비참하고 연약한 인간이 어떻게 행복해질 수 있을까? 파스칼은 오직 "신만이 인간의 진정한 행복"(S181)이라고 말한다.

"원죄교리는 폐위된 왕의 위대함과 비참함을 설명하는 탁월한 교리이다."

종종 진리는 역설적이다. 사람은 천사도 아니고 짐승도 아니다. 파스칼은 "인간이란 그 어떤 괴수인가! 그 어떤 진기함, 괴물, 혼돈, 모순의 주체이자 경이인가! 만물의 심판자이자 저능한 벌레, 진리의 수탁자이자 불확실과 오류의 시궁창, 우주의 영광이자 쓰레기! 그 누가 이 뒤얽힌 혼돈을 풀겠는가?"(L246)라고 말한다. 진정한 종교는 인간이 가지고 있는 상충하는 이중성, 즉 위대함과 비참함이라는 이중성의 원인과 그 해답을 제시할 수 있어야 한다. 파스칼은 인간의 이중성의 기원에 대해 다음처럼 설명한다.

"왜냐하면 결국 인간이 타락하지 않았다면 순결함 속에서 확실히 진리와 행복을 누릴 것이고, 인간이 애초에 타락하기만 했다면 그는 진리와 행복에 대한 아무런 관념도 없었을 것이기 때문이다. … 우리가 완전한 상태에 있었으나 불행히도 그 상태에서 전락했다는 것은 그만큼 명백하다. 그러나 우리의 인식에서 가장 동떨어진 이 신비, 다름 아닌 죄의 계승이라는 신비 없이는 우리 자신에 대해 어떤 인식도 가질 수 없다는 것은 참으로 놀라운 일이다!"(L246)

많은 이들은 이담의 디락에서 비롯된 원죄교리에 대해 불평을 제기한다. 원죄교리는 인간의 이성으로는 쉽게 수긍하기 어렵다. 현대인들은 창세기에 기록된 아담의 선악과 사건을 신화로 여기며, 정확한 의미를 알려고도 하지 않고 원죄교리를 그저 말도 안 되는 것으로 비웃는다. 가령, 까마득한 먼 조상, 개인적으로 전혀 알지도 못하는 조상 때문에 내가 죗값을 치러야 한다면 그게 말이 되는가? 언뜻, 21세기를 살아가는 우리가 아담의 범죄 때문에 죽음의 권세 아래 있다는 교리는 부당해 보인다. 그래서 사람들은 "아담이 선악과를 먹었다고 치자! 오늘날 내가 아담이 저지른 죄의 결과 때문에 가혹한 굴레를 지고 살아야 하는가?"라며 반감을 드러낸다.

그렇지만 파스칼은 그 원죄교리가 인간의 이중성, 즉 위대함과 비참함을 설명한다는 역발상을 한다. 선악과 사건은 타락하기 이전 신의 형상을 가진 '인간의 위대함'과 타락한 이후 현재 '인간의 비참함'을 구분하는 분기점이 된다. 선악과 사건을 통해서 인간의 위대함과 인간의 비참함이 완전하게 비교된다. 파스칼은 이런 비교를 통해서 기독교의 원죄교리야말로 인간의 두 가지 본성, 즉 위대함과 비참함을 설명하는 가장 탁월한 교리라고 말한다. 그래서 선악과 사건은 인간의 '숨겨진 신분'을 풀어 주는 실마리 역할을 한다.

그는 '폐위된 왕의 논증'을 여기에서 제시한다. 왕으로 살아가는 것의 위대함과 폐위된 후 살아가는 비참함의 차이를 보통 사람이 어떻게 이해할 수 있겠는가? 인간의 현재의 상황에 대해서 비참함을 느낀다면 그것은 하나님과 함께했던 복된 모습을 그려 보며 현재의 비참함을 비교하기 때문이다. 그는 "인간이 창조되었을 때에 위대하고, 타락했을 때에 비참하게 되었다. 폐위된 왕이 아니고서 그 누가 왕이 아닌 것을 불행하게 여기겠는가?"(L221)라고 말한다. 그는 인간은 창조의 상태에서는 모든 자연을 다스리고 하나님의 신성에 참여할 수 있었지만, 반면에 타락한 이후에는 은총이 없어서 인간은 짐승처럼 여겨진다고 이해한다.

파스칼의 주장대로, 기독교 원죄교리는 인간의 신분의 이중적 상태를 설명하는, 전 세계에 하나밖에 없는 완전한 교리이다. 그는 원죄교리를 통해서 우리 자신에 대한 분명한 인식을 갖게 된다는 것이 참으로 놀라운 일이라고 말한다.

그러므로 인간의 상태와 신분에 대한 온전한 설명은 성경을 통해서만 얻을 수 있다. 인간은 타락한 결과로 인하여 비참하게 되었으며, 타락하기 이전에는 신의 형상에 참여함으로 위대했다는 것이다. 그렇다면 어떻게 비참하고 연약한 인간이 다시 행복해질 수 있을까? 파스칼은 오직 하나님이 인간의 진정한 행복이라고 말한다. "하나님만 알고 자신을 모르는 자는 교만에 빠지고, 자신만 알고 하나님을 모르는 자는 절망에 빠진다." 파스칼은 하나님과 사람 사이의 중보자는 단 한 분, 예수 그리스도이기 때문에 우리는 그리스도 안에서 하나님과 우리 자신의 모습을 동시에 알게 된다는 것을 강조한다. 인류학적 논증은 인간의 비참함과 유한성에 대한 실존적인 자각을 바탕으로 구세주를 갈망하게 만든다. 하나님과 구속자이신 그리스도가 없다면, 유한한 인간은 참으로 불행한 존재일 뿐이다.

파스칼의 내기 논증과 선택 원칙

『팡세』 제2부는 "신을 믿는 인간의 복됨"이라는 주제 안에서 신학적인 내용을 다룬다. 여기에서 파스칼의 유명한 '내기 논증'이 등장한다. 그는 신을 믿는 것이 신의 존재를 믿지 않는 행위보다 훨씬 더 큰 이익이 된다는 타산성의 원리를 신앙을 선택하는 기준으로 활용한다. 파스칼은 초월성 앞에서 신앙의 결단이 필요하다는 점을 합리적으로 설득하고자 한다. 그가 확률이론의 대가인 까닭에 내기 논증이 더욱 유명해졌다.[14] 내기 논증은 엄밀한 철학적 논증은 아니지만, 사람이 죽음을 피할 수 없다면, 신의 존재에 대한 믿음을 선택하는 것이 가장 이익이 된다는 타산(打算)의 원칙을 신앙 선택 기준으로 제시한 점은 매우 탁월하다고 할 수 있다. 내기 논증의 특징과 의미에 대해 좀 더 살펴보자.

내기 논증의 개괄

"신은 존재하는가?"라는 질문은 인생에서 가장 중요한 질문이다. 파스칼은 신을 믿어야 하는 이유가 무엇인지를 내기 논증에서 찾는다. 내기 이론은 인간 사후에 신이 존재하는지의 유무와 사람이 살아 있는 동안 믿음을 가지는

지의 유무가 만들어 내는 네 가지 경우의 수를 제시한다. 그리고 그중에서 사람에게 최고의 이익을 가져오는 행위를 선택하게 한다는 것이 내기 논증의 골자이다. 모든 사람은 출생과 동시에 자동적으로 이 내기에 참여할 수밖에 없다. 어느 누구도 이 내기에서 빠질 수 없는 이유는 죽음을 피할 수 없기 때문이다. 인생이 당하는 곤경과 죽음을 생각해 보라. 사람에게 있어서 중요한 것은 자신의 현재 상태를 인정하는 것이다. 파스칼은 사형수의 예를 들어 인간의 현 상황을 적절하게 설명한다.

"사형수 감방의 수많은 죄수를 상상해 보라. 그들 중 일부는 다른 죄수들의 눈앞에서 매일 사형당한다. 남은 사람들은 동료들의 운명에서 자기의 운명을 읽으며, 고뇌와 절망의 눈으로 서로를 바라보면서, 자신의 차례를 기다린다. 인간 상황의 모습이다"(L314).

사형수는 언젠가 형이 집행되어 자신이 죽게 된다는 것 그리고 죽음 이후에 영원한 불행(가령 지옥)에 빠질 가능성이 있을 수 있다는 것에 대해 전혀 무관심할 수 없다. 모든 사람은 죽음을 피할 수 없다는 점에서 본질적으로 사형수와 같다. 그래서 신의 존재의 유무는 영원한 행복을 좌우할 가장 중대한 변수가 된다.

사람이 언젠가 겪게 될 죽음 이후의 영원과 초월성을 생각한다면, 파스칼은 '신이 없다는 것'보다는 '신이 존재한다는 것'에 내기를 걸어야 한다고 우리를 설득한다. 하나님의 존재를 믿고 영생을 얻는 것이 가장 수지맞는 일이기 때문이다. 만약 사형집행일이 며칠 앞으로 다가온 사형수라면 필연적으로 죽음 이후에 무엇이 있는지를 생각할 것이다. 죽음 이후에 신은 존재할 수도 있고 존재하지 않을 수도 있다. 또 나는 죽기 전에 신의 존재를 믿을 수도 있고 믿지 않을 수도 있다.

다음 도표는 내가 믿는 경우, 내가 믿지 않는 경우, 사후에 신이 있는 경우, 사후에 신이 없는 경우 등 네 가지 경우를 조합한 것이다. 도표를 보면서 ①, ②, ③, ④항이 의미하는 바를 생각해 보자. 그리고 그중에서 당신에게 최고의 행복과 이익을 주는 것이 무엇인지 선택해 보라.

	하나님은 존재한다	하나님은 존재하지 않는다	합계
내가 믿는다	① 무한대 이익(영생)	② +α (약간의 이익)	무한대 이익 + α
내가 믿지 않는다	③ 무한대 손실(영벌)	④ 0	무한대 손실

도표를 설명하면 다음과 같다.

①의 선택은 '내가 믿음을 선택하고, 사후에 하나님이 존재하는 경우'이다. 이것은 가장 큰 만족(영생과 무한한 행복)을 얻는 결과를 가져온다.

②의 선택은 '내가 믿음을 선택하지만, 사후에 하나님이 존재하지 않는 경우'이다. 사람들은 이것을 손해라고 언뜻 생각할 수 있지만, 파스칼에 의하면 이 경우는 결코 손해가 아니다. 그 신앙인은 경건의 유익함, 도덕적이며 종교적인 삶, 마음의 평안과 주위의 좋은 평판을 얻었기 때문에 오히려 약간의 이익으로 보는 것이 맞다. 이 점에 대해서 파스칼은 "이것을 선택함으로써 당신에게 어떤 손해가 있는가? 당신은 충실하고 정직하고 겸손하고 은혜를 알고, 자비로워지며, 성실하고 참된 친구가 될 것이다. 진실로 당신은 타락한 쾌락에도, 영화로움에도, 향락에도 빠지지 않을 것이다"(L343)라고 말한다.

③의 선택은 '내가 믿음을 거부하고, 사후에 하나님이 존재하는 경우'이다. 이것은 가장 큰 손실(지옥에서의 영벌)을 가져오기 때문에 분명히 최악의 선택이다.

④의 선택은 '나도 믿지 않았고, 사후에 신도 존재하지 않는 경우'이다. 이것은 아무런 이익도 손해도 없다는 것을 말한다.

파스칼에 의하면, 네 가지 경우 중에서 가장 합리적인 선택지는 ①의 경우이다. 지혜로운 사람은 죽기 전에 살아 계신 하나님을 믿기를 선택할 것이다. 하나님을 믿으면 모든 것을 얻게 되고, 하나님을 믿지 않으면 모든 것을 잃게 되기 때문이다. 당신은 믿음과 불신 중에서 어느 것을 선택할 것인가? 파스칼은 이렇게 설명한다.

"어차피 선택해야 한다면 당신에게 이익이 가장 적은 것이 무엇인지 알아보자. 당신이 잃을 것은 둘, 진리와 선이고, 걸 것은 둘, 당신의 이성과 의지, 당신의 지식과 행복이며, 당신의 본성이 피할 것은 둘, 오류와 불행이다. 당신의 이성은 필연적으로 선택해야만 한다. … 만약 당신이 이긴다면 모든 것을 얻게 되고, 당신이 지는 경우에도 당신은 아무것도 잃지 않는다. 그러니 주저하지 말고 신이 있다는 것에 걸어라"(L343).

내기 이론과 타산(打算)의 원리

파스칼의 내기 논증은 타산성, 즉 이익과 손실을 따져 보는 원칙을 신앙 선택의 여부를 결정하는 잣대로 활용하라는 것이다. 상술한 대로, 파스칼에 의하면, 사람이 순전히 이해득실만을 따져 본다면 하나님이 존재한다는 가능성에 내기를 걸어야 한다. 내기에 거는 것은 '우리의 지상 생활'이고 내기에서 이기거나 질 확률은 똑같다. 만일 내기에서 이길 경우에는 무한한 상, 즉 영생복락을 얻게 될 것이다.

물론 믿음의 문제를 수지타산으로 결정하라는 권고에 동의하지 않는 사람도 있다. 그러나 우리의 경험으로 보아도 좋은 일에 대한 보상과 악행에 대한 벌은 있다는 것이 합리적이다. 성경에서도 상과 벌은 하나님의 정의의 맥락에서 설명된다. 예수님은 친히 자신을 부인하며 제 십자가를 지고 주님을 따른 제자들에게 그에 따른 천국에서의 보상을 다음과 같이 말씀하셨다.

"의를 위하여 박해를 받은 자는 복이 있나니 천국이 그들의 것임이라 나로 말미암아 너희를 욕하고 박해하고 거짓으로 너희를 거슬러 모든 악한 말을 할 때에는 너희에게 복이 있나니 기뻐하고 즐거워하라 하늘에서 너희의 상이 큼이라"(마 5:10-12).

그리고 예수께서 모든 사람에게 말씀하셨다.

"나를 따라오려는 사람은, 자기를 부인하고, 날마다 자기 십자가를 지고, 나를 따라오너라. 누구든지 제 목숨을 구하려고 하는 사람은 잃을 것이요, 누구든지 나를 위하여 제 목숨을 잃는 사람은 목숨을 구할 것이다. 사람이 온 세상을 얻고도 자기를 잃거나 빼앗기면, 무슨 이득이 있겠느냐?"(눅 9:23-25, 새번역)

히브리서 기자 역시 하나님이 상을 주시는 분이라는 것을 다음과 같이 기록하고 있다.

"믿음이 없이는 하나님을 기쁘시게 하지 못하나니 하나님께 나아가는 자는 반드시 그가 계신 것과 또한 그가 자기를 찾는 자들에게 상 주시는 이심을 믿어야 할지니라"(히 11:6).

타산을 원리로 하는 파스칼의 내기 논증을 강력하게 비판하는 사람들도 있다. 무신론 철학자 볼테르의 본명은 프랑수아마리 아루에(François-Marie Arouet, 1694-1778)이다. 그는 "신의 존재와 인생의 문제를 동전 앞뒷면의 선택으로 바꾼 것은 스스로 주체의 가치를 폄하하는 모순된 행위라고 비판했다."[15] 프랑스의 사상가이자 수필가인 폴 발레리(Paul Valéry, 1871-1945)는 내기 논증이 신의 존재를 계산 문제로 환원한 것으로 보고 "사악한 논리, 절망자의 논증 방식"이라고 비판했다. 영국의 리처드 도킨스는 "파스칼의 내기는 신을 믿는 척하는 것에 관한 논증"에 불과하다고 비판했다.[16)]

무신론자들의 이런 비판들을 예상한 듯이, 파스칼은 자신의 입장을 이렇게 말한다. 무신론자는 "나라는 사람은 원래 믿을 수 없게 만들어졌소. 그래, 나 보고 어떻게 하라는 말이오?"라고 되물으며 항변할 것이지만, 파스칼은 "당신이 믿지 못하는 것은 당신의 정욕 때문이라는 것만은 적어도 알아야 한다. … 그러므로 신의 증명을 증가함으로써가 아니라, 당신의 정욕을 억제함으로써 깨닫도록 힘써야 한다"라고 명쾌하게 답변한다(L343).

그러나 파스칼의 내기 논증은 구도자에게 천국의 영생이라는 보상을 통해 강한 동기부여를 제공한다는 장점이 있다. 만일 하나님이 하시는 사후의 공의로운 완전한 심판과 상벌이 없다면, 사람들은 이 세상에서 제 맘대로 살면 될 것이다. 그러나 하나님이 계시고 사람의 믿음과 행위에 대한 상과 벌이 약속되어 있다면 사람들은 이 세상에서 올바르게 살아야 할 것이다.

내기 이론은 하나님의 존재를 직접 증명하는 것은 아니다. 파스칼의 의도는 다소 불확실해 보이는 신의 존재와 인간의 영원한 운명을 결정짓는 선택의 기준으로 '타산성'으로 제시하는 것이다. 다시 말하면, 내기 논증은 죽음과 초월적인 세계를 앞에 둔 사람들에게 그들이 선택할 수 있는 행동의 기준을 '타산적인 합리성'으로 제시한다.[17)]

죽음 이후의 세계에 대해 인간이 할 수 있는 최고의 행위는 하나님의 존재를 믿는 데에 자신의 모든 것을 거는 것이다. 파스칼은 기독교 신앙을 선택하고 그리스도인의 삶을 선택하는 것이 이익 추구의 본성과 조화된다는 점을 말하고 싶었던 것이다. 부패한 인간의 마음이라도 타산의 원리를 따라 행동한다면 신을 믿을 것이다. 청년 파스칼은 세속적이고 도박을 좋아하는 친구들을 위해서 신을 믿는 것이야말로 최고의 이득을 가져온다고 주장하는 내기 이론을 만들었다.

파스칼의 내기 이론의 의의

우리는 파스칼의 내기 이론에서 어떤 교훈을 얻을 수 있는가?

첫째, 파스칼은 내기 이론을 통해서 기독교를 조롱하는 사람들과 무신론자들에게 경종을 울린다. 사형수가 사형 집행 이후 자신이 처할지도 모를 운명에 대해서 어떻게 무관심할 수 있다는 말인가? 누구든지 "일주일밖에 살 날이 남아 있지 않다면"(L617), 사람은 죽음 이후에 과연 자기 자신이 존재하는지의 여부와 하나님이 존재하는지의 여부에 대해서 심사숙고할 것이다.

세속화가 진행된 서구 유럽에서 점점 종교에 대해 무관심한 사람들이 증가하고 있다. 그러나 파스칼에 의하면, 종교에 대한 무관심은 사람들에게 자연스러운 일이 아니다. 사람들이 자신이 죽음을 피할 수 없는 존재라는 것을 안다면 사후에 있을 수도 있는 영생과 영벌의 가능성을 생각하는 것은 자연스럽다. 파스칼이 보기에, 사람의 본성은 가장 큰 이익을 추구한다. 배금주의는 현대 사회의 특징 중의 하나이다. 사람이 자신의 이익을 추구하는 본성에만 충실해도 신을 믿는 것이 가장 큰 이익을 가져오는 행위라는 것에 동의할 수 있다는 파스칼의 제안은 설득력이 있다.

둘째, 파스칼의 내기 이론은 '믿는 행위와 습관'을 강조한다. 영국의 변증가이며 문학자인 C. S. 루이스는 무신론을 버리고 유신론을 선택한 직후에, 곧바로 교회 예배에 출석하기로 결심하고 실행했다는 유명한 일화를 남겼다. 합리적인 선택은 행위로 이어져야 한다. 내기 이론의 전제는 '인간이 이익 본성을 따라 행동한다'는 것이다. 내기 이론의 결과는 신이 존재하는 것을 믿을 때 사람은 가장 행복하고 가장 큰 이익을 얻을 수 있다는 것이다. 내기 이론의 권면은 믿는 자의 습관을 따르라는 것이다. 파스칼은 "신의 존재를 믿는 것처럼 모든 것을 행하라"(L343)고 권면한다. 내기 논증에 따라 신의 존재를 믿는 것이 타당하다고 생각한 사람은 아직 믿음이 없어도 믿는 사람처럼 행동해야 한다.

파스칼은 '습관의 힘'을 강조한다. 메리 더글라스(Mary Douglas)에 의하면, 내기 논증은 신의 존재 여부에 대한 논증이 아니라, 신이 존재한다는 것을 믿는 사람처럼 살겠다는 '습관의 결정'에 대한 것이다.[18] 파스칼도 역시 습관의 중요성을 잘 알고 있기에 이렇게 말한다.

"습관이야말로 가장 강력하고 가장 신뢰받는 증명을 이룬다. … 결국 정신이 일단 어디에 진리가 있는지를 본 다음에는 습관에 의지함으로써 … 더 쉬운 믿음, 습관의 믿음을 획득해야 한다"(L7).

셋째, 파스칼은 내기 이론의 마지막 부분에서 '기도의 효과'를 강조한다. 그는 내기 논증으로 상대방을 설득하려면 먼저 기도로 준비해야 한다는 것을 자신의 경험을 통해 설명한다. 기도가 뒷받침되어야 내기 논증이 힘이 있을 것이라고 말한다. "만약 이 이야기가 마음에 들고 힘 있는 것으로 여겨진다면 바라건대 이 사람이 기도드렸다는 것을 알아주기 바란다"고 말한다. 그의 내기 이론은 사람들의 합리적 선택 이론을 신앙의 영역에 적용한 것이다. 도박사들처럼 수지타산을 따져 이익을 추구하는 사람들에게 안성맞춤의 전도 전략이기도 하며, 유한성을 자각하는 사람들에게 초월성과 영원성을 고려하게 하는 확률 논증이라고 할 수 있다(L343).[19]

물론 하늘의 신령한 복은 이 세상의 세속적인 행복과는 다르다. 일단 수지타산의 원칙에 따라 믿음을 갖고 살기로 결정하게 되면, 사람은 육신의 정욕, 안목의 정욕, 이생의 자랑이 아니라, 하나님을 사랑하고 이웃을 사랑하는 목적을 가지고 살아갈 것이다. 예수 그리스도는 "보라 내가 속히 오리니 내가 줄 상이 내게 있어 각 사람에게 그가 행한 대로 갚아 주리라"(계 22:12)고 말씀하셨다. 파스칼은 근대철학과 근대과학의 태동기에 신을 믿을지 망설이는 사람들에게 '신이 존재한다'는 것을 '믿는 것'에 모든 것을 걸어 보라고 제안한다. 신앙의 유무에 따른 결과는 천양지차이다. 그래서 "신의 존재에 모든 것을 걸라"는 파스칼의 권면은 명쾌하다.

성경의 내적 논증: 기독교 신앙이 진리인 열두 가지 이유

파스칼은 내기 논증에 이어서 기독교 신앙이 왜 참된 진리인지를 열두 가지 이유를 들어 자세히 설명한다. 기독교 신앙의 진정성을 뒷받침하는 열두 가지 증거는 다음과 같다.

"(a) 온갖 핍박과 박해를 극복하고 확립된 기독교, (b) 기독교 정신의 숭고함, 거룩함, 겸손함, (c) 성경에 기록된 기적, (d) 예수 그리스도, (e) 사도들, (f) 모세와 선지자들, (g) 유대 민족, (h) 성경의 예언의 성취, (i) 영원성의 추구, (j) 모든 것을 설명하는 교리, (k) 하나님의 법의 거룩함, (l) 이 세상의 질서."[20]

파스칼이 말하고자 하는 기독교 신앙의 진정성을 지지하는 이유들을 필자는 일곱 가지로 재구성해서 간략하게 설명하고자 한다.

기적

파스칼은 기적을 통해서 기독교 신앙이 진리임을 확증할 수 있다고 생각했다. 그는 자기 조카가 기적으로 병이 치유되는 것을 보았다. 파스칼이 '성형의 기적'으로 소개한 사건은, 누낭염(눈물길에 염증이 생긴 병)을 앓고 있던 조카가 나았던 기적을 다룬 것이다. 그의 조카는 그리스도의 가시 면류관의 일부라고 알려진 유물에 눈을 대고 낫기를 기도하자 즉시 나았다. 그래서 파스칼은 '기적은 숨은 신이 나타나는 방식'이라고 정의했다. 하나님은 유일한 기적의

창조자요 집행자이시다. 성경에는 주님이 행하신 많은 기적이 기록되어 있다. 이 모든 기적은 숨은 신이 사람에게 자기를 나타내는 방식 중의 하나라는 것이다.

조카가 기적으로 회복된 사건은 파스칼로 하여금 『팡세』라는 기독교 변증서를 집필하는 데에 긍정적인 영향을 미쳤다. 누이 질베르트에 의하면, 가시면류관의 기적을 본 후에 파스칼은 교회 내부의 적과 외부의 적에 맞서서 기독교의 진리를 옹호할 결심을 더욱 분명하게 했다고 한다.

그렇다면 거짓 기적을 식별할 방법은 무엇일까? 파스칼에 의하면, 기적은 교리를 식별하고 교리는 기적을 식별한다. 참된 기적은 진리의 증거를 파괴하지 않는다(L873). 기적이 교리를 위해 있는 것이지, 교리가 기적을 위해 있는 것은 아니다. 또한 참된 기적은 사람들을 우상 숭배로 이끌지도 않는다. 이스라엘 산헤드린 의원이었던 니고데모는 나사렛 예수가 행하시는 기적을 보고 그의 가르침이 하나님의 것임을 깨달았다.

파스칼은 사람들이 "참된 기적을 믿지 않는 것은 사랑이 없기 때문이고, 거짓 기적을 믿는 것도 사랑이 없기 때문"(L874)이라고 보았다. 왜냐하면 만약 어떤 사람이 하나님의 자비를 나타내는 참된 기적을 믿지 않는다면, 그 사람은 타락한 본성을 따라 사는 것에 불과하기 때문이다. 또한 어떤 사람이 거짓 기적을 믿는다면, 그 이유는 참되신 하나님을 사랑하지 않기 때문에 하나님으로부터 멀어지게 하는 거짓 기적을 믿는 것이다.

파스칼은 사람들에게 기적과 진리가 함께 필요하다고 말한다. 기적은 사람을 육체적으로 설득하는 것이고 진리는 사람을 영적으로 설득하는 것이다. 그래서 기적과 진리는 영혼과 육체를 가진 사람에게 필요하다. 그에 의하면, 참된 기적의 내용은 "사용된 수단의 자연적 힘을 초월하는 하나의 결과"이고 거짓 기적은 "사용된 수단의 자연적 힘을 초월하지 않는 하나의 결과"로 서로 대비된다(L904). 한마디로, 기적이란 "인간의 마음에 미치는 신의 능력을 인간의 육체에 미치는 능력으로써 증명"(L908)하는 것이다.

요한복음 10장 38절에서 예수님은 "내가 행하거든 나를 믿지 아니할지라도 그 일은 믿으라 그러면 너희가 아버지께서 내 안에 계시고 내가 아버지 안에 있음을 깨달아 알리라"고 말씀하셨다. 예수 그리스도는 자신이 메시아라는 것을 기적을 통하여 입증하셨다. 그리스도는 자신이 죄를 사하는 권세가 있다는 것도 손 마른 자를 고치는 기적으로 증명하셨다. 그래서 파스칼은 기적이 없었다면, 예수 그리스도를 메시아로 믿지 않아도 죄가 되지 않는다고 말하기도 했다(L369). 파스칼은 『페리에 양의 기적에 관한 수기』에서, 기독교의 선교에서 기적이 얼마나 중요하게 기여했는지를 다음처럼 평가하고 있다.

> "기적은 당신들이 생각하는 것보다 더 중요하다. 기적은 교회의 창설에 기여하였고 적그리스도와 종말에 이르기까지 교회의 존속에 이바지할 것이다" (L892).

영속성

기독교 신앙이 진리임을 증명하는 중요한 기준은 영속성이다. 기독교는 최초의 인간 아담으로부터 인류 역사의 최후까지 이어지는 구속사(구원의 역사)를 가지고 있다. 다시 말하면 아담의 타락 이후 구약성경과 신약성경으로 이어지는 구속사의 정점은 예수 그리스도이다. 예수님의 탄생, 십자가의 죽음과 부활은 구원의 역사에서 핵심이 된다. 영속성은 기독교의 거룩함과 진정성의 증거가 된다.

파스칼에 의하면, 인간은 신과의 영광스러운 교제로부터 신과 멀어지는 상태로 추락했다. 그러나 인간과 하나님을 화목하게 하기 위해 화목제물로 자신을 드리신 그리스도에 의해서 모든 것이 회복될 것이다. 파스칼이 말하는 영속성의 몇 가지 특징을 고찰해 보자.

첫째, 파스칼은 유대인들을 통한 율법과 메시아의 법이 보존된 것을 영속성으로 본다. 이스라엘은 인류의 역사에서 매우 작지만 특이한 민족이다. 이들은 창조주 하나님의 계시로 받은 율법에 따르고 그 율법을 보존하기 위해 철저히 노력했다. 하나님이 주신 거룩한 법전은 오랜 세월이 흘러갔음에도 불구하고 다른 종교나 철학의 문헌들에 비교해 볼 때 가장 완벽하게 보존되었다는 것을 알 수 있다. 파스칼은 이 점을 다음과 같이 표현한다.

"모세와 예언자들이 나타나 메시아가 오실 시기와 형태를 선언하며 그들이 소유하고 있는 율법은 메시아의 법의 준비에 불과한 것으로 그때까지 존속하되, 메시아의 법은 영원히 존속할 것이며, 이로써 그들의 율법 또는 그것이 약속한 메시아의 법은 항상 땅 위에 있을 것이라고 말했고, 과연 그것은 영원히 지속되었으며, 마침내 예수 그리스도가 예언된 모든 상황 속에 임하였다"(L550).

한마디로, 영속성은 하나님이 이스라엘을 통해 인류에게 주신 하나님의 계시, 율법, 메시아의 법을 보존하는 것이었고, 이것은 이스라엘 민족의 사명이었다.

둘째, 파스칼은 기독교가 온갖 핍박을 극복하고 발전한 것을 영속성의 한 예로 설명한다. 영속성은 기독교 신앙의 진정성을 증언한다고 보았다. 교회의 역사는 곧 "진리의 역사"로 말할 수 있다(L563). 역사적으로 보면, 성경에 뿌리를 둔 유대교와 기독교는 항상 공격을 받아 왔고 전체가 파멸될 위협에 처한 적도 많이 있었다. 신은 자신의 권능으로 파멸의 위급한 상황에 빠져 있는 이 종교를 되살리셨다(L540). 이방인과 불신자들은 성경을 가진 민족과 성경을 믿는 종교를 말살하려고 시도했지만 하나님은 그들의 공격으로부터 구약시대의 이스라엘과 율법을, 신약시대의 교회와 복음을 보존해 주셨다. 파스칼에 의하면, 기독교는 하나님의 섭리에 의해 영원히 존속되어 왔다(L566).

셋째, 파스칼에 의하면, 기독교의 영속성은 그리스도의 대속의 교리가 모든 사람에게 적용된다는 점에 있다. 다른 종교들은 그 종교가 만들어진 시점이 존재하고, 그 이전의 사람들에게는 유효하지 않은 것으로 보인다. 그러나 다른 종교와 달리 기독교는 사람들의 죄와 죄책감을 해결하는 대속의 교리를 가지고 있다. 사람들의 보편적인 문제가 죄의 문제라면 구약성경과 신약성경은 모두 죄의 문제에 대해 분명한 해결책을 가지고 있다는 점에서 최초의 인류로부터 마지막 시대의 사람들까지 모두 포함할 수 있다. 구약은 제사 제도를 통해서, 신약은 대속의 복음을 통해서 모든 사람을 포함한다. 성경은 누구든지 주의 이름을 부르며 회개하면 구원과 죄 사함을 받을 수 있다고 선언한다.

모세의 증거

비그리스도인들과 자유주의 신학자들은 구약성경에 기록된 말씀 중의 일부를 진리로 여기지 않는다. 특히 창세기에 나오는 것처럼, 족장들 이전에 살았던 사람들의 긴 수명에 대한 기록이 사실이라는 것을 믿지 않으려고 하는 경향이 있다.

창세기에 의하면, 아담에서 노아까지 10대의 족장들 중에 9명이 700년 이상을 살았다. 아담은 930세를, 셋은 912세, 에노스는 905세, 게난은 910세, 마할랄렐은 895세, 야렛은 962세, 므두셀라는 969세, 라멕은 777세, 노아는 950세를 살았다. 의학과 과학이 발달한 현대에도 100세를 넘기는 것이 쉽지 않은데, 그들의 수명은 상상할 수 없을 정도로 너무 길다. 그래서 어떤 자유주의 신학자들은 창세기 족장들의 긴 수명을 실제 기록이라기보다는 다른 의미로 해석을 하려고 한다. 긴 수명을 고대 근대의 과장법이나 상징적인 의미 또는 고대 달력 시스템의 차이에 있다고 보기도 한다.

그러나 파스칼은 창세기의 원역사에서 노아 이전의 족장들의 장수를 실재한 사건으로 보며, 그들의 장수에는 특별한 의미가 있다고 보았다. 창세기에 장수를 누린 세대가 등장하는 이유는 무엇일까? 그것은 기독교 신앙이 신화가 아니라 역사적 사실에 입각해 있다는 것을 확증하기 위해서이다. 모세는 창세기의 창조와 노아의 홍수를 신화가 아니라 역사적 사실로 간주한다. 하나님의 계시와 조상들의 증언을 통해서 확증된 사실로 본 것이다. 모세는 이렇게 말한다.

"옛날을 기억하라 역대의 연대를 생각하라 네 아버지에게 물으라 그가 네게 설명할 것이요 네 어른들에게 물으라 그들이 네게 말하리로다"(신 32:7).

'역사'와 '신화'를 구분하는 기준은 '오랜 세월'이 아니라 '많은 세대수'에 있다. 많은 세대가 지나고 나면 흐릿한 기억 속에 사건은 신화로 변질될 수 있다. 그런데 원역사에서 족장들의 장수는 신화를 방지하고 생생한 기억을 통해서 역사성을 전달하게 할 수 있다. 파스칼은 이 점을 다음과 같이 표현한다.

"족장들의 장수는 지난 일들의 역사를 사라지게 하기는커녕 오히려 보존하는 데 기여했다. … 그처럼 수명이 길던 시절에는 후손들이 선대들과 함께 오래 살 수 있었다. 그리고 오랫동안 그들과 이야기를 나누었다. 그런데 이들은 조상의 역사 말고 무슨 이야기를 더 나눌 수 있었겠는가? 이래서 이 시대의 사람들은 계보의 보존에 각별한 주의를 기울였다"(L567).

"모든 일을 모호하게 만드는 것은 긴 햇수가 아니라, 많은 세대수이다. 왜냐하면 사람들이 바뀌면 진실도 변질되기 때문이다. 그러나 모세는 일찍이 사람이 상상할 수 있는 가장 기념비적인 두 가지 일, 즉 창조와 홍수를 손에 닿을 정도로 가까이 두었다"(L569).

파스칼은 그리스인들이 『일리아드』를 쓴 것이나 이집트인들의 고대 기록, 중국인들의 역사서에 대해서 놀랍게 여기지 않는다. 그것을 기록한 사람들은 그 시대의 일을 기록한 것이 아니라, 실재성의 여부와 관계없이 그냥 사람들이 널리 알고 있는 것들을 기록했을 뿐이다. 호머(Homer)는 역사를 쓴 것이 아니라 재미있는 읽을거리를 쓴 것이다. 그 작품이 우화인지, 역사인지를 어떻게 알 수 있을까? 파스칼에 의하면, 동시대인에 의해 기록되지 않은 역사는 거짓된 것으로 판명되는 경우가 많다.

그런데 구약성경의 기록은 동시대를 함께 살던 나이가 많이 든 노인의 증언을 담았다. 예컨대 노아로부터 들었던 실제 역사와 사실을 기록하거나 혹은 그 기록의 진위를 판단할 수 있는 증인들이 생존해 있던 시대에 기록된 것이다. 파스칼은 이것을 다음과 같이 묘사한다.

"셈은 라멕을 보았고, 라멕은 아담을 보았는데, 셈은 또 야곱을 보았고, 야곱은 모세를 본 사람들을 보았다. 따라서 홍수와 창조는 사실이다. 이것을 올바르게 이해하는 사람들 사이에서 이 사실은 결정적인 증거다"(L573).

조상들의 증언이라는 관점은 성경 기록의 신뢰성을 높여 준다. 우리도 먼 과거의 역사는 흐릿하게 여겨지지만, 한국전쟁과 3·1운동은 조부, 증조부 세대의 증언을 통해 역사적 사실에 대한 높은 신뢰성을 갖는다. 특히 『일리아드』나 다른 고대 문헌에 비교해 보면 동시대를 살던 어른들의 증언은 더욱 신빙성을 높여 준다.

창세기의 족보가 생략되지 않았다면, 셈은 아버지 노아와는 448년간 같은 시대에 살았다. 노아는 아브라함과 58년간 동시대에 살았다. 셈은 아브라함보다 35년을 더 살았고, 셈은 이삭과는 110년 그리고 야곱과는 약 50년을 동시대에 살았을 것이다.

파스칼은 "홍수에 대한 기억이 사람들 사이에 아직도 생생하고, 노아도 아직 살아 있을 때, 신은 아브라함에게 약속을 주셨다"(L512)고 말하면서, 창세기 족장의 장수와 증언이 창조와 홍수에 대한 성경 기록이 역사적 사실이라는 것을 확증한다고 했다.

하나님 법의 거룩함(기독교 도덕)

파스칼이 기독교 신앙을 진리라고 생각한 이유는 하나님의 법이 거룩하기 때문이다. 하나님은 "내가 거룩하니 너희도 거룩할지어다"(레 11:45)라는 말씀을 통해 인류를 향한 하나님의 뜻을 알려 주셨다. 구약의 율법과 제사는 거룩함에 이르는 임시적인 방식이고, 신약의 복음은 거룩함에 이르는 온전한 방식이다. 파스칼은 인간의 구원에 있어서는 전적인 신의 은총이 필요하다고 주장한다. 그리스도의 성육신은 인간에게 필요한 구원의 크기와 아울러 인간이 가진 비참의 크기를 보여 준다(L668). 중생한 성도에게 도덕적인 삶은 중요하다. 하나님을 향한 경건은 사회의 약자를 향한 긍휼로 나타나야 한다.

그는 율법과 은총의 관계를 다음과 같이 설명한다. 율법은 인간의 본성을 파괴하지 않고 오히려 교육시킨다. 또한 은총은 율법을 파괴하지 않고 오히려 행하게 한다(L762). 파스칼에 의하면, 인간은 "절망 또는 교만이라는 이중의 위험에 항상 처해 있으므로 은총을 받을 수도 있고 잃을 수도 있다"(L670). 이런 이중의 가능성을 가르치는 교리야말로 인간에게 가장 필요한 것이다. 기독교의 도덕은 공동체를 위한 지체(肢體)의 사랑을 가르친다.

"지체들이 행복하기 위해서는 각기 하나의 의지를 가져야 하고, 이 의지를 몸에 일치시켜야 한다. 생각하는 지체들로 가득한 몸을 상상해 보라. … 지체는 본성적으로 자신을 위하고 … 그러나 지체는 단지 몸 안에서, 몸에 의해 그리고 몸을 위해 존재하므로 지체는 몸을 사랑함으로써 자신을 사랑하는 것이다"(L686-688).

그는 하나님을 믿으면서 악하게 사는 사람은 가공할 맹목을 가진 사람이라고 비판한다.[21]

파스칼은 인간을 사랑스럽고 동시에 행복하게 만들 수 있는 것은 기독교뿐이라고 본다. 인간은 세속적 도덕 안에서는 사랑을 받으면서 동시에 행복해질 수 없다. 세상은 외모로 평가하지만 하나님은 인간의 내면을 보시고 모든 사람을 차별 없이 사랑하신다. 파스칼은 기독교 공동체 안에서는 두 개의 법만이 필요하다고 말한다. 하나는 하나님을 사랑하는 법이고, 다른 하나는 이웃을 사랑하는 법이다. 이 두 가지 법은 다른 모든 정치적 법률보다 우선하며 더 긴급하다(L692). 죄인인 인간을 사랑하여 독생자(예수 그리스도)를 주신 하나님을 마음과 목숨을 다하여 사랑하고, 이웃을 네 몸처럼 사랑하라는 명령은 율법과 계명의 거룩한 특성을 잘 보여 준다.

예수 그리스도의 부활

파스칼은 예수님의 부활 사건을 통해서 기독교 신앙이 참된 진리라는 것을 논증한다.

첫째, 파스칼은 예수님의 부활이 사실인 이유를 제자들의 완전한 변화와 그들의 순교적 삶에서 찾는다. 제자들은 예수님이 겟세마네 동산에서 체포되시던 날 밤 이후 주님을 부인하고 떠났다. 그런 제자들이 완전히 변화되어서 복음을 전하다가 거의 다 순교자가 되었다. 이처럼 제자들의 극적인 변화와 순교는 예수의 부활로 말미암아 생긴 것이다.

어떤 사람들은 예수 그리스도의 부활이 사도들의 사기극이라는 허무맹랑한 주장을 하기도 한다. 현대에도 예수의 실제적인 부활을 믿지 않고 신화로 간주하는 자유주의 신학자들이 있다. 예수 그리스도의 부활에 대한 사도들의 증언을 거짓이나 사기로 볼 수 없는 이유는 무엇일까?

일반적으로 거짓과 음모는 반대급부(反對給付)로 얻을 수 있는 대가를 바란다. 그러나 당시에 만약 제자들이 예수님의 부활이 사실이 아님에도 사실로 위증하려는 음모를 꾸몄다면, 어떤 대가를 얻을 수 있었을까? 그런 위증(음모)은 로마의 권력자들, 헤롯 왕가의 사람들, 대제사장을 비롯한 종교 지도자들과 적대적인 관계가 되는 것을 의미한다. 그런 적대적 관계로 인하여 제자들은 고문이나 살해의 위협을 받게 될 텐데도 그들이 생명을 무릅쓰고 위증할 가능성은 거의 없다. 일반적으로 인간의 마음은 감언이설, 재물의 유혹, 고문 그리고 위협에도 약하다.

제자들이 예수님의 부활을 조작하여 종교적인 상징으로 만들었다면, 과연 무엇 때문에 그들은 사회적, 경제적인 면에서 어떠한 이익도 얻을 수 없는 일을 꾸미고, 또 꾸며낸 일을 위해서 목숨을 바치려고 했을까?

필자는 '수인의 딜레마'(prisoner's dilemma)를 이 문제에 적용해 보고자 한다. 수인의 딜레마는 협력과 배신 사이에서 갈등하는 심리를 잘 보여 준다. 두 명의 공범자 철수와 민수가 경찰에 잡혔다고 가정해 보자. 경찰은 두 사람에게 다음과 같은 선택지를 준다. 둘 다 자백하지 않으면 각각 1년형, 한 사람만 자백할 경우, 자백한 사람은 풀려나고 침묵한 사람은 10년형, 둘 다 자백하면 각각 5년형을 받는다. 이것을 도표로 만들면 다음과 같다.

	민수 침묵(협력)	민수 자백(배신)
철수 침묵(협력)	철수: 1년형, 민수: 1년형	철수: 10년형, 민수: 석방
철수 자백(배신)	철수: 석방, 민수: 10년형	철수: 5년형, 민수: 5년형

철수와 민수는 자신의 형량을 최소화하기 위해서 상대방이 어떤 선택을 하든지 간에 자기는 자백하는 것이 유리하다고 판단할 것이다. 결국 서로 자백

하기 때문에 둘 다 5년형을 살게 된다. 수인의 딜레마는 이기적인 인간 심리를 잘 설명한다.

이것을 부활 사건에 적용해 보자. 빌라도 총독은 부활을 전혀 믿지 않으며 부활 루머가 제자들의 조작극이라고 판단하고 있다고 가정해 보자. 그리고 예수 부활의 복음을 전하다가 체포된 두 사도에게 다음과 같은 선택지를 주었다고 상상해 보자. 둘 다 조작극임을 자백하지 않으면 각각 1년형, 한 사람만 자백할 경우, 자백한 사람은 석방하고 침묵한 사람은 사형, 둘 다 자백하면 각각 5년형을 받게 된다. 이것을 도표로 만들면 다음과 같다.

	요한 침묵(협력)	요한 자백(배신)
도마 침묵(협력)	도마: 1년형, 요한: 1년형	도마: 사형, 요한: 석방
도마 자백(배신)	도마: 석방, 요한: 사형	도마: 5년형, 요한: 5년형

수인의 딜레마를 적용하면 두 사도는 모두 '부활은 조작된 일'이라고 자백할 것이다. 당시 유대 지도자들은 예수의 부활을 전하던 사도들을 잡아 가두고 매를 때리며 위협하기도 했다. 대제사장들은 돈으로 군병을 매수해서 제자들이 시신을 훔쳐 간 것이라는 거짓 증언을 하도록 요구하기도 했다. 만일 부활이 사실이 아니고 조작된 사기이며, 종교 지도자들이 부활을 부인하는 사람에게 돈을 주기로 약속했다면, 사도들 중 일부는 분명히 배신하고 풀려나는 쪽을 선택했을 것이다.

파스칼은 "예수 그리스도의 증거"에서, "만약 이들 중에서 한 사람이라도 이 모든 유혹에 의해, 또 나아가서는 투옥이나 고문, 죽음의 위협으로 인해 조금이라도 변심했었다면 그들은 파멸했을 것"이라고 말했다(L587). 파스칼은 이런 이유로 인하여 예수님의 부활은 조작된 사기극이 아니라, 실제로 발생한 역사적인 사실로 믿는다. 예수의 부활은 제자들의 음모로는 절대 형성될

수 없다.[22)]

둘째, 예수님의 부활은 우리에게 죽음의 의미를 바꾸어 준다. 예수 그리스도가 십자가에서 처형되셨을 때, 일반 대중이 바라보는 십자가의 처형 방식과 죽음은 수치스럽고 공포스러운 것이었다. 하지만 십자가는 하나님의 지혜이고 능력이다. 예수 그리스도는 십자가의 죽음을 통해서 우리에게 죄 사함과 생명과 치유의 길을 여셨다. 그리스도가 고난을 당하신 것도 바로 우리에게 영원한 생명의 소망을 주시기 위한 것이다.

베드로는 초대교회 성도들에게 "오히려 너희가 그리스도의 고난에 참여하는 것으로 즐거워하라"(벧전 4:13)고 권면한다. 그리고 사도 바울은 "예수를 죽은 자 가운데서 살리신 이의 영이 너희 안에 거하시면 그리스도 예수를 죽은 자 가운데서 살리신 이가 너희 안에 거하시는 그의 영으로 말미암아 너희 죽을 몸도 살리시리라"(롬 8:11)고 말한다. 예수님의 죽음과 부활은 고난을 당하는 성도들에게 온전한 구원의 소망을 확증해 준다.

메시아에 대한 예언의 성취

파스칼에게 예수 그리스도에 대한 예언의 성취는 매우 중요하다. 그는 "모든 예언은 성취되었고 메시아는 영원히 입증되었다"고 말한다(L541). 특별히, 성경에 기록된 예언의 성취를 통해서 우리는 기독교 신앙의 진실성, 하나님의 주권, 성경의 계시에 확신을 갖게 된다.

"예수 그리스도의 가장 큰 증거는 예언이다. 신이 가장 많이 준비한 것도 이것이다. 메시아 예언의 성취는 교회의 탄생에서부터 종말에 이르기까지 하나의 계속되는 기적이기 때문이다"(L626).

파스칼은 메시아에 대한 다음과 같은 예언들을 언급한다. "그리스도 탄생

이전의 네 번째 왕국(로마), 유다 치세의 종말, 다니엘의 70주야, 제2성전의 파괴, 새 언약, 유대인들의 메시아 배척, 선구자의 등장, 베들레헴에서 탄생, 맹인의 눈을 뜨게 하고 병자들을 치유하는 사역, 세상 죄로 인하여 제물이 되는 것, 초석이 되는 것, 걸림돌이 되는 것, 은 30에 팔리는 것, 침 뱉음을 당하고 모욕당하는 것, 손과 발을 찔리고 옷이 제비뽑기에 맡겨지는 것, 사흘 후의 부활, 승천, 이방인들의 회심, 유대인들이 예수 그리스도를 버림으로 신에게 버림을 받는 것, 성령의 부어짐…" 등이다.[23]

메시아 예언은 성경에 기록된 것만으로는 충분하지 않고 세상의 모든 민족과 모든 시대에 전해져야 한다. 이런 예언의 성취는 신이 역사를 경영하신다는 증언이고, 성경의 신적 권위를 알게 하는 선언이다. 또한 다니엘은 스룹바벨 성전이 파괴되기 전에 메시아가 와서 죽으셔야 한다고 예언했고, 그 예언은 예수 그리스도를 통해 성취되었다. 예수님이 십자가에 죽으시고 한 세대가 지나지 않아서 성전은 돌 위에 돌 하나 남지 않고 철저하게 무너졌다. 이처럼 '예언 성취 논증'은 예수님이 구약에 오시리라 예언된 그 메시아이심을 확증해 준다.[24] 파스칼이 예언 성취에 대한 논증에 지대한 관심을 기울였다는 것은 그의 저서 『팡세』에 잘 드러나 있다.

다른 종교들의 허위성

파스칼은 참된 종교와 거짓 종교가 어떻게 다른지에 대한 명확한 기준을 밝히 제시한다. 먼저 이슬람교와 기독교의 차이는 무엇일까?

파스칼은 두 종교를 예언과 사랑의 차이로 설명한다. 가령, 이슬람교의 무함마드는 구약성경에 전혀 예언되지 않았지만, 예수 그리스도는 메시아에 관련된 모든 예언을 성취함으로써 이 땅에 오셨다. 또한 이슬람교는 사랑의 종교는 아니다. 이슬람교의 창시자 무함마드는 다른 종교인들과 사람들을 칼로 죽임으로 이슬람교를 확장했다. 하지만 예수님과 사도들은 오히려 죽임을 당함으로써 사랑의 복음을 전했다. 무함마드는 읽는 것을 금지하지만, 사도들은 성경을 읽으라고 명령한다. 파스칼에 의하면, 예언과 사랑 두 주제만 비교해 보아도 이슬람교와 기독교는 너무나도 상반된 특징을 가지고 있다는 것을 알 수 있다.

"그러므로 나는 세계 여러 곳에서 그리고 모든 시대에 종교의 창시자들을 본다. 그러나 이 종교들은 나를 만족시킬 도덕도 나를 만족시킬 증거도 없으며 따라서 나는 무함마드의 종교도, 중국의 종교도, 고대 로마인들의 종교도 애굽인들의 종교도 단 하나의 이유로 인해 똑같이 거부했을 것이다"(L301).

파스칼이 생각하는 **참된 종교**의 특징은 무엇일까?

첫째, 참된 종교는 "우리의 의무와 우리의 무력함(오만과 정욕)을 가르치고, 그 치유책(겸손과 금욕)을 가르친다"(L410). 참된 종교라면 인간의 본성, 즉 인간의 위대함과 비참함의 원인에 대한 이해 그리고 그것에 대한 확실한 해결 방식을 가지고 있어야 한다. 파스칼은 기독교 신앙만이 인간의 본성을 정확하게 이해하고 있다고 본다.

둘째, 참된 종교는 "인간을 행복하게 하기 위해서 신이 있다는 것과 인간은 신을 사랑해야 한다는 것 그리고 우리의 유일한 불행은 신을 멀리하는 것임"(L309)을 명확하게 보여 주어야 한다. 이슬람교는 신을 사랑하도록 가르치지 않는다. 불교나 힌두교에는 사랑을 할 만한 인격적 신이 없다. 그러나 기독교는 사람들에게 하나님을 마음과 힘과 뜻과 정성을 다해 사랑해야 한다고 가르친다. 하나님과 사람의 상호 관계를 사랑의 관점에서 가르치는 기독교만이 참된 종교의 특성을 보여 준다.

셋째, 참된 종교는 "이성을 초월하되 반이성적이지 않으며, 이성을 복종시켜 사용하되 맹목적으로 굴종시키지 않는다"는 특성을 가져야 한다.

파스칼은 **거짓 종교**의 특성을 다음 네 가지로 설명한다.

첫째, 거짓된 종교는 신을 만물의 창조자와 주권자로 경배하지 않는 종교이며, 모든 사람이 유일한 신을 사랑해야 한다는 목표를 제시하지 못하는 종교이다.

둘째, 거짓된 종교는 참된 종교와는 달리 "이성에만 의존하는 종교"(이신론적인 종교)이거나 "이성을 버린 종교"(미신)이다. 기독교는 미신이 아니고, 이성 안에만 갇혀 있지 않기 때문에 이성을 넘어서는 신비와 초월성을 포함한다. 반면에 거짓 종교는 이신론적이거나 미신적이며 초월성을 갖고 있지 않다.

셋째, 그는 구약성경 이사야 45장에 나오는 "숨은 신"의 개념을 토대로 해서 '숨은 신'의 개념을 갖지 않은 종교는 거짓된 종교라고 말한다.

"구원자 이스라엘의 하나님이여 진실로 주는 스스로 숨어 계시는 하나님이시니이다"(사 45:15).

이사야에 의하면, 하나님은 '숨어 계시는 신'이며, 신이 숨어 계실 때에도 그의 자비가 우리에게 유익이 될 만큼 크다면, 신이 자신을 나타내실 때에는 신을 찾는 모든 이를 구원하기에 충분한 은혜를 비춰 주실 것이다. 파스칼은 "신이 이와 같이 숨어 있다면, 신이 숨어 있다고 말하지 않는 모든 종교는 참된 것이 아니다. 그리고 그 이유를 설명하지 않는 모든 종교는 사람을 가르칠 수 없다. 우리의 종교는 이 모든 것을 한다"(L449)라고 말한다.

넷째, 다른 종교들의 허위성은 그들에게 증거와 표적이 없다는 것이다. 반면에 기독교의 진실성은 예언자들과 사도들의 증거 및 예수의 신성을 증명하는 많은 기적으로 인하여 확증된다. 다른 종교는 신탁도, 경전의 저자들에 대한 성품도 신뢰할 만하지 않다. 그렇지만 파스칼은 기독교의 성경의 신뢰성에 대해 적극적인 진술을 한다.

"이 율법은 한 번 읽어만 보아도 그 완전성을 쉽게 판단할 수 있다. … 세계 최초의 이 법을 담고 있는 책은 그 자체가 세계에서 가장 오래된 것이다. 호메로스나 헤시오도스, 그 밖의 사람들의 책도 이 책보다 육칠백 년 후에나 나왔다"(L552).

파스칼은 예수 그리스도의 기적과 성경 자체의 신뢰성을 검토해 보면서, 기독교 신앙이 진리라는 것을 더욱 확신한다.

왜 당시 유대 지도자들은 메시아를 거절했을까?
'숨은 신'과 '표징'에 대한 이해

여기에서 우리는 한 가지 궁금한 질문을 갖게 된다. 약 2천 년 전 팔레스타인 땅에 살던 유대인들은 여호와 하나님이 선택하신 민족이었고 메시아에 관한 예언을 알고 있었다. 그들은 헤롯 대왕에게 메시아의 출생지가 베들레헴이라고 보고하기도 했다. 그런데 당시 유대인들은 나사렛 예수가 메시아가 보여 줄 기적을 일으키시는 것을 보면서도 왜 예수가 그리스도라는 것을 믿지 않았을까? 파스칼은 "종교의 기반과 반론에 대한 반박"이라는 글에서 '숨은 신'과 '표징'에 대한 설명을 통해 이런 종류의 질문에 대해 답변을 제시한 바 있다.

첫째, 파스칼은 유대인들이 예수 그리스도를 믿지 않은 이유를 이사야서 예언에서 찾는다. 이사야는 신이 스스로를 감추고자 하신다는 것을 말한다. 이사야 선지자는 '숨은 신'의 개념을 정확히 파악하고, 이스라엘의 구원의 하나님에 대해서 "진실로 주는 스스로 숨어 계시는 하나님이시니이다"(사 45:15)라고 고백한다. 이 점에서 구세주이신 메시아도 "참으로 숨어 있는 신"이다

(L435). 이사야 선지자의 예언에 따르면, 많은 사람은 그분이 '메시아'인 것을 인정하지 않을 것이고, 그분은 '걸림돌'이 되어 많은 사람을 불신으로 넘어지게 하실 것이다. 파스칼은 "신이 스스로 숨어 있기를 원하였음"이라는 항목에서 유대 지도자들에게 '메시아가 걸림돌이 된 이유'를 정확히 짚어 냈다.

기독교는 계시종교이다. 메시아는 겸손한 자에게 자신을 드러내시고 교만한 자에게는 자신을 숨기신다. 반면에 다른 종교는 계시종교가 아니라 인간의 자력구원을 강조하는 자연종교에 해당되기 때문에, 기독교처럼 '숨어 있는 신'이 사람들에게 자신을 계시하고 구원하는 구조를 갖고 있지 않다. 기독교처럼 '숨은 신'이 사람들에게 자신을 계시하는 종교가 진짜 종교이다.

파스칼은 '숨은 신'의 개념을 통해서 거짓 종교의 특성 한 가지를 명확하게 설명한다.

> "신이 이와 같이 숨어 있다면, 신이 숨어 있다고 말하지 않는 모든 종교는 참된 것이 아니다. 그리고 그 이유를 설명하지 않는 모든 종교는 사람을 가르칠 수 없다. 우리의 종교는 이 모든 것을 한다"(L449).

이사야 선지자는 "여호와께서 이르시되 가서 이 백성에게 이르기를 너희가 듣기는 들어도 깨닫지 못할 것이요 보기는 보아도 알지 못하리라 하여"(사 6:9)라고 말한다. 예수님은 "천지의 주재이신 아버지여 이것을 지혜롭고 슬기 있는 자들에게는 숨기시고 어린아이들에게는 나타내심을 감사하나이다"(마 11:25)라고 말씀하셨다. 우리는 이 말씀을 통해서 '숨은 신'의 의미를 정확하게 알 수 있다. '숨은 신'은 자신을 교만한 자에게는 감추시고 겸손한 자에게 나타내 주신다는 것이다.

둘째, 유대인들이 예수 그리스도를 받아들이지 않은 이유는 "단지 예수 그리스도가 손에 칼을 들고 온 나라를 정복하지 않으셨다는 것"이다. 유대 종교

지도자들의 대부분은 정치적인 군주로서의 메시아를 기대했기 때문에, 로마로부터 독립된 나라를 세우려는 열망 때문에 '고난당하는 메시아' 예언을 수용하려고 하지 않았다.

한마디로, 유대인들은 다윗의 후손으로 오시는 왕으로서의 정치적인 메시아에 대한 예언을 중시한 반면, 모든 사람의 죄를 용서하기 위해 십자가에 죽으시는 '고난받는 메시아' 예언에 대해서는 적대적이었다. 그래서 그들은 나사렛 예수를 십자가에 죽게 하고 철저하게 부인함으로써 역설적으로 메시아에 대한 예언을 성취시켰다. 그들이 메시아의 진정한 모습을 알아채지 못한 것은 그들의 마음이 사악했기 때문이었다. 사람들이 '숨은 신'을 알 수 있는 방법은 계시를 통해서이다.

"신이 숨어 있을 때에도 그의 자비가 우리를 유익하게 가르칠 만큼 크다면, 신이 스스로를 나타내실 때 어떤 빛을 기대하지 않을 수 있는가?"(L733)

셋째, 이스라엘 지도자들은 구약성경의 '표징'을 이해하지 못했기 때문에 메시아를 알아보지 못했다. 파스칼에 의하면, 특별한 표징은 두 십계명, 두 성전, 두 포수이다.25) 하나님은 사욕에 눈먼 자들을 그들이 택한 암흑 가운데 버려두기 위해 자신을 숨기셨다. 신은 택함을 받은 자들이 눈뜨기에 충분한 빛을 주셨고, 버림받은 자들을 눈멀게 하기에 충분한 어둠을 주셨다. 이 점에서 성경은 많은 표징을 갖고 있다. 유대인들이 드린 제사의 제물은 그리스도의 속죄적 제물을 의미하는 것이고, 그들에게 베푸신 물질적인 은혜는 영적 은혜의 표징이다.

표징은 숨은 신과 마찬가지로 영적으로 눈뜬 자에게만 보이고, 영적인 맹인에게는 보이지 않는다. 하나님은 "메시아를 선한 자들이 알 수 있게 하고 악한 자들이 알 수 없게 하려고 이렇게 예언하셨다. 만약 메시아의 강림 방식이 명확하게 예언되었다면, 악한 자들에게도 전혀 모호함이 없었을 것이다. 만약 시기가 모호하게 예언되었다면 선한 자들에게도 모호함이 있었을 것이다. … 그 시기는 명확하게 그리고 그 방식은 표징들로 예언되었다"(L489). 표징을 이해하지 못한 유대인들은 메시아의 고난과 신성을 이해하지 못했고, 물리적인 복과 육적으로 위대한 메시아만을 찾았다. 그래서 유대 지도자들은 메시아를 알아보지 못하게 죽게 했던 것이다(L490).

넷째, 육적이고 물질 지향적인 이스라엘 사람들은 성경의 예언 가운데 "메시아의 위대함과 겸손함"을 깨닫지 못했다. 유대인들은 메시아가 다윗의 후손이라는 것만 주장했지만 다윗이 자신의 후손으로 오시는 메시아를 하나님으로 고백했다는 사실은 깨닫지 못했다(시 110:1).[26] 예수님은 자신이 아브라함보다 먼저 있었고 아브라함이 자신을 보았다고 말씀하심으로써, 자신이 영존하는 하나님이심을 드러내셨지만, 유대인들은 전혀 알아채지 못했다(요 8:56-58). 이스라엘 사람들은 "수치스럽고 가난한 메시아의 강림에 실망하여 그의 가장 잔인한 원수"가 되고 말았다(L518).

이처럼 그들 스스로 맘몬을 사랑하고 강력한 왕으로 오시는 정치적인 메시아만 기다리는 편견에 갇혀 있었기 때문에 구약의 예언을 성취하신 메시아, 예수님의 위대하심과 겸손을 알아보지 못했고, 그래서 무지와 편견으로 예수님을 죽게 했던 것이다.

사람의 마음과 의지는 세속적 욕망에 의해서는 육적으로 되거나 천박해진다. 반면에 사람의 마음과 의지는 자비의 질서에 의해서 영적으로 변할 수 있다. 그런데 유대 지도자들은 세속적인 욕망으로 인하여 '숨은 신'을 알아보지 못했던 것이다. 이 점에서 이스라엘 사람에게 원수는 "바벨론 사람들이 아니라 그들의 정욕"이라고 할 수 있다. 이스라엘 사람들은 '표징'하는 사물들을 너무 사랑하고 기다린 나머지 '실재' 메시아가 예언된 방식으로 오셨을 때 알아보지 못했다(L504).

결론: 『팡세』의 인류학적 논증, 내기 논증, 성경의 내적 논증

마음의 중요성

『팡세』에 제시된 여러 논증과 설명을 종합해 보면, 파스칼은 '마음'의 중요성을 강조하고 있다. 그는 데카르트나 예수회가 준거로 활용하는 '이성의 방법' 혹은 '근대과학의 관찰과 경험'으로는 신을 결코 알 수 없다고 본다. 인간의 부패한 이성으로는 신의 계명을 따를 수 없으며, 오로지 불가항력적인 신의 은총만이 인간을 신에게 인도할 수 있을 뿐이다.

인간은 분명히 사유하도록 지음을 받았다. 그러나 타락한 인간의 이성은 진리를 추구할지라도 이성만으로는 확실하게 알 수 없다. 그래서 파스칼은 인간이 신을 알 수 있게 되는 것은 인간의 '이성'이 아니라, '마음'이라고 주장한다. 하나님의 절대주권이 나타나는 곳이 바로 마음이다.[27] 파스칼이 말하는 바, '마음'은 지성과 의지를 상호 간에 붕괴시키지 않고 화해시켜서 작동하게 한다.[28] 그는 인간과 하나님의 관계에서 "마음의 고백은 이성적 사유에 앞선다"라고 말한다. 파스칼은 "이성의 최후의 한 걸음은 자기를 초월하는 무한한 세계가 있다는 것을 인정하는 것이다. 이것을 아는 데까지 이르지 않는다면, 그 이성은 참으로 허약할 뿐"이라고 말한다(L373).

인간은 죄와 타락의 결과로 하나님을 아는 데 무능하다. 성경의 저자들이 하나님의 존재를 증명하기 위해 이성적 논증을 사용하지 않은 이유도 여기에 있다고 본다. 하나님이 먼저 인간을 찾아오셨다. 인간이 하나님을 알게 되는 것은 인간의 이성적 사유를 통해서가 아니라, 인간이며 동시에 신이신 예수 그리스도를 통해서 알게 되는 것이다.

파스칼에 의하면, "하나님을 경험하는 것은 인간의 이성이 아니라 인간의 마음이다. 그러므로 믿음이란 인간의 이성이 아닌 마음으로 하나님을 느끼는 것"이다. 믿음은 어떤 사람이 그의 전인격을 하나님께 온전히 바치는 것이며, 이성은 그것을 돕는 역할을 한다. 하나님께 순종하는 것은 이성에 반대되는 것이 아니라, 이성을 넘어서는 것이다.

파스칼에 의하면, 가장 먼 과정의 여행은 '신을 아는 것에서 신을 사랑하기까지'(knowing God to loving God) 이르는 것이다. 인류학적 논증과 내기 논증 그리고 기독교 신앙이 진리인 열두 가지 이유를 설명한 다음에, 파스칼은 "이 증거들을 숙고한 후에 거기에 마음이 이끌린다면 주저하지 말고 기독교 신앙을 따라야 한다"고 권면한다. 만약에 충분한 설득력이 있는 주장들이 제시되었음에도 확실한 진리를 믿지 않는다면, 그것은 이성 때문이 아니라, 타락한 정욕과 마음의 사악함 때문이다(L736).

파스칼 『팡세』의 힘: 무신론자의 위선과 비종교인들의 어리석음을 지적한다

최근 인구조사를 보면 무종교인이 계속해서 증가하고 있다. 서양에서는 기독교에 대한 관심은 쇠퇴하는 반면 동양 종교에 대한 관심은 점차 증대되고 있다. 이런 시대적인 상황은 현대의 신(新)무신론자들의 활동과도 연결되어 있다. 현대의 무신론자들은 대중적인 저변을 확대하고 있다.

리처드 도킨스의 『만들어진 신』은 프로이트의 심리학과 다윈의 진화론을 결합한 형태로 대중성을 확보하고 있다. 이스라엘의 유발 하라리는 그의 저서 『사피엔스』, 『호모 데우스』, 『넥서스』에서 무신론 철학과 진화론을 인공지능 시대로 확장해서 인간은 사이보그와 로봇을 통해서 신이 되는 길을 선택할 것이라고 말한다. 또한 그는 성경에 수많은 오류들이 있으며, 성경이 말하는 신과 인간의 영혼은 존재하지 않는다고 주장한다.

이처럼 무신론이나 종교에 대한 무관심이 늘어 가는 시대적인 상황 가운데서 파스칼의 글은 우리에게 하나의 해결책을 보여 주고 있다. 파스칼의 글을 읽으면, 우리는 무신론자들이 정작 중요한 문제에 대해서는 무관심하고, 정말 사소한 문제에 대해서 지대한 관심을 쏟는 바보들인지를 깨닫게 된다. 파스칼의 글을 읽어 가노라면 우리는 인간의 실존적인 비참함에 동의하게 되고, 구세주를 통해 얻는 인간의 위대함을 소망하게 된다.

파스칼의 인류학적 논증은 인간의 유한성에 대한 자각이 필요하다는 것을, 그리고 내기 논증은 사후의 영원한 세계에 대한 심도 있는 고민과 선택이 필요하다는 것에 대해 탁월한 통찰을 제시하고 있다. 또한 인류에게 '그리스도' 중심의 구원관이 왜 필요한지를 설득력 있게 설명한다.[29] 『팡세』의 변증 논리를 살펴보면, 파스칼이 인간의 심리적인 특징을 변증에 활용한다는 것을 알 수 있다. 구약성경 전도서에서도 아름다움을 추구하고 영원한 세계를 바라보는 인간의 본성은 창조주가 자신을 찾도록 만드신 설계라고 말한다(전 3:11).

파스칼이 말하는 수지타산과 이익 추구의 본성은 영생의 면류관과 상을 주시는 하나님과 연결된다. C. S. 루이스는 사람이 갖는 초월적인 갈망을 통해서 사람이 영원한 세계를 위해 창조된 존재라는 것을 논증한다. 파스칼은 이익을 추구하는 본성(갈망)도 하나님의 존재를 믿는 동기로 작용한다고 보았다. 필자는 파스칼의 이익 추구 본성과 루이스의 갈망 논증은 동일한 맥락에 있다고 본다.

결론적으로, 『팡세』는 인간 본성의 연약함과 위대함의 이중성, 비참함을 벗어날 수 없는 인간의 절망적인 상태에 대한 반성 그리고 기독교의 본질과 진리를 논리적으로 설득하는 변증의 좋은 모델이다. 이 점에서 『팡세』는 기독교를 혐오하는 무신론적인 시대의 조류 속에서 살아가는 현대의 그리스도인들에게 기독교 신앙의 진정성에 대한 지성적 확신을 얻게 하는 보물창고가 된다. 한마디로, 파스칼의 내기 논증과 열두 가지 이유는 신을 믿어야 할 이유와 기독교의 진정성을 아주 명쾌하게 설명한다.

하나님이 존재하신다면, 믿음은 천양지차(天壤之差)의 결과를 만든다

어떤 이들은 "하나님이 존재하든지 말든지 나와 무슨 상관이 있어?" 하고 반문한다. 그러나 이런 사람들은 하나님의 존재 여부가 얼마나 중요하며, 개인의 인생에 얼마나 큰 영향을 미치는지를 모르고 있다. 심지어 장 폴 사르트르(Jean-Paul Sartre, 1905-1980)와 알베르 카뮈(Albert Camus, 1913-1960)와 같은 무신론 철학자들도, 하나님의 존재는 사람에게 엄청난 차이를 가져온다는 것을 알았다. 하나님이 존재하지 않는다는 무신론이 맞다면 그것은 우리에게 다음 두 가지 결과를 가져올 것이다.

첫째, 하나님이 존재하지 않는다면, 인생은 극도로 무의미할 것이다. 인생이 만일 죽음으로 끝이 나는 것이라고 하면, 우리가 어떻게 사는지는 중요한 문제가 아니다. 인류는 우주의 종말과 함께 끝이 날 것이고, 그것은 당신이 누구이든지, 무엇을 했든지 간에 아무런 차별이 없게 할 것이다.

사람들은 죽기까지 인생에서 어떤 의미를 만들기를 좋아한다. 각 개인은 주관적인 의미를 추구하며 살 것이다. 그러나 객관적인 인생의 의미가 없다고 하면, 그것 또한 무의미하다. 과학자가 인간의 지식을 증대하기 위해 노력하는 일이나, 외교관이 세계 평화를 위해 분주하게 뛰는 것이나, 질병을 치료하기 위한 의사들의 의학적인 노력마저도, 하나님이 존재하지 않는다면 결국에는 무익할 뿐이다. 만일 무신론이 맞다면, 전기가 나가면 컴퓨터가 꺼지는 것처럼 각 개인은 죽음 이후에 더 이상 존재하지 않게 된다. 결국 인생은 궁극적으로 무의미하고 헛될 뿐이다.

둘째, 하나님이 존재하지 않는다면, 우리는 아무런 희망 없이 살아야만 할 것이다. 유물론과 진화론에 근거한 무신론 사상이 옳다면 인간은 궁극적인 소망을 가질 수 없다. 과학의 발전이 인류의 미래를 마냥 밝게 하지는 않는다. 대량학살 무기는 지난 세기에 있었던 세계대전에서 무수한 인명 피해를 가져왔고, 심각한 환경 파괴는 인류의 미래에 불안한 그림자를 드리우고 있다.

하나님이 존재하지 않는다면, 언젠가는 겪게 될 개인의 죽음은 모든 것을 허무하게 만들 것이다. 무신론이 옳다면, 상호 존중과 배려라는 도덕적 원칙보다는 약육강식을 당연하게 여기는 정글의 법칙이 사회의 지배적인 원리로 자리 잡을 것이다. 무신론은 진실로 소망이 없는 절망의 철학일 뿐이다. 무신론 철학자인 버트런드 러셀도 무신론은 불가피하게 절망에 이른다고 말했다.

그러나 무신론자들의 주장과 달리, 만일 하나님이 존재하신다면 인생은 살 만한 의미가 가득하고, 그리스도인들은 영원토록 가장 행복한 상태에 있을 것이다. 지독한 절망에 빠진 무신론자들과는 달리, 그리스도인들은 하나님을 아는 것을 인생 최고의 목적과 행복으로 삼을 것이다. 창조주이신 거룩한 하나님이 당신을 사랑하여 독생자 예수 그리스도를 보내 주셨고, 예수께서 당신의 선한 목자요 인격적인 친구가 되신다는 사실을 생각해 보라. 그것은 형언할 수 없는 감격 그 자체이다.

하나님이 계신다면, 각 개인은 믿음을 가진 사람인지의 여부에 따라 심대한 차이를 경험하게 될 것이다. 모든 것을 얻을 수도 있고, 모든 것을 잃을 수도 있다. 영원히 수치스러운 존재가 될 수도 있고, 영원토록 빛나는 존재가 될 수도 있다.

따라서 파스칼의 권면대로 우리는 하나님이 존재하신다는 편에 모든 것을 걸어야 한다. 그리고 겸손한 자세로 믿음을 가지고 인생을 살아가는 것이 가장 합리적이고, 우리가 할 수 있는 인생 최고의 선택일 것이다.

7장

부활 논증:
예수의 부활이 사실이란 증거 있나요?

인간이 동물과 다른 점

인간이 동물과 다른 점은 사람만이 죽음의 의미와 죽음 이후의 세계를 생각할 수 있다는 것이다. 블레즈 파스칼은 동물이 자신의 죽음을 자연스럽게 받아들이는 반면에, 사람들은 자신이 죽어 가는 것을 비참하게 여긴다고 말하며 그 차이점을 지적한 바 있다. 대부분의 사람들은, 종교들은 인간의 죽음과 죽음 이후의 모습에 대해 서로 다른 이야기를 한다. 가령, 무신론자들은 개인의 죽음이란 모든 것의 종말을 의미하며, 죽음 이후에는 아무것도 없다고 말한다. 불교와 힌두교같이 윤회론을 핵심 교리로 가진 종교들은 현생의 모습과는 다른 형태의 삶이 계속해서 반복될 것이라고 본다. 그리스 철학자 플라톤과 독일 철학자 임마누엘 칸트는 몸의 불멸 대신 영혼의 불멸을 주장했다.

그러나 기독교의 불멸은 '영혼과 몸으로 구성된 단일한 인격체'의 불멸이라는 점에서 매우 독특하다. 다른 종교의 창시자들이 죽음을 피하지 못했던 것에 비교해 보면, 예수 그리스도는 십자가 형벌로 죽은 지 사흘 만에 부활하셨다. 사도들은 모두 예수님의 십자가의 죽음과 부활을 핵심적인 메시지로 선포했다. 베드로는 "이 예수를 하나님이 살리신지라 우리가 다 이 일에 증인이로다"(행 2:32)라고 선포했고, 바울은 "죽은 자들 가운데서 부활하사 능력으로 하나님의 아들로 선포"(롬 1:4)되셨다고 말한다. 그들의 말대로 예수 그리스도의 부활은 역사적인 사실일까? 아니면 예수의 제자들이 조작해 만든 새로운 종교의 상징에 불과한 것일까?

앤터니 플루 vs 게리 하버마스의 논쟁

앤터니 플루(Antony Flew, 1923-2010)는 영국의 언어분석철학자이며 가장 유명한 무신론 철학자였다. 그는 버트런드 러셀이나 장 폴 사르트르보다 더 무신론 철학의 발전에 기여했다는 평가를 받고 있다. 앤터니 플루의 대표적인 저서인 『신과 철학』(God and Philosophy)과 『무신론의 전제』(The Presumption of Atheism)는 무신론 철학의 틀을 제공하고 있다. 그는 오늘날 대중적인 지명도를 얻은 신(新)무신론자들인 리처드 도킨스, 대니얼 대닛(Daniel Dennett), 크리스토퍼 히친스 등의 정신적 스승이기도 하다.

그는 리버티대학교 교수인 게리 하버마스(Gary Habermas)와 댈러스에서 1985년 5월 2일과 3일 이틀 동안에 걸쳐 약 3천 명의 관중 앞에서 공개 토론을 벌였다. 철학자 5명으로 구성된 심사위원 중에 4명은 논쟁의 내용에 있어서 하버마스의 부활 논증이 더 탁월하다고 판정했으며, 심사위원 1인은 동점으로 평가했다. 다른 논쟁 전문 심사위원 5명까지를 포함하면 7대 2로 하버마스가 승리했다고 판정을 했다. 그 이후 두 번의 논쟁을 더 벌였다. 두 사람 간의 세 번째 논쟁은 2003년 1월 캘리포니아 공과대학에서 열린 베리타스 포럼(Veritas Forum)이었다.[1)]

앤터니 플루는 세 번째 토론이 있었던 그다음 해인 2004년 뉴욕대학교에서 있었던 논쟁에서 자기는 무신론을 버리고 신의 존재를 수용한다고 선언했다. 2007년에 그는 자신이 무신론을 포기하게 된 여정을 로이 바기스(Roy Varghese)와의 공동 저서 『존재하는 신: 신의 부재는 입증되지 않는다』에서 밝히고 있다. 그의 회심은 미국 NBC "더 투나잇 쇼"(The Tonight Show)의 진행자인 제이 레노(Jay Leno)가 방송 중에 언급할 정도로 사회에 큰 반향을 일으킨 사건이었다. 비록 공개 토론 후에 곧바로 복음주의 그리스도인이 된 것은 아니었지만, 그는 기독교에 대해 다음과 같은 평가를 남겼다.

"이미 여러 번 말했듯이 그 어떤 종교도 예수와 같은 카리스마적인 인물과 바울과 같은 세계 최고 수준의 지성을 결합하고 있지 않다. 만일 전능한 신이 종교를 세웠다면 기독교가 바로 그 종교일 것이다."

그는 목사의 아들로 태어났지만 믿음을 잃고 무신론 철학자로 살았다. 그는 기독교 변증가들과 벌였던 이성적인 토론을 통해서 무신론을 완전히 떠나 다시 유신론자가 되었다. 그는 2010년 4월에 생애를 마감했다.

예수의 부활에 대한 정반대의 입장들

비교종교학자들이나 자유주의 신학자들은 기독교의 창시자 예수 그리스도의 부활이 실제로 일어난 사건이었는지에 대해서 지속적인 논쟁을 해왔다. 다른 주요 종교의 창시자들은 죽은 후에 부활하겠다고 말한 적도 없고, 실제로 부활하지도 않았으며, 부활을 통해서 그들 자신이 하나님 혹은 절대적인 신적인 존재로 증명된다고 주장한 적이 없었다. 그런데 예수 그리스도는 수

많은 기적을 행하시고, 자신에게 죄를 사하는 권세가 있다고 말씀하셨으며, 자기는 구약에 예언된 메시아이고, 자기를 본 자는 곧 하나님을 본 것이라고 주장하셨다. 예수님은 십자가에서 죽으신 지 삼 일 만에 부활할 것을 미리 예언하셨다. 사도 바울은 부활을 예수님이 '하나님의 아들로 선포된 역사적 사건'으로 이해했다(롬 1:4).

예수님의 부활은 실제로 발생한 역사적 사실이거나 조작된 허구, 이 둘 중의 하나일 것이다. 리처드 스윈번에 의하면, 하나님의 개입이 없다면 십자가 처형으로 피와 물을 다 쏟고 죽은 지 최소 36시간이 지난 사람이 살아날 수는 없다. 예수님의 부활은 기독교 세계관, 즉 '창조-타락-구원-완성'의 구도에서 핵심적인 역할을 한다. 예수 그리스도의 부활이 없다면, 십자가의 죽음만으로 죄인들의 속죄함과 구원은 보장될 수 없다. 구약성경은 메시아의 죽음과 부활을 함께 예언하고 있다.

"이는 주께서 내 영혼을 스올에 버리지 아니하시며 주의 거룩한 자를 멸망시키지 않으실 것임이니이다"(시 16:10).

다윗은 "여호와께서 내 주에게 말씀하시기를 내가 네 원수들로 네 발판이 되게 하기까지 너는 내 오른쪽에 앉아 있으라 하셨도다"(시 110:1)라고 예언했다. 사도 베드로는 사도행전 2장에서 이 구절이 메시아의 부활을 의미한다고 해석했다. 사도 바울도 다윗왕은 죽어서 그의 조상들과 함께 묻혔기 때문에 메시아가 다시 살아난 것으로 해석했다. 미국의 존 맥아더(John MacArthur) 목사는 "예수 그리스도의 부활은 그의 희생제사적인 죽으심을 완성하고 효력 있게 했고 영원히 살아 계시는 왕이 다스리는 나라에 관한 계획을 진전시켰다는 점에서 구속사에서 이보다 더 큰 사건은 존재하지 않는다"고 본다.[2)]

신약성경의 사복음서는 메시아의 탄생(성육신), 십자가의 죽음과 부활을 기록하고 있다. 예수님은 승천하기 전에 만민을 제자 삼으라는 선교 명령을 주셨다. 예수님의 부활 이후에, 사도들의 메시지는 예수님이 메시아이며, 육신을 입고 오신 하나님이심을 선포했다. 리처드 스윈번도 예수님이 성육신하신 하나님이 아니라면 죽은 후에 결코 부활하지 못했을 것이라고 본다.[3] 이처럼 예수 그리스도의 부활은 기독교 신앙의 핵심이다. 만일 부활이 조작된 것이라고 밝혀진다면 기독교는 존재해야 할 필요가 없을 것이다.

영국과 오스트리아에서 활동한 언어분석철학자 루드비히 비트겐슈타인(Ludwig Wittgenstein, 1889-1951)은 예수의 부활을 증명의 문제가 아니라 단지 신앙의 문제라고 보았다. 신학자 루돌프 불트만도 "만약 죽은 예수의 유골이 내일 팔레스타인 지역의 무덤에서 발견된다고 할지라도, 기독교 신앙의 본질은 조금도 변함이 없을 것이다"라고 말했다.

비트겐슈타인과 불트만에게 있어서 예수의 부활은 이성적으로 믿을 수 없는 신화였을 뿐이다. 반면에, 사도 바울은 예수의 부활을 기독교의 핵심이며, 부활이 없다면 우리의 믿음도 헛것이며, 기독교도 존재할 수 없다고 말했다. 윌리엄 레인 크레이그 박사도 자신의 저서 『예수의 부활: 사실인가 허구인가』(Jesus' Resurrection: Fact or Figment?)에서 예수의 부활을 역사적 사실로 주장하며 예수 그리스도의 부활이 기독교 신앙의 근간이라는 점을 부활 논증으로 제시하고 있다.[4]

부활 논증에 대한 세 가지 접근 방식

필자는 예수 그리스도의 부활 논증을 다음과 같은 세 가지 관점에서 접근하고자 한다.

첫째, 부활을 부정하는 주장들의 이면에 있는 철학적 전제를 분석한 후에, 부활을 반대하는 견해들의 부당성을 드러내고자 한다. '그리스도의 부활이 기독교 신앙을 받아들이는 데 방해가 되는 걸림돌'이 될 뿐이라고 주장하는 반대론자들의 입장을 분석하고, 그 입장이 가진 전제들이 타당한지를 비판할 것이다. 부활을 반대하는 주장들은 다음 세 가지이다. (a) 부활은 인간의 상식과 과학적 사유에 어긋난다. (b) 부활은 역사적인 사실이 아니라, 기독교라는 종교의 상징일 뿐이다. (c) 부활은 이방 종교의 신화에서 빌려온 개념으로, 예수의 추종자들에 의해서 조작된 것이다. 이 세 가지 전제를 반박할 것이다.

둘째, 상세한 역사적 증거 자료들을 분석함으로써, 복음서가 제시하는 부활 논증의 논거들이 가진 타당성을 설명하고자 한다. 부활을 거부하는 사람들은 예수님의 부활이 기독교의 경전인 성경에 의존하고 있기 때문에 일종의 순환논리에 빠져 있는 것이고, 더욱이 신약성경의 무오성을 신뢰할 수 없기 때문에 부활을 사실로 받아들일 수 없다고 말한다. 이들의 비판에도 불구하고, 필자가 보기에 신약성경의 기록의 신뢰성, 부활 증인들의 증언 그리고 예수를 떠났던 제자들의 극적인 변화를 종합해 보면, 예수님의 부활은 부인할 수 없는 역사적 확실성을 갖는다. 특히 십자가의 죽음과 부활에 관련된 다섯 가지 사실에 대한 성경 본문을 분석하여 예수님의 부활 사건이 신빙성이 있다는 것을 설명하고자 한다.

셋째, 일반적인 배경 증거를 통해 예수의 부활을 역사적 사실로 충분하게 설명할 수 있다는 것을 논증하고자 한다. 성경 이외의 다른 역사적인 문헌과 기록을 보면, 예수님이 처형되시고 얼마 되지 않아서 당시 유대 사회 내에 예수님을 메시아로 믿는 신자들이 많이 생겼다는 것을 알 수 있다. 예수님을 배척했던 유대 사회의 구성원들에게 어떻게 예수님을 구세주로 믿게 되는 변화가 발생했는지를 살펴볼 것이다. 항상 사회적 격변에는 어떤 원인이 있기 마련이다. 배경 증거 분석을 통해서, 정황상으로도 예수 그리스도의 부활이 실제 사실이었다는 주장이 부활을 부인하는 견해보다도 훨씬 더 타당하다는 것을 설명하고자 한다.

부활을 부인하는 철학적인 전제들에 대한 비판

"죽은 사람이 살아나는 부활이 말이 되는가?" 상식론에 대한 비판

독일의 종교사회학자이며 대표적인 자유주의 신학자로 꼽히는 에른스트 트뢸취(Ernst Troeltsch, 1865-1923)는 기독교의 특별계시의 절대성이나 예수님의 부활을 부인했다. 영국의 경험주의 철학자 데이비드 흄(David Hume)도 유사한 주장을 했다. 이들의 주장을 보면, '죽은 사람은 다시 살아날 수 없다'는 것은 상식인데, 예수가 부활했다는 것은 인류의 상식에 위배된다는 것이다. 그러므로 상식을 위배하는 예수의 부활은 믿을 수 없다고 이들은 주장한다.

이들에 의하면, 부활을 역사적인 사건으로 인정하려면, 현재에 비교될 수 있는 확인 대상이 있어야 한다. 즉 죽은 자의 부활이 현재에도 발생해야만 과거에 있었던 예수의 부활을 사실로 수용할 수 있다는 것이다. 그런데 우리는 죽은 인간이 부활한 것을 눈으로 본 경험이 없기 때문에 예수가 부활했다는 것을 믿을 이유가 없다는 것이다.

그렇지만 볼프하르트 판넨베르크(Wolfhart Pannenberg, 1928-2014)에 의하면, 트뢸취의 주장은 잘못된 형이상학적 선입견에 지나지 않는다. '죽은 사람은 살아날 수 없다'는 선입견(가정)으로 '예수는 부활하지 않았다'는 결론을 도출하기 때문이다. 과거의 사건을 관찰해서 얻어진 '이론 A(상식)'가 있다고 가정해 보자. '이론 A', 즉 인간의 상식은 개연성에 기초할 뿐이다. 개연성(그가 범인일 가능성이 있다)과 확실성(그가 틀림없이 범인이다)은 다르다. '부활이 전혀 있을 수 없다'는 개연성은 '나는 부활하신 예수를 목격하고 만졌다'는 주장으로 무효가 된다. 부활을 목격한 많은 증인이 있음에도 불구하고 '부활이 없다'고 단언하는 순간, 그 상식은 이미 확실성으로 위장된 편견일 뿐이다.

판넨베르크에 의하면, 부활은 예수 그리스도의 정체성 이해에 있어서 가장 중요한 요소가 된다. 그는 "원칙적으로 예수님의 부활의 역사성을 확증하는 것은 전혀 불가능하지 않다"고 말한다.[5] 흄의 철학적 비판은 늘 선험적으로 기적을 반대하는 증거만 모으고, 예수님의 부활에 대한 강력한 역사적 증거들은 철저하게 무시하고 있다.

그래서 과학철학자인 존 이어맨(John Earman)은 그의 저서 『흄의 처절한 실패: 기적에 대한 반대 논증』(Hume's Abject Failure: The Argument Against Miracles)에서 그리스도가 실제로 부활했을 확률은 부활하지 않았을 확률보다 훨씬 더 높다고 말한다. 이어맨은 흄이 경험의 빈도만을 중요하게 평가하고 증거의 질이나 맥락을 고려하지 않았다고 비판한다. 가령 '베이즈 정리'를 적용해 본다면, 부활 주장이 매우 낮은 사전 확률(prior probability)을 갖는다고 해도 부활에 대한 증거가 강력하다면 사후 확률(posterior probability)이 매우 높아지기 때문이다. 흄은 부활 증언의 신뢰성을 낮게 평가하지만, 다수의 증언이 독립되어 있고, 신뢰할 만한 증언이라면, 상식적인 경험만으로 부활을 허구로 간주할 수 없다.

흄의 실수는 다수의 부활 증인과 증언의 높은 신뢰성을 무시했다는 것이다. 그래서 이어맨은 흄의 기적 반대 논증을 완전한 실패로 규정한다. 상식을 이유로 예수의 부활의 사실성을 부정할 수는 없기 때문이다.

"부활은 기독교의 종교적 상징일 뿐, 사실은 아니다"라는 주장에 대해

종교적 상징이 꼭 역사적 사실일 필요가 있을까? 어떤 이들은 부활을 기독교의 종교적 상징으로만 이해하고, 실제로 예수님이 죽은 지 사흘 만에 다시 살아났다는 부활의 실제 역사성은 전혀 필요하지 않다고 주장한다. 가령, 캐나다연합교회(UCC)의 총회장이었던 빌 핍스(Bill Phipps, 1942-2022) 목사는 예수의 부활을 과학적 사실로 보지 않고, 단지 기독교의 상징적 의미로 간주한다. 그는 부활의 역사성을 인정하지 않는다. 부활한 예수의 모습은 사람들의 마음속에만 있는 허상에 지나지 않으며 객관적으로 예수님의 부활이 증명되지 않았다는 것이다. 초대 기독교인들이 예수님이 부활했다는 루머를 무비판적으로 수용해서 기독교의 '종교적 상징'으로 조작했다는 것이다.

'부활은 실제 사실이 아니라, 단지 기독교라는 종교의 상징이다'라는 진술이 참(true)이 되려면, '죽은 자가 살아난다'는 부활 사상이 당시에 지배적인 신념이 되었어야 한다. 어떤 문화나 사회에 지배적인 신념이 있다면, 그것은 사실 여부와는 무관하게 종교적 상징으로 조작될 수도 있을 것이다.

그렇지만 당시의 유대교와 헬라 사상은 예수님의 부활과 유사하거나 영향을 줄 수 있는 육체의 부활 사상을 갖고 있지 않았다. 그리스 사람들은 몸의 부활을 필요로 하지 않았으며, 심지어 몸을 영혼의 감옥으로 간주했다. 유대교의 바리새인들은 부활을 믿기는 했지만 역사의 마지막 순간에 있을 부활을 생각했을 뿐이지, 실제로 자기들 눈앞에서 죽은 사람이 살아날 것이라고는 믿지 않았다. 대제사장의 조력자인 사두개인들은 죽은 사람이 부활할 것이라는 것 그 자체를 부인했다.

당시 유대 사회의 대다수가 죽은 자의 부활을 믿지 못했던 정황을 고려한다면, 제자들이 예수님의 부활을 기독교의 핵심 교리로 조작해 냈을 가능성은 없다. 예수님이 실제로 십자가에 달려 죽었다가 다시 살아나셨다는 것에 대한 확실한 증인이나 증거가 없이 이스라엘의 종교 지도자들과 일반 대중들이 나사렛 예수의 부활을 믿었을 것 같지는 않다. 그러므로 사도들이 예수님의 부활이 사실이 아님에도 불구하고 새로운 종교의 상징으로 조작했다는 주장은 말도 되지 않는다.

"예수의 부활은 이방 종교의 신화에서 빌려온 개념인가?"

『황금가지』의 저자 제임스 프레이저(James G. Frazer, 1854-1941)는 예수님의 탄생과 죽음과 부활이 다른 고대 근동 종교 안에도 공통적으로 존재했던 신화에 의해 영향을 받은 것이라고 주장했다. 현대 신약비평학계에 큰 영향을 미친 루돌프 불트만 역시 예수의 부활 사건은 단순히 고대 문명의 지적 유산인 전설을 재구성한 것에 지나지 않는다고 보았다. 즉 예수 그리스도의 부활 사상은 기독교와 이방 종교가 공통적으로 가지는 특징이라는 것이다.

하지만 프레이저가 설명했던 고대 이방 종교들의 부활 신화는 실제 역사 기술 방식으로 기록된 것이 아니라, 마치 겨울이면 죽었다가 봄이 되면 살아나는 계절의 순환처럼 부활의 원칙을 말했을 뿐이다. 그러나 사도들은 나사렛 예수라는 한 사람이 실제로 죽고 다시 살아났다고 하는 역사적 사건을 신약성경에 기록했다.

신화 기록 방식은 역사 기록 방식과는 다르다. 신약성경은 예수의 죽음과 부활을 고대 근동의 신화와는 달리 구체적인 장소와 시간, 여러 증인들을 제시하는 역사 서술 방식으로 기록했다. 예를 들면, 사도 베드로는 "우리 주 예수 그리스도의 능력과 강림하심을 너희에게 알게 한 것이 교묘히 만든 이야기를 따른 것이 아니요 우리는 그의 크신 위엄을 친히 본 자라"(벧후 1:16)고 말한다.

고대종교 문학에서 신화는 특정한 하나의 인물이 아니라, 다양한 신화적 존재들을 묘사한다. 그러나 신약성경은 일반적인 고대종교 문학 방식과는 달리, 오직 예수 그리스도의 부활에만 초점을 맞춘다. 또한 기독교는 천사를 숭배하지도 않고 사도들을 신격화하지도 않는다(골 2:18). 오직 부활하신 예수 그리스도만이 신앙의 대상이 된다.

그리고 육체의 부활을 부정하는 영지주의적 문서들은 초대교회에서 사용된 신약성서보다 훨씬 더 늦게 나왔다. 문서가 제작되고 보급된 시기를 비교한다면, 기독교의 부활 복음이 영지주의의 구원 신화로부터 영향을 받은 것이 아니라, 오히려 그 반대로 영지주의적 종교가 기독교의 부활 신앙을 모방한 것이라고 보아야 한다.

루돌프 불트만의 주장을 따른다면, 성경의 역사적 정보는 부정확하며, 나사렛 예수는 더 이상 하나님의 아들인 구세주가 아니다. 1900년대의 고등비평과 양식비평에 의하면, 자유주의 신학사조는 예수 그리스도의 부활을 부인하고, 성경의 기적과 예언의 성취도 부정했다.

그러나 기독교 신앙의 핵심 교리는 역사적 사실을 강조한다. 천지창조, 노아의 홍수, 예수의 십자가 죽음과 부활은 모두 실제로 발생한 역사적 사건들이다. 복음서의 저자들은 역사적 자료를 기술하는 방식에 따라 예수님의 부활을 기록하고 있다. 기독교는 어떤 고대의 신비종교로부터 부활의 아이디어를 훔치지 않았다. 신비종교의 영웅들과 신들은 상상 속에서만 존재한다. 더욱이 신비종교들이 예수님의 공생애 시기부터 2세기 초 사이에 견고하게 확립되었다는 어떤 증거도 없다. 오히려 더 늦은 시기에 출현한 신비종교가 예수님의 부활을 모방해서 그들의 교의와 신화에 수용했다고 보는 것이 더 설득력 있는 해석이다.

역사적 증거 자료(신약성경) 분석을 통한 부활 논증

프랭크 모리슨(Frank Morison)의 본명은 앨버트 헨리 로스(Albert Henry Ross, 1881-1950)로, 영국의 유명한 저널리스트였다. 그는 그리스도인들이 예수님의 십자가의 처형과 삼 일 만의 부활에 대해 어리석은 믿음을 가지고 있다고 생각한 무신론자이기도 했다. 그는 예수님의 공생애 마지막 일주일에 집중해서 연구했다. 그 이유는 예수님의 생애 중에서 마지막 일주일 동안에는 특별한 기적 사건이 나타나지 않았고, 네 복음서가 공통적으로 이 부분에 대해서 상세한 설명을 하고 있으며 그리고 역사적으로 방대한 문헌들이 있어서 연구하기 쉽기 때문이었다.

그러나 고대의 문헌들을 연구하고 취재한 결과, 그는 원래 자신이 가졌던 생각, 즉 예수의 부활을 부정했던 생각을 버리게 되었다. 그는 예수 그리스도의 부활은 허구적이지 않고, 성경대로 "사흘 만에 죽은 자 가운데서 다시 살아나시며"라는 사도신경의 고백은 매우 타당하고 확실하다는 결론을 내렸다. 이것은 『누가 돌을 옮겼는가?』로 출판되었고, 이 책을 통해서 많은 사람이 예수 그리스도의 부활을 믿게 되었다.

필자는 신약성경을 토대로 하여 예수 그리스도의 부활에 관한 특징 몇 가지를 살펴보려고 한다. 기독교 신앙은 예수 그리스도의 부활이 핵심이다. 부활이 없다면 기독교 신앙 전체는 무의미하다.

바울은 그리스도인을 체포하기 위해 다메섹으로 가는 길에 부활하신 예수님을 만나는 경험을 한 후, 최소 3년에서 길어야 8년 사이에 사도들과 제자들로부터 핵심적인 신앙고백을 배웠을 것으로 보인다. 사도 바울은 고린도전서 15장 12-19절에서 사도들로부터 받은 믿음의 전승을 다음과 같이 기록하고 있다.

"그리스도께서 죽은 자 가운데서 다시 살아나셨다 전파되었거늘 너희 중에서 어떤 사람들은 어찌하여 죽은 자 가운데서 부활이 없다 하느냐 만일 죽은 자의 부활이 없으면 그리스도도 다시 살아나지 못하셨으리라 그리스도께서 만일 다시 살아나지 못하셨으면 우리가 전파하는 것도 헛것이요 또 너희 믿음도 헛것이며 또 우리가 하나님의 거짓 증인으로 발견되리니 우리가 하나님이 그리스도를 다시 살리셨다고 증언하였음이라 만일 죽은 자가 다시 살아나는 일이 없으면 하나님이 그리스도를 다시 살리지 아니하셨으리라 만일 죽은 자가 다시 살아나는 일이 없으면 그리스도도 다시 살아나신 일이 없었을 터이요 그리스도께서 다시 살아나신 일이 없으면 너희의 믿음도 헛되고 너희가 여전히 죄 가운데 있을 것이요 또한 그리스도 안에서 잠자는 자도 망하였으리니 만일 그리스도 안에서 우리가 바라는 것이 다만 이 세상의 삶뿐이면 모든 사람 가운데 우리가 더욱 불쌍한 자이리라"(고전 15:12-19).

신약성경에는 예수님의 부활을 입증할 수 있는 다섯 가지 핵심적인 사실이 담겨 있다. (a) 예수는 십자가에서 죽으셨다. (b) 예수는 아리마대 요셉의 개인 무덤에 묻히셨다. (c) 사흘 후 무덤은 빈 채로 발견되었다. (d) 개인과 군중, 다수의 증인들이 다양한 장소에서 부활하신 예수님을 만났다. (e) 부활 이전에 예수님을 버리고 도망쳤던 제자들의 태도가 완전히 달라졌으며 그들은 순교자의 열정을 갖게 되었다.

복음서에 기록된 이 다섯 가지 사실을 토대로 예수님의 부활에 대한 잘못된 편견들을 비판하고, 부활에 대한 성경의 일관된 증언을 통하여 부활의 사실성과 타당성을 설명하고자 한다.

예수는 십자가에서 죽으셨다

로마는 유대인들에게 종교적 자율성을 상당한 정도로 허용했다. 그런데도 유대의 대제사장들과 지도자들이 예수님을 로마의 총독 빌라도 앞으로 끌고 온 이유는 그들에게 사형을 집행할 권리가 없었기 때문이다. 그들은 나사렛 예수를 반란을 도모하는 유대인의 왕이라는 죄목으로 사형시키기를 원했다. 빌라도는 예수님으로부터 어떤 죄목도 찾지 못하여 풀어주고자 했지만, 유대 지도자들은 그렇게 하면 빌라도는 가이사(시제)의 충신이 아니라고 야유하며 백성들을 선동했다. 결국 총독 빌라도는 예수님에게 십자가 처형에 의한 사형 판결을 내리고 백부장을 보내 이를 집행하게 했다.

"빌라도가 무리에게 만족을 주고자 하여 바라바는 놓아주고 예수는 채찍질하고 십자가에 못 박히게 넘겨주니라 군인들이 예수를 끌고 브라이도리온이라는 뜰 안으로 들어가서 온 군대를 모으고 예수에게 자색 옷을 입히고 가시관을 엮어 씌우고 경례하여 이르되 유대인의 왕이여 평안할지어다 하고 갈대로 그의 머리를 치며 침을 뱉으며 꿇어 절하더라 희롱을 다 한 후 자색 옷을 벗기고 도로 그의 옷을 입히고 십자가에 못 박으려고 끌고 나가니라"(막 15:15-20).

'예수님이 십자가에서 죽으셨다'는 것을 부인하기 위해 제안된 견해들의 타당성 여부를 하나씩 살펴보자.

첫째로 '기절설'이 있다. 기절설은 예수가 죽은 것이 아니라 잠시 기절했다가 깨어난 것이라고 말한다. 그러나 복음서의 기록을 보면 로마의 군병과 백부장은 예수의 죽음을 확인했다. 영화 "예수의 수난"은 잔인한 십자가 형벌을 사실에 가깝게 고증해서 제작했다고 한다. 십자가형을 선고한 후에 끔찍한 채찍질이 시작된다. 로마 군인들이 사용하던 채찍은 끝에 납덩이가 달려 있는데, 납덩이에는 날카로운 쇳조각과 짐승 뼛조각 등이 붙어 있다. 이런 채찍은 살을 파고들어 근육을 파괴하고 혈관을 뜯어내어 갈비뼈와 척추도 드러나게 할 정도이다.

3세기 교회사가인 유세비우스(Eusebius)는 로마 군인들에 의해서 가혹한 채찍 형벌을 받은 사람의 정맥이 드러나고 근육과 힘줄과 창자가 터져 나오기도 했다고 기록하고 있다. 십자가 처형을 받기 전에 가해지는 채찍질만으로도 과다 출혈로 인한 혈액 부족으로 쇼크사가 일어날 수도 있다. 예수님은 불의한 재판 과정에서 구타를 당하고, 무자비한 채찍질을 당한 후에, 갈보리 언덕으로 끌려가 십자가에 달리셨다. 제자들이 처음에 예수님의 부활을 쉽게 믿지 못했던 이유는 바로 참혹한 채찍질과 십자가의 형벌 때문이었을 것이다. 십자가 처형을 집행한 로마 군병은 예수의 죽음을 확인하기 위해서 창으로 옆구리를 찔러 심장과 허파를 관통시켰다는 사실을 기억해야 한다.

따라서 채찍질, 잔인한 십자가 처형 방식, 창에 찔린 옆구리를 고려한다면, 기절설(졸도설)은 터무니없는 상상에 지나지 않는다. 역사적 자료들은 예수님이 십자가 형벌로 숨졌다는 것을 분명하게 밝히고 있다. 제자들이 온몸에 극심한 상처를 입고 기절했다가 겨우 깨어난 예수님을 하나님으로 믿었다는 것은 상상하기 어려운 일이다.

둘째로 '쌍둥이설'을 검토해 보자. 2-3세기 영지주의자들은 예수님에게 비밀 일란성 쌍둥이 형제가 있었다고 상상했다. 예수님 대신에 일란성 쌍둥이 형제가 십자가 형벌로 대신 죽고, 그 후에 진짜 예수님이 마치 부활한 것처럼 활동을 다시 시작했다는 것이 쌍둥이설의 골자이다. 이것은 말도 안 되는 이야기이다. 당시 사람들은 예수님의 형제와 집안에 대해 잘 알고 있었다.

"이 사람이 마리아의 아들 목수가 아니냐 야고보와 요셉과 유다와 시몬의 형제가 아니냐 그 누이들이 우리와 함께 여기 있지 아니하냐 하고 예수를 배척한지라"(막 6:3).

이 말씀에 따르면, 쌍둥이설은 그지 말 지이내기 좋아하는 사람들이 만든 거짓말이며 어떤 구체적 근거도 전혀 없는 허구이다. 쌍둥이설은 빈 무덤을 설명할 수 없다. 예수님의 쌍둥이 형제가 묻혔다면 그의 시신은 어떻게 처리된 것일까? 만일 일란성 쌍둥이 동생이 예수를 대신해서 죽었다면, 예수의 형제 야고보와 유다는 어떻게 동생을 대신 죽게 한 비겁한 예수를 하나님으로 믿을 수 있었겠는가?

셋째로 '가현설'을 살펴보자. 영지주의자들은 예수님이 단지 영으로만 오셨다고 주장한다는 점에서 가현설의 특징을 알 수 있다. 예수님의 출생과 성장 그리고 십자가의 죽음은 예수님이 육체를 가진 인간인 동시에 하나님이시라는 사실을 말한다. 부활하신 후에 갈릴리 호수에서 고기를 잡던 제자들을 만나서 직접 물고기를 드시기도 하셨다. 이런 점에서 가현설은 타당하지 않다.

가현설과는 그 내용이 다르긴 하지만, 이슬람교의 꾸란은 십자가에서 처형된 사람은 예수가 아니라, 예수처럼 보인 가룟 유다였다고 주장한다(꾸란 4:157). 그러나 꾸란은 칼리프 오스만에 의해 제작된 것으로 주후 650년경에 나온 문헌이다. 예수님의 죽음을 목격한 목격자들이 1세기에 기록한 사복음서와 7세기에 쓴 꾸란의 기록 중에 어느 쪽이 사실에 가까울까? 기록 연대와 증인들의 존재를 고려한다면, 당연히 꾸란보다는 복음서의 기록이 더 확실하다. 따라서 꾸란의 가룟 유다설은 어떤 근거도 없다.[6]

예수님을 배반한 후의 가룟 유다의 죽음에 대해서는 이미 성경에 명확하게 기록되어 있다. 가룟 유다는 십자가에 죽은 것이 아니라 목을 매어 죽었다. 그러나 메시아의 십자가 고난은 이미 구약성경에서부터 예언되어 있었고, 예수님 자신도 직접 십자가에 죽은 후 삼 일 후에 부활할 것이라고 미리 예언하셨다. 더욱이 고대의 다른 역사적인 사료들은 예수님이 십자가에서 죽으셨다는 사실을 분명히 기록하고 있다. 예수님이 십자가 형벌로 죽임을 당하셨다는 것은 부인할 수 없는 공인된 역사적 사실이다.

예수는 아리마대 요셉의 개인 무덤에 묻히셨다

복음서는 아리마대 사람 요셉과 니고데모가 처형된 예수님의 시체를 장례 지낸 후에 무덤에 안치했다는 사실을 강조한다. 주님의 부활을 확증하는 데 있어서 '시신 매장설'은 매우 중요하다. 그 이유는 십자가에서 처형된 예수의 시신은 매장되지 않았고, 십자가에 그대로 매달려 있다가 들짐승에 의해서 자연적으로 손실되었다고 주장하는 이들이 있기 때문이다.

우선 검토할 이론은 '시신 자연 손상설'이다. 로마 가톨릭교회 신학자인 존 크로산(John D. Crossan)은 내란음모죄로 사형당한 예수의 시신이 처형 후에 십자가에 방치된 채로 들짐승들에 의해서 자연 손상되어 사라졌다는 가설을 제시한 바 있다. 크로산은 "우리가 십자가 처형에 대해서 종종 망각하는 것"은 "죽은 시신이나 죽어 가는 시신 위아래에서 시신을 먹는 까마귀와 개가 저마다 으르렁거린다는 것"이라고 말한다.[7] 그에 의하면, 당시 로마 정부가 내리는 최고의 형벌은 잔악한 십자가 처형으로, 죽은 죄수의 시체들이 짐승들에 의해서 먹히도록 방치하는 것이었다.

크로산의 정황 논리는 당시의 특수한 상황을 고려할 때에 설득력이 없다고 평가할 수 있다. 크로산의 말에 따르면, 예수님의 시신은 동물들에 의해서 완전하게 사라졌지만, 제자들이 '예수가 부활했다'는 종교 사기극을 꾸몄다고 추정한다. 그렇다면 제자들은 무슨 목적으로 예수가 부활했다는 조작된 교리를 꾸몄다는 것인가? 제자들이 거짓말로 '예수 부활'이라는 종교 사기극을 만들어 얻는 것이라곤 고난, 조롱, 순교에 이른 죽음뿐이었다. 어떤 이득도 얻지 못하는데, 평생 그 거짓말을 위해 살다가 순교했을까? 그것은 불가능하다.

또한 유대의 대제사장들과 종교 지도자들의 입장을 고려하면 더욱 설득력이 없다. 대제사장들은 예수를 처형한 후에 그가 다시 부활할 것이라고 믿지 않았지만, 시체가 동물들에 의해 사라지거나 혹은 제자들이 훔쳐 가서 '사라진 시신'을 근거로 예수가 부활했다는 소문을 낼까 봐 우려했다. 그래서 그들은 빌라도 총독의 허락을 받고 로마 군인들로 구성된 성전 파수대를 보내 예수의 시신을 안치한 무덤을 지키게 했다. 대제사장들이 볼 때에, 예수의 시체가 들짐승에 의해서 사라질 가능성을 막고 무덤 속에 안전하게 두고자 했던 것은 후에 있을 수도 있는 부활 루머를 부인하는 데 매우 중요하기 때문이었다. 이런 점에서, 유대 지도자들과 빌라도 총독에게 예수의 시신 매장은 매우 중요한 관심 사항이었다. 따라서 예수님의 시신을 무덤에 장사 지냈다는 복음서의 기록은 결코 부인될 수 없는 사실이 분명하다.

둘째, '무덤 착각설'을 검토해 보자. 무덤 착각설은 부활을 목격한 여자들이 예수님의 무덤이 아니라, 다른 사람의 빈 무덤을 찾아가 놓고는 예수님이 묻힌 진짜 무덤으로 혼동했다는 설이다. 다른 빈 무덤을 예수님의 시신이 안치된 무덤으로 착각했기에 그녀들은 예수님이 부활하신 것으로 오해했다는 것이다.

만일 이 주장이 맞다면 '부활은 허구'라는 것으로 쉽게 결말이 날 수도 있었을 것이다. 당시의 대제사장들과 빌라도가 '진짜 무덤'에 안치된 예수님의 진짜 시신을 보여 주면 되기 때문이다. 하지만 그렇게 하지 못한 것은 예수님의 시신을 안치한 진짜 무덤이 바로 '빈 무덤'으로 발견되었기 때문이다.

다른 사람의 무덤을 예수님의 무덤으로 착각할 수 없는 이유는 무엇일까? 먼저, 로마 군병들이 지키고 있는 무덤이 진짜 무덤이라 착각할 수 없다. 왜냐하면 예수님은 삼 일 후에 부활하겠다는 예언을 이미 하셨고, 이 예언을 알고 있는 대제사장은 성전 파수대를 통해서 그 무덤을 확실하게 지키도록 명령했기 때문이다.

또한 막달라 마리아와 함께 방문한 사람들은 예수님의 시신이 매장된 무덤을 이미 알고 있었다. 왜냐하면 산헤드린 의원 아리마대 요셉의 개인 소유의 무덤이었기 때문이다. 요셉은 빌라도 총독에게 예수의 시체를 달라고 요청했다. 그리고 시신을 세마포로 싸고 바위 속에 판 무덤에 넣어 두었다(눅 23:50-53). 마태복음도 예수님의 시신을 아리마대 요셉의 무덤에 장사 지냈다고 기록하고 있다.

"저물었을 때에 아리마대의 부자 요셉이라 하는 사람이 왔으니 그도 예수의 제자라 빌라도에게 가서 예수의 시체를 달라 하니 이에 빌라도가 내주라 명령하거늘 요셉이 시체를 가져다가 깨끗한 세마포로 싸서 바위 속에 판 자기 새 무덤에 넣어 두고 큰 돌을 굴려 무덤 문에 놓고 가니 거기 막달라 마리아와 다른 마리아가 무덤을 향하여 앉았더라"(마 27:57-61).

아울러, 아리마대 사람 요셉의 개인 무덤에 예수의 시신을 안치했다는 것은 같은 산헤드린 의원인 니고데모가 예수님의 장례 절차에 동참했다는 사실로부터 확실히 알 수 있다. 이것은 예수님의 시신이 안치된 무덤을 다른 무덤과 혼동할 수 없게 하는 중요한 근거가 된다. 요한복음은 다음과 같이 기록하고 있다.

"일찍이 예수께 밤에 찾아왔던 니고데모도 몰약과 침향 섞은 것을 백 리트라쯤 가지고 온지라 이에 예수의 시체를 가져다가 유대인의 장례 법대로 그 향품과 함께 세마포로 쌌더라"(요 19:39-40).

니고데모와 요셉은 유대인의 장례 풍습에 따라 십자가에 처형되어 숨진 예수님의 시체에 몰약과 침향(침향나무에서 채취한 향료로서 강한 냄새를 풍기며 방부 효과가 훌륭하기 때문에 이집트에서는 미라를 만들 때 사용하는 재료) 섞은 것을 가지고 와서 세마포로 둘러싸며 장례를 지냈다. 이에 대한 요한복음의 기록은 예수님이 완전히 십자가에서 돌아가셨다는 것을 확증하는 것일 뿐만 아니라, 방부 처리된 예수님의 시신이 요셉의 개인 소유 무덤에 장사되었다는 사실을 명확하게 보여 준다.

마지막으로, 갈릴리에서 온 여인들이 아리마대 사람 요셉을 뒤따라가 직접 그 무덤의 위치를 확인했고, 니고데모와 요셉이 예수님의 시신을 향료로 닦는 모든 장면을 목격했다는 것이 중요하다(눅 23:55). 여러 사람이 있었기 때문에 다른 무덤을 산헤드린 의원 요셉의 개인 무덤으로 착각했을 가능성은 없다. 더욱이 대제사장의 지시에 따라 로마의 파수대가 보는 앞에서 예수님의 시신을 넣은 무덤 입구는 큰 돌로 봉인되었고, 군병들은 불미스런 소문이 발생하지 않도록 지켰다.

"그들이 경비병과 함께 가서 돌을 인봉하고 무덤을 굳게 지키니라"(마 27:66).

사흘 후 그 무덤은 비어 있었다(빈 무덤)

복음서들은 예수님의 시신을 안치한 무덤이 '빈 무덤'으로 발견되었다는 것을 '역사적 사실'로 증언한다. 대제사장, 무덤을 지키던 군병들, 예수님의 장례 과정을 목격했던 여인들과 사도들의 공통적인 이야기는 예수님의 시신을 넣어 두었던 아리마대 사람 요셉의 개인 무덤이 사흘 후에 '빈 무덤'으로 발견되었다는 것이다.

예수님의 시신이 사라지고 그 무덤이 빈 채로 발견되었다는 것은 놀라운 소식이다. 빈 무덤은 예수님의 부활과 승천의 중요한 배경이 되며, 초대교회는 그리스도의 죽음, 부활, 승천을 핵심적인 신앙으로 삼았다. 반면에, 예수님을 대적했던 대제사장과 무덤을 지키던 군병들은 '빈 무덤'이라는 사실을 인정할 수밖에 없었다. 그들은 빈 무덤을 부인할 수 없었기 때문에, '시체 도난설'로 예수의 부활을 부인하고자 했을 뿐이다.

안식 후 첫날 새벽에 막달라 마리아와 요안나와 야고보의 모친 마리아와 또 그들과 함께한 다른 여자들은 예수님의 시신을 모셔 둔 무덤을 찾아갔다.

"돌이 무덤에서 굴려 옮겨진 것을 보고 들어가니 주 예수의 시체가 보이지 아니하더라 이로 인하여 근심할 때에 문득 찬란한 옷을 입은 두 사람이 곁에 섰는지라 여자들이 두려워 얼굴을 땅에 대니 두 사람이 이르되 어찌하여 살아 있는 자를 죽은 자 가운데서 찾느냐 여기 계시지 않고 살아나셨느니라 갈릴리에 계실 때에 너희에게 어떻게 말씀하셨는지를 기억하라 이르시기를 인자가 죄인의 손에 넘겨져 십자가에 못 박히고 제삼일에 다시 살아나야 하리라 하셨느니라 한대"(눅 24:2-7).

여자들이 빈 무덤을 발견한 후 사도들에게 그 이야기를 전하자, 그들이 빈 무덤에 달려간 일이 다음과 같이 기록되어 있다.

"사도들은 그들의 말이 허탄한 듯이 들려 믿지 아니하나 베드로는 일어나 무덤에 달려가서 구부려 들여다보니 세마포만 보이는지라 그 된 일을 놀랍게 여기며 집으로 돌아가니라"(눅 24:11-12).

한편, 대제사장들은 '무덤이 비었다'는 보고를 받고 나서 파수대에게 뇌물을 주고 "그의 제자들이 밤에 와서 우리가 잘 때에 그를 도둑질하여 갔다"(마 28:13)고 거짓말을 하도록 시켰다. 대제사장이 파수대로 하여금 무덤을 지키도록 할 때에 빌라도 총독의 허락을 받은 것과 예수의 시신이 없어졌을 때에도 빌라도 총독으로부터 처벌받지 않도록 파수대에게 약속한 것을 보면, 무덤을 지켰던 파수대는 유대인들의 자체 성전 수비대가 아니라, 총독 빌라도가 보낸 로마의 군병들이었을 것이다. 중요한 것은 대제사장들이 '시신이 도난당했다'는 거짓 보고를 하도록 종용했다는 것이다. 이것은 예수의 시체가 사라진 '빈 무덤'이 부인할 수 없는 사실이었다는 점을 강력하게 시사한다.

그렇다면 무덤에서 시신이 없어진 이유는 무엇일까? 대제사장의 말대로 제자들이 정말로 예수의 시신을 훔쳐 갔을까? 그런데 겟세마네 동산에서 주를 버리고 도망친 제자들이 그 살벌한 사회 상황 속에서 그리고 로마 군병들이 수비하고 있는 무덤에서 어떻게 예수의 시신을 훔쳐 낼 수 있는 용기와 완력이 있었을까? 그리고 내란음모죄로 처형된 예수의 시체를 훔쳐 가는 것이 그들에게 어떤 유익을 가져올 수 있을까?

예수님이 체포되시던 그날 밤에 주를 버리고 도망을 쳤던 제자들, 부활의 소문을 외면하고 엠마오로 내려가던 두 제자, 예루살렘으로 돌아온 그들의 보고를 들으면서도 여전히 부활을 온전히 믿지 못하는 사도들을 생각해 보

라. 그들은 갑자기 목숨을 걸고 복음을 전하고 예수의 부활을 전하는 사역을 하는 사람들로 바뀌었다. 무슨 근거로 제자들의 극적인 태도 변화를, 마치 시신을 절도한 이들이 벌이는 사기로 치부할 수 있을까? 그런 일을 꾸며서 제자들이 얻을 수 있는 것이 있었을까? 그들이 만든 종교적 사기를 위해서 십자가에 달리고 참수를 당하며 순교할 수 있을까? 거짓을 위해 모든 제자가 순교할 수 있었을까? 그럴 가능성이 전혀 없다고 보아야 한다.

개인, 몇몇, 많은 무리가 부활하신 예수를 만났다

복음서에 따르면, 많은 사람이 여러 장소에서 부활하신 예수님을 직접 만났다. 그래서 불신자들은 예수님의 부활에 대한 목격담을 부정하기 위해 조작설과 환각설을 만들어 냈다.

첫째, '조작설'(날조설)을 살펴보자. 날조설은 제자들이 예수님이 부활하지 않았다는 것을 알았으면서도 부활이 사실인 것처럼 조작했다는 것이다. 조작설은 다음 두 가지 이유로 거부되어야 한다.

먼저, 부활의 최초 목격자는 여성들이라는 점을 주목해야 한다. 당시에는 여성들의 법정 증언은 아무런 효력이 없었다. 그런데도 복음서 기자들은 여성들이 부활의 최초 목격자라는 사실을 기록하고 있다. 만약 부활을 날조하고자 했다면, 복음서 기자는 여자가 아니라 유명한 남성을 부활의 최초 목격자로 설정했을 것이다. 그렇게 해야만 증언의 효력이 인정되기 때문이다. 여성을 최초의 부활 증인으로 기록한 것은 애초부터 조작 의도가 없었으며 부활을 목격한 증인들을 사실 그대로 기록했다는 것을 말한다.

또한, 앞서 말했듯이 정치범으로 몰려서 죽은 예수의 시체를 훔쳐 가서 교주로 신격화하는 작업이 제자들에게 어떤 이익도 가져다주지 않는다는 점이다. 제자들은 유대인들이 자기들마저 죽일까 염려하여 숨어 있었던 터라 예수의 부활을 꾸며 조작할 이유가 전혀 없다.

둘째, 부활하신 예수님을 만났다는 목격담을 부인하기 위해 고안된 또 하나의 이론은 '착각설'(환각설)이다. 환각설에 의하면, 부활하신 예수를 보았다는 당시의 목격담들은 실제로는 개인의 환각일 뿐 실제 사실이 아니라는 것이다. 환각은 '상응하는 실체가 없는 어떤 것을 명확히 보았다'고 생각하는 착각이다. 신경계의 이상으로 혹은 약물에 의해서 상응하는 실체가 없는 헛것을 마치 객관적으로 실재하는 것으로 믿는 것이 바로 환각이다.

성경의 기록에 의하면, 부활하신 예수님을 목격한 사람과 장소는 매우 다양하다. 막달라 마리아와 다른 마리아(요 20:1-18), 엠마오로 가는 두 제자(눅 24:13-32), 열한 제자와 여러 사람(눅 24:33-39) 그리고 승천을 목격한 증인들(눅 24:50-52; 행 1:4-9) 같은 다양한 증인들이 있다. 부활하신 예수는 500명 이상의 군중에게 나타나신 적도 있다(고전 15:6). 환각은 심약한 한 개인에게는 있을 수 있다. 그러나 기질, 성별, 성품, 신분이 다른 많은 사람이 동시다발적으로 '돌아가신 예수님이 살아 있다'는 집단 환각 상태에 빠지는 것은 불가능하다.

예수님의 부활에 대한 목격이 일종의 환각이었다면, 그런 환각은 더 계속되어야 한다. 하지만 예수님이 승천하신 후에는 부활하신 주님을 육신 그대로 만나 보았다는 목격담은 더 이상 추기로 발생하지 않았다. 승천하신 예수를 사람들의 눈으로 더 이상 목격할 수 없었기 때문이다. 이 점에서 예수님의 부활과 승천에 대한 목격담은 날조설이나 환각설로 부인될 수 있는 것이 아니라 많은 증인이 증언한 역사적 사실이다. 따라서 예수님의 부활은 전혀 조작된 이야기도 아니고, 개인이나 집단이 환각으로 헛것을 본 것도 아니었다면, 예수의 부활에 대한 증언은 실제로 발생한 역사적 사건에 대한 객관적인 증언으로 보는 해석이 가장 타당하다. 부활에 대한 목격담은 그 질과 양에 있어서 매우 신뢰할 만하다.

도망쳤던 제자들이 부활을 목격한 후에 완전히 변했다

존 스토트에 의하면, 부활의 가장 큰 증거는 제자들의 완전한 변화였다고 말할 수 있다.[8] 사람들은 자신에게 유리하도록 거짓 증거를 할 수는 있다. 그런데 거짓 증언을 해도 아무런 이익도 없이 그냥 고통스럽게 죽어야 한다면 거짓말을 계속할 수 있을까? 예수님의 제자들은 부활을 증언하는 메시지를 선포했고, 결국 그들은 그 일로 유대인들과 로마인들로부터 핍박을 받고 모두 순교했다(본서 6장 330-331쪽의 수인의 딜레마를 부활에 적용한 부분을 참고하라).

또한 거짓말을 적당히 하려면 혹은 아주 효율적인 거짓말을 하려면, 구체적인 인명이나 지명을 말하면 안 된다. 그런데도 복음서의 기록은 구체적인 내용을 담고 있어 거짓이 들어올 틈이 없다. 그리고 사도들과 제자들은 체포되어 순교하는 와중에도 예수 부활의 복음을 전했다. 심지어 사도 베드로는 십자가에 거꾸로 달려 처형당했다고 한다. 거짓말을 위해서 자기 목숨을 버리는 것이 가능할까? 비겁한 제자들이 순교하는 제자로 완전하게 변했을 때에는 이유가 있기 마련이다. 술꾼이 술을 끊었을 때에는 그만한 이유가 있다. 제자들이 어떻게 변화되어 순교했는지를 교회 전승을 통해서 살펴보자.

첫째, 가룟 유다를 제외한 나머지 11명의 사도는 겟세마네 동산에서 주님을 버려두고 도망을 쳤지만, 나중에는 모두 순교자가 되었고, 사도 요한은 거의 순교자적인 삶을 살았다. 부활하신 예수님을 직접 만난 후에 비로소 제자들은 완전히 변했다. 그들은 성령의 강림을 경험한 후부터 담대하게 부활하신 예수의 복음을 전했다.

주님과 함께 생사를 같이하겠다고 호언장담했던 '베드로'는 하룻밤에 주님을 세 번이나 부인하고 심지어 주님을 저주하기까지 했다(막 14:71). 베드로는 나중에는 예수 그리스도의 부활의 복음을 전하다가 로마에서 순교했다. 전승에 의하면, 네로 황제가 로마시를 방화한 후에 기독교인들을 방화범으로 몰아서 집단으로 처형할 때 베드로도 체포되어 사형을 당하게 되었다. 그는 예수님과 동일한 자세로 십자가에 처형되기를 거부하여 거꾸로 달려 순교했다고 한다. '요한의 형제 야고보' 사도는 최초의 순교자가 되었다(행 12:1-2). '마태' 사도는 현재의 에티오피아 지역에서 순교했다.

베드로의 통역자 '마가'는 이집트의 알렉산드리아에서 본격적으로 복음을 전했다. 주후 68년 5월 8일 부활주일 다음 날 월요일에 그리스 신전 사제들이 마가를 붙잡아 마차에 매어 온종일 알렉산드리아의 거리를 끌고 다녔고 결국 마가는 순교했다고 한다. '세베대의 아들 야고보'는 예루살렘에서 목 베임을 당했다. 야고보를 사형장으로 끌고 가던 관원은 끝까지 당당하게 믿음을 지키는 야고보로 인하여 감동이 되어, 함께 신앙고백을 하고 형장에 끌려갔다는 전승이 있다. '바돌로매'(나다나엘)는 브리기아, 헤라폴리스, 아르메니아 지역에서 복음을 전파했다. 그는 우상 숭배가 극심했던 아르메니아 지역에서 16년간 전도하다가 바빌론의 왕 아스키아게스에게 곤봉으로 맞고 살갗이 벗겨져 십자가 위에서 순교했다고 한다.

'안드레'는 슬라브족이 많이 사는 북부 유럽과 흑해 지역에 복음을 전해서 슬라브족의 사도로 불리기도 한다. 그는 특별히 스구디아(남부 러시아와 우크라이나) 지역에 교회를 세우며 복음을 전했다. 그는 주후 60년 십자가에 달려 순교했는데, 십자가에서 숨을 거둘 때까지 복음을 진했다고 한다. 그가 치형된 날로 알려진 11월 30일은 스코틀랜드의 국경일이며, 안드레가 처형된 십자가는 X자형 십자가였기 때문에, 스코틀랜드의 국기 문양에는 X가 들어 있다.

'사도 빌립'은 브루기아(중부 튀르키예) 지역에서 하나님의 말씀을 전했으며, 유세비우스의 『교회사』 제5권 24장에 의하면, 시리아의 히에라폴리스 지역에서 순교했다. 새롭게 열두 번째 사도에 포함된 '맛디아'는 예루살렘에서 여러 해 동안 활동을 하다가 돌에 맞고 목이 잘려 순교했다고 전해진다. 알패오의 아들 '야고보' 사도와 열심당원 '시몬'도 기독교 전승에 의하면 모두 순교했다고 전해진다.

열두 사도 중에서 특히 '도마'는 의심 많은 사람이었다. 예수님의 손과 발의 상처와 옆구리의 상처를 직접 만져 보기 전에는 부활을 믿지 않겠다고 말했던 의심 많은 사람이었다.

"…내가 그의 손의 못 자국을 보며 내 손가락을 그 못 자국에 넣으며 내 손을 그 옆구리에 넣어 보지 않고는 믿지 아니하겠노라"(요 20:25).

회의주의의 전형적인 모습을 보이던 도마는 마침내 부활하신 주님을 만난 후 "나의 주님이시요 나의 하나님이시니이다"(요 20:28)라고 신앙고백을 했다.9) 그 후에 도마는 오늘날의 인도 지역에서 복음을 전하다가 순교했다고 전해진다. 사도 요한을 제외한 모든 사도들은 예수 그리스도의 복음을 열방에 전하다가 다 순교했다. 이외에도, 열두 사도는 아니었지만, 70인 제자 중의 한 사람이었고, 사도라 칭함을 받았던 '바나바'는 이탈리아 전역과 구브로(키프로스)에서 복음을 전하다가, 사이프러스의 살라미스에서 돌에 맞아 순교했다고 한다. 누가복음과 사도행전을 기록한 '누가'는 그리스에서 순교했다.

둘째, '예수님의 형제 야고보'는 자신의 형인 예수님의 공생애 동안에는 어떤 믿음도 가지지 않았고, 오히려 예수님의 공적인 사역에 대해서 반대하던 사람이었다. 요한복음 7장 5절은 "이는 그 형제들까지도 예수를 믿지 아니함이러라"고 기록하고 있다. 마가복음 3장은 이렇게 기록한다.

"예수께서 집에 들어가시니, 무리가 다시 모여들어서, 예수의 일행은 음식을 먹을 겨를도 없었다. 예수의 가족들이, 예수가 미쳤다는 소문을 듣고서, 그를 붙잡으러 나섰다"(막 3:20-21, 새번역).

그리고 예수님은 31절 이하에서 믿음이 없는 혈연의 가족들보다 자신을 메시아로 믿고 따르는 이들을 가족으로 여긴다고 말씀하셨다.

"그때에 예수의 어머니와 동생들이 찾아와, 바깥에 서서, 사람을 들여보내어 예수를 불렀다. 무리가 예수의 주위에 둘러앉아 있다가, 그에게 말하였다. '보십시오, 선생님의 어머니와 동생들과 누이들이 바깥에서 선생님을 찾고 있습니다.' 예수께서 그들에게 대답하셨다. '누가 내 어머니이며, 내 형제들이냐?'" (막 3:31-33, 새번역).

그런데 십자가에 죽으신 예수님이 부활하신 이후에 야고보는 완전하게 달라지기 시작했다. 승천 후, 120명이 모인 마가의 다락방에는 예수의 제자들과 "예수의 어머니 마리아와 예수의 아우들"(행 1:14)이 함께 기도하고 있었다. 주후 36년경, 유대교에서 회심한 사울(사도 바울)이 예루살렘을 방문한 일에 대해서 갈라디아서는 이렇게 기록하고 있다.

"그 후 삼 년 만에 내가 게바를 방문하려고 예루살렘에 올라가서 그와 함께 십오 일을 머무는 동안 주의 형제 야고보 외에 다른 사도들을 보지 못하였노라" (갈 1:18-19).

당시에 주님의 동생 야고보는 이미 예루살렘의 초대교회에서 매우 중요한 지도자로 활동한 것으로 보인다. 주후 44년경 베드로가 투옥되었다가 천사의 도움으로 탈출하게 되었을 때에도 베드로는 "야고보와 형제들에게 이 말을 전하라"(행 12:17)고 부탁한 것을 보면 야고보가 초대교회의 핵심적인 지도자인 것이 분명하다. 주후 50년경 안디옥 교회를 통해 제기된 문제에 대해서 최종적인 권위를 가지고 권면하던 사람이 바로 주님의 형제 야고보였다.

"말을 마치매 야고보가 대답하여 이르되 형제들아 내 말을 들으라"(행 15:13).

이때로부터 7년 정도 지나서, 주후 57년경 사도 바울은 예루살렘을 다시 방문했을 때를 회상하며 이렇게 기록하고 있다.

"우리가 예루살렘에 이르니, 형제들이 우리를 반가이 맞아 주었다. 이튿날 바울은 우리와 함께 야고보를 찾아갔는데, 장로들이 다 거기에 있었다. 바울은 그들에게 인사한 뒤에, 자기의 봉사 활동을 통하여 하나님께서 이방 사람 가운데서 행하신 일을 낱낱이 이야기하였다"(행 21:17-19, 새번역).

상술한 것처럼, 예수님의 형제인 야고보는 예수님의 십자가 죽음과 부활을 목격한 후에 변했다. 그는 자기 형이었던 예수님을 하나님의 아들로 믿고, 초대 예루살렘 교회의 지도자 감독이 되어 핍박의 시대에 활동한 것이다. 초대교회부터 전해 오는 이야기에 의하면, 그는 주후 62년경에 예루살렘의 남동쪽 성전의 꼭대기에서 30미터 아래로 내던져진 후에 순교를 했다. 이 성전 꼭대기는 일찍이 예수님이 시험을 받으셨던 곳이라고 한다. 유대 역사가 플라비우스 요세푸스는 『유대 고대사』에서 이렇게 기록한다.

"그[대제사장 아나누스]는 산헤드린 재판을 열고 그리스도라고 불린 예수의 형제 야고보라는 사람과 다른 몇몇 사람들을 앞에 세웠다. 그리고 재판관들은 그들을 율법의 파괴자로 정죄했으며, 그는 그들에게 돌로 쳐 죽이는 형벌을 집행했다."

예수의 또 다른 형제인 '유다'도 오늘날의 요르단, 아라비아, 이집트 지역에서 전도한 후, 메소포타미아와 페르시아에서 복음을 전하다가 활에 맞고 순교했다고 한다.

셋째, 예수님의 제자들을 핍박하고 체포하는 데 혈안이 되어 있었던 박해자 '사울'의 변화는 매우 중요하다. 그는 초기의 기독교를 박해하던 사람인데, 다메섹으로 가던 도중에 부활하신 예수님을 만나게 되었다. 그 이후에 '바울'이라는 이름으로 활동하며 극적으로 변화된 전도자로 살았다(행 9:1-9; 고전 15:8). 그는 신약성경 중에 13권의 서신서를 기록했고 초대교회의 선교에 가장 많이 기여한 사도였다. 사도 바울이 예수 그리스도를 만난 사건은 단지 그의 마음속에서 이루어진 환상이 아니었다는 사실은 매우 중요하다. 예수님을 만난 바울의 경험은 객관적이고 실제적인 사건이었다.

바울은 부활하신 예수님이 사도들에게 나타나셨던 것처럼 자신에게도 동일하게 나타나셨다고 말한다. 사도 바울은 그것을 '마지막 나타남'이라고 불렀다(고전 15:8). 부활하신 예수님을 직접 만나는 것은 사도 됨의 조건이었다(행 1:22). 그는 "내가 사도가 아니냐? 우리 주를 보지 못하였느냐?"라고 말함으로써(고전 9:1) 사도로 부르심을 받았다는 것을 확신하고 있다. 사도들이 단순히 환상이 아니라 실제로 육체로 부활하신 예수님을 만지고 직접 가르침을 받았던 것처럼, 바울도 부활하신 예수님을 직접 만났다는 것을 의미한다.

지금까지의 논의를 정리해 본다면, 예수를 부인했던 사도들이 완전하게 변화되었으며, 공생애 사역 중에는 예수님을 메시아로 믿지 않던 그의 형제들인 야고보와 유다마저도 완전하게 변화되었다. 그 이유는 무엇일까? 형제들의 변화는 예수의 부활을 통해서, 예수님을 하나님이 약속하신 메시아로 확신했기 때문일 것이다. 사도행전에 기록된 예수의 제자들의 전도 사역의 핵심은 예수의 부활을 실재하는 역사적 사실로 증거하는 것이었다. 그들은 십자가의 죽음과 사흘 후의 부활, 오순절 성령의 임재를 경험한 후 예수의 부활은 예수의 신성을 증명하는 것이라고 여겼으며, 그래서 더욱 담대하게 전했다. 부활하신 예수님을 만난 바울은 로마서에서 이렇게 기록하고 있다.

"성결의 영으로는 죽은 자들 가운데서 부활하사 능력으로 하나님의 아들로 선포되셨으니 곧 우리 주 예수 그리스도시니라"(롬 1:4).

배경적 정황 분석

당시 유대 사회 내부의 변화

사람이 변할 때에는 변화를 촉발한 원인이 있기 마련이다. 한 사회가 급변할 때에도 변화의 원인이 있는 것은 당연하다. 가령, 8·15광복, 4·19혁명, 5·18민주화운동 등은 모두 사회 급변의 원인이 있었다. 예수님이 부활하신 이후 당시 예루살렘을 중심으로 한 유대 사회는 거의 혁명적인 변화를 경험하고 있었다. 널리 알려진 것처럼, 지금도 유대인들의 종교적 열심과 전통을 지키는 그들의 의지는 참으로 대단하다. 필자는 박사과정에 재학 중일 때 유대인 교수인 엘리스 박사(Dr. Ellis)의 초청을 받아 유월절 의식에 참여해 본 적이 있다. 지금도 그들은 이집트에서 해방된 3,400여 년 전의 과거 일을 자자손손 그들의 공동체 안에서 기억하며 지켜 오고 있다. 직접 유월절에 참여해 보니 참으로 놀라운 충격이었다.

당시 유대인들의 종교적 전통의 특징을 살펴보자. 유대인들의 종교적 특징은 다섯 가지로 요약할 수 있다. (a) 동물 희생제사,[10] (b) 율법의 철저한 준수, (c) 여호와 하나님만을 믿는 유일신 사상, (d) 안식일의 준수, (e) 정치적인 메시아를 기다림 등이다.[11] 이것은 유대 사회의 종교와 문화의 핵심이다.

유대인들이 그리스도인이 되려면 이 다섯 가지 특징을 버려야 한다. 동물 희생제사 대신에 예수 십자가의 대속을 믿고, 율법 준수를 통한 행위 구원이 아니라 믿음으로 얻는 구원론을 수용해야 한다. 여호와 유일신 사상에서 삼위일체 신관으로 바꾸어야 한다. 안식일 대신에 주일에 모여 예배를 드려야 한다. 그리고 정치적인 메시아가 아니라 십자가에서 고난당하신 메시아를 믿어야 한다.

이런 종교관의 변화뿐만이 아니다. 유대 지도자들은 나사렛 예수를 믿는 사람을 유대교로부터 출교시켰다. 출교는 유대 사회의 공동체에서 추방되는 것을 의미한다. 예수님이 반란죄로 십자가에서 처형당하신 직후 예루살렘의 분위기는 더욱 살기등등해졌다. 그래서 당시에 유대인의 전통과 관습을 위배하면서 그리스도인이 된다는 것은 지금처럼 세례식에서 꽃다발을 받고 기념사진을 촬영하는 것이 아니라, 목숨을 걸고 예수님을 믿는다는 것을 공표하는 것을 의미했다.

이같이 그리스도인에게 적대적인 환경에도 불구하고 베드로의 두 차례의 설교를 통해서 유대인 남자만 각각 3천 명(행 2:41)과 5천 명(행 4:4)이 회개하고 세례를 받았다. 예수님이 계시던 때의 예루살렘의 인구는 평상시 10만 명, 절기에는 20만 명 정도였을 것으로 본다. 그렇다면 평상시 인구를 기준으로 하면, 예루살렘에 거주하던 성인 남자의 수는 약 2만 5천 명에서 3만 명 정도로 추정된다. 물론 오순절을 지키려고 예루살렘을 방문했던 디아스포라(이방 지역 거주 유대인) 순례자들을 더하면 상당히 많은 사람이 모여 있었을 것이다. 하지만 평상시 예루살렘 거주민의 30퍼센트에 해당하는 8천 명의 유대인이 회개하고 세례를 받았다는 사실은 예루살렘 안에 사회적인 지각 변동을 초래한 엄청난 사건이 있었다는 것을 함축한다. 그것은 바로 예수 그리스도의 부활이다.

왜 당시의 수많은 유대인들이 그들의 종교적 전통을 버리고 세례를 받고 그리스도인이 되고자 했을까? 베드로가 전한 메시지 안에 그 변화의 요인이 잘 드러나 있다. 하나님이 죽은 예수님을 다시 살리셨다는 것이다.

"이 예수를 하나님이 살리신지라 우리가 다 이 일에 증인이로다"(행 2:32).

유대인들에게 예수의 부활은 부인할 수 없는 생생한 사건이었다. 그들은 대제사장과 지도자들이 예수님을 신성모독죄와 반란죄로 죽이는 데 동조한 사람들이었다. 예수님이 실제로 부활하지 않았다면 그들이 변화될 리가 없다. 베드로는 그들에게 "너희가 십자가에 못 박은 이 예수를 하나님이 주와 그리스도가 되게 하셨느니라"(행 2:36)고 선포한다. 베드로의 선포에 유대인들은 "형제들아 우리가 어찌 할꼬"(행 2:37) 하며 탄식한다. 베드로는 "너희가 회개하여 각각 예수 그리스도의 이름으로 세례를 받고 죄 사함을 받으라 그리하면 성령의 선물을 받으리니"(행 2:38)라고 말한다.

다시 말해서 '예수의 부활'은 당시의 많은 유대인으로 하여금 오랜 종교적 전통을 버리게 했다. 그들은 예수 그리스도를 하나님으로 믿었고, 그분의 십자가의 죽음과 부활이 구약의 모든 율법을 완성하고 구약의 임시적인 동물 희생 제사를 폐지한 것으로 보았다. 그뿐만이 아니다. 심지어 동물 희생 제사를 주관하는 제사장들 중에서도 상당한 수가 예수를 믿고 그리스도인이 되었다.

> "하나님의 말씀이 점점 왕성하여 예루살렘에 있는 제자의 수가 더 심히 많아지고 허다한 제사장의 무리도 이 도에 복종하니라"(행 6:7).

그 이유는 무엇일까? 십자가에서 처형된 예수님이 예언대로 삼 일 만에 부활하셨기 때문이다. 부활은 '예수가 그리스도요 하나님의 아들'이라는 가르침을 확증해 주는 분명한 역사적 사건이다. 사도 바울은 성령의 감동으로 이렇게 기록하고 있다.

> "성결의 영으로는 죽은 자들 가운데서 부활하사 능력으로 하나님의 아들로 선포되셨으니 곧 우리 주 예수 그리스도시니라"(롬 1:4).

기독교 교회 공동체의 형성과 발전

기독교는 부활에 대한 믿음을 핵심으로 하여 성장해 온 종교이다. 특별히 새로운 교회 공동체는 '예수 그리스도가 하나님의 아들'이라는 믿음에 기초하고 있다. 교회의 핵심적인 메시지는 예수님이 구약에 예언된 메시아라는 것이다.

첫째, 그리스도인들은 예수님의 부활을 기념하기 위해 유대교의 안식 후 첫날에 모여 함께 예배를 드렸다. 부활하신 예수 그리스도는 첫 주일 저녁에 10명의 사도들에게 나타나셨고, 그다음 주일 저녁에는 도마를 포함하여 11명의 사도들에게 나타나셨다. 주일 예배를 드리게 된 것은 바로 예수 그리스도의 부활 때문이었다. 사도행전은 "안식 후 첫날에 우리가 떡을 떼려 하여 모였더니"(행 20:7, 개역한글)라고 기록함으로써 초대교회가 안식일 다음 날인 주일에 모여서 예배하고 성찬식을 했다는 것을 잘 보여 준다. 가룟 유다를 대신하여 새로운 사도 맛디아를 충원할 때 사도의 선출 조건은 예수 그리스도의 부활을 증언할 사람이었다.

"이러하므로 요한의 세례로부터 우리 가운데서 올려져 가신 날까지 주 예수께서 우리 가운데 출입하실 때에 항상 우리와 함께 다니던 사람 중에 하나를 세워 우리와 더불어 예수께서 부활하심을 증언할 사람이 되게 하여야 하리라 하거늘"(행 1:21-22).

"미리 본 고로 그리스도의 부활을 말하되 그가 음부에 버림이 되지 않고 그의 육신이 썩음을 당하지 아니하시리라 하더니 이 예수를 하나님이 살리신지라 우리가 다 이 일에 증인이로다"(행 2:31-32).

사도들은 주께서 주신 명령에 따라 만민에게 복음을 전하고 가르치며 도처에 교회를 세워 나갔다. "주는 그리스도시요 살아 계신 하나님의 아들이시니이다"(마 16:16)라고 고백한 베드로에게 주님은 "내가 네게 이르노니 너는 베드로라 내가 이 반석 위에 내 교회를 세우리니 음부의 권세가 이기지 못하리라"(마 16:18)고 축복하며 말씀해 주셨다.

예수님이 십자가에 처형되신 후 절망에 빠져 있던 제자들이 복음을 전하며 교회를 세워 나간 이유는 바로 예수 그리스도의 부활 때문이었다. 그래서 사도 바울은 "만일 그리스도 안에서 우리가 바라는 것이 다만 이 세상의 삶뿐이면 모든 사람 가운데 우리가 더욱 불쌍한 자"(고전 15:19)라고 말하며 "이제 그리스도께서 죽은 자 가운데서 다시 살아나사 잠자는 자들의 첫 열매가 되셨도다"(고전 15:20)라고 선언하고 있다.

둘째, 제자들은 최후의 만찬에서 주님과 함께 최초의 성찬식을 했고, 교회를 세우면서는 그 일을 기념했다. 사도행전 2장 46-47절을 보면, 제자들은 "날마다 마음을 같이하여 성전에 모이기를 힘쓰고 집에서 떡을 떼며 기쁨과 순전한 마음으로 음식을 먹고 하나님을 찬미하며 또 온 백성에게 칭송을 받으니 주께서 구원받는 사람을 날마다 더하게 하시니라"고 기록하고 있다. 만약에 예수님이 십자가에서 죽고 부활이 없었다면 그분의 피와 살을 기념하는 성찬식이 어떻게 기쁨이 되었겠는가?

셋째, 초대교회에서 '세례'는 예수님이 친히 명령하신 것(마 28:19-20)이며 사도들에 의해서 새로운 신자들에게 신앙고백과 입교의식으로 사용되었다. 베드로는 "너희가 회개하여 각각 예수 그리스도의 이름으로 세례를 받고 죄 사함을 받으라 그리하면 성령의 선물을 받으리니"(행 2:38)라고 말했다. 또한 바울은 세례를 성도들이 그리스도의 죽음과 부활에 연합되는 것으로 해석했다.

예수님의 선구자인 세례 요한의 세례는 단지 회개를 강조한 반면에, 사도들이 전해 준 기독교의 세례는 그리스도의 죽으심과 다시 살아나심을 기념하는 것이다. 그리스도의 부활이 없었다면 세례의 의미를 설명하지 못하게 된다. 바울은 세례에 담긴 부활의 의미를 다음과 같이 말한다.

"무릇 그리스도 예수와 합하여 세례를 받은 우리는 그의 죽으심과 합하여 세례를 받은 줄을 알지 못하느냐 그러므로 우리가 그의 죽으심과 합하여 세례를 받음으로 그와 함께 장사되었나니 이는 아버지의 영광으로 말미암아 그리스도를 죽은 자 가운데서 살리심과 같이 우리로 또한 새 생명 가운데서 행하게 하려 함이라 만일 우리가 그의 죽으심과 같은 모양으로 연합한 자가 되었으면 또한 그의 부활과 같은 모양으로 연합한 자도 되리라"(롬 6:3-5).

로마 시대의 핍박에도 성장한 교회

사람들은 성경 이외에 예수의 부활에 대한 다른 역사적인 자료들이 있는지 묻곤 한다. 예수님의 생애에 대해서는 신약성경의 사복음서 이외에 고대 세계의 문헌들에도 예수님과 그리스도인들에 대한 직·간접적인 언급들이 있다. 리버티대학교 교수인 게리 하버마스에 의하면, 예수 그리스도의 생애에 대한 언급을 담고 있는 고대문서들은 약 45개 정도가 된다.[12]

『유대 전쟁사』를 집필한 플리비우스 요세푸스는 예수님이 공생에 동안에 활동하시던 예루살렘 지역에서 활동했던 역사가이다. 그의 저서들은 헤롯왕, 분봉왕 아켈라오, 안티파스, 로마 총독 본디오 빌라도, 벨릭스, 베스도, 알비누스, 로마 황제로는 아구스도, 디베료, 글라우디오, 네로 등을 언급하며 인물, 사회와 정치 상황에 대한 정보를 담고 있을 뿐만 아니라, 세례 요한과 예수님 그리고 당시에 존재하는 그리스도인들에 대해 언급하고 있다. 그래서 요세푸스의 저서는 신약성경의 인물들의 역사성, 초기 기독교 공동체에 대한 상황 그리고 성경의 기록을 확인하는 데에 있어서 중요한 정보를 제공해 준다.

가령, 요세푸스는 그의 저서에서 사도행전 5장 37절의 "갈릴리의 유다", 사도행전 11장 28절의 글라우디오 황제 당시의 흉년 그리고 사도행전 12장 19절 이하에 나오는 헤롯 아그립바 1세의 죽음을 언급하고 있다. 그는 그리스도인과 그리스도에 대해 다음과 같은 기록을 남기고 있다.

"한편 바로 이때 예수(Jesus)라는 지혜로운 사람 —너무나도 경이로운 일들을 많이 했기 때문에 인간으로 볼 수 있을지는 모르겠으나 인간으로 보는 것이 합당하다면— 이 있었다. 그는 사람들로 하여금 기쁜 마음으로 진리를 받아들일 수 있게 만드는 선생이었다. 그는 수많은 유대인뿐만이 아니라, 이방인까지도 그의 곁으로 끌어들였다. 그가 바로 그리스도(the Christ)였다. 빌라도가 유대의 유력 인사들의 청에 의해 그를 십자가에 달려 죽게 했으나 그를 처음부터 사랑하던 자들은 그를 버리지 않았다. 왜냐하면 하나님의 선지자들이 그에 관해 예언한 대로 3일 만에 다시 살아나사 그들에게 나타나셨기 때문이었다. 하나님의 선지자들은 이뿐 아니라 그에 관해서 수많은 놀라운 일을 예언했었다. 그의 이름을 본떠 그리스도인이라고 불리는 사람들은 오늘까지도 남아 있다."[13]

로마의 역사가 타키투스(Tacitus, 주후 c. 56-120)의 『연대기』에서도 티베리우스 황제 시절 빌라도에 의해서 예수가 사형을 받았다고 기록하고 있다. 주후 112년경 소아시아 비두니아 총독 플리니(Pliny)가 황제 트라야누스(Traianus)에게 보낸 서신을 보면 이미 기독교는 로마제국 전역에 확장되어 가고 있었다는 것을 알 수 있다.[14]

주후 313년 2월 서로마의 콘스탄티누스 황제는 발칸 지역을 다스리던 리키니우스(Licinius) 황제를 이탈리아의 밀라노에서 만나 그 유명한 밀라노 칙령을 발표했다. 이 밀라노 칙령에는 "이제 그리스도인들에게 자유롭게 예배할 완전한 권리를 부여한다. 이 포고령은 제국 어디서나 선포되며 모든 이들에게 알려져야 한다"고 명시되어 있다. 그리스도인들에게 종교의 자유를 인정해 주기 전까지, 마가의 다락방에서 120명의 성도로 시작했던 그리스도인들은 불과 약 280년 후에 무려 로마 인구의 12퍼센트인 8백만 명에 이를 정도로 성장했다. 그리스도인이 되면 핍박을 받고 때로 순교까지 해야 하는 박해받는 시대 상황 속에서 말이다.

콘스탄티누스 황제의 지원에 힘입어 기독교는 종교의 자유를 얻고 주후 380년 로마의 국교로 공인되었다. 그리고 국교로 공인된 지 얼마 되지 않아 로마제국 전체 인구의 절반 가까운 사람이 기독교 신자가 되었다.[15]

적용: 예수의 부활이 내게 어떤 의미를 가지는가?

다시 생각해 보자. 초대교회 성도들에게 예수님의 부활은 어떤 의미가 있었던 것일까? 왜 그리스도인들이 핍박의 시대를 살면서도 전혀 핍박을 두려워하지 않고 담대하게 복음을 전했을까? 왜 그런 시대에 수많은 사람들이 복음을 받아들이고 예수님을 주님으로 믿게 되었을까? 기독교가 로마 시대에 급성장하게 된 이유는 무엇일까?

첫째, 초대교회 역사가인 마이클 그린의 『초대교회의 복음 전도』(*Evangelism in the Early History of Church*)라는 책에 의하면, 초대교회 성장의 첫 번째 이유는 사도들과 교부들이 했던 예수 그리스도에 대한 확고한 신앙고백과 변증적 활동이다. 그리스도인들은 복음이 유대교 율법을 완성하는 것이며 십자가에 죽었다가 부활하신 예수님이 하나님의 아들이고, 구약성경에 예언된 메시아이시라는 것을 믿고 논리적으로 변증했다. 또한 사도 바울은 로마로 압송되어 가는 과정에서 기독교 신앙이 무엇인지 그리고 예수 그리스도가 인류의 죄와 죽음의 문제를 어떻게 해결하셨는지를 명쾌하게 변증했다.

둘째, 그리스도인의 사랑과 섬김이 로마 사회의 인정을 받는 도덕성으로 구현되었다는 점이다. 그리스도인들은 선한 사마리아 사람으로 살라고 하신 예수님의 가르침대로 사랑을 적극적으로 실천했다. 복음은 주인과 노예를 차별하지 않았다.

사도들은 모든 사람이 동등한 하나님의 형상이며, 그리스도인이라면 주인과 종의 관계를 넘어서서 주 안에서 형제와 가족으로 서로 대우해야 한다고 가르쳤다. 국가의 복지가 제대로 갖춰지지 않은 때에 그리스도인들의 선행은 사회의 귀감이 되었다. 초대교회 시대부터 진실한 성도들은 사회적인 자선과 구제에 최선을 다했다. 특히 전염병으로 버려진 환자들을 끝까지 돌보고 섬겼던 사랑은 로마인들에게 큰 감동을 주었다.

초대교회가 성장한 셋째 이유는 강력한 성령의 권능과 기도에 있다. 다른 종교와 비교할 때 기독교의 차별성은 성령의 강한 능력에 있기에, 귀신을 쫓아내고 병자가 낫는 신유의 역사가 일어났다.

이 세 가지는 초대교회가 로마제국의 핍박을 이기고 성장한 원인이었다. 현재 한국 교회의 위기를 극복하는 방법도 이 세 가지 교훈에서 찾아야 할 것이다.

예수님의 부활에 대한 확신을 가지고 있다면, 우리는 진정 현세에서 변화된 삶의 모습을 보이고 열매를 맺어야 한다. 우리가 정말 그러한지를 자문해 보아야 한다. 부활을 통해 하나님의 아들로 선포되신 예수 그리스도를 믿는다면, 우리의 전인격과 삶은 반드시 변화되어야 한다. 사도 바울의 말대로, 우리가 믿음에 있는지를 확증해 보아야 한다(고후 13:5).

예수님을 나의 인생의 주님으로 믿지 않는다면, 그냥 그대로 살아도 된다. 그러나 정말 예수 그리스도가 구약에 예언된 메시아이시며, 죽음을 이기고 부활하신 것과 다시 오실 것을 믿는다면, 우리는 사도들처럼 완전히 변화된 삶, 즉 전도와 섬김의 삶을 살아야 한다. 예수 그리스도의 부활은 우리에게 인생의 유한함을 넘어선 위대한 소망을 갖게 한다.

8장

지옥교리 논증:
사랑의 하나님이 수많은 사람을
지옥에 보낸다는 것이 말이 되나요?

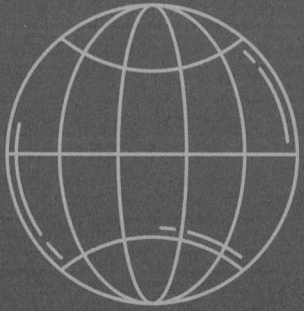

현대의 사두개인들

지옥교리는 기독교 변증학에서 매우 중요한 주제이다. 성경은 하나님의 본질을 사랑이라고 말씀하고 있는데(요일 4:16), 하나님이 많은 사람을 지옥에서 영원한 형벌로 심판하신다는 교리는 그리스도인들에게도 상당한 부담감을 준다. 지옥교리를 거부하는 사람들은 다음과 같이 질문하곤 한다. "사랑의 하나님이 자신을 믿는 사람들만 천국에 보내고, 믿지 않는 수많은 사람들을 지옥에 보내 고통을 당하게 하는 것이 말이 됩니까?"

이런 질문에 호응하며 "지옥은 전근대적인 발상에 지나지 않는다"고 말하며 비판하는 신학자나 목회자들도 있다. 2011년 미국 교계에는 지옥의 존재를 부인하는 마스힐 바이블 교회의 담임목사였던 롭 벨(Rob Bell)의 저서 『사랑이 이긴다』로 인하여 한바탕 소동이 벌어졌었다. 유진 피터슨(Eugene Peterson)과 풀러 신학교 총장인 리처드 마우(Richard Mouw)는 롭 벨의 저서에 담긴 견해를 지지했다. 그러나 개혁주의 설교가인 존 파이퍼(John Piper)는 롭 벨과의 관계를 단절한다고 선언했다. 그의 책이 출간된 후 마스힐 바이블 교회의 1만 명이 넘는 교인들 중에서 약 3천여 명의 교인들이 교회를 떠났다. 그런데도 롭 벨 목사는 자신을 여전히 복음주의자로 소개하고 있으니 뭔가 문제가 있다.

또 다른 예를 들어 보겠다. 캐나다 연합교회(UCC) 소속 그레타 보스퍼(Gretta Vosper)는 웨스트힐 유나이티드 교회의 목사였다. 그녀는 1993년에 목사 안수를 받고 사역을 하다가 2001년에 무신론자로 돌아섰다. 그리고 2013년부터 공개적으로 무신론자로 활동하면서 '유신론의 우상 숭배'를 버려야 한다고 주장한다. 그녀는 자신이 무신론자이고 무신론적인 강의(설교)를 하면서도 캐나다 연합교회 교단에 속한 목사로 남아 있기를 원했다. 그렇지만 2016년 9월에 그 교단의 연회의 위원회는 그녀의 목사 직위를 박탈했다. 신의 존재를 믿지 않아도 목사로 일할 수 있다는 주장은 생각할수록 참 아이러니하다.

롭 벨 목사가 말한 '복음주의'는 무엇일까? 지옥교리를 부정해도 복음주의 설교자가 될 수 있을까? 예수님을 구세주로 믿는다고 말하면서도 지옥의 존재에 대한 예수의 가르침이 잘못된 것이라고 말하는 것은 자기모순이 아닌가? 캐나다의 그레타 보스퍼의 경우는 더 심각하다. 그녀는 신의 존재를 부정하는 무신론자이다. 그런데도 상호 배려하는 삶을 살아야 한다는 도덕적인 강의를 교회의 설교로 볼 수 있을까?

예수님 당시에 종교 지도자들이었던 사두개인들은 영혼의 불멸을 믿지 않았고, 최후의 심판 날에 있을 부활과 지옥의 형벌을 부정했다. 그들은 천사와 마귀와 같은 영적인 존재들이 있다는 것도 믿지 않았다. 그들은 솔로몬왕에 의해서 대제사장으로 임명되었던 사독의 후예로 알려져 있다. 그들은 바벨론 포로기 이후 새로운 공동체 건설에 기여한 공로로 합법적인 사제들로 인정받았다고 한다. 그들의 관심은 기득권층의 이익에 편승하는 것이었기 때문에 로마에 대한 백성들의 적개심을 누그러뜨리는 것에 있었다. 한마디로 당시의 사두개인들은 오늘날 롭 벨과 그레타 보스퍼 등과 같은 '무신론적인 종교인'과 유사하다고 말할 수 있다.[1] 예수님은 당시의 사두개인들과 바리새인들에게 부자와 거지 나사로의 비유를 직접 들려주시면서 사후의 심판에 대한 교리를 분명하게 가르치셨다. 당시의 사두개인들은 오늘날의 유물론에 심취한 무신론적인 종교인들이라고 할 수 있다.

사람들은 왜 지옥의 실재를 거부하고 싶을까?

일반적으로 사람들은 종교의 유무와 관계없이 지옥에 대해 거부감을 가지고 있다. 그 이유는 지옥의 상징인 유황불, 구더기, 고문 등이 불편한 마음을 주기 때문일 것이다. 무신론 철학자인 버트런드 러셀은 『왜 나는 기독교인이 아닌가?』라는 그의 저서에서 영원한 고통과 형벌로 사람들을 위협하는 것을 비인간적인 처사로 비판하며 지옥에 대한 반감을 강하게 표현하고 있다. C. S. 루이스는 지옥교리를 예수 그리스도가 확증하신 성경의 핵심적인 가르침으로 믿으면서도 "자기 맘대로 할 수만 있다면 없애고 싶은 교리"라고 말하기도 했다.[2]

지옥에 대한 사람들의 거부감의 원인을 분석해 보면, 상당히 피상적이고 감정적이라는 것을 알 수 있다. 우선 '지옥에 대한 감정적 반응'과 '지옥교리에 대한 필요성'을 명확하게 구분해서 생각해야 한다는 것을 말하고 싶다. 지옥에 대한 '느낌'과 '필요성'은 별개의 문제이다. 복음주의 그리스도인마저도 지옥의 존재를 즐거워하지는 않는다. 그러나 그들은 지옥이 실재한다는 성경의 가르침을 사실로 믿으며, 지옥은 하나님의 공의에 저촉되지도 않는다고 본다. 마치 이 사회에 형법과 교도소가 필요하듯이, 공의로운 하나님이 지옥을 만드신 필연적인 이유가 있다고 믿기 때문이다.

지옥교리를 신앙을 강요하는 하나님의 위협으로 여기는 사람들도 있다. 그리고 일부 그리스도인도 지옥교리와 관련된 해결되지 않은 의구심을 품고 있을지도 모른다. 왜 사랑의 하나님이 고통스러운 영원한 지옥을 만드셨을까? 유한한 죄에 대한 영원한 형벌, 그것은 과잉처벌이 아닌가? 하나님은 지옥의 고통과 공포를 통해서 인간을 위협하시는가? 하나님은 지옥에 갈 사람들을 미리 아셨을 텐데 왜 창조하셨을까? 지옥에서 고통당하게 하는 것보다는 윤회를 통해서 죄를 씻는 게 더 효과적이지 않은가? 지옥에서 사람들을 영원히 고문하는 것보다는 그들의 영혼을 소멸시키는 게 더 자비롭지 않은가?

먼저, 지옥의 실재, 지옥의 필요성, 지옥교리의 정당성을 성경적인 근거와 논리를 통해서 검토하고자 한다.

지옥이 실재한다고 말하는 성경적인 근거들

지금까지 우리가 알고 있기에는 천문학자들이 지옥을 관측했다는 보도는 한 번도 나온 적이 없다. 또한 지질학자들이 지구 내면에 지옥이 있다는 것을 발견한 적도 없다. 그런데도 왜 우리는 지옥이 실재한다고 생각하고 믿어야 하는가? 그 이유를 예수님의 가르침과 성경에서 찾아볼 수 있다.

첫째, 예수 그리스도는 지옥이 실재한다는 사실을 분명하게 가르치셨다. 예수님이 지옥교리를 가르치신 목적은 우리의 양심과 의지를 일깨워서 하나님의 공의로운 심판을 생각하고 살도록 하기 위한 것이다. 예수님은 제자들에게 이렇게 말씀하셨다.

"…오직 몸과 영혼을 능히 지옥에 멸하실 수 있는 이를 두려워하라"(마 10:28).

그리고 예수님은 자기를 배척하는 이들에게 "인자가 그 천사들을 보내리니 그들이 그 나라에서 모든 넘어지게 하는 것과 또 불법을 행하는 자들을 거두어 내어 풀무불에 던져 넣으리니 거기서 울며 이를 갈게 되리라"(마 13:41-42)고 선포하셨다. 하나님은 최후의 심판에서 "또 왼편에 있는 자들에게 이르시되 저주를 받은 자들아 나를 떠나 마귀와 그 사자들을 위하여 예비된 영원한 불에 들어가라"(마 25:41) 하고 판결하실 것이다.

예수님은 하나님의 심판과 지옥의 실재에 대해 불분명하거나 애매한 표현을 쓰신 적이 한 번도 없다. 하나님의 아들이신 예수 그리스도는 천국과 지옥이 실재하고 있다는 사실을 아주 분명하게 말씀하셨다.

"이를 놀랍게 여기지 말라 무덤 속에 있는 자가 다 그의 음성을 들을 때가 오나니 선한 일을 행한 자는 생명의 부활로, 악한 일을 행한 자는 심판의 부활로 나오리라"(요 5:28-29).

둘째, 신구약 성경은 지옥과 하나님의 심판이 있다는 사실을 명확하게 가르친다. 구약성경에서는 '스올'(sheol)이라는 단어가 66회 사용되었다. 구약은 사람의 몸은 무덤으로 가고 영혼은 스올로 간다고 한다. 요한계시록에서도 지옥의 실재를 분명히 언급하고 있다.

"누구든지 생명책에 기록되지 못한 자는 불못에 던져지더라"(계 20:15).

히브리서의 저자 역시 "한 번 죽는 것은 사람에게 정해진 것이요 그 후에는 심판이 있으리니"(히 9:27)라고 말한다. 최후의 심판 교리는 예수 그리스도가 심판대에서 불신자들과 신자들에 대한 심판을 진행하실 것을 말한다. 바울은 특히 고린도 성도들에게 보낸 두 번째 편지에서 "이는 우리가 다 반드시 그리스도의 심판대 앞에 나타나게 되어 각각 선악 간에 그 몸으로 행한 것을 따라 받으려 함이라"(고후 5:10)고 말한다.

C. S. 루이스는 지옥을 하나님으로부터 영원히 분리된 것으로 본다. 사도 바울은 "하나님을 모르는 자들과 우리 주 예수의 복음에 복종하지 않는 자들에게 형벌을 내리시리니 이런 자들은 주의 얼굴과 그의 힘의 영광을 떠나 영원한 멸망의 형벌을 받으리로다"(살후 1:8-9)라고 선포한다. 사람들은 이 땅에서 자신이 걸어온 삶에 대한 책임을 마땅히 져야 한다.

> "이는 우리가 다 반드시 그리스도의 심판대 앞에 나타나게 되어 각각 선악 간에 그 몸으로 행한 것을 따라 받으려 함이라"(고후 5:10).

성경은 하나님의 심판이 일단 내려진 후에 그 판결은 영원한 효력을 갖는다고 말한다. 하나님의 최종 판결은 번복되거나 취소되지 않는다. 예수님은 그분의 왼편에 있는 자들에게 "그들은 영벌에, 의인들은 영생에 들어가리라"(마 25:46)고 말씀하셨다. 성경이 지옥에 대한 증언을 아주 중요하고 무게 있게 다룬다는 점을 기억해야 한다.

셋째, 하나님이 지옥을 준비하신 이유는 하나님을 거역한 사탄, 마귀, 귀신을 처벌하기 위한 목적 때문이었다.

> "또 자기 지위를 지키지 아니하고 자기 처소를 떠난 천사들을 큰 날의 심판까지 영원한 결박으로 흑암에 가두셨으며"(유 1:6).

이 말씀에 의하면, 지옥은 하늘에서 하나님께 반역한 사탄과 귀신들을 처벌하기 위해 '예비된' 곳이다.

"또 그들을 미혹하는 마귀가 불과 유황 못에 던져지니 거기는 그 짐승과 거짓 선지자도 있어 세세토록 밤낮 괴로움을 받으리라"(계 20:10).

주님은 "또 왼편에 있는 자들에게 이르시되 저주를 받은 자들아 나를 떠나 마귀와 그 사자들을 위하여 예비된 영원한 불에 들어가라"(마 25:41)고 말씀하셨다. 주의할 것이 있다. 지옥을 보고 왔다는 임사체험을 다룬 어떤 간증집들은 사탄이 지옥에서 지옥에 온 사람들을 괴롭히고 고문을 하는 역할을 맡았다고 말하기도 한다. 하지만 그런 간증은 성경적이지 않다. 요한계시록에 따르면, 하나님의 심판에 의해서 불못에 던져진 사탄과 마귀와 그 졸개들과 추종자들은 함께 고통과 괴롭힘을 세세토록 당하게 된다고 말하기 때문이다.

"그러나 두려워하는 자들과 믿지 아니하는 자들과 흉악한 자들과 살인자들과 음행하는 자들과 점술가들과 우상 숭배자들과 거짓말하는 모든 자들은 불과 유황으로 타는 못에 던져지리니 이것이 둘째 사망이라"(계 21:8).

사탄과 귀신은 완전히 악에게 헌신되어 있기 때문에 구원의 가능성이 없다. 사탄과 마귀들 그리고 회개하지 않은 모든 이에게는 지옥의 영원한 형벌이 합당하다. 따라서 성경이 말하는 단 하나의 비상구를 알아야 한다. 사람들은 죽음을 피할 수 없다. 지옥에 가지 않는 유일한 방법은 이 땅에 사는 동안에 반드시 예수 그리스도를 믿고 회개하여 구원을 받는 것이다.

'지옥이 필요하다'고 주장하는 세 가지 이유

앞 단락에서는 지옥이 실재한다고 믿어야 하는 성경적인 이유를 설명했다.

여기에서는 왜 지옥이 존재해야 하는지에 대한 그 필요성을 세 가지 관점에서 살펴보고자 한다. 완전한 정의의 관점, 하나님의 성품의 관점 그리고 인간의 의지와 책임에 대한 관점이다. 이러한 관점에서 보면 '지옥은 없어서는 안 되며 반드시 있어야 한다'는 것을 요청할 수밖에 없다.

첫째, 정의의 관점에서 지옥은 반드시 존재해야 한다. 정의를 실현하기 위해서는 범죄학에 대한 연구도 필요하다. 고전주의 범죄학파(the Classical School of Criminology)의 선두주자인 공리주의 철학자 제러미 벤담(Jeremy Bentham)은 "인간은 의식적으로 쾌락을 선택하고 고통을 피하는 합리적인 동물이라고 할 수 있다. 따라서 형벌은 각 범죄에 부과되어 범죄의 실행에서 얻어지는 쾌락보다 고통이 더 크도록 해야 한다"고 말했다.3)

세속 정부와 국가들도 사회정의를 이루기 위하여 역설적으로 교도소가 필요하다는 것을 안다. 그래서 국가는 국민의 생명과 재산을 보호하기 위해 범죄자들에 대한 처벌을 형법에 규정한다. 국가에 따라 다르긴 하지만, 대개 벌금형, 금고형, 유기징역, 무기징역, 가석방 없는 종신형, 사형 제도를 통해서 국민의 생명과 재산을 보호하고자 한다.

일반인들은 '처벌'이라는 단어만으로도 부담감을 갖지만, 국민의 생명과 재산을 보호하고 인간의 존엄성을 지키기 위한 장치로서 형법과 사법제도는 당연히 필요하다. 범죄에 비례하여 형벌은 결정된다. 범죄의 심각성에 비례하는 합리적인 처벌이 요구된다. 속도위반이나 신호위반으로 걸리면 벌금을 부과하는 교통법규가 있는 것 그 자체는 운전자에게 유쾌하지 않은 일일 수 있다. 그러나 자동차 운행에 관련된 다양한 법 제도는 개인이 느끼는 불쾌감과는 관계없이 현실 사회에서 필요하다. 교통법규가 있어야 안전 운행이 가능하다.

잔혹한 범죄자를 사회로부터 일정 기간 격리하거나 혹은 무기형(미국에서는 가석방 없는 종신형)이나 사형을 선고하는 이유는 시민의 생명과 재산을 보호하기 위해서 그런 처벌이 필요하기 때문이다.

공리주의자 벤담은 형벌의 일차적인 목적은 범죄를 예방하는 것에 있다고 말했다. 그러나 현실적인 면에서, 범죄를 완전히 예방하는 것은 불가능하며 범죄자에 대한 처벌도 완전무결하지 않다. 성경은 때로 악인이 형통한다는 모순을 고발한다(시 73:3). 이 땅에서 극악무도한 죄를 지었으면서도 누구보다도 많은 명예, 부, 쾌락, 권력을 누리고 장수하는 사람들도 있다.

만일 황제나 악인들, 또는 최고 권력자들이 이 땅에서 부귀영화를 누리고 재미있게 살다가 어떤 처벌도 받지 않고 죽는다고 가정해 보자. 사후에라도 그런 악행에 대한 하나님의 완전한 심판과 형벌이 없다면, 이 땅에서 제 맘대로 즐기며 사는 것이 가장 좋은, 행복한 삶의 유형일 것이다.

완전범죄로 인해 드러나지 않은 죄악들, 생전에 처벌되지 않은 권력자의 죄악 그리고 모든 숨겨진 죄들에 대한 하나님의 완전한 사후의 처벌이 없다면, 완전한 정의는 없는 것이나 마찬가지이다. 그럴 경우에, 돈과 권력과 섹스와 같은 '우연성'이 행복의 가장 중요한 조건이 되고 말 것이다. 완전한 정의의 관점에서 보면 그것은 불의이자 모순이다.

둘째, 하나님의 거룩한 성품의 관점에서 지옥은 필요하다. 하나님의 거룩한 성품은 사랑과 공의로 나타난다. 하나님은 공의로운 분이기 때문에 죄를 용납하지 않으신다. 불의하고 역겨운 죄에 대한 심판은 필수 불가결하다. 그래서 공의의 하나님의 관점에서 보면, 지옥은 당연히 존재해야만 한다. 죄는 있는데, 죄에 대한 처벌이 없다면 그것이야말로 불의하기 때문이다.

미국의 대각성 운동의 기수였던 조나단 에드워즈(Jonathan Edwards)에 의하면, 아무리 작은 죄라도 지옥에 떨어질 만한 것이다. 거룩한 하나님은 어떤 죄도 묵과하지 않으신다. 모든 사람은 생각, 행동, 언어로 평생 무수한 죄를 짓는다. 죄를 지으면서도 하나님의 자비와 용서를 비방하는 인간들의 부패한 본성 때문에 지옥이 필요하다. 깊이 생각해 본다면, 우리는 지옥의 무서움보다는 인간의 부패한 본성과 잔혹함에 대해 더 놀랄 수밖에 없다.

그러므로 지옥은 하나님의 공의가 작동하는 과정에서 꼭 필요하다. 범죄자를 처벌하지 않는 국가는 정의로운 나라가 될 수 없듯이, 죄를 방관하고 죄인의 악행을 묵인하는 신은 정의의 하나님이 되실 수 없다. 만일 하나님이 공의로운 심판을 통해 영벌(지옥)을 시행하지 않으신다면 그분의 공의는 만족되지 못할 것이다. 불완전한 이 세상에서도 범죄자에 대한 처벌이 요구된다면, '악인에게 영벌'과 '의인에게 영생'을 주시는 거룩한 하나님의 공의로운 판단이 있어야 한다는 주장도 매우 타당하다고 할 수 있다.

셋째, 인간의 의지적 선택의 관점에서 지옥은 필요하다. 인간은 도구적 가치가 아니라 본래적 가치를 가지고 있다. 이 말은 인간이 도구나 수단이 아니라 그 자체로 목적적인 존엄성을 가진 존재라는 의미이다. 철학자 임마누엘 칸트가 말했듯이 인간은 수단이 아니라 목적적 존재이다. 동물과 달리, 사람은 자유의지를 가진다.

하나님은 인간을 로봇이 아니라, 자유의지를 가지고 선택적인 행동을 할 수 있는 존재로 창조하셨다. 따라서 하나님은 인간을 강압하지 않고 의지적 선택을 존중하신다. 천국행과 지옥행도 인간의 선택이 변수로 작용한다. 성경의 법칙은 '누구든지 주의 이름을 부르는 자'는 천국에 가지만, '하나님의 아들을 믿지 않는 자'는 지옥에 간다는 것이다. 지옥의 본질은 '하나님과의 파괴된 관계'로 설명할 수 있다. 파괴된 관계는 하나님의 의도가 아니라 순전히 인간의 작품이다.

하나님은 인류를 구하기 위해서 독생자 예수를 보내 주셨다. 하나님은 구원의 역사에서 최선을 다하고 계신다. 예수를 그리스도로 영접하는 사람은 하나님의 자녀가 되며 구원받는다. 반면에 지옥이란 사랑의 하나님으로부터 완전히 분리되는 '영원한 추방'이다. 하나님은 그리스도를 의도적으로 영접하지 않은 사람들을 장차 영원히 하나님의 나라에서 추방하신다.

또한 지옥은 다시는 번복되거나 변경될 수 없는 '영원한 최종 선고'이다.[4] 그 이유는 하나님을 무시하고 조롱하는 삶을 산 이들은 다시는 하나님의 형상을 회복할 수 없는 영원한 형벌을 받기 때문이다. 이처럼 지옥은 인간의 본래적 가치의 관점에서 설명이 가능하다. 하나님은 인간의 자유의지에 따른 선택을 존중해 주신다. 영원한 시간을 '하나님 나라'와 '지옥' 중에 어느 곳에서 보낼지는 이 땅에서 우리의 의지적이며 인격적인 선택 여하에 따라 달라지게 된다.

미국 바이올라대학교 교수 J. P. 모어랜드는 '지옥'을 '인간의 존엄성과 자유의지의 선택이라는 가치에 대한 영원한 기념비적 사실'로 본다. 또한 C. S. 루이스 역시 하나님이 독생자를 보내면서까지 모든 인류를 구원하고자 하셨던 사랑이 만민에게 동일한 결과로 이어지지 않는 이유는 사람들의 '자유의지 남용' 때문이라고 말한다. 어떤 사람들은 구원받기를 거부하고 끝내 자신의 반역을 회개하지 않을 수도 있다.

지옥교리에서 혼동하지 말아야 할 것은 인류를 향한 하나님의 목표가 지옥이 아니라 천국이라는 사실이다. 하나님은 모든 사람을 지옥에 보내려고 하지 않고, 믿는 모든 사람을 천국으로 인도하기 위해 이미 2천 년 전에 예수 그리스도를 이 땅에 보내 주셨다.

"영접하는 자 곧 그 이름을 믿는 자들에게는 하나님의 자녀가 되는 권세를 주셨으니"(요 1:12).

"하나님이 세상을 이처럼 사랑하사 독생자를 주셨으니 이는 그를 믿는 자마다 멸망하지 않고 영생을 얻게 하려 하심이라"(요 3:16).

지옥에 관한 성경 구절은 비유인가, 아니면 실제 상황인가?

"또 그들을 미혹하는 마귀가 불과 유황 못에 던져지니 거기는 그 짐승과 거짓 선지자도 있어 세세토록 밤낮 괴로움을 받으리라"(계 20:10).

"거기에서는 구더기도 죽지 않고 불도 꺼지지 아니하느니라 사람마다 불로써 소금 치듯 함을 받으리라"(막 9:48-49).

"그가 음부에서 고통 중에 눈을 들어 멀리 아브라함과 그의 품에 있는 나사로를 보고 불러 이르되 아버지 아브라함이여 나를 긍휼히 여기사 나사로를 보내어 그 손가락 끝에 물을 찍어 내 혀를 서늘하게 하소서 내가 이 불꽃 가운데서 괴로워하나이다"(눅 16:23-24).

여기 인용한 지옥에 대한 성경 구절을 보면 지옥에 대한 여러 비유적 표현들이 있다는 것을 알 수 있다. (a) '불'은 형벌과 파멸의 상징, (b) '구더기'는 비참함과 고통의 상징, (c) '이를 갊'은 회개하지 않는 완악한 심성의 상징, (d) '어두움'은 하나님으로부터 완전한 배제의 상징 등이다. 이 성경 구절에 나오는 불, 구더기, 이를 갊, 어두움 등은 지옥을 무서운 형벌이 있는 곳으로 묘사하고 있다. 지옥은 단순한 상징이 아니라 실제 상황이다.

첫째, '지옥 불'은 형벌을 분명히 상징하고 있다. 모든 비유적 표현은 문자적 요지를 함축하고 있기 때문에, 불은 형벌에 대한 비유적 표현이면서도 동시에 고통을 주는 실제적인 장치로 보인다.

둘째, '지옥의 구더기'는 죽음과 파멸을 상징하는 표현이면서도 실제로 생명이 떠난 죽음의 비참한 상태를 가장 적나라하게 보여 준다. 구더기는 죽은 몸에 기생한다. C. S. 루이스에 의하면, 천국에 들어간다는 것은 이 땅에서

보다 더 인간다워진다는 것을 의미하며 지옥에 떨어진다는 것은 이 땅에서 약간이라도 남아 있던 인간성이 완전히 박탈당한다는 것을 뜻한다. 천국에 가는 성도들이 변화된 부활의 몸을 갖는다면, 지옥에 던져지는 인간은 하나님의 형상을 완전히 상실한 인간의 잔해일 것이다. '구더기'는 하나님으로부터 완전히 단절된 인간의 잔해가 얼마나 비참한 상태인지를 나타낸다.

셋째, 성경은 지옥에 간 사람들이 '이를 간다'고 표현한다. 이것은 지옥에서도 결코 회개하지 않는 이들의 완악한 마음을 말한다. 지옥에 간 악인들과 사탄은 결코 회개하지 않을 것이다. 이들은 창조주와 구세주에 맞서서 불순종하고 거슬러 반역을 한 자신들의 행동을 끝까지 돌이켜 회개하지 않는 사람들이다. 이들은 마귀와 함께 영벌을 받게 될 것이다.

넷째, '지옥의 어두움'은 하나님과의 영원한 결별이요, 영원한 멸망의 형벌을 의미한다(살후 2:7). 지옥의 어두움은 하나님의 영광이 완전히 거두어졌다는 것을 의미한다.

"빛이 어둠에 비치되 어둠이 깨닫지 못하더라"(요 1:5).

성경에 의하면, 천국과 지옥 사이에는 큰 구덩이(심연)가 있어서 어느 누구도 건널 수 없다(눅 16:26). 그래서 C. S. 루이스는 지옥을 하나님과 영원히 분리되는 '엄청난 이별'이라고 부른다. 조직신학자 루이스 벌코프(Louis Berkhof, 1873-1957)에 의하면, 지옥은 "(a) 하나님의 은총이 완전히 결여된 곳, (b) 죄에 완전히 지배된 결과로서의 끝없는 혼란, (c) 양심의 가책이나 고뇌, 절망, 애곡, 이를 갊과 같은 주관적 형벌들로 구성된다." 한마디로, 지옥의 본질은 하나님과의 관계가 최종적으로 파괴되었다는 것을 의미한다.

그러므로 지옥과 관련된 이미지들은 상징적인 의미뿐만 아니라, 문자 그대로의 고통스러운 결과를 실제로 동반할 것이다. 지옥은 단순한 상징이나 상태를 넘어선 실제로 존재하는 장소이기도 하다. 이 땅에서의 범죄자에 대한 처벌도 실제적이어야 하듯이 창조주와 구세주를 거부한 죄인들도 그에 상응하는 영원한 처벌을 받는 것이 논리적으로도 타당하다.

"또 왼편에 있는 자들에게 이르시되 저주를 받은 자들아 나를 떠나 마귀와 그 사자들을 위하여 예비된 영원한 불에 들어가라"(마 25:41).

지옥의 영원한 형벌은 지나친 과잉처벌이 아닌가?

사람들은 범죄의 중대성과 심각성에 비례하여 범죄자에게 그에 합당한 형벌을 주는 것이 맞다고 말한다. 그들은 사람들이 이 땅에서 잠시 동안 저지른 죄악 때문에 하나님으로부터 영원한 형벌을 선고받는 것은 합당하지 않다고 말한다. 유한한 시간의 범죄에 대해 무한한 형벌을 부과하는 것은 과잉처벌이며 가중처벌이라는 것이다. 과잉처벌은 범죄의 경중에 비해 지나치게 무겁거나 불합리한 처벌을 내리는 것을 말하고, 가중처벌은 법률에 명시된 특정한 사유가 있을 경우에 원래의 형벌보다 더 무겁게 처벌하는 것을 말한다. 영원한 형벌은 과잉처벌인가?

그들은 범죄자가 적당한 형기를 마치면 교도소에서 출옥하듯이, 지옥 판결을 받은 사람들도 적당한 기간의 형벌을 받은 후에는 지옥 밖으로 나갈 수 있어야 한다고 주장한다. 죄인들은 벌을 받는 것은 마땅하지만 영원한 지옥의 고통은 지나친 과잉처벌이며, 예수를 믿지 않는다는 이유로 영원한 형벌을 내리는 것은 가중처벌이라고 비판한다. 이런 비판에 대해 몇 가지 짚어 볼 사항들이 있다.

첫째, 범죄에 대한 형벌로 교도소에서 일정 기간 복역한 후에 출소하면, 지은 죄가 사라지는가?⁵⁾ 마찬가지로 지옥에서 일정 기간 고통을 당하면 지은 죄 자체가 사라질까? 지옥에서 일정한 형벌을 받았으니, 죄인이 지옥에서 벗어날 권리가 있다고 말할 수 있을까? 억울하게 당한 피해자의 입장에서는 동의하기 어려운 부분이 있다.

더글라스 그로타이스는 형량이 죄 자체를 소멸시키지 않는다고 주장한다. 최근 우리 사회에서 벌어진 폭력, 강간, 살인 사건의 범죄자들을 생각해 보자. 가령, 엽기적인 납치 살해를 저지른 지존파(1990년대 초 극악무도한 연쇄살인 조직)나 막가파(1990년대 중반 무차별적으로 범죄를 저지른 강도살인 집단)의 조직원들이 교도소에 오랜 시간 수감되면 '그들이 지은 죄 자체'가 사라지는 것일까? 설사 범죄자가 만기 출소한다고 해도 '그 범죄 자체'가 '아예 없던 일'이 되지는 않는다. 희생자는 다시 살아나지 못하고 피해자 가족의 아픔도 온전히 치유되지 않기 때문이다. 죄를 대속할 수 있는 길은 교도소에서 보낸 시간의 형량이 아니라는 것은 명백한 진실이다. 따라서 살인자나 범죄자들이 스스로 죄에 대한 사면이나 집행유예를 요구할 수 없다.

궁극적으로 모든 사람은 죄인이다. 지옥에 떨어진 사람들은 예수 그리스도의 십자가의 희생을 통한 속죄를 받아들이지 않았기 때문에 거기에 있게 된 것이다. 죄를 용서받는 궁극적인 길은 예수 그리스도의 십자가의 희생을 통하는 길밖에 없다. 정의 사회를 위해 경찰은 마땅히 범법자들을 교도소에 보내야 하는 것처럼, 공의의 하나님은 대속을 거부한 죄인들을 지옥에 보내실 수밖에 없다. 그렇지 않다면 공의의 하나님이라고 말할 수 없다. 예수님은 마땅히 처벌받아야 하는 죄인들의 죄를 용서하기 위해서 자신의 생명을 대속물로 주어 하나님의 공의를 충족시키셨다.

둘째, 지옥의 형벌의 '영원성'에 대해 생각해 보자. 지옥은 하나님과의 영원한 격리를 선고받은 죄인들이 가는 곳이다. 모어랜드 교수에 의하면, 지옥은 영원한 고통에 대한 자각 때문에 아픈 것이 아니라, 하나님으로부터 영원히 추방된 것을 인식해서 아픈 것이다.

C. S. 루이스는 '잠깐의 죄, 영원한 형벌'이라는 개념을 '완전한 시간' 개념으로 바꿔서 설명한다.[6)] 루이스에 의하면, '지옥은 과잉처벌!'이라는 비판은 '영원'을 3차원적 시간의 끝없는 연장으로 보기 때문에 생긴 오해이다. 3차원적 시간이 '과거-현재-미래'로 이어지는 '선'(線)의 개념이라면, '영원'의 개념은 '여러 개의 면들이 이룬 입체'에 해당된다. 그래서 '영원'은 직선적인 시간 개념이 아니라 '입체적인 시간' 개념에 속한다. 그는 지옥의 형벌의 영원성은 지금 우리가 알고 있는 3차원적 시간이 아니라, 완전해진 시간 개념 속에서 받는 형벌을 의미한다고 본다.

셋째, 형사처벌로 인한 형량은 범죄 행위에 소요된 시간이 아니라, 범죄 행위 자체의 잔인성의 정도와 범죄 대상(물건, 동물, 사람)에 따라 달라진다. 단순히 범죄 행위에 소요된 시간에 비례해서 형벌을 정하지는 않는다. 흉악한 살인 사건도 범죄에 소요된 시간은 실제로 얼마 안 될 수 있다. 세상 법정은 흉악한 범죄자를 사회로부터 격리시키는 법률을 가지고 있다. 범죄의 대상이 동물인가, 사람인가에 따라서 형량도 일반적으로 달라지게 마련이다.

대한민국의 동물보호법(2021년 기준)은 동물을 잔인하게 죽인 행위에 대해서 3년 이하의 징역이나 3천만 원 이하의 벌금형을 규정하고 있다. 그러나 사람을 고의로 살해하는 심각한 중죄인 경우 형법 제249조는 사형, 무기징역, 또는 5년 이상의 유기징역형을 선고하도록 규정하고 있다. 자기의 직계존속을 살해한 범죄에 대해서는 가중처벌 조항을 별도로 두고 있다.

자식이 부모를 거역하고 살해하는 것이 큰 죄인 것처럼, 인간이 지을 수 있는 가장 나쁜 범죄는 창조주 하나님을 우롱하고, 예수님을 모욕하며, 성령 하나님을 비방하는 것이다. 이 땅에서의 최고형이 '가석방 없는 종신형'이나 '사형'이듯이, 조나단 에드워즈가 말한 것처럼, 영원한 하나님을 거역한 죄는 영원한 형벌을 받는 것이 마땅하지 않을까?

지옥 심판보다는 윤회가 더 나은 생각 아닌가?

힌두교와 불교 문화권에서 성장한 사람들은 현재의 인생이 수많은 전생의 윤회 고리에 이어져 있으며, 앞으로도 수없이 반복되는 윤회가 있다고 믿는다. 한국인에게도 윤회는 문화적으로 익숙한 개념이다. 세계 주요 종교 중에서 불교와 힌두교는 모두 윤회론을 근간으로 한다. 뉴에이지 운동이나 단학을 수련하는 자들도 대개 윤회설을 믿는다. 힌두교는 아트만(개인)이 윤회를 거듭하면서 브라만(우주 자체인 비인격적 신)과 하나가 된다고 가르친다. 석가모니는 힌두교의 윤회설과는 약간 다르게, 인간 행위의 결과가 현재 삶으로부터 다음 삶으로 계속해서 옮겨진다고 생각했다. 불교는 윤회를 통해서 궁극적으로 존재가 없다는 것을 깨달아 해탈하게 된다고 가르친다.

어떤 사람들은 사람이 죽은 후 지옥에서 영원히 고통을 당할 것이라는 기독교의 심판교리보다는, 윤회를 통해서 악업을 청산하고 선업을 쌓을 수 있는 새로운 기회를 주는 것이 더 좋지 않을까, 하고 생각한다. 지옥의 뜨거운 고통을 경험한 사람은 자기에게 새로운 삶의 기회가 한 번 더 주어진다면 선한 삶을 살겠다고 결심하지 않을까? 윤회를 통해 새로운 존재로 환생해서 나쁜 업보를 씻고 개과천선(改過遷善)할 수 있지 않을까? 그렇지만 필자기 생각하기에 윤회설에는 일곱 가지의 심각한 논리적인 오류가 있다.

첫째, 윤회설은 '사람들이 지옥에서 벌을 받으면, 그 후에 악행을 반성하고 변화될 수 있다'는 전제를 가지고 있다. 그러나 성경에 의하면, 사람이 한 번 죽은 후에는 심판을 피할 수 없다고 말하며(히 9:27), 한 번 사망한 후에는 새로운 삶의 기회가 부여되지 않는다. 만약에 윤회론자들의 주장처럼, 사람이 윤회의 과정을 거쳐서 개선될 수 있다면, 지금 세상은 완전히 낙원과 비슷한 곳이 되어 있어야 할 것이다. 사람들이 과거의 끝없는 전생을 거쳐서 지금까지 환생과 윤회를 통해서 거듭 반복해 왔다면, 인류의 도덕은 극히 발달한 수준에 이르렀어야 한다. 그러나 윤회가 되풀이될수록 도덕이 발달한다는 어떤 결론도 얻을 수 없다.

둘째, 사람들과 짐승들은 기본적으로 모두 자기를 보호하고 유지하고자 하는 본성을 가지고 있다. 그런데 불교와 힌두교와 같이 윤회설을 근간으로 하는 종교는 생명의 소멸(무아)을 궁극적인 목적으로 가르친다. 힌두교의 경우, 해탈, 즉 '모크샤'(Moksha)는 '인간과 우주의 합일'을 이루는 것이다. 이것을 '아트만이 브라만이다'라는 것으로 표현한다. 이것은 결국 인격을 가진 개인(아트만)이 인격이 없는 우주(브라만)에 '흡수'되어 개성이 사라지는 것을 말한다. 불교의 경우에, 무아는 자아 소멸을 의미한다. 불교에서 말하는 무아지경에 이르면 윤회의 사슬은 끊어진다. 열반(니르바나)은 인격을 가진 생명체가 촛불이 꺼지듯이 사라지는 것을 의미하는데, 어떻게 '존재의 소멸'이 모든 생명체의 궁극적인 목표가 될 수 있다는 것일까?

'무아'(열반)는 완전한 멸망이나 소멸을 달리 표현한 것에 지나지 않는다. 무아를 추구하는 것은 자기를 보존하려는 내재적 본성과 배치된다. 이것은 고통스러워하는 환자에게 죽음이 유일한 해결책이라고 설명하며 자살을 권하는 것과 무엇이 다른가? 열반(무아)은 죽음(멸망)의 또 다른 표현에 지나지 않으며 고통의 문제를 이런 식으로 해결하는 것은 올바르지 않아 보인다. 기독교의 영생의 교리는 불교나 힌두교처럼 자아의 소멸을 궁극적인 목적으로 가르치지 않는다. 성경에 의하면, 인간은 영혼과 육체로 구성된 단일한 개체로서 영원히 구별되게 사는 인격적인 존재이다.

셋째, 윤회는 '내'(인간)가 '다른 것'(인간 혹은 다른 존재)으로 환생한다는 이론이다. 그렇지만 'A'라는 인간이 전혀 다른 'B'라는 인간 혹은 동물이나 곤충'으로 태어난다면, 이 둘 사이에는 어떤 신체적 연속성도 없다. 그래서 인간의 몸이 다른 비인간적인 존재(지렁이, 개구리, 소 등)로 환생한다는 것은 자기모순이다. 유전자 구조가 너무 달라서 결코 동일인으로 간주될 수 없다.

또한 윤회설은 생물학적 종의 탄생에 대한 지식이 전혀 없던 과거의 사람들에게는 통용되었을지 몰라도 현대인들에게는 전혀 설득력이 없다. 개구리는 올챙이를 낳고, 말은 망아지를 낳으며, 소는 송아지를 낳고, 사람은 사람을 낳는다. 물고기가 송아지를 낳은 적도 없고, 사람이 강아지를 낳은 적도 없다. 어떤 사람이 소로 다시 환생했다고 주장한다고 해도, 사람의 신체의 유전자와 소의 유전자는 너무 달라서 동일한 존재로 간주될 수 없다.

윤회설은 신체의 이질성 때문에 심각한 논리적 모순을 드러낸다. 가령 어떤 개인이 수많은 전생과 후생이 반복되는 윤회를 통해서 수없이 많은 다른 몸(곤충들, 동물들, 사람들)을 가지면서도 '동일한 존재'로 존속한다고 말하는 것은 궤변이며 자기모순일 뿐이다.

넷째, 윤회론자들은 윤회에 대한 증거로 '전생에 대한 기억'과 '습관의 유사성', '기질의 유사성'을 든다. 이들은 어떤 사람이 죽은 후에 그의 영혼이 다시 태어나 다른 몸을 지닌 새로운 존재로 환생한다고 주장한다. 이때 환생한 사람이 이전 생을 산 사람의 성격, 습관, 기질과 유사한 경우가 있다고 말하며 이를 근거로 두 사람은 동일인이라고 주장한다. 그러나 대부분의 사람들은 전생에 대한 어떤 기억도 갖고 있지 않다. 일부 무당이 말하는 전생론은 빙의 현싱의 결과일 뿐, 모든 사람이 윤회힌다는 증거로 사용될 수 없다. 심리학지들에 의하면, '전생에 대한 기억'은 인류의 보편적인 경험이 아니다.

전생에 대한 기억을 통해서 환생을 입증하려는 시도는 그 이전 생애의 사람 혹은 동물이 특히나 좋아했던 물건이나 장소를 알아맞히는 것을 통해서 'A가 B로 환생했다'는 주장을 정당화하려는 것이다. 그러나 존 힉에 의하면, 윤회가설의 다양한 조합들, 가령, (a) 곤충에서 사람으로 환생, (b) 사람에서 곤충으로 환생, 혹은 (c) 사람에서 다른 사람으로 환생 등에서, (a)와 (b)의 경우에는 '기억'은 환생의 증거로 작동될 수도 없다. (c) 'A라는 예술가'에서 'B라는 노동자'로 환생한 경우를 가정해도, 둘 사이에 약간의 습관과 기질의 유사성보다는 이질성이 더 많기 때문에 동일인으로 판단할 수 없다.[7] 가령 매운 음식을 좋아한다는 식성만으로 A와 B를 동일인이라고 본다면 엄청 많은 사람이 모두 동일인의 범주에 속할 것이다.

전생에 대한 기억은 인류의 보편적 경험이 아니라는 점 때문에 윤회가설은 어려움에 부딪힌다. 또한 성격이나 습관이 비슷하다는 이유만으로 정체성을 동일시하는 것은 지나친 논리적 비약이다. 기질과 습관의 유사성은 우연의 일치이거나 유사한 환경에서 자란 사람들 사이에서도 흔히 나타나는 현상이기 때문이다.

다섯째, 윤회설은 '전생, 그 전생…'으로 무한소급을 해야 하는데, 최초의 생애를 상정하지 못한다. 이 점에서 윤회설이 주장하는 전생의 이론은 개인 혹은 인류의 기원을 전혀 설명할 수 없다. 빅뱅이론은 시간, 공간, 물질, 생명체가 존재하지 않았던 때가 있었음을 말한다. 창세기도 하나님이 태초에 만물을 지으셨다고 말한다. 그리스 철학자 아리스토텔레스도 '부동의 원동자'(unmoved mover) 개념을 통해서 무한 퇴행(endless regress)을 부정한다. 따라서 무한한 과거로의 무한한 전생이 반복적으로 존재한다는 것은 전혀 합리적인 설명이 아니다. 토마스 아퀴나스의 우주론적인 논증이나 윌리엄 크레이그 박사의 칼람우주론 논증처럼 언젠가 과거의 한 시점에 우주의 시작이 있다고 전제하는 것이 더 합리적이다.[8]

여섯째, 윤회론자들은 사후에 새로운 기회를 주는 것이 더 도덕적이라고 주장한다. 그런데 사후에 새로운 기회를 무한하게 얻는 것이 과연 도덕적인 것일까? C. S. 루이스에 의하면, 학생들에게 시험을 치를 수 있는 기회를 반복해서 줄 수는 없다. 언제든 마지막 시험은 있어야 하기 때문이다. 전지한 하나님은 그때를 잘 아신다. 모어랜드 교수는 하나님이 이미 사람들에게 충분한 기회를 주셨을 뿐만 아니라, 아직도 하나님은 오래 참으시며, 최후의 심판을 동반하는 그리스도의 재림까지도 연기하며 죄인들의 회개를 기다리고 계신다(벧후 3:9). 그리고 설령 악인들이 사후에 하나님의 심판을 받고 나서 회심을 결단한다고 가정해 보면, 그것은 자유의지에 의한 회심이 아니라, 강압에 의한 회심일 뿐이다. 공포 분위기 속에서 맺은 계약이 무효이듯이, 지옥을 경험한 후 뒤늦게 지옥에서 이루어지는 회심은 진정한 의지적 선택에 의한 회심이 아니다. 그것은 자유의지를 가진 인간의 자율적인 결정이 아니다. 마치 공포 속에서 이루어진 사과를 진정한 사과로 받아들일 수 없는 것이나 마찬가지이다.

일곱째, 윤회론은 인간의 존엄성을 설명할 수 없을 뿐만 아니라 현재의 삶이 안고 있는 불공정한 여건에 대한 타당한 설명을 제시할 수 없다. 힌두교나 불교의 시각으로 본다면, 장애인으로 출생하는 것은 전생의 업보에 해당된다. 그리고 후천적인 사고로 인해 신체가 손상된 경우도 역시 업보 때문이다. 윤회론은 현재의 모습을 전생의 업보를 반영한 당연한 결과로 본다. 인도처럼 윤회설이 지배적 사유를 형성한 국가들에서 사회정의나 재분배, 복지, 인권 개선을 기대하기 어려운 것도 '전생의 업보'라는 사고방식 때문이다.

결론적으로, 윤회론은 타당하지 않다. 종교철학자 존 힉은 수천 년 동안 발달해 온 윤회와 업보의 개념에 대한 부정적인 평가를 내린다.[9] 필자가 보기에도, 윤회설은 철학적인 차원에서 많은 부조리를 안고 있다. 자아동일성의 문제, 검증 불가능함, 인간의 존엄성, 최초의 생애에 대한 기원의 문제 그리고 인간의 자유의지와 도덕적 책임의 문제를 전혀 설명하지 못하기 때문이다.

부자와 거지 나사로:
지옥에 가족들이 있다면, 천국에 들어간 성도는 행복할까?

누가복음 16장에 기록된 거지 나사로와 부자의 이야기는 우리에게 많은 교훈을 준다. 어떤 사람들은 사랑하는 가족이나 지인이 지옥에서 고통을 당하고 있다면, 천국에 있는 자신은 결코 행복하지 않을 것이라고 말하기도 한다. 언뜻 그럴듯한 말이다. 사랑하는 부모님과 자녀들, 배우자, 형제와 친지들 중에 단 한 명이라도 지옥에 있다는 사실을 알게 되면, 천국 생활이 행복하지 않을 것도 같다. 그러나 이런 비판과 가정에는 여러 문제가 함축되어 있다. 거지 나사로와 부자의 비유에서 예수님이 주신 몇 가지 교훈을 통해서 생각해 보자.

첫째, 이 질문은 지금 세상에서의 가족관계가 사후에서도 동일할 것으로 전제한다. 그러나 천국의 생활은 이 세상에서와 동일한 가족관계로 구성되어 있지 않다. 성경에 따르면, 천국에 있는 성도들은 시집가거나 장가를 들지 않는다. 천국은 믿음을 통한 칭의를 통해서 가는 곳이지, 천국에 먼저 가 있는 사람들에 의해서 새롭게 자녀들이 출생하는 곳은 아니다.

밀라드 에릭슨에 의하면, 천국에서 우리가 서로를 알아볼 수 있을 어떤 인격적인 동일성은 갖겠지만, 과거의 실패들과 천국에 오지 못한 가족 구성원들로 인하여 슬퍼하지는 않을 것이라고 본다. 왜냐하면 "모든 눈물을 그 눈에서 닦아 주시니 다시는 사망이 없고 애통하는 것이나 곡하는 것이나 아픈 것이 다시 있지 아니하리니 처음 것들이 다 지나갔음이러라"(계 21:4)고 주님이 말씀하셨기 때문이다.[10] 천국의 행복은 이 땅의 가족관계의 연장이 아니라 하나님과의 친밀한 관계에서 나오고, 지옥의 슬픔은 혈연의 단절이 아니라 하나님과의 영원한 단절에서 나온다.

둘째, 천국에 있는 사람들이 지옥에 간 가족을 생각하면 자신들의 천국 생활을 불행하게 여길 것이라는 비판은 하나님의 사랑과 공의의 성품을 부정하는 것이다. 바울은 로마서에서 "우리가 아직 죄인 되었을 때에 그리스도께서 우리를 위하여 죽으심으로 하나님께서 우리에 대한 자기의 사랑을 확증하셨느니라"(롬 5:8)고 말한다. 우리 같은 죄인을 위해 독생자 예수를 십자가에 달아 세상 죄를 대신 감당하게 하신 하나님 아버지보다 더 자비로우신 분은 없다. 그리고 C. S. 루이스 역시, 천국에 있는 사람들은 지옥에 있는 사람들을 알고 있다는 사실만으로 천국의 삶을 즐기는 특권을 잃어버리지 않을 것이라고 말한다. 하나님은 인간의 선택을 존중해 주신다.

J. P. 모어랜드 박사에 의하면, 지옥은 그들의 창조주 하나님을 영원히 버린 인간들을 그들이 선택한 방식으로 존재하게 하는 곳이다. 반면에 천국에 있는 성도들은 이 땅에서의 불완전한 모습이 아니라, 훨씬 완전해진 인간의 모습으로 변화되었을 것이다. 성화를 완성한 천국인은 하나님이 사랑하시는 것을 사랑하며, 하나님이 미워하시는 것을 미워하는 거룩한 성품을 갖게 될 것이다. 이 땅에서 인간의 의지적 선택 행위는 자신이 누릴 영원한 생명과 형벌을 좌우할 것이다.

셋째, 사람들은 사후에 하나님이 이 세상에서 자신에게 이미 충분한 기회를 주셨다는 사실을 알게 될 것이다. 미국 대각성 운동의 도화선이 되었던 조나단 에드워즈에 의하면, 자비로운 하나님이 고통이 가득한 지옥을 허락하지 않으리라고 생각하는 것은 완전히 틀렸다. 하나님은 이미 주님의 재림을 계속 연기할 만큼 충분한 기회와 시간을 사람들에게 주셨다.

누가복음에 나오는 '부자와 거지 나사로의 비유'를 다시 생각해 보자. 믿음의 조상 아브라함과 지옥에 간 부자가 모두 인정하는 사실이 있다. 부자는 생전에 율법을 가르치는 사람들이 곁에 있다는 것을 알았으면서도 자신은 그 가르침을 받아들이지 않았으며 회개하지 않았다는 점이다. 부자는 기회를 의도적으로 무시한 완고한 사람이었을 뿐이다.

"아브라함이 이르되 그들에게 모세와 선지자들이 있으니 그들에게 들을지니라 이르되 그렇지 아니하니이다 아버지 아브라함이여 만일 죽은 자에게서 그들에게 가는 자가 있으면 회개하리이다 이르되 모세와 선지자들에게 듣지 아니하면 비록 죽은 자 가운데서 살아나는 자가 있을지라도 권함을 받지 아니하리라 하였다 하시니라"(눅 16:29-31).

넷째, 지옥 판결을 받은 사람들은 그들의 선택에 대한 합당한 심판을 받게 된 것이다. 사람은 사람을 외모로 보며 그 깊은 속과 숨겨진 행위를 알지 못한다. 그러나 성경에 의하면, 하나님 앞에서 사람이 숨길 수 있는 것은 하나도 없다.

"감추인 것이 드러나지 않을 것이 없고 숨긴 것이 알려지지 않을 것이 없나니 이러므로 너희가 어두운 데서 말한 모든 것이 광명한 데서 들리고 너희가 골방에서 귀에 대고 말한 것이 지붕 위에서 전파되리라"(눅 12:2-3).

사도 바울은 하나님의 의로우신 판단이 나타나는 그날에 각 사람은 그 행한 대로 보응을 받게 된다고 말한다(롬 2:5-7). 모든 사람은 주님의 최종 판결이 공의롭다는 것에 동의하게 될 것이다.

다섯째, 믿지 않은 부모, 형제가 이미 지옥에 갔으니, 나도 그들 곁으로 가는 것을 선택하겠다는 발상은 조금도 옳지 않다. 이런 주장은 효심이 아니다. 자신의 자녀들도 모두 지옥에서 만나기를 바라는 악한 마음이 아닐까? 부자와 거지 나사로의 비유를 보면, 부자는 자신이 지옥에서 처벌받는 것에서 벗어날 수 없다고 생각한다. 그렇지만 그는 자기 가족들만이라도 자신이 있는 지옥에 오지 않기를 바라고 있다. C. S. 루이스는 사람에게 주어진 두 가지 선택지를 이렇게 설명한다.

"우리가 대화를 나누는 이들은 그저 죽어서 사라질 존재가 아닙니다. 국가, 문화, 예술, 문명과 같은 것들은 언젠가 사라질 것이며 그것들의 수명은 우리

개개인에 비하면 모기의 수명과 다를 바 없습니다. 그러나 우리가 농담을 주고받고, 같이 일하고, 결혼하고, 무시하고, 이용해 먹는 사람들은 불멸의 존재들입니다. 불멸의 소름 끼치는 존재가 되거나 영원한 광채가 될 이들입니다."[11]

결론적으로 말하면, 누가복음의 거지 나사로와 부자의 이야기는 부자에게는 그가 깨닫지 못했지만 진리를 듣고 하나님을 믿을 수 있는 충분한 기회가 이미 주어졌었고, 하나님의 최후 심판은 공정하다는 교훈을 우리 모두에게 전해 준다. 그래서 누구도 하나님의 심판에 대해 이의를 제기할 수 없다. C. S. 루이스에 의하면, 예수님은 이 비유에서 지옥의 지속성(duration)보다는 궁극성(finality)을 강조하셨다.[12]

'불멸의 소름 끼치는 존재들'이 있는 지옥은 '영광의 광채가 빛나는 존재들'이 있는 천국과 평행선상에 있지 않다. 지옥은 하나님의 임재가 영원히 없는 궁극적인 추방 그리고 다시는 하나님께로 돌이킬 수 없는 바깥 어두움이다. 그래서 중요한 것은, 이 땅에서 살아가는 동안 가족이나 다른 사람의 구원을 위해서 기도하고 최선을 다하여 전도하는 것이며, 이것이 성도의 도리이자 의무이다. 사도 바울은 자살하려고 하는 간수장에게 이렇게 외쳤다.

"주 예수를 믿으라 그리하면 너와 네 집이 구원을 받으리라"(행 16:31).

이것이 믿지 않는 가족과 지인들을 향한 그리스도인의 소망이어야 하지 않을까?

지옥 갈 존재를 창조하신 하나님의 책임이라고?

지옥교리를 부당하다고 말하는 사람들은 만약 하나님이 자신의 형상을 가진 사람들 중 일부가 지옥에 갈 것을 알면서도 인간을 창조했다면 자비로운 하나님이 아니며, 차라리 인간 창조를 하지 않는 편이 더 나았을 것이라고 비판한다. "인간이 지옥에 갈 것을 알면서도 창조하신 하나님께 그 책임이 있지 않습니까?"라는 질문은 대학생들이 가장 많이 묻는 질문이기도 하다. 이 질문 속에 함축된 전제를 분석해 보자.

첫째, 비존재(non-being)가 존재(being)보다 낫다고 말할 근거는 아무것도 없다. 쉽게 말해서 '태어나지 않은 것'이 '태어난 것'보다 좋다고 말할 근거가 없다는 사실이다. '아무것도 아닌 것'(nothing)이 '어떤 것'(something)보다 낫다고 말하는 것은 무의미하다. 두 가지를 비교하기 위해서는 공통 요소가 있어야만 한다. 그러나 존재와 비존재 양자 사이에는 아무런 공통 요소가 없다. 존재와 비존재는 완전히 반대되는 개념으로 처음부터 상호 간에 비교가 가능하지 않다.

둘째, 이런 비판은 '모든 경기는 승자와 패자가 나오게 한다'는 것 때문에 '모든 경기 자체가 열려서는 안 된다'고 주장하는 것과 같은 오류에 빠진다. 선수들은 월드컵 축구 경기가 시작되기 전에, 양 팀 중에 한 팀은 패자가 된다는 것을 안다. 하지만 그들은 최선을 다해 경기에 임한다. 나쁜 결과의 가능성을 예측하기 때문에 최선을 다할 의지를 포기한다는 것은 어리석은 일이다. 우리는 경기에 불참하는 것보다는 경기에서 최선을 다하는 게 좋다고 생각한다. 패전할 가능성 때문에 월드컵 축구 경기에 불참하는 것보다는 영광스런 패자가 훨씬 낫다. 하나님의 입장에서 본다면, 하나님의 형상을 가진 자유의지적 존재를 창조하는 것이, 일부가 지옥 갈 가능성 때문에 아예 창조하지 않는 것보다는 낫다.

셋째, 한 사람이라도 지옥에 간다는 것이 전능하신 하나님의 실패를 의미하는 것은 아니다. 하나님은 인간을 자유의지를 가진 존재로 창조하셨다. 자유의지를 잘못 사용하는 것은 성 어거스틴과 토마스 아퀴나스가 주장하듯이 하나님의 책임이 아니라 당사자의 책임일 뿐이다. 누구든지 주의 이름을 부르기만 하면 구원을 얻는다. 그러나 지옥 판결을 받은 사람들은 회개하지도 않고, 하나님을 두려워하지도 않을 뿐만 아니라(롬 3:18), 하나님이 사형에 해당된다고 정하신 잘못된 행위를 옳다고 강변한 사람들이다(롬 1:32).

끝까지 회개하지 않는 악인들이 있다는 사실 자체가 하나님의 실패를 의미하는 것으로 해석되어서는 안 된다. 오히려 자신의 자유의지를 행사하는 사람들의 책임감이 중요하다는 것을 알 수 있다.

영원한 고통보다 영혼멸절이 더 자비롭지 않나?

성경은 분명히 지옥에서 영원한 형벌을 받는 사람이 있다고 말한다. 지옥의 영원한 형벌을 회피하려는 사람들은 '영혼멸절설'(영혼소멸설)에 집착하기도 힌다. 그러니 주님이 지옥에 있는 자들이 울며 이를 간다고 말씀하셨으니, 지옥에 간 사람들이 소멸되지 않고 영원히 존재한다고 보는 것이 맞다(마 8:12).

하지만 지옥의 영원한 형벌교리를 수용하는 대신에 지옥에 간 사람들의 영혼이 완전히 멸절된다고 주장하는 사람들은 몇 가지 근거를 제시한다. (a) 성경의 일부 구절이 영혼소멸을 지지한다고 보는 것이고(빌 3:19; 살전 5:3 등), (b) 하나님의 사랑과 영원한 형벌이 모순되며, (c) 하나님이 창조하신 우주 안에 지옥이 계속 존재하는 것은 하나님의 영광을 훼손하는 것이고, (d) 사람의 영혼이 더 이상 존재하지 않는다면, 그들은 어떤 고통도 느끼지 못하므로, 영원형벌보다는 영혼소멸이 하나님의 자비에 더 어울린다는 것이다.

필자는 '영혼멸절'에 대한 주장이 네 가지 심각한 문제점을 가지고 있다고 보기 때문에 영혼멸절설은 성경적으로 타당하지 않다고 본다.

첫째, '영혼멸절설'은 지옥의 영원한 형벌을 피하기 위해 고안된 개념으로서, 안식교와 여호와의증인이 주장하는 교리이다. 최근에는 복음주의 신학자로 알려진 존 스토트, 필립 휴스(Philip Hughes), 클라크 피녹(Clark Pinnock) 그리고 존 웬햄(John Wenham)도 이 견해를 지지한다고 밝힘으로써, 복음주의 그리스도인들에게 큰 충격을 주었다. 영혼멸절설을 주장하는 이들은 고통스러운 지옥의 영원한 형벌론을 거부한다. 그들은 대신에 지옥은 존재하지만, 지옥에 있는 악인들은 영원한 고통이 아닌 존재의 소멸을 겪게 된다고 주장한다. 영혼 자체를 멸절시키는 것이 고통을 영원히 주는 것보다 더 도덕적이라는 것이다.

영혼멸절설을 지지하는 사람들은 다음 구절을 인용한다. 가령, "잠시 후에는 악인이 없어지리니 네가 그곳을 자세히 살필지라도 없으리로다"(시 37:10)와 "악인들은 멸망하고 여호와의 원수들은 어린양의 기름같이 타서 연기가 되어 없어지리로다"(시 37:20)라는 구절과 "패역한 자와 죄인은 함께 패망하고 여호와를 버린 자도 멸망할 것이라"(사 1:28)는 구절이다. 그러나 이 구절들은 '멸절'이 아니라, 악인들이 이 세상에서 끊어지는 것을 말한다.

다니엘은 세상 끝 날에 의로운 자들은 살아나 영원한 생명을 얻고, 불의한 자들은 영원한 벌을 받는다고 말한다(단 12:2). 예수님은 천국과 지옥의 영원성에 대해서 분명히 말씀하셨다(마 25:46). 천국이 영원하듯이 지옥도 영원히 존재한다. 따라서 영혼멸절설은 하나님의 본성과 성경의 가르침과 분명히 어긋난다. 부모가 자식이 고통을 당한다고 자식을 죽이는 것(멸절)이 정당화될 수 없듯이, 하나님이 자신의 형상으로 지음을 받은 인간을 멸절시키신다는 주장은 성경적인 근거가 없다.

둘째, "인간은 멸절되는 존재인가, 불멸의 존재인가?"라는 질문은 성경적

인간론의 관점에서 파악해야 한다. 고대 그리스 철학자 플라톤은 영혼이 불멸한다고 보았다. 그는 영혼이 신체보다 앞서 있으며 신체에 생명을 주며 선과 악이 모두 영혼에서 나온다고 여긴다. 임마누엘 칸트도 최고선의 실현을 위하여 영혼의 불멸성을 요청한다. 중세의 대표적인 사상가인 토마스 아퀴나스 사상에 의하면, 영혼은 단일체이므로 불멸한다. 중세철학의 권위자인 자크 마리탱 역시 인간 영혼의 불멸성을 다음처럼 옹호했다.

"영혼은 물질을 소유하지 않기 때문에 부패하지 않는다. 영혼은 실체적인 부분을 가지고 있지 않기 때문에 분해될 수 없다. 또 그것은 자존적이기 때문에 그것의 개별적 통일성을 잃어버릴 수 없다. 그것의 내부에 그 자체 에너지의 모든 요소를 가지고 있기 때문에 그것의 내적 에너지를 상실할 수도 없다. 인간의 영혼은 죽을 수 없다. 한번 존재하면 소멸할 수 없다."[13]

성경은 하나님이 창조하신 인간의 본질에 물질적인 요소와 함께 비물질적인 요소가 있다는 것을 말한다. 인간을 삼분설(영, 혼, 육)과 이분설(영혼, 육)로 보든지와 관계없이 인간은 '영육 단일체'로 살아간다. 창세기는 하나님이 인간을 '육체와 혼이 본질적으로 하나로 통합된 존재'로 만드셨다고 말한다. 그리스도 안에 있는 인간은 부활의 몸을 가지고 영원히 단일한 정체성을 지닌다.

"주 하나님이 땅의 흙으로 사람을 지으시고, 그의 코에 생명의 기운을 불어 넣으시니, 사람이 생명체가 되었다"(창 2:7, 새번역).

사도 바울은 "그런즉 사랑하는 자들아 이 약속을 가진 우리는 하나님을 두려워하는 가운데서 거룩함을 온전히 이루어 육과 영의 온갖 더러운 것에서 자신을 깨끗하게 하자"(고후 7:1)라고 말한다. 예수님은 "몸은 죽여도 영혼은 능히 죽이지 못하는 자들"(마 10:28)을 두려워하지 말라고 말씀하셨다. 예수님이 육신의 죽음 이후에도 죽지 않는 영혼의 존재를 언급하신 것을 고려한다면, 영혼멸절설은 성경적인 인간관과 일치되지 않는 견해로 보인다.

셋째, '영혼멸절'은 불신자들이 죽은 후에 더 이상 지옥 안에 존재하는 것이 아니라, 그냥 없어져 사라져 버리는 것을 말한다. 그렇다면 영혼멸절은 형벌이 아니라, 모든 형벌에서 벗어나는 것을 의미하게 될 수도 있다. 구약성경의 욥도 고통 속에 놓이기보다는 차라리 멸절했으면, 하는 생각을 가지기도 했다. 그러나 하나님은 그것을 허용하시지 않는다. 예수님도 형벌의 정도가 다르다고 말씀하신 적은 있지만(마 5:22), 사람의 영혼을 없애 소멸시키는 비존재를 언급하신 적은 없다.

넷째, 한 국가 안에 범죄자를 처벌하는 교도소가 존재한다고 해서, 그 국가가 불의한 국가가 되는 것은 아니다. 범신론적인 세계관에서는 우주 안에 지옥이 있다는 것 자체가 그 이론 체계의 내적인 모순을 드러낸다. 왜냐하면 범신론은 우주를 신과 동일시하기 때문에 우주 안에 지옥이 영원히 존재한다는 것은 자기모순이 되기 때문이다.

그러나 성경의 하나님은 우주를 창조하셨기에 우주와 동일시되는 분이 아니라 초월성과 내재성을 가지시는 분이다. 마치 화가라는 개인과 화가가 그린 그림이 동일하지 않은 것과 마찬가지이다. 그림이 소각되어도 화가의 존재는 어떤 영향도 받지 않는다. 따라서 지옥이 있다는 사실은 하나님의 자비와 공의의 속성에 전혀 문제가 되지 않는다.

웨인 그루뎀은 영혼소멸설이 사람들에게 매력적으로 보이긴 하겠지만, 만일 하나님이 영벌을 시행하시지 않는다면 하나님의 공의가 만족되지 못한다고 보며 영혼소멸설을 반대한다.[14] 성경을 살펴볼 때에, 우리는 영원한 형벌이 영혼소멸보다 옳다는 것을 알 수 있다. 하나님의 뜻은 어떤 죄인이라도 예수 그리스도를 믿어 영원한 형벌을 받지 않고 구원받기를 바라시는 것임을 잊지 않아야 한다.

지옥교리를 거부하는 사람들에게 주는 교훈

C. S. 루이스는 여전히 지옥교리를 거부하는 사람들에게 이렇게 반문한다.

"지옥을 반대하는 당신은 정말로 무엇을 말하고 싶은가? 당신은 정말로 하나님께 무엇을 요구하려고 하는가? 당신은 과거의 모든 죄를 씻어 주고 기적적인 도움을 주어 그들로 새롭게 출발하게 하는 것인가? 하나님은 그 일을 이미 갈보리에서 하셨다. 당신은 하나님이 그들을 용서해 주시기를 바라는가? 하나님은 돌이키는 자는 용서하겠다고 이미 말씀하셨지만 그들에겐 용서받을 마음이 없다. 그렇다면 당신은 그냥 그들을 내버려두기를 바라는가? 아! 유감스럽게도 하나님은 지금 그렇게 하고 있다."[15]

예수 그리스도는 원수까지 사랑하라고 가르치셨고, 십자가 위에서 고통 가운데 있으면서도 자신을 조롱하고 못 박는 모든 사람을 위해 "아버지 저들을 사하여 주옵소서 자기들이 하는 것을 알지 못함이니이다"(눅 23:34)라고 기도하며 용서하시고, 공생애 동안에 죄인들과 병든 자들을 한없이 사랑하셨다. 그렇지만 사랑의 주 예수 그리스도는 최후의 심판에 대해서는 아주 분명하게 말씀하셨다.

"또 천국은 마치 바다에 치고 각종 물고기를 모는 그물과 같으니 그물에 가득하매 물가로 끌어내고 앉아서 좋은 것은 그릇에 담고 못된 것은 내버리느니라 세상 끝에도 이러하리라 천사들이 와서 의인 중에서 악인을 갈라 내어 풀무불에 던져 넣으리니 거기서 울며 이를 갈리라"(마 13:47-50).

그렇다면 우리가 지옥에 대한 교리를 통해서 얻는 교훈은 무엇인가?

첫째, 지옥교리는 인간의 죄의 심각함을 깨닫게 한다. 다른 종교들은 대개 원죄를 인정하지 않는다. 그러나 기독교는 아담의 타락 이후 원죄와 자범죄가 하나님과 사람 사이의 모든 관계를 파괴했다고 말한다. 모든 사람은 죄성을 물려받았고, 죄로 인하여 하나님의 영광에 이를 수 없다. 죄의 결과는 죽음이다(롬 3:23).

이 세상에서도 범죄자를 묵인하고 방조한다면 정의로운 사회가 아닌 것처럼, 악인에 대한 심판을 선언하는 지옥교리 없이는 '하나님의 공의'를 설명할 수 없다. 지옥은 하나님과의 관계가 영원히 단절되는 완전한 결별(영원한 이혼)이며, 분명히 최후의 심판을 통한 영원한 형벌이 진행되는 실재하는 장소이기도 하다. 그러므로 지옥은 죄의 심각성을 깨닫게 함으로써 우리의 양심을 일깨우는 역할을 한다. 그리고 하나님의 심판은 참되고 의롭다는 것을 나타낸다(계 19:2).

둘째, 지옥교리는 인간의 '자유의지와 선택에 대한 책임'을 강조한다. 인생은 선택의 연속이다. 연이은 선택을 통해서 개인의 성격이 형성되고 인생의 모습이 결정된다. 의지적 선택에는 반드시 책임이 따른다. 지옥은 인간의 인격적 선택을 존중한 결과이다. 지옥교리는 사람들을 고통으로 위협하는 것이 아니라, 죄의 심각성과 결과를 미리 보여 줌으로써 의로운 삶의 동기를 제공해 준다. 신자들에게 지옥을 피해야 한다는 소극적인 의미를 넘어서서, 최후의 심판에 주어지는 상급과 천국에서의 안식을 바라보게 한다.

그래서 웨인 그루뎀은 "최후의 심판에 대한 인식은 신자들에게는 위로가 되고 불신자들에게는 악행을 그만두게 하는 경고가 된다"고 평가했다.[16] C. S. 루이스는 인간의 자유의지가 악용되어 죄짓기를 선택한 인간이 하나님께

"나 홀로 내버려두세요"라고 말할 때에, 하나님이 "네 소원대로 되라"고 응대하시는 것과 같다고 본다. 그런 인간은 하나님 대신에 죄를 선택했고, 하나님은 그런 사람들을 그대로 내버려두시는 것이다.[17]

셋째, 지옥은 '응보적 처벌 원칙'이 '하나님의 공의'에 속한다는 사실을 가르친다. 아돌프 히틀러와 같은 잔악한 범죄자에게 하나님의 공의로운 처벌이 없다면 그것을 어찌 공의롭다고 말할 수 있겠는가? 사도 바울은 "불의를 행하는 자는 불의의 보응을 받으리니 주는 사람을 외모로 취하심이 없느니라"(골 3:25)고 말한다. 사도 요한은 최후의 심판의 판결을 위해서 "책들이 펴 있고"(계 20:12)라고 말하며, 사람들의 모든 행위에 대한 정확한 기록을 하나님이 가지고 계신다고 보았다.

회개하지 않은 악인들에 대한 응보적 처벌이야말로 하나님의 공의가 분명하다. 또한 지옥이 존재한다는 사실은 사람들로 하여금 부패한 본성을 따르지 말도록 가르친다. 히브리서 기자는 이렇게 말한다.

"우리가 진리를 아는 지식을 받은 후 짐짓 죄를 범한즉 다시 속죄하는 제사가 없고 오직 무서운 마음으로 심판을 기다리는 것과 대적하는 자를 태울 맹렬한 불만 있으리라 모세의 법을 폐한 자도 두세 증인으로 말미암아 불쌍히 여김을 받지 못하고 죽었거든 하물며 하나님의 아들을 짓밟고 자기를 거룩하게 한 언약의 피를 부정한 것으로 여기고 은혜의 성령을 욕되게 하는 자가 당연히 받을 형벌은 얼마나 더 무겁겠느냐 너희는 생각하라"(히 10:26-29).

넷째, 하나님은 인간의 '내재적 가치'를 존중하시기 때문에 지옥을 만들고 유지하신다. 인간을 그냥 소멸해 버리는 것은 인간을 수단으로만 생각하는 것이다. 하나님은 내재적 가치를 존중하시는 분이기에, 당신의 형상을 가진 피조물을 그냥 없애 버리지 않으신다. 그러므로 지옥은 도덕적으로 정당한 유일한 대안이며, 합리적인 설명이다.

J. P. 모어랜드는 "지옥은 인간의 존엄성과 선택의 가치에 대한 영원한 기념비적 사실"이라고 말한다. 이 점에서 영혼소멸설보다는 영원형벌설이 더 타당하다. 웨인 그루뎀은 만일 하나님이 영벌을 시행하지 않으신다면 그분의 공의가 만족되지 않는다고 말한다. 밀라드 에릭슨 역시 모든 형태의 영혼멸절설은 성경의 가르침을 부인하는 것이라며 비판한다. 사람을 소멸시키는 형벌은 성경적이지 않기에, 인간의 내재적 가치를 인정한다면 소멸이 아니라 영원한 존속(천국의 복락 혹은 지옥의 형벌)이 인간의 내재적 가치를 인정하는 성경적인 가르침과 부합하다고 본다.

다섯째, 죄에 대한 심판을 다루는 지옥교리는 우리에게 예수 그리스도의 십자가의 필요성을 알려 준다. 바울은 "오호라 나는 곤고한 사람이로다 이 사망의 몸에서 누가 나를 건져 내랴 우리 주 예수 그리스도로 말미암아 하나님께 감사하리로다"(롬 7:24-25)라고 고백한다.

하나님의 목적은 많은 사람을 지옥에 보내는 것이 아니다. 하나님의 궁극적인 목적은 독생자 예수 그리스도를 "믿는 자마다 멸망하지 않고 영생을 얻게"(요 3:16) 하려는 것이다. 예수님이 오신 목적은 "자기 목숨을 많은 사람의 대속물로 주려 함"(막 10:45)이다.

성경에 의하면, 사람들의 죗값은 사망이며, 사람들은 본질상 하나님의 진노를 받아 마땅한 죄인들이다. 지옥교리는 죄인들이 그리스도의 십자가에서 이루신 속죄를 통해서만 용서받을 수 있다는 하나님의 공의를 알게 한다. 조나단 에드워즈가 말한 것처럼, 자신의 본성과 행위가 얼마나 악한지를 깨달은 사람은 십자가의 복음을 마음을 열고 받아들일 것이다. 지옥교리는 인간의 본성과 행위가 악하기 때문에 그에 대한 합당한 처벌이 있다는 것을 말한다. 또한 우리에게 중보자이신 예수 그리스도의 십자가가 필요하다는 것을 알려 준다.

적용: 전도에서 지옥교리의 중요성

교도소라는 말 자체가 불쾌하지만 정의사회의 구현에 필요하듯이, 지옥교리도 우리에게 불편한 마음을 갖게 하지만 하나님의 공의를 위해서 반드시 필요하다. 지옥에 대한 단순한 거부감 때문에 '지옥이 없어야 한다'는 주장은 마치 감옥에 대한 거부감 때문에 교도소를 없애야 한다는 주장처럼 모순이다.

필자는 논리적인 관점에서, 성경적인 관점에서, 인간의 자유의지와 선택의 관점에서 그리고 하나님의 공의의 관점에서 지옥교리의 필요성을 설명했다. 단순한 거부감 때문에 '지옥이 없어야 한다'는 주장은 죄에 대한 처벌을 요구하는 우리의 상식과 정의감에도 맞지 않다. 지옥교리는 우리 인생이 무엇인지 그리고 사후에 어떤 결과가 기다리고 있는지를 깊이 생각하게 만든다.

무신론은 사후에 아무것도 없으니 이 땅에서 안심하고 즐기라고 말한다. 당시의 사두개인들도 죽음 이후의 세계를 믿지 않으면서도 종교 지도자로 활동했다. 윤회론을 가진 종교는 사후에 수많은 다른 생애를 살게 된다고 말한다. 그러나 무신론의 주장은 진리로 증명된 것이 아니라, 무신론자들이 가지는 하나의 신념일 뿐이다. 윤회론도 많은 모순점을 가지고 있다는 점을 앞에서 살펴보았다.

성경은 모든 사람이 사후에 하나님의 심판을 피할 수 없다고 가르친다. 무신론도 타당하지 않고 윤회론도 잘못되었다면, 남은 하나의 입장은 '모든 사람은 사후에 하나님의 심판을 피할 수 없다'는 성경의 가르침뿐이다. 예수님이 제자들에게 사두개인과 바리새인들의 누룩을 조심하라고 하신 것은 무신론적인 종교인과 외식하는 종교인이 되지 말라는 뜻이다. 성경의 세계관대로 영적인 세계의 존재와 사후의 세계를 인정하는 것이 우리의 양심을 일깨울 수 있는 길이 된다.

이제 지옥교리에 대한 성경의 가르침을 어떻게 우리의 삶과 전도에 연결시킬 것인지 살펴보자.

첫째, 지옥교리를 축소하거나 제외한 채로 하는 복음 전도는 온전한 전도가 아니다. 예수님은 "회개하고 복음을 믿으라. 천국이 가까이 왔다"고 선포하셨고(막 1:15) 지옥형벌을 엄중하게 가르치셨다. 프란시스 쉐퍼(Francis Schaeffer)의 말처럼, 지옥의 교리는 눈물로 가르쳐져야 한다. 지옥교리를 듣는 사람이 불편함을 느낄까 봐 가르치지 않는다면 그것은 성경을 왜곡하는 것이다. 조나단 에드워즈의 "진노하시는 하나님의 손에 붙들린 죄인들"이라는 설교는 죄가 해결되지 않는다면 사람들은 지옥에 가야 한다는 것을 말하고 있다. 주님과 사도들의 가르침은 일관되다. 우리 모두에게 대속의 주님이 필요하다는 것을 전해야 한다.

둘째, 지금 나의 삶이 언젠가 하나님 앞에서 평가된다는 것을 기억해야 한다. 누구도 하나님을 속일 수 없다. 하나님 앞에 설 때 우리의 모든 행적은 드러나게 될 것이다.

"또 내가 보니 죽은 자들이 큰 자나 작은 자나 그 보좌 앞에 서 있는데 책들이 펴 있고 또 다른 책이 펴졌으니 곧 생명책이라 죽은 자들이 자기 행위를 따라 책들에 기록된 대로 심판을 받으니 바다가 그 가운데에서 죽은 자들을 내주고 또 사망과 음부도 그 가운데에서 죽은 자들을 내주매 각 사람이 자기의 행위대로 심판을 받고 사망과 음부도 불못에 던져지니 이것은 둘째 사망 곧 불못이라 누구든지 생명책에 기록되지 못한 자는 불못에 던져지더라"(계 20:12-15).

셋째, 전도는 반드시 하나님의 초청과 하나님의 경고를 함께 포함해야 한다. 고통을 피하려는 본능을 가진 사람들은 당연히 지옥도 피하고 싶어 한다. 그러나 사람들이 이 땅에서 하나님과 분리되어 살기를 원한다고 하면, 죽음 이후에도 하나님과 영원히 분리되어 살 수밖에 없을 것이다. 이 땅에서 예수님을 영접하고 하나님과 함께하는 삶을 산다면, 당신은 죽음 이후에도 하나님과 영원토록 함께 있을 것이다. 지옥교리를 심각하게 받아들여야 한다. 지옥에 가지 않을 수 있는 유일한 길은 '예수 그리스도를 통한 속죄'와 '믿음을 통해 얻는 하나님의 의'밖에 없다는 것을 전해야 한다.

"또 증거는 이것이니 하나님이 우리에게 영생을 주신 것과 이 생명이 그의 아들 안에 있는 그것이니라 아들이 있는 자에게는 생명이 있고 하나님의 아들이 없는 자에게는 생명이 없느니라 내가 하나님의 아들의 이름을 믿는 너희에게 이것을 쓰는 것은 너희로 하여금 너희에게 영생이 있음을 알게 하려 함이라"(요일 5:11-13).

넷째, 천국과 지옥은 당신의 선택에 따라 결정된다는 것을 말해야 한다. 하나님은 사람의 자유로운 선택을 존중하시기 때문에, 천국이나 지옥에 가는 것을 강제하지 않으신다. 그러니 "하나님이 왜 지옥으로 사람을 보내십니까?"라는 질문은 그 자체가 잘못되었다. 오히려 예수님은 "너희는 마음에 근심하지 말라 하나님을 믿으니 또 나를 믿으라 내 아버지 집에 거할 곳이 많도다 그렇지 않으면 너희에게 일렀으리라 내가 너희를 위하여 거처를 예비하러 가노니 가서 너희를 위하여 거처를 예비하면 내가 다시 와서 너희를 내게로 영접하여 나 있는 곳에 너희도 있게 하리라"(요 14:1-3)고 말씀하셨다.

자신의 의지를 가지고 하나님의 구원의 초청을 거부한 사람들만이 지옥에 갈 뿐이다. 사도 요한은 "그를 믿는 자는 심판을 받지 아니하는 것이요 믿지 아니하는 자는 하나님의 독생자의 이름을 믿지 아니하므로 벌써 심판을 받은 것이니라 그 정죄는 이것이니 곧 빛이 세상에 왔으되 사람들이 자기 행위가 악하므로 빛보다 어둠을 더 사랑한 것이니라"(요 3:18-19)고 말한다.

밀라드 에릭슨이 말한 것처럼, 사악한 자들의 최후의 상태는 영원한 형벌(마 25:46), 영원한 고통(계 14:10-11), 무저갱(계 9:1-2), 하나님의 진노하심(롬 2:5), 둘째 사망(계 21:8) 등으로 설명될 수 있다. 이것은 결코 지옥에 가서는 안 된다는 것을 말한다. C. S. 루이스가 말하는 것처럼, 사악한 자들은 주의 얼굴로부터의 영원한 멸망과 쫓겨남, 즉 하나님으로부터의 영원한 이혼(살후 1:9)으로 묘사할 수 있다.

지옥의 핵심적인 특징은 하나님의 부재, 하나님의 현존으로부터 영원한 추방이다. 이것은 영적으로나, 정신적으로나, 육체적으로 강력한 고통을 수반할 것이라는 사실을 충분히 예측할 수 있다.

전도는 천국과 지옥, 갈림길에 서 있는 사람을 영원한 행복으로 초대하는 것이다. 상대방의 기분을 상하지 않게 하려고 지옥교리를 의도적으로 축소하거나 생략하는 것은 올바른 전도법이 아니다. 복음서에서 전도하시는 예수님을 보라. 주님은 죄의 엄중함과 회개의 필요성, 천국의 아름다움과 지옥의 무서움을 분명하게 가르쳐 주셨다. 하나님은 사람들에게 아름다움에 대한 갈망, 영원한 세계에 대한 갈망 그리고 진정한 행복을 추구하는 갈망을 주셨다.

"하나님이 모든 것을 지으시되 때를 따라 아름답게 하셨고 또 사람들에게는 영원을 사모하는 마음을 주셨느니라"(전 3:11).

마치 연어가 태어난 강으로 돌아가려고 하듯이, 이런 갈망은 하나님이 모든 사람의 마음에 일종의 귀향본능으로 새겨 주신 것이다. 이 세상에서 아름다움을 맛본 사람은 천국의 아름다움을 추구할 것이다. 작은 고통을 아는 자는 지옥의 큰 고통을 피하고자 할 것이다. 이 세상은 정말 극악한 죄인이라도 하나님이 창조하신 자연을 통해서 선인과 악인을 차별하지 않으시는 하나님의 일반은총을 경험하는 장소이다. 하나님은 자연과 양심과 도덕과 국가의 법을 통해서도 사람들이 죄악을 깨닫기를 원하신다. 그리고 하나님은 우리에게 성경(특별계시)을 통해서 자신의 사랑을 드러내셨다. 우리는 교회에서 말씀을 선포하고 가르치며 세상에 그리스도의 대속의 사랑을 전해야 한다. 성경은 창조의 하나님, 구원의 예수 그리스도를 우리에게 분명하게 알려 준다.

사람은 자신의 신분을 잃어버린 왕자와 같다. 사람은 동물에서 진화된 것이 아니라, 창조주의 거룩한 형상으로 지음을 받은 존재이다. 다윗은 "주의 손가락으로 만드신 주의 하늘과 주께서 베풀어 두신 달과 별들을 내가 보오니 사람이 무엇이기에 주께서 그를 생각하시며 인자가 무엇이기에 주께서 그를 돌보시나이까 그를 하나님보다 조금 못하게 하시고 영화와 존귀로 관을 씌우셨나이다"(시 8:3-5)라고 노래한다.

잃어버린 신분을 회복하는 방법은 한 가지밖에 없다. 사도 요한은 "영접하는 자 곧 그 이름을 믿는 자들에게는 하나님의 자녀가 되는 권세를 주셨으니"(요 1:12)라고 선포했다. 여기에 전도의 목적과 방법이 있다. 오직 예수 그리스도를 통해서만 죄를 용서받고 하나님의 자녀가 될 수 있다. 하나님은 하실 수 있는 일을 다 하셨다. 예수 이외에 다른 구원의 길은 없다. 이제 당신에게 필요한 일은 마음을 열고 예수 그리스도를 마음에 주님으로 영접하는 것이다.

"하나님이 세상을 이처럼 사랑하사 독생자를 주셨으니 이는 그를 믿는 자마다 멸망하지 않고 영생을 얻게 하려 하심이라 하나님이 그 아들을 세상에 보내신 것은 세상을 심판하려 하심이 아니요 그로 말미암아 세상이 구원을 받게 하려 하심이라"(요 3:16-17).

9장

칼람우주론 논증:
우주는 왜 존재하는 것인가요?

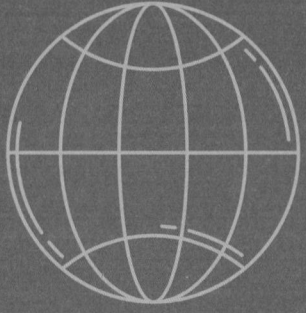

우주론적 논증에는 토마스 아퀴나스의 논증, 고트프리트 라이프니츠(Gottfried Leibniz)의 논증 그리고 칼람우주론 논증(Kalam Cosmological Argument)이 있다. 이 세 가지 우주론 논증 중에서 최근 칼람우주론 논증이 가장 큰 주목을 받고 있다. 이 논증은 스튜어트 해커트(Stuart Hackett),[1] 미국의 저명한 기독교 철학자인 J. P. 모어랜드와 윌리엄 크레이그 등에 의해서 과학이론이 포함된 상력한 논증으로 발전되었다.

아랍어 '칼람'(kalam)은 '말 혹은 언어'를 뜻하는 말로, 철학적이며 신학적인 논증을 지칭한다. 따라서 칼람우주론 논증은 '우주론에 대한 철학·신학적인 논증'이라는 뜻이다. 기독교 변증학을 선험적(a priori) 논증 유형과 후험적(a posteriori) 논증 유형으로 구분할 때, 칼람우주론 논증은 결과로부터 원인을 추론하는 후험적 논증에 속한다. 이 점에서 칼람우주론 논증은 인과율을 적극적으로 활용한 논증이다.[2] 칼람우주론 논증은 기독교인들의 창조신앙에 과학적이며 철학적인 설명을 덧붙일 수 있다는 점에 그 장점이 있다. 칼람우주론 논증은 토마스 아퀴나스의 '우연성과 필연성'이라는 철학적 개념에 의존하는 대신에 과학적인 인과관계 추론을 통하여 기독교 창조론(무에서 유의 창조)을 지지하는 논증이라는 평가를 받고 있다.

칼람우주론 논증: 개괄적 특징

칼람우주론 논증의 발전 과정

서양 사상은 크게 그리스 사상과 히브리 사상으로 구분된다. 우주의 기원에 대해서 그리스 철학자들과 히브리 사상가들은 서로 다른 견해를 가졌다. 그리스 철학자들—소크라테스, 플라톤, 아리스토텔레스—은 '신과 우주는 모두 영원하다'고 생각했다.

그들의 신은 기독교의 창조주와는 다르다. 그리스 철학자들은 이미 선재(先在)해 있던 물질을 가지고 만물을 조성한 조물주를 생각했지만 히브리인들은 우주와 모든 만물을 무로부터 창조한 창조주를 믿었다. 창세기의 첫 절, "태초에 하나님이 천지를 창조하시니라"(창 1:1)는 말씀은 하나님이 아무것도 없는 상태에서 시간, 공간, 물질을 창조하셨다는 뜻이다.

6세기에 활동했던 그리스의 철학자이며 과학자인 요하네스 필로포누스(John Philoponus, 490-570)는 기독교 신학과 고대 철학을 결합한 학자이다. 그는 유아세례를 받은 기독교인이었고, 신플라톤주의 사상가였던 암모니우스 헤르미아에(Ammonius Hermiae, 440-520)의 제자였다. 그는 이집트에 발전한 알렉산드리아 학파의 마지막 세대의 철학자로 꼽힌다. 그는 『프로클로스에 반박하며, 세계의 영원성에 관하여』라는 저서에서 아리스토텔레스의 우주론을 논박하고 기독교의 창조론을 옹호했다. 당시 대부분의 철학자들은 아리스토텔레스의 철학적 영향에 따라 '영원한 우주론'을 지지했지만, 그는 우주가 영원한 것이 아니라 창조되었다고 주장했다.

중세의 보나벤투라(Bonaventura, 1221-1274)는 아리스토텔레스 철학의 영향을 받았음에도 불구하고, 필로포누스의 우주창조론 논증을 수용했다. 보나벤투라는 아베로에스(Averroes, 1126-1198)의 철학사상을 따르는 아베로에스주의자들을 적극적으로 논박했다.[3] 아베로에스는 아리스토텔레스의 영원한 우주론을 지지하고 우주를 신의 창조물로 주장하는 기독교 신학을 반대했던 사람이다.

칼람우주론 논증의 기본 골격은 아비센나(Avicenna, 980-1037)와 알 가잘리(Al Ghazli, 1055-1111)와 같은 이슬람 철학자들에 의해서 만들어졌다. 아비센나는 '진실의 증명'(Proof of the Truthful)이라는 신 존재 논증을 통해 이슬람의 신(알라)이 필연적 존재라고 주장했다. 그리고 알 가잘리는 칼람우주론 논증을 더욱 정교하게 전개했다. 알 가잘리의 논증을 따라서 이슬람 철학자들은 칼람우주론 논증을 주장했다. 윌리엄 크레이그 박사는 알 가잘리의 칼람우주론 논증을 다음 세 단계로 소개한다.[4]

> (대전제) 존재하기 시작한 모든 것에는 원인이 있다(Whatever begins to exist has a cause).
> (소전제) 우주는 존재하기 시작했다(The universe began to exist).
> (결론) 그러므로 우주에는 원인이 있다(Therefore, the universe has a cause).

크레이그 박사는 결론을 통해서 우주를 시작하게 한 원인을 '신'(神)이라고 추론한다. 그렇지만 이 논증 자체에서는 우주를 시작하게 만든 신이 어떤 신인지는 구체적으로 말하지 않는다.

칼람우주론 논증 분석: 전제와 결론

칼람우주론 논증의 대전제:
'존재하기 시작한 모든 것에는 원인이 있다'

첫 번째 대전제 '존재하기 시작한 모든 것에는 원인이 있다'는 주장은 '인과관계'에 의존한다. 이 전제를 부정하려면 '어떤 사물이 원인 없이 존재한다'는 것을 증명해야 한다. 그러나 '원인 없이 생기는 것'은 과학적으로 관찰된 적이 없다. 영국의 철학자 데이비드 흄은 '어떤 것이 원인 없이 생겨날 수 있다'는 주장은 터무니없다고 말했다. '무언가가 원인 없이 존재할 수 없다'는 것은 경험적으로 필연적인 진리에 기초한다. 만약에 어떤 것이 원인 없이 존재하는 것이 가능하다면, 다른 모든 것이 원인 없이 생겨날 수 없다는 것을 설명할 수 없게 된다. "아니 땐 굴뚝에 연기 날까?"라는 속담처럼 모든 사물에는 원인이 있어야 결과가 생긴다.

무신론자들은 양자물리학(또는 양자역학)을 통해서 무로부터 무엇인가가 생겨날 수 있다는 주장을 한다.[5] 영국 출신의 이론물리학자인 폴 데이비스(Paul Davies)는 "Zero 에너지 상태로부터 물질이 창조될 수 있다"고 보았다. 그는 "에너지는 양 에너지와 음 에너지 두 가지 모두가 가능하기 때문에 이런 가능성이 생긴다"고 주장했다.[6]

그렇지만 데이비스는 절대 무(無, nothing)와 유(有, something, 양 에너지와 음 에너지의 합이 0이 되는 것, 제로 에너지 상태)를 혼동했다. 그는 우주 전체 에너지의 총합이 0이라면, 그것은 '무'에서 우주가 생겨났다는 것을 말한다고 보았다. 현대 우주론에서 '물질'과 '복사'는 모두 '양(+) 에너지'를 갖고 있지만, 중력은 '음(-) 에너지'를 갖는다고 본다. 이 두 가지를 합치면 0이 된다는 것이다. 그렇지만 양자물리학에서 '양자'는 양자진공과 에너지 바다에서 나온다고 할 때 '에너지 바다는 또 어디서 형성된 것인가?'라는 의문이 든다.

양자역학[7]에 따르면, 진공은 무의 상태가 아니라 입자와 반입자가 빼곡하게 결합된 상태로 존재한다. 에너지 바다는 절대적인 혹은 순수한 무(無)가 아니다. 무(無) 자체에는 어떤 인과력도 없다. 무(無)는 어떤 속성도 갖고 있지 않기 때문이다. 순수한 무(無)는 어떤 실재적인 존재를 산출할 수 없다는 것이 논리적으로나 과학적으로 너무나 자명한 진리이다. 이들은 구체적으로 '양자도약'의 원인을 우연에 돌리려고 한다.

"물리학자들은 아원자의 세계를 더 깊이 관찰할수록 더 큰 불확정성이 드러난다고 보았다. 한 광양자가 원자를 거쳐 전자의 고도를 높일 때 그 전자는 '사이의 공간을 가로지르지 않고서' 더 낮은 궤도로부터 더 높은 궤도로 순간이동을 한다. 궤도 반경 자체는 양자화되어 있고, 그 전자는 단지 한 지점에서 존재를 멈춤과 동시에 다른 어느 지점에서 순간적으로 나타난다. 이것이 바로 양자도약이다."[8]

그러나 이에 대하여 R. C. 스프로울은 양자도약이 수수께끼 같은 현상이 원인을 우연으로 돌릴 수는 없다고 말한다. 우연을 그런 현상의 원인으로 간주한다면 무(無)가 그렇게 한다는 말인데, '무(無)가 무엇인가를 한다'는 말 자체가 난센스이기 때문이다.[9]

칼람우주론 논증의 소전제: '우주는 존재하기 시작했다'

칼람우주론 논증의 소전제는 철학적 논증과 과학적 논증을 통해서 '우주가 영원 전부터 존재한 것이 아니라, 과거 어떤 특정한 시점에서부터 시작되었다'라는 것을 논증한다.

첫째, 크레이그 박사는 수리철학적인 관점에서 '수학적인 무한은 현실세계에 적용할 수 없다'고 주장한다. 실제적 무한은 현실에서 불가능하다.

둘째, 칼람우주론 논증은 과학이론을 사용해서 우주가 존재하기 시작했다는 것을 논증한다. 하나는 빅뱅우주론이고, 다른 하나는 열역학 법칙이다. 이 두 가지 과학이론은 '우주가 과거의 어떤 특정한 시점부터 존재하기 시작했다'는 것을 전제한다. 만일 과거가 무한한 시간 전으로 소급된다면 지금의 우주는 '열적인 죽음 상태'에 이르렀어야 한다. 열적인 죽음 상태는 '열적 평형 상태'로 불리기도 한다. 이것은 열역학 제2법칙의 결과로 일어난 것이다. 우주론적 이론에서는 모든 에너지가 균등하게 분포되면서 시스템의 모든 역학적, 열적 변화가 정지된 상태를 지칭한다. 그렇지만 현재 우주는 아직도 '열적 죽음 상태'에 이르지 않았기 때문에 우주의 시작점은 무한한 과거가 될 수는 없다.

이 두 가지 관점은 칼람우주론 논증의 소전제('우주는 시작이 있었다')를 지지한다. 좀 더 자세히 살펴보자.

수리철학적인 논증

칼람우주론 논증의 소전제는 수리철학적 추론에 의존한다. 즉 현실세계에 수학적인 '무한'은 적용될 수 없다는 것이다. 이는 현실세계에서 무한한 양이나 무한한 크기는 존재할 수 없다는 것이다. 수학적인 맥락에서 '무한'은 추상적인 개념으로 '끝이 없는' 수열이나 집합을 뜻한다. 그러나 실제 물리적 세계에서 무한한 것들은 존재할 수 없다. 과거로 이어지는 사건들도 무한하게 연속되지는 않는다. 그러므로 '우주는 영원하다'라는 고대 그리스 철학자들의 신념은 거짓이 된다. 그러나 히브리인의 창세기는 하나님만 영존하시며, 우주와 만물은 만들어진 것이라고 말한다. 또한 우주는 영원히 존재하는 것이 아니라 점차 낡아진다. 시편 기자는 만물의 낡아짐을 이렇게 표현했다.

"천지는 없어지려니와 주는 영존하시겠고 그것들은 다 옷같이 낡으리니 의복 같이 바꾸시면 바뀌려니와"(시 102:26).

모어랜드 박사와 크레이그 박사는 '잠재적 무한'(potential infinite)과 '실제적 무한'(actual infinite)을 구분한다. 우주의 과거에는 무한수의 사건들이 있을 수 없으므로 실제적인 무한은 불가능하다고 설명한다. 실제적 무한은 '무한한 개체나 사건이 한 번에 완전히 실재하는 상태'를 말한다. 크레이그 박사는 "실제적 무한을 가로질러 가는 것이 불가능하다"라고 주장한다. 즉 과거에 무한한 시간이 정말로 존재한다면 우리는 현재라는 시점에 결코 도달할 수 없다는 말이다.

예를 들면, 무한히 많은 계단을 올라가야 한다면, 우리는 어떤 계단에도 도달할 수 없다. 그런데 우리가 지금 여기 있다는 것은 무한한 수의 계단이 우리 앞에 있지 않다는 말이다. 과거에 무한한 수의 사건들이 일련으로 존재한다면, 우리는 그 무한한 과거를 가로질러서 오늘에 이르러야 한다. 하지만 그것은 논리적으로 불가능하다. 그래서 우리가 오늘을 중심점으로 삼는다면, 과거는 결코 무한하지 않다. 그래서 우주는 과거 특정한 시점부터 존재하기 시작했다고 말할 수 있다.

모어랜드 박사는 '실제적 무한'을 "실제적으로 무한한 숫자의 구성원들을 갖는 완성된 전체로 간주되는 집합"으로 규정한다.[10] 그는 '실제적 무한'에는 새로운 구성원이 추가될 수 없기 때문에, '실제적 무한'은 현실세계에서는 불가능하다고 본다. 만일 '실제적 무한이 현실세계에서 불가능하다면' 사건들이 과거와 미래로 무한하게 연속되는 것은 당연히 불가능하게 된다. 이것은 다음 두 가지로 명료하게 진술할 수 있다. (a) 실제적 무한이 존재하는 것은 불가능하다. (b) 따라서 실제적 무한을 횡단하는 것은 불가능하다.

크레이그 박사는 하나님의 존재적 특성을 '창조 이전'과 '창조 이후'로 구분하여 설명한다. 하나님은 창조 이전에는 무시간적으로 존재하고, 창조와 더불어(with creation) 시간적으로 존재하신다. 즉 '창조된 후 시간이 존재하는 우주에 있는 하나님'과 '창조 이전에 시간이 존재하지 않던 때에 계신 하나님'을 구분한다. 하나님은 초시간적 존재이며 필연적인 존재이다.[11] 예수님은 "아버지여 창세전에 내가 아버지와 함께 가졌던 영화로써 지금도 아버지와 함께 나를 영화롭게 하옵소서"(요 17:5)라고 기도하셨다.

창조 이전의 하나님은 순수 지속(pure duration)의 상태로 존재하신다.[12] 하나님은 존재하기 시작한 적이 없으며 또 그 존재를 멈추지도 않으신다. 하나님은 인간들처럼 시간의 제약을 받는 분이 아니라 시간의 창조자이시다. 그래서 "하나님의 나이는 몇 살인가?"라는 질문은 타당하지 않다. 크레이그 박사에 의하면 칼람우주론 논증의 핵심적인 아이디어는 '과거가 무한해지는 것은 불가능하다'는 것이다. 일련의 연속적인 수를 더해서 어떤 무한한 연속 숫자를 완성하는 것이 현실에서는 불가능한 것과 같은 이치이다.[13]

'우주의 첫 시작점'에 대한 수리철학적 논증은 다음 3단계로 구성된다.

(a) 오늘 이전에 무한수의 순간들(moments)이 발생했다면, 결코 오늘에 도달하지 못했을 것이다. 왜냐하면 무한한 수의 사건들을 횡단하는 것은 불가능하기 때문이다.
(b) 그러나 오늘은 왔다.
(c) 그러므로 오늘 이전에는 유한한 수의 순간들(moments)이 있었다. 그래서 우주는 시작이 있었다.

과학적 논증: 빅뱅우주론은 우주가 존재하기 시작했다는 것을 지지한다

빅뱅우주론을 지지하는 과학이론과 근거들

빅뱅우주론과 열역학 제2법칙은 기독교의 창조론을 지지한다. 먼저, 빅뱅이론을 살펴보자. 빅뱅이론에 따르면 우주는 영원한 것이 아니라, 과거 특정한 시점(약 138억 년 전)부터 존재하기 시작했다고 전제한다. 이것은 하나님이 창조하기 전에 우주가 없었다는 것과 유사하다.

에드윈 허블(Edwin Hubble, 1889-1953)이 적색편이를 관측한 이후에 빅뱅우주론은 점차 우주 기원에 대한 표준모델로 자리 잡았다. 빅뱅우주론을 지지하는 과학적 증거는 크게 네 가지로 정리할 수 있다. "적색편이 관측을 통한 팽창하는 우주론, 우주배경복사의 발견, 원초물질의 풍부성, 은하의 진화와 분포" 등이다.[14] 빅뱅우주론은 우주가 약 138억 년 전에 시작되었다고 본다. 스티븐 호킹(Stephen Hawking) 박사는 "거의 모든 사람은 빅뱅과 함께 우주와 시간 자체가 시작되었다고 믿는다"고 말했다.

빅뱅우주론은 '우주는 과거의 어떤 시점부터 존재하기 시작했다'라는 전제를 함축하기 때문에 자연스럽게 지적 설계자(신)에 의한 미세조정을 암시한다. 그래서 무신론자인 스티븐 호킹은 '다중우주론'을 통해 그리고 프레드 호일(Fred Hoyle)은 '정상우주론'을 제시함으로써 기독교의 창조론을 배제하고자 했다.

빅뱅우주론의 형성과 발전 과정

먼저 빅뱅우주론이 등장하게 된 배경을 살펴보자. 빅뱅우주론은 알베르트 아인슈타인을 빼놓을 수가 없다. 아인슈타인은 1921년에 광양자설로 노벨상을 받았다. 그는 일반상대성 이론,[15] 특수상대성 이론,[16] 브라운 운동[17] 등을 발표한 세계 최고의 과학자로 꼽히는 세계적인 석학이다. 1915년 아인슈타

인은 "왜 하늘의 천체들이 한 점으로 수축하는 것으로 보이지 않고 평화롭게 자기 자리를 지키고 있는 것일까?"라는 질문을 던졌다. 그리고 이 질문에 대한 답변으로 '우주에는 우리가 알지 못하는 중력에 반대되는 힘이 존재한다'는 결론을 내렸다. 그는 반중력의 에너지를 '우주상수'(람다)라고 이름 붙였다. 그렇지만 그는 '정적인 우주'를 가장 아름다운 우주로 간주했기에, 우주상수야말로 '정적인 우주'를 위한 필수 조건으로 간주했다. 그가 전제했던 '정적인 우주관'에 따르면 우주의 크기와 구조는 시간이 지나도 변하지 않고 그대로 유지된다.

하지만 벨기에의 천문학자·물리학자·수학자인 조지 르메트르(Georges Lemaître)는 아인슈타인의 일반상대성 이론을 우주 전체에 적용할 수 있다고 보았다. 르메트르의 수학적 모델 연구를 통해서 우주가 팽창하고 있다는 결론을 내렸다. 아인슈타인은 처음에는 정적인 우주를 유지하기 위해서는 반중력적인 힘을 부여하는 우주상수(람다)를 제안했다. 그렇지만 우주는 정적이지 않고 팽창하고 있다는 것이 나중에 확인되었다. 아인슈타인은 자신이 우주상수 개념을 불필요하게 삽입했다는 것을 인정하며, 자신의 최대 실수라고 말했다.

1920년 러시아 수학자인 알렉산더 프리드만(Alexander Friedmann)과 르메트르는 팽창하는 우주론을 제시했다. 특히 루벤가톨릭대학교의 물리학 교수였던 르메트르는 1927년에 아인슈타인의 일반상대성 이론을 바탕으로 하여 우주가 정지되어 있는 것이 아니라, 계속 팽창하고 있다는 우주팽창설을 주장했다. 또한 르메트르는 1931년에 우주 '원시원자'라는 개념을 제시했다. 그는 우주가 처음에 아주 작고 밀도가 무한에 가까운 점에서부터 폭발적으로 팽창하여 현재의 우주를 형성했다고 주장했다. 르메트르는 빅뱅우주론의 기본 개념을 분명하게 제안한 수학자이다.[18]

빅뱅우주론을 지지하는 과학적인 단서들

미국의 천문학자 에드윈 허블의 '적색편이'

미국의 위대한 천문학자 에드윈 허블은 시카고대학교에서 수학, 천문학, 철학 등을 공부했다. 허블보다 이전에 적색편이(red shift)를 연구한 사람은 미국의 천문학자 베스토 슬라이퍼(Vesto Melvin Slipher)이다. 슬리퍼는 은하의 스펙트럼을 연구하면서 적색편이 현상을 발견했다. 이것이 허블의 연구의 토대가 되었다.

허블은 망원경 관찰을 통해서 지구 주변의 12개 은하가 빠른 속도로 지구로부터 멀어지는 '적색편이' 현상을 관측했다. 도플러 효과를 빛에 적용해 보면, 은하계가 멀어지면 빛의 파장이 길어져서 붉은색 방향으로 치우치는 현상이 일어난다. 은하계가 가까워지면 빛의 파장이 짧아져서 파란색을 띠게 된다. 이 점에서, 허블이 발견한 '적색편이'는 은하계가 더 멀어지는 것을 뜻한다. 이것은 우주가 엄청난 속도로 팽창하고 있다는 증거로 해석되었다.

허블은 나중에 약 46개의 은하를 엄밀히 조사한 결과, 별빛의 적색편이를 관측했고, 우리 주변 은하들이 지구로부터 더 먼 방향으로 팽창한다고 결론을 내렸다. 그의 이름을 딴 '허블의 법칙'(Hubble's Law)은 은하들의 후퇴속도 (v)가 지구로부터 은하까지의 거리(d)에 비례한다는 것을 의미한다. 허블의 법칙을 통해서 우주의 나이는 약 138억 년으로 추정되었다.

허블이 우주의 팽창을 발견하기 이전까지는 아이작 뉴턴(Isaac Newton, 1642-1727)의 정적 우주관(우주, 은하, 별들은 서로 중력으로 잡아당기기 때문에 서로 균형을 이루어 정지 상태에 있을 것이라는 견해)이 지배적인 이론이었다. 그러나 허블의 적색편이 관측으로 그간 정설로 인정되었던 '정적우주론' 대신에 '우주팽창설'이 새로운 우주론으로 자리 잡은 것이다. '팽창하는 우주법칙'(law of the expanding universe)은 '은하계가 원거리에 있을수록, 그것은 더 고속으로 움직인다'는 것이다. 정적우주론과 팽창우주론의 입지 변화는 과학철학자 토마스 쿤(Thomas Samuel Kuhn)의 관점에서 보자면, 우주 기원 가설들에 패러다임의 변화가 발생한 것이다.

우주배경복사(Cosmic microwave background radiation)

스티븐 호킹 박사는 1965년에 우주배경복사를 관측한 사건을 빅뱅이론을 지지하는 직접적인 증거로 본다.[19] 제2차 세계대전이 끝날 무렵, 세 명의 과학자들은 우주가 엄청난 폭발을 통해서 존재하기 시작했다면 현재의 우주에 방사선이 남아 있을 것으로 추정했다. 물리학자 아르노 펜지아스(Arno Penzias)와 로버트 윌슨(Robert Wilson)은 1965년에 현대 천문학의 가장 위대한 발견 중의 하나인 '우주적 화구방사선'(cosmic fireball radiation)을 발견했다.

> "이 특이점에서 공간과 시간은 존재하기 시작했다. 문자 그대로 이 특이점 이전에는 아무것도 존재하지 않았고, 그렇기 때문에 만일 우주가 이런 특이점에서 기원되었다면 우리는 틀림없이 무에서의 창조(creation ex nihilo)를 갖게 되는 것이다."[20]

우주배경복사는 빅뱅 이후 약 38만 년이 지나 우주가 식어 투명해졌을 때 방출된 복사 에너지를 말한다. 우주배경복사는 우주 전체에 고루 퍼져 있는 잔열로 절대영도(-273.15도)보다 약 2.7도 높은 것으로 관측되었다. 빅뱅우주론자들은 우주배경복사를 빅뱅 직후 아주 뜨겁고 조밀했던 우주가 식으면서 남긴 에너지로 본다.

수소와 헬륨 같은 원소들의 존재

빅뱅이론에 의하면, 우주가 시작된 지 최초의 1분 동안에 우주는 전형적인 별의 내부보다도 뜨거웠으며, 이 짧은 기간 동안에 우주 전체가 핵융합로와 같은 역할을 했을 것으로 본다. 핵융합 반응의 결과, 물질 성분이 주로 수소로 그리고 23퍼센트 정도의 헬륨과 미량의 리튬으로 우주가 만들어졌다고 추정한다. 수소와 헬륨보다 무거운 원소들의 경우에는, 빅뱅이 시작된 이후 한참 지나서 별들의 내부에서 만들어진 것들이다. 우주의 물질 총량에서 헬륨이 차지하는 비율을 관찰한 결과는 빅뱅우주론이 말하는 초기 우주를 뒷받침하는 믿을 만한 과학적 증거들이다.

과학적 논증: 열역학 제2법칙을 통한 설명

열역학 제2법칙(The second law of thermodynamics)은 '고립된 계(closed system)의 엔트로피는 감소하지 않고 증가한다'는 법칙이다. 흔히 '엔트로피 증가의 법칙'으로 알려져 있다. 『철학대백과사전』에 의하면, 열역학 제2법칙은 '열은 낮은 온도의 물체로부터 높은 온도의 물체로 스스로 옮기는 일이 없으며, 온도 평균의 상태로부터 온도 불평균의 상태로 스스로 옮기는 법도 없다'는 법칙이다.[21] 이것은 자연현상이 일어나는 방향을 규정하는 것으로서 불가역(不可逆) 현상을 말한다. 열역학 제2법칙을 우주에 적용해 보면, 우주는 "최대의 무질서와 최소의 에너지 상태를 향해 불가역적으로(irreversibly) 움직인다"는 것을 알 수 있다.[22] 쉽게 말하면, 우주 안에 있는 사용 가능한 에너지의 양은 무한하지 않고 그 양은 점차 감소한다는 말이다.

열역학 제2법칙은 우주 안에서 사용 가능한 에너지가 무한하지 않다고 전제한다. 따라서 만일 현재의 우주가 아주 오래되었다면 이미 '열적 죽음'(heat death) 상태에 도달해 있어야 한다. 즉 우주의 시간을 과거로 무한하게 소급한다면, 현재의 우주에는 사용 가능한 에너지가 하나도 남아 있지 않아야 한다. 우주가 이미 영원한 과거부터 존재해 왔다면, 우주는 이미 차갑고 어둡고 생명도 존재할 수 없는 상태가 되었을 것이기 때문이다. 이것을 다음처럼 진술할 수 있다.

(a) 만일 우주가 영원하고 에너지 양이 유한하다면, 지금 열적 죽음(heat death)에 도달했을 것이다.
(b) 우주는 지금 열적 죽음 상태에 도달하지 않았다. (여전히 사용 가능한 에너지가 있다).
(c) 그러므로 우주는 (과거나 미래로) 영원할 수 없다.

여기에서 우주는 영원하지 않고, '과거 특정한 시점부터 존재하기 시작했다'고 볼 수 있다. 물론 열역학 제2법칙 그 자체는 신의 존재를 말하지 않는다. 그렇지만 열역학 제2법칙의 종점이 '열적 죽음 상태'라면, 우주가 '영원한 과거' 때부터 지금까지 계속 존재해 왔다는 주장은 전혀 성립될 수 없다. 지금의 태양도 약 100억 년 정도가 지나면 초신성 폭발로 사라질 것으로 예측된다. 태양이 영원토록 타오를 수는 없다. 이것은 현재의 태양이 무한한 과거로부터 지금까지 계속 존재한 것이 아니라는 말이다. 무수한 은하계들도 마찬가지이다. 따라서 '우주는 영원하다'는 주장은 잘못되었다.

더글라스 그로타이스(덴버 신학교)는 "만일 우주가 보편적으로 엔트로피적이라면, 우주는 기원적 에너지의 근원이 우주 외부에 있을 것을 요청한다. 무한 퇴행을 피하려면, 우리는 엔트로피적 퇴행에 좌우되지 않는 제1원인(신)을 추론해야만 한다"고 주장했다.[23]

기독교 변증학적 관점에서 보면, 열역학 제2법칙(무질서도 증가의 법칙)은 두 가지 사실을 말해 준다. 하나는 '우주는 특정한 과거 시점으로부터 존재하기 시작했다'라는 것이다. 다른 하나는 '우주가 처음에 존재하기 시작했을 때 그

때 우주는 가장 완전했다'라는 것이다. 열역학 제2법칙을 거꾸로 적용해 보면, 과거로 돌아갈수록 질서도가 높아지기 때문이다.

그래서 열역학 법칙은 진화론이 아니라 성경적인 창조론을 지지한다. 열역학 제1법칙(에너지 보존의 법칙)은 하나님의 창조를 통해서만 설명이 가능하다. 에너지는 저절로 생기지 않는다. "태초에 하나님이 천지를 창조하시니라"(창 1:1)는 말씀은 하나님이 에너지를 만든 근원이심을 설명해 준다. 하나님이 창조하시는 날들마다 보시기에 좋아하셨다는 것과 "땅이 옷같이 해어지며"(사 51:6)라는 말씀은 모두 열역학 제2법칙의 내용이 맞다는 것을 의미한다. 그럼에도 불구하고 무신론자들은 여전히 '만물은 원인 없이 무에서 나왔다'라는 것과 '엔트로피 증가의 법칙은 우주 전체에는 적용되지 않는다'라는 말을 반복함으로써 기독교의 창조론을 회피하려고 한다.

J. P. 모어랜드(바이올라대학교)는 "만물은 원인 없이 무에서 나왔다"라는 주장을 두 가지 이유로 재반박한다.[24] '원인 없이 생겨나는 결과는 아무것도 없다'라는 원칙은 매우 합당하다. 그 이유는 사건(event)에는 정확하게 시작과 끝이 있으며, 어떠한 사건도 원인 없이 생겨나지는 않기 때문이다. 이와는 반대로 하나님은 원인을 필요로 하지 않는데, 그 이유는 하나님이 한 사건도 아니고 우연적인 존재도 아니기 때문이다. 하나님은 필연적인 존재이며, 그런 존재는 원인을 필요로 하지 않는다. 하나님은 모세에게 자신을 "스스로 있는 자"(I am Who I am, 출 3:14)로 계시하셨다.

'하나님도 원인이 필요하다'고 주장하는 것은 '원인 없는 존재'에게 원인을 요구하는 격이라서 범주오류(Category fallacy)에 속한다.[25] 하나님과는 달리, 최초의 사건은 원인을 필요로 한다. 그것은 최초의 사건이 필연적 존재가 아니고, 최초의 사건은 시작과 끝을 가지기 때문이다. 그렇지만 양자역학을 지지하는 사람들은 "모든 사건이 원인을 가지는 것은 아니다"라고 주장한다. 이들은 대개 양자역학의 특징적 원리(불확정성)를 통해 기독교의 창조론을 부정하려고 한다. 이들에 의하면 양자역학은 아원자입자 수준에서는 궁극적으로 불확정성이라는 특성을 갖는다. 여기에서는 인과율은 작동하지 않으며, 사건들은 원인 없이 발생하고, 존재물들(entities)은 무(無)로부터 존재하기 시작한다는 것이다.

이런 반론에 대해서 그리스도인들은 어떻게 답변할 수 있을까? 크게 세 가지 관점에서 이런 주장을 비판할 수 있다.

첫째, 양자역학에서 말하는 '무에서의 창조'는 진공에서의 양자 요동으로 입자가 생성된다는 것이다. 그렇지만 진공조차도 에너지를 포함하고 있기 때문에 철학적인 의미에서의 '완전한 무'는 아니다. 기독교 신학에서 말하는 '무에서 유의 창조'는 '어떤 것도 존재하지 않는 상태에서 하나님이 만물을 창조하셨다'는 것이다.

둘째, 양자역학에서는 '완전한 무작위성'을 통해서 입자를 비롯한 만물들이 존재하기 시작했다고 말하고 있지만, 입자의 생성과 소멸은 여전히 물리법칙으로 통제되고 있다. 따라서 논리적인 관점에서 본다면, '특정한 사건이 결정론적으로 예측되지 않는다'는 것에서 '무에서 유의 창조'를 주장할 수는 없다.

셋째, '사건들이 원인 없이 존재한다'는 해석은 양자역학의 여러 가지 해석 중의 하나일 뿐이다. 양자역학의 일부 해석들, 가령 보편적 파동함수 해석과 붕괴이론 해석에 따르면 여전히 입자는 어떤 원인에 의해서 발생한다고 본다. 그러므로 '양자역학이 원인을 부정한다'라는 주장은 양자역학 내의 특정 해석을 확증된 과학적 사실로 착각하는 오류에 지나지 않는다. 양자역학에 대한 일부 해석은 여전히 기독교적 창조론과도 조화를 이룰 수 있다. 더욱이 성경의 하나님은 눈에 보이는 세계와 눈에 보이지 않는 세계를 모두 창조하고 다스리시는 분이다.

결론적으로 말하면, 그리스도인들은 '양자역학이 물리적 세계의 법칙 중의 하나이기 때문에 그것이 성경적 창조론과 상충한다는 주장'은 지나친 억측이라고 본다. 그리고 그리스도인들은 "우주의 질서를 이루는 법칙이 존재한다는 것 자체가 하나님의 창조 때문이다"라는 주장은 타당하다고 본다.

칼람우주론 논증의 결론:
'그러므로 우주에는 원인이 있다'(추론: 이 원인은 하나님이시다)

칼람우주론 논증은 '우주는 원인을 가진다'(우주는 어떤 원인에 의해서 시작되었다)라는 결론에 이른다. 이 결론으로부터 '우주를 시작한 원인'을 '인격적인 존재(신)'로 추론한다. 토마스 아퀴나스는 그의 대표적인 저서 『신학대전』에서 신 존재 논증을 다섯 가지 방식으로 전개할 때, 고대 그리스 철학자 아리스토텔레스의 우주관, 즉 '우주는 영원하다'는 사상을 비판하는 것으로 시작한다. 아리스토텔레스에 의하면 우주는 시작도 끝도 없이 영원히 존재한다. 그러나 아퀴나스는 부동의 원동자와 최초의 작용인 개념을 수용해 '무에서 유의 창조'와 '창조주의 존재'를 철학적으로 논증했다. 그는 하나님이 세계의 제1원인이며 유한한 존재들은 창조 후에 생긴 것이라고 말했다.

앞서 살펴본 것처럼, '실제적 무한은 불가능하다'는 수학적인 논증과 '우주가 138억 년 전에 폭발로 시작되었다'는 빅뱅우주론은 여러 가지 관측 증거를 바탕으로 그 이론의 타당성을 인정받고 있다. '우주에 시작이 있었다'라는 칼람우주론 논증의 전제 자체는 수학과 과학의 영역에서 타당한 것으로 평가할 수 있다. 그렇다면 '무엇이' 현재 우리 우주를 존재하게 했는지를 탐구해야 한다.

인격적인 존재가 빅뱅의 원인이다

우주를 존재하도록 한 빅뱅을 촉발시킨 원인은 무엇일까? 우주를 시작하게 한 최초의 사건은 '인격적인 어떤 존재'이거나 또는 '비인격적인 어떤 사물'로 인하여 시작되었을 것이다. 그렇지만 최초의 폭발이 있기 전에는(즉 기독교적 관점에서는 창조 전에는) 시간도, 공간도, 물질도 없어야 한다. 현대의 천체물리학과 천문학은 우주가 빅뱅으로 시작되고 은하계가 형성되어 팽창하는 과정이 엄청난 미세조정이 있어야 가능하다고 본다. 미세조정은 초월적인 신의 전능함과 전지함이 있어야만 가능하다. 신의 미세조정이 없다면 우주의 안정성과 질서를 설명할 수 없다.

앞에서 설명한 대로, 우주의 존재를 시작하게 만든 원인은 '물질'도 '우연'도 아니라, '인격을 가진 전능한 창조주'로 보는 것이 훨씬 설득력이 있다. 윌리엄 크레이그 박사에 의하면 시간, 공간, 물질을 있게 한 빅뱅의 원인은 '의지의 자유와 엄청난 능력을 지닌 존재로서 자존하며 무한하고, 인격을 가진 존재'로 추정된다. R. C. 스프로울은 "만일 우주의 기원(시작)이 있다면, 우주는 필연적인 존재가 아니라 파생적인 존재이다. 이는 어떻게 그것이 존재하게 되었는가를 누군가가 설명할 필요가 있음을 뜻한다"라고 주장했다.[26] 오직 성경의 하나님만이 창조주의 조건을 충족시킬 수 있다.

한 분 창조주로 충분하다

그렇다면 우주를 존재하게 만든 창조자는 꼭 한 분으로 한정할 필요가 있을까? '다수의 창조자들'이 빅뱅을 일으킨 행위자라고 말하면 안 될까? 그러나 크레이그 박사는 '오캄의 면도날'(Ockham's razor)을 통해서 창조자의 문제를 정리한다. 오캄의 윌리엄(William of Ockham)은 14세기 영국 프란체스코회 수사이자 철학자였다. 그의 이름을 딴 오캄의 면도날은 '경제성의 원리'(Principle of economy) 또는 '검약의 원리'(Principle of Parsimony)로 표현된다. 면도날이 필요하지 않은 것을 잘라내듯이, 오캄은 "어떤 현상을 설명할 때 불필요한 가정을 하지 말라"라고 주장했다. 또한 어떤 현상을 설명하는 이론이 두 가지가 있다면 그중에서 덜 복잡한 것을 선택하라고 말한다.

오캄의 면도날은 과학이론을 정립하는 과정에서 불필요한 가정들을 제거하는 데 활용된다. 오캄이 주장한 원칙들, 가령 '불필요한 존재들을 가정하지 말라', '불필요한 복잡한 설명을 배제하라'라는 원칙을 적용하면 자연스럽게 '다수의 창조자'는 배제된다.

아이작 뉴턴은 그의 저서 『자연철학의 수학적 원리』에서 "진리는 항상 단순함에서 찾아야 하며, 다양성과 혼란 속에서 찾지 말라"라고 말한 바 있다. 리처드 스윈번도 "다수의 창조자를 가정한다면, 우주의 규칙성과 단일성은 결코 이루어질 수 없다"라고 주장한다. 스윈번에 의하면, 다수의 창조자가 아닌 한 분의 창조자가 우주를 만들었다고 보는 것이 더 단순하면서도 탁월한 설명이다. 여러 명의 설계자가 있다면, 우주를 만드는 과정에서 그들이 상호 간에 긴밀하게 협력 작업을 하는 것은 쉽지 않기 때문이다.[27] 따라서 오캄의 면도날을 통해서 창조자를 '단 한 분'으로 규정한다면, 이 설명에 가장 적합한 종교는 기독교뿐이다.

아름다운 하나님이 아름다운 우주를 창조하심

왜 우주는 아름다운 것일까? 전도서 기자는 하나님이 우주를 때를 따라 아름답게 만드셨다고 말하며(전 3:11), 시편 기자는 해와 달로 질서 있게 운행하도록 만드셨다고 했다(시 104:19). 우주는 왜 아름다운 것인가? 시편 기자는 아름다움의 근원이 하나님께 있음을 노래한다.

"내가 여호와께 바라는 한 가지 일 그것을 구하리니 곧 내가 내 평생에 여호와의 집에 살면서 여호와의 아름다움을 바라보며 그의 성전에서 사모하는 그것이라"(시 27:4).

불교를 창시한 석가모니에게 만물과 사람은 아름다운 것이 아니라 허상에 지나지 않는다. 부처란 말은 '세상과 사람이 무상하다는 진리를 깨달은 자'라는 뜻이다. 불교의 십이연기설에 의하면 '모든 것은 원인과 조건에 의해 형성되고, 독립적으로 존재하는 절대적인 실체는 없다.' 고정된 자아도 없고, 객관적인 세상도 고정된 실체로 존재하지 않는다는 것이다. 『반야심경』에서 이것을 "색즉시공, 공즉시색"(色卽是空, 空卽是色)이라는 말로 표현한다.[28] 불교에 의하면 세상은 창조된 것이 아니라 인연에 의해 형성되고 변화되는 것이다. 그러므로 불교에는 '창조', '절대자 창조주' 개념이 존재하지 않는다고 할 수 있다. '모든 것은 허상'이라고 말하는 석가모니가 아름다운 우주와 불멸의 사람을 창조할 리가 없다.

칼람우주론적 논증은 '영원한 우주론'을 반대하고 '창조된 우주'를 말한다. 이 논증은 '우주는 원인을 가진다'라는 결론에서 우주를 존재하게 만든 분은 '하나님'이라는 추론으로 나가는 것이다. 우주 자체가 우주를 시작하게 한 원인은 될 수 없다. 우주와 인간은 하나님의 작품이다. 우리는 어떤 사건이나 현상에 대해서 과학적인 설명, 자연적인 설명 그리고 인격적인 설명을 하려고 시도한다. 가령 '주방에 물이 끓어 수증기를 내뿜고 있는 주전자가 있는 장면'을 생각해 보자. 이것에 대한 과학적인 설명은 '열에너지가 전달되어 섭씨 100도에서 물이 끓고 있다'는 것이다. 반면에 인격적인 설명은 '누군가 커피를 마시기 위해서 물을 끓이고 있다'는 것이다.

우주가 처음 시작되기 이전에는 자연만물이 존재하지 않았기 때문에 자연법칙 자체가 없었다. 이 점에서 '우주가 존재하기 이전'에 대해서는 과학적인 설명은 불가능하다. 우주가 최초로 존재하기 시작한 후에 시간, 공간, 물질이 생겨났다. 따라서 우주를 존재하도록 만든 존재는 비물리적이며 초시간적이고 초공간적인 실체여야 한다. '수'(數)와 같은 추상적인 수학적 개념도 초시간적이고 비물리적인 특징을 갖는다. 그러나 수(數) 자체는 어떤 것도 만들어 낼 수 있는 원인이 될 수 없다. 비물리적인 것은 마음이나 정신 같은 것이다. 마음은 행동의 원인이 될 수 있다. 그러므로 우주는 '무형의 마음(정신)'에 의해 존재하기 시작한 것이라고 추론할 수 있다. 우주는 광대하기 때문에, 그런 우주의 존재를 가능하게 만든 것은 '무한한 마음(정신)'이어야 한다. 그리고 그 무한한 마음은 '인격적인 행위자'여야 한다고 결론지을 수 있다.

"여호와의 말씀으로 하늘이 지음이 되었으며 그 만상을 그의 입 기운으로 이루었도다"(시 33:6).

빅뱅우주론의 발달 과정

한국의 고등학교 1학년 과학 교과서에는 빅뱅우주론에 대한 설명이 포함되어 있다. 학생들은 빅뱅이론을 통해서 우주를 이해하고 진화적 관점을 학습한다. 그들은 빅뱅우주론을 마치 절대불변의 완전한 과학적 진리로 수용하는 경향이 있다. 그래서 고등학생이 과학 수업에서 빅뱅이론을 배운 후에 성경의 '6일 창조'를 비과학적인 신화로 여기고 심지어 조롱하기도 한다. 빅뱅우주론 때문에 창조신앙을 버린다면, 그것은 과학을 잘못 배운 것이다.

빅뱅이론은 '영원한 우주'가 아니라 '시작된 우주'를 말하는 우주 기원에 관한 이론이다. 큰 폭발(빅뱅)로 우주가 시작된 후에 정밀한 미세조정이 뒤따른다. 폭발에서 우연히 질서가 나올 수는 없다. 우주는 미세조정을 통해서 질서를 형성할 수 있었다. 칼람우주론 논증은 '빅뱅의 순간'을 '창조주가 우주를 만든 첫 순간'으로 이해한다.

지금부터 빅뱅우주론이 어떤 점에서 기독교의 창조신앙과 조화를 이룰 수 있는지 아닌지를 알기 위해, 먼저 빅뱅우주론 자체를 검토해 보자.

초기 빅뱅우주론

벨기에의 수학자이며 사제인 조지 르메트르는 1927년에 발표한 논문에서 알베르트 아인슈타인의 일반상대성 방정식을 이용해서 우주가 점점 팽창하고 있다는 것을 수학적으로 계산해 냈다. 그는 한 점(원시입자)에 불과한 우주가 큰 소리를 내면서 폭발하듯이 팽창했다고 주장했기 때문에, 팽창하는 우주론을 빅뱅우주론으로 부르게 되었다.

1915년 아인슈타인은 일반상대성 이론을 발표했다. 1922년에 알렉산더 프리드만은 아인슈타인의 방정식을 이용해서 우주는 팽창하거나 수축될 수 있다는 것을 수학적으로 계산했다. 그리고 1927년에 르메트르가 우주는 원시입자에서 시작되어 팽창하고 있다고 주장했다. 프리드만은 베스토 슬라이퍼가 말했던 은하 적색편이에 대한 관측 자료를 사용해서 그런 수학적인 계산을 해냈다.

그리고 1929년에 미국의 천문학자 에드윈 허블은 24개의 은하를 관측하여 우주가 팽창하고 있다고 주장했다. 1948년에 조지 가모브(George Gamow)는 빅뱅 초기의 고온 상태에서 수소와 헬륨이 형성되었을 것이라고 주장했고, 우주의 배경온도는 절대영도(-273.15도)보다 약간 높을 것이라고 예측했다. 드디어 1965년 벨 연구소의 로버트 윌슨과 아르노 펜지아스 두 과학자가 우주배경복사를 발견했다. 이로써 우주팽창론이 수학과 천문학의 관측을 토대로 확증되었다.

빅뱅우주론은 1915년 아인슈타인이 일반상대성 이론을 발표한 후에 벌써 100년 이상 여러 과학자를 통해서 계속 발전해 왔다. 빅뱅이론은 최근까지 우주론적 표준모델이라는 확고한 지위를 누리고 있다. 초기 우주는 초고온, 초고밀도의 상태에서 갑자기 폭발하여 팽창하게 되었다. 빅뱅(큰 폭발)이 발생하고 약 38만 년 후에 우주배경복사가 방출되었고, 그 후에 별과 은하계가 형성되었다. 빅뱅우주론은 천문학, 수학, 이론물리학, 우주론까지 결합된 종합 과학 이론이다.

그렇지만 초기 빅뱅우주론은 세 가지 난제, 즉 지평선 문제, 평탄성(편평도) 문제 그리고 자기홀극 문제에 부딪혔다. 세 가지 난제를 하나씩 살펴보자.

첫째, 지평선 문제(Horizon Problem)이다. 지평선 문제란 수백억 광년 떨어진 우주의 다른 영역들은 교류가 없기 때문에 온도와 우주배경복사 등에 상당한 편차가 있어야 한다. 그렇지만 지금까지 관측 결과에 의하면, 우주 전체는 상당히 균일하다. 빅뱅이론은 광대한 우주 전체가 왜 균일한지를 설명할 수 없었다. 이것이 첫 번째 난제였다.

둘째, 평탄성 문제(Flatness Problem)이다. 이것은 빅뱅 이후 현재까지 우주의 곡률이 거의 0(편형)에 가깝게 평탄하게 유지되고 있다는 데서 생긴 문제이다. 우주의 평균밀도를 우연으로는 설명할 수가 없다. 정밀한 미세조정이 없다면 현재의 우주가 형성될 수 없다는 것이다. 편평도 문제는 자연스럽게 창조주에 의한 미세조정 가능성을 열어 둔다.

셋째, 자기홀극 문제(Magnetic Monopole Problem)이다. 빅뱅 초기의 초고온 상태에서 수많은 자기홀극이 생성되었을 것으로 추정된다. 그런데 지금까지 한 번도 관측되지 않았기 때문이다.

빅뱅우주론의 세 가지 난제들을 자세히 살펴보자.

지평선 문제

앞서, 우주배경복사는 빅뱅이론의 가장 강력한 증거라고 했다. 우주의 모든 방향에서 동일하게 관측되는 우주배경복사는 지금 우주가 과거에 훨씬 더 뜨거운 우주였다고 하는 빅뱅우주론의 증거로 제시되었다. 그렇지만 우주배경복사는 빅뱅이론에 가장 큰 위협이 되기도 한다.[29] 특수상대성 이론에 의하면 정보는 빛보다 빨리 갈 수 없다. 우주의 물질들은 빛보다 느리게 움직이기 때문에 우주의 서로 다른 영역들은 온도와 배경복사가 서로 달라야 한다. 가령 지구를 중심으로 반대편에 있는 은하계들은 상당한 불균일성을 가질 것으로 추정된다.

'물질지평선'은 관측자가 영향을 받을 수 있는 우주의 범위를 의미하며 '실제로 우주의 별이나 은하들은 지구에서 볼 때 각도로 2도 정도의 범위 내에서만 영향을 미칠 수 있다'는 뜻이다. 그러나 측정된 우주배경복사는 모든 방향에서 거의 동일하게 관측되어 거시적으로 우주가 어디서나 균질적인 것임을 시사한다.

'우주의 지평'이라는 말은 우주의 유한한 나이 범위 안에서 정보를 교환할 수 있는 최대 범위의 한계를 말한다. 이석영 교수(연세대)는 우주의 지평의 크기를 "대략 우주의 나이에 광속을 곱하고 또 3을 곱한 값"이라고 말한다. 이렇게 계산하는 이유는 빛이 우주의 공간을 항해하는 동안에도 우주는 꾸준히 팽창하고 있기 때문이다.[30]

이런 계산에 따르면 우주 지평선 반지름은 약 464억 광년이다. 이 거리 너머에서 일어난 사건은 현재 우리와 인과적으로 연결될 수 없고, 관측도 불가능하다. 현재 우주의 전체 크기는 최소 직경 약 928억 광년 이상으로 추정되지만, 지평선 바깥의 영역은 직접 관측이 불가능하기 때문에, 이론적 추정에 의존하는 영역으로 남아 있다. 우주의 지평 밖에 위치하는 사건들은 서로 인과관계가 성립되지 않는다.

그런데도 이상하게 서로 같은 온도와 같은 온도 변이를 보인다는 것이다. 쉽게 말하면 매우 좁은 지역에서만 적용되는 물질지평선이 우주 전체에 적용되는 우주지평선의 조화 현상을 빅뱅이론은 설명하지 못한다. 이런 점 때문에, 빅뱅이론의 강력한 근거인 우주배경복사는 역설적으로 빅뱅이론의 가장 큰 난점이 되고 만다.

평탄성 문제

빅뱅우주론에서 플랑크 시간은 우주의 초기 상태를 설명하는 중요한 개념이다. 빅뱅은 플랑크 시간(약 10의 43승분의 1초) 이전에 발생했다고 본다. 우주의 팽창 속도와 중력은 매우 정밀하게 조율되어 균형을 이루고 있다. 이석영 교수는 "편평도 문제는 우주의 나이 100만 분의 1초일 때, 우주의 밀도가 아주 조금만 달랐어도 지금의 우주는 존재할 수 없다는 것"이라고 말한다.[31] 왜 우리가 살고 있는 이 우주는 이토록 신묘한 밀도를 가지고 있는 것일까?

"일반상대성 이론에 의하면, 우주 속의 물질에 의해서 발생하는 중력으로 우주 공간도 휘어지고 곡률을 가질 수 있다. 우주 공간은 그 평균밀도에 따라서 닫힌 우주, 열린 우주, 편평한 우주로 구분된다. 우주 속의 물질의 양이 너무 많으면, 평균밀도가 올라가서 우주는 닫힌 우주가 된다. 닫힌 우주는 중력이 너무 강하여 우주 팽창이 늦어지다가 결국 중지하고 다시 수축하게 된다. 이에 비해서 우주 속의 물질의 양이 기준보다 너무 적으면, 평균밀도가 부족하여 우주는 열린 우주가 된다. 열린 우주는 지속적으로 팽창하여 희박해지고 결국은 암흑 속으로 완전히 사라지게 된다. 하지만 우주 속의 물질의 양이 기준과 동일하면, 평균밀도는 곧 임계밀도와 같아지게 되어 우주는 느리게 영원히 팽창하고, 우주 공간의 곡률은 편평하게 될 것이다.

최근의 정밀한 관측에 의하면, 우주의 평균밀도는 거의 정확하게 임계밀도와 같다는 사실이 밝혀졌다. 편평도 문제는 빅뱅 초기에 우주의 평균밀도가 매우 정교하게 임계밀도 또는 기준밀도와 같도록 미세조정되지 않으면 수백억 년의 시간이 지난 지금 오늘날과 같은 우주가 형성되는 것은 불가능하다는 것을 말해 준다. 계산에 의하면, 그 미세조정의 정밀도는 '10의 62제곱분의 1'만큼 작다."[32]

빅뱅우주론은 우주의 편평도 문제를 설명하지 못했다. 단지 '우연'만으로는 이런 초정밀도를 설명하는 것이 불가능하기 때문에 '편평도 문제'는 과학을 넘어서서 철학과 신학의 영역에 속한 논쟁을 불러일으켰다. 사람이 살 만한 우주, 즉 인류 중심의 원리(anthropic principle)는 창조주가 사람이 생존할 수 있는 우주를 만들었다는 전제를 함축한다. 신의 창조를 전제할 때 인류 중심 원리가 가장 잘 설명되기 때문이다. 이것을 히브리서 기자는 이렇게 간결하게 표현했다.

"집마다 지은 이가 있으니 만물을 지으신 이는 하나님이시라"(히 3:4).

원시입자(자기홀극) 문제

빅뱅이론에 의하면 빅뱅 초기의 우주는 매우 뜨겁고 밀도가 높은 불덩어리라고 생각할 수 있다. 그때의 온도는 약 '10의 32승 켈빈'이다. 빅뱅의 첫 순간의 온도는 태양 중심 온도보다 약 천 조 배 뜨겁다고 생각하면 된다. 입자물리학에 의하면, 우주의 나이가 '약 10의 34제곱분의 1초'였을 때, 즉 빅뱅 초기 대통일력이 작용하던 시기(강력, 약력, 전자기력이 아직 분리되지 않고 하나의 힘으로 존재하는 극한의 초기 우주 상태)에 엄청난 질량을 가진 자기 단극자(magnetic monopole)라는 원시입자들이 탄생했다고 가정한다. 그 질량은 수소 원자의 100억 배 정도일 것으로 추정한다. 입자물리학에 따르면, 이때 탄생한 원시입자들은 우주의 팽창 과정 중에도 비교적 안정되게 존재해야 한다.

그러나 1970년대부터 스퀴드(SQUID) 프로젝트를 비롯한 다양한 실험에도 불구하고 지금까지 발견된 원시입자는 단 하나도 없다. 왜 발견하지 못한 것일까? 이러한 빅뱅이론의 난제를 해결하기 위해 계속해서 새로운 주장들이 나오고 있다.

인플레이션 빅뱅우주론

1981년 매사추세츠 공과대학(MIT)의 앨런 구스 교수(Allen Guth)는 빅뱅우주론의 난제를 해결하기 위해서 '인플레이션(inflation, 급팽창) 이론'을 제안했다. 인플레이션 빅뱅이론은 현재 각종 교과서에 거의 검증된 과학 법칙처럼 소개되고 있다.

구스 교수에 의하면, 빅뱅 초기에 우주의 크기는 원자 크기였다. 이렇게 작은 우주가 10의 32제곱분의 1초라는 짧은 시간 안에(시간), 10의 26제곱 배로 커졌고(크기), 10의 78제곱 배로(부피) 확장되었다. 구스 교수의 급팽창 빅뱅이론의 핵심은 작은 우주가 '급팽창(inflation) 시기'를 거쳐서 확장되었다는 것이다. 권진혁 교수(영남대학교)는 '급팽창'을 1초도 안 되는 아주 짧은 순간에 직경 1미터의 원이 100억 광년 크기로 확장되는 정도로 비유하여 알기 쉽게 설명한다.[33]

앨런 구스 교수는 인플레이션 이론을 통해서 초기 우주에서 급팽창 과정을 도입함으로써 이론적으로나마 '편평도 문제'와 '지평선 문제'를 해결할 수 있다고 주장했다. 급팽창 이론은 '지평선 문제'를 다음과 같이 해석한다. 급팽창이 발생하기 이전의 우주는 매우 작고 밀도가 높았기 때문에, 서로 멀리 떨어진 영역들조차도 열적 평형 상태에 도달할 수 있을 정도로 서로 인과적으로 연결되어 있었다.

다시 말하면, 급팽창 이전의 초기 우주는 매우 균일하고 등방적인 상태였으며, 이 상태에서 인플레이션을 통해 짧은 시간 동안 지수적으로 팽창함으로써 현재 우리가 관측하는 광대한 우주로 확장된 것이다. 급팽창 이론은 인플레이션 이후에 우주가 자동적으로 거의 평평해지는 것처럼 된다고 말한다. 편평도 문제를 이렇게 해결할 수 있다는 것이다. 쉽게 말하면 풍선을 아주 크게 불면 풍선 위의 작은 면은 완전한 평면처럼 보이는 것과 같다. 급팽창이 우주의 곡률을 펴 버리는 것이다. 마지막으로 급팽창 이론은 '자기홀극 문제'도 우주의 급팽창 과정에서 자기홀극이 극도로 희석되었기 때문에 관측되지 않는다고 본다. 마치 잉크 한 방울을 바다에 떨어뜨리면 희석되어 찾기 어려운 것과 같다는 것이다.

그렇지만 우주 발생 초기에 인플레이션(급팽창)이 실제로 있었는지는 여전히 의문이다. 편평도 문제를 해결하기 위해서 더 정교한 초기 세팅이 필요한데, 이를 위해서는 더 정밀한 미세조정이 필요하다. 또한 인플레이션 이론은 플랑크 시간대 이전의 물리적 우주를 다루기 때문에, 현재 어떤 실험이나 관측을 통해서 검증할 수가 없다. 인플레이션 이론은 다중우주론과 연결되는데, 이 경우에는 과학적으로도 설명이 불가능하다. 실험이나 관측으로 검증할 수 없는 것은 과학이 아니라 철학의 영역에 속한다.

혼돈인플레이션 이론

'혼돈인플레이션 이론'(Chaotic Inflation Theory)은 미국 스탠포드대학교의 안드레이 린데(Andrei Linde) 박사가 1983년에 급팽창 이론의 문제점을 보완해서 새롭게 제안한 이론이다. 린데 박사는 앨런 구스 교수의 인플레이션(급팽창) 빅뱅이론이 '양자요동 효과'를 고려하지 못할 뿐만 아니라 우주 재가열 문제도 해결하지 못한다고 비판했다. 구스 교수의 급팽창 이론에서는 급팽창이 끝나면 우주가 차갑게 변하는 문제가 발생하는데, 급팽창 후 물질과 복사가 다시 생성되는 '우주 재가열'이 자연스럽지 않다는 것이다.

린데 교수는 구스의 급팽창 빅뱅이론이 '거품충돌 문제' 또한 해결하지 못한다고 보았다. 급팽창하는 과정에서 거품(Nucleation)이 발생하고, 이 거품들이 서로 충돌하면서 우리 우주가 형성되었다. 하지만 린데 교수는 지금 우주가 매우 균일하기 때문에 거품충돌 자체가 발생하지 않았을 수도 있다고 주장했다.

린데 교수의 '혼돈인플레이션' 이론에 따르면, 급팽창이 발생한 후에, 각 지역의 우주는 균질하고 동질적인 상태로 진화할 수 있다. 그러나 초기 조건이 다를 경우, 급팽창 후에 형성되는 우주의 구조와 물리적 특성도 달라질 수 있다. 린데 교수는 이러한 과정을 통해 서로 다른 물리적 법칙을 가진 다수의 우주가 생성될 수 있다고 말한다. 그래서 혼돈인플레이션은 수많은 우주가 존재할 가능성이 있다고 본다.

혼돈인플레이션 이론의 요지는 빅뱅 초기에 우주의 팽창 속도가 빛의 속도보다 훨씬 빨랐다는 것이다. 스티븐 호킹과 안드레이 린데 교수는 우리가 살고 있는 우주는 수없이 많은 우주 가운데 하나라고 보았다. 린데 교수는 급팽창이 우주의 여러 영역에서 계속될 수 있다는 '영원한 인플레이션 이론'을 제시했다.

다중우주론

'초기 빅뱅이론'은 '우주가 과거 언젠가 처음으로 폭발되어 시작되었다'라는 주장을 수학적·철학적 개념으로 설명한 것이다. 반면, '표준 빅뱅이론'은 천문학의 관측 데이터를 통해 우주의 진화 과정을 더욱 정교하게 설명한다. 초기 빅뱅이론과 표준 빅뱅이론의 공통점은 '단 한 번의 폭발(빅뱅)로 인해 지금의 우주가 형성되었다'는 것이다. 이것은 창세기에 기록된 하나님의 창조를 연상하게 만든다. 그렇지만 유물론적 신념, 즉 형이상학적 자연주의를 따르는 무신론 과학자들은 빅뱅이론이 기독교적 창조를 암시하는 것 자체를 싫어했다. 영국의 스티븐 호킹 박사는 창조론적인 설명이 없이 현재 우주의 존재를 설명하기 위해 다중우주론(Multiverse Theory)을 제시했다. 그는 자신의 M이론에 기반하여 "우리의 우주가 유일한 우주는 아니며 … 물리법칙의 다양한 조화에 따라서 엄청나게 많은 수의 우주들이 생성되었다"라고 주장했다.[34] 호킹이 말하는 다중우주는 다음과 같다.

"양자요동에 의해서 무(無)에서 미세한 우주들이 창조된다. 그 우주들 중 소수는 임계 규모에 도달한 후에 급팽창하여 은하들과 별들을 탄생시킨다. 그리고 그런 우주들 가운데 최소한 하나는 우리와 같은 존재들을 탄생시켰다."[35]

빅뱅우주론에 대한 경쟁 이론 및 대안 이론들의 등장

주기적 우주론(Cyclic Universe)

세계적인 이론물리학자이자 프린스턴대학교의 폴 슈타인하르트(Paul Steinhardt) 교수는 기존의 빅뱅우주론과 급팽창이론이 심각한 내적 모순을 안고 있으며, 근본적인 재검토가 필요하다고 지적한다. 그의 주장에 따르면, 급팽창 우주론은 실험적으로 검증하거나 반증할 수 없는 가설에 불과하며, 빅뱅이론은 우주의 초기 조건이 극도로 미세하게 조정되어 있어야만 성립 가능한 모형이라는 한계를 갖는다. 또한 그는 이러한 문제를 해결하기 위해 자주 제안되는 다중우주론에 대해서도, 관측이나 실험으로 직접 검증할 수 없다는 점에서 이는 과학이라기보다는 형이상학(metaphysics)에 가깝다고 비판한다.

그래서 2002년에 그는 빅뱅이론을 대체할 새 이론, 즉 초끈이론에 근거한 주기적 우주론(cyclic universe model)을 제시했다.[36]

주기적 우주론은 최근의 '초끈이론'의 '막이론'(brane theory)에 근거한 이론이다. 4차원 시공간 속에 존재하는 두 개의 3차원 막이 서로 접근하여 충돌할 때, 그 충돌로 발생하는 에너지가 새로운 우주를 탄생시키는 계기가 된다. 이후 두 막은 다시 멀어졌다가 중력 또는 다른 힘에 의해 다시 가까워지고, 이러한 충돌과 팽창 과정이 주기적으로 반복되면서 우주가 진화한다고 본다.[37] 주기적 우주론은 우주가 한 번의 빅뱅이 아니라, 무한히 반복되는 '탄생과 죽음'의 사이클을 거쳐서 현재 우리가 사는 우주가 형성되었다고 본다.

영국 케임브리지대학교의 로저 펜로즈(Roger Penrose)는 '블랙홀 주기 우주론'을 제안했다. 현재 우리가 살고 있는 우주는 과거의 또 다른 우주가 붕괴한 후에 다시 태어난 우주이다. 지금의 우주도 언젠가 블랙홀 속으로 빨려 들어가 붕괴되고 새로운 다른 우주가 나타날 것으로 예측했다.

결론적으로 말하면, 폴 슈타인하르트의 '주기적 우주론'이나 로저 펜로즈의 '블랙홀 주기 우주론'은 모두 검증 불가능한 가설이다.[38] 가설을 과학적 사실로 믿는 것은 '가설과 사실을 혼동하는 오류'에 빠지는 것이다. 그러므로 빅뱅우주론은 확립된 과학적 진리가 아니라 최근 많은 문제점이 드러난 가설에 불과하다고 할 수 있다.

변하는 광속이론(Variable Speed of Light, VSL)

1998년 안드레아스 알브레흐트와 조아오 마구에이조는 '변하는 광속이론'을 제안했다. 이 이론은 우주 초기, 특히 빅뱅 직후의 극초기 상태에서 빛의 속도가 현재보다 훨씬 더 빨랐을 가능성을 가정한다. 이들은 '변하는 광속이론'이 기존 빅뱅이론의 주요 난제로 꼽혀 온 지평선 문제, 편평도 문제 그리고 우주상수 문제 등을 급팽창(inflation) 없이도 설명할 수 있다고 주장했다.

즉 초기 광속이 더 빨랐다면, 우주 전체가 서로 인과적으로 연결될 수 있었고, 이는 지평선 문제 해결로 이어질 수 있다는 것이다. 또한 그들은 이 이론이 아인슈타인의 일반상대성이론과 충돌하지는 않는다고 보았다. 실제로 아인슈타인은 1915년 일반상대성이론을 제시하면서, 중력장이 존재할 경우 빛의 속도가 변화될 수 있다는 점을 암시한 바 있다.

급팽창이론은 '초기 우주에 급팽창이 있었다'라고 전제한다. 그러나 '변하는 광속이론'은 '초기 우주에는 광속이 훨씬 더 빨랐다'라고 전제한다. '변하는 광속이론'에 따르면 '적색편이'는 광속의 감소 때문에 발생한 것이다. 1987년 러시아 천체물리학자 빅토르 트로이츠키(Victor Troitskii)는 그의 논문 "우주론에서 적색편이의 문제"(*The problem of the redshift in cosmology*)에서 먼 은하들의 적색편이는 우주 팽창 때문이 아니라, 빛의 속도의 감소 때문에 발생했다고 해석했다.[39] 이것은 허블의 적색편이 관측을 새롭게 해석한 것이다. 적색편이는 전통적으로 우주의 팽창에 의해 설명되지만, 빛의 속도가 시간에 따라 변화할 수 있다는 관점에서도 해석될 수 있다.

1993년, 마구에이조는 초기 우주에서는 빛의 속도가 지금보다 무려 10의 26제곱 배 더 빨랐다고 가정한다. 이 가정에 따르면, 우주의 양 끝 사이에서도 여러 차례 빛의 전달이 가능했기 때문에, 전체 우주에 걸쳐 물리적 상호작용이 이루어질 수 있었고, 그 결과 우주가 현재처럼 균일하고 평탄한 구조를 갖게 되었을 가능성이 있다. 변하는 광속이론은 빅뱅이론의 난제, 즉 지평선 문제를 이런 식으로 풀어 간다.

하지만 변하는 광속이론은 흥미로운 이론이지만 그 자체로 새로운 도전과 논란을 안고 있다. 무엇보다도 아인슈타인의 특수상대성이론의 가정 '광속불변의 원리'를 수정해야 한다는 것이다. 또한 현재까지 이를 뒷받침할 수 있는 명확한 실험적 증거나 관측증거가 없다는 점도 이 이론의 취약점이다.

정상우주론(Steady State Theory)

영국의 천체물리학자인 프레드 호일(Fred Hoyle)은 1949년 우주 팽창을 인정하면서도 우주 전체는 시간에 따라 변하지 않는다는 '정상우주론'을 제안했다. 이 이론은 '연속 창조 이론'(Continuous-Creation Theory)이라고도 불린다. 정상우주론의 요지는 '우주는 시간이 지나도 같은 변함없는 안정적인 상태를 유지한다'는 것과 '우주는 팽창하지만 새로운 물질이 계속 생성되어 우주 전체의 밀도는 일정하게 유지된다'는 것이다. 다시 말하면, 은하계들이 멀어지면서 생긴 빈 공간에 새로운 물질(주로 수소원자)이 채워짐으로써 우주의 전체적인 모습은 과거로부터 지금까지 변함없이 동일하게 유지된다는 견해이다.

프레드 호일이 정상우주론을 제시한 배경에는 빅뱅우주론이 기독교 창조론과 유사한 우주의 시작점을 암시한다는 반감이 있었다. 그러나 정상우주론은 우주가 시작점 없이 과거에도 존재해 왔고 앞으로도 영원히 존재할 것이라는 비창조적이고 비유신론적인 관점을 제공한다. 이런 점 때문에 유물론자나 무신론자들의 지지를 받았다.

정상우주론은 고대 그리스 철학자 아리스토텔레스의 정적우주론과 철학적으로 유사하다. 정적우주론은 20세기 초반까지는 우주론적 정설로 간주되었다. 버트런드 러셀은 우주는 영원히 존재해 왔기 때문에 그 기원과 존재 이유를 설명할 필요가 없다고 주장하며 정상우주론적 세계관을 지지한 바 있다.

그렇지만 그 이후의 과학적 관측과 발견들은 정상우주론을 설득력 없는 이론으로 만들었다. 대표적인 반증 사례는 두 가지이다. 첫째로, 1965년 아르노 펜지아스와 로버트 윌슨이 발견한 우주배경복사이다. 이것은 우주가 초고온·고밀도의 상태에서 시작되었다는 빅뱅이론의 강력한 증거로 받아들여졌다. 둘째로, 정상우주론이 전제한 '진공 속에서 자발적으로 물질이 생성된다'는 개념은 열역학 제1법칙(에너지 보존 법칙)에 어긋나며, 실험이나 관측으로 확인된 바 없기 때문이다. 따라서 정상우주론은 철학적인 세계관으로서만 조명되고 있는 실정이다.

진동우주론(Oscillating Universe Theory)

진동우주론은 빅뱅우주론에 대한 대안 모델로 제안된 이론으로, 우주가 일정한 주기를 두고 팽창과 수축을 반복한다는 순환론적 우주론이다. 이 이론에 따르면, 현재의 팽창 우주는 미래에 팽창을 멈추고 다시 수축하게 되며, 궁극적으로는 고밀도의 상태에 도달한 후에 다시 새로운 빅뱅을 통해 우주가 재탄생한다. 이러한 과정이 무한히 반복된다는 점에서, 진동우주론은 단일한 사건으로서의 빅뱅에 기반한 표준 우주론과 구별된다.

이런 순환적 우주관은 철학적 측면에서 힌두교의 전통적인 우주론과 부분적으로 유사한 면이 있다. 힌두교에서는 우주가 일정한 주기로 창조, 유지, 파괴를 반복한다는 순환론적인 세계관을 지니며, 이는 우주의 시작과 끝이 하나의 연속된 주기 속에 존재한다는 점에서 진동우주론과 철학적 공통점을 갖는다.

그러나 20세기 현대 우주 물리학에서 제안된 진동우주론은 이러한 철학적 개념을 넘어 우주가 사용 가능한 모든 에너지를 사용하여 고갈된 이후에, 기적적으로 모든 에너지가 채워진 상태로 복귀된다는 것을 가정하는 과학적 우주론이다. 진동우주론은 우주의 밀도가 임계밀도를 초월할 경우, 중력에 의해 우주는 팽창을 멈추고 다시 수축되어 빅뱅 이전 상태로 되돌아간다는 물리학적 시나리오를 바탕으로 한다. 이때 우주는 점점 더 압축되어 '대수축'(big crunch)에 도달하게 되며, 이 마지막 단계에서 다시 '새로운 빅뱅'이 일어날 수 있다는 것이다. 진동우주론은 단 한 번의 빅뱅으로 지속적인 팽창으로 우주를 설명하는 표준 빅뱅우주론과는 달리, 우주의 시간적 무한성과 재생 가능성을 포함하는 이론이다.

진동우주론의 난점은 무엇인가? 진동우주론은 흥미로운 우주론적 대안이지만, 여러 과학적·철학적인 측면에서 심각한 한계점을 가지고 있다.

첫째, 진동우주론은 우주의 팽창과 수축이 영원하게 반복된다고 가정하지만, 이는 현재 알려진 기존의 물리법칙, 특히 일반상대성 이론 및 양자역학의 틀 안에서 설명하기 어렵다. 특히 매 순환 주기마다 우주의 조건이 어떻게 초기 상태로 셋업되는지 설명하는 메커니즘이 알려지지 않았다.

둘째, 이 이론은 천문학의 관측 자료와도 일치하지 않는다. 최근 초신성을 이용한 관측 결과에 따르면, 우주의 팽창 속도는 점점 감속되는 것이 아니라 가속되고 있음이 밝혀졌다. 진동우주론은 우주가 영원히 팽창할 것 같다는 관측 결과와 충돌한다. 또한 우주배경복사는 우주 안에서 매우 균일하기 때문에 현재 우주는 단 한 번의 빅뱅 사건으로 기원했음을 강력하게 지지한다. 과거에 다수의 우주 주기가 반복되었다는 명확한 증거가 없다.

셋째, 진동우주론은 엔트로피 증가의 법칙(열역학 제2법칙), 즉 엔트로피 총량은 시간이 지남에 따라 증가한다는 법칙과 충돌한다. 각 주기에서 엔트로피가 누적된다면, 이후의 우주는 점점 더 무질서한 상태로 진행되며, 결국 '열적 죽음'에 이를 것이다. 엔트로피 축적 문제는 우주가 동일한 조건으로 무한히 순환할 수 없다는 물리적인 제약을 의미한다. 이런 점에서, 진동우주론은 관측적, 이론적 측면에서 설득력이 떨어진다는 평가를 받고 있다.

빅뱅우주론과 다중우주론의 문제점

빅뱅우주론에 담긴 철학적 전제에 대한 비판

첫째, 빅뱅우주론의 문제점은 이 이론이 '우연'이라는 철학적 개념에 의존한다는 것이다. 빅뱅이론은 우주의 탄생과 진화의 과정을 '우연'이라는 관점으로만 풀어 간다. 스티븐 호킹 박사는 그의 저서 『위대한 설계』 1장에서 다음과 같이 말한다.

"우리 개인은 오직 짧은 시간 동안만을 존재하면서 오직 우주 전체의 작은 부분만을 경험한다. 그러나 인간은 호기심이 많은 종(species)이다. 우리는 궁금증을 품고 대답을 찾는다. … 우리가 속한 세계를 어떻게 이해할 수 있을까? 우주는 어떻게 작동할까? 실재의 본질은 무엇일까? 이 모든 것은 어디서 왔을까? 우주는 창조자가 필요했을까? … 이런 질문들은 전통적으로 철학의 영역이었으나 철학은 이제 죽었다."[40]

독일 철학자 프리드리히 니체(Friedrich Nietzsche)의 "신이 죽었다"는 말은 서구 사회에서 기독교 가치가 더 이상 중심적 가치가 아니라는 주장으로 허무주의를 잉태했다. 존 C. 레녹스(John C. Lennox) 교수에 의하면, "철학은 이제 죽었다"는 호킹 박사의 말은 과학적 진술이 아니라 철학적 주장일 뿐이다.[41]

우주의 기원은 과학적 검증이 아니라 과학적 가설에 의존한다. 빅뱅을 시작하게 한 원인이 있다면 그것은 과학의 영역 밖의 문제이기 때문이다. 현재 우리 우주 안에 존재하는 엄청난 물질과 에너지의 출처도 가설에 의존한다. 우주 존재 이전의 상황은 과학적으로 검증할 수 없기 때문이다. 호킹 박사의 자연주의적 철학은 우주의 기원을 설명하는 데 있어 철저히 물리법칙과 과학적 원리에 기반한 유물론적 접근을 취한다. 따라서 그의 이론은 초자연적 존재나 물질을 초월한 설명을 포함하지 않는다. 빅뱅이론은 신을 처음부터 배제하고, '우연'이라는 개념으로 우주의 기원과 질서를 설명한다. 우연이 질서를 낳을 수 없다. 미세조정은 우연히 이루어질 수 없다.

둘째, 빅뱅우주론의 철학적 토대는 '자연주의'이다. 자연주의는 물질이 영원히 존재하며, 존재하는 것의 전부라고 보는 철학사상이다. 천체물리학자 칼 세이건(Carl Sagan)은 "우주는 존재하는 모든 것이자 존재했던 모든 것이며, 앞으로 존재할 모든 것이다"라고 말했는데, 이것은 자연주의의 요지이다.[42] 제임스 사이어(James W. Sire)에 의하면, 자연주의 철학사상에서 말하는 우주는 '초월적 실재와는 무관한 하나의 궁극적 실재'이다.

자연주의자들은 '우주가 스스로 생성되었다'고 주장한다. 특히 형이상학적인 자연주의는 비물리적인 실체-신, 영혼, 천사-의 존재를 부정한다. 따라서 형이상학적 자연주의는 유물론과 동일한 세계관이라고 할 수 있다. '우주가 스스로 생성되었다'는 주장은 '물질이 물질을 만들었다'는 말과 같다. 그러므로 자연주의는 우주의 기원에 대해서는 인과관계를 혼동한 오류를 저지른 것으로 보인다. '물질이 우주를 만들었다'는 주장은 물질 자체를 신격화한 것이다.

현대 우주론에서는 빅뱅 직후의 급팽창 현상이 하나의 스칼라 장(scalar field), 이른바 '인플라톤'(inflaton)에 의해 유도되었다고 본다. 이 스칼라 장은 초기 우주의 에너지 밀도를 지배하며, 지극히 짧은 시간 동안 우주를 지수적으로 팽창시켰다고 여겨진다.[43] 이 과정에서 발생한 양자 요동은 시공간의 지역적 불균일성을 유발한다. 이로 인해 여러 개의 상이한 인플레이션 영역-일명 '우주거품'(bubble universes)-이 형성될 수 있는 조건이 만들어진다. 물에서 물방울이 나오듯이 스칼라 장으로부터 다중우주가 만들어진다. 단순하게 말하면, 스칼라 장(또는 인플라톤)이 우주를 만들어 냈다는 것이다.

앞에서도 말한 것처럼, 빅뱅 이전의 것(스칼라 장을 포함하여)은 과학적으로 검증될 수 없는 철학적 전제일 뿐이다. 아리스토텔레스의 철학적 방법론을 따른다면, 우리는 제1원인을 추적해야 한다. 스칼라 장은 어디서 시작되었는지, 무엇이 스칼라 장을 존재하게 했는지에 대한 새로운 질문이 꼬리에 꼬리를 문다. 쉽게 말하면 "인플라톤이 그냥 우연하게 우주를 만들었다"라는 주장은 물질 자체를 신격화한 표현일 뿐이다. 마치 성경의 전능한 창조주를 '인플라톤'으로 대체해 놓은 모양새이다.

셋째, 빅뱅우주론은 무신론자들의 새로운 형이상학을 낳는다. 앞서 "철학은 죽었다"라는 호킹의 말은 철학적 신념이라는 것을 지적했다. 빅뱅이론은 자연스럽게 다중우주론으로 이어지는 것을 보았다. 그러나 다중우주론 자체는 검증 불가능하다. 검증 불가능한 이론은 과학의 영역이 아니라 철학적인 영역에 속한다. 다중우주란 현재 우리 우주 이외에 수많은 다른 우주들이 존재한다는 것이다. 문제는 설령 다른 우주가 있다고 해도 우리의 우주와 다른 우주들을 검증할 방법은 전혀 없다는 것이다. 미국의 물리학자이며 초끈이론의 전문가인 브라이언 그린(Brian Greene)은 인간이 "다중우주론의 진위를 판단하는 것은 불가능하다"고 못 박는다.[44]

스티븐 호킹 박사는 "별이나 블랙홀 따위의 물체들은 무로부터 그냥 생겨날 수 없다. 그러나 전체 우주는 그럴 수 있다"라고 말한다.[45] 물건 하나도 저절로 생겨날 수 없는데, 최소 2조 개 이상의 은하계를 가진 우주가 저절로 생겨난다는 것이 가능한 일인가? 결코 아니다. 레녹스 교수는 이것을 난센스라고 비판한다. 난센스는 결코 과학이 아니다.[46] 증명될 수도 없고 검증될 수도 없는 다중우주론은 창조주를 인정하지 않는 자연주의 과학자들의 새로운 도피처일 뿐이다.

빅뱅우주론의 과학이론으로서의 한계

첫째, 빅뱅우주론은 과학적 패러다임이지 진리는 아니다. 빅뱅이론의 권위에 도전하는 새로운 이론들이 계속 등장하고 있다. 빅뱅이론은 수많은 가설 위에 세워진 가설이고 검증되지 않은 이론이다. 2024년 4월 16-17일 영국

런던에서는 "표준우주론 모델에 도전하다"라는 주제로 세계적인 천문학자들이 모였다.[47] 여기에는 2019년 노벨물리학상 수상자인 제임스 피블스 교수(James Peebles, 프린스턴대학교), 조지 에프스타티우 교수(George Efstathiou, 케임브리지대학교) 그리고 천체물리학자 웬디 프리드먼 교수(Wendy Freedman, 시카고대학교) 등이 참석했다.

이들은 최근의 관측 자료들을 가지고 빅뱅이론과 조화되지 않는 세 가지 주요한 이슈를 다루었다. 그 이슈들은 '우주의 비평탄성 관측', '우주 팽창속도의 지역적 차이' 그리고 '거대우주 구조의 발견'이다. 이 학회의 공동주최자인 영국 옥스퍼드대학교 물리학과 교수인 수비르 사르카르(Subir Sarkar) 박사는 1922년에 공식화된 표준모델(빅뱅우주론)에 대한 믿음이 거의 종교적 수준에 있는 것을 비판했다. 심지어 그는 빅뱅우주론의 유효기간이 끝났다고 평가했다. 웬디 프리드먼 교수는 표준모델이 어디서 무너지고 있는지를 탐구해야 한다고 말했다.

빅뱅우주론은 우주의 기원에 대한 표준모델로 간주되지만 여전히 우주의 기원에 대한 하나의 이론에 불과하다. 일반 대중은 빅뱅이론을 완전하게 증명된 과학적 사실로 믿는다. 그래서 빅뱅이론이 별과 은하, 우주의 형성 및 구조, 생명 진화를 과학적으로 참되게 설명한다고 본다. 그러나 이런 소망과는 달리, 빅뱅이론은 우주 기원에 대한 하나의 '패러다임'일 뿐, 결코 과학적으로 확립된 진리가 아니다.[48] 놀랍게도 스티븐 호킹 박사는 빅뱅을 그대로 받아들이는 것은 옳지 않다고 충고했다.[49] 빅뱅우주론은 우주의 기원에 대한 500가지 이론 중에서 지배적인 위치에 있지만, 여전히 변화되고 수정되며 발전되는 '패러다임'이다.

'패러다임'이라는 용어는 과학철학자 토마스 쿤이 『과학혁명의 구조』에서 사용했다. 쿤에 의하면 과학은 서로 다른 패러다임의 충돌 과정에서 급진적으로 발달한다. '패러다임'은 '어떤 한 시대 사람들의 견해나 사고를 근본적으로 규정하고 있는 테두리로서의 인식의 체계' 또 '사물에 대한 이론적인 틀이나 체계'이다. 이것은 과학이론이 그 시대의 세계관과 가치관의 영향을 받는다는 것을 말한다.

둘째, 빅뱅우주론은 우주 기원을 탐구하는 기원과학(origin science)의 가설이다. 기원과학은 우주, 지구, 생명의 기원처럼 오랜 과거에 발생한 사건이나 자연현상을 연구하는 과학이다. 반면에 작동과학(operation science)은 물리학, 화학, 중력 등과 같이 현재에 실험적으로 반복해서 검증하거나 반증이 가능한 것을 연구하는 과학이다. 기원과학의 영역은 실험이 가능하지 않기 때문에 과학이 아니라는 비판을 받기도 한다. 반면, 작동과학은 실험을 통해 자연현상을 연구하기 때문에 실험과학(experimental science)이라고 불린다.

지금의 우주가 어떻게 생겨났는지를 연구하는 우주기원론은 가설에 의존한다. 따라서 이론과 가설이 바뀌면 과거에 대한 견해도 수정되기 마련이다. 빅뱅우주론에 따르면 우주는 138억 년 전에, 정상우주론에 따르면 우주는 원래부터 있었던 것이다. 즉 우주 기원에 대한 두 가설은 우주의 과거를 전혀 다르게 이해하고 있다. 이처럼 정상우주론, 빅뱅우주론, 낡은 인플레이션 이론, 다중우주론은 서로 다른 세계관으로 연결된다.

셋째, 빅뱅이론을 지지하는 경험적 증거들이 때로 달리 해석될 수도 있다. 가령 우주의 팽창을 설명하는 은하들의 적색편이 현상은 '변하는 광속이론'으로도 설명이 가능하다. 우주배경복사는 빅뱅우주론을 지지하는 근거로 사용되어 왔다. 그렇지만 할튼 아프(Halton Arp) 교수는 우주배경복사를 우주 전체에 퍼진 플라즈마(plasma) 상태에서 생긴 산란복사로 해석한다. 플라즈마우주론에 따르면 우주배경복사는 빅뱅 없이도 설명이 가능하다. 진동우주론에서는 우주배경복사를 이전 우주의 흔적으로 해석한다.

호주의 우주물리학자 존 하트넷 교수(John G. Hartnett, 웨스턴 오스트레일리아 대학교)는 "우주는 실제로 팽창하는가"(Is the universe really expanding)라는 논문에서 그동안 우주 팽창을 지지하는 근거였던 '허블 법칙'이 반드시 '우주 팽창을 의미하지는 않는다'고 주장했다. 우주 팽창은 관측 데이터에 대한 하나의 해석일 뿐, 같은 데이터에 대해 다른 해석도 가능하기 때문이다. 하트넷 교수는 관측 데이터가 오히려 정적우주론을 지지할 수도 있다고 본다.[50] 빅뱅우주론을 지지하는 것으로 여겨졌던 증거들이 다른 우주론을 지지하는 근거로도 해석될 수 있다는 말이다. 그러므로 빅뱅우주론을 절대적으로 확증된 과학적 진리로 간주하는 것이야말로 비과학적인 태도라고 본다.

넷째, 현재의 과학적 가설은 우주가 존재하기 이전의 상황을 다루지 못한다. 과학 이론들은 서로 다른 우주론을 지지하기도 한다. 열역학 제1법칙은 '에너지 보존의 법칙'으로 알려져 있다. 이 법칙에 따르면, 에너지는 그 형태가 변화될 수 있을 뿐, 새로 만들어질 수도 없고, 소멸될 수도 없다. 열역학 제1법칙을 좀 더 정확하게 표현하면 다음과 같다. "어떤 계의 내부 에너지의 증가량은 계에 더해진 열 에너지에서 계가 외부에 해준 일을 뺀 양과 같다."

일부 천체물리학자들은 열역학 제1법칙과 '영원한 우주론'이 상호 간에 조화된다고 본다. 가령, 미국의 칼 세이건은 열역학 제1법칙이 '영원한 우주관'을 지지한다고 평가했다. 우주 안에 있는 에너지의 총량을 영원토록 일정하게 고정되어 있을 것으로 본 까닭이다. 이렇게 이해한다면, 당연히 우주는 영원히 존재하는 것으로 결론지을 수 있다. 만약 우주 전체를 하나의 고립계로 본다면 우주의 총 에너지는 일정하게 유지되기 때문에 열역학 제1법칙을 통해서 영원한 우주론이 정당화된다고 생각할 수 있다.

아무튼, 열역학 제1법칙은 빅뱅이 왜 발생했는지, 그 많은 에너지가 어떻게 형성되었는지를 전혀 설명하지 못한다. 이 점에서 열역학 제1법칙이 외견상 '영원한 우주론'을 지지하는 것처럼 보여도 왜 그리고 무엇이 우주와 에너지를 발생하게 했는지에 대해서는 아무런 답변을 할 수 없다. 열역학 제1법칙은 '영원한 우주'가 가능하다는 설명은 할 수 있어도, 왜 우주가 형성되었는지는 설명하지 못한다는 점에서 영원한 우주론을 지지하는 직접적인 논거라고 단정할 수는 없다.

열역학 제2법칙에 의하면 '고립계에서 무질서도(엔트로피)는 항상 증가한다.' 우주 전체의 무질서도가 시간이 지남에 따라 점점 증가해서 결국에는 완전한 무질서 상태(열적 평형상태)에 이른다는 것이다. 열역학 제2법칙이 엔트로피 증가를 말하기 때문에, 현재의 우주는 유한한 과거를 가졌다고 본다. 따라서 열역학 제2법칙은 '영원한 우주론'을 부정한다. 현재 우주는 완전한 무질서에 이르지 않았다. 이것은 현재 우주의 과거는 무한하지 않다는 의미이다. 따라서 현재 우주는 무한한 과거가 아니라 특정한 과거 시점(약 138억 년) 전부터 존재하기 시작했다는 빅뱅우주론은 열역학 제2법칙과 일치한다.

'영원한 우주론', 즉 우주의 과거가 무한하다는 주장은 몇 가지 관점에서 부정되고 있다. 우선, 모어랜드와 크레이그 교수는 실제적 무한수의 불가능성(수리철학적 추론)을 통해서 영원한 우주론을 부정한다. 그리고 빅뱅우주론이 '우주는 138억 년 전에 시작되었다'고 주장하고 있는데, 현재 우주가 완전한 열적 평형상태에 도달하지 않았다는 것은 열역학 제2법칙에 의해 성경의 창조를 추론하게 한다. 또한 '변하는 광속이론'과 '진동우주론'도 영원한 우주론을 부정한다는 점에서 일치된다.

아인슈타인의 일반상대성이론 이후에 발전해 온 빅뱅우주론은 우주 기원에 대한 표준이론으로 인정받아 왔다. 윌리엄 크레이그 교수와 더글라스 그로타이스 교수와 같은 이들은 기독교가 빅뱅이론을 적극적으로 수용해야 한다고 주장한다. 그러나 최근 새로운 천문학 관측 자료들로 인해 빅뱅우주론은 심각한 도전을 받고 있다. 과학이론은 기본적으로 귀납의 한계를 벗어나기 어렵다. 관찰사례를 넘어선 것들을 설명하기 어렵기 때문이다. 과학적 가설은 '귀납의 연역적 한계' 안에서만 의미를 갖는다.

결론: 칼람우주론 논증과 빅뱅우주론의 활용 지침

복음주의 기독교 변증학자는 칼람우주론 논증과 빅뱅우주론을 적극적으로 활용해야 하는 것일까? 이 두 이론에 신학적인 문제점은 없는가? 빅뱅이론을 지지하는 변증가로는 윌리엄 레인 크레이그, 휴 로스(Hugh Ross), 더글라스 그로타이스 등이 있다. 이들은 빅뱅우주론을 교회가 적극적으로 수용해야 한다고 주장한다. 그러나 헨리 모리스와 필립 존슨은 빅뱅이론을 사용하는 것에 상당한 주의가 필요하다고 말한다. 양 진영의 입장이 다른 이유는 무엇인가?

크레이그와 그로타이스의 주장처럼, 빅뱅우주론은 분명히 기독교의 창조 교리, 즉 '무에서 유의 창조'를 과학적으로 설명한다는 장점이 있다. 그러나 빅뱅이론은 확증된 진리가 아니고 여전히 수정할 필요가 있는 패러다임에 지나지 않는다. 그로타이스의 주장과는 달리, 빅뱅이론은 진화론을 수용하는 것으로 보인다. 따라서 복음주의 기독교의 관점에서 볼 때에 심각한 철학적 문제와 신학적 문제를 갖고 있다. 장단점을 비교해 보자.

기독교 창조론 교육에 있어서
칼람우주론 논증과 빅뱅우주론의 유익한 점

첫째, 빅뱅우주론의 큰 골격은 기독교의 '무에서 유의 창조'를 지지한다. 독일 철학자 마르틴 하이데거(Martin Heidegger)는 "왜 우주가 텅 비어 있지 않고 실존재들이 가득한가?"라는 질문을 던졌다. 성경을 하나님의 계시로 믿는 그리스도인은 그 질문에 대한 대답을 이미 가지고 있다고 말한 바 있다. "태초에 하나님이 천지를 창조하시니라"(창 1:1)는 말씀은 기독교의 창조의 특징이 '무에서 유의 창조'라는 것을 말한다.

앞에서 설명한 것처럼, 무신론자들은 '우연'이 만물의 원인이라고 말한다. 빅뱅우주론 지지자들은 현재 우주가 138억 년 전에 우연히 원시입자로부터 생성되었다고 말한다. 그러나 R. C. 스프로울은 "우주는 스스로를 만들 수 없다"고 말한다.[51] 그의 논리에 따르면, 무(無)는 아무것도 창조할 수 없으며 오직 '존재하는 어떤 것만이 창조 행위를 할 수 있다.' 그는 '만일 그것이 존재한다면 창조될 필요가 없고, 창조되었다면 그 이전에는 존재하지 않았어야 한다'는 철학적 원리를 강조한다.

스프로울에 의하면, "과학자는 존재하는 어떤 것들에서 다른 어떤 것들로 전환하는 일관된 방식을 수학적으로 설명할 수 있다. 하지만 절대적인 무로부터 어떤 것이 나올 수 있다는 주장은 터무니없다. 우연은 없다"고 단정한다.[52] 거대한 빌딩은 우연히 저절로 생성된 것이 아니다. 모든 건축물은 누군가의 의도와 지혜로 만들어진 것이다. 히브리서 기자는 "집마다 지은 이가 있으니 만물을 지으신 이는 하나님이시라"(히 3:4)는 말씀을 통해서 우주는 '우연'이 아닌 '하나님'에 의해서 창조된 것이라고 설명한다. 생명체의 정보 문제와 자연계의 미세조정은 결코 '우연'으로 설명될 수 없다. 세상 만물은 창조주의 존재를 가리키고 있다.

둘째, 칼람우주론 논증은 우주를 시작한 '창조주의 존재'를 암시한다. 빅뱅우주론은 초기 우주의 팽창 과정에서 매우 정밀한 '미세조정'이 있었다고 말한다. 우주상수들이 엄밀하게 미세조정되지 않았으면 현재의 우주는 존재할 수 없다. 미세조정은 물질 스스로가 만든 것도 아니고 우연을 통해서 저절로 이루어진 것도 아니다. 우주상수들의 비율이 약간만 달라졌어도 지금의 안정적인 우주와 인류는 존재하지 못한다.

우주의 미세조정에 대한 가장 분명한 설명은 '전능자의 창조'이다. 전능자의 설계와 창조 없이 단지 우연만으로 지금의 우주를 설명하는 것은 불가능하다. 진화론, 무신론 그리고 범신론은 질서정연하고 아름다운 우주의 존재를 설명할 수 없다. 빅뱅우주론은 우주가 과거에 시작되었다고 말한다. 그리고 칼람우주론 논증은 우주의 기원과 질서는 인격이 있는, 전지전능한, 초월적인 신의 존재를 전제한다. 이런 견해는 성경에서 말하는 하나님의 속성, 즉 전지전능, 거룩함, 인격성을 가진 하나님을 설명하는 데 유리하다.

셋째, 빅뱅이론과 칼람우주론 논증은 과학적 사고에 익숙한 청소년들에게 접촉점으로 활용하기에 좋다. 빅뱅이론은 우주의 기원을 설명하는 과학적 패러다임이다. 현행의 공교육 시스템에서 청소년들은 빅뱅우주론과 진화론을 배운다. 그리고 기독교의 창조론을 비이성적, 비과학적인 교리라고 비판한다. 이런 상황 속에서 빅뱅이론과 칼람우주론 논증은 '무에서 유의 창조'와 '전능한 창조주의 존재'를 추론한다는 점에서 기독교의 창조론 교육에 유익하다. 앞에서 언급한 윌리엄 레인 크레이그 박사와 더글라스 그로타이스 박사 같은 기독교 변증학자들은 칼람우주론 논증을 적극적으로 활용해야 한다고 말한다.[53] 현대 과학의 성과를 반영한다는 점에서 빅뱅이론과 칼람우주론 논증은 충분한 교육적 효과를 줄 수 있다.

칼람우주론 논증과 빅뱅우주론에 내포된 신학적 문제점들

그로타이스 교수는 빅뱅우주론과 진화론을 분리해서 생각한다. 그러나 빅뱅이론과 진화론은 하나의 이야기로 연계된다. 빅뱅이론은 '우연'하게 우주가 138억 년 전에 생겼고, 약 46억 년 전에 태양계와 지구가 탄생했다고 말한다. 진화론은 약 38억 년 전에 최초의 생명체가 '우연'하게 생겼고 이후 수십억 년 동안에 생명체의 진화가 시작되었다고 주장한다. 두 이론 모두 긴 시간의 흐름 속에서 자연과 생명이 어떻게 생성되고 진화되어 왔는지를 설명한다는 점에서 연속적인 내러티브라고 본다.

칼람우주론 논증에서 기독교 창조론을 지지하는 과학이론으로 사용되는 빅뱅이론의 무분별한 사용에는 몇 가지 우려할 만한 내용이 있다.

첫째, 빅뱅우주론에 의하면, 우주의 나이는 138억 년이다. 138억 년은 대진화를 수용하게 한다. 이 점에서 근본적으로 빅뱅우주론은 성경의 창조교리와 양립 가능하지 못하고 충돌한다. 복음주의 기독교는 창세기의 창조 관련 본문을 하나님의 감동으로 기록된 특별계시로 믿는다. 그러나 빅뱅이론을 수용한다면, 창조기사는 사실이 아닌 문학적 표현일 뿐이다. 창조기사를 은유나 설화로 재해석하는 것은 성경의 무오성과 영감성을 부정하는 것이다.

창세기에 따르면, 하나님은 우주 만물을 창조할 때 보시기에 좋아하셨다. 이것은 창조하신 세계가 아담이 타락하기 이전에는 아름답고 완전한 세상이었다는 것을 말한다. 그렇지만 빅뱅우주론에 따르면 우주와 지구는 존재를 시작하는 첫 순간에는 결코 아름다운 상태가 아니었다. 아주 작은 원자 크기로 초고온 초밀도의 상태였을 뿐이다. 빅뱅이 시작된 후 우주는 오랜 시간이 지나야 생명체가 거주할 수 있는 상태로 변한다. 이 점에서 창세기와 빅뱅우주론은 우주의 기원에 대해 상호 간에 배타적인 설명을 하고 있다.

빅뱅우주론은 지구의 생태계에 다중격변이 있었다는 입장으로 이어진다. 다중격변설은 자연스럽게 아담의 타락 이전에 동물계에 무수한 죽음이 있었다고 추정한다. 그리고 현재 우주 안에서 이루어지는 잔인한 먹이사슬 구조를 자연스러운 진화 과정으로 간주한다. 그렇지만 이것은 하나님이 세상을 아름답게 창조하셨고, 아담의 타락 이후에 죽음이 들어왔다고 하는 인류의 타락과 죽음에 대한 성경의 교리와 충돌한다. 하나님은 선하신데, 창조된 세계는 악을 포함하고 있다면, 그것은 예술가와 예술작품 간의 불일치 혹은 부조화 현상을 발생하게 한다. 정말로 선한 예술가가 음란한 작품을 만들었다는 것은 말이 안 된다.

둘째, 칼람우주론 논증의 발전에는 이슬람교 사상가들도 기여했다. 칼람우주론 논증은 중세의 이슬람 철학자 알 가잘리와 현재 미국의 저명한 기독교 변증가인 윌리엄 레인 크레이그 박사가 체계적으로 발전시켰다. 그래서 칼람우주론 논증은 기독교와 이슬람교의 창조론이 동일하다는 인식을 갖게 한다. 외형상 기독교와 이슬람교 두 종교는 전능자에 의한 창조교리를 갖고 있다. 그렇지만 기독교의 창조론과 이슬람교의 창조는 구체적인 부분에서 분명한 차이점이 있다. 기독교의 하나님의 특징은 초월성과 내재성을 갖지만, 이슬람의 알라는 초월성만 가질 뿐 내재성은 없다. 성경의 하나님은 아담을 자신의 형상으로 만들고 호흡을 불어 넣었지만, 꾸란의 알라는 그냥 검은 흙으로만 만들었을 뿐 알라의 형상이나 숨결을 사람에게 불어 넣지 않았다. (이에 대한 상세한 논의는 본서 4장 "종교다원주의 비판 논증"을 참고하라.)

셋째, 칼람우주론 논증은 진화론과 친화적이다. 이로 인해 복음주의 기독교는 두 가지 사항을 우려한다. 하나는, 칼람우주론 논증 지지자들이 유신진화론(진화적 창조론)을 지지할 가능성이 크다는 것이다. 빅뱅우주론은 진화론을 과학적 성과로 받아들이는 경향이 있다. 윌리엄 레인 크레이그 박사는 유신진화론에 대해 긍정적인 견해를 갖고 있다. 그러나 창세기는 하나님이 엿새 동안에, 종류대로, 완벽하게 창조하셨다고 말한다. 진화론을 토대로 하는 빅뱅이론은 '처음부터 완전한 창조'를 거부할 수밖에 없다. 이 점에서 빅뱅우주론은 성경의 창조계시를 부정한다.

또 하나는, 칼람우주론 논증이 진화론과 친화적이기 때문에, 창조주는 피조세계에 개입하지 않는다는 이신론으로 이어진다는 것이다. 이슬람교의 꾸란에 나오는 알라는 초월성만 갖고 있고 내재성을 갖지 않는다. 내재성이 없는 알라는 이신론적인 신일 뿐이다. 그렇지만 성경의 하나님은 아브라함과 이삭과 야곱의 하나님이시다. 이는 인류의 역사 가운데로 들어와 활동하는 신이라는 뜻이다. 더욱이 예수 그리스도는 성육신하신 하나님으로, 역사의 현장으로 들어와서 십자가에 죽고 부활하셨다. 성경의 하나님은 '태초에 우주, 시간, 공간을 창조하셨다'는 점에서 초월적인 속성을 갖는다. 또한 '그분의 형상으로 지은 사람들과 교제를 하신다'는 점에서 내재적인 속성을 갖는다. 즉 하나님은 초월성과 내재성을 함께 가지신다. 하나님의 초월성은 우주의 시간, 공간, 물질을 창조하신 하나님을 설명하며, 이는 우주 자체를 넘어선다. 그리고 하나님의 내재성은 역사의 현장 속에서 기도에 응답하고 인도하시는 하나님을 설명한다. 빅뱅 이후 우주의 진화 과정에서 신의 개입이 없다고 본다면, 빅뱅을 일으킨 신은 이신론적 신일 뿐, 성경의 하나님은 아니다.

넷째, 빅뱅우주론은 '범신론'으로 이어질 가능성을 함축하고 있다. 이석영 교수는 "태양이 있기 전 이름 없는 초신성 폭발 하나가 자신의 모든 보물을 우주에 환원함에 따라 태양계에 생명을 불어 넣었다는 것을 알게 될 때, 우리 모두가, 지구 생명 전체가 한 초신성의 후예라는 것을 알게 되고, 하나의 끈으로 연결되어 있음을 깨닫게 될 것이다. 인간의 몸은 결코 우주와 분리해 생각할 수 없다"고 말한다. 그리고 그는 이 모든 것이 빅뱅의 산물이며, "우리 인간은 초신성의 후예이며, 우주의 후예인 것이다"라고 서술한다.[54]

우주와 사람이 하나가 된다는 자연합일 사상은 힌두교의 근본 교리이다. 아트만(개개인)은 브라만(우주 자체)에 흡수된다는 것이 자연합일 사상의 핵심이다. 범신론은 우주 자체를 신적인 존재로 본다. 그런데 빅뱅우주론을 지지하는 과학자들이 우주 자체를 신격화한다면, 그것은 비과학적인 신념이며, 과학으로 포장된 종교일 뿐이다.

교회에서 칼람우주론 논증을 교육할 때의 학습 지침

앞에서 설명한 대로, 칼람우주론 논증을 기독교의 창조교리를 지지하는 논거로 사용하는 것은 가능하다. 그러나 몇 가지 유의할 점이 있다.

첫째, 일반계시에 대한 특별계시의 우위를 분명하게 가르쳐야 한다. 칼람우주론 논증은 '일반계시' 영역에 속한다. 일반계시는 창조주의 존재를 가리킬 뿐, 성경의 하나님의 속성을 구체적으로 설명하지 않는다. 칼람우주론 논증은 우주의 시작의 원인을 성경의 하나님(삼위일체 하나님)이라고 확정하여 말하지 않는다. 왜냐하면 이 논증은 기독교, 유대교, 이슬람교, 철학적 유신론, 이신론도 우주의 기원을 설명하는 이론으로 사용할 수 있기 때문이다. 심지어 무신론자들도 빅뱅이론이 말하는 '양자요동'을 통해서 우주의 시작을 설명하기도 한다. 따라서 그리스도인은 칼람우주론 논증이 '우주의 시작이 있다'는 것을 말할 뿐, 그 원인이 반드시 기독교의 하나님이라고 단정하지 않는다는 점에 유의해야 한다. 따라서 일반계시 영역(자연을 다루는 과학)에서 특별계시 영역으로 이행할 준비를 해야 한다.

둘째, 자연세계의 아름다움은 하나님의 궁극적인 아름다움에서 비롯되었다는 '아름다움 논증'(Argument from Beauty)을 적극적으로 활용해야 한다. 전도서는 아름다움을 추구하는 갈망과 영원한 세계를 추구하는 갈망이 모두 하나님이 사람에게 장착해 놓으신 것이라고 말한다.

> "하나님이 모든 것을 지으시되 때를 따라 아름답게 하셨고 또 사람들에게는 영원을 사모하는 마음을 주셨느니라…"(전 3:11).

조나단 에드워즈는 '아름다움 논증'을 무척이나 애용했다고 한다. 밤하늘의 별들과 자연만물은 왜 이렇게 아름다운가? 아담의 타락 이후 모든 자연만물에 어떤 손상이 있었어도 이 정도로 아름다운 것은 무엇 때문인가? 밤하늘에 펼쳐진 수많은 별을 보면서 우리는 우주의 광대한 규모와 아름다움에 감탄한다. 에드워즈는 우리가 이 세상에서 경험하는 모든 아름다움은 궁극적인 아름다움을 본성으로 하는 하나님으로부터 나온 것이라고 보았다. 자연뿐만이 아니라 예술과 인간관계에서도 아름다운 덕목들은 모두 하나님의 속성을 반영한 것이다. 멋진 디자인을 갖춘 빌딩은 사람이 만든 것이지 건물이 자기 스스로 건축한 것이 아니다. 멋진 자동차도 자동차 스스로 만들어 낸 것이 아니다. 마찬가지로 인격과 지성이 없는 우주가 자신을 만들어 낼 수는 없다.

"태초에 하나님이 천지를 창조하시니라"(창 1:1)는 성경의 첫 구절은 우주 만물을 지은 창조주가 존재한다는 것을 말한다. 히브리서 기자는 "집마다 지은 이가 있으니 만물을 지으신 이는 하나님이시라"(히 3:4)고 선언한다. 다윗은 3천 년 전에 "하늘이 하나님의 영광을 선포하고 궁창이 그의 손으로 하신 일을 나타내는도다"(시 19:1)라고 노래했다. 그는 믿음으로 창조주의 솜씨를 본 것이다. 이처럼 우주의 광대함과 정교함 그리고 생명체의 아름다움은 전지전능한 거룩한 하나님을 전제할 때 비로소 가장 잘 이해된다.

셋째, 갈망 논증을 잘 활용해야 한다. 사람들은 이 세상에 만족하지 않고 영원한 세계를 갈망하는 종교성을 가지고 있다. C. S. 루이스는 영원한 세계를 갈망하는 인간의 본성을 그의 갈망 논증에 잘 담아냈다. 인간은 이 세상 어떤 것으로도 만족되지 않는 초월적인 갈망을 가지고 있다. 모든 자연적인 갈망은 그 욕구를 총족할 대상을 가진다. 그렇지만 초월적인 갈망은 이 세상이 아닌 저 세상의 것으로만 채워질 수 있다. 그래서 루이스는 사람의 초월적인 갈망을 통해, 사람은 다가오는 초월적인 세상에서 살도록 지어진 존재라고 주장한다.

"만약 이 세상에서 경험하는 것들로 채워지지 않는 욕구가 내 안에 있다면, 그건 내가 이 세상이 아닌 다른 세상에 맞게 만들어졌기 때문이라는 것이 가장 그럴듯한 이야기일 거야."[55]

루이스는 모든 것은 기독교의 신앙을 수용할 때 가장 잘 이해된다고 말한다.

"나는 해가 떠오르는 것을 믿는 것처럼 기독교를 믿는다. 내가 그것을 보기 때문이 아니라, 그것으로 나머지 모든 것을 볼 수 있기 때문이다."[56]

넷째, 칼람우주론 논증과 빅뱅우주론을 접촉점으로 사용했다면, 반드시 예수 그리스도의 부활을 강조하는 '특별계시'로 결론을 내려야 한다는 것이다. 사도 바울은 아테네에서 행한 전도설교에서 성경에 대한 사전 이해가 없는 청중들을 대상으로 하는 변증설교의 모범을 보여 주었다. 사도 바울은 구약성경에 대한 이해가 없는 아테네 시민들에게 그들의 종교성과 조물주를 언급한 다음에 아테네 시민들이 존경하는 두 시인들의 시에서 한 구절씩 인용하며 접촉점을 만들어 사용했다. 그런 후에 역사의 주관자이신 하나님과 예수 그리스도의 부활을 선포하고 믿음과 회개를 촉구했다. 바울의 변증설교는 일반계시와 특별계시를 순차적으로 사용하여 예수 그리스도의 복음을 전하는 것으로 마무리된다. 바울의 메시지는 일반계시로부터 반드시 특별계시로 진전되었다.

빅뱅우주론과 칼람우주론 논증은 성경의 특별계시를 위해서 사용될 때 유익한 점이 있다. 빅뱅우주론을 우위에 놓게 되면, 성경의 계시, 즉 전능자의 창조, 엿새간의 창조, 종류대로의 창조, 아담의 특별창조를 기록한 창세기 본문이 부정된다. 이것은 기독교 신앙의 핵심을 파괴하는 것이다. 이 점에 대해 주의를 기울여야 한다.

"알지 못하던 시대에는 하나님이 간과하셨거니와 이제는 어디든지 사람에게 다 명하사 회개하라 하셨으니 이는 정하신 사람으로 하여금 천하를 공의로 심판할 날을 작정하시고 이에 그를 죽은 자 가운데서 다시 살리신 것으로 모든 사람에게 믿을 만한 증거를 주셨음이니라"(행 17:30-31).

10장

유신진화론 비판 논증:
교회가 진화적 창조론을 도입해야 한다고요?

서론

청소년들이 제도권 교회를 이탈하는 여러 요인 중의 하나로, 과학과 신앙 간의 충돌 문제를 지적하는 경우가 많다. 그렇다면 과학과 신앙은 본질적으로 충돌을 피할 수 없는 관계인가?[1] 유신진화론자들은 오늘날 한국 교회에서 가르치는 6일 창조론이 청소년층의 신앙 이탈, 즉 이른바 '가나안 신자'의 증가를 초래한 주요 원인 중 하나라고 분석한다.

유신진화론은 '유신론적 신앙'과 '진화론'을 결합한 관점이다. 그들은 창조주의 존재를 믿기 때문에 유신론자이지만, 하나님의 창조사역이 진화라는 과정으로 진행되고 있다고 본다는 점에서 '진화론자'이다. 그들은 진화론의 과학이론을 그대로 수용하기 때문에 스스로를 '진화적 창조론자'라고 칭하기도 한다. 유신진화론자들은 특히 문자적 해석에 기반한 '6일간 창조'를 믿지 못해 교회를 떠난 신자들을 '창조과학 난민'이라고 부른다.

유신진화론자들은 창조과학을 과학의 방법론과 기준을 총족시키지 못하는 이른바 '사이비 과학'으로 간주하고, 창조과학을 옹호하는 이들을 '사이비 과학자'라고 지칭하는 인신공격성 비판을 서슴지 않는다. 이들은 창조과학적 해석에 거부감을 가지고 교회를 떠난 '창조과학 난민'들을 다시 교회로 복귀하게 하려면 문자적 6일 창조론 대신 유신진화론적 관점을 교육할 필요가 있다고 주장한다. 만약 교회가 계속해서 과학적 진화론을 부정한다면, 교회는 사회일반으로부터 "광신적 소수의 종교집단, 하찮은 소외집단, 이상한 별난 무리" 정도로 취급당할 것이라고 경고한다.[2]

유신진화론은 존 스토트, N. T. 라이트(N. T. Wright), 팀 켈러(Timothy J. Keller) 등 저명한 신학자와 목회자들 그리고 바이오로고스 재단과도 창세기에 대한 신학적 해석을 공유하고 있다. 이들은 창세기 앞부분을 역사적 사실보다는 신학적 메시지를 담은 비유, 상징 그리고 신화적 서사시로 이해한다. 유신진화론(또는 진화적 창조론)은 계몽주의 이후 형성된 비평신학의 영향을 받아, 전통적으로 기독교 신앙에서 강조되어 온 성경의 신적인 권위와 무오성, 하나님의 선하신 성품, 아담의 역사성 그리고 초자연적인 기적의 실재성을 부인하는 경향을 보이고 있다.

유신진화론과는 달리, 성경의 문자적 해석에 기반한 창조론, 즉 하나님의 완전한 창조와 아담의 역사성을 지지하는 관점은 18세기까지 기독교 교회 내에서 지배적인 해석학적인 전통으로 확고하게 자리 잡아 왔다. 사도들과 대다수의 교부들 그리고 종교개혁가들은 창세기의 6일 창조와 첫 사람 아담에 대한 서술을 역사적 사실로 간주하며 문자적 해석을 일관되게 지지했다. 이러한 해석은 현대에 이르러서도 보수적인 신학자들과 복음주의 변증가들에 의해 지속적으로 옹호되고 있다.

가령, 녹스 신학교의 조직신학자 로버트 레이몬드 교수(Robert L. Reymond)는 창세기의 6일 창조를 문자적으로 이해하는 입장을 강력하게 옹호했으며,

미국의 저명한 복음주의 설교자인 존 맥아더와 존 파이퍼 역시 최초의 인간으로서 아담과 하와의 특별한 창조를 역사적 사실로 받아들이고 강력하게 지지한다. 또한 칼뱅주의 조직신학자인 웨인 그루뎀도 성경의 무오성을 신학적 기초로 삼으며, 유신진화론이 기독교의 핵심 교리를 부정한다고 비판한다.

이와 같은 전통적인 관점은 창세기 서두를 실제 역사적 사실에 대한 기록으로 간주한다.[3] 전통적인 문자적 해석은 창세기 본문의 문법적 구조와 문학적 장르를 고려할 때, 창세기 본문에 대한 가장 일관성 있는 해석방식으로 간주된다. 오늘날에도 복음주의 신학자와 목회자는 문자적 해석에 상당한 신뢰를 표명하고 있다. 미국 내에서 창세기 본문을 신화적 또는 상징적으로 해석하는 입장을 지지하는 목회자들의 연령 분포에 변화가 나타나고 있다. 특히 신화적 해석을 지지하는 목회자층이 점차 고령화되고 있는 현상이 보인다.[4]

이와 같은 경향과 관련하여, 기독교 철학자인 J. P. 모어랜드는 유신진화론이 기독교 지식론의 토대를 붕괴시킬 가능성이 크다고 비판한다. 그의 견해에 따르면, 유신진화론은 기독교 신앙을 합리성과 무관한 종교 또는 미신적인 체계로 전락시킬 위험성이 있으며, 결과적으로 사회적 담론 속에서 기독교의 지적 정당성을 해체시키는 역할을 하게 된다고 보았다. 따라서 만일 교회가 유신진화론을 공식적으로 수용할 경우, 그것은 교회 스스로 자멸의 길을 택하는 것이 될 수 있다고 경고한다.[5]

최근 한국 교계에서는 창세기 앞부분의 창조 관련 본문을 은유 또는 상징적으로 해석하는 유신진화론 지지자들과, 창세기 해당 본문과 아담의 역사성에 대해 전통적인 신앙과 문자적 관점을 고수하는 복음주의자들 간에 신학적 대립과 논쟁이 극심해지고 있다. 이런 논쟁 과정에서 유신진화론 진영 일부는 6일 창조교리에 대한 문자적 관점을 지지하는 이들을 인신공격하기도 한다. 이 장에서는 기독교 변증학적 관점에서 유신진화론이 지닌 철학적 및 신학적 문제점을 비판적으로 분석하고, 한국 교회가 유신진화론을 수용할 경우, 그로 인한 잠재적 위험성과 교리적 문제점을 논의하고자 한다.

유신론적 진화론의 문제점 : 성경의 권위와 무오성 부정

사도 바울은 로마제국의 시민권을 활용하여 황제에게 상소함으로써 기독교 신앙을 공적인 법정의 장에서 방어할 기회를 얻게 되었다. 이는 기독교 변증학이 어떻게 복음을 변호하는지를 보여 주는 역사적 사례로 꼽힌다. 기독교 변증의 목적은 이중적 차원에서 이해될 수 있다. 첫째, 소극적인 차원에서는 세속사회의 반성경적 비판과 도전에 대응하여 기독교의 진리를 지적으로 변호하는 데 그 목적이 있다. 둘째, 적극적인 차원에서는 기독교 신앙의 합리적 근거와 교리의 정합성 및 탁월성을 제시함으로써, 기독교 신앙의 타당성과 정당성을 적극적으로 제시하는 데 있다.[6]

개혁주의 조직신학자이며 변증학자인 R. C. 스프로울은 기독교 변증의 핵심 주제로 세 가지를 제시한 바 있다. 곧 하나님의 존재에 대한 철학적 논증, 성경의 신적 권위와 무오성에 대한 변호 그리고 예수 그리스도의 부활에 대한 역사적·신학적 변증이 그것이다.[7]

그렇지만 유신진화론 지지자들은 기독교 변증의 핵심적 주제들, 즉 성경의 무오성, 하나님의 지선한 성품, 인류의 첫 조상 아담과 하와의 특별 창조에 대해 부정적인 입장을 취한다. 이러한 유신진화론적 관점은 사도의 가르침에 기반한 전통적인 신조 및 핵심 교리에 심대한 도전으로 작용하고 있다. 유신진화론은 창조에 대한 전통적 관점과는 양립 불가능해 보인다.[8]

유신진화론의 토대: 계몽주의와 진화론

유신진화론은 일반적으로 근대 자연과학의 인식론적인 권위를 신학의 권위보다 상위에 둔다. 이들은 하나님이 성경과 자연 두 가지 책을 우리에게 주셨지만, 자연과학과 성경이 서로 충돌할 경우, 자연과학적 관점을 따라야 한다고 주장한다. 유신진화론은 우주론적인 논증(cosmological argument, 우주와 존재의 기원을 통해 신의 존재를 추론하는 논증)과 목적론적인 논증(teleological argument, 우주의 질서, 복잡성 그리고 아름다움을 통해 신의 존재를 추론하는 논증)을 약화시키고 있다. 유신진화론은 성경에 기록된 초자연적인 사건, 가령 창조, 기적, 부활 등을 문자적 사실로 보지 않고, 신화와 은유로 해석하는 경향이 두드러진다. 이런 입장은 전통적인 성경 해석의 틀과 상충하며, 성경 본문의 신적 기원과 권위를 인정하지 않으려고 한다. 유신진화론의 사상적인 토대를 살펴보자.

첫째, 유신진화론은 계몽주의의 철학과 그 전제를 기준으로 삼고 성경의 신적 권위와 무오성을 부정한다. 19세기 독일 신학은 계몽주의 철학에 뿌리를 두고 있다. 프랜시스 베이컨(Francis Bacon, 1561-1626)은 진리는 오직 경험적 관찰과 귀납적 방법으로 도출된다고 주장했다. 이 기준에 따르면, 성경의 계시는 검증되지 않기에 진리가 될 수 없다.

이런 관점을 철학적으로 발전시킨 사람은 역사비평신학의 창시자 베네딕트 스피노자(Benedict de Spinoza, 1632-1677)라고 할 수 있다. 그는 성경을 하나님의 무오한 계시로 인정하지 않고, 성경 속에는 편집자의 실수와 오류가 가득하다고 비판했다. 스피노자는 『신학정치론』에서 오경의 모세 저작설을 부정하고, 기적의 존재를 부인하는 자연주의적 관점에서 성경을 해석했다.[9] 그에 의하면, 초자연적인 사건은 그 자체가 자연법칙에 반하는 것이므로 발생할 수 없다.

이러한 계몽주의 철학적 전통은 독일의 종교사학파로 이어졌다. 종교사학파의 거장인 헤르만 궁켈(Hermann Gunkel, 1862-1932)은 양식비평 방법론을 정립했다. 궁켈은 성경은 하나님의 무오한 계시라는 것을 부정했고, 특히 창세기는 단일한 문서가 아니라 고대 근동의 다양한 전승들을 모아 편집한 산물이라고 보았다.

루돌프 불트만은 계몽주의 철학의 영향을 크게 받은 독일의 대표적인 신학자이다. 그는 성경 본문의 비신화화 해석을 주장했고, 예수의 부활과 같은 초자연적인 사건들을 역사적인 사실로 받아들이지 않았다. 그는 기독교 신앙의 내용이 현대인의 이성적 사고와 조화를 이루기 위해서는 성경 본문에 기록된 초자연주의와 신화적 요소를 제거해야 한다고 주장했다. 그러므로 불트만의 신학은 반성경적인 사상을 담은 이단설에 해당된다고 말할 수 있다.

상술한 대로, 스피노자, 벨하우젠, 궁켈, 불트만 등은 계몽주의 철학을 근간으로 하여, 역사비평적 성서해석을 주장했다. 이들은 성경에는 다수의 오류들이 포함되어 있으며, 하나님의 계시로서의 성경의 신뢰성 그리고 예수의 신성을 부정했다. 현대 자유주의 신학자들은 계몽주의에 함몰되었다. 이들의 역사적 예수 연구는 예수의 신성을 부정하고, 예수의 인성만을 인정할 뿐이다. 현대 자유주의 신학은 전통적인 기독론이 주장하는 전능한 하나님으로서의 예수를 수용하지 않는다. 역사비평신학의 영향을 받은 신학자들은 한결같이 성경의 신적 권위와 영감을 부정하고, 복음서의 증언과는 달리, '다른 예수'를 제시한다.

로버트 펑크(Robert W. Funk)와 존 도미닉 크로산(John Dominic Crossan)이 1985년에 지저스 세미나 학회(The Jesus Seminar)를 설립했다. 이 학회는 수십여 명의 성서학자들이 성서비평 분야를 연구하는 작은 학회로 시작했다. 지저스 세미나 학회는 정경복음서의 신뢰성에 의문을 제기하며 예수의 부활, 기적, 승천에 대한 기록을 실제 사실이 아닌 것으로 본다. 이 학회는 복음서에 기록된 예수의 말씀 약 500개의 문장 중에서 예수가 직접 말씀하신 것은 불과 2퍼센트 미만이라고 주장하기도 했다.[10] 또한 바트 어만 교수(노스캐롤라이나대학교)는 신약성경을 가르치는 신학자이지만 불가지론자이다. 그는 성경 본문 비평을 통해 성경의 무오성을 부정한다.

그러나 지저스 세미나 학회의 입장에 동의하지 않는 신학자들도 다수 존재한다. 이들은 현대 자유주의 신학의 전제와 해석학적 기준에 비판적인 견해를 제시한다. 가령, 루돌프 불트만의 제자 중의 한 사람인 에타 린네만(Eta Linnemann, 1926-2009)은 초기에는 성경비평신학의 대표적인 학자로 활동했으나, 후에 이 같은 비평신학적 접근이 반성경적인 전제에 근거한 인위적으로 왜곡된 해석일 뿐이라고 비판하며, 성경비평신학으로부터의 결별을 선언했다. 그녀는 비신화화 신학과 계몽주의 철학의 영향에서 벗어나서, 성경을 문자 그대로 살아 계신 하나님의 말씀으로 믿게 되었음을 고백했다.[11]

미국의 신약성서학자 크레이그 A. 에반스(Craig A. Evans) 역시 현대의 급진적인 자유주의 학자들이 성경의 예수를 왜곡하고 있다고 비판했다. 에반스에 따르면, 이들은 예수를 급진적인 정치 혁명가, 영지주의적 인물, 또는 신화적 존재로 재구성함으로써 복음서가 증언한 예수의 모습을 파괴했다. 또한 그는 사본학과 고고학적 연구 결과를 토대로 신약성경 복음서의 역사성과 문헌적 신뢰성은 입증되었다고 강조한다.[12]

한편 미국 복음주의 신학자이며 철학자인 노먼 가이슬러는 성경무오설을 강력하게 옹호하는 학자이다. 그는 성경유오론(성경에 오류가 있다는 견해)을 인간의 이성을 중심축으로 하는 계몽주의의 산물로 평가했다. 그는 성경의 일부분에 오류가 있다고 가정할 경우, 성경의 어떤 부분을 신뢰하고 어떤 부분을 거부할 것인지에 대한 객관적인 기준 자체가 없다고 말한다. 그는 성경유오론이 예수의 부활과 같은 성경의 핵심 교리에 대한 신뢰성을 근본적으로 흔든다고 경고했다. 가이슬러는 성경의 오류처럼 보이는 부분들은 대부분 해석

의 문제이지 성경 본문 자체의 문제가 아니라고 주장했다.[13]

독일 복음주의 신학자인 피터 바이어하우스(Peter Beyerhaus) 박사도 자유주의 신학자들이 계몽주의 철학의 영향을 받아 인간의 이성을 절대화함으로써 성경의 본질적 교리를 무너뜨리고 있다고 비판했다. 그는 현대신학의 비극은 하나님의 계시를 이성에 종속시킨 것이라고 진단한다.

둘째, 유신진화론자들은 일반적으로 창세기 1장부터 3장까지의 본문을 문자적이고 역사적인 사실로 보기보다는, 고대 근동의 창조설화, 신화, 은유적 서사가 반영된 것으로 본다. 그들은 창세기 첫 3장이 과학적 세계관과 조화를 이루기 위해서는 창세기 본문을 현대 과학적 관점에서 재해석하거나 수정해야 한다고 주장한다.

가령 천문학자인 우종학 교수는 창세기 1장을 과학적 설명을 제공하는 본문으로 여기지 않는다. 또한 해당 본문은 은유적 표현을 통해 신학적인 주제를 전달하는 것으로 문학적 관점에서 해석되어야 한다고 주장한다.[14] 그는 창세기의 '6일 창조'를 문자적으로 해석하는 창조과학자들을 비판하며, 현대 과학의 성과를 거부하는 비합리적인 사이비 과학자라는 인신공격도 서슴지 않는다. 그는 창세기 첫 3장을 문자대로 믿는 사람들을 '성경교 신자'라고 조롱하고, 성경 문자 중심을 버리고 '예수교'를 믿어야 한다고 강조한다. 이는 성경을 과학의 권위에 종속시키고 과학에 위배되는 일부 본문을 수정하자는 주장까지로 이어진다.

이와 유사한 관점은 구약성서 학자 제임스 쿠걸(James L. Kugel, 하버드 대학)의 저서에서도 발견된다. 그는 성경의 문자적 이해를 강조하는 관점이 기독교 신앙의 본질을 성경무오성 교리에 전적으로 의존시키는 행위라고 비판한다. 성경무오는 성경의 문자 자체를 숭배하는 것이기 때문에 일종의 주물숭배(fetishism)에 해당된다고 비판한다. 이들은 성경무오성 교리에 마치 어떤 근거도 없는 것처럼 비판한다.[15]

앞서 언급한 바와 같이, 유신진화론자들이 성경의 무오성과 신적 권위를 부정하는 주요한 이유 중 하나는 '인간의 언어에 대한 부정적인 관점'에 기인한다. 유신진화론자들은 인류가 영장류로부터 점진적으로 진화했다는 전제를 공유한다. 이에 따라 언어의 기원과 다양성 역시 진화론적 언어학의 관점에서 파악한다. 진화론에 따르면, 인간의 언어는 영장류의 단순한 음성체계로부터 점차 복잡한 상징적 소통 수단으로 발전한 것이다.

이러한 진화적 언어관은 역사학자 유발 하라리의 저술에서도 명확히 드러난다. 하라리는 『사피엔스』에서 다른 영장류에 비해 인류의 탁월함은 인지혁명에 있다고 본다. 그는 "우연히 일어난 유전자 돌연변이가 사피엔스의 뇌의 내부 배선을 바꿨다. 그 덕분에 전에 없던 방식으로 생각할 수 있게 되었으며 완전히 새로운 유형의 언어를 사용해서 의사소통을 하게 되었다"고 설명한다. 호모 사피엔스는 '허구를 말할 수 있는 능력'(뒷담화이론)으로 사회적 협력을 이루어 내 세상의 지배자가 될 수 있었다. 하라리에 의하면, 인간의 언어능력은 진화의 산물로서 허구적 상상을 가능하게 한다. 그는 인간이 세상을 정복한 것은 인간만이 가지고 있는 고유한 언어능력 때문이라고 주장한다.[16]

하라리의 언어관은 본질적으로 진화적 언어관에 근거한다. 그래서 그는 성경의 역사관과 본문 내용도 근본적으로 오류를 포함하고 있다고 본다. 그는 성경을 비과학적인 신화가 반영된 산물로 보고, 성경을 진실의 기준으로 삼는 인류의 관행을 비판한다. 예컨대, 미국 대통령의 취임 선서나 세계 다수 국가의 법정에서 증인들이 성경에 손을 얹고 오직 진실만을 말하겠다고 맹세하는 장면을 비웃는다. 그는 "허구, 신화 그리고 오류가 넘쳐 나는 책에 대고 진실을 말할 것을 맹세하다니 아이러니가 아닐 수 없다"라고 논평한다.[17]

유신진화론의 인간관은 종교의 기원을 '유아기의 소망'으로 해석한 지그문트 프로이트의 심리학적 이론과 인간의 언어를 진화론적 관점에서 해석하는 진화언어학의 전제에 근거한다. 진화언어학적 접근에 따르면, 성경 본문에 존재하는 오류는 인간 자체의 진화적 불완전성에 기인한 것으로 간주하며, 따라서 성경의 무오성은 본질적으로 수용할 수 없다. 피할 수 없다. 필자는 진화언어학의 전제를 두 가지 관점에서 비판적으로 고찰하고자 한다.

첫째, 동물들의 소리로부터 인간 언어로의 진화를 입증할 직접적이고 실증적인 증거가 현재까지 발견된 적이 없다. 이들은 단순한 동물의 소리로부터 음소, 음정, 문법 그리고 추상적인 의미 구성 등을 가진 인간의 언어로 진화되었다고 주장한다. 그러나 이와 같은 언어의 진화를 뒷받침할 수 있는 고고학적 증거, 또는 언어상의 화석이라는 '문자적 증거'가 있어야 한다.

진화론자들은 현생 인류의 역사를 수백만 년 전의 과거로 추산하지만, 가장 오래된 문자는 겨우 수천 년 전에 나왔을 뿐이다. 수메르인들의 쐐기문자는 주전 3500년경에, 이집트의 상형문자는 주전 3200년경에 그리고 중국의 갑골문자는 주전 1300년경에 나왔다. 따라서 동물 소리로부터 인간의 언어로의 진화나 변천 과정에 대한 어떤 객관적인 증거도 찾을 수 없다는 데 분명한 한계가 있다.

둘째, 언어학자이며 철학자인 노암 촘스키(Noam Chomsky, 1928-)는 인간의 언어능력이 생득적(nativist) 특성에 기초하고 있다고 주장했다. 그의 언어 이론에 따르면, 모든 인간은 태어날 때부터 언어를 습득할 수 있는 선천적 능력, 즉 보편문법을 내재적으로 소유하고 있다. 이는 언어 습득 과정에서 결정적인 역할을 수행한다. 인간의 언어능력은 동물의 소리와 확실히 다르다. 세계 언어학계에 따르면, 현재 전 세계적으로 약 7천 개 이상의 언어가 있는 것으로 추산된다.

이와 관련하여, 「뉴욕 타임스」의 보도에 따르면, 인간과 가장 유사한 종으로 간주되는 침팬지 '워쇼'(Washoe)는 생후 초기부터 약 42년 동안 미국식 수화를 훈련받았다. 워쇼는 2007년 10월 30일 사망할 때까지 약 150-250개의 미국 수화를 배웠다고 한다. 그러나 이는 인간의 언어능력과 비교할 때 매우 제한적인 수준이다.

가령, 침팬지와는 달리, 인간은 성장 과정에서 수십만 개의 단어를 습득하고 이를 문법체계에 따라 창의적으로 조합하여 사용할 수 있다. 대한민국의 표준국어대사전에만 약 50만 개 정도의 어휘가 수록되어 있다. 인간은 모국어뿐만 아니라, 다수의 외국어를 습득하고, 고도의 추상적 개념을 사용한다. 언어능력은 동물로부터 진화된 것이 아니라, 사람의 내면에 새겨진 선천적인 능력이다.

결론적으로 인간의 언어능력이 동물로부터 진화되었다는 가설은 현재까지 실증적으로 입증된 것이 하나도 없다. 인간언어의 생득성과 능력은 진화적 언어학이 아니라, 성경적인 언어관으로 설명하는 것이 더 타당하다. 인간의 언어는 동물과는 독립적인 기원을 가진다. 하나님이 아담을 만드셨을 때 아담은 이미 동물들의 이름을 짓는 능력을 갖고 있었다.

"여호와 하나님이 흙으로 각종 들짐승과 공중의 각종 새를 지으시고 아담이 무엇이라고 부르나 보시려고 그것들을 그에게로 이끌어 가시니 아담이 각 생물을 부르는 것이 곧 그 이름이 되었더라 아담이 모든 가축과 공중의 새와 들의 모든 짐승에게 이름을 주니라"(창 2:19 20).

진화론적 언어학의 관점에 따르면, 성경에 기록된 언어와 고대문헌의 신화에 기록된 언어에는 별다른 차이점이 없다.[18] 휘튼 칼리지의 구약학자인 존 H. 월튼(John H. Walton) 교수는 『창세기 1장의 잃어버린 세계』에서 창세기 1장의 내용이 고대 근동의 설화에 담긴 신전 건축과 우주론적 개념들과 긴밀하게 연관되어 있다고 주장한다. 그는 특히 창세기 1장을 '우주적 신전 낙성식'으로 해석하며,[19] 고대 근동 우주론적 해석학을 창세기 본문에 적용하는 해석방법을 제안했다. 더 나아가 월튼 교수는 창세기 앞부분을 신화로 해석하고 유신론적 진화론을 지지한다.[20] 그의 해석에 따르면 창세기 본문에는 비과학적인 표현들이 많이 포함되어 있으며, 이러한 서술들은 고대 독자들의 인식 틀 속에서 이해되어야 한다고 주장한다.

그러나 전통적인 복음주의자들은 창세기를 고대 근동 신화로 해석하는 월튼 교수의 방식을 비판한다. 왜냐하면 그런 시도가 창조, 인간의 기원, 원죄와 죽음의 직접적인 관계를 부정하고 결국 기독교의 핵심교리를 해체하는 결과를 가져올 것이라는 우려 때문이다.[21]

언어의 구조와 기원에 관한 현재까지의 연구는 언어가 진화의 산물이라는 가설을 실증적으로 뒷받침하지 못하고 있다. 고대언어들 가운데에서도, 단순한 형태의 언어가 복잡한 구조의 언어로 진화되었다는 가설을 입증할 직접적인 증거를 찾지 못한다. 오히려 아프리카나 남미 밀림의 원시부족들이 사용하는 비문명권 언어조차도 문명사회의 언어들과 마찬가지로 정교한 문법체계와 복잡한 표현구조로 이루어져 있다. 침팬지에게 인간의 수화를 약간 교육할 수 있다고 해도, 침팬지의 소리를 통해 인간의 언어로 진화되었다는 가설이 설명되는 것은 아니다.

지구상에 존재하는 약 7천 개 이상의 언어들은 진화언어학을 부정한다. 왜냐하면 진화언어학의 관점에서 보면, 현재 수천 개의 상이한 언어들은 여러 인류 집단들이 장기간 독립적으로 상호교류 없이, 아주 오랫동안 각각 다른 언어체계로 진화되는 과정을 거쳤어야 하기 때문이다. 하지만 실제로 인류의 모든 언어는 상호 간에 의미 전달이 가능한 문법적 구조와 상호 간에 통역이 가능한 어휘 체계를 가지고 있다. 이것은 수천 개의 언어들이 공통의 언어적 기원을 가질 가능성을 강력하게 시사한다.

성경은 인간의 언어의 기원과 다양성을 설명하는 독특한 관점을 제시한다. 창세기 11장에서는 인류에게 원래 하나의 언어만 있었다는 사실을 알려 준다(창 11:1). 창세기에는 바벨탑 사건 이후, 하나였던 언어가 소수의 다양한 어족들로 분화되었다고 기록되어 있다. 언어학자들에 의하면 7천 개의 언어들은 언어학적 분류 체계에 따라 소수의 상위 어족에서 유래되었다. 이런 점에서, 성경의 언어의 기원과 다양성에 대한 설명은 언어학적인 현상과 일정 부분 일치한다고 평가할 수 있다. 바벨탑 사건은 원래 하나의 단일 언어와 소수의 상위 어족에 대한 기록으로 보인다.

유신진화론은 왜 성경유오론을 주장하는가? 그 이유와 반론

성경유오론을 주장하는 이들은 '성경의 원본이 현존하지 않는다'는 사실을 근거로, 성경의 무오성 교리가 기독교의 사활이 걸린 핵심 교리가 아니라고 주장한다. 이들은 성경에 모순과 오류가 포함되어 있다고 주장하며, 대체로 세 가지 이유를 제시한다.

첫째, 성경 집필 과정에 인간이 참여했기 때문에, 필연적으로 어느 정도의 오류는 존재할 수밖에 없다는 것이다. 이들은 '인간은 본질적으로 오류를 범하는 존재'라는 전제를 바탕으로 '인간이 집필한 성경 역시 오류를 포함할 수밖에 없다'는 결론에 이른다. 이런 논증은 '아담과 하와는 유한한 인간이다'라는 전제에서 '그들은 필연적으로 범죄할 수밖에 없다'는 결론을 도출하는 것과 유사한 구조를 가진다. 이는 아담과 하와가 처음 창조되었을 때부터 본질적으로 결함 있는 존재로 창조되었으며, 따라서 그들의 범죄는 불가피했다는 입장을 정당화하는 것이다.

그러나 이와 같은 주장은 궁극적으로 아담의 범죄에 대한 책임을 하나님께 전가하는 결과를 낳는다. 마찬가지로 성경의 저자들이 성경을 기록할 때 오류를 피할 수 없었다는 주장은 성경 오류의 책임을 하나님께 돌리는 것과 다르지 않다.

둘째, 수정주의적 복음주의자들이 주장하는 '무오성이 없는 무류성'(infallibility without inerrancy)도 성경유오론의 일종에 지나지 않는다. 이 입장에 의하면, 성경은 구원에 관한 교리에는 오류가 없지만, 그 밖의 지식, 즉 천문학, 생물학, 역사, 과학 분야에 대한 지식에 대해서는 오류가 있을 수 있다는 것이다.

그러나 글리슨 아처(Gleason L. Archer) 박사에 의하면, 만일 성경이 이미 확립된 진리와 상충하는 오류와 모순을 포함하고 있다면, 이는 신앙과 관련된 성경 진술의 신뢰성에 대해서도 심각한 의문을 제기하게 된다고 경고한다. 그가 무오성 없는 무류성 주장을 거부하는 것은 예수님과 성경의 저자들이 성경에 오류가 있다고 인정한 바가 없기 때문이다. 따라서 '성경의 일부에 오류가 포함되어 있다'는 주장은 성경의 신적인 권위를 부정하는 것이다. 만일 '성경 전체가 진리'라는 전제가 성립되지 않는다면, 교회에서 행해지는 모든 설교와 교육은 자기모순에 빠질 수밖에 없다.[22]

셋째, 성경유오론자들은 성경무오론이 연역적 논증의 한계를 벗어나지 못한다고 비판한다. 물론 성경의 무오성 교리는 하나님의 완전함과 정직성을 전제로 하여 도출된 것이기 때문에, 연역적 논증에 해당한다. 그렇지만 연역적 논증이기 때문에 그것을 오류라고 평가할 수는 없다.

여기서 분명히 말해 둘 것은 '성경의 무오성 논증은 성경 사본들이 아니라 성경의 원본에만 적용한다'는 것이다. 하나님은 완전하시다. 따라서 그분의 계시를 성경의 원본에 기록하게 하실 때에, 인간 저자들이 어떤 실수나 오류를 범하는 것을 허락하지 않으신다. 이런 '절대적 무오'는 하나님의 완전성으로부터 논리적으로 추론된 것이다.

중세의 안셀름은 하나님의 '완전성'이라는 속성으로부터 하나님의 존재를 설명했다. 마찬가지로 하나님의 완전함과 정직함이라는 속성이 성경의 무오성을 변호한다. 하나님의 완전성과 정직성이 부정되지 않는다면, 성경의 무오성도 부정되지 않는다.

다른 한편 성경유오론자들은 성경무오론이 귀납적인 주석적 연구를 소홀히 한 결과로 생긴 것이라고 비판한다. 그렇지만 성경의 무오성 논증은 고백적 방법(성경이 하나님의 말씀임을 믿고 인정하는 방식)과 전제적 방법(성경 스스로가 절대 권위와 무오를 전제한다는 입장)에만 의존하지는 않는다.

성경무오성은 고전적 방법(귀납과 연역, 외적 증거와 내적 증거를 통합하는 방식)을 종합적으로 사용하여 그 정당성을 얻고 있다. 성경의 예언 성취는 성경의 무오성을 지지한다. 성경의 사본적 정확성과 고고학적 발굴 결과들은 성경의 내용에 대한 문헌학적인 신뢰성을 높여 준다. 따라서 성경무오성은 다양한 방식으로 확증될 수 있다.

성경무오성의 의미는 무엇인가?

존 월튼 교수는 유신진화론을 긍정적으로 평가하고 지지한다. 그는 자신의 이런 신념이 성경의 무오성과 권위를 부정하는 것이 아니라고 강변한다.[23] 그러나 칼뱅주의 조직신학자인 웨인 그루뎀은 존 월튼이 성경무오성의 개념을 왜곡하고 있다고 비판한다.

그루뎀에 따르면 출애굽기, 역대상, 시편, 호세아서, 마태복음, 누가복음, 사도행전, 고린도전서, 고린도후서, 골로새서, 디모데전서, 히브리서 그리고 요한계시록 등 다수의 성경 본문은 창세기 1-3장을 실제로 발생한 역사적 사건으로 간주한다. 반면에 유신진화론은 창세기 앞부분을 신화, 비유, 또는 고대 근동 세계관이 반영된 비역사적·비과학적인 진술로 해석한다. 만약 창세기의 앞부분이 실제 역사적 사실이 아닌 허구라면, 이는 성경의 무오성의 개념을 근본적으로 훼손하는 결과를 초래할 수 있다.

그루뎀 박사에 의하면 성경의 무오성은 성경 본문이 진실하다고 단언하고 있는 모든 진술에 적용된다. 왜냐하면 하나님의 감동은 성경의 일부가 아니라 '모든 성경'에 해당하기 때문이다. 모든 성경이 "교훈과 책망과 바르게 함과 의로 교육하기에 유익"(딤후 3:16)하다.

구프린스턴 학파의 거장인 벤저민 워필드(Benjamin B. Warfield, 1851-1921)는 성경의 영감에 대한 교리를 확고하게 옹호했고, 성경을 성령의 영감으로 기록된 무오한 말씀으로 확신했다. 일부 신학자들은 인간 저자의 오류가 성경 속에 포함되어 있다고 주장했다. 그러나 워필드는 성경과 인간 저자들의 합력 작업이 그런 오류를 절대로 허용하지 않는다는 점을 강조했다. 그는 성령의 감동하심이 있기 때문에, 인간의 힘만으로 성취할 수 없었던, 완전한 신적인 속성이 원본 성경 작성 과정에 제공되었다고 본다. 다시 말하면 성령의 영감이 성경 전체와 단어 선택에까지 영향을 미쳤기 때문에 성경은 무오하다고 본 것이다.

"성경의 무오성에 대한 시카고 선언"(1978)은 성경의 무류성과 무오성을 영적, 신앙적 그리고 구속과 관련된 주제에만 제한적으로 적용하고, 역사와 과학의 분야에 대한 성경의 언급들은 제외한다는 자유주의 신학자들의 주장을 배격했다. 간단히 말하면 유신진화론자들은 성경의 인간저작설에 중점을 두고 있기 때문에 성경에 오류가 있다고 말한다. 그러나 성경의 무오론자들은 하나님의 영감으로 기록된 성경, 즉 신의 저작권을 믿기 때문에 원본 성경의 본문에는 어떤 오류도 없다고 본다.[24]

노먼 가이슬러는 일부 복음주의자들이 주장하는 성경유오론에 동조하지 않으며 오히려 강력하게 비판한다. 가이슬러가 성경의 무오성을 확신하는 이유는 무엇인가?

첫째, 성경무오성은 성경 원본(autographs)에만 적용되며 현재 전해 오는 신구약 사본에 약간의 차이가 있다는 것은 분명하다. 그렇지만 가이슬러는 오늘날 수많은 성경의 사본과 역본들은 원본 성경을 모두 포함하고 있을 것이라고 본다.[25] 그는 현재 성경의 사본들을 '사실상 무오한 사본'으로 평가한다.

둘째, 성경무오 교리가 초대교회 때부터 내려온 핵심적인 기독교 신앙이었다. 초대교회가 성경의 신적 권위를 부정한 마르시온의 주장을 정죄한 것은 성경 전체에 오류가 없다는 신념을 확신했기 때문이다. 현재의 사본들은 그리스도인의 신앙과 생활 규범으로서 전적으로 무오하다.

셋째, 그리스도는 인성과 신성을 함께 가지고 있지만 '죄는 없는' 분이라는 정통적인 기독론은 성경의 무오성에 적용할 수 있다. 성경유오론자들의 전제-'인간은 실수에서 자유롭지 못하다'-는 그리스도가 인간성을 취할 수 없다는 단성론적 기독론을 산출할 수도 있다. 단성론은 예수님의 인간성을 부정하여 '하나님과 사람 사이에 유일한 중보자'(딤전 2:5)임을 부정한다. 인간의 이성이 완전하지는 않지만, 항상 오류를 범하는 것은 아니다. 대개 사람들은 구구단을 오류 없이 계산할 수 있다. 그렇다면 성령이 성경 집필자에게 영감을 주셔서 성경을 기록하는 동안에 어떤 오류도 발생하지 않도록 하실 수 있다.

넷째, 성경의 무오를 부정한다면, 그것은 성경을 기록하게 하신 성령의 사역을 형편없는 것으로 비하하는 것이다. 이는 성령 하나님의 완성을 거부하는 오류일 뿐이다. 예수께서는 '진리 가운데로 우리를 인도하시는 성령'을 보내 주셨다(요 16:13). 종교개혁자 칼뱅은 '성경의 신뢰성에 대한 최고의 증거는 성령이 성경의 진리를 믿도록 역사하시는 것이라고 보았다.

윌리엄 밴두드워드(William VanDoodewaard)에 의하면, 창세기 앞부분을 신화적으로 해석하는 사람들은 성경의 본문에 오류가 포함되어 있다고 보기 때문에 성경의 신적인 권위를 부정한다. 그러나 그는 "성경에 대한 교리가 실종되는 곳에는 성경적 기독교의 실종이 반드시 뒤따른다"고 분석한다.[26] 성경의 무오성과 진실성은 성경이 거룩한 하나님의 말씀이라는 사실에서 도출된다. 하나님은 인간에게 계시할 때 결코 거짓말을 하지 않으실 뿐만 아니라, 주권적 섭리를 통해서 계시된 말씀을 보존해 오셨다.

예수님은 랍비들의 잘못된 성경해석이나 장로의 유전들을 비판하셨지만, 성경의 진리성에 어떤 의문도 표명하신 적이 없다. 예수님은 구약성경의 완전함을 늘 전제하셨고, 유대인들과의 논쟁에서 "성경은 결코 폐할 수 없다"고 단언하셨다. 예수님이 구약의 신적인 권위와 완전함을 인정하셨다는 사실이야말로 성경무오성의 충분한 근거가 된다.

유신진화론과 하나님의 선한 성품

유신진화론은 창조주의 존재를 인정한다는 점에서 신을 부정하는 무신론과는 언뜻 달라 보인다. 그렇지만 일단 창조의 첫 순간부터 진화가 시작되고, 또 작동되는 진화 과정에서 신의 개입은 조금도 필요하지 않다고 주장한다는 점에서 유신진화론의 신론은 이신론을 전제할 수밖에 없다. 이신론에 따르면, 만물을 조성한 조물주는 인간의 역사 안으로 초자연적인 개입을 하지 않는다. 따라서 이신론의 신은 성경의 하나님과는 완전하게 다르다고 할 수 있다. 성경의 하나님은 창조주이면서도 인간의 기도에 응답하고 삶과 역사 속에서 은혜를 베풀어 주시는 분이다. 또한 진화 과정에는 약육강식의 잔인함이 가득한데, 이것은 성경이 말하는 선하신 하나님의 창조와는 조금도 양립할 수 없다.

하나님의 속성: 선함과 위대함

조직신학자 밀라드 에릭슨에 의하면, 하나님의 속성은 하나님의 영원한 신성의 특징이기 때문에 획득되거나 상실되는 것이 아니다. 하나님에게 속성은 존재와 본질적으로 분리되지 않기 때문이다. 그는 하나님의 속성을 '위대함'과 '선함'으로 구분한다. 하나님의 위대함에 속하는 속성의 범주에는 영성, 인격, 생명, 무한, 불변성이 속한다. 위대한 하나님은 반드시 선한 존재이어야 한다. 그리고 '하나님의 선함'의 속성에는 도덕적 순결(거룩성, 의로움, 정의), 고결성(진정성, 정직성, 신실성), 사랑(인애, 은혜, 자비, 오래 참으심)이 포함된다.

"내가 거룩하니 너희도 거룩할지어다"(레 11:45)라는 말씀에서 알 수 있는 것처럼 하나님께 '거룩함'은 매우 중요한 속성으로, 거룩함에는 절대순결과 선함이 포함된다. 존 맥아더 목사는 하나님의 선함을 "모든 도덕과 유익과 아름다움의 완전한 총합과 원천"으로 본다.[27]

하나님은 6일 동안 천지만물을 창조하며 보시기에 좋아하셨다고 성경은 말한다(창 1:31). 하나님의 선함은 자연만물에 반영되어 있다. 종교개혁가 칼뱅은 "하나님이 창조하신 세계는 원래 최고로 완전한 것, 완벽함 그 자체"라고 설명한다.

유신진화론의 '에우튀프론의 딜레마': 전능함과 선함

고대 그리스 철학자 소크라테스는 에우튀프론(Euthyphro)에게 "거룩한 것은 신들이 승인했기 때문에 거룩한 것인가? 아니면 그것이 거룩한 것이기 때문에 신들이 승인한 것인가?"라는 유명한 질문을 던졌다.[28] 플라톤은 이 대화편에서 '선'과 '신의 속성'의 문제를 다룬다.

플라톤은 그리스 신화의 신들에게는 도덕성에 큰 문제가 있다고 보았다. 신은 전능하고 선해야 한다. 만일 신이 전능한데, 그 신의 성품이 악하다면, 악한 신의 존재 자체만으로도 인류는 재앙을 겪을 것이다. 그렇기 때문에 고대 그리스의 에피쿠로스(Epicurus, 주전 341-271)도 악을 없애기 위해서는 신에게 '전능함'과 '선함'이 함께 필요하다고 보았다. 에피쿠로스는 '신이 악을 제거하고 싶어도 악을 제거할 능력이 없는 경우'(무능력한 신)와 '악을 제거할 능력이 있음에도 악을 제거하기를 원하지 않는 경우'(악한 신)에는 둘 다 심각한 문제가 생긴다고 본다.[29]

동물 세계의 먹이사슬 구조는 냉정하고 무섭다. 자연선택은 적자생존을 의미하고 약자는 희생당할 수밖에 없다. 자연계의 적자생존과 약육강식의 원칙은 이타적 도덕성과 상충하기 마련이다. 하워드 반 틸(Howard J. Van Till)은 '능력으로 충만한 창조'라는 개념을 통해서 "하나님이 계획하신 창조 세계는 초기에는 혼돈 상태에 있었지만, 시간의 흐름에 따라 모든 다양한 구조와 형상으로 변화될 수 있는 자기 조직과 변환 능력을 하나님으로부터 부여받았다"고 주장한다.[30] 그가 말하는 '능력으로 충만한 창조' 개념에서 '능력'은 '진화하는 능력'을 뜻한다.

반 틸은 "하나님은 완벽한 진화 시스템을 가진 세상이 존재하도록 했다"고 말하면서도 동시에 "하나님은 자신의 본성과 의지에 따라서 행동할 수 있다"고 주장한다. 따라서 반 틸 자신은 이신론을 지지하지 않는다고 강변한다.[31] 하지만 그것은 자기모순일 뿐이다. 진화론을 답습하는 유신진화론은 신의 개입과 초자연주의를 거부하기 때문이다.

유신진화론의 이신론, 그 모순

하워드 반 틸의 주장에는 이신론적 특징이 뚜렷하게 전제되어 있다.

첫째, 하워드 반 틸은 하나님이 '능력으로 충만한 우주를 창조'하면서 진화를 창조의 방식으로 결정했다고 말한다. 그에 의하면 우주는 "우연이 아닌 세심한 개념화 과정의 산물"이며, "인간의 능력으로는 이해할 수 없는 고도의 창조적 지성이 고안한 창조물"이다.³²⁾ 그의 주장에서는 진화 시스템은 여전히 진행 중이다. 그러나 진화 과정의 먹이사슬 구조는 하나님의 선한 성품과 양립할 수 없다.

가령, 어떤 사람이 자신의 애완견을 투견장에 던져 넣으며 좋아하는 모습을 상상해 보라. 그런 행위는 그 주인이 선하지 않다는 단적인 예가 된다. 만일 신이 투쟁, 죽음, 소멸, 고통이 가득한 자연 생태계를 창조한 후에 "보기 좋다"고 말한다면, 그 신은 결코 선한 신이 아니라, 오히려 가학적 신에 지나지 않을 것이다. 진화는 생존을 위한 투쟁 속에서 약자의 소멸이 수반되는 잔인한 과정이다. 만일 반 틸의 말처럼 신이 생존투쟁과 다중격변으로 무수한 생명체들이 죽어 가는 세상을 창조했음에도 불구하고, 반 틸이 그런 잔인한 신을 선한 신으로 말하는 것은 자기모순이다.

둘째, 성경의 하나님은 그 본질적인 속성에서 불변성을 갖는다. 그러나 유신진화론은 변덕스러운 신을 가정한다. 유신진화론에 따르면, 하나님은 자연선택과 적자생존, 약육강식, 먹이사슬 구조를 가진 불완전한 자연계를 창조하셨다. 약자가 희생되는 자연계를 창조하신 하나님이 사람들에게는 약자를 사랑하고 도우라는 계명을 주셨다고 간주하는 것은 모순이다.³³⁾

미국의 정치철학사 존 롤즈에 의하면 질서정연한 사회는 약자를 배려하고 보호하는 사회이다.³⁴⁾ 밀라드 에릭슨은 선한 신의 속성은 신의 존재와 본질적으로 분리되지 않으며 신의 선한 성품을 불변의 속성으로 본다. 따라서 유신진화론의 신은 선과 악에 대한 기준이 가변적인 변덕스러운 신이며, 선함에 있어서 불변하는 성경의 신과 양립할 수 없다.

셋째, 유신진화론이 필연적으로 아담의 타락교리를 제거한다면, 이원론을 피할 수 없다. 타락교리는 아담과 하와의 불순종으로 말미암아 이 땅에 죽음과 고통이 파생되었다고 본다. 히포의 성 어거스틴은 악의 근원을 존재론적으로 보지 않고 선의 결핍으로 파악했다. 만일 아담의 타락을 제거한다면 악은 파생된 것이 아니라 처음부터 존재하는 이원론적 지위를 갖는 것으로 격상된다.

이원론에서는 빛과 어둠, 선과 악은 애초부터 동등한 힘을 갖는다. 처음부터 악이 선과 동등한 수준의 원리나 힘이라면 능력과 지혜와 선함이 끝이 없는 무한한 하나님이 한계를 지닌 유한신(a finite god)으로 전락하고 만다.[35] 유한신은 그 능력과 지혜가 부족하기 때문에 악, 어둠, 죄, 죽음을 궁극적으로 해결할 수 없다. 그래서 이원론에서 인간은 죽음, 죄, 곤경, 고통을 벗어날 소망을 가질 수 없다.[36]

하나님은 6일 동안 아름답고 좋은 세계를 창조하셨지만, 아담의 타락으로 죽음과 고통이 파생되었다. 바울은 로마서에서 사람과 자연만물은 구속을 기다리고 있다고 말한다(롬 8:19-25). 하나님은 예수 그리스도를 통하여 죽음, 죄, 고통, 질병이 없는 새 하늘 새 땅을 약속하셨다.

"모든 눈물을 그 눈에서 닦아 주시니 다시는 사망이 없고 애통하는 것이나 곡하는 것이나 아픈 것이 다시 있지 아니하리니 처음 것들이 다 지나갔음이러라"(계 21:4).

넷째, 유신진화론은 진화론이 도덕성의 근원을 설명할 수 없다는 한계점을 극복하지 못한다. 도덕성은 국가, 문화, 개인, 사회계약론, 진화론에서는 그 근원을 적절하게 설명할 수 없다. 도덕은 오직 거룩한 하나님의 속성에서 나온다.[37]

무신론 생물학자 리처드 도킨스에 의하면 자연선택이론은 '도덕, 예의, 감정이입, 연민' 같은 도덕 감정들을 설명하는 데 적합하지 않다. 오히려 '배고픔, 두려움, 성적 욕망'은 진화적 관점에서 쉽게 설명될 수 있다. 도킨스는 진화생물학적 관점에서 '친족 이타주의와 호혜적 이타주의'는 생존과 공생에 유리하기 때문에, 진화 과정에서 이타성이라는 도덕원리가 생긴다고 추정한다.[38] 유신진화론은 진화가 시작되는 첫 순간부터 죽음, 고통, 먹이사슬, 죄가 가득한 정글의 사회를 정상적인 상태로 규정한다. 자연상태의 양육강식 원칙은 강자가 약자를 위해 자기희생을 선택할 수 있다는 의미의 '이타적 도덕성'과 양립할 수 없다. 유신진화론에서는 사람이 도덕적으로 살아야 할 이유를 전혀 찾을 수 없다.

결론적으로 말하면, 창세기 앞부분에 대한 전통적인 문자적 해석은 하나님의 선함을 확실하게 지지한다. 유신진화론의 주장에 담긴 진화 과정의 투쟁과 소멸, 죽음과 고통은 성경의 선한 하나님과 충돌된다. 진화 과정에서 생존을 위한 투쟁, 먹이사슬 구조의 잔혹함, 약자의 소멸과 죽음은 선한 하나님의 성품과 양립할 수 없다.

유신진화론과 아담의 역사성 문제

사도 바울은 철학의 도시 아테네를 방문해서 "인류의 모든 족속은 한 혈통으로 창조되었다"는 유명한 전도 설교를 했다(행 17:26). 그는 아담과 하와를 하나님이 특별하게 창조하신 인류의 첫 조상으로 기술한다. 그러나 유신진화론자들은 아담을 역사적인 최초의 사람으로 보지 않는다.

캐나다의 데니스 라무뤼 교수(Denis O. Lamoureux, 앨버타대학교)에 의하면, 아담은 하나님이 직접 창조한 최초의 사람도 아니고, 역사상 실존했던 인류의 첫 조상도 아니다. 그는 자신의 저서 『진화적 창조』에서 하나님이 진화 과정을 통해 우주와 인간을 창조하셨다고 주장한다. '특별하게 창조된 최초의 인간'으로서의 '아담의 역사성'은 그에게는 성경의 핵심 주제가 아니라 부차적인 주제일 뿐이다.[39]

그레고리 A. 보이드 박사(Gregory A. Boyd, 베델대학교 신학교수)도 역시 아담의 역사적 실존 여부는 기독교 신앙의 핵심 요소가 아니라고 말한다. 그는 진화론을 거부하거나 문자적 아담을 긍정하지 않고서도 기독교 신앙을 지킬 수 있다고 본다.[40] 그에게 있어서, 아담의 실재성은 C. S. 루이스의 '순전한 기독교'(범기독교의 공통교리 범주)의 영역에 속하지 않는 지엽적인 주제이다. 이들은 문자적 의미에서 아담의 실존, 최초의 사람으로서의 아담의 역사성을 부인하는 것이 기독교 신앙을 배교하는 것이 아니라고 말한다.

그러나 아담의 역사적 실존과 인류의 첫 조상이라는 것을 부정하는 것은 성경의 핵심 교리를 부정하는 단초를 제공한다는 점에서 매우 위험한 접근이다. 기독교 변증학적 관점에서 '역사적 아담의 실재성 인정 여부'는 매우 중요하다.

첫째, 인류의 시조로서의 아담의 역사적 실존은 성경의 무오성과 직접 관련되어 있다. 유신진화론자들은 아브라함 이전의 창세기 기록을 신화로 치부하고 아브라함 이후부터는 실제적인 역사로 본다. 그들은 아브라함 이전의 이야기를 기록한 창세기 1-11장을 그저 비유나 은유로 해석한다.

그러나 필립 라이켄 박사(Philip Ryken, 휘튼 칼리지 총장)는 "아담의 역사성을 부정하는 것은 실질적으로 구속에 관한 거대 내러티브의 첫 장을 삭제하는 것"이라고 강력하게 비판한다.[41] 역사적 아담이 없다면 인류의 기원은 설명될 수 없으며, 예수의 대속적 죽음은 아담과 하와의 실제 범죄가 아니라, 타락의 신화에 근거한 것이라는 이상한 결론으로 이어지기 때문이다. 아담의 역사성을 인정해야만 성경 전체 이야기가 참된 진리로 읽힐 수 있다. 예수 그리스도가 역사적 인물이라면, 아담도 역사적 인물이어야 한다. 영국의 구약학 교수인 고든 웬함(Gordon J. Wenham)은 "계보들 안에 나오는 아브라함 이후의 사람들이 실존 인물이라면, 아브라함 이전의 조상들도 실존 인물로 보아야 한다"고 주장했다.

둘째, 아담과 하와가 인류의 첫 조상으로 특별하게 창조되었다는 교리는 일부일처 결혼제도에 대한 확고한 근거가 된다. 현대 사회는 젠더주의와 동성결혼으로 큰 혼란을 겪고 있다. 그러나 창세기는 인간의 성별이 진화의 산물이 아니라 창조주의 정교한 설계로 만들어진 것이며, 일부일처 결혼제도도 하나님이 정하신 것으로 본다. 아담과 하와는 성별은 다르지만 동등한 가치를 가진 존재로 창조되었다. 일부일처 결혼제도는 아담과 하와가 최초의 인류라는 특별창조에 근거한다. 웨인 그루뎀에 의하면 창세기 본문은 수천 명의 선행인류에 대한 이야기가 아니라, 최초의 남성과 여성에 대한 진술이다.

예수님은 창세기 1장 27절 내용을 언급하시면서 "그러므로 사람이 그 부모를 떠나서 아내에게 합하여 그 둘이 한 몸이 될지니라 하신 것을 읽지 못하였느냐"(마 19:5)라고 말씀하셨다. 예수님은 아담과 하와를 첫 사람이면서 동시에 역사적 실존 인물로 인정하셨다. 사도 바울은 에베소 교회에 보낸 편지에서 "그러므로 사람이 부모를 떠나 그의 아내와 합하여 그 둘이 한 육체가 될지니 이 비밀이 크도다 나는 그리스도와 교회에 대하여 말하노라"(엡 5:31-32)고 말한다.

하나님이 아담과 하와를 최초의 남녀로 창조하신 것은 결혼제도의 핵심이다. 아담과 하와의 특별창조 기사에 대한 문자적 이해는 일부일처 결혼제도가 하나님께로부터 제정된 것으로 본다. 아담과 하와가 인류의 첫 조상이라면 모든 사람이 인종과 관계없이 하나님의 형상을 가진 존엄한 존재가 된다. 만약 사람이 다수의 영장류로부터 진화되었다면, 일부일처 결혼제도의 이유가 사라지게 된다.

셋째, 역사적 아담은 인간의 존엄성과 비참함을 설명한다. 아담이 신의 형상으로 특별하게 창조되었다는 사실은 인간 존엄성의 근거가 된다. 인간의 존엄성은 그리스 철학이나 다른 종교의 경전에서 그 근거를 찾기는 어렵고, 오직 성경만이 존엄성의 토대를 제공한다. 존 롤즈에 의하면, "모든 사람은 전체 사회의 복지라는 명목으로도 유린될 수 없는 정의에 입각한 불가침성을 갖는다."⁴²⁾ 롤즈는 1998년의 인터뷰에서 그의 인간의 존엄성 사상은 성경에서 나왔다는 것을 인정했다.⁴³⁾

아담의 타락은 신의 형상을 훼손시켰고, 그 이후의 모든 인류는 죽음에 종속된 비참한 존재가 되었다. 사도 바울은 "그러므로 한 사람으로 말미암아 죄가 세상에 들어오고 죄로 말미암아 사망이 들어왔나니 이와 같이 모든 사람이 죄를 지었으므로 사망이 모든 사람에게 이르렀느니라"(롬 5:12)고 말한다. 그리고 "이는 아담이 먼저 지음을 받고 하와가 그 후며 아담이 속은 것이 아니고 여자가 속아 죄에 빠졌음이라"(딤전 2:13-14)고 말한다. 이것은 창세기 3장에 기록된 선악과의 사건이 실제 사건이었음을 전제로 한다. 아담의 타락은 인류에게 죽음과 비참함을 가져온 사건이다. 라이켄 박사는 아담의 타락을 제거하고 나면 인류의 보편적인 타락을 설명할 길이 없다고 단언한다.

블레즈 파스칼에 의하면, 인간의 위대함과 비참함에 대한 유일한 설명은 창세기에 기록된 아담의 역사적 실재성과 타락에 있다. 자연계의 잔혹한 먹이사슬과 인류의 보편적인 악은 아담의 타락을 전제할 때 잘 이해된다. 원죄의 계승이 없다면 인간의 이중적 본성(위대함과 비참함)을 설명할 길이 없다는 것이다.

넷째, 역사적 아담은 구원의 교리 형성에 직접 연결되어 있다. 사도 바울은 아담의 타락으로 인한 죽음과 그리스도를 통한 구원을 연결한다. 바울은 아담이 모든 인류의 조상이며, 죄와 죽음은 아담으로 인하여 세상에 들어왔다고 말한다. 젊은 지구론은 아담의 범죄로 인하여 죽음이 들어왔다고 보지만, 유신론적 진화론에서 동물과 영장류의 죽음은 진화 과정에서 필연적으로 발생한다고 본다. 아담의 타락과 죽음의 인과관계는 젊은 지구론과 유신진화론을 구분하는 핵심적인 쟁점이다.

유신진화론은 아담 이전에 이미 동물의 죽음이 오랫동안 있었다고 주장하지만 젊은 지구론은 아담의 범죄에 대한 심판으로 죽음이 왔다고 말한다. 교회사의 신앙고백들, 가령 벨기에 신앙고백, 종교개혁가들, 웨스트민스터 신앙고백은 모두 아담을 통한 원죄와 타락 이후에 죽음이 들어왔다고 말한다. 만일 최초 인간인 아담이 타락해서 죽음이 들어온 것을 부정한다면 로마서 5장 12절과 고린도전서 15장 21-22절 본문은 재해석되어야 할 것이다.

"그러므로 한 사람으로 말미암아 죄가 세상에 들어오고 죄로 말미암아 사망이 들어왔나니 이와 같이 모든 사람이 죄를 지었으므로 사망이 모든 사람에게 이르렀느니라"(롬 5:12).

바울은 아담의 타락으로부터 그리스도의 대속 교리를 연결한다.

"사망이 한 사람으로 말미암았으니 죽은 자의 부활도 한 사람으로 말미암는도다 아담 안에서 모든 사람이 죽은 것같이 그리스도 안에서 모든 사람이 삶을 얻으리라"(고전 15:21-22).

문자적 아담이 없다면 이 두 본문은 성립될 수 없다. 아담과 그리스도는 평행관계에 있다. 아담의 죄는 그의 모든 자손에게 영향을 미쳤고, 모든 인류는 죽음에 종속되었다. 그러니 예수 그리스도의 순종으로 모든 사람에게 살 길이 열렸다.

로마서 5장은 아담의 죄가 모든 인류에게 전가되었으며, 그리스도의 의도 믿는 자들에게 전가된다고 말한다. 사람은 아담 안에서 멸망당하거나 예수 그리스도 안에서 구원과 영생을 얻게 될 것이다. 아담과 그리스도는 둘 다 역사적으로 실재했으며, 첫 사람 아담의 범죄와 둘째 아담 예수의 구원이라는 유비적 관계를 고려해야 한다. 성경이 말하는 것은 아담이 실제로 범죄했다는 것과 예수님이 실제로 십자가에서 죽으셨다는 것이다. 아담의 타락과 죽음의 관계가 사실이 아니라 신화라면, 예수님이 굳이 죽으실 이유가 없다.

그렇지만 유신진화론은 아담의 범죄로 인하여 죽음이 들어왔다는 성경의 기록을 부인한다. 영국 성공회 신학자인 존 스토트와 뉴욕의 목회자인 팀 켈러 이 두 사람은 아담이 문자적으로 최초의 인간일 필요가 없다고 말한다. 이들은 아담의 타락 사건은 그저 은유와 우화로도 우리에게 충분한 교훈을 준다고 본다. 만약 아담의 타락이 사실이 아니고 허구적인 우화나 신화라면, 허구적 신화를 통해서 모든 사람을 죄인으로 정죄하는 것은 부당하지 않겠는가?

벤저민 워필드는 "아담 안에서 인간의 단일성은 죄와 구속에 관한 교리 등을 포함하는 성경의 모든 가르침의 선결조건이다. 우리가 구원 교리로 알고 있는 모든 것을 포함해 성경의 교훈이 갖는 구조 전체가 그것에 의지하고 있고 또한 그것과 연관되어 있다"고 분명하게 말하고 있다.44) 아담과 하와의 타락이 없었다면 인류에게 전해 오는 무거운 원죄도 없고, 그 원죄가 없다면 사실상 예수 그리스도의 대속도 불필요할 것이다.

다섯째, 창세기 1장과 2장의 '첫 사람 아담과 하와의 특별창조'는 인류가 영장류로부터 진화되었다는 유신진화론을 거부한다. 유신진화론에 의하면 생명은 물질로부터, 인간은 영장류로부터 진화되어 온 존재이다. 영국의 생물학자이며 유신진화론을 지지하는 데니스 알렉산더(Denis Alexander)는 아담과 하와가 약 8천 년 전에 중동에서 농사를 짓던 신석기 시대의 농부이거나 농부들의 공동체를 대표하는 것으로 본다.45) 그는 아담이 존재하기 이전에 이미 선행인류들(혹은 인간으로 진화되는 과정의 유인원)이 있었다고 주장한다.

이런 견해를 지지하는 사람들은 "인간과 침팬지가 갈라진 마지막 공통조상의 시대에 대략 개체수가 약 1만 개 정도 되는 집단이었다"고 추정한다.46) 톰 라이트도 "하나님이 초기 인류 가운데 한 쌍을 뽑아 특별하고 낯선 소명을 맡기셨다"고 이해한다.47) 톰 라이트의 이런 견해는 그가 최소한 아담에 대한 성경의 기록을 그대로 믿지 않고 있다는 것을 보여 준다. 필자는 이것을 복음주의 영역에서 벗어난 것으로 판단한다.

성경 본문(창 2:7; 눅 3:23-38; 행 17:26; 롬 5:12; 고전 15:22, 45-48)에 따르면, 아담은 하나님이 특별하게 창조하신 최초의 사람이며, 그 이후에 존재하는 모든 인류의 아버지이고 하와는 모든 산 자의 어머니이다. 그러나 집단 유전학자들은 현행 인류의 DNA의 다양성을 고려할 때 인류의 조상을 한 쌍의 남녀가 아니라, 개체수가 약 1만 명으로 추산되는 공통조상 집단으로 본다(공통계보설). 그렇지만 일단의 다른 학자들은 '공통계보설'이 아니라 '고유기원가설', 즉 최초의 인류 조상 부부로부터 인류가 시작되었다는 견해를 지지한다.

현대 과학의 성과로 보면, 인류 DNA의 다양성에 대해서는 공통계보설과 고유기원가설 이 두 가지 해석이 모두 가능하다고 한다. 인류의 고유기원가설, 즉 창세기의 기록처럼 아담과 하와를 인류의 첫 조상으로 보는 견해도 과학적으로 아무런 문제 없이 설명될 수 있다.

> "최초의 조상이 된 부부는 최초의 다양성을 가지고 창조되었다. … 또한 미토콘드리아 DNA에 대해서도 처음 세대에서 이미 다양성이 형성되었을 가능성이 있다. 첫 여자가 수백 가지의 다양한 미토콘드리아를 가질 수 있기 때문에 그녀의 난자를 통해 그 다양성들 중 일부가 딸들에게 전달될 수 있는 것이다."[48]

성경은 아담이 첫 번째 사람이며, 하와는 그의 갈빗대로 창조된 첫 번째 여자라고 말한다. "아담 이전에도 영장류들(발달된 유인원들)이 있었다"는 유신진화론의 주장은 창세기 본문과 충돌한다. 창세기는 아담과 하와를 모든 인류의 조상인 첫 사람으로 단정하여 말한다. 예수님도 하나님이 처음부터 아담과 하와를 최초의 인간으로 직접 창조하셨으며 그들을 하나님의 형상으로 지으셨다는 것을 확인해 주셨다. 구약성경과 초대교회의 인간의 창조에 대한 표준교리에 의하면, 하나님이 아담과 하와를 하나님의 형상으로 창조하셨고, 그들을 몸과 영혼을 가진 존재로, 하나님이 창조한 모든 동식물을 다스리는 존재로 만드셨다고 한다.

개혁파 신학자인 프란키스쿠스 투레티누스(Franciscus Turretinus, 1623-1687)는 만일 수많은 사람이 아담 이전에 창조되었다면, 흙으로 사람을 다시 만들어야 할 이유가 없으며, 만일 수많은 하와가 이미 존재하고 있었다면 남자를 돕는 배필을 만들 필요도 없었을 것이라고 주장했다.[49]

여섯째, 창세기 1장의 창조에 대한 문자적 이해는 그리스도의 구속, 재림, 재창조 사역을 이해하는 데 확실한 토대를 제공한다. 첫 6일간 창조, 아담과 하와의 창조는 종말에 이루어질 새 하늘과 새 땅 그리고 성도의 부활을 하나님의 초자연적인 활동으로 이해하게 한다. 성경해석에서 수미상관 구조를 염두에 두어야 한다. 하나님은 태초에 말씀으로 천지를 창조하셨고, 마지막에는 새 하늘과 새 땅을 지으실 것이다. 성경은 그리스도의 재림을 통해서 하나님 나라가 실질적으로 완성된다고 말한다. 그러나 유신진화론은 하나님의 개입을 완전히 부정하기 때문에 그리스도의 재림을 통한 새 하늘 새 땅의 완성, 성도들의 부활 예언을 설명하지 못한다.

역사적 아담의 창조와 예수 그리스도의 부활이 우리의 육체의 부활과 영생에 대한 소망을 보증한다. 고린도전서 15장에서 사도 바울은 그리스도를 믿는 자들이 언젠가 부활하신 예수 그리스도의 몸처럼, 불멸의 부활체를 받게 될 것이라고 말한다.

"첫 사람은 땅에서 났으니 흙에 속한 자이거니와 둘째 사람은 하늘에서 나셨느니라 무릇 흙에 속한 자들은 저 흙에 속한 자와 같고 무릇 하늘에 속한 자들은 저 하늘에 속한 이와 같으니 우리가 흙에 속한 자의 형상을 입은 것같이 또한 하늘에 속한 이의 형상을 입으리라"(고전 15:47-49).

성경은 모든 성도가 최후의 심판 이후에 진정한 부활의 몸을 갖는다고 말한다. 아담의 몸이 실재성을 갖는 것처럼 예수 안에서 성도들이 갖게 될 부활의 몸도 실재성을 갖는다. 역사적 아담의 실재성을 제거한다면, 사도신경에서 말하는 '몸의 부활과 영생'은 허구로 전락할 것이다. 문자적 아담의 역사성을 부인한 것은 창세기의 앞 장들에 대해 영지주의적 관점을 택하는 것이 된다. 그것은 결국 창조를 역사의 완성으로부터 단절시키는 결과를 초래할 것이다.

성경의 이야기 구성은 수미상관 구조로 되어 있다. 창세기 앞부분이 상징이나 우화가 아닌 실제 역사적 사실이어야만, 요한계시록의 새 하늘과 새 땅, 하나님 나라도 허구가 아닌 실제적인 사실로 이루어질 것이다.

결론: 창조과학과 유신진화론의 갈등
-한국 교회의 나아갈 길과 방향 제안

필자는 오늘날 한국 교회가 직면한 위기를 극복하는 해법으로 유신진화론을 강조하는 교육은 적절하지 않다고 판단한다. 최근 '과학과 신학의 대화' 같은 단체들이 유신진화론을 한국 교계에 적극적으로 도입해야 한다고 주장하고 있지만, 성경은 이와 같은 주장에 대해 분명한 경고를 제시하고 있다. 유신진화론은 거짓 교사의 미혹이다. 사도 베드로는 말세에 거짓 교사들이 등장하여 하나님의 말씀에 의한 창조를 부인하고, 노아 홍수의 역사성을 부정하며, 예수 그리스도의 재림을 조롱할 것이라고 예언한 바 있다(벧후 3:3-7).

이러한 경고는 단순한 시대적 경계가 아니라, 교회와 성도들이 신학적 분별력을 가지고 대응해야 할 중대한 신앙적 이유로 이해되어야 한다. 진정한 복음주의자라면, 진화론이 하나님의 창조를 부정함으로써 성경의 권위를 약화시키는 이론임을 인식하고 이를 경계할 필요가 있다. 따라서 교회학교 교육과정에 반성경적인 유신진화론이 포함되지 않도록 유의하고, 그런 시도를 철저하게 예방해야 한다.

복음주의 기독교 변증학은 유신진화론이 크게 세 가지 중대한 문제점을 가지고 있다고 본다.

첫째, 유신진화론은 창조와 인류 기원에 대한 전통적이고 문자적 성경 해석을 거부한다. 사도시대로부터 18세기에 이르기까지 대다수의 교부들과 종교개혁가들은 전통적인 문자적 이해를 지지해 왔다. 유신진화론은 과학을 성경보다 우위에 두고, 과학의 잣대로 비과학적 표현을 담은 성경 본문들을 수정하거나 재해석하고자 한다. 이는 성경의 무오성을 근본적으로 부정하는 것이다.

둘째, 유신진화론자들은 진화론을 수용함으로써 하나님의 선한 성품을 부정한다. 그들은 하나님을 잔인한 세계를 만든 무서운 신, 변덕스러운 분으로 보게 해 왜곡된 신 개념을 형성하게 한다.

셋째, 유신진화론은 성경의 전체 구도와 구조를 붕괴시킨다. 성경은 구조적인 수미상관 형식으로 구성되어 있다. 창조신앙과 재림신앙은 함께 연결되어 있다. 아담의 타락은 예수 그리스도의 대속과 연결된다. 만일 아담의 타락 사건이 실제 사실이 아니라 허구라면, 그리스도의 구속사역 역시 실제일 필요가 없다. 성경은 '첫 사람 아담'의 불순종으로 죽음이 들어왔고, '둘째 아담'이신 그리스도의 순종으로 생명이 회복되고 구원의 길이 열렸음을 강조한다. 따라서 이런 구조를 부정하는 유신진화론은 복음의 핵심 교리를 허무는 결과를 초래한다.

결론적으로, 오늘날 한국 청년 세대가 교회를 이탈하는 이유는 다양한 요인들이 복합적으로 작용한 결과이다. C. S. 루이스는 이미 1940년경에 당시 영국 공립학교 교과서를 분석한 후 유물론, 진화론, 상황윤리 사상이 주입되는 현상을 비판했다. 그는 『인간폐지』에서 근대 이후 과학의 발전을 통하여 자연을 정복한 인류에게 남은 정복 대상은 인간의 본성인데, 인류는 교과서를 통해 인간 본성을 조작하려는 시도를 할 것으로 보았다. 그것은 결국 인간 폐지로 귀결될 것이라고 예견했다.[50]

공립학교 교과서는 무신론과 진화론 사상을 토대로 청소년들을 세뇌 교육할 것이다. 그래서 30년 안에 "가슴 없는 인간들"이 영국 사회의 주역으로 등장하게 될 것으로 예측했다. 가슴 없는 인간들은 하나님을 알지 못하고, 진리와 도덕적 숭고미를 상실한 사람들을 지칭한다.[51] 루이스는 공교육이 인성교육에 큰 영향을 끼칠 것으로 보았다.[52]

이런 문제는 한국 사회에도 동일하게 발생하고 있다. 실제로 한국의 공교육 교과서들 역시 진화론, 물질주의, 무신론, 상황윤리, 동성애와 젠더 이데올로기 등을 담고 있다. 이런 교과서는 기독교에 대한 혐오감을 유발시키고 있다. 한국의 공교육 교과서가 루이스가 분석했던 영국 공립학교 교과서 내용과 다를 바가 없다면, 루이스의 경고처럼, 조만간 한국 사회도 "가슴 없는 인간들"로 가득 차게 될 것이다.

이상의 논의를 종합해 볼 때, 유신진화론은 심각한 신학적, 철학적 모순을 가지고 있다. 이는 성경의 신적 권위를 부정하고, 하나님의 지선(至善)한 성품을 왜곡하며, 아담의 역사성과 그리스도의 구속 사역을 부정하는 결과로 이어진다. 또한 유신진화론은 특별계시를 일반계시에 종속시키며, 과학을 성경보다 우위에 둔다. 유신진화론자들은 성경의 창조 본문을 신화적으로 해석한다. 유신진화론은 성경의 핵심 교리를 왜곡하고 교회를 무너뜨리는 위험한 사상이다. 사도 바울은 "누가 철학과 헛된 속임수로 너희를 사로잡을까 주의하라 이것이 사람의 전통과 세상의 초등학문을 따름이요 그리스도를 따름이 아니니라"(골 2:8)는 말로 경각심을 주었다.

한국 교회는 유신진화론을 수용하는 대신, 오히려 창조과학과 기독교 변증 교육을 강화함으로써, 다음 세대 신앙을 견고히 세워야 한다. 이것이야말로 한국 교회의 위기를 극복할 수 있는 바람직한 대안이다.

11장

구약성경의 신적 권위 논증:
왜 유대인의 글이 하나님의 말씀인가요?

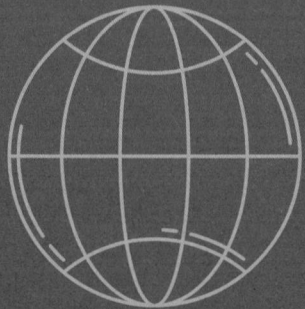

오늘날 세계적으로 가장 유명한 무신론자이자 이스라엘의 역사학자인 유발 하라리는 구약성경의 신적인 권위를 부정한다. 그에 의하면, 구약성경은 인간이 편집한 문헌이고 많은 오류가 담겨 있는 책일 뿐이다. 하라리는 신이 종교를 창조한 것이 아니라, 지배자들이 사회를 통치하기 위해 만든 것이라고 단정한다.[1] 영국의 진화생물학자 리처드 도킨스는 구약성경에 노예와 여성과 장애인에 대한 차별적인 내용이 포함되어 있고, 창세기를 비롯한 구약성경 곳곳에 반과학적인 내용이 있다고 비판한다. 근대철학자 베네딕트 스피노자 역시 모세가 오경의 저자라는 견해를 부정했을 뿐만 아니라 마카베오 이전까지는 히브리 정통 경전 자체가 없었다고 주장한다.[2]

구약성경에 대한 총체적인 부정의 뿌리는 초대교회에서 이단 판정을 받은 마르시온으로 이어진다. 마르시온은 구약의 하나님을 폭력과 보복을 일삼는 열등한 신으로 격하시켰고, 구약성경의 권위를 전면적으로 부정했다. 이들의 주장을 다음과 같이 간단하게 압축할 수 있다. 즉 구약성경은 통치자들의 지배를 위하여 신의 계시로 위장한 것에 불과하다는 것, 현대적 관점에서 수용할 수 없는 반인권적이며 반과학적인 내용들이 수록된 구시대 유물이라는 것 그리고 원본이 없으며 그나마 사본도 다양해서 원래 내용을 제대로 알 수 없다는 것이다.

그럼에도 불구하고 기독교인들은 구약성경(유대인의 타나크)을 신약성경과 동등한 계시와 보편적인 진리로 수용한다. 비록 구약성경의 원본이 오늘날 존재하지는 않지만, 원본 성경의 내용이 충분히 신뢰할 정도로 현대까지 잘 전달되었다고 본다. 필자는 이번 장에서 구약성경의 신적인 기원, 신적인 권위 그리고 문헌학적 신뢰성 문제를 설명하고자 한다.

구약성경이란 무엇인가?

구약성경은 어떻게 구성되어 있는가?

프로테스탄트(개신교)가 사용하는 구약성경은 총 39권으로 이루어져 있다. 유대인들은 오랫동안 정경으로 인정된 거룩한 문헌을 지켜 왔다. 그리고 기독교인들은 구약성경을 신약성경과 동등한 수준의 계시, 즉 하나님의 말씀으로 믿는다. 히브리서는 "하나님께서 옛날에는 예언자들을 통하여, 여러 번에 걸쳐 여러 가지 방법으로 우리 조상들에게 말씀"(히 1:1, 새번역)하셨다고 말한다. 하나님이 말씀하실 때 사용한 방식은 다양하다. 하나님은 대면하여 말하는 방식(민 12:8), 환상 그리고 꿈 등과 같은 방식으로 계시하셨다.

구약성경은 주전 1400년경에서부터 주전 400년경까지, 약 1천 년에 걸쳐서 다양한 방식으로 주어진 하나님의 계시를 기록한 책들이다. 예수님이 구약성경의 신적인 기원과 권위를 인정하셨고, 메시아에 대한 예언을 성취하는 삶을 사셨다. 예수님의 공생애 사역과 가르침은 구약성경에 대한 배경지식을 가졌을 때 더 정확하게 이해된다. 사도들 역시 구약성경을 하나님의 말씀으로 여겼다. 이런 점 때문에 그리스도인은 구약성경과 신약성경을 모두 동일한 하나님의 말씀으로 믿는 것이다.

이스라엘인들은 그들의 성경을 타나크(TANAKH: THE HOLY SCRIPTURES)[3]라고 부른다. '타나크'는 토라(모세오경), 네비임(선지서), 케투빔(지혜문학) 세 부분으로 구성되어 있다. '타나크'라는 명칭은 토라, 네비임, 케투빔의 첫 글자(T, N, K)에서 나온 것이다.

토라 (TORAH)	흔히 '모세오경'으로 불린다. 창세기, 출애굽기, 레위기, 민수기, 신명기
네비임 (NEVI'IM)	선지서는 두 부분으로 구분된다. 전(前)선지서: 여호수아, 사사기, 사무엘, 열왕기 후(後)선지서: 이사야, 예레미야, 에스겔, 12개의 소선지서
케투빔 (KETUVIM)	성문서는 '지혜문학'으로 불리기도 한다. 시편, 잠언, 욥기, 다섯 두루마리, 에스라/느헤미야, 역대기

월터 카이저 주니어(Walter C. Kaiser Jr.) 교수는 주전 132년경, 전도서이 외경 문헌에서 구약을 "토라(모세오경), 선지서, 지혜문학" 세 부분으로 구분했다고 말했다. 이것은 주전 2세기 이전의 타나크가 현재의 구약성경과 동일하게 세 부분으로 존재했다는 것을 의미한다. 모세는 "이 율법의 말씀을 다 책에 써서 … 여호와의 언약궤 곁에 두어 너희에게 증거가 되게 하라"(신 31:24-26)고 말했다. 여호수아도 역시 "이 모든 말씀을 하나님의 율법책에 기록"(수 24:26)했다. 선지자 사무엘도 "왕의 제도를 백성에게 알려 준 다음, 그것을 책에 써서 주님 앞에 보관하여"(삼상 10:25, 새번역) 두었다고 했다. 모세와 여호수아 그리고 사무엘은 하나님이 계시를 말씀으로 주셨기 때문에, 이스라엘 백

성은 그 말씀에 순종해야 한다고 주장했다.

구약성경 전체는 하나님의 말씀으로 전해진 것이다. 모세오경은 하나님의 창조, 인류의 기원, 이스라엘 민족의 형성, 율법을 다루고 있다. 선지서에는 이스라엘 민족의 역사적 현장에서 백성들에게 하나님의 뜻을 선포하고 가르치던 선지자들의 메시지가 기록되어 있다. 성문서(지혜문학)는 하나님, 신앙, 인간 본성, 구원에 대한 갈망을 담고 있다. 예수님도 구약성경을 앞의 세 부분으로 구분하여 말씀하셨다. 예수님은 부활하신 그날에 엠마오로 내려가던 두 제자에게 구약성경의 메시아 예언을 "모세의 율법과 선지자의 글과 시편"(눅 24:44) 셋으로 구분해서 설명해 주셨다.

유대인의 히브리 성경(타나크)과
기독교의 구약성경은 동일한 내용인가?

개신교의 구약성경이 39권인 데 비해서 히브리 성경은 총 24권으로 적다(만일 룻기를 사사기의 끝에 붙이고, 예레미야애가를 예레미야서와 붙인 경우에는 22권이다). 이런 차이는 히브리 성경을 헬라어 70인 역본으로 번역할 때 생겼다. 역자들은 분량이 긴 책을 상권과 하권으로 나눠서 번역했다. 그래서 히브리 성경(타나크)의 사무엘서, 열왕기, 역대서가 70인 역본에서는 사무엘상·하, 열왕기상·하, 역대상·하로 나뉘어 번역되었다. 결과적으로 현재 유대인의 타나크에 비해, 기독교의 구약성경은 배열된 순서와 상권·하권으로 구분된 것만 다를 뿐 그 내용은 동일하다.

전승에 따르면, 헬라어 70인 역본은 주전 3세기 초, 이집트의 바로 프톨레마이오스 2세(Ptolemy II, 주전 309-246)의 명령으로 만들어졌다. 그는 당시 예루살렘의 대제사장이었던 엘르아자르(Eleazar)를 통해서 이스라엘 열두 지파에서 6명씩 총 72명을 선발하여, 그들로 72일 동안 알렉산드리아에서 번역을 완료하도록 했다고 한다. 그래서 이 번역본을 70인 역본이라고 부른다.[4] 주전 1세기경에는 히브리어 구약성경, 아람어 번역본인 타르굼, 헬라어 번역본인 70인 역본이 함께 사용되었다.

사람이 쓰고 편집한 구약성경을 하나님의 기록된 말씀으로 믿는가?

유발 하라리는 히브리 성경(타나크)이 "나 여호와는 너희 하나님이다"라는 진술을 통해, 그 계시의 근원이 신에게 있음을 명확하게 선포했다고 본다. 하라리는 여기에서 성경과 실정법의 차이를 비교한다. 헌법과 법률은 인간이 만들었기 때문에, 그 법조문의 내용은 필요에 따라 개정될 수 있다. 반면에 '하나님의 말씀'으로 선포된 성경은 그 기원이 인간이 아니라 하나님에게 있기에 그 내용이 수정될 가능성이 원천적으로 차단되어 있다.

하라리는 성경의 신적 기원에 대한 믿음이 오늘날에도 노예제도를 명시한 성경 구절조차 신의 뜻으로 수용하게 만드는 원인이라고 보았다. 그래서 하라리의 견해에 따르면, 종교는 신의 이름을 빌려 지배를 정당화하려는 권력층의 욕망이 반영된 산물이다. 그리고 성경은 인간의 선택과 편집 과정을 거쳐 형성된 문헌이기 때문에, 필연적으로 다양한 오류와 시대적 한계를 내포하고 있다고 주장한다.

그러나 구약신학자 R. K. 해리슨(R. K. Harrison)에 따르면, 유대인들의 히브리 성경은 그 자체로 진리성을 내포하고 있다. 유대인들의 공의회가 특정한 문헌에 신적인 권위를 부여한 것이 아니라, 이미 회당 예배에서 권위를 인정받고 있던 히브리 성경의 본래적 권위를 확인하고 수용한 것에 불과하다.[5]

한편 기독교 공동체가 구약성경을 하나님의 영감으로 기록된 계시로 수용하게 된 근거는 다음 세 가지 측면에서 고찰될 수 있다. 첫째, 하나님이 선지자들에게 말씀하신다는 것을 깨닫게 된 것, 둘째, 예수 그리스도에 의한 구약의 권위 인정, 셋째, 신약성경이 구약성경을 영감 있는 말씀으로 인용하는 것이다.

선지자들의 인식: 하나님이 직접 자신들에게 말씀하신다는 것을 인식함

구약성경의 기록자들, 특히 선지자들은 자신들이 하나님의 말씀을 직접 전달받고 있다는 사실을 명확히 인식하고 있었다. 모세가 기록한 오경에 있는 십계명은 특별히 하나님이 친히 기록하신 문자적 계시로 간주된다. 모세는 두 차례에 걸쳐 하나님으로부터 친히 쓰신 십계명 돌판을 받았다. 이는 매우 이례적인 경우로, 출애굽기는 다음과 같이 기록하고 있다.

"여호와께서 시내산 위에서 모세에게 이르시기를 마치신 때에 증거판 둘을 모세에게 주시니 이는 돌판이요 하나님이 친히 쓰신 것이더라"(출 31:18).

모세는 또한 십계명 돌판을 수여받았던 그때를 회상하며 다음과 같이 서술한다.

"여호와께서 이 모든 말씀을 산 위 불 가운데, 구름 가운데, 흑암 가운데에서 큰 음성으로 너희 총회에 이르신 후에 더 말씀하지 아니하시고 그것을 두 돌판에 써서 내게 주셨느니라"(신 5:22).

이스라엘 열두 지파의 지도자들과 장로들 역시 이 계시적 사건을 다음과 같이 고백했다.

"우리 하나님 여호와께서 그의 영광과 위엄을 우리에게 보이시매 불 가운데에서 나오는 음성을 우리가 들었고 하나님이 사람과 말씀하시되 그 사람이 생존하는 것을 오늘 우리가 보았나이다"(신 5:24).

이러한 성경의 자증적 증언에 비추어 볼 때, 유대인들은 십계명을 하나님이 친히 써 주신 말씀으로 인정했다. 반면 나머지 구약성경은 하나님의 성령으로 감동된 사람들이 기록한 것으로 이해된다.

예컨대, 다니엘서는 바벨론 제국 이후 종말에 이르기까지 역사의 진행에 대한 구체적인 예언을 포함하고 있다. 특히 바벨론, 메대-바사, 헬라, 로마 제국 그리고 메시아에 대한 선지자의 통찰과 예언이 담겨 있다. 특히 바벨론 제국의 멸망에 관련된 일화가 기록되어 있다. 벨사살왕이 예루살렘 성전의 그릇들을 이용해서 연회를 벌이던 중에 갑자기 사람의 손가락들이 나타나서 하나님의 경고를 벽에 쓰는 일이 발생했다.

"그때에 사람의 손가락들이 나타나서 왕궁 촛대 맞은편 석회벽에 글자를 쓰는데 왕이 그 글자 쓰는 손가락을 본지라 이에 왕의 즐기던 얼굴빛이 변하고 그 생각이 번민하여 넓적다리 마디가 녹는 듯하고 그의 무릎이 서로 부딪친지라"(단 5:5-6).

이러한 초자연적인 계시는 벨사살왕이 하나님 앞에서 교만했기 때문에 나타난 것으로, 하나님이 바벨론의 연한을 끝내기로 작정하신 것이다.

"그날 밤에 갈대아 왕 벨사살이 죽임을 당하였고 메대 사람 다리오가 나라를 얻었는데 그때에 다리오는 육십이 세였더라"(단 5:30-31).

예수님 또한 다니엘서를 하나님의 감동으로 기록된 예언서로 인정하셨다.

"그러므로 너희가 선지자 다니엘이 말한 바 멸망의 가증한 것이 거룩한 곳에 선 것을 보거든 (읽는 자는 깨달을진저)"(마 24:15).

출애굽 사건의 지도자 모세는 하나님께 받은 계시와 말씀을 이스라엘 백성에게 기록으로 남겼다. 모세 이후의 선지자들도 역시 자신들이 하나님의 대변자임을 자각하고 있었다. 그들은 일관되게 "여호와의 말씀이 내게 임하니"라는 표현을 사용하여, 자신이 전하는 메시지가 하나님으로부터 온 것임을 분명히 밝혔다.

다윗은 "여호와의 영이 나를 통하여 말씀하심이여 그의 말씀이 내 혀에 있도다"(삼하 23:2)라고 고백했고, 예레미야는 "예레미야의 말이라 … 여호와의 말씀이 예레미야에게 임하였고"(렘 1:1-2), "여호와께서 그의 손을 내밀어 내 입에 대시며 여호와께서 내게 이르시되 보라 내가 내 말을 네 입에 두었노라"(렘 1:9)고 기록했다. 이사야, 다니엘, 아모스 등 다른 선지자들 역시 "아모스가 … 받은 말씀이라 … 여호와께서 이와 같이 말씀하시되"(암 1:1, 3)라는 형식으로 자신들이 직접 여호와 하나님의 계시를 받아 전했음을 천명하고 있다.

결론적으로, 구약성경의 저자들은 자신들이 하나님의 영감을 받아 그분의 말씀을 기록하고 있음을 정확히 인식하고 있었으며, 하나님은 저자들이 지닌 지식과 문학적 양식을 사용하시되, 어떤 오류도 없이 원본 성경을 기록하게 하셨다. 이러한 점에서 원본 구약성경의 무오성과 신적 권위가 확립되었다고 할 수 있다.

예수님의 확증: 예수님은 '구약성경은 하나님의 계시'임을 확증하셨다

예수 그리스도는 구약성경 전체가 하나님의 감동으로 기록된 권위 있는 말씀이라는 것을 확증해 주셨다. 예수님은 스룹바벨·헤롯 성전이 무너질 것이라고 예언하셨고, 그대로 성취되었다. 그런 주님이 구약성경의 말씀은 영구히 보존된다고 말씀하셨다.

> "진실로 너희에게 이르노니 천지가 없어지기 전에는 율법의 일점 일획도 결코 없어지지 아니하고 다 이루리라"(마 5:18).

이는 구약성경에 대한 절대적 신뢰성을 천명하신 것이다. 더불어 예수께서는 하나님의 말씀인 "성경은 폐하지 못하나니"(요 10:35)라고 제자들에게 가르치심으로써, 구약성경이 신적 권위를 지닌 계시임을 확증해 주셨다. 또한 광야에서 마귀에게 시험을 받으실 때, "기록된 바"라는 표현으로 신명기의 말씀을 직접 인용하셨다. 이는 예수님이 구약성경의 권위를 인정하시고, 하나님의 말씀으로 완전히 신뢰하고 계셨음을 보여 준다.

예수님은 요한복음에서 "너희가 성경에서 영생을 얻는 줄 생각하고 성경을 연구하거니와 이 성경이 곧 내게 대하여 증언하는 것이니라"(요 5:39)고 선언하셨다. 이는 구약성경이 메시아에 대한 예언과 예표를 담고 있으며, 그 모든 메시아 예언은 예수님의 생애와 사역 속에서 성취되었음을 시사한다. 이로 인해 구약성경의 신적인 권위가 더욱 확증되었다.

또한 예수님은 하나님을 거역한 타락의 인간 역사를 '아벨부터 스가랴(사가랴)까지'로 언급하시며 인간의 죄악상을 지적하셨다.

> "그러므로 의인 아벨의 피로부터 성전과 제단 사이에서 너희가 죽인 바라갸의 아들 사가랴[스가랴]의 피까지 땅 위에서 흘린 의로운 피가 다 너희에게 돌아가리라"(마 23:35).

아벨은 아담의 아들로서 형 가인에게 살해된 최초의 순교자이다(창 4:8). 한편 예수님이 언급하신 스가랴는 스가랴서의 저자로 알려진 선지자 스가랴(주전 520년경 유다 총독 스룹바벨 시대에 활동한 선지자)와는 전혀 다른 인물이다. 그는 역대하 24장에 등장하는, 여호야다 대제사장의 아들로서, 요아스왕 시대(주전 835년경)에 활동한 선지자이며 제사장이다. 그는 하나님을 거스르는 이스라엘 왕과 백성들의 죄를 책망하다가 성전 뜰 안에서 돌에 맞아 순교했다. 해당 본문은 다음과 같다.

"이에 하나님의 영이 제사장 여호야다의 아들 스가랴를 감동시키시매 그가 백성 앞에 높이 서서 그들에게 이르되 하나님이 이같이 말씀하시기를 너희가 어찌하여 여호와의 명령을 거역하여 스스로 형통하지 못하게 하느냐 하셨나니 너희가 여호와를 버렸으므로 여호와께서도 너희를 버리셨느니라 하나 무리가 함께 꾀하고 왕의 명령을 따라 그를 여호와의 전 뜰 안에서 돌로 쳐죽였더라 요아스왕이 이와 같이 스가랴의 아버지 여호야다가 베푼 은혜를 기억하지 아니하고 그의 아들을 죽이니 그가 죽을 때에 이르되 여호와는 감찰하시고 신원하여 주옵소서 하니라"(대하 24:20-22).

일부 학자들은 예수께서 구약을 인용하실 때 헬라어 70인 역본을 사용하셨다고 주장한다. 실제로 신약성경의 저자들 다수가 헬라어 역본을 사용한 단서들이 다수 존재한다. 이는 당시 유대 디아스포라 공동체에서 일반적으로 헬라어 역본을 사용하고 있었음을 알려 준다. 그러나 이것이 '예수님은 히브리어 성경을 전혀 사용하시지 않았다'라는 주장으로 비약될 필요는 없다.

필자는 예수님이 히브리 성경(타나크)을 사용하셨다고 생각한다. 그 이유는 예수 그리스도는 최초의 순교자로 아벨을, 마지막 순교자로 선지자 스가랴를 언급하셨기 때문이다. 이것은 예수께서 히브리 성경의 정경적 배열, 즉 타나크의 구조를 알고 계셨음을 시사한다. 히브리 성경은 창세기를 첫 번째 책으로 하고, 역대서를 마지막 책으로 한다. 반면 70인 역본은 말라기서가 구약의 마지막 책으로 배치되어 있다. 이것은 예수께서 언급하신 순교자 배열 순서와 일치하지 않는다. 이러한 맥락에서 볼 때, 예수께서 히브리 성경의 배열과 구조를 인식하고 계셨다. 필자는 예수께서 타나크를 실제로 아시고 사용하셨다고 본다.

신약성경은 구약성경을 하나님의 영감 있는 계시로 인정하고 인용한다

예수의 사도들은 구약성경을 하나님의 거룩한 말씀(The Holy Scripture)으로 당연하게 받아들였으며, 그 안에 담긴 권위를 의심하지 않았다. 기독교 공동체 역시 신구약 성경을 동등하게 하나님의 말씀으로 인정하며, 그리스도인의 신앙과 도덕적 실천의 궁극적인 기준이 된다. 가령 웨스트민스터 신앙고백서 제1장 2절은 다음과 같이 선언한다.

> "성경 혹은 기록된 하나님의 말씀의 이름 아래 현재 신구약의 모든 책들이 포함되어 있다. 그리고 이들은 모두 다 하나님의 영감을 받아 이루어졌으며, 신앙과 생활의 규범이 되었다."[6]

신약성경은 유대 전통에서 정경으로 인정된 구약성경 22권 중에서 18권을 명시적으로 인용하고 있으며, 나머지 네 권, 즉 사사기, 역대기, 에스더서, 아가서는 간접적으로 반영한다. 예컨대 히브리서 11장에는 사사기의 사건들이, 마태복음 23장에는 역대하 24장 20-21절의 순교 사건이, 요한복음 4장 15절에는 아가서 4장 15절의 이미지가 반영되어 있다. 또한 신약성경은 유대인들이 에스더서를 근거로 제정된 부림절을 여전히 준수하고 있음을 언급함으로써, 에스더서 또한 간접적으로 인용된 것으로 볼 수 있다.[7] 이와 같은 사실은 신약성경이 구약성경의 모든 책을 하나님의 권위 있는 말씀으로 인정하고 있음을 보여 준다. 즉 구약성경은 신약성경과 마찬가지로 하나님의 영감으로 기록된 계시이며, 과거 유대인 공동체에 국한되지 않고, 오늘날의 그리스도인들에게도 여전히 신앙생활의 표준이 된다. 사도 바울은 우리가 성경을 통해서 구원에 이르는 지혜를 얻고, 모든 선한 일을 행할 능력을 갖추게 된다고 말한다(딤후 3:15-17). 이 말씀은 성경 전체가 하나님의 계시로서 신앙과 삶에 필수적임을 분명히 한다.

구약성경의 신적인 기원 논증

모세오경의 율법이 어떻게 하나님의 계시로 받아들여질 수 있는가?

과거 한 변증 세미나에서 참석자가 다음과 같은 질문을 제기한 적이 있었다. "교수님, 모세오경이 나오기 수 세기 전에 함무라비 법전과 같은 고대 법전이 존재했고, 당시 강대국이었던 이집트에도 정교한 통치법규가 있었습니다. 그렇다면 모세가 제시한 율법 역시 그 이전의 법률을 모방한 것이 아니겠습니까? 그렇다면 고대의 법률이 어떻게 신의 계시가 될 수 있습니까?" 이는 곧 모세를 통해 주어진 율법이 고대 근동의 법체계로부터 영향을 받거나 모방한 것이 아니냐는 문제 제기였다.

실제로 주전 3000년대 고대 근동에는 도시문명이 발달했고, 이 문명을 유지하고 발전시키기 위한 왕정제도와 법률이 일찍부터 등장했다.[8] 메소포타미아 지역에서 발달한 법전은 수메르어 법전과 아카드어 법전으로 구분할 수 있다. 주전 19세기쯤에 제정된 것으로 보이는 에쉬눈나 법전은 60개 조항으로 구성되어 있었다. 함무라비(주전 1810-1750)는 바벨론의 통치를 위하여 282개 법률조항으로 된 함무라비 법전을 주전 1754년경에 제정했다.

모세의 율법은 이들 법전보다 늦게 나왔다. 모세오경은 출애굽 사건이 발생한 주전 1446년경부터 기록되기 시작했다. 모세는 이집트 왕실에서 양육된 인물이기 때문에 이집트의 법률을 비롯해서 근동의 법전들을 인지했을 가능성이 높다. 그럼에도 불구하고, 모세오경을 하나님의 계시로 보는 이유가 무엇인가? 그 이유는 모세의 율법의 독특함에서 찾아야 한다. 613개 조항으로 이뤄진 모세의 율법에는 그 이전에 있던 법전들과 근본적으로 다른 독특한 점들이 있다. 이런 내용은 모세의 율법이 신의 속성이 반영된 계시임을 나타낸다.

첫째, 구약성경은 인간의 보편적 존엄성을 선언한다. 고대 근동의 법률들과는 달리, 모세의 율법은 인간의 생명을 보호하는 인도주의적 특징을 갖고 있다. 귀족 중심이었던 함무라비 법전과는 달리, 모세의 율법은 약자 보호를 명령하고 있다. 이것은 하나님이 첫 사람, 아담과 하와를 자기 형상으로 창조하셨다는 사실에 기반한다. 여기에 인간 존엄성의 비밀이 있다. 성경은 남녀노소, 주인과 종, 이스라엘과 이방인을 막론하고 모든 사람이 하나님의 형상을 지니고 있다고 전제한다. '하나님의 형상'은 인간의 존엄성을 보증하는 최고의 근거이다. 이는 고대 사회에서 왕이 신의 형상을 가진 유일한 존재라는 사회적 통념을 정면으로 반박하며, 모든 인간이 본질적으로 존귀하다는 전례 없는 선언이다.

창세기 1장에서 하나님은 남자와 여자를 똑같이 하나님의 형상으로 창조하시고, 그들에게 생기를 불어 넣어 주셨다(창 1:27). 인간의 존엄성은 다른 종교의 경전이 아니라 오직 성경에서만 나온다. 동서양의 철학과 다른 종교들은 사람들을 민족, 신분, 남녀, 나이에 따라 차등적인 가치를 부여한다.

둘째, 성경은 안식일 및 안식년을 하나님의 뜻으로 언급하고 있다. 모세의 율법은 6일 노동 후 매 7일을 안식일로 지키도록 명령한다. 이 규정은 종, 외국인, 가축까지 포함하여 전면적인 휴식을 보장하는 것인데(출 20:8-11), 모세오경 이외에는 남녀노소, 주인과 종, 자국인과 외국인을 포함하여 매 7일 주기 안식일, 매 7년 주기 안식년을 명령하는 법규가 없다. 이는 고대 세계 어느 법체계에서도 유례를 찾아보기 어려운, 철저한 인권 중심의 규정이었다.

더 나아가 모든 히브리 종의 경우 7년 차(안식년)가 되면 무조건 자유롭게 방면되어야 한다. 당시 노예는 짐승에 지나지 않는 존재이고, 강제노동에 동원되는 수단일 뿐이었다. 이런 통념에 반하여 모든 히브리 노예를 자유민으로 풀어 주라고 명령한 것은 모든 사람이 하나님의 형상을 가진 존엄한 존재이기 때문이다.[9]

셋째, 모세의 율법에서 더 놀라운 점은 50년째에 시행되는 희년법에 있다. 희년법은 매 50년마다 토지를 본래 지파로 반환하고, 모든 노예를 해방시킬 것을 명령하는 제도이다(레 25장). 이 법은 토지가 지파별로 과도하게 편중되는 것을 방지하고, 지파별, 계층별 격차를 완화시키려는 목적이 있다. 이것은 가난한 자와 약해진 지파에게 다시금 언약 공동체의 일원으로 복귀할 기회를 보장해 주기 때문에 그들에게는 '기쁨의 해'가 된다.

이는 단순한 경제적 평등을 추구하는 제도가 아니다. 가나안 땅에 대한 언약공동체 정신을 회복하고, 모든 구성원에 대한 하나님의 자비와 공의를 실현하기 위한 신학적 장치로 이해된다. 하나님은 50년마다 토지를 원래 지파에게 돌려주고, 모든 노예를 방면함으로써 신앙공동체를 유지하게 하셨다. 특히 희년법을 통해 원래보다 더 많은 영토를 가진 지파는 '주는 자의 복'을 깨닫게 될 것이다. 희년법은 "주는 것이 받는 것보다 복이 있다"(행 20:35)는 말씀의 실천이기도 하다. 말 그대로 기쁨의 해이다.

넷째, 모세오경의 독특한 점은 과실치사자를 보호하기 위한 도피성 제도에 있다. 함무라비 법전은 도망친 종에게 은신처를 제공하면 사형에 처하게 했다. 그러나 모세의 율법에서 도피성 제도는 그리스도 안에서 완전한 대속을 예표로 보여 준다. 세상 어느 나라에도 도피성 제도는 없지만, 모세의 율법은 우발적인 살인을 저지른 사람은 피해자의 가족으로부터 보복당하지 않기 위해서 가나안 땅에 마련된 여섯 개의 도피성으로 도피할 수 있도록 했다.

물론 도피성의 장로들이 재판을 통해 그 사건이 우발적인 살인인지, 의도적인 살인인지를 판별하게 되어 있다. 우발적인 살인이라고 판정된 경우, 그는 보복당하지 않고 도피성에 체류할 수 있었다. 더욱 놀라운 것은 도피성에 입성할 때의 그 대제사장이 죽게 되면 바로 그날이 도피성에 들어간 과실치사자의 완전한 사면 복권이 이루어지는 날이 된다는 점이다. 이처럼 대제사장의 죽음은 예수 그리스도의 죽음을 통해 대속이 완성되는 복음을 예표한다.

다섯째, 모세의 율법의 독특함은 종교적 특징, 즉 '거룩함'에 있다. 고대 강대국의 법전들은 왕권 강화, 사회 질서 유지, 귀족들에게 유리한 차별적인 법률들로 구성되어 있었다. 함무라비 법전도 왕권의 강화와 귀족들의 보호를 그 목적으로 삼았다. 함무라비 법전의 목적과 모세오경의 목적은 분명하게 다르다. 하나님은 모세를 통해 613가지의 율법을 주셨는데, 그 율법의 근본적인 목적은 "내가 거룩한 것처럼 너희도 거룩하라"는 것이다.

하나님이 주신 율법은 긍정명령 248개와 부정명령 365개로 구분된다. 하나님은 율법을 수여하실 때, 처음부터 죄를 용서받을 수 있는 제사 제도를 함께 주셨다. 이는 하나님이 타락한 인간들이 본성상 율법을 온전히 지킬 수 없다는 것을 아셨기 때문이다. 하나님은 그들이 인간의 행위가 아닌, 속죄제사의 은총을 통해 거룩한 백성이 되게 하셨다(레 11:44-45).

여섯째, 하나님은 자신이 수여한 율법이라는 것을 기적을 통해 확증해 주셨다. 하나님은 모세에게 율법을 전하신 후, 그 율법의 신적 기원을 기적을 통해 확증하셨다. 출애굽기 4장에 따르면, 모세는 사람들이 자신이 '하나님이 보내신 자'라는 것을 믿어 줄지 염려했다.

"모세가 대답하여 이르되 그러나 그들이 나를 믿지 아니하며 내 말을 듣지 아니하고 이르기를 여호와께서 네게 나타나지 아니하셨다 하리이다"(출 4:1).

사실, 모세의 우려는 현실적인 걱정이었다. 어느 누가 쉽게 타인의 말을 신의 계시로 믿겠는가? 하나님은 '기적'을 통해서 율법의 신적인 기원을 확증해 주셨다. 이스라엘 백성과 이집트 백성은 모세의 기적을 통해 그 사실을 알게 된다고 말씀하셨다(출 4:8). 모세의 기적은 자신의 유익을 위한 것도 아니었고, 측근들 앞에서만 비밀리에 행한 것도 아니었다. 모세는 이집트의 바로와 신하들 앞에서 공개적으로, 누구도 부인할 수 없는 확실한 기적을 행했다. 하나님은 기적을 통해 모세와 그의 메시지가 하나님의 뜻임을 확증해 주셨다.

그러므로 필자는 모세의 율법이 고대 근동의 법률과 근본적으로 차이가 난다고 본다. 특별히 앞에서 설명한 여섯 가지 이유는 율법이 신의 거룩한 속성에서 나온 것임을 나타낸다고 본다. 고대 근동의 법률과 달리, 모세가 전한 율법의 핵심은 모든 인간의 존엄성을 전제한다. 그리고 시민법은 약자를 보호하는 인도주의적 신념을 강력하게 표명하고 있다. 613개의 율법의 핵심은 제의법에 있고, 제사법의 핵심은 성막에 있으며, 그리고 성막의 핵심은 하나님의 임재에 있다. 성막의 휘장은 예수님의 육체를 상징한다(히 10:19).

구름 기둥과 불 기둥은 하나님의 임재의 상징이다. 하나님은 광야생활 40년 동안 성막에 불 기둥과 구름 기둥으로 임재하셔서 이스라엘 백성 가운데 거하셨다(출 13:21-22). 이것은 하나님이 직접 자신의 백성과 함께 거하시는 것이 그분이 가장 기뻐하는 뜻이라는 것을 말한다. 그러므로 모세의 율법은 단순히 사회법률이 아니라, 하나님의 임재와 거룩함을 실현할 목적으로 주신 것이 분명하다. 모세의 율법은 고대 근동의 법률을 모방한 것이 아니라, 거룩한 하나님의 속성에서 나온 것이다.

구약의 일부 내용은 문제가 있어 보이는데 왜 보편적인 하나님의 계시인가?

현대의 국제 인권론이나 민주주의적 가치 기준에서 볼 때, 구약성경의 일부 내용은 논란의 소지가 있다. 가령, 일부다처제, 노예제도, 진멸 전쟁, 여성 차별적인 율법들 그리고 사형에 해당되는 죄목들에 대해서 불편함을 느끼는 사람들이 많다. 그렇다면 이런 구약성경이 과연 하나님의 보편적인 계시라고 말할 수 있는가?

첫째, 하나님은 일부다처제를 허락하셨는가? 구약성경에는 아브라함, 야곱, 다윗, 솔로몬과 같은 인물들이 일부다처 결혼생활을 한 사례로 보인다. 그러나 마치 신문에 보도된 여러 사고, 사건들이 권장 사항이 아니듯이, 성경에 기록된 부정적인 사건들도 하나님이 본래 원하셨던 뜻은 아니다. 성경 전체에서 결혼에 대한 하나님의 뜻은 '한 남자'와 '한 여자'의 결혼, 즉 일부일처제이다. 일부다처는 타락한 인간의 본성이 만들어 낸 잘못된 문화적 결과물일 뿐, 하나님이 적극적으로 명령하신 제도는 아니다. 이스라엘의 왕에게 주신 규례 중의 하나는 "그에게 아내를 많이 두어 그의 마음이 미혹되게 하지 말 것이며 자기를 위하여 은금을 많이 쌓지 말 것이니라"(신 17:17)고 성경에 나와 있다. 일부일처가 본래 하나님의 뜻이다.

왕이 정치적 목적을 위한 정략결혼이나 육체적인 본성을 위해 여러 명의 부인을 둔 경우가 있다. 그러나 하나님은 다처를 용인하신 것이지 적극적으로 지지하신 것은 아니다. 다윗과 야곱의 일부다처는 자녀들 간의 갈등을 유발했다. 솔로몬 또한 이 명령을 어겼고, 많은 아내를 두었으며, 결국 이로 말미암아 우상 숭배에 빠졌다. 따라서 일부다처는 인간의 타락한 본성이 가져온 문화적 결과일 뿐이다.

둘째, 성경은 노예제도를 정당화하는가? 일부 학자들, 예를 들어 이스라엘 역사학자 유발 하라리는 미국 헌법과 마찬가지로 십계명도 노예제를 지지했다고 주장한다.[10] 하지만 이는 성경의 근본적인 취지를 오해한 것이다. 고대에서 현대에 이르기까지 인류의 역사에는 노예제도가 존재해 왔다. 비기독교 문명권인 동양 사회도 귀족과 노예라는 신분계층으로 구분되어 있었다. 근대의 서구사회도 흑인들을 노예로 포획하여 매매했으며, 일부 지도자들은 성경을 노예제의 근거로 들기도 했었다.

고대법률과 고대문화는 전쟁포로를 노예로 다루었다. 믿음의 조상 아브라함, 이삭, 야곱은 당시에 많은 종을 거느린 부족의 지도자들이었다. 그러나 모세의 율법은 노예의 인권을 보호하고, 이방인 노예들의 생명까지도 존중하도록 가르친다. 어느 누구도 노예를 함부로 대할 수 없다. 히브리 노예는 7년차가 되면 자유인으로 풀어 주도록 명시되어 있다(출 21:2).

노예제도는 창조주 하나님의 뜻이 아니다. 노예제도는 죄성을 가진 인간들이 만들어 낸 결과일 따름이다. 유발 하라리의 분석과는 달리, 십계명은 노예제가 정당하다고 말하는 것이 아니다. 당시 노예제도가 있던 사회에서, 안식일에는 노예에게도 안식을 주라는 것이다. 안식의 규정에는 히브리 노예나 이방인 노예가 모두 포함되어 있다. 안식년이 되면 히브리 노예는 자유민이 되게 해야 한다. 이것이 하나님의 뜻이다.

"네가 히브리 종을 사면 그는 여섯 해 동안 섬길 것이요 일곱째 해에는 몸값을 물지 않고 나가 자유인이 될 것이며"(출 21:2).

동방의 의인 욥은 이방인으로 추정된다. 그는 하나님이 이방 사회의 주인이나 종이나 누구든지 평등하게 지으셨다고 말한다.

"만일 남종이나 여종이 나와 더불어 쟁론할 때에 내가 그의 권리를 저버렸다면 하나님이 일어나실 때에 내가 어떻게 하겠느냐 하나님이 심판하실 때에 내가 무엇이라 대답하겠느냐 나를 태 속에 만드신 이가 그도 만들지 아니하셨느냐 우리를 뱃속에 지으신 이가 한 분이 아니시냐"(욥 31:13-15).

예수님은 전도와 치유와 가르침의 사역에 있어서 노예에 대한 어떤 차별도 두지 않으셨다. 기독교의 세례와 성만찬, 구원에서 성별과 신분, 나이를 따른 차별은 존재하지 않는다. 신약성경 빌레몬서는 노예 오네시모를 주인 빌레몬에게 돌려보내면서 형제처럼 대우하도록 권면하는 사도 바울의 서신이다.

"이후로는 종과 같이 대하지 아니하고 종 이상으로 곧 사랑받는 형제로 둘 자라 내게 특별히 그러하거든 하물며 육신과 주 안에서 상관된 네게랴"(몬 1:16).

신약성경에서 노예들로 하여금 주인들에게 순종하라고 가르치는 것은 당시 노예를 주축으로 하는 사회상을 반영한 것이지, 노예제도에 대한 정당화는 아니다. 오히려 노예 매매자를 악한 사람들이라고 칭하며, 그리스도인들은 노예를 차별 없이 대하고 그들이 자유를 얻도록 도와야 한다고 가르친다(고전 7:21).

셋째, 성경은 장애인을 차별하는가? 모세의 심미 제도 규정에 따르면 장애인들은 제사장이 될 수 없었다. 그것은 하나님이 장애인을 차별하시는 것이 아니라, 동물 제사를 수행해야 하는 제사장 직무에 건강한 신체적 능력이 필요하기 때문이다. 직업의 특성을 반영한 것이지, 장애인을 차별할 목적이 아니다. 또한 "고환이 상한 자나 음경이 잘린 자는 여호와의 총회에 들어오지 못하리라"(신 23:1)는 규정은 장애인 차별이 아니라, 언약공동체에 대한 상징적인 구별에 가깝다.

이스라엘은 신정국가이며 민족사회 전체가 거룩함을 반영해야 한다. 신체의 완전함은 하나님의 거룩함을 반영하는 상징이다. 성막, 제사장, 제물 모두 흠이 없는 것이어야 한다. 이 말씀은 민족 전체의 의사결정 과정에서 거룩함이 있어야 한다는 것을 말한다. 더욱이 고대 근동에서 이방 제사장들은 스스로 고환을 자르거나 거세된 채 우상 숭배를 하는 경우들이 있었다.

따라서 이 관점에서 보면, 이 규정은 장애인을 차별하는 의도가 아니라 이방 종교의 우상 숭배가 유입되지 않도록 차단하여 이스라엘의 종교적 정체성을 지키도록 강조한 것이다. 더욱이 이 규정은 영원히 지켜지는 규정이 아니다. 이사야는 "여호와께서 이와 같이 말씀하시기를 나의 안식일을 지키며 내가 기뻐하는 일을 선택하며 나의 언약을 굳게 잡는 고자들에게는 내가 내 집에서, 내 성 안에서 아들이나 딸보다 나은 기념물과 이름을 그들에게 주며 영원한 이름을 주어 끊어지지 아니하게 할 것이며"(사 56:4-5)라는 말씀으로 고자에 대한 차별이 없음을 선포한다.

실제로 메시아의 중요한 사역은 장애인을 치료하는 것으로 예언되어 있다. 에티오피아 내시도 복음을 듣고 세례를 받음으로 하나님의 자녀가 되었다(행 8장). 기독교의 교리는 불교나 힌두교처럼 사람들이 가지는 신체적, 정신적 장애를 그들이 감내해야 할 전생의 업보로 파악하지 않는다. 오히려 장애인과 가난한 사람들, 과부들은 사랑과 섬김의 대상이다.

넷째, 구약성경은 여성에게 차별적인가? 창세기는 남자와 여자 모두 하나님의 형상으로 동등한 가치를 지닌 존재로 창조되었다고 말한다. 성경은 다른 종교와 사상들과는 달리 여성에게 어떤 차별도 두지 않고 있다. 남성과 여성은 동등하게 하나님의 형상으로 창조되었으며(창 1:26), 남성과 여성, 노인과 아이는 모두 사랑과 존중의 대상이다.

성경에서 하나님을 아버지라고 부르며 남성적으로 묘사하는 부분이 있지만, 이것은 하나님에 대한 다양한 묘사들 중의 하나일 뿐이다. 남성적 이미지가 강하게 부각된다고 해도 여성보다 더 뛰어난 남성이라는 의미가 아니다. 성경은 하나님에 대해 여성적인 이미지로 설명하신 적도 있다.

"너희는 너희를 낳은 바위를 버리고, 너희를 낳은 하나님을 잊었다"(신 32:18, 새번역).

예수님은 예루살렘에 대한 자신의 마음을 병아리를 품은 암탉에 비유하신 적도 있다(마 23:37). 예수님이 여성들을 차별적으로 대우하신 적은 한 번도 없다. 어떤 사람들은 예수님이 남성으로 태어나신 것은 여성에 대한 남성의 우월성을 말하는 것이라고 왜곡한다. 그러나 그것은 남자의 우월성과 여자의 열등성이 아니라, 예언의 성취였을 뿐이다. 하나님이 인간으로 성육신하실 때에는 남성이거나 여성이어야 한다. 그런데 구약의 예언은 메시아가 남성으로 태어나는 것이었다.

여기에서 중요한 것은 예수님이 완벽한 인성을 가지셨다는 사실이다. 남성으로 태어나신 것은 예언의 성취였지만, 무함마드나 석가모니처럼 결혼하고 자녀를 낳는 방식으로 남성이라는 성을 사용하신 적은 없다. 인간의 몸을 입으신 예수님은 완전한 인간이면서 완전한 하나님이시다. 그래서 우리의 연약함을 체휼하셨기 때문에 우리를 도우실 수 있다. 예수님이 오신 목적은 인류의 죄를 용서하는 길을 여시기 위해서이다. 예수님의 육체적 성별은 그분의 구속 사역의 본질에 어떤 영향도 미치지 않았다.

다섯째, 구약의 사형 죄목 규정은 시대착오적인가? 현대의 비평가들은 구약성경에 규정된 사형에 해당하는 죄목들에 문제의 소지가 있다고 말한다. 21세기 현재 약 60개 국가 그리고 미국의 32개 주는 사형제도를 유지하고 있다. 사형제도는 타인의 생명에 대한 존중과 사회의 법질서를 유지하기 위한 목적에 그 정당성을 둔다. 국가들이 사형제도를 가지고 있다는 것 자체가 불의한 것은 아니다. 엄격하고 공정한 재판을 통해서 억울한 피의자가 없도록 최선을 다해야 한다.

그런데 구약성경의 사형 죄목들은 의회에서 만든 것이 아니라, 창조주께서 계시라는 형식을 통해서 모세에게 알려 주신 것이다. 즉 구약성경의 사형제도는 창조주의 거룩함을 따라야 하는 신정국가라는 측면에서 조명되어야 한다. 하나님이 성경에 명시하신 사형의 죄목들에는 무당에 대한 사형, 수간자에 대한 사형, 다른 신에게 제사하는 자에 대한 사형, 간음자에 대한 사형 등도 포함되어 있다. 특히 출애굽기는 "너는 무당을 살려 두지 말라 짐승과 행음하는 자는 반드시 죽일지니라 여호와 외에 다른 신에게 제사를 드리는 자는 멸할지니라"(출 22:18-20)는 규정을 담았다.

하나님이 모세의 율법을 통해 사형 판결에 해당하는 열다섯 가지의 죄목을 선포하신 데에는 크게 네 가지 이유가 있다고 본다.[11]

첫째로, 사형제도는 인간의 존엄성을 보호하기 위한 것이다. 하나님은 신분, 나이, 성별, 국적에 관계없이 모든 사람이 존귀하다고 말씀하셨다.

"다른 사람의 피를 흘리면 그 사람의 피도 흘릴 것이니 이는 하나님이 자기 형상대로 사람을 지으셨음이니라"(창 9:6).

하나님은 사형제도를 통해서 모든 사람의 존엄성과 생명에 대한 적극적인 보호를 선언하신 것이다.

둘째로, 사형제도는 유일신 여호와를 섬기는 이스라엘 공동체가 타락하지 않고 정의를 이루는 사회가 되도록 하기 위한 것이다.

"그런 선지자나 꿈 꾸는 자는 죽이라 이는 그가 너희에게 너희를 애굽 땅에서 인도하여 내시며 종 되었던 집에서 속량하신 너희의 하나님 여호와를 배반하게 하려 하며 너희의 하나님 여호와께서 네게 행하라 명령하신 도에서 너를 꾀어 내려고 말하였음이라 너는 이같이 하여 너희 중에서 악을 제할지니라"(신 13:5).

하나님은 이스라엘 지도자에게 신정국가의 근간을 무너뜨리고 하나님을 떠나게 하는 범죄자를 처벌해서 국가의 존재 목적을 지키고 사회적 정의를 구현할 책무를 주셨다.

셋째로, 사형제도의 목적은 범죄를 예방하기 위한 것이다. 사람은 부패한 본성을 가지고 태어난다. 그중에는 타인의 생명을 죽이는 데 망설임이 없는 '사이코패스'도 있다. 그들의 살인 충동을 억제할 수 있는 것은 강력한 사형규정뿐이다. 따라서 사형제도는 그 자체가 잔인한 것이 아니다. 분명한 사형제도를 통해서 수많은 범죄가 예방될 수 있다.

넷째로, 구약의 사형규정 율법은 신약의 은혜와 용서의 원리로 발전된다는 것을 알아야 한다. 구약은 신정국가를 추구하기 때문에 가나안 종교의 신을 섬기고 무당을 찾아 길흉화복을 점치는 것, 동성애, 수간, 인신공양을 사형에 해당되는 죄로 규정했다. 그러나 신약은 성령을 통한 중생, 회개, 성화를 통해서 사람이 변화될 수 있다는 큰 가능성을 보여 준다. 구약에서는 이스라엘이 제사장 국가의 사명을 받았지만, 신약에서는 성도들 한 사람 한 사람이 왕 같은 제사장의 소명을 받았다. 기독교 공동체는 세상보다 더 우월한 도덕과 정의를 구현해야 한다. 하나님이 율법을 주신 목적 그리고 복음을 주신 목적은 모두 거룩함을 이루는 것에 있다.

"세계가 다 내게 속하였나니 너희가 내 말을 잘 듣고 내 언약을 지키면 너희는 모든 민족 중에서 내 소유가 되겠고 너희가 내게 대하여 제사장 나라가 되며 거룩한 백성이 되리라 너는 이 말을 이스라엘 자손에게 전할지니라"(출 19:5-6).

하나님의 뜻은 성도들을 하나님의 거룩함에 참여시키는 것이다(히 12장). 그러나 사형제도를 시행하는 것은 사법부의 모든 판결이 완전하지 않으며, 때로 잘못된 정보로 인해 억울한 희생자가 나올 가능성이 있기 때문에, 어떤 경우에도 무고한 자가 희생되지 않도록 매우 신중하고 공정하게 운영되어야 한다. 신명기는 두 사람 이상의 증거가 있어야 한다는 단서 조항을 달아 놓았다 (신 17:6).

일부 무신론자들이 구약성경의 내용을 비판하지만, 그런 비판은 구약성경을 오해한 데서 나온 것으로 보인다. 구약성경은 그 시대의 역사적, 문화적 맥락 안에서 하나님의 뜻이 어떻게 계시되어 왔는지를 잘 보여 준다. 구약성경은 인간의 존엄성과 타락의 결과를 함께 나타낸다. 구약성경은 타락한 인류에 대한 교육 지침서이며, 인류에게 죄 사함의 길을 보여 주는 구속사를 담은 계시이다. 따라서 구약성경은 시대착오적인 고대문서가 아니라, 시대를 초월하여 오늘날에도 하나님의 뜻을 알려 주는 보편적인 계시로 믿을 수 있다.

선지자들은 다른 선지자들의 글을 하나님의 말씀으로 인정했나?

구약성경의 정경이 어떻게 형성되었는지에 대한 단서는 구약 자체 안에 분명하게 나타나 있다. 앞에서 설명한 것처럼, 구약의 선지자들은 자신들이 전한 말씀이 하나님의 영감에 의한 계시임을 강조했다. 그리고 예언 성취와 기적을 통해 자신들이 하나님이 보내신 메신저임을 확증했다. 또한 선지자들은 자신들보다 이른 시대에 활동했던 다른 선지자들의 예언과 그들이 남긴 기록을 읽고 그 말씀의 성취를 증언함으로써 앞선 선지자들이 기록한 말씀을 일관되게 하나님의 말씀으로 받아들였다. 예를 들어, 역대상에서는 다윗왕의 행적에 대한 기록이 있다고 말한다.

"다윗왕의 행적은 처음부터 끝까지 선견자 사무엘의 글과 선지자 나단의 글과 선견자 갓의 글에 다 기록되고 또 그의 왕 된 일과 그의 권세와 그와 이스라엘과 온 세상 모든 나라의 지난날의 역사가 다 기록되어 있느니라"(대상 29:29-30).

역대하에서는 "이외에 솔로몬의 시종 행적은 선지자 나단의 글과 실로 사람 아히야의 예언과 선견자 잇도의 묵시 책 곧 잇도가 느밧의 아들 여로보암에 대하여 쓴 책에 기록되지 아니하였느냐"(대하 9:29)라는 말로 문서로 기록된 내용이 있음을 알려 준다. 이것은 선지자들이 한 세대에서 다음 세대로 하나님의 계시와 역사적 기록을 계승했음을 보여 준다. 이는 구약성경이 점진적으로 권위 있는 하나님의 말씀으로 인식되어 왔다는 것을 뜻한다.

'눈물의 선지자'라는 별명으로 불리는 예레미야는 자신보다 125년 이전에 활동했던 미가 선지자의 말을 하나님의 거룩한 말씀으로 받아들였다. 예레미야는 "이러므로 너희로 말미암아 시온은 갈아엎은 밭이 되고 예루살렘은 무더기가 되고 성전의 산은 수풀의 높은 곳이 되리라"(미 3:12)는 말씀을 읽고 예루살렘이 황폐하게 될 것이라는 미가 선지자의 예언을 하나님의 말씀으로 믿는다. 그는 다음과 같이 말한다.

"유다의 왕 히스기야 시대에 모레셋 사람 미가가 유다의 모든 백성에게 예언하여 이르되 만군의 여호와께서 이와 같이 말씀하셨느니라 시온은 밭같이 경작지가 될 것이며 예루살렘은 돌 무더기가 되며 이 성전의 산은 산당의 숲과 같이 되리라 하였으나"(렘 26:18).

또한 바벨론 제국의 총리였던 다니엘은 예레미야서의 예언을 읽고 거기 기록된 70년 포로기의 예언이 하나님의 말씀이라고 믿는다.

"곧 그 통치 원년에 나 다니엘이 책을 통해 여호와께서 말씀으로 선지자 예레미야에게 알려 주신 그 연수를 깨달았나니 곧 예루살렘의 황폐함이 칠십 년만에 그치리라 하신 것이니라"(단 9:2).

예레미야는 바벨론의 포로 기간을 '70년'으로 예언했다.

"이 모든 땅이 폐허가 되어 놀랄 일이 될 것이며 이 민족들은 칠십 년 동안 바벨론의 왕을 섬기리라 여호와의 말씀이니라 칠십 년이 끝나면 내가 바벨론의 왕과 그의 나라와 갈대아인의 땅을 그 죄악으로 말미암아 벌하여 영원히 폐허가 되게 하되"(렘 25:11-12).

다니엘은 예레미야서를 하나님의 감동으로 기록된 책으로 인식하고 있었으며, 예레미야의 예언을 신뢰할 수 있는 하나님의 계시로 믿었다. 다니엘은 유다 왕국 멸망 이전에 주신 하나님의 예언이 바벨론의 패망과 메대-바사 제국의 등장으로 성취되어 가고 있다는 것을 목격하고 생생하게 증언하고 있다. 하나님이 주신 예언과 그 예언의 성취는 구약성경이 하나님의 감동으로 된 말씀이라는 것을 확증한다.

결론적으로 말하면, 구약의 선지자들은 자신보다 앞선 시대에 활동했던 선지자들의 기록을 거룩한 하나님의 말씀으로 받아들였다. 그 예언이 실제 역사에서 성취됨으로써 역사를 주관하시는 하나님의 계시임이 입증되었기 때문이다. 이는 구약성경의 율법과 내용이 단순히 고대 문서나 종교적 전통이 아니라, 하나님의 권위 있는 말씀으로 계승되어 왔음을 보여 준다. 구약성경은 구시대의 유물이 아니다. 오히려 3천 년이 넘도록 인류에게 전해진 하나님의 계시의 말씀이다. 사도 바울은 모든 나라와 사람들이 하나님의 심판 아래 있음을 강조하고, 하나님의 공의는 모든 시대를 초월한다고 선언한다.

"이런 일을 행하는 자를 판단하고도 같은 일을 행하는 사람아, 네가 하나님의 심판을 피할 줄로 생각하느냐"(롬 2:3).

따라서 구약성경은 시대에 뒤떨어진 종교 문헌이 아니라, 하나님의 심판과 구원의 메시지를 담은 거룩한 말씀으로 이해되어야 한다.

구약성경의 문헌학적 신뢰성: 구약성경 사본은 원본 내용을 잘 전달하고 있는가?

구약성경의 저자들이 원래 기록한 내용이 지금까지 잘 전달되어 왔는가? 이것은 사본을 다루는 문헌학적인 관점에서 매우 중요한 질문이다. 예컨대 모세가 직접 기록한 창세기 원본이 있었다고 가정해 보자. 그다음에는 원본을 필사한 여러 개의 사본들이 나왔을 것이다. 시간이 흘러가면 사본들이 낡아지기 때문에 계속해서 사본들을 필사하게 된다. 이런 필사의 과정을 통해서 구약성경이 오늘날에 이르기까지 그 내용이 전달되어 왔다.

따라서 오늘날 구약성경의 사본들이 필사 과정을 거치면서도 내용이 변질되지 않고 원본 내용이 잘 전달되었는지를 분석하는 일은 매우 중요하다. 사본들을 역추적해 보면, 비록 지금은 구약의 원본이 없지만, 그 내용을 충분히 알 수 있을 것이다.

구약성경의 원본 내용이 지금 우리가 가지고 있는 사본 내용과 어느 정도 일치할까? 구약성경의 원본문의 내용은 필사 과정에서 변질되지 않고 정확하게 전달되었을까? 우리는 다양한 구약 사본을 가지고 있는데, 어느 사본이 더 권위를 가지는가? 조쉬 맥도웰(Josh McDowell)은 구약성경의 문헌학적 신뢰성을 입증하기 위해 세 가지 주요 기준을 제시한다. 즉 필사 과정의 정확성, 고고학적 유물을 통한 확증 그리고 사본에 대한 문헌학적인 신뢰성이다.[12]

우리는 구약성경을 원본이 아닌 후세대의 사본들을 통해 그 내용을 접하고 있다. 고대에 일일이 손으로 필사하는 과정에서 우발적인 실수나 의도적인 변개가 발생할 가능성은 없을까? 이문들(textual variant, 철자가 다른 글자들)이 많이 있다면, 구약의 사본들의 내용의 신뢰성은 어떻게 확보할 수 있는가?

고대 근동에서는 토판, 나무판, 갈대 파피루스, 그을린 짐승 가죽 등 다양한 재료에 문서가 기록되었다. 토판은 주전 3000년경부터 메소포타미아 지역에서 사용되었다. 고대 근동의 문서들이 주로 토판에 기록된 것이 남아 있어 구약성경의 배경 연구에 큰 도움이 된다.

특히 파피루스는 나일강의 습지에서 자라던 갈대로 만들어졌다.[13] 파피루스는 이집트 지역에서 사용되었고, 구약성경의 원본 일부도 파피루스에 기록되었을 가능성도 있다. 파피루스는 팔레스타인 지역의 기후와 재료의 특성상, 자연스럽게 손상되기 때문에 장기간 원형 그대로 보존되지는 못했을 것이다. 사해 사본은 주로 양피지에 기록되었고, 파피루스보다는 훨씬 더 오래 보존된다. 구약성경은 파피루스와 양피지에 기록되었을 것이다. 파피루스와 두루마리는 둘 다 보존 기간에 일정한 한계가 있다. 그래서 원본 성경이 있다고 해도, 끊임없이 그다음 세대 사본이 필사되어야 한다. 문서의 재료와 환경적 요인에도 불구하고, 구약성경의 원래 내용이 정확하게 후세대의 사본들에 계승되었는지를 살펴보는 일은 매우 중요하다. 여기서는 구약성경의 사본들에 대한 문헌학적 신뢰성을 검토하고자 한다.

우리나라의 직지심경이 세계 최초의 금속활자라고 하지만 당시의 일반 대중이 책을 소유했다는 말은 아니다. 서양에서도 1456년 요하네스 구텐베르크(Johannes Gutenberg)의 인쇄술이 발명된 이후에야 일반 대중의 손에 점차 들어갈 수 있게 되었다. 구약성경이 기록되던 시기는 주전 1400년에서 주전

450년경 사이인데, 이 시기에 살던 사람들은 개인이 책을 소유하기도 어렵고, 문맹도 많았을 것이다. 그래서 성경은 유달리 "여호와의 말씀을 들으라" 혹은 "귀 있는 자는 들으라"는 표현을 많이 사용한다. 그들은 하나님의 말씀을 가르치는 선지자들의 지도를 받아야 하며 율례를 잘 듣고 순종해야 했다.

일반적으로 성경 사본의 내용이 잘 전달되었는지에 대한 문헌의 신뢰성은 네 가지 근거를 통해서 평가된다. 일단, 필사본의 숫자이다. 필사본의 숫자가 많으면 많을수록 원본 문서의 신뢰성을 확보할 수 있다. 그리고 필사자가 필사할 때 준수하는 규칙들, 고고학적 자료들 그리고 성경 이외의 역사적 신빙성이 있는 참고자료들이 그것이다.

현재의 구약성경에 이르기까지의 필사 과정들

원본으로부터 주전 3세기까지의 필사

서기관들은 성경 텍스트를 필사하는 일에 종사했다. 구약성경 자체에서 서기관들이 성경 기록에 참여하고 있다는 점을 무려 429차례나 언급하고 있다. 서기관들의 주된 임무는 히브리어 필사본을 신실히 필사해서 원본 텍스트의 내용을 보존하는 것이었다. 이스라엘 서기관들은 고대 근동의 다른 제국들의 서기관들보다도 더욱 엄격한 기준으로 필사했다는 평가를 받는다.

주전 3세기에서 주후 1세기까지의 필사

이 시기에는 다양한 문서들이 필사되었으며, 일부는 고고학적인 발굴을 통해 발견되었다. 이런 문서들은 구약성경의 텍스트가 여러 세대가 지나도 변함없이 일관되게 전달되었음을 보여 준다. 대표적인 사례가 쿰란 사해 사본의 발견이다.

주후 1세기 이후부터 중세까지의 필사

탈무드 학파와 마소라 학파에 의해 구약성경이 필사되었다. 랍비들은 『탈무드』에서 성경을 인용할 때 일반적으로 마소라 텍스트를 반영했다. 현재의 히브리 성경과 기독교의 구약성경은 마소라 사본을 사용한다. 구약성경을 필사하는 율법학자들은 필사의 전문가들이다. 예루살렘이 멸망당한 주후 70년 이후 히브리어로 된 구약성경(타나크)을 필사하는 책임을 맡은 사람들을 탈무드 학파라고 부른다. 그들은 다음과 같은 엄격한 과정을 통해서 필사했다고 한다. 그들이 필사하는 규칙은 다음과 같다.

> 첫째, 필사본은 페이지마다 본문의 단어 수가 같아야 한다.
> 둘째, 본문의 각 단에는 적어도 48행 이상이 있어야 한다.
> 셋째, 각 행에는 30글자 정도가 들어가야 한다.
> 넷째, 일점일획도 기억을 통해 기록하지는 않는다.
> 다섯째, 잉크는 특별하게 제작된 검은 잉크를 사용해야 한다.[14]

이러한 규칙들은 구약성경 텍스트의 정확한 전달을 위한 노력의 일환으로 보인다.

결론적으로 구약성경은 고대 문서들 중에서도 필사 과정의 정확성과 문헌학적 신뢰성에서 비교 불가능할 정도의 신뢰성을 보여 주고 있다. 다양한 사본들의 비교 분석을 통해 그리고 고고학적인 발굴을 통해 성경의 역사적, 사회적 진술이 얼마나 정확한 것이었는지를 확인할 수 있다. 특히 구약성경의 다양한 사본들을 비교 분석하는 것은 원본문의 내용이 얼마나 정확하게 전달되었는지를 파악하는 데 큰 도움이 된다. 이제 사해 사본과 마소라 사본의 내용을 비교하여, 사본의 문헌학적 신뢰성을 검토하고자 한다.

사해 사본은
구약성경 본문의 신뢰성을 확증하는가?

  베두인 양치기들이 1947년에 사해의 북서쪽 해변 근처 쿰란(Qumran) 지역에서 건조한 사막기후 속에서 오랜 기간 보존되어 온 고대 유대교 문헌들을 우연히 발견했다. 사해 사본(Dead Sea Scrolls)은 주전 250년부터 주후 50년 사이에 필사된 것으로 보이는 약 1천 개 정도의 사본들을 말한다. 그중에서 3분의 2 정도는 성경 이외의 문서들이고, 3분의 1 정도는 구약성경 본문들과 관련되어 있다. 이 사본들은 에세네파(The Essenes) 또는 쿰란 공동체 사람들이 필사하거나 이스라엘 여러 지역에 있었던 문헌들을 공동체 내로 옮겨와 보전한 것으로 보인다. 그 문헌들은 에세네파 공동체 구성원들이 주후 70년 로마의 군대가 침입하자 구약성경과 다른 문헌들을 항아리 속에 넣어 동굴에 숨겼던 것으로 추정된다.

사해 사본이 가장 많이 발견된 쿰란 제4번 동굴

사해 사본들 가운데 약 246개는 구약 정경의 사본들이다.[15] 에스더서를 제외한 모든 구약성경이 포함되어 있었다. 나머지 700여 개의 문헌들은 주로 에세네파의 종교생활에 대한 정보를 제공하는 문헌들을 포함하고 있다.[16] 사해 사본에 신약성경 사본이 거의 없는 이유는 쿰란 공동체의 끝 무렵에 신약성경이 기록되었기 때문일 것이다.

사해 사본의 중요성

사해 사본은 현대의 구약성경으로 번역되는 마소라 사본의 신뢰성을 확인해 볼 수 있는 비교 본문을 제공한다는 점에서 매우 중요하다.

먼저, 쿰란 공동체는 주후 68년경 로마군에 의해서 파괴된 것으로 알려졌다. 이들이 남긴 사해 사본은 그 이전에 정경(구약성경)이 존재했었다는 것을 의미한다. 쿰란 공동체는 신적인 기원을 가지는 구약 정경을 인지하고 필사해서 보관했을 것이다. 쿰란 공동체는 고대 히브리어(Paleo-Hebrew) 문자로 신성문자 '야훼'(YHWH)를 표기했다. 고대 히브리어는 바벨론에 포로로 끌려가기 전에 사용되었다. 예수님도 모세의 율법과 선지자의 글과 시편이라는 세 부분으로 구성된 구약성경의 존재와 그것의 신적인 권위를 인정하셨다. 더욱이 현대의 구약성경의 모든 책은 쿰란 공동체의 사해 사본에 남아 있었다. 이 사실은 쿰란 공동체가 로마군에 의해서 멸망을 당하기 이전에 이미 고대로부터 전해져 온 히브리어 성경(구약)을 분명하게 인지하고 있었다는 것을 암시한다.

사해 사본은 마소라 사본이 필사할 때 사용했을 수도 있는 고대 사본을 충실하게 유지하고 있다.[17] 사해 사본의 35퍼센트 정도는 마소라 사본 형식을 충실하게 반영하고 있다. 마소라 텍스트 형식은 사해 사본 필사자들이 신적

인 권위를 인정했던 고대로부터 전달되어 온 정경 사본에 의존했다는 것을 암시한다.[18]

마소라 사본의 중요성

사해 사본이 발견되기 이전에 가장 오래된 히브리어 구약성경은 10세기에 아론 벤 모세 벤 아셰르(Aron ben Moses ben Asher)에 의해서 편찬된 것으로, 현대의 구약성경은 10세기경의 마소라 사본을 번역한 것이다. 주후 6세기부터 10세기에 이르는 동안에 유대인 성경 타나크의 필사본을 만드는 일에 종사한 사람들을 '마소라(Masorah) 학파'라고 부른다. '마소라'는 '전통'이라는 의미를 가진 단어이다. 랍비 아키바(Akiva)는 본문에 사용된 모든 문자와 기호를 신성시했다. 당시 히브리어 성경에 모음이 표기되어 있지 않아서 자음 주변에 모음 역할을 하는 부호를 개발하여 사용했다. 마소라 텍스트는 다섯 개의 구성요소로 되어 있다. "자음 텍스트, 절들과 단락 구분 표시, 마소라, 모음 부호, 악센트 부호" 등이다. 마소라 학파는 모음 부호와 악센트 부호를 새롭게 만들었다.

마소라 학파는 다음과 같은 방법을 사용해 유대인 성경(타나크)을 필사했다.

"그들은 모든 성경에서 철자와 단어와 구절들을 하나하나 센다. 알파벳의 모든 철자나 일부를 포함하고 있는 구절들의 수를 센다."[19]

마소라 사본에서 사용된 구문의 문법은 고대의 셈어의 언어적 골격과 희귀한 단어들을 잘 유지하고 있다.[20] 마소라의 전통은 바벨론, 팔레스타인, 티베리아 학파가 있었다. 현재 가장 오래된 완전한 마소라 사본은 주후 1009년경에 기록된 레닌그라드 사본(Leningrad Codex B 19a)이다. 현재 히브리 대학교의 성경판에 사용된 필사본은 알렙포 사본(Aleppo Codex)을 기본으로 하고 다른 마소라 사본으로 보완한 것이다. 따라서 현재 사용되는 구약성경은 10세기의 마소라 사본을 기반으로 한다.

마소라 사본과 사해 사본 비교: 이사야 53장을 중심으로

사해 사본이 1947년에 발견되기 이전까지 기독교의 구약성경은 마소라 사본에 근거한다. 유대인들은 제3차 로마-유대 전쟁(주후 132-136년) 이후 로마 제국에 의해서 강제로 팔레스타인 땅을 떠나 흩어지게 되었다. 주후 1000년경의 마소라 사본은 유대인들이 흩어진 지 이미 약 900년 정도 지난 후였기 때문에, 마소라 사본이 그 이전의 사본을 얼마나 잘 보존했는지에 대해 의문을 품는 사람들이 있었다.

따라서 마소라 사본보다 무려 1,000년 정도 앞서 있는 사해 사본(주전 2세기-주후 1세기 중반)의 발견은 마소라 사본이 어느 정도 정확하게 히브리어 텍스트를 잘 보존해 왔는지, 그 신뢰성을 검증할 수 있는 기회였다. 사해 사본과의 비교 연구 결과에 의하면 마소라 사본의 정확성은 검증된 것이나 마찬가지이다. 사해 사본과 마소라 사본을 비교해 보니, 본문 내용이 놀라울 정도로 일치하고, 심각한 교리의 차이를 불러올 뚜렷한 변화 조짐이 눈에 띄지 않았다.[21] 브루스 월키(Bruce Waltke) 교수는 구약 텍스트의 95퍼센트는 사본에서 어떤 결함이 없었다고 평가한다.[22] 앞서 설명한 것처럼, 탈무드 학파와 마소라 학파의 기록자들은 원본의 내용을 전달하는 데에 집중했고, 그 결과는 오늘의 구약성경의 신뢰성을 확보하는 데 기여했다고 본다.

마소라 사본과 사해 사본 사이에는 약 1,000년이라는 시간적인 격차가 있

다. 두 사본의 본문은 어느 정도 일치할 것인가? 이 질문에 답변하기 위해 쿰란 1동굴에서 발견된 이사야 사본과 10세기의 마소라 사본을 비교해 보자. 이사야서는 구약성경에서 가장 긴 책 중의 한 권으로 66장으로 구성되어 있다. 쿰란 1동굴에서 발견된 이사야서는 주전 125년경에 기록된 것으로 보인다.

쿰란 사해 사본과 마소라 사본의 이사야 53장을 비교해 본 결과 두 사본의 일치율은 무려 95퍼센트에 이르렀다.[23] 이사야 53장 전체 166개의 단어들 중에서 단 17개의 철자만이 달랐다. 그중 10개는 철자의 변화에 불과한 것이기 때문에 본문의 의미에는 어떤 영향도 미칠 수 없다. 가령 'honor'와 'honour'는 철자상 변화가 있어도 두 단어는 모두 동일한 의미를 지닌다. 그리고 4개의 철자는 접속사와 같은 미세한 차이에 지나지 않는다. 다른 3개의 글자는 '빛'을 의미하는 히브리어로서 11절에 "그들이 보리라"는 어구가 첨가되었다. 단지 한 단어(3개의 철자)만이 문제가 되었지만, 그것은 그 구절의 내용을 조금도 변화시키지 못한다.[24] 이 단어는 70인 역본과 쿰란 사본에도 등장하기 때문에 내용상 어떤 모순점도 찾아볼 수 없다.[25]

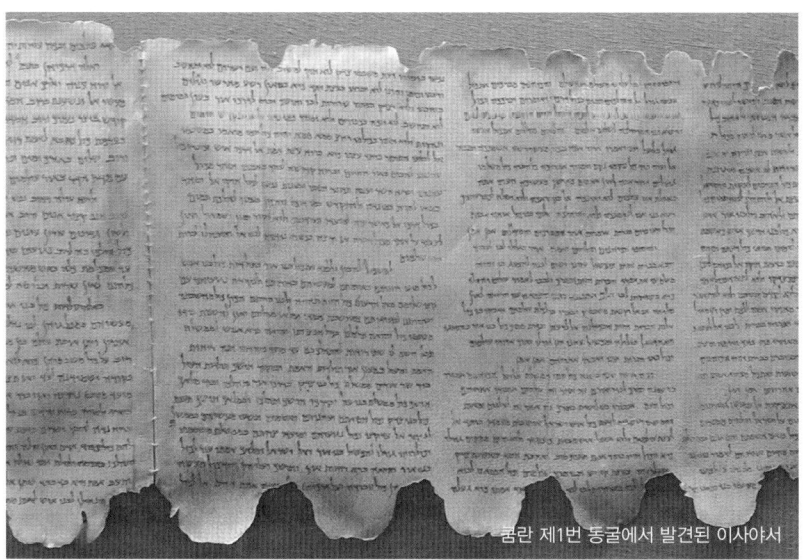

쿰란 제1번 동굴에서 발견된 이사야서

미국 리버티대학교의 랜달 프라이스(Randall Price) 석좌교수에 의하면, 마소라 사본과 사해 사본의 다른 본문들도 이사야서 본문과 거의 유사한 정도로 일치한다. 이는 매우 놀라운 일이다.[26] 약간의 차이나 변형된 부분들은 70인역본, 사마리아 오경 그리고 신약성경에서 인용되는 구약성경의 본문들을 상호 교차해서 비교하면 아무런 문제가 없이 정확한 내용을 알 수 있다고 본다.

결론

사해 사본이 현재 구약성경의 신뢰성을 위협한다고 주장하던 이들은 사해 사본에 대한 연구성과를 악한 의도로 왜곡하는 사람들일 뿐이다. 구약성경이 주전 14세기부터 4세기 사이 약 1,000년의 기간 동안에 다양한 저자들에 의해서 기록되었음에도 불구하고, 마소라 사본과 사해 사본의 높은 일치율은 마소라 사본의 신뢰성을 확증해 준다. 마소라 사본은 구약성경의 내용을 고대로부터 매우 잘 보존한 뛰어난 사본으로 평가할 수 있다. 구약성경 원문의 신적인 권위를 전혀 의심할 필요가 없다.

탈무드 학파와 마소라 사본, 사해 사본의 비교는 구약성경의 사본들 간에 미세한 차이는 조금도 문제 되지 않을 수준이며, 이를 통해서 원본의 신적인 권위를 충분히 말할 수 있는 근거가 된다. 사해 사본은 구약성경과 관련된 변증적 관심 사항을 충분히 해결해 주며, 구약성경의 신뢰성을 높이는 데 기여했다. 사해 사본은 이사야서의 통일성, 다니엘서의 연대를 명확히 했으며, 구약성경 연구에 있어서 절대적으로 필요한 문서들이다.[27] 더 나아가 사해 사본과 다른 문헌들을 잘 보존해 준 쿰란 공동체를 통해 얻게 된 지식들은 초대 기독교의 역사적, 사회적 상황을 이해하는 데에 큰 도움이 되고 있다고 평가할 수 있다.

헬라어 70인 역본은 구약성경의 신뢰성에 기여하는가?

70인 역본(Septuagint, LXX)은 구약성경의 신뢰성을 평가하는 데 중요한 문헌학적 자원으로 간주된다. 이 번역본은 주전 3세기경, 이집트 알렉산드리아에서 시작되었고, 유대 디아스포라 공동체의 신앙생활과 초기 기독교의 발전에 중대한 영향을 미쳤다.

70인 역본의 번역 과정

구약성경은 히브리어로 기록되었지만, 다니엘서 일부분(단 2:4하-7:28)과 에스라서 일부분(스 4:8-6:18, 7:12-26)은 아람어로 기록되었다. 그리스의 알렉산더 대왕은 정복전쟁을 통해서 제국의 영토를 확장했다. 제국이 확장됨에 따라 유대인들도 지중해 연안을 중심으로 한 여러 지역에 살게 되었다. 그런 디아스포라 유대인들에게 공용어는 히브리어가 아니라 그리스 제국의 언어인 헬라어였기에, 구약성경을 헬라어로 번역할 필요가 있었다. 헬라 문화의 중심지였던 고대 이집트의 알렉산드리아에서도 그리스어로 번역된 유대인의 성경이 필요했다.

주전 3세기경 이집트의 왕 프톨레마이오스 2세 필라델포스가 토라(모세오경)를 헬라어로 번역하라는 명을 내렸다. 궁내대신 아리스티아스(Aristeas)는 그의 형에게 보낸 편지에서 그 상황에 대한 정보를 담고 있다. 그 편지에 의하면, 대제사장 엘레아자르는 이스라엘의 열두 지파에서 각 6명씩 대표를 뽑아서 번역하게 했다고 한다. 그들은 왕의 식탁에서 먹고 마시며 72일간 모세오경의 헬라어 번역을 완성했고, 전체의 토의와 대조를 거쳐서 통일된 번역본을 왕에게 전달했다. 70인 역본은 주전 281-280년에 모세오경 번역을 기점으로, 그 후 역사서, 시가서, 예언서 등 다른 성경들도 순차적으로 번역되어, 전체적인 번역 작업은 주전 132년경에 완료되었다고 본다.

70인 역본의 문헌학적 가치

70인 역본은 히브리어 성경(타나크)을 헬라어로 번역한 것으로, 원본과 번역본은 분명한 차이가 존재한다. 이런 차이는 크게 네 가지 범주로 나눌 수 있다. 오늘날 구약성경 학자들의 평가에 따르면, 70인 역본의 번역 기법과 수준은 책마다 다르게 나타난다. 이것은 번역자들의 번역 기법과 능력에 차이가 있었기 때문에 균일한 수준의 번역은 아닌 것으로 보인다. 히브리어 원문의 의미를 헬라어로 번역하는 과정에서 해석의 차이가 발생할 수밖에 없다.

히브리어 관용구를 헬라어로 표현할 때 생긴 차이도 있다. 예컨대, 시편 47편 9절에서 마소라 사본은 "세상의 왕들은 하나님께 속하였다"라고 표현했지만, 70인 역본은 "땅의 방패들은 하나님께 속하였다"라고 표현한다. 더욱이 70인 역본은 약 200년 동안 여러 번역자들이 번역한 결과물이기 때문에, 번역 표현에 있어서, 그리고 참고한 모본에 있어서도 약간의 차이가 날 수밖에 없다. 번역상의 차이가 원본에 오류가 있다는 주장으로 확대될 이유는 전혀 없다.

그럼에도 불구하고 70인 역본은 그리스도인들에게 매우 중요한 구약성경이다. 왜냐하면 초대교회 신앙인들은 헬라어로 번역된 70인 역본을 더 많이 사용했기 때문이다. 즉 초대교회는 70인 역본을 주로 사용했을 것으로 보인다. 더욱이 신약성경에서 구약성경을 인용한 것의 약 70퍼센트 정도는 헬라어 70인 역본 본문으로부터 인용된 것이다.

70인 역본은 욥기, 여호수아서, 사무엘서, 열왕기, 잠언, 에스더서 등에서 히브리어 마소라 정경 본문과는 길이가 다르다. 실제로 70인 역본, 사해 사본 그리고 현존하는 마소라 사본에는 텍스트의 내용과 길이에 있어서 차이가 나는 책들이 있다. 이런 차이가 발생한 이유는 무엇일까?

첫째, 70인 역본이 마소라 사본의 모본(사본을 필사할 때 사용된 원본)과는 다른 종류의 히브리어 모본을 사용했을 가능성이 있다. 즉 마소라 사본 이외에 독립적으로 존재한 다른 구약 사본이 존재했을 가능성이 있다는 것이다. 70인 역본이 참고한 히브리어 구약성경 사본과 마소라 사본이 참고한 히브리어 모본이 서로 다른 문헌으로 병존했을 가능성이 있다. 예컨대, 예레미야서의 경우, 마소라 사본에 비해 70인 역본은 길이가 13퍼센트 정도 적다. 70인 역본은 마소라 사본보다도 약 2,700단어가 짧다. 이것은 70인 역본이 번역되는 과정에서 일부 내용을 축약하거나 뺀 것이 아니라, 아예 처음부터 길이가 다른 두 형태의 예레미야서 원본이 남아 있던 것으로도 추정할 수 있다. 예레미야 선지자는 하나님의 계시를 바룩을 통해서 여호야김왕에게 전달하지만, 왕은 그 두루마리를 불태워 버렸다.

"여후디가 서너 쪽을 낭독하면 왕이 칼로 그것을 연하여 베어 화로 불에 던져서 두루마리를 모두 태웠더라"(렘 36:23).

그래서 예레미야 선지자는 하나님의 말씀을 다시 기록했고, 결국 길이가 다른 두 개의 원본이 별도로 존재했을 것이다. 이 점을 고려하면, 70인 역본과 마소라 사본의 예레미야서의 길이가 다른 이유는 처음부터 길이가 다른 두 개의 예레미야서 원본이 있었기 때문이다.

둘째, 앞의 설명과 정반대가 되는 주장도 가능하다. 다시 말하면, 70인 역본이 마소라 사본과 동일한 히브리어 모본을 사용했을 가능성도 크다. 마소라 사본과 70인 역본은 내용상 아주 유사하다. 두 사본이 거의 같은 내용을 공유하고 있기 때문에, 두 사본의 모본, 또 그 모본이 참고한 모본을 계속 거슬러 추적하면, 동일한 구약성경 본문에 이를 것이다. 마치 족보를 거슬러 올라가면 공통 조상이 나오는 것과 같은 이치다. 이 경우에는 70인 역본은 주전 3세기경에 있던 어떤 히브리어 성경 사본을 모본으로 삼고 번역했다. 그것은 아마도 현재의 마소라 사본의 뿌리가 되는 히브리어 모본과 같을 것으로 본다.

쉽게 말하면, 70인 역본은 '히브리어 A사본'을 번역한 것이다. 마소라 사본은 '히브리어 B사본'을 필사했다. 그런데 '히브리어 A사본'과 '히브리어 B사본'의 계보를 역추적해 보면, 모두 동일한 '히브리어 H사본'에서 갈라져 나온 것일 수 있다는 말이다.

이렇게 생각해 보면, 마소라 사본의 모본과 70인 역본의 히브리어 모본은 그보다 앞선 동일한 모본(히브리어 본문)에서 나왔을 것으로 추정할 수 있다. 사본이 필사되는 과정에서 70인 헬라어 역본과 마소라 히브리 사본은 시간적, 지역적, 언어적 차이가 반영되어 약간 다르게 전달되었을 것이다. 그럼에도 불구하고 70인 역본과 마소라 사본은 그 내용이 대부분 동일하기 때문에, 그 사본들의 조상이 되는 사본이 동일할 수도 있다고 보아도 무방하다.

신약성경의 저자들은 히브리어 구약성경보다는 주로 헬라어 70인 역본을 사용한 것으로 보인다. 신약성경에서는 약 300회나 헬라어 70인 역본에서 인용했다. 리 마틴 맥도널드(Lee Martin McDonald)는 초기 그리스도인들이 70인 역본을 애용했다고 추정한다. 그리스도인들은 70인 역본을 사용해서 기독교의 복음 메시지를 전파했다. 그러나 유대인들은 주후 1세기 말부터는 헬라어 70인 역본을 사용하지 않았다. 주후 1세기 말에 유대인에게 히브리어 성경 표준 본문이 확립되었기 때문이다.

결론

이런 차이에도 불구하고, 70인 역본은 주전 3세기 히브리어 성경과 현재의 히브리어 성경이 본질적으로 동일한 원본에서 유래했음을 보여 주는 중요한 증거로 평가된다. 이는 구약성경의 본문이 오랜 세월 동안 정확하게 계승되었음을 시사한다. 구약성경의 70인 역본은 마소라 사본의 원본문의 내용의 충실성을 입증하는 자료로서는 충분한 의미를 갖는다.

유대인들의 성경은 놀라울 정도로 원본 텍스트를 잘 보존해 왔다는 점에서 성경의 문헌학적 신뢰성에 기여한 바가 크다. 구약성경의 다양한 사본들-사마리아 모세오경, 헬라어 70인 역본, 다른 번역본-을 고려할 때에, 히브리어 성경(구약)은 그 이전에 있었던 원본문의 내용을 필사한 것이다. 마소라 사본과 사해 사본 그리고 70인 역본은 그 이전에 역사적으로 전해져 온 히브리 성경의 존재를 전제한다.

비록 수천 년이라는 시간이 지나가는 동안에 두루마리가 자연적으로 소실되어 가기 때문에 구약성경의 원본은 현재에 없는 게 당연하다. 구약의 사본에도 많은 이문들이 존재한다. 손으로 필사하는 과정에서 이문은 발생할 수밖에 없다. 그러나 사본학적인 차원에서 구약성경의 사본 안에 원본의 내용이 담겨 있다. 구약의 내용의 신뢰성을 의심한다면, 지구상에 존재하는 과거의 어떤 문헌도 신뢰할 수 없다.

성경이 필사되는 과정을 살펴보면, 탈무드 학파와 마소라 학파의 기록자들은 정확하게 필사하는 데 놀라운 정도의 집중력을 보이고 있다고 평가된다. 마소라 텍스트가 다른 텍스트보다 원본 텍스트를 훨씬 잘 보존하고 있다고 평가되기 때문에, 마소라 텍스트를 중심으로 하고 다른 판본들을 참고하는 것이 좋은 자세라고 할 수 있다.[28] 그리고 사해 사본과 70인 헬라어 역본을 비교해 본 결과, 70인 역본의 번역이 히브리어 텍스트를 충실하게 번역한 것으로 평가할 수 있다.

유대인들은 왜 외경을 히브리 성경(타나크)으로부터 제외했을까?

로마 가톨릭교가 외경을 정경에 포함한 이유는 무엇일까? 그 이유는 종교개혁의 배경에서 찾을 수 있다. 루터와 칼뱅 등과 같은 종교개혁가들은 로마 가톨릭교의 일부 교리들은 성경에서 그 근거를 찾을 수 없다고 비판했다. 가령, 면죄부 판매, 죽은 자를 위한 기도, 연옥설, 행위구원론, 마리아 중보교리 등이다. 이에 대해 로마 가톨릭교는 70인 역본에 포함된 외경들을 단순한 참고용이 아니라, 정경 수준을 가진 문헌으로 격상하는 것으로 대응했다.

첫째, 유대인들은 말라기 선지자 이후에 하나님의 계시를 받은 선지자가 끊겼다고 보았다. 특히 유대인의 『탈무드』 산헤드린(Sanhedrin)의 11a에서는 "학개, 스가랴, 말라기 이후에 성령(하나님의 계시)이 이스라엘에서 떠나갔다"고 말한다. 그들에게 정치적, 종교적인 중요한 문헌들이 있었지만 유대인들은 그것들을 하나님의 영감이 있는 정경으로 간주하지 않았다. 로저 벡위드(Roger Beckwith)에 의하면, 말라기 선지자의 죽음과 함께 이스라엘에서 성령의 역사가 그쳤다.[29] 유대인들은 말라기 선지자 이후에 거룩한 하나님의 성령이 이스라엘 민족을 떠나셨기 때문에 하나님의 계시가 중단되었다고 생각했다. 반면에 그리스도인들은 세례 요한을 말라기 이후에 400년 동안 지속된 침묵기를 깨고 메시아의 길을 예비한 선지자로 간주한다.

둘째, 구약 외경들을 정경으로 간주하지 않는 이유는 기존의 정경과는 상이한 부분들이 있었을 뿐만 아니라, 역사적인 기록에 대한 오류도 포함하고 있기 때문에 영감 있는 문헌으로 보기 어려워서이다. 주후 90년경 유대인들은 얌니아 회의에서 예루살렘이 포위되었을 때 탈출했던 랍비 요하난 벤 자카이(Johanan ben Zakkai)가 무슨 책들이 구약정경인지 결정할 수 있는 회의를 주관했다고 한다. 그리고 4세기의 히에로니무스(Hieronymus)의 구약성경 라틴어 번역에서도 외경은 나름 가치를 갖지만, 성경의 교리를 발전시킬 수 없는 문헌으로 인식했다.

셋째, 유대인들은 주후 90년경 얌니아 회의에서 바리새파의 주장대로 모세오경의 정신을 따르면서도 헬레니즘 문화에 영향을 받지 않은 것들만 정경으로 인정했다. 그래서 구약성경 39권만이 정경으로 확인되었다. 유대인들이 정경에서 제외한 책들, 즉 구약의 외경들은 히브리어 원본이 없다는 점과 헬라주의에 영향을 받았다는 이유로, 정경과 다른 외경으로 분류되었다.

종교개혁가들은 로마 가톨릭교의 일부 교리들(죽은 자를 위한 기도, 연옥설, 마리아 숭배, 행위구원론 등)이 정경에 근거한 것이 아니라 외경에 근거를 두고 있다고 비판했다. 개신교는 로마 가톨릭교와 동방교회와는 달리, 유대인들의 정경을 구약성경으로 수용했다. 로마 가톨릭교와 성공회, 동방정교회는 구약의 외경들에 제2의 경전, 혹은 준경전이라는 지위를 부여하고 사용해 오고 있다. 영국 성공회 역시 삶의 실천적 적용을 위해서 외경을 읽어도 되지만, 외경을 통해서 교리를 세울 수는 없다는 점을 명확하게 했다.

결론: 구약성경의 신적 권위와 무오성의 현대적 의미

그리스도인은 구약성경을 권위 있는 하나님의 말씀으로 본다. 우리는 성경 자체를 예배하는 것이 아니라, 성경에서 계시된 하나님을 예배한다. 그래서 구약성경의 신적 권위가 무너지면 우리는 근원을 상실하게 되어 역사와 하나님과 우리 자신을 잃게 된다.

왜 유대인의 성경(타나크)이 하나님의 말씀인가? 지금까지의 논의를 정리해 보자.

첫째, 구약성경은 하나님이 누구신지를 계시해 준다. 창세기를 통해서 창조주, 전능하신 하나님을 보여 준다. 하나님은 시내산에서 모세에게 "스스로 있는 자"라는 칭호를 알려 주신다. 그리고 모세는 광야 40년 생활을 마감하면서 신명기를 통해 "이스라엘아 들으라 우리 하나님 여호와는 오직 유일한 여호와이시니 너는 마음을 다하고 뜻을 다하고 힘을 다하여 네 하나님 여호와를 사랑하라"(신 6:4-5)는 최고의 계명을 가르친다. 구약성경은 창조주가 누구신지, 인간은 누구인지, 죄는 무엇인지, 메시아는 언제 오는지 그리고 장차 올 세계의 모습은 어떻게 진행될 것인지를 알려 준다. 예수님은 신명기 말씀을 인용하시면서 하나님을 향한 사랑을 가르쳐 주셨다.

둘째, 구약성경의 모든 율법과 예언은 기름 부음을 받은 자(메시아)를 통해서 해석된다. 성막 모형과 제사 의식, 도피성 제도, 대제사장의 모습에 대한 모든 율법은 예수 그리스도의 예표로 주어진 것이다. 구약성경은 오실 메시아에 대한 예언을 담고 있다. 기독교의 관점에서는, 이스라엘의 역사와 구약성경은 유대인의 『탈무드』에서 그 의미가 발견되는 것이 아니라, 그리스도와 신약성경의 복음 안에서 이해되고 해석될 때에 하나님 말씀으로서의 권위를 가진다고 할 수 있다.

셋째, 구약의 사본은 충분히 신뢰할 만하다. 설령 사본 간에 약간의 불일치가 있다고 하여도, 하나님을 사랑하는 것과 메시아에 대한 예언의 말씀에는 어떠한 부족함도 없다. 성경의 무오(Biblical Inerrancy)는 원본 성경에만 적용된다. 성경무오에 대한 복음주의자들의 시카고 선언문은 원본의 무오와 사본의 신뢰성을 강조한다.[30] 성경의 다양한 사본과 번역본에는 기록, 번역 그리고 전승 과정에서 약간의 차이와 이문들이 생기지만, 그것은 교리상 심각한 차이를 일으키지 않는다. 성경 원본의 완전성은 하나님은 실수하지 않으시며, 따라서 성경의 원본도 실수가 없다는 논리적인 관점에서도 충분히 논증된다.

오늘날 복음주의 기독교 변증학은 최우선적으로 성경의 무오성을 수호하는 데 집중하고 있다. 계몽주의적 영향력이 기독교의 초자연주의적 특성을 부정하기 때문이다. 계몽주의자들은 구약성경의 핵심적인 교리들인 하나님의 창조, 아담의 타락, 노아 홍수 심판, 기적을 부정한다. 성경의 무오성과 신적인 권위를 수호하는 것은 자유주의 신학의 광풍에 맞서서 교회와 성도의 신앙을 지켜야 하는 기독교 변증가의 중대한 책무가 되었다.

12장

신약성경의 신적 권위 논증:
신약성경은 왜 하나님의 말씀인가요?

계몽주의 시대(1680-1800년경)가 시작되기 전까지, 기독교의 교회들은 전통적으로 성경이 하나님의 감동으로 기록된 말씀이라는 것을 믿어 왔다. 성경 본문에 기록된 모든 사건, 모든 사람, 지리적이고 역사적인 세부사항도 인류를 구원하기 위한 하나님의 주권과 뜻에 따라 기록된 것으로 믿었다. 그렇지만 계몽주의 시대에 진입하면서 일부 학자들은 성경이 하나님의 말씀이라는 것을 부정했다. 그들은 성경을 단지 인간이 만든 종교문헌으로 간주하기 시작했다. 계몽주의 사상가들에 따르면 인간의 모든 지식과 정보는 평가를 받는 대상이다. 그들은 당연히 성경도 인간의 이성으로 평가해야 한다고 주장했다. 한마디로, 계몽주의는 성경은 결코 무오하지 않으며 오히려 많은 오류가 포함된 문헌이라고 주장했다.

자유주의 신학자들은 한결같이 성경의 권위와 무오성을 부정한다. 특별히 지저스 세미나 학회, 소설 『다빈치 코드』의 저자 댄 브라운(Dan Brown), 신약성서신학을 가르치면서도 불가지론자로 알려진 바트 어만 교수(노스캐롤라이나 대학교)는 복음서의 신적인 기원을 부정하고 있다. 이런 비판에 맞서, 복음주의 신학자들과 변증가들은 성경의 무오성을 설명하고 확증하는 데 집중했다. 복음주의 기독교 변증학적 관점에서 성경의 권위를 부정하는 이들의 주장을 분석한 후에 비판하고자 한다.

사복음서의 신적인 권위를 부정하는 사람들

지저스 세미나 학회의 주장들

지저스 세미나 학회는 미국의 로버트 펑크와 존 도미닉 크로산에 의해서 1985년에 설립되었다. 이 학회는 주로 성서비평분야를 연구하며, 가톨릭 신학자, 자유주의 개신교 신학자, 유대인, 심지어 무신론자들도 이 학회의 구성원이다. 그들은 "복음서들은 예수 그리스도의 진정한 모습을 담고 있을까? 무언가 조작된 것은 아닌가?"라는 질문을 통해서 기독교 신앙의 토대를 탐색한다. 그들은 예수의 언어와 행동을 기록한 도마복음서를 권위 있는 것으로 적극 수용한다.

도마복음서는 영지주의를 반영하고 있기 때문에, 주후 2세기 중반 이후의 작품일 것으로 추정한다. 지저스 세미나 학회는 20개의 복음서들이 초기 기독교 시대로부터 전해져 왔다고 주장하며, 그것들을 모아 『완전한 복음서들』(The Complete Gospels)로 출간했다. 이 책에 도마복음서도 포함되어 있다.[1]

지저스 세미나 학회-예수의 어록 평가 방식
지저스 세미나 학회는 복음서에 기록된 예수님의 언행을 담은 약 500개의 문장이 실제로 예수께서 직접 하신 말씀인지 아닌지를 투표를 통해서 결정하기로 했다. 그들의 표결 방식은 다음과 같다.

그 문장은 예수님이 실제로 그렇게 말씀하신 것이라고 생각하면 '빨간색 구슬', 예수님이 실제로 비슷한 말씀을 하신 것으로 보이면 '분홍색 구슬', 예수님이 진짜 말씀하신 것이 아니라 단지 예수님의 생각이 포함한 문장으로 보이면 '회색 구슬' 그리고 예수님의 말씀이 아니고 완전히 후대에 첨가된 것으로 보이는 문장은 '검은색 구슬'을 선택하는 방식이다.

그들은 이런 투표 과정을 통해서, 마태복음에서 예수님의 언행을 기록한 420개의 문장 중에서 실제로 예수님이 직접 하신 말씀은 불과 2.6퍼센트로 보았다. 예수님의 말씀 중에서 16퍼센트는 예수님의 실제 언명인지 의심스럽다고 추정했다. 복음서에 있는 예수님의 언행 82퍼센트는 예수님의 진짜 언행인지 불분명하다고 투표로 결정한 것이다. 그들이 사복음서와 도마복음서에 수록된 예수님의 말씀에 대한 진정성 정도에 대해 발표한 투표 결과는 다음과 같다.[2)]

	Red (빨간색)	Pink (분홍색)	Gray (회색)	Black (검은색)	진정성
마태복음(420말씀)	11	61	114	235	2.6%
마가복음(177말씀)	1	18	66	92	0.6%
누가복음(392말씀)	14	65	128	185	3.6%
요한복음(140말씀)	0	1	5	134	0%
도마복음(202말씀)	3	40	67	92	1.5%

지저스 세미나 학회는 이런 투표 결과를 바탕으로 역사적 예수의 모습을 다음 다섯 가지로 요약했다.[3)] 첫째, 역사적 예수와 역사적 기독교는 어떤 상관관계가 없다. 예수는 헤롯 대왕 시대에 베들레헴이 아닌 나사렛 동네에서

태어났다. 둘째, 예수의 많은 정체성 중에서, 가령 현인, 비평가, 개혁가, 여권운동가, 예언가, 개혁적 선지자, 종말론적 선지자 중에서 하나의 일치된 견해를 얻기는 불가능하다. 셋째, 예수는 신적인 존재가 아니며, 예수의 부활과 기적, 승천은 모두 사실이 아닌 것으로 주장한다. 특히 지저스 세미나 학회의 공동 설립자 크로산 박사는 십자가에 처형된 예수의 시신은 들짐승에 의해서 완전하게 손실되었을 것이라고 주장한다. 예수는 의사였을 뿐 마술(기적)을 사용한 적이 없다. 넷째, 정경 복음서들은 예수가 죽은 후 최소 100년이 지난 이후에 저술된 것으로 신뢰할 수 없다. 다섯째, 복음서에 기록된 예수의 진정성 있는 말씀들은 소위 'Q문서'(예수의 어록을 담은 것으로 추정되는 가상의 자료)를 통해서 재구성된 것에 불과하다. 결론적으로 펑크 박사는 복음서는 예수의 말씀들이 구전되는 상황 속에서 초기 복음전도자들이 창의적인 상상력을 발휘하여 각색한 결과로 나온 것으로 보았다.

지저스 세미나 학회에 대한 비판

지저스 세미나 학회는 '복음서에 기록된 예수의 언행 중 대부분은 예수의 진정한 말씀이 아니다'라는 결론을 내렸다. 그렇지만 여기에 몇 가지 문제점이 있다.

첫째, 윌리엄 레인 크레이그 박사에 의하면, 표결 당시의 지저스 세미나 학회의 핵심 멤버 74명 중에서 단 14명만이 신약학계에 이름이 알려진 학자였고 나머지는 학문적인 성과나 연구 실적이 전혀 없는 일반인이었다. 그래서 지저스 세미나 학회의 학문성은 신약학계를 대표할 수 있는 수준에 도달하지 못한 비주류·비전문가의 모임에 불과하다고 혹평한다. 루크 티모디 존슨(Luke Timothy Johnson)도 그의 저서 『실제 예수』(The Real Jesus)에서 지저스 세미나 학회의 연구 방법, 절차, 표결 방식, 연구 결과를 부당한 것으로 강력하게 비판했다.[4]

둘째, 그들은 아무런 근거도 없이 초자연주의(supernaturalism)를 부정한다. 그들은 계몽주의 철학의 영향을 받았다. 계몽주의는 인간의 이성과 과학을 넘어서는 기적, 즉 성경의 기적과 예수의 부활을 사실이 아니라 신화로 간주한다. 세속적인 인문학과 철학이 신학에 영향을 많이 미쳤다. 독일 신학자 불트만은 "신학은 인간학이다"라고 말하기도 했다. 불트만은 이런 가정을 근거로 '신화의 비신화화'라는 해석학적 작업을 수행했다. 불트만의 제자 린네만이 보기엔 이러한 반초자연주의적 경향성은 자유주의 신학자들의 편견이고 철학적 전제에 지나지 않을 뿐이다. 그녀는 무신론적 인문학이 진리를 상대화하고 하나님의 계시를 종교적 현상으로만 다루고 있다고 비판한다.[5]

셋째, 지저스 세미나 학회는 복음서 저작 연대를 주후 70년부터 100년, 일부는 100년 이후에 나온 것으로 보는 '늦은 연대설'을 수용한다. 그 이유는 늦은 연대설을 수용함으로써 복음서에 기록된 기적 사건을 증인들의 증언이 아니라 증인을 내세울 수 없는 신화로 각색하기 위한 것이다. 하지만 늦은 연대설은 다음과 같은 이유로 쉽게 논박할 수 있다. 우선, 2세기 초반의 사본들은 당연히 1세기에 있었을 원본을 반영한 것이다. 이것은 1세기 후반부에 활동했던 초대교회 지도자들의 작품에 복음서의 내용이 인용되고 있다는 점을 통해 알 수 있다.

사도 바울이 쓴 고린도전서는 주후 55-56년에 기록되었을 것으로 본다. 사도행전은 사도 바울이 로마에서 자유롭게 전도하는 장면으로 끝이 난다. 이것은 사도행전이 주후 63년경에 완성되었을 것임을 뜻한다. 사도행전의 첫 구절, 즉 "데오빌로여 내가 먼저 쓴 글"(행 1:1)이라는 진술은 누가복음이 사도행전보다 먼저 집필되었다는 것을 말한다. 이 경우에, 누가복음은 주후 58-63년에 기록되었을 것이다.

지저스 세미나 학회가 예수의 기적과 부활을 신화로 취급하는 이유는 1세기 말경에 부활을 목격한 증인이 더 이상 생존하지 않기 때문이다. 비숍 로

빈슨은 대부분의 신약성경이 주후 60년 이전에 기록되었다고 주장하고, 이른 연대설 지지자들은 대개 주후 70년 이전에 신약성경 기록이 완료된 것으로 본다. 따라서 늦은 연대설을 근거로 부활과 기적에 대한 증인이 없기 때문에 복음서를 신화로 간주하는 것은 잘못된 추정이다.

넷째, 지저스 세미나 학회는 1세기의 동시대를 살았던 증인들의 증언과 설명은 외면하면서도, 가상의 Q문서 그리고 도마복음서와 같은 외경은 신뢰한다. 그러나 Q문서는 가설로 구성된 것이다. 지저스 세미나 학회는 이집트의 나그 함마디에서 1945년에 발견된 도마복음서를 정경복음서와 같은 반열에 올려놓고, 도마복음서가 마가복음과 비슷한 시기에 기록되었다고 주장한다. 그렇지만 복음주의 신약학계는 도마복음서의 기록 시기를 주후 140-170년으로 추정한다.

김용옥 씨는 『도올의 도마복음 이야기』와 『도올의 도마복음 한글 역주』에서 도마복음서가 정경복음서의 원형이라고 주장한다. 하지만 도마복음은 정경이 아니라 이단 문서에 속한다. 도마복음서는 교회의 사도적 신앙과 교훈과는 모순되는 내용을 포함하고 있으며 2세기 중반 이후 영지주의 영향을 받은 작품이기 때문이다.[6] 도마복음서의 내용은 사도 도마의 신앙고백과 조화되지 않는다. 사도 도마는 부활하신 예수님의 손과 옆구리를 직접 본 후에 부활의 증인이 되었는데(요 20:27-28), 도마복음서 안에는 예수의 죽음과 부활에 대한 어떤 기록도 없으며, 영지주의적 특성이 포함되어 있다.[7]

결론적으로, 지저스 세미나 학회가 내린 결론은 '순환논증'으로 알려진 논리적 오류에서 나온 것이다. 이들의 주장에서 결론은 전제와 동일하다. 계몽주의를 따르는 이들에게 기적과 부활은 신화에 지나지 않는다. 그래서 신화를 제거하자는 '비신화화 해석'을 주장하는 것이다. 그런데 성육신, 기적 그리고 부활을 제거한 예수는 복음서에 기록된 예수가 아니라 다른 예수이다. 그래서 C. S. 루이스에 의하면, 역사적 예수 연구는 비역사적 예수를 내세우는 것일 뿐이다. 복음서를 떠난 '역사적 예수'는 '다른 예수'이다. 사도 바울은 '다른 예수'를 전파하는 이들이 등장할 것이라고 이미 경고했다.

"만일 누가 가서 우리가 전파하지 아니한 다른 예수를 전파하거나 혹은 너희가 받지 아니한 다른 영을 받게 하거나 혹은 너희가 받지 아니한 다른 복음을 받게 할 때에는 너희가 잘 용납하는구나"(고후 11:4).

복음서의 권위를 부정하는 『다빈치 코드』

댄 브라운의 『다빈치 코드』의 핵심적인 주장

미국 소설가 댄 브라운이 쓴 추리소설 『다빈치 코드』는 2003년 출간된 직후 4년 만에 8천만 부가 넘게 팔린 초대형 베스트셀러로 등극했고, 이미 44개 이상의 언어로 번역되었다. 이 소설을 원작으로 삼은 영화가 제작되어 2006년 5월에 상영되기도 했다. 그런데 복음주의 그리스도인들은 이 영화와 원작 소설이 예수님의 신성과 복음서의 권위를 부정했기 때문에 당혹감을 느꼈다.

이 추리소설은 프랑스 파리의 루브르 박물관에서 큐레이터가 살해되면서 시작된다. 그 큐레이터는 살해되기 전에 기독교를 흔들 수 있는 비밀, 즉 예수의 신성을 부정할 수 있는 증거들을 확보했다. 교회는 그런 증거들을 숨기거나 없애려고 했다. 그러나 큐레이터는 레오나르도 다빈치(Leonardo da Vinci)의 유명한 그림 "모나리자", "최후의 만찬"에 단서를 숨겨 놓았다. 가상의 인물인 하버드대학교의 기호학 교수였던 로버트 랭던(Robert Langdon)이 그 암호를 풀어내려고 노력하게 된다. 논란이 된 소설의 핵심적인 내용들은 다음과 같다.

(a) 예수는 막달라 마리아와 결혼해서 '사라'라는 딸을 낳았고, 그녀의 혈통을 받은 후손들이 중세 프랑스의 메로빙거 왕조로 이어졌다.
(b) 예수의 신성은 콘스탄틴 대제와 교회가 지어낸 것이다.
(c) 예수 그리스도와 관련하여 인간적인 특성을 말하는 복음서들은 모두 제거했다.
(d) 콘스탄틴 대제는 신약성경에 들어갈 책들을 직접 선택했다.
(e) 남성 중심의 세계를 위해 영지주의적 복음서를 금지시켰다.

저자 댄 브라운에 의하면, 원래 80여 개 이상의 경쟁적인 복음서들이 있었는데, 사복음서만이 신약성서의 정경으로 선택되었다는 것이다. "오늘날 우리가 알고 있는 성경은 이교도 로마 황제인 콘스탄틴 대제가 짜 맞춘 것이다"라고 그는 책에 썼다.[8] 저자는 왜 교회가 특별한 책들을 은닉하고 정경에서 배제하려고 했는지를 추적하며 교회가 사람들에게 진실을 숨기고 있다는 음모론을 상상력으로 그려낸다. 그런데 일반 대중들과 언론들은 댄 브라운의 소설이 마치 고대의 학문적 연구에 기반하고 있다는 착각에 빠지게 되어 사실과 소설을 혼동한 것이다.

『다빈치 코드』에 대한 비판

당시 몇몇 기독교계 학자들은 『다빈치 코드』에 대한 비판 서적을 출간하고, 이 소설에 담긴 잘못된 역사적 사실과 신학적 억지 주장들을 교정하려고 했다.[9] 그러나 일반 대중들에게 각인된 음모론은 쉽게 고쳐지지 않았다. 『다빈치 코드』는 분명 하나의 추리소설에 불과하지만, 대부분의 독자들은 이 소설에 담긴 주장 그대로 교회와 콘스탄틴 대제가 진실을 왜곡했다는 음모설을 실제 역사적 사실로 수용하는 경향을 보였다. 『다빈치 코드』에 담긴 왜곡된 역사 사실과 성경에 위배되는 내용은 무엇인가?

댄 브라운은 콘스탄틴 대제가 주후 325년경에 열린 니케아 공의회에서 예수의 신성을 선언하면서 그에 반대하던 모든 자료를 없앴다고 말한다. 그렇지만 이것은 역사적 사실을 완전하게 왜곡한 것이다. 아타나시우스(Athanasius, 주후 296-373)와 아리우스(Arius, 주후 256-336)의 논쟁을 살펴보자. 알렉산드리아의 주교였던 아타나시우스는 '예수는 하나님과 본질적으로 동일하다'며 예수님의 신성을 주장했다. 그는 삼위일체론을 강력하게 수호했다. 반면에 아리우스는 '예수는 하나님에 의해 창조된 존재이며 하나님과 동등하지 않다'고 주장하며 예수의 신성을 부인했다. 그래서 주후 325년 니케아 공의회에서 표결을 통해 삼위일체 교리를 수호했다. 약 300명의 주교들이 참여해서 약 298명이 아타나시우스의 주장을 지지했고, 단 2명만 아리우스를 지지했다.

단순히 '298 대 2'라는 표결 결과로 인해 아리우스파가 이단으로 정죄되었다고 말해서는 안 된다. 정통과 이단을 판정하는 기준은 '다수결 원칙'이 아니다. 아타나시우스의 견해를 지지한 298명의 주교들은 성경에 기록된 예수 그리스도에 대한 신앙고백, 메시아 사역, 사도들의 가르침을 따른 것이다. 아리우스의 주장은 지지자가 2명밖에 없어서 이단으로 몰린 것이 아니라, 그가 성경과 다른 견해를 주장했기 때문에 이단사상으로 정죄를 받은 것이다. 다시 말하면 형식은 투표 절차였지만, 판단 기준은 '성경'이었다.

구약성경에서 예언된 메시아는 신성을 가진 메시아이다. 그리고 사도들은 처음부터 예수 그리스도를 하나님으로 믿었다. 사도 바울은 빌립보서 2장에서 예수님을 하나님의 본체라고 선언했고, 사도 요한은 요한복음에서 "태초에 말씀이 계시니라 이 말씀이 하나님과 함께 계셨으니 이 말씀은 곧 하나님이시니라"(요 1:1)고 예수님의 신성을 선포한다. 국회에서 투표를 통해서 법안을 결정하듯이, 콘스탄틴 대제가 소집한 공의회에서 예수의 신성 여부를 투표로, 그것도 아주 근소한 차이로 결정했다는 주장은 역사 왜곡이다. 실제로 교회사 자료를 보면 298 대 2라는 압도적인 표차로 아리우스파를 정죄한 것이다. 니케아 공의회에 모인 콘스탄틴 대제와 참석한 주교들이 신약성경을 편향되게 자기들 입맛에 맞게 제멋대로 가공하고 예수와 사도들이 전해 준 원래의 복음을 변질시킨 것이 아니다.

영지주의적 문헌들은 사도들의 시대에 존재하지 않았다. 예수님의 성육신을 부정한 대개의 영지주의적 문서들은 정경복음서보다 시기적으로 무려 한 세기 뒤늦게 나왔다. 콘스탄틴 대제가 니케아 공의회를 소집하기 이전에 이미 초대교회는 예수님을 참 하나님으로 믿었다. 신약성경의 초기 사본들은 니케아 공의회가 소집되기 1-2세기 이전에 나왔다. 영지주의적 문서들은 사도들의 가르침에 어긋나서 교회에서 사용되지 않았을 뿐이다.

브루스 메쯔거(Bruce M. Metzger)에 의하면, 정경을 탄생시킨 주체는 개인도 공의회도 아니다. 정경은 교회 내에서 스스로 정경의 지위를 확보한 것이다. 메릴 테니(Merrill C. Tenney)도 "교회가 정경을 결정한 것이 아니라, 교회는 정경을 인식했을 뿐이다"라고 단정했다.[10]

그런데 『다빈치 코드』는 추리소설로 '허구'를 말하고 있음에도 불구하고, 일부 독자들은 저자의 주장을 '사실에 근거한 것'으로 간주한다. 이것은 허구와 사실을 혼동한 것이다. 왜곡된 역사는 실제 역사가 아니다. 댄 브라운은 허구를 사실로 둔갑시키는 악행을 저지른 셈이다. 『다빈치 코드』에서 등장인물들의 대화는 당연히 작가의 머릿속에서 작가가 어떤 의도를 가지고 허구적으로 구성한 것이다. 진화생물학자인 리처드 도킨스도 『다빈치 코드』를 현대 소설로 본다.[11]

『다빈치 코드』는 '시온수도회'(The Priority of Sion)를 1099년에 설립된 비밀단체로 설정하고 이 단체에는 아이작 뉴턴, 보티첼리, 빅토르 위고, 레오나르도 다빈치 등이 비밀 회원으로 가입되어 있다고 말한다. 그리고 비밀결사체인 시온수도회의 목적은 막달라 마리아와 예수 그리스도의 결혼 관계가 외부로 알려지는 것을 막는 데 있었다는 것이다. 그러나 폴 마이어에 의하면, 진짜 시온수도회는 약 50년 전에 설립된 작은 단체일 뿐 중세 시대부터 존재해 왔던 조직이 아니다. 그리고 뉴턴과 다빈치 같은 유명인들을 그 단체의 비밀 회원으로 간주하는 것은 고인에 대한 명예훼손일 수 있다.

결론적으로, 댄 브라운의 『다빈치 코드』는 성경과 역사적 사실에 근거하지 않은 허무맹랑한 주장을 하는 전형적인 소설에 지나지 않는다. 상상력으로 쓰인 소설에 근거해서 성경의 진리를 부정한다는 것은 아예 말이 되지 않는다.

바트 어만 교수의 성경왜곡론

바트 어만은 미국 노스캐롤라이나대학교 종교학과 교수이다. 그는 신약성서 신학을 가르치는 교수이지만 아이러니하게도 불가지론자이다. 바트 어만 교수에 의하면, 성경은 신의 무오한 계시가 아니라 인간이 만든 문헌이며, 당연히 그 안에 수많은 오류가 있다. 그는 신약성경에만 30-40만 개 정도의 이문들과 오류들이 있다고 주장한다. 이것은 성경의 무오성을 부정하는 근거라고 한다.[12]

그의 주장은 다음처럼 재구성될 수 있다. (a) 오늘날 우리가 가진 성경의 본문은 원래의 성경의 원문이 아니다. (b) 성경의 원문 내용이 삭제되고 추가되었다면, 원래 성경 텍스트는 변질되었을 것이다. (c) 그러므로 우리는 성경의 정확성(그리고 무오성)을 신뢰할 수 없다.

바트 어만의 성경오류론

바트 어만 교수는 예수님의 신성과 전지하심 그리고 성경의 무오성을 부정한다. 그의 주장을 살펴보자.

첫째, 그는 예수님이 겨자씨(막 4:31)를 가장 작은 씨라고 말씀하셨지만, 그것은 틀렸다고 말한다. 예수님은 "또 이르시되 우리가 하나님의 나라를 어떻게 비교하며 또 무슨 비유로 나타낼까 겨자씨 한 알과 같으니 땅에 심길 때에는 땅 위의 모든 씨보다 작은 것이로되"(막 4:30-31)라고 말씀하셨다. 하지만 그는 겨자씨보다 더 작은 난초씨가 있기 때문에 예수님이 틀렸다고 말한다. 그렇지만 2천 년 전 팔레스타인의 농부들에게는 밭에 심는 씨 중에서는 겨자씨가 가장 작은 씨이다. 흑겨자씨는 대개 3.7미터 정도까지 성장하는 식물이기에 겨자나무로 불리기도 한다. "심긴 후에는 자라서 모든 풀보다 커지며 큰 가지를 내나니 공중의 새들이 그 그늘에 깃들일 만큼 되느니라"(막 4:32)는 말씀에는 겨자씨에 대한 조건이 상세하게 설명되어 있다. '밭에 심는 씨', '나무보다 높게 자라는 씨'라는 두 가지 조건을 충족시키는 씨는 겨자씨뿐이다.

둘째, 예수님은 마가복음 2장에서 안식일에 대해 논쟁을 하셨을 때, 율법의 자비와 생명의 우선성을 설명하셨다. 예수님은 거기에서 다윗과 아히멜렉 제사장 사이에 있었던 일화를 소개하셨다. 아히멜렉은 사울왕의 추격을 피해 다니던 다윗과 일행에게 선행을 베풀었다.

"아히멜렉이 그를 위하여 여호와께 묻고 그에게 음식도 주고 블레셋 사람 골리앗의 칼도 주더이다"(삼상 22:10).

그런데 예수님은 사무엘상 21장 1-6절을 인용하시면서 당시의 대제사장을 '아비아달'이라고 말씀하셨다.

"예수께서 이르시되 다윗이 자기와 및 함께한 자들이 먹을 것이 없어 시장할 때에 한 일을 읽지 못하였느냐 그가 아비아달 대제사장 때에 하나님의 전에 들어가서 제사장 외에는 먹어서는 안 되는 진설병을 먹고 함께한 자들에게도 주지 아니하였느냐"(막 2:25-26).

사울왕은 나중에 이 사실을 알고 나서 크게 분노하고, 도엑을 시켜 아히멜렉과 제사장들을 죽였다. 문제는 동일한 사건을 설명하는 사무엘상 본문(아히멜렉)과 마가복음 본문(아비아달)이 서로 다른 대제사장의 이름을 사용한 것이다. 바트 어만은 이 구절이 예수님의 전지함과 성경의 무오성을 부정하는 사례라고 말했다.[13]

그렇다면 이 구절은 어떻게 해석되어야 할까? 여기에 세 가지 해석이 가능하다.

첫째, 헬라어 원문을 직역하면 "아비아달 대제사장 당시"라고 표현되어 있다. 미국의 노먼 가이슬러에 의하면, 아히멜렉은 사울왕이 보낸 도엑을 통해서 곧바로 죽임을 당하기 때문에, '그 시대'를 '아비아달 시대'라고 표현한 것은 적절하다고 보았다.[14]

둘째, 17세기 가톨릭 성경 주석가 코넬리우스 아 라피데(Cornelius a Lapide)의 해석인데, 아비아달이 아버지 아히멜렉과 함께 제사장 직무를 수행했으며, 아버지가 부재한 중에는 대제사장 역할을 대행했을 것으로 해석했다. 아비아달은 다윗의 도피 시기에 함께 있었고, 이후에 대제사장으로서의 역할을 충실히 수행했다. 예수님은 대화 중에 '아비아달 대제사장과 관련된 이야기 중에서'라는 의미 정도로 언급하셨다. 대화체라면, 이해하는 데 별 문제가 없다.

셋째, 사본과 역본에서 파생된 문제일 수 있다. 베자 사본 및 몇몇 라틴어 역본에서는 "아비아달 대제사장 때"라는 말이 생략되어 있다. 또한 페르시아어 고역본에는 "아히멜렉 대제사장 아래"라고 명시되어 있다. 이 역본에서는 아비아달을 아히멜렉으로 바꿔서 번역한 것이다. 이 세 가지 견해는 모두 성경의 무오성을 손상시키지 않는다는 장점이 있다.

앞에서 설명한 것처럼, 이 구절에서 '시대'를 폭넓게 해석한다면 아무런 문제도 없다. 그리고 이름의 차이가 사본 필사 과정, 전승 과정 그리고 번역되는 과정에서 발생한 '실수'라면, 예수님의 전지하심은 전혀 훼손되지 않는다.

대화체의 구문으로 이해해도 자연스럽다. 필자는 바트 어만의 주장처럼 이 구절의 이문(다른 철자)이 성경의 무오성과 예수님의 신성을 부정하는 사례는 될 수 없다고 본다. 사본들과 역본들을 겹쳐 보면 원본의 내용을 충분히 알 수 있다. '일부 사본의 철자'를 '원본의 실수', '예수의 무지'로 보는 것은 전형적인 범주착각의 오류일 뿐이다.

사본들에 포함된 이문들

바트 어만은 신약성경 사본들 안에 있는 이문의 숫자는 신약성경의 헬라어 단어 수(약 13만 8천 단어)보다 많다고 말한다.[15] 바트 어만은 존 밀(John Mill)이 헬라어 신약성경을 출판했을 때, 그가 약 100개의 그리스어 사본을 비교해서 약 3만 개의 이문이 있었다는 것을 알게 되었다고 말했다. 지금 우리에게는 최초로 기록된 자필 원본 성경은 없다. 현재 보존된 사본들에는 많은 '이문들'이 있다. 바트 어만은 사본들 안에 있는 본문의 이문들은 수십만 개라고 본다.[16] 이 점에서 바트 어만은 '성경에 아무런 오류가 없다는 무오성'을 부정한다.

여기에서 짚고 넘어갈 것이 있다. 앞에서 주장한 것처럼, 이문은 사본들 안에 있다. 필사본에서 발견되는 이문을 근거로 하여 원본 성경의 무오성을 부정할 수는 없는 법이다. 따라서 이들은 '범주착각의 오류'를 저질렀다. 가령, '영혼은 무게가 없으니 존재하지 않는다'라는 주장은 물리적인 범주 '무게'와 철학적인 범주 '존재'를 같은 범주로 혼동한 것이다. 바트 어만은 '사본 무오'와 '원본 무오'를 혼동했다. 사본의 본문에 있는 이문은 필사 과정에서 생긴 것이지만, 이문이 원본의 오류를 의미하지는 않는다. 더욱이 벤틀리는 존 밀이 말한 3만 개의 이문에서 우리가 실제로 숙고해야 할 이문은 불과 200개 정도에 불과하다고 보았다.[17] 그리고 교리에 영향을 줄 정도의 중대한 이문은 없다고 본다.

이문의 존재를 성경의 무오성과 어떻게 연결하여 설명할 수 있는가?

신약성경의 사본들 간에 이문이 수십만에 달한다는 사실은 신약성경의 무오성과 신의 계시라는 주장을 파괴할 수 있는가? 그렇지만 사본에 이문들이 존재한다는 사실이 원본 성경의 불완전함을 입증한 것은 아니다. 가령, 이순신 장군의 『난중일기』는 정조대왕 19년에 제작한 『이충무공전서』와 내용에 있어서 상당한 차이가 있다. 하지만 우리는 『난중일기』의 신뢰성에 굳이 의문을 품지 않는다.[18]

이에 비하면, 신약성경의 사본에 수십만 개의 이문이 존재하지만, 성경의 원래 내용을 잘 보존해 온 우수한 사본들도 아주 많이 있다. 이것은 신약성경의 문헌적 신뢰성을 갖는 데 충분하다. 가령, 공인본문(Textus Receptus, 종교개혁 기간에 사용된 그리스어 본문으로 KJV를 번역할 때에 사용됨)과 현대 신약성경의 헬라어 본문(NA28판)의 차이를 비교해 보자. 두 본문 사이에 약 5천 개 정도만 철자상의 차이가 있다. 두 헬라어 본문만을 토대로 하면 신약성경의 96퍼센트 정도의 내용이 일치한다는 것을 알 수 있다.[19] 이문은 왜 생긴 것일까?

첫째, 성경 본문의 이문들 중에서 가장 많은 유형은 철자의 변화로 인한 것이다. 스펠링의 차이는 전체 이문의 75퍼센트에 해당한다(전체 이문들의 4분의 3 섬이다). 가령 필사자들은 헬라어 '이오타'(그리스어 문자의 아홉 번째 글자)에 관련된 것들은 창의적으로 철자했다. 이것은 본문에 어떤 영향도 주지 않는다. 또한 "예수께서 바울을 사랑하신다"는 헬라어의 동일한 내용의 다른 표현은 최소 16개로 표현될 수 있다. 심지어 수백 개의 다양한 표현도 가능하다는 것을 고려하면, 바트 어만의 주장대로 이문들이 많다는 것 자체가 신뢰성을 떨어뜨리지는 않는다. 그래서 대니얼 월리스(Daniel B. Wallace) 교수는 이문들 가운데 주목할 필요가 있는 것은 단 1퍼센트도 채 되지 않는다고 말한다. 더욱이 이것조차도 교리상 어떤 영향을 주지 않는다.[20] 이문들은 필사자들이 필사하는 과정에서 생긴 단순한 실수로 보면 된다.

둘째, 이문은 사본들 사이에서 통용되는 동의적 표현을 사용하는 경우에 발생한다. 가령, 어떤 사본은 '예수', 다른 사본은 '주'(Lord)나 '그분'(He)으로 표현한다. 하지만 이런 다양한 표현들(이문들)로 인하여 신약성경의 교리와 가르침이 위험에 빠지지는 않는다.[21] J. A. 뱅겔(J. A. Bengel, 1687-1752)은 당시에 약 3만 개의 이문들을 연구한 끝에 이런 결론을 얻었다. 이것은 대부분의 신약학자들이 지지하는 견해이다. 월리스에 의하면, 설령 특별하게 내적인 신뢰성을 가지고 있는 이문이라고 할지라도, 그것이 비-헬라어 사본에서 발견된 이문이거나 늦은 시기에 나온 필사본에 있는 이문이라면, 그보다 앞선 사본들에게 어떤 위협도 되지 않는다고 설명한다.[22]

월리스에 의하면, 현재 남아 있는 수많은 필사본이나 네슬레-알란트 28판의 이문들에는 사본들 간의 단어 차이(이문들)가 분명하게 존재한다. 그렇지만 현존하는 이문들이 성경의 무오성의 교리를 위협할 정도는 결코 아니라고 말한다.

"실용적으로 우리는 원본의 단어를 필사본이나 네슬레-알란트 그리스어 신약성경에 있는 비평장치에서 발견할 수 있다. 우리는 우리 눈앞에 원본을 가지고 있다. 단지 그것이 윗줄인지 아니면 아랫줄인지를 항상 확신할 수 없지만 말이다."[23]

클락 피낙 교수(Clark H. Pinnock, 맥매스터신학대학교)도 다음과 같이 말하며 성경의 신뢰성을 높게 평가한다.

"고대 문서 중에서 이 정도로 훌륭한 문서 및 역사적 증언은 없습니다. … 정직한 이라면 이러한 문서를 비난할 수 없습니다. 기독교의 역사적 신뢰성에 대한 회의론은 비이성적인 근거를 바탕으로 하고 있습니다."

앞에서 설명한 것처럼, 오늘날 우리에게 전해져 온 신약성경 원본은 없다. 현존하는 신약성경 필사본들 간에는 분명히 불일치하는 이문들이 있다. 그렇지만 '사본에 이문들이 있다'는 주장을 '신약성경의 원본에 오류가 많이 있었다'는 주장으로 비약할 필요는 없다.

여기서 '성경무류설'과 '성경무오설'을 구분해 보자. '무류설'은 성경의 원본도 인간 저자들의 작품이라는 관점에서 볼 때, 그 안에 담긴 모든 내용이 완벽하지 않고 약간의 오류가 포함되어 있지만 교리적 과오는 전혀 없다는 주장이다. 신약의 필사본 안에 있는 이문들은 대개 5세기 이전의 본문에 삽입된 것으로 추정된다. 사본들 안에 있는 이문들은 필사 과정에서 만들어진 것이다. 사본의 이문을 원본 성경에 있는 오류라고 단정할 근거가 없다. 성령의 감동으로 성경이 기록되었다는 것은 원본 성경의 기록 과정에 하나님이 개입하셨다는 것을 뜻한다. 하나님의 성품(완전성과 거룩함)이라는 측면에서, 원본 성경 내용에 오류가 없다는 결론은 타당하다.

신약성경의 신적인 권위와 기원 논증

초대교회는 왜 신약성경이 필요했을까?

누가 무슨 목적으로 신약성경을 기록했을까? 사도들은 예수님의 부활의 증인으로 당시 온 땅에 복음을 전했다. 초기 기독교의 역사에서 신약성경을 기록한 이유는 무엇일까?

첫째, 구약의 선지자들은 이미 새로운 언약이 등장할 것을 예언했다. 구주 예수께서 탄생하시기 약 6세기 전에 선지자 예레미야는 새 언약에 대한 예언을 남겼다.

"여호와의 말씀이니라 보라 날이 이르리니 내가 이스라엘 집과 유다 집에 새 언약을 맺으리라 이 언약은 내가 그들의 조상들의 손을 잡고 애굽 땅에서 인도하여 내던 날에 맺은 것과 같지 아니할 것은 … 곧 내가 나의 법을 그들의 속에 두며 그들의 마음에 기록하여 나는 그들의 하나님이 되고 그들은 내 백성이 될 것이라 여호와의 말씀이니라"(렘 31:31-33).

예수 그리스도는 최후의 만찬에서 이제 '새 언약'을 세운다고 분명하게 말씀하셨다.

"저녁 먹은 후에 잔도 그와 같이 하여 이르시되 이 잔은 내 피로 세우는 새 언약이니 곧 너희를 위하여 붓는 것이라"(눅 22:20).

사도들은 예수 그리스도의 가르침, 십자가의 죽음과 부활에 대한 증인이다. 그들은 주님의 재림을 굳게 믿고 만민에게 복음을 전하라는 대위임 명령을 따랐다. 주님이 승천하신 이후에, 베드로는 가룟 유다를 대신할 새로운 사도를 선출할 때, 새롭게 선택될 사도의 자격을 다음과 같이 말한다.

"이러하므로 요한의 세례로부터 우리 가운데서 올려져 가신 날까지 주 예수께서 우리 가운데 출입하실 때에 항상 우리와 함께 다니던 사람 중에 하나를 세워 우리와 더불어 예수께서 부활하심을 증언할 사람이 되게 하여야 하리라 하거늘"(행 1:21-22).

초대교회 성도들이 믿었던 기독교의 복음은 예수님이 십자가에서 죽으시고 삼 일 만에 다시 사셨다는 단순한 증언을 담았다.

둘째, 그리스도인들이 제국 곳곳에 계속 늘어남에 따라 예수 그리스도에 대한 신앙 전승의 핵심을 문서로 정확하게 기록할 필요가 생겼다. 가령, 누가는 자신이 복음서를 기록하는 목적을 서두에서 이렇게 밝히고 있다.

> "우리 중에 이루어진 사실에 대하여 처음부터 목격자와 말씀의 일꾼 된 자들이 전하여 준 그대로 내력을 저술하려고 붓을 든 사람이 많은지라 그 모든 일을 근원부터 자세히 미루어 살핀 나도 데오빌로 각하에게 차례대로 써 보내는 것이 좋은 줄 알았노니 이는 각하가 알고 있는 바를 더 확실하게 하려 함이로라"(눅 1:1-4).

셋째, 사도들과 초대교회 성도들의 헌신적인 전도와 선교로 인해, 로마제국 전체에 많은 교회가 세워졌다. 교회와 성도들 사이에 발생하는 여러 일에 대하여 명확한 교리와 기준이 필요했다. 그리스도인들은 예수 그리스도의 가르침과 사도의 가르침을 기록한 문서나 규범이 필요했다. 가령, 바울은 율법주의자들이 복음의 정신을 혼란하게 하는 일들에 대해 다음과 같이 기록한다.

> "어떤 사람들이 유대로부터 내려와서 형제들을 가르치되 너희가 모세의 법대로 할례를 받지 아니하면 능히 구원을 받지 못하리라 하니 바울 및 바나바와 그들 사이에 적지 아니한 다툼과 변론이 일어난지라 형제들이 이 문제에 대하여 바울과 바나바와 및 그중의 몇 사람을 예루살렘에 있는 사도와 장로들에게 보내기로 작정하니라"(행 15:1-2).

바울은 사도들의 명확한 가르침이 필요하다고 생각해서 사도들의 모임에 지침을 달라고 요청했던 것이다.

넷째, 로마제국과 유대 지도자들에 의해서 그리스도인들은 지속적으로 핍박과 박해를 받았다. 스데반과 야고보 사도의 순교를 시작으로 해서 초대교회 성도들의 순교는 계속되었다. 예수 그리스도를 직접 보고 말씀을 들었던 사도들은 대개 70년대를 중심으로 순교했다. 따라서 사도들이 세상을 떠나는 순교적 상황에서, 사도들 혹은 사도들의 동역자가 기록한 문서의 필요성이 대두되었다.

다섯째, 초대교회는 거짓 교사들과 거짓 선지자들의 활동과 영지주의 이단 사상의 유입 현상에 직면했었다. 진리와 비진리의 충돌이 일어나는 시대적 상황에서, 예수님이 세우신 사도들이 가르쳐 준 복음에 대한 기록이 필요했다. 거짓 교사들이 초대교회 성도들을 혼잡하게 만드는 상황 속에서, 유다는 서신을 보내 믿음을 보호할 필요가 있었다고 말한다.

"사랑하는 자들아 우리가 일반으로 받은 구원에 관하여 내가 너희에게 편지하려는 생각이 간절하던 차에 성도에게 단번에 주신 믿음의 도를 위하여 힘써 싸우라는 편지로 너희를 권하여야 할 필요를 느꼈노니 이는 가만히 들어온 사람 몇이 있음이라…"(유 1:3-4).

신약성경은 왜 하나님의 말씀인가? 신앙고백적 관점

기독교 복음의 핵심은 예수 그리스도에 대한 신앙고백에 있다. 나사렛 예수는 성육신한 하나님이시고 구약에 예언된 메시아이시다. 그분은 인류의 죄를 대속하기 위해서 십자가에 죽으셨다가 사흘 만에 부활하셨다. 신약성경의 사도들은 이런 신앙고백의 대상이신 예수 그리스도의 사역, 죽음, 부활 그리고 승천을 목격한 증인들이다. 자신들이 하나님의 영감으로 기록했다고 주장한다. 그들의 주장이 사실이 되려면 신약성경에는 거짓과 오류가 없어야 한다. 왜냐하면 하나님은 거짓을 말씀하시지 않기 때문이다(딛 1:2).

그렇다면 이제, "신약성경이 과연 하나님의 말씀인가?"라는 질문에 대해 신앙고백적 관점에서 답해 보자.

첫째, 신약성경의 신적인 권위는 '예수는 그리스도' 그리고 '예수 그리스도는 하나님'이라는 고백에 표현되어 있다. 예수께서 "너희는 나를 누구라 하느냐"라고 물으셨을 때, 베드로는 "주는 그리스도시요 살아 계신 하나님의 아들이시니이다"(마 16:16)라고 고백했다. 예수님은 그 답변을 들으시고 그런 고백 위에 '내 교회'를 세울 것이라고 말씀해 주셨다.

나사렛 예수를 메시아로 믿는 이유는 구약성경에 예언된 136개의 예언을 성취하셨기 때문이다. 메시아의 신성은 구약에 예언되어 있다. 구약성경의 대표적인 선지자 이사야는 예수님의 탄생 약 700년 전에 "이는 한 아기가 우리에게 났고 한 아들을 우리에게 주신 바 되었는데"라고 성육신을 예언하고, 그 아들을 "기묘자라, 모사라, 전능하신 하나님이라, 영존하시는 아버지라, 평강의 왕"(사 9:6)으로 호칭했다. 예수님은 "나와 아버지는 하나"(요 10:30)라고 말씀하셨고, "나를 본 자는 아버지를 보았거늘"(요 14:9)이라고 말씀하셨다. 또한 예수님은 자신이 행한 기적을 통해서라도 믿으라고 하셨다.

"내가 아버지 안에 거하고 아버지께서 내 안에 계심을 믿으라 그렇지 못하겠거든 행하는 그 일로 말미암아 나를 믿으라"(요 14:11).

복음서에서 예수님의 어법은 "진실로, 진실로"이다. 이것은 랍비와 서기관들이 사용하는 어법과는 판이하게 다르다. 유대의 종교지도자들은 대개 그들보다 더 권위 있는 랍비들의 이름을 인용하며 말하는 반면, 예수님은 스스로에게서 권위를 찾으셨다. 메시아에 대한 예언의 성취, 예수님이 행하신 기적 그리고 가르침의 권위를 종합해 보면, '주 예수 그리스도'라는 신앙고백이 검증된다. 이것이야말로 신약성경의 신적 권위에 대한 명확한 근거라고 할 수 있다.

둘째, 사도들은 상호 간에 성령의 영감으로 구약성경과 동등한 새로운 성경을 기록하고 있음을 알고 있었다. 예수님은 나중에 성령이 임하시면 사도들이 예수께로부터 배웠던 모든 가르침이 기억날 것이라고 예언해 주셨다.

"보혜사 곧 아버지께서 내 이름으로 보내실 성령 그가 너희에게 모든 것을 가르치고 내가 너희에게 말한 모든 것을 생각나게 하리라"(요 14:26).

베드로는 그 당시 최소한 사도 바울이 쓴 서신서들의 일부를 알고 있었다. 그는 바울서신이 구약성경과 같은 신적인 권위를 가진다고 보았다(벧후 3:14-18). 베드로는 그의 서신을 매듭지으면서 "오직 우리 주 곧 구주 예수 그리스도의 은혜와 그를 아는 지식에서 자라 가라"(벧후 3:18)고 권면한다. 그것은 바울의 서신들을 통해서 그렇게 하라는 것이다. 베드로는 바울서신이 성령의 감동으로 기록된 하나님의 말씀이라고 보았다. 베드로는 이렇게 쓰고 있다.

"예언은 언제든지 사람의 뜻으로 낸 것이 아니요 오직 성령의 감동하심을 받은 사람들이 하나님께 받아 말한 것임이라"(벧후 1:21).

사도 바울은 "내가 주를 힘입어 너희를 명하노니 모든 형제에게 이 편지를 읽어 주라"(살전 5:27)고 말하고 있다. 그는 디모데에게 성경의 중요성과 그 역할을 다음과 같이 명료하게 말하고 있다.

"그러나 너는 배우고 확신한 일에 거하라 너는 네가 누구에게서 배운 것을 알며 또 어려서부터 성경을 알았나니 성경은 능히 너로 하여금 그리스도 예수 안에 있는 믿음으로 말미암아 구원에 이르는 지혜가 있게 하느니라"(딤후 3:14-15).

신앙생활의 핵심은 사람이 아니라 성경이다. 이 말씀은 성경 전체가 성령의 영감으로 기록되었다는 것을 뜻한다.

셋째, 신약성경에는 하나님의 말씀 자체의 능력이 있다. 히브리서는 "하나님의 말씀은 살아 있고 활력이 있어 좌우에 날 선 어떤 검보다도 예리하여 혼과 영과 및 관절과 골수를 찔러 쪼개기까지 하며 또 마음의 생각과 뜻을 판단하나니"(히 4:12)라고 말한다. 하나님의 말씀 자체에 힘이 있다는 것이다.

성 어거스틴은 주후 386년 어느 날 밀라노에서 회심을 경험하게 되었다. 그는 담장 밖에서 "톨레 레게 톨레 레게"(집어 들고 읽어라, 집어 들고 읽어라)라는 소리를 듣고 펼쳐 놓았던 로마서의 한 구절을 읽고 변화되었다.

"낮에와 같이 단정히 행하고 방탕하거나 술 취하지 말며 음란하거나 호색하지 말며 다투거나 시기하지 말고 오직 주 예수 그리스도로 옷 입고 정욕을 위하여 육신의 일을 도모하지 말라"(롬 13:13-14).

종교개혁가 마르틴 루터는 로마서 1장 17절을 통해서 회심했다.

"복음에는 하나님의 의가 나타나서 믿음으로 믿음에 이르게 하나니 기록된 바 오직 의인은 믿음으로 말미암아 살리라 함과 같으니라"(롬 1:17).

설교의 황태자로 불리는 찰스 스펄전(Charles Spurgeon)은 "땅의 모든 끝이여 내게로 돌이켜 구원을 받으라 나는 하나님이라 다른 이가 없느니라"는 이

사야 45장 22절 말씀을 듣고 회심했다.

넷째, 성령의 내적 증언이다. 성령은 신약성경의 말씀을 따라서 지금도 신자들에게 역사하고 있다. 이 사실은 신약성경의 신적인 권위를 지지하는 중요한 근거가 된다. 특히 칼뱅은 그의 저서 『기독교 강요』에서 성령의 내적인 증언이야말로 성경의 신적인 권위를 확증하는 것이라고 말했다. 성령의 내적인 증언이란 "어떤 책이 정경인지 하나님이 알려 주시는 사적인 계시가 아니라, 객관적으로 실재하는 성경의 신적인 속성을 깨달을 수 있게 만드는 성령의 활동"이다.[24] 성령의 조명은 성경의 신적인 속성을 알게 해주는 성령의 활동이다. 그래서 R. C. 스프로울도 성경의 신뢰성에 대한 최고의 증거는 성경을 읽는 성도에게 내리는 성령의 임재라고 주장한다. 성령의 내적인 조명은 신약성경의 신적인 권위에 대한 강력한 증거가 된다.[25]

결론적으로 말하면, 신약성경의 권위는 '주 예수 그리스도'에 대한 신앙고백, 메시아에 대한 예언 성취와 기적을 통한 확증, 사도들의 확증 그리고 지금도 계속되는 성령의 조명을 통해서 확실하게 입증된다고 말할 수 있다. '예수 그리스도의 말씀'과 '하나님의 감동하심'은 신약성경의 신적 권위의 토대가 된다.

종교개혁가 칼뱅은 "모든 논쟁을 넘어서서, 사람들은 성경을 두려움으로 받아야만" 한다고 말했다. 신약성경은 우리를 예수 그리스도에 대한 지식으로 인도한다. 신약성경은 기독교 교회 전체가 하나님의 말씀으로 받은 것이다. 이 땅에 예수 그리스도를 보내 주신 하나님이 그리스도에 대한 증언으로 신약성경을 주셨다. 신약성경은 구약성경과 마찬가지로 하나님의 감동하심으로 기록되었다. 이것은 문헌학적으로 신뢰할 만한 증거들로 확증된다. 신약성경은 예수 그리스도가 선택하신 사도와 동역자들을 통해서 오류가 없도록 기록된 하나님의 말씀임이 분명하다.

신약성경의 기록 시기와 정경의 기준

신약성경의 저작 시기

그리스도인들은 신약성경을 하나님이 성령의 감동으로 기록하게 하신 거룩한 문서로 믿는다. 신약성경은 언제쯤 기록되었을까? 저작 시기를 살펴보자. 특히 예수 그리스도의 생애와 가르침이 초기 기독교 공동체에 언제 문서로 전달되었는지는 매우 중요하다.

게리 하버마스 교수(리버티 대학)는 그의 저서 『역사적 예수』에서 다음과 같이 주장한다.

"성경 이외의 고대 자료들은 예수의 생애와 초기 기독교의 특징에 관한 상세한 설명을 놀라울 정도로 많은 분량으로 제시하고 있다. … 이 점을 비춰 본다면, 세속적인 역사만 가지고도 예수의 생애에 대한 중요한 사실 대부분을 제시할 수 있다는 것은 매우 특이한 일이라는 것을 깨달아야 한다."[26]

그에 따르면, 신약성경의 외적 증거만으로도 예수의 실존과 그분의 십자가 처형 사건은 역사적 사실로 충분히 확증될 수 있다. 특히 유대 역사학자 요세푸스, 로마의 역사가 타키투스(Tacitus), 수에토니우스(Suetonius), 플리니우스(Plinius) 등은 예수 그리스도와 초기 기독교에 대한 중요한 정보를 제공하고 있다.

첫째, 신약성경의 저자들에 대한 교회의 전승은 대개 사도들의 순교 이전에 기록이 완료된 것으로 전하고 있다. 신약성경의 저자들과 그 기록 배경에 대해 초대교회의 교부들의 증언은 매우 중요하다. 특히 이레니우스는 그의 저서 『이단 반박』에서 복음서들의 저자와 기록 과정에 대해 나름 분명한 정보를 남겼다. 이레니우스는 사도 요한의 제자인 폴리캅의 제자로서, 사도적

배경과 아주 가까운 인물로 평가된다. 다시 말하면 그의 스승이 사도 요한의 제자이기 때문이다. 이레니우스는 신약성경 저자들에 대해 폴리캅으로부터 전해 들은 내용을 다음과 같이 전하고 있다.

"베드로와 바울이 로마에서 복음을 전하는 동안에 마태 사도가 히브리어로 된 복음서를 편찬했다. 그들이 소천한 뒤에는, 베드로의 제자이면서 통역관이었던 마가가 베드로가 전했던 것을 글로 써서 우리에게 남겼다. 바울의 수행원인 누가는 그의 선생이 전한 복음을 기록했다. … 예수의 가슴에 기대어 있던 요한은 소아시아의 에베소에 체류하는 동안에 요한복음을 기록했다."[27]

이러한 교부들의 증언은 신약성경의 저자들이 사도 혹은 사도적 권위에 속한 사람이었음을 나타내며, 정경의 권위 형성에 중요한 근거를 제시한다.

둘째, 복음주의 신학자들은 대개 신약성경의 기록 시기를 예루살렘 멸망 이전으로 본다. 초대교회는 신약성경을 구약성경과 동등한 특별계시로 받아들였다. 학자들은 신약성경의 기록 시기를 '이른 연대설'(Early Dating)과 '늦은 연대설'(Late Dating)로 구분한다. 이렇게 두 연대설로 나뉘는 이유는 신약성경에 대한 역사적, 신학적, 문헌학적인 요소들에 의해서 다르게 평가되기 때문이다.

대체적으로 복음주의 신학자들은 '이른 연대설'을 지지하는 편이다. 이 관점에 의하면 신약성경의 거의 모든 문서는 예수님의 죽음과 부활 이후 한 세대가 지나지 않아서 기록된 것으로 추정한다. 즉 1세기 중반 주전 50년대에서 60년대 사이에 신약성경이 문서로 나왔다고 본다. F. F. 브루스(F. F. Bruce)에 의하면, 마가복음은 가장 일찍 기록된 복음서로서 예수님의 부활 이후 30년 안에 그리고 바울서신도 그의 생애 중에 모두 쓰였다고 보았다.

존 로빈슨(John A. T. Robinson)도 복음서가 예수님의 죽음과 부활 후 매우 짧은 시간 안에 기록되었다고 주장한다. 복음서들이 예수님의 재림에 대한 강렬한 기대감을 표현하고 있다는 것을 그 이유로 들었다. 특히 그는 복음서들이 예루살렘의 멸망을 언급하지 않고 있기 때문에, 복음서들의 저작 시기도 주후 70년 이전으로 추정한다.[28] 이들은 복음서의 기록 목적은 예수님의 가르침과 예언을 전하는 것이기 때문에, 당연히 예루살렘 멸망 이전에 복음서가 기록되어야 한다고 보았다.

반면에, 브루스 메쯔거와 레이몬드 브라운(Raymond E. Brown)은 늦은 연대설을 지지한다. 메쯔거는 신약성경의 저작 시기를 대개 주후 70년 이후로, 브라운은 주후 70-100년대에 기록된 것으로 본다. 이른 연대설보다 늦은 연대설을 지지하는 신약성서 학자들이 더 많다. 심지어 서신서 일부와 복음서들이 2세기 초반에 기록되었다고 주장하는 학자들도 있다. 이들이 늦은 연대설을 주장하는 이유는 무엇인가?

예컨대, 복음서를 보면, 예수께서 예루살렘의 멸망을 예언하셨다는 기록이 있다. 마태복음 24장, 마가복음 13장, 누가복음 21장에는 예루살렘에 대한 멸망 예언이 담겨 있다. 늦은 연대설 지지자들은 '예언 기록 후 사건 발생'보다는 '사건 발생 후 예언 기록'이 맞다고 생각한다. 따라서 예루살렘과 성전이 로마군에 의해서 실제로 멸망한 이후에, 복음서 저자들은 그 사건을 신학적으로 설명했다는 것이다. 그러나 복음서와 서신서들의 기록 목적이 예수의 복음을 전하는 것이었다면, 주 예수께서 가르치신 그대로 대위임명령, 성전 파괴에 대한 예언 그리고 재림에 대한 약속을 그대로 기록했을 것이다.

신약성경의 정경은 어떤 기준으로 선택된 것인가?

신약성경의 정경은 27권이다. 여기에 관련된 질문 중의 하나는 "어떤 기준으로 27권이 정경으로 선택되고 나머지는 정경에서 제외되었는가?"라는 것이다. 제일 먼저 언급해야 할 것은 '성경의 자증성'이다. 종교개혁가들은 '자증하는 정경'(self-authenticating)이 정경의 권위라고 언급했다. 자연만물에도 창조주의 솜씨가 담겨 있듯이, 성경에도 하나님의 신적인 솜씨(영감)가 담겨 있어야 한다.

칼뱅은 성경이 그 자체가 진리임을 명백히 선언하고 있다고 보았다(『기독교강요』, 1.7.1). 성경은 스스로 하나님의 말씀인 것을 스스로 선언하고 있다는 것이다. 다윗은 여호와의 말씀은 완전하고 순결하며 정직하고 확실하다고 고백한다(시 19:7-8). 성경은 그 안에 생명의 능력이 있다. 성령의 내적인 증언은 성경의 신적인 기원을 깨닫게 해주는 성령의 역사이다.

신약성경의 정경화 과정 : 세 가지 기준

초대교회가 신약성경의 정경을 받아들인 기준은 크게 세 가지, 즉 사도적 기원, 신앙의 규범과의 일치 그리고 교회 공동체의 사용 등이다. 이 세 가지를 하나씩 살펴보자.

첫째, 사도성이 정경을 결정하는 으뜸 되는 기준이다. 어떤 면에서 정경은 사도들의 책이라고도 말할 수 있다. 사도적 기원은 신약성경이 형성되는 과정에서 제일 중요한 기준으로 작용했다.

"너희 말을 듣는 자는 곧 내 말을 듣는 것이요 너희를 저버리는 자는 곧 나를 저버리는 것이요 나를 저버리는 자는 나 보내신 이를 저버리는 것이라 하시니라"(눅 10:16).

신약성경 27권에는 마태복음, 요한복음처럼 사도들이 직접 기록한 책도 있다. 그러나 사도가 직접 쓰지 않은 책들, 즉 마가복음, 누가복음, 사도행전, 바울서신, 유다서, 히브리서, 야고보서 등은 어떻게 정경으로 선정된 것일까?

사복음서에서 마태복음과 요한복음은 사도들의 작품이다. 마가복음과 누가복음은 사도들의 동역자들의 작품이다. 교회 전승에 따르면 마가복음과 누가복음은 동역했던 사도들의 승인을 얻었다. 이들이 사도들로부터 직접 가르침을 받았고, 사도들이 이들의 기록에 대해 감독했다면, 이들이 기록한 문서는 사도적인 문서가 된다. 그래서 헤르만 리델보스(Herman Ridderbos)에 의하면, 사도성이란 "사도의 손으로 기록되었다는 것이 아니라 교회의 토대가 된 사도들의 전승을 포함하고 있다"라는 것을 말한다.[29]

반면에 다른 수십 개의 신약 외경 또는 위경은 그 제목에는 사도들의 이름이 있을지라도 초대교회와 교부들은 그런 문서들을 정경으로 수용하지 않았다. 왜냐하면 그 책들은 사도적 전승을 포함하지 않았을뿐더러, 영지주의와 이단설이 반영된 후대의 저작이었기 때문이다. 초대교회는 무엇보다도 예수께서 직접 선택하여 세운 사도들의 가르침에 어긋난 내용을 수용하지 않았다. 초대교회는 '사도성의 기준'에 어긋난 아래의 책들은 모두 외경이나 위경으로 분류했다.

(a) 외경 복음서: 유아복음서, 베드로 복음서, 니고데모 복음서, 히브리인의 복음서, 에비온 복음서, 도마복음서, 애굽인의 복음서
(b) 외경 행전: 안드레 행전, 도마 행전, 바울 행전, 베드로 행전, 요한 행전, 빌라도 행전
(c) 외경 묵시록: 바나바서, 라오디게아서, 클레멘트 1, 2, 3서

유세비우스는 바울행전, 바나바의 편지, 헤르마스 목자서, 12사도 교의서,

베드로 묵시록 등 5권을 위경으로 분류했다. '12사도 교의서'는 아마도 주후 70년까지 거슬러 올라가는 문서인데, 이것은 주로 새신자를 위한 입문서로 사용되었다. 초대교회의 체계가 잡혀 가면서 '12사도 교의서'는 저자가 불분명했기에 더 이상 사용되지 않았다. '바울행전'은 2세기 말엽 한 장로에 의해서 위서로 쓰인 것으로 밝혀졌기 때문에 당연히 정경에서 제외되었다.

'바나바의 편지'의 내용은 정통교리에 어긋난 것이 없지만 사도성의 기준을 충족하지 못해서 정경 목록에 들지 못했다. '헤르마스 목자서'는 2세기 교회에서 사용된 문헌이지만 이 책의 저자가 사도(또는 사도들의 동역자)가 아닌 후대의 장로였기 때문에 신약 정경으로 인정받지 못했다. '베드로 묵시록'은 천국과 지옥에 대한 경험을 담고 있지만, 이 책은 사도 베드로의 작품이 아니라 2세기 전반에 쓰인 것이다. 사본학의 권위자인 브루스 메쯔거는 외경과 외경의 문헌적 신뢰성에 대해 약간의 지식이 있어도 성경에서 외경을 일부러 제외시킨 사람은 아무도 없다는 것을 안다고 말했다. 그는 "외경은 스스로 제외된 것"이라고 보았다.[30]

둘째, 사도들이 가르친 교회의 신앙 규범에 일치해야 한다는 것이다. 누가는 "우리 중에 이루어진 사실에 대하여 처음부터 목격자와 말씀의 일꾼 된 자들이 전하여 준 그대로 내력을 저술하려고 붓을 든 사람이 많은지라"(눅 1:1-2)고 말한다. 이 구절을 통해서 당시에 많은 사람이 예수 그리스도의 사역에 관한 문서들을 기록했다는 것을 알 수 있다.

그렇지만 메시아의 생애에 관한 모든 기록물이 성령의 감동으로 된 거룩한 문헌은 아니다. 특히 사도들의 훈육을 받은 초대교회는 거짓 교사와 적그리스도의 교훈을 담은 문헌들을 배척해 왔다. 예수님과 사도들은 하나님이 택하신 신자들을 복음으로부터 이탈시키려고 유혹하는 거짓 교사와 거짓 선지자들의 악한 교훈이 교회 안으로 유입될 것이라고 미리 경고했다.

따라서 초대교회는 예수 그리스도와 사도적 신앙과 핵심교리를 위협하는 교묘한 거짓 교훈을 가려내고자 했다. 사도 요한은 예수가 그리스도임을 부정하거나(요일 2:22), 성육신을 부정하는 자들은 적그리스도에게 속한 것이라고 밝히 경고했다(요일 4:3). 사도 베드로는 말씀에 의한 창조, 노아 홍수의 사실성, 예수 재림의 예언을 부정하는 이들은 거짓 교사라고 비판했다(벧후 3:4-6). 바울은 예수의 부활을 부인하거나 행위구원론을 말하는 것은 잘못된 것이라고 비판했다. 교회는 예수님께 배운 사도들의 가르침을 받았다. 이 가르침에 따라서, 가짜 복음을 가려냈을 것이다. 그러나 사도들이 세상을 떠난 후에 교회는 이단적 교훈을 구분하고자 정경을 확정할 필요성을 인식했다.

특별히 초대교회 시대에 마르시온이라는 이단은 구약성경 전체를 부정했다. 그는 135년 폰투스 지방 시노페 주교의 아들이자 부유한 선박 제조업자였다. 당시에 그는 로마교회에 약 20만 세스테르티우스의 거금을 헌금했다고 한다. 그는 로마교회에서 영향력 있는 사람이었지만 그의 신학적 견해에는 많은 문제점이 있었다. 마르시온은 구약의 하나님을 경시했으며 구약성경을 배격했다. 구약을 많이 반영한 마태복음, 마가복음, 요한복음도 정경에서 제외해 버렸다. 그는 누가복음, 사도행전, 바울의 10개 서신서(갈라디아서, 고린도전후서, 로마서, 데살로니가전후서, 라오디게아서, 골로새서, 빌립보서, 빌레몬서) 그리고 자신의 저직인 '대귀'(구약성경과 신약성경의 상반된 구설을 내립시켜 놓은 책)가 정경이라고 주장했다.

이단으로 정죄를 받은 마르시온은 자의적으로 교회의 문서들을 정경과 정경이 아닌 것으로 구분했다. 그래서 속사도들과 교부들은 이단사상을 경계하고 정경에 해당되는 책들을 정하기 시작했다. 가령, 안디옥의 감독이었던 세라피온(Serapion)은 '베드로 복음서'를 교회에서 읽지 못하게 했다. 왜냐하면 그 책은 예수님이 실제 인간이 아니었다고 말하기 때문이다. 2세기 중반 이후에 등장하는 영지주의적인 문헌들은 예수 그리스도의 육체로 오심과 죽으심을 부인했다. 그것은 사도들의 신앙과 일치하지 않기 때문에 교회는 그런 영지주의적 문헌들을 사용하지 못하게 했다.

셋째, 사도들이 세운 초대교회의 수용 여부(보편성)이다. 교회는 사도들의 가르침과 사도들의 동역자들이 기록한 말씀을 중심으로 신앙과 생활 지침을 삼았다. 앞에서 마르시온 이단에 대해 기술한 것처럼, 주님의 사도들로부터 받은 가르침과 다른 경우 교회는 해당 문헌을 사용하지 않았다. 거룩한 문헌은 그리스도와 사도의 가르침에 부합하고 일치해야 한다. 교회 성도들의 영적인, 도덕적인, 신앙적인, 인격적인 성장에 훌륭한 책이어야 한다. 교회는 사도들의 교훈과 신앙고백 위에 세워졌다. 따라서 어떤 문헌이 사도들로부터 배워 온 교회들의 신앙 규범과 일치하지 않는다면 교회는 그 책을 수용하지 않았다.

폴리캅은 사도 요한의 제자로 알려졌다. 그는 빌립보 교회에 편지를 쓰면서 이미 신약성경 19권의 책을 인용하고 있다. 폴리캅의 제자인 이레니우스는 빌레몬서와 요한삼서를 제외한 모든 신약성경을 인용하고 있다. 교부 터툴리안은 빌레몬서를 제외한 모든 신약성경을 인용하고 있다. 초대교회의 교부들은 오늘날 신약성경 27권의 대부분에 대해서 정경에 속하는 것으로 보았다.[31] 특히 교부들의 신약성경 성구 인용을 살펴보면, 초대교회 때부터 기독교 신앙공동체(교회) 안에서 현재의 신약성경의 모든 책들이 사용되고 있다는 것을 알 수 있다.[32]

성령은 신구약 성경을 기록할 때에 하나님의 감동으로 임재하셨다. 성령은 성경의 기록에 관여하셨다. 신구약 성경은 모두 하나님으로부터 받은 영감으로 가득하다. 사도 베드로는 "예언은 언제든지 사람의 뜻으로 낸 것이 아니요 오직 성령의 감동하심을 받은 사람들이 하나님께 받아 말한 것임이라"(벧후 1:21)고 말한다. 사도 바울은 "모든 성경은 하나님의 감동으로 된 것으로 교훈과 책망과 바르게 함과 의로 교육하기에 유익"(딤후 3:16)하다고 했다. 또한 성경을 기록하게 한 성령은 교회로 하여금 성경을 수용하게 하셨다.

성령의 내적인 증언이 성도 개인으로 하여금 성경이 하나님의 말씀임을 깨닫게 했다면, 주의 몸 된 교회 전체가 성경을 하나님의 말씀으로 깨닫고 수용하는 과정에도 성령이 개입하셨을 것이다. 에반스는 "만일 하나님이 권위를 인정받는 계시가 전달되는 것을 감독하신다면, 이 계시가 인정받게 되는 것도 감독하실 것이라는 사실은 타당성이 아주 크다"라고 말했다.[33] 교회와 성도는 정경을 결정한 것이 아니라, 성령의 내적인 조명에 따라 정경에 반응했을 뿐이다.

신약성경은 성육신으로 오신 하나님, 곧 우리 주 예수 그리스도의 죽음과 부활에 대한 증언이다. 신약의 책들은 예수 그리스도의 부활 이후 한 세대 안에, 늦어도 사도들의 순교 시점까지 거의 다 완성된 것으로 추정된다. 초대교회는 새로운 문서들을 단순히 설교 자료가 아니라, 하나님의 감동으로 기록된 구약성경과 동등한 수준의 특별계시로 받아들였다. 초대교회 성도들에게 복음서와 서신서들은 성령의 영감으로 기록된 거룩한 문헌이었다. 그리고 이레니우스와 같은 교부들의 증언은 신약성경의 저작 시기에 대한 간접적인 정보를 제공해 준다. 특히 신약성경 이외의 다른 문헌적인 증거들은 신약성경을 기록한 저자들과 제작 시기에 대한 보완적인 정보를 제공해 준다.

결론: 신약성경은 하나님의 영감으로 기록된 계시의 말씀이다

오늘날 복음주의 기독교 변증가에게 가장 긴급한 책무는 성경의 무오성을 변증하는 일이다. 그것은 스피노자와 칸트로 이어지는 계몽주의자들 그리고 계몽주의를 신학적 방법론으로 채택한 자유주의 신학자들이 성경의 신적인 권위와 무오성을 부정하고 조롱해 왔기 때문이다. 그들은 한결같이 성경의 무오성을 집중적으로 비난해 왔다. 21세기에도 성경의 신적인 권위와 기원을 부정하는 이들이 늘어나고 있다. 성경의 무오성을 변증하기 위해서는 두 가지 작업이 필요하다. 하나는 비평신학의 주장에 대해 공격적으로 비판하는 일이다. 다른 하나는 성경의 내적인 논증과 외적인 논증을 통해서 무오성을 방어하는 것이다.

첫째, 비평신학은 성경의 핵심교리를 부정하는 이단 사상이다. 에타 린네만은 독일 신학계의 거장 불트만의 제자였다. 그녀는 비평신학자로 살아왔지만 51세에 예수 그리스도를 구주로 영접한 후에 자신의 신학이 쓰레기와 같다고 여겼다. 그리고 독자들에게 자신의 저서를 쓰레기통에 던져 버리라고 부탁하기까지 했다. 그녀는 비평신학이 조작된 것이며 상상의 산물이라고 단정한다. 더 나아가 불트만의 신학을 이단 사설로 규정하고 강력하게 비판한다.

영국의 C. S. 루이스는 불트만의 비평신학이 가설에 의존하고 있다는 점을 예리하게 비판한다. 루이스는 불트만의 비신화화 작업을 '가설에 가설을 더해 새로운 가설을 낳은 구조'라고 보았다. 비평신학자들은 복음서의 거의 모든 내용을 부정하고 있다. 그래서 루이스는 비평신학을 그대로 수용하는 이들은 가톨릭으로 개종하거나 무신론자가 될 것이라고 말했다. 비평신학은 반성경적이며 무신론적인 주장을 한다.

루이스가 보기에 비평신학자들은 문학적 판단력이 부족한 사람들이다. 루이스는 비평신학자들이 정통교리를 확실하게 침해하고 있다고 비판한다. 비평신학자들은 신약성경 본문의 행간을 읽으라고 말하지만, 루이스가 보기에 그들은 행 자체를 읽어 내는 능력이 없다. 루이스는 "그들은 겨자씨를 본다고 하면서 대낮에 10미터쯤 떨어져 있는 코끼리는 보지 못한다"고 비판한다.[34] 비평신학은 복음서에 기록된 그대로의 예수를 그저 도덕 교사로 왜곡하고 성경의 핵심교리를 부정한다. 따라서 비평신학의 예수는 성경의 예수가 아닌 다른 예수일 뿐이다. 한마디로 비평신학의 예수 이야기는 이단사설에 지나지 않는다.

둘째, 신약성경이 구약성경과 동등하게 하나님의 영감으로 기록된 말씀이라는 증거는 성경의 내적인 증거와 외적인 증거를 통해서 어느 정도 확증할 수 있다. 일부 학자들은 '성경은 하나님의 영감으로 기록되었다'는 주장을 일종의 '순환논리'로 비판한다. 이 말을 쉽게 고쳐서 말하면 '성경은 진리이다. 왜냐하면 성경이 그렇게 말하니까'라는 주장인데, 이 주장에서 결론과 전제가 서로 같다는 것이다. 전제로부터 결론에 도달하는 과정에서 설득력 있는 증거를 제시하지 않기 때문에 순환논리라는 것이다. 그런 순환논리로는 성경의 무오성과 진정성을 입증할 수 없다고 주장한다. 다른 종교도 순환논법을 통해 진리 주장을 할 수 있기 때문이다. '성경은 하나님의 말씀이다. 왜냐하면 성경이 그렇게 말하기 때문이다'라는 주장은 '꾸란은 진리이다. 왜냐하면 꾸란이 그렇게 말하기 때문이다'라는 주장과 동일한 논법이라는 것이다.

하지만 '순환논리'라는 형식 자체가 신약성경의 영감성을 부정하는 이유가 될 수는 없다. 모든 철학도 그것의 결론을 증명하기 위해서는 반드시 그 자체의 판단 기준을 사용하고 있다.[35]

예컨대, 꾸란과 몰몬경은 시지학적으로나 역사적으로 검증해 보면, 오류로 확인된 것들이 많이 있다. 몰몬경에는 고대 아메리카 대륙에서 철, 강철검, 갑옷 등이 사용되었다고 기록되어 있지만, 고고학적으로는 1492년 콜럼버스가 도착하기 이전에 철기문명이 존재하지 않았기 때문에 명백한 오류라고 판단된다. 꾸란의 다음과 같은 진술들, 즉 "인간의 정액은 등뼈와 갈비뼈 사이에서 나오고(꾸란 86:6-7), 예수는 십자가에 죽지 않았으며(꾸란 4:157) 그리고 하만은 파라오 시대의 인물(꾸란 28:6)"이라는 진술은 이미 오류로 판정된 것들이다. 하지만 신약성경의 무오성은 내적인 증거(예언성취 논증)와 외적인 증거(고고학적 유적과 사본학적 연구)를 통해 입증될 수 있다. 이런 증거들은 신약성경이 하나님의 무오한 말씀이라는 주장을 지지한다. 성경의 진술 가운데 명백한 오류로 증명된 것은 없다.

또한 신약성경의 사본에 대한 문헌학적 신뢰성, 메시아 예언의 정확한 성취 그리고 초대교회사의 증언 등을 종합해 본다면, 신약성경은 하나님의 감동으로 기록된 계시이다. 그리고 성경의 무오성은 성경이 신적인 권위를 가지는 거룩한 문헌이라는 것을 지지한다.

신약성경은 '예수'가 구약에 예언된 '메시아'(그리스도)이며, '메시아'는 '인간이면서도 하나님의 신성을 가진 존재'로 믿는 신앙에 근거한다. 즉 '주 예수 그리스도'는 구약에 기록된 메시아 예언의 성취와 메시아의 기적과 부활을 통해서 확증된 신앙의 대상이다. 무엇보다도 신약성경의 권위는 나사렛 예수의 삶과 죽음을 통해 드러난 메시아 사역의 완성에 의존한다. 성육신의 탄생, 십자가의 죽음, 부활과 승천은 '우리 주 예수 그리스도'를 보여 준다. 여기에 신약성경의 권위가 세워진 것이다.

고대문헌학의 권위자 프레드릭 G. 케니언(Frederic G. Kenyon, 1863-1952)은 특히 신약성경 필사본 연구에 큰 기여를 했다. 그는 "원본의 작성 연대와 잔존하는 최고의 증거와의 차이는 사실을 부정하기에는 너무 미소하다. 신약성경의 정확성과 일반적 통일은 모두 완전히 확증된 것이나 마찬가지"라고 평가했다.[36)]

21세기의 포스트모더니즘으로 인해 상대주의가 절대적인 가치로 자리를 잡았다. 세상은 여러 이유로 성경을 비난하지만, 그리스도인은 여전히 '성경'을 신앙생활의 중심으로 삼아야 한다. 예수 그리스도는 "천지는 없어지겠으나 내 말은 없어지지 아니하리라"(눅 21:33)고 말씀하심으로써 성경의 신적인 권위와 기원을 확증해 주셨다.

하나님은 지금도 여전히 성경을 통해서 우리에게 말씀하고 계신다. 그리고 오늘날에도 하나님의 감동으로 기록된 성경을 통해서 창조주와 구세주를 만나는 사람들이 있다. 예수 그리스도는 성경으로 옷 입고 계신 분이다. 기독교 신앙의 유일한 근원과 절대적인 기준은 '오직 성경'이다.

13장

신약성경 사본의 신뢰성:
고대문헌으로서 신약성경,
얼마나 믿을 만한가요?

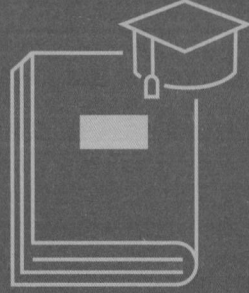

서론

    기독교 변증학 수업 시간에 한 학생이 이런 질문을 한 적이 있다. "최초에 기록한 신약성경의 원본이 없는데, 현재 우리가 가진 사본이 원본의 내용과 동일하거나 또는 아주 신뢰할 만큼 그 내용을 잘 보존해 왔는지를 어떻게 알 수 있는가?" 대다수의 그리스도인들도 아마 이와 비슷한 질문을 한두 번쯤은 생각해 보았을 것이다.

    기독교를 조롱하던 무신론자에서 복음주의 기독교를 변호하는 대중적인 변증가로 활동하는 사람이 있다. 그는 시카고 트리뷴 신문사 기자로 활동했던 리 스트로벨(Lee Strobel)이다. 그 역시 이런 질문에 대한 답을 얻고자 사본학 분야의 최고의 전문가들, 예컨대 브루스 메쯔거, 크레이그 에반스, 대니얼 월리스 등과 같은 교수들을 찾아다니며 인터뷰했다. 그리고 취재 결과를 『예수는 역사다』와 『리 스트로벨의 예수 그리스도』라는 책에 실었다.[1] 전문가를 취재한 결과는 무엇일까? 리 스트로벨은 신약성경의 신뢰성, 특히 예수의 전기를 기록한 복음서의 신뢰성은 확증된 것이나 마찬가지라고 단언한다.

초등학교에서는 '전화놀이'(telephone game)를 한다. 선생님이 맨 앞에 앉은 학생에게 쪽지글을 보여 준다. 학생은 그 글을 읽은 후에 자기 바로 뒤에 있는 학생에게 귓속말로 그 내용을 전달한다. 같은 방식으로 계속 전달하다가 맨 뒤에 앉은 학생은 자신이 전해 들은 내용을 적어서 제출한다. 선생님은 자신이 처음에 보여 준 글과 맨 마지막 학생이 적어 온 글을 상호 비교해 보게 한다. 불과 7-8명 정도의 학생을 거쳤을 뿐인데도 원래 내용(원본)과 학생이 제출한 내용(사본)은 상당히 다르다. 원본 내용이 잘못 전달된 것이다.

전화놀이의 교육목적은 여러 사람을 거친 내용이 얼마나 변형되거나 왜곡될 수 있는지를 가르쳐 주기 위한 것이다. 전화놀이는 구두 전승 과정에서 그 내용이 변질될 가능성이 있다는 것을 말해 준다. 사본학은 문자 기록의 전승 과정에서 원래 내용이 변질되었는지, 아니면 충실하게 보존해 왔는지를 다룬다.

현재 신약성경의 원본은 존재하지 않는다. 최초의 원본 신약성경이 기록된 지 벌써 1900년이 지났다. 우리에게 전달된 신약성경이 원본의 내용을 정확하게 보전해 왔을까? 신약성경이 성령의 감동으로 기록된 하나님의 계시라면, 그 사본의 충실성을 검토하는 일부터 시작해야 한다. 신약성경 자체가 하나님의 감동으로 기록되었으며, 이 책에 어떤 것도 가감하지 말라고 지시하기 때문이다.

본론

현재의 신약성경은 첫 원본이 기록된 지 거의 2000년이 흘렀다. 따라서 현재의 사본의 필사 과정을 살펴보면서, 얼마나 정확하게 그 내용이 필사되었는지를 탐구할 필요도 있다. 만일 사본들의 내용이 서로 달라 원본 내용을 추정할 수 없다면, 우리는 신약성경의 원래 내용을 정확히 알 수 없을 것이다.

오늘날 현존하는 신약성경 사본들에는 상당히 많은 이문(철자가 다르게 기록된 부분)이 포함되어 있다. 바트 어만 교수는 사본들 안에 수십만 개의 이문들이 있다는 이유로 성경의 무오성을 부정한다. 정말 그럴까? 인쇄 기술이 발달하기 이전에 인류의 중요한 문헌들은 일일이 필사되어 보관되는 과정을 거쳤다. '사본들 안에 실수가 있으면 안 된다'는 생각은 '모든 필사본은 완벽하게 원본을 필사했어야 한다'는 편견에서 나온 것이다.

고대에는 복사기나 사진기가 없었다. 오직 필사자가 직접 손 글씨로 필사해야만 사본이 만들어진다. 그런데도 필사자들이 손으로 모본(필사할 때 보는 원래 문헌)을 어떤 실수도 없이 완벽하게 적어야 한다는 주장은 이런 배경에 대한 이해가 부족한 데서 온 것이다. 그들은 만약 사본에 실수가 있다면, 그것은 성경이 무오하지 않다는 증거라고 말한다. 이것은 명백한 논리 비약이다. 쉽게 말해. '필사자가 실수했다'는 말이 왜 '성경에 오류가 있다'는 주장으로 비약되어야 하는 것일까? 신약성경의 문헌학적 신뢰성을 확인하기 위해 세 가지 기준, 즉 그리스어 사본의 수, 사본 제작 시기 그리고 필사의 정확성 등을 중심으로 살펴보고자 한다.

사본의 수: 그리스어 신약성경 사본과 다른 고대 사본들 비교

신약성경이 처음 기록되었을 때 사용된 언어는 코이네 헬라어이다. 신약성경만 해도 헬라어 사본이 7,227개가 넘고, 다른 번역본까지 포함하면 총 3만 개 정도의 사본이 남아 있다. 그러나 마태복음부터 요한계시록까지 총 27권의 신약성경의 원본(autographs)은 오늘날 하나도 존재하지 않는다. 그래서 현재 남아 있는 사본들이 원본의 내용을 얼마나 정확하게 담고 있는지를 연구할 필요성이 대두되었다. 여기에 사본학과 본문비평학이 필요하다. '사본학'(또는 고문서학)이란 파피루스, 양피지 그리고 종이에 쓰인 글과 심지어 돌판에 새겨진 문자를 연구하는 학문이다. '본문비평'은 고대 문헌의 원래 본문을 정확하게 복원하기 위한 문제를 다루는 학문이다.

신약성경의 사본들의 숫자는 기독교와 무관한 다른 헬라어 문헌들의 사본들보다 무려 1천 배나 더 많다고 한다.[2] 브루스 메쯔거에 의하면, 신약성경의 사본 수는 고대의 다른 작품의 사본들보다 압도적으로 많다. 크레이그 블롬버그(Craig Bloomberg) 역시 "신약성경의 사본은 다른 고대의 어떤 사본들보다도 사본의 수가 월등하게 많으며, 매우 잘 보존되어 있다"고 평가한다.[3] 대니얼 월리스 역시 다른 분야의 고대문헌 연구자들은 늘 자료들(사본)이 부족해서 신뢰성이 문제가 되지만, 신약성경의 사본은 그 숫자와 종류가 압도적으로 많기 때문에 문헌학적인 차원에서 완전하게 신뢰할 수 있다고 본다. 신약성서의 필사본, 다양한 번역본 그리고 10만 개가 넘는 교부들의 성경 인용문이 존재한다.[4]

이것은 신약성경의 신뢰성을 문헌학적 차원에서 높여 주는 요인이 된다. 영국의 대문호 윌리엄 셰익스피어(William Shakespeare, 1564-1616)의 희곡 37편은 자필 원고가 아예 남아 있지 않고 사후 1623년에 발간된 책만 있을 뿐이다. 셰익스피어의 작품들은 약 400년이 지났을 뿐이지만, 셰익스피어가 진짜로 누구인지, 왜 자필 원고가 없는지에 대해 끊임없는 의문들이 제기되고 있다.[5]

가령 유명한 『햄릿』을 살펴보자. 우선 "어느 판본이 정확한 것인가?"라는 질문에 부딪힌다. 1603년에 출간된 "4절판 불량본(2200행)", 1604년에 출판된 "4절판 제2판본(3800행)", 1623년 사후에 발간된 "2절판 초판본" 세 가지가 있다. 1603년과 1604년 판본은 길이가 너무 차이 나며, 사후 발간된 1623년 초판본에는 햄릿의 유명한 독백들(가령, "온갖 사건들이 나를 비난하는구나")이 없을 뿐만 아니라, 곧바로 연극 대본으로 쓰기 어려울 정도로 너무 긴 문장들이 많다.[6]

호메로스(영어로는 호머[Homer])는 주전 800년경에 『일리아드』와 『오디세이』를 썼고, 500년이 지난 주전 400년경의 사본 조각이 가장 오래된 것이다. 현재 『일리아드』는 조각 사본을 포함한 숫자를 약 1,800개 정도, 『오디세이』는 약 1,200개 정도로 추산한다. 독일의 고전학자 볼프(Wolf)는 호메로스를 실존 인물로 간주하지 않는다. 고대 그리스 철학자 플라톤의 초기 4부작은 "에우튀프론, 소크라테스의 변론, 크리톤, 파이돈"이다. 4부작의 필사본은 그의 사후 1300년이 지난 주후 900년경의 것이다. 사본의 숫자는 210개 정도이다.

고대 그리스 철학자 아리스토텔레스의 『형이상학』의 경우, 현존하는 사본은 주후 1100년경의 것으로, 그의 사후 무려 1,400년 이후에 나온 것이다. 그 사본의 수도 100개 정도에 불과하다. 그리고 『시학』은 주전 343년경 작품이지만 사본은 주후 1100년경이며, 49개의 사본만이 존재한다. 더욱이 오늘날 우리에게 전해져 내려온 『시학』도 전체 내용이 아니다. 첫째 권만 전해지고 둘째 권은 유실된 것으로 추정된다. 게다가 『시학』 텍스트도 아리스토텔레스 자신의 것인지 혹은 그의 제자들의 것인지 분명치 않고, 본문에 삽입된 주석(또는 설명)이 있을 것으로 추정한다.[7]

로마의 율리우스 카이사르(Caesar, 주전 100-44)의 『갈리아 전쟁사』(History of the Gallic Wars)는 주전 58-44년에 기록된 것이며, 약 900년이 지난 후의 사본 250개가 남아 있다.[8] 로마의 타키투스(Tacitus, 주후 c. 55-c. 117)의 『로마제국 연대기』(Annals of Imperial Rome)는 주후 58-120년 사이에 기록되었지만, 현재 가장 오래된 사본은 주후 1100년경에 기록된 사본이다. 그것도 1권에서 6권까지의 사본이다. 7권에서 10권까지의 사본은 없고 11권에서 16권의 사본은 11세기에 기록되었다. 이 사본은 무려 1000년이 지난 후에 나왔다. 로마의 투키디데스(Thucydides, 주전 c. 465-c. 400)의 역사서는 원저자 사후 1,300년이 지나 주후 900년경에 기록된 185개의 사본만이 남아 있다. 헤로도토스의 『역사』는 가장 오래된 사본이 주후 300년경이다. 무려 800년 차이가 난다. 100개 미만의 사본이 있을 뿐이다. 이 내용을 도표로 정리하면 다음과 같다.

저자	책 제목	원저작 기록 연대(추정)	사본 기록 연대(추정)	원본과 사본의 시간 격차	남은 사본 수
호머	『일리아드』	주전 800	주전 400 (완전한 사본 주후 10세기)	500년 (1900년)	1,800
헤로도토스	『역사』	주전 480-425	주후 300	800년	100
투키디데스	『역사』	주전 460-400	주후 900	1300년	185
타키투스	『로마제국 연대기』	주후 100	주후 1100	1000년	33
시저 카이사르	『갈리아 전쟁사』	주전 58-51	주후 850	900년	250
아리스토텔레스	『형이상학』	주전 335-323	주후 1100	1400년	100
아리스토텔레스	『시학』	주전 335-323	주후 1100	1400년	49
플라톤	4부작	주전 399-390	주후 900	1300년	210
사도와 동역자	신약성경 (타 언어 포함)	주후 50-85	주후 117-350	30-300년	7,227 (30,000)

도표에서 알 수 있듯이, 다른 고대 사본들과 신약성경 그리스 사본을 비교해 본다면, 신약성경은 압도적인 사본들의 양과 아울러 사본들 간에 공유된 정확성은 놀라울 정도이다. 신약성경은 7,227개가 넘는 헬라어 사본, 약 2만

개의 역본들이 있고, 초기 기독교 교부들의 문헌에는 10만 개에 이르는 성경 인용구들이 포함되어 있다.[9] 메쯔거에 의하면, 교부들이 인용한 성구만으로도 신약성경의 본문을 재현할 수 있을 정도이다. 다른 고대 사본들의 경우에, 원저자의 시대와 사본의 저작 시기의 격차가 보통 1,000년이 넘는다. 그러나 복음서의 '이른 연대설'을 수용한다면, 대부분의 신약성경은 예수님의 승천 후 불과 수십 년 안에 기록된 것으로 본다. 이처럼 짧은 전승 기간은 동시대를 살던 증인의 증언이라는 점에서 신뢰성이 높다. 메쯔거에 의하면 신약성경의 일부 사본은 원본 신약성경이 완성된 후 불과 수십 년 안에 기록되었기 때문에, 그 내용에 대한 신뢰성은 아주 높다고 할 수 있다.[10]

또한 현존하는 필사본이 많을수록 그 사본들은 원본 내용이 더 정확할 가능성을 높여 준다. 필사본들이 서로 다르게 내용을 기록한 경우, 더 많은 사본이 공유하고 반복하는 내용이 원본의 내용과 가까울 가능성이 매우 크다.

신약성경의 필사 과정 분석

신약성경이 어떻게 필사되었고, 잘 전달되었는지를 살펴보는 일은 매우 중요하다. 앞서 말한 것처럼, 우리는 현재 신약성경의 원본을 갖고 있지 않다. 따라서 우리가 가진 신약성경의 사본이 원래의 내용을 얼마나 충실하게 유지해 왔는지를 알기 위해서는 필사 과정의 엄격성을 살펴보아야 한다.

사본은 필경사들이 일일이 손으로 원문을 필사해서 만들어진다. 따라서 사본들 간에는 차이가 있을 수밖에 없다. 그렇다면 약간씩 다른 본문을 가진 사본들은 어떻게 대해야 하는 것인가?

본문비평(Text Criticism)은 고대문헌, 특히 신약성경과 같은 고전 텍스트의 원래 본문을 정확하게 복원하는 문제를 다룬다. 따라서 현존하는 다수의 사본의 내용을 서로 비교하여 어느 사본이 더 오래된 것인지를 가려낸다. 그리고 이 과정을 통해 원본의 내용에 가깝게 복원하려고 한다.

신약성경은 세 지역을 중심으로, 즉 알렉산드리아 유형, 서방 유형 그리고 비잔틴 유형으로 사본이 발달되어 왔다. 이 중에서 알렉산드리아 유형과 서방 유형은 주후 2세기까지 거슬러 올라가는 전통을 지닌다. 따라서 일부 학자들은 이 두 유형이 4세기 이후에 나온 비잔틴 유형보다 원본에 가깝다고 생각하기도 하지만 추정일 뿐이다. 일부 학자들은 여전히 비잔틴이 원본에 가까운 내용이라고 생각하기도 한다. 일반적으로는 어떤 사본이 원본에 가까운지를 결정할 때에는 다음 세 가지 기준을 사용한다.

첫째, 증거 사본들의 연대 문제가 중요하다. 일반적으로 연대가 오래된 사본일수록 원본에 가깝다고 가정한다. 후대에 나온 사본은 다양한 편집이나 주석적 설명이 삽입되었을 가능성이 크기 때문이다. '이른 사본'이 '늦은 사본'보다 중요한 것은 늦은 사본은 필사자의 의도에 따라 그 내용이 부분적으로 첨삭될 가능성이 있기 때문이다.

둘째, 간결함의 원칙이다. 문장이 간결한 필사본이 장황하게 긴 문장으로 기록된 사본보다 원본일 가능성이 높다. 필사자가 본문의 뜻을 설명하거나 주석을 다는 과정에서 문장이 길어졌을 수 있기 때문이다.

셋째, 편집상의 판단이다. 필사자가 내용이 서로 다른 두 유형의 사본을 접한 경우, 필사자가 보기에 더 권위 있는 진본이라고 판단되는 사본의 내용을 채택하고 필사할 수 있다. 그리고 다른 사본의 내용은 주석이나 여백에 병기할 수 있다.

그렇지만 세 가지 원칙이 원본의 내용을 재구성하는 데 있어서 불변하는 절대적인 기준은 아니다. 오래된 사본이 단지 시간적으로 앞서 있는 사본이라면, 그것은 늦게 나온 사본보다 원본에 가깝다고 가정한다. 하지만 필사된 시기보다 더 중요한 것은 증거사본의 질적인 우수성이기 때문이다. '우수한 질을 가진 증거사본에 있는 이문'과 '우수하지 않은 사본에 있는 이문' 중에서 전자가 원문일 가능성이 크다. 그래서 필사본이 제작된 시기와 사본의 양(숫자)보다 더 중요한 기준은 증거사본의 질이라고 할 수 있다. 원본을 필사한 사본이거나 또는 원본에 근접한 사본을 필사한 사본이 그렇지 않은 증거사본보다 더 중요하다.

이 세 가지 기준은 여러 증거사본이 서로 다른 이문을 포함한 경우, 어떤 사본을 우선시할 것인가를 결정할 때 참고하는 기준이다. 사본학자들은 원본성경의 내용이 충실하게 보존된 사본을 찾고 있고, 여러 사본을 비교하면서 원본문을 구성하려고 한다. 하지만 우리가 가진 증거사본들 중에서, 어떤 것이 더 진본에 가까운지를 나름대로 추정할 뿐, 객관적으로 판단할 명확한 기준은 아직까지는 존재하지 않는다.

필사할 때 이문들이 발생한다

인쇄기술이 발달하기 이전에 모든 사본은 손으로 옮겨 적었다. 고대의 필사는 대체적으로 두 가지 방식이 사용되었다. 하나는 필사자 개인이 직접 모본을 보고 한 글자 한 글자 한 문장 한 문장을 필사해 나가는 방식이다. 다른 하나는 낭독자가 사본의 내용을 읽이 주면, 두 사람 이상의 필사자가 귀기들은 대로 내용을 받아 적는 방식이다. 이것은 한 번에 여러 권의 사본을 만들 수 있다는 장점이 있지만, 비슷한 음가를 가진 단어들이 잘못 필사될 가능성도 많다. 영어 단어로 예를 들자면, 'to'와 'too', 'here'과 'hear', 'great'와 'grate', 'there'과 'their'은 청각적으로 혼동되기 쉽다. 비슷한 발음으로 인하여 필사자가 비슷한 음가를 지닌 다른 단어로 필사한 경우에는 원문의 내용이 부분적으로 바뀔 수도 있다. 서기관들은 자신의 판단에 따라 틀린 단어를 적을 수도 있었을 것이다.

그러나 신약성경의 경우, 사본들이 풍부하게 존재하기 때문에, 우수한 사본과 많은 사본이 공유하는 내용을 중심으로 원본 내용을 거의 다 구성할 수 있다. 몇몇 사본의 실수를 원본 성경의 왜곡으로까지 비약할 수 없는 이유가 여기에 있다.

신약정경의 확립과 공의회 역할

현재 신약성경의 정경은 4세기 후반에 이르러 교회의 공의회를 통해서 정경으로 확정되었다. 이는 특정 문헌들이 교회 공동체 안에서 오랜 시간 동안 지속적으로 읽히고 신적 권위를 인정받아 왔다는 사실을 반영한다. 신약성경의 필사본은 당시 초대교회 공동체 내에서 실제로 사용되고 회람되기 위한 필요에서 제작되었다. 사도 바울은 자신의 편지가 회람되어야 한다는 점을 당부하고 있다.

"이 편지를 너희에게서 읽은 후에 라오디게아인의 교회에서도 읽게 하고 또 라오디게아로부터 오는 편지를 너희도 읽으라"(골 4:16).

바울의 요청은 사도들의 서신과 복음서가 여러 교회에 전달되었으며, 그 과정에서 필사본이 반복적으로 제작되었음을 시사한다. 사도의 편지나 복음서가 교회에 전해지면 회람한다. 그리고 그 사본을 전달받은 교회도 다시 다른 교회에 보내기 위해서 또 다른 필사본들을 만들었을 것이다. 각 교회 혹은 개인은 자신이 받은 문서를 보관할 뿐만 아니라, 다른 교회에 전달할 필사본을 제작했다.

결론적으로 말하면, 신약성경의 정경화 과정, 신뢰할 만한 필사와 전승 과정 그리고 본문비평의 접근 방식을 종합적으로 고려할 경우, 우리는 현존하는 신약성경이 매우 신뢰할 만한 문헌이라는 것에 동의할 수 있다. 비록 원본 신약성경이 없을지라도, 사본들은 충분하게 원본의 내용을 잘 보존해 온 것으로 평가할 수 있다.

신약성경 사본들 간에 오류가 많이 있는가?

어떤 이들은 신약성경 필사본들을 비교하면 약 20만 개, 30만 개, 40만 개 이상의 이문(異文) 혹은 오기(誤記)가 발견된다고 말한다. 하지만 정확하게 몇 개의 이문들이 있는지는 알 수 없다. 바트 어만은 이문들의 수는 신약성경 헬라어 단어 수(약 13만 단어)보다는 많다고 추정한다.[11] 이문이 발생하게 된 이유는 필사자들이 사본을 옮겨 적는 과정에서 '의도적인 실수'와 '우발적인 실수'를 저지르기 때문이다. 고대 그리스어는 소문자와 대문자의 구별, 구두점, 문단과 문장의 구분이 없었다.

바트 어만은 예를 들어 "Lastnightatdinnerisawabundanceonthetable" 처럼 된 문장을 필사할 때, 단어가 끝나는 부분과 시작되는 부분이 모호해서 우발적인 실수들이 발생한다고 본다.[12] 이처럼 '우발적인 실수'는 귀로 듣고, 눈으로 보고, 손으로 쓸 때 발생한 실수를 말한다. '의도적인 실수'는 다른 사본과 단어를 일치시키는 것, 'shall'을 'will'로 바꾸는 문법적 변화, 융합적 변화(conflational changes)가 생긴 것을 말한다. 이런 의도적인 실수도 성경본문의 의미를 변경하지는 못한다. 한마디로, 필사 과정에서 의도적이거나 비의도적인 실수로 생긴 이문들은 성경 내용과 교리에 어떤 문제도 일으키지 않는다.

인쇄기, 복사기, 사진기가 등장하기 이전까지 100퍼센트 동일한 두 개의 성경 사본을 만든다는 것은 불가능하다. 리 마틴 맥도날드에 의하면, "대다수의 이문들은 사소한 것에 속하며, 쉽게 교정되고 또한 기독교 가르침 혹은 신념들에 영향을 주지 않는다"고 말한다.[13] 심지어 바트 어만 역시 대부분의 이문들은 단순한 실수, 펜 흘림, 우연적인 철자의 생략, 철자의 오기, 부주의한 덧붙임 등의 실수에 지나지 않는다고 말한다.[14] 따라서 '신약성경 사본 안에 이문들이 존재한다'는 사실로부터 '성경에는 오류가 많다'는 결론을 도출할 수는 없다. 그것은 근거 없는 억측이다.

성경번역과 사본학의 권위자인 E. A. 나이다(E. A. Nida)는 어려운 독법을 더 선호하는 이유를 열역학 제2법칙과의 유사성으로 설명했다.

"더 어려운 독법에서 쉬운 독법으로의 평준화 과정은 … 놀랍게도 방에 놓인 뜨거운 물주전자가 열역학 제2법칙에 따라 주변 온도를 취할 때 일어나는 현상과 유사하다."[15]

신약성경의 사본들: 유형과 시기

신약성경의 신뢰성을 판단하는 또 다른 기준은 사본의 제작 시기이다. 신약성경의 저작 시기를 이르게 잡는다면, 예수님의 부활 후에 불과 수십 년이 지나지 않아서 모든 신약성경이 완성되었을 것이다. 늦은 연대설을 감안해도, 주후 100년 이전에 이미 27권 전체가 완성되었다는 것에는 변함이 없다. 신약성경의 원본에 대해서는 다음과 같은 몇 가지 사실은 대체적으로 복음주의 학자들이 동의하는 것들이다.

첫째, 신약성경은 대부분 예수 그리스도와 동시대를 살았던 증인들이 공존해 있는 시점에 기록되었다. 둘째, 바울서신서는 대개 복음서보다도 일찍 쓰인 것으로 보인다. 셋째, 신약성경이 저술되던 시점은 예수님의 죽음과 부활을 목격한 증인들이 살아 있던 때였기 때문에, 저자들이 의도적으로 속이는 내용은 없었을 것이다. 그리고 신약성경에서 약 12-20군데 정도의 구절을 제외하고서 모든 구절 내용은 일치한다는 것이다.

스탠리 포터 교수(Stanley E. Porter, 맥매스터 신학교)에 의하면, 파피루스 사본 128개, 대문자 사본 2,911개, 소문자 사본 1,807개, 성구집 2,381개 등이 남아 있다.[16] 신약성경 전체 혹은 일부 구절을 포함한 헬라어 사본은 무려 7,227개에 육박하고 있다.

사본의 종류들

파피루스 사본

마그달렌 파피루스(Magdalen Papyrus)

마태복음 26장 23절과 31절이 담긴 신약성경 초기 사본이다. 1901년 이집트에서 발견되어 지금은 옥스퍼드대학교에 보관 중이다. 이 사본은 세 조각으로 발견되었지만 동일한 사본에서 유래한 것으로 보인다. 원래 3세기 사본으로 추정했었지만, 독일의 고고학자·신약학자인 카르스텐 피터 티데(Carsten Peter Thiede, 1952-2004)는 1994년에 이 사본이 1세기 중반 주후 70년 미만으로 보인다는 재감정 결과를 발표했다. 이런 경우, 마그달렌 파피루스는 마태복음 원본이 나온 지 불과 몇 년 지나지 않은 때에 제작된 사본일 수 있다. 그럴 경우에, 그것은 가장 오래된 신약성경 사본일 수도 있다.

P52로 불리는 존 라일랜즈 사본(The John Rylands Fragment)

(파피루스 사본은 고딕체 P의 오른쪽 위에 작은 아라비아 숫자를 붙여서 표시한다. 'P52'는 파피루스 사본 52번이라는 뜻이다.)

P52사본의 제작 시기는 대략 주후 117년에서 138년 사이로 추정된다. 마

그달렌 파피루스의 연대 논쟁을 감안하면, P52사본이 현재 가장 오래된 신약성경의 사본이다. 이 사본은 이집트에서 발견되어 현재 영국 맨체스터의 존 라일랜즈 도서관에 소장되어 있다. P52사본에는 요한복음 18장 31-33절과 같은 장 37-38절이 기록되어 있다. 사도 요한이 요한복음을 기록한 시기를 주후 70-80년경으로 본다면, 요한복음의 원본이 기록된 지 불과 50년 안에 제작된 사본이다.

P46으로 불리는 체스터 베티 파피루스(The Chester Beatty II Papyri)

현존하는 바울서신에 대한 최고의 코덱스 형태의 사본이다. 이 파피루스는 로마서, 고린도전후서, 에베소서, 갈라디아서, 빌립보서, 골로새서를 포함하고 있다. 제작 시기는 대략 주후 180년경에서 250년경으로 추정된다. 이는 초대교회에서 바울서신이 널리 회람되었다는 중요한 단서가 된다.[17]

보드머 파피루스 사본(P66, P72, P74, P75)

이 사본들은 스위스 제네바의 마틴 보드머(Martin Bodmer)가 수집한 사본으로 보드머 도서관에 소장되어 있다. 이 사본들은 대체로 주후 150-200년 사이에 제작된 것으로 헬라어 사본들과 콥틱어 사본으로 구성되어 있다. P66사본에는 요한복음 대부분이 포함되어 있으며 주후 200년경의 사본으로 알려졌다. P72사본은 유다서와 베드로전후서 전부, 에녹서 등이 포함된 혼합된 문서집 형태로 되어 있으며 주후 250-300년경에 형성된 사본으로 보인다. 여기에 포함된 베드로후서와 유다서는 가장 오래된 사본으로 알려져 있다. P75사본은 누가복음과 요한복음이 기록된 사본으로 주후 175-225년 사이에 제작된 사본으로 추정된다.

대문자 사본(Uncial Script)

주로 양피지에 기록된 대문자 사본은 현재 약 2,911개 정도가 남아 있다. 대문자 사본은 주후 4세기부터 9세기까지 제작된 것으로, 단어 사이에 공간 없이 대문자로 작성되었다는 특징이 있다. 양피지로 된 신약성경 사본은 대체적으로 보존 상태도 양호한 편이다. 대문자로 된 사본으로는 시내 사본(주후 350년경 제작), 알렉산드리아 사본(주후 5세기경 제작), 바티칸 사본, 에프라임 사본, 베자 사본, 클라로몬트 사본, 워싱턴 사본 그리고 코리데티 사본 등이 있다.

소문자 사본(Minuscule Script)

필기체로 필사한 소문자 사본은 주후 9세기부터 15세기까지 제작된 사본들이다. 더 작은 글씨체와 띄어쓰기를 포함한 구조로 기록되어 있다. 이 시기에 제작된 소문자 사본은 현재 약 1,807개 정도가 남아 있다.

성구집(Lectionaries)

성구집들은 교회 예배에서 낭독하기 위해 성경 본문을 나누고 도입 문구를 삽입한 것이다. 교회의 예배와 교육에 사용된 것으로 보인다. 신약성경 본문이 부분적으로 포함된 것으로 오늘날 종류로는 약 30여 종, 숫자로는 약 2,381개 정도의 성구집들이 남아 있다. 가장 오래된 조각 성구집은 주후 6세기경에 제작된 것으로 보이고, 온전한 성구집 사본들은 8세기 이후의 것들이다.

교부 인용문(patristic citations)

브루스 메쯔거에 의하면, 교부 인용문은 매우 풍부하게 남아 있어서, 위에 언급한 사본들을 제외하고서도, 교부들의 인용문만으로 헬라어 신약성경의 본문을 대부분 구성할 수 있을 정도이다. 메쯔거는 신약성경 구절을 많이 인용하고 있는 약 30명의 교부들의 이름을 소개하고 있다.[18]

보존 지역에 따른 구분: 다섯 가지 유형

사본들이 보존된 지역을 따라서 알렉산드리아 본문, 로마 서방 본문, 비잔틴 본문, 가이사랴 본문 등으로 구분하기도 한다.

알렉산드리아 본문(Alexandrian Text)

현재 영역본의 대부분은 알렉산드리아 본문에 바탕을 둔다. 이것은 북아프리카에서 발견된 사본들로서 주후 5세기 중반에 제작된 사본들이다. 알렉산드리아 사본은 대영박물관에 소장되어 있다. 알렉산드리아 사본에는 구약성경은 전부, 신약성경은 대부분이 수록되어 있다. 이 사본은 문체가 간결하고 문장이 짧은 것이 특징이다.

서방 본문(Western Text)

5세기에 제작된 라틴어 및 그리스어 병용 사본으로 문장이 길고 자유로운 표현이 특징이다. 서방 본문 유형에서는 베자 사본이 대표적이며 라틴어 역본들과 교부들의 인용구 등에서 사용된다. 알렉산드리아 본문보다는 더 길고 비잔틴 본문에 가까운 것으로 보인다.

비잔틴 본문(Byzantine Text)

현존하는 사본들 가운데 가장 많은 수의 사본이 비잔틴 본문 유형이다. 이 계열의 사본은 9세기 이후에 제작된 것으로 주로 튀르키예, 그리스, 중동 지방에서 발견된 사본을 말한다. 파피루스가 아니라, 양피지 위에 기록했기 때문에 내구성이 있어서 오랫동안 보존될 수 있었던 것으로 보인다. 에라스무스(Erasmus)는 비잔틴 본문을 통해서 최초의 헬라어 성경을 출간했고, 킹 제임스 성경(KJV)은 이 본문을 기초로 번역되었다.

바티칸 사본(Codex Vaticanus)

바티칸 사본은 주로 주후 325-350년 사이에 만들어진 것으로, 현재 로마의 바티칸 도서관에 소장되어 있다. 신약성경(목회서신, 빌레몬서, 요한계시록 제외)·구약성경 대부분, 구약외경 대부분(마카비서 제외)을 포함하고 있다. 조쉬 맥도웰은 바티칸 사본에 포함된 신약성경 본문을 가장 믿을 만한 사본으로 평가했다.

시내산 사본(Codex Sinaiticus)

이 사본은 주후 350년경에 제작되었으며, 신약성경 전체와 구약성경 대부분 그리고 헤르마스 목자서, 바나바서 등을 포함하고 있는 사본이다. 시내산의 성 캐더린 수도원에서 발견되었다. 이 사본은 공의회를 통해서 신약성경의 정경이 확정되기 이전에 기록된 사본이다. 현재 대영박물관에 소장되어 있다.

앞에서 설명한 대로, 신약성경의 사본들은 시기적으로 볼 때, 사도들 시대에서 불과 30년에서 300년 이내에 제작된 사본들이다. 사본학에 따르면, 원저작의 기록 시기와 사본들의 제작 시기의 간격이 짧으면 짧을수록 그리고 사본의 양이 많으면 많을수록, 원본의 내용을 복원할 가능성이 높아진다. 신약성경의 사본들은 고대 다른 사본에 비해서 시간적 격차가 매우 짧다. 현존하는 초기 파피루스 사본의 일부는 원본 성경의 다음 세대에 제작된 것도 있다.

원본과 사본 간에 시간적인 차이가 30-300년 정도 난다면, 독자들은 그것을 아주 긴 기간으로 느끼겠지만, 고대문헌을 다루는 역사학자의 관점에서는 그 정도 기간은 불과 '어제'로 간주될 정도로 짧다. 이 정도의 시간차밖에 나지 않는다면, 그 사본은 거의 원본에 가깝다고 평가할 수 있다. 현재 신약성경 전체를 포함한 시내산 사본(주후 350년경)은 신약성경의 원본이 기록된 때로부터 불과 280년도 지나지 않았다. 앞에서 설명한 것처럼 일부 파피루스는 원본과 거의 동시대 또는 수십 년 안에 만들어진 것들로 보인다. 21세기를 살아가는 그리스도인으로서, 원본 성경에 매우 가까운 시대에 제작된 초기 사본들이 많이 남아 있다는 것은 큰 감동으로 다가온다.

로마제국: 성경 소각과 성경 제작

로마제국의 디오클레티아누스(Diocletianus) 황제는 주후 303-313년 사이에 그리스도인들을 고문과 사형으로 위협했다. 또한 그는 로마제국 안에 있는 성경을 소각하라는 명령을 내렸다. 이 명령에 불응한 사람도 있는 반면에 순응한 사람도 있다. 초대교회 역사가들은 성경을 지키기 위해 자신의 생명을 포기했던 사람들을 '고백자'(Confessors)라고 부른다. 반대로 성경을 넘겨주어 불태워지도록 한 사람들을 '배반자'(Traditors)라고 부른다.

콘스탄틴 대제가 회심한 후에, 전쟁에 승리를 거두고 로마의 황제가 되었다. 그는 디오클레티아누스에 의하여 지난 10년간 지속되었던 성경 소각 명령을 중단시켰고, 그리스도인에 대한 핍박도 중지하라는 칙령을 내렸다. 콘스탄틴 대제는 가이사랴의 유세비우스에게 양피지에 쓰인 성경 필사판 50권을 제작하라는 명령을 내렸다. 유세비우스는 대략 주후 331년에 50권의 성경 제작을 완성했다고 한다. 당시 유세비우스는 가이사랴의 대도서관에 있는 사본들을 참고해서 성경을 제작했다. 일부 학자들은 바티칸 사본과 시내산 사본은 콘스탄틴 대제의 명령에 의해 제작된 성경 사본에 포함된 것으로 추정한다.

결론

독일의 루돌프 불트만을 중심으로 하는 비평신학자들은 성경의 신뢰성을 철저히 부정해 왔다. 바트 어만 교수가 신약성경에만 30만 개의 이문들이 존재한다고 말했을 때, 많은 사람은 신약성경을 신뢰할 수 있는지에 대해 큰 의문을 표하기도 했다. 그러던 중 루돌프 불트만의 제자였고, 역사비평신학에서 권위자 중의 한 명이었던 에타 린네만 박사가 회심했다. 그녀는 역사비평신학이 하나님의 말씀이 아닌 계몽주의 철학을 근본으로 삼고 있으며, 비평신학은 무신론적 철학을 전제로 깔고 있다고 비판했다. 역사비평신학은 하나님을 대적하고 하나님의 계시를 조롱한다.

> "때가 이르리니 사람이 바른 교훈을 받지 아니하며 귀가 가려워서 자기의 사욕을 따를 스승을 많이 두고"(딤후 4:3).

린네만은 비평신학을 수용한 사람들이 이제는 '거짓'을 '참'으로 믿게 되었다고 비판한다. 그녀는 심지어 자신의 스승이었던 루돌프 불트만의 신학을 이단 사상으로 정죄했다.

조셉 홀든(Joseph Holden)과 노먼 가이슬러에 의하면, 신약성경의 사본은 고대의 다른 문헌들과 비교해 볼 때, 사본의 양과 질에 있어서 독보적이다.

오늘날 그리스어 사본의 수가 무려 7,227개 정도 된다. 라틴어를 비롯해서 다른 언어로 번역된 사본들도 2만 5천 개 이상이다. 이런 사실만 고려해도, 신약성경의 사본의 양과 질은 어떤 고대 문서도 따라올 수 없다.

다른 고대 문서들의 경우 사본은 원저자의 생존 시대로부터 최소 500-1300년 정도 후대에 생성된 사본들이다. 시대적인 격차가 너무 커서 그 사본의 내용에 대한 신뢰성을 확인할 길이 없다. 그러나 신약성경의 사본들은 원저작자가 살던 시기로부터 근접한 시대에 나온 사본들이 많다. 신약성경 사본들은 어떤 문헌보다도 방대한 양과 동일한 내용을 갖고 있다.[19] 신약성경의 사본들은 본문 내용이 99퍼센트 정도가 일치한다. 성경신학자 에즈라 아볼(Ezra Abbor)에 의하면, 신약성경 사본의 내용은 99.75퍼센트 정도 정확하다. 웨스트코트(Westcott)와 홀트(Hort)는 신약성경의 정확성을 98.33퍼센트로 보았다. 그리스어 전문가인 A. T. 로버트슨(A. T. Robertson)은 99.9퍼센트의 정확성으로 신약성경 내용이 전달되어 왔다고 평가했다.

지금까지 설명한 것처럼, 현재의 신약성경에 대한 사본학의 연구 결과는 우리가 원본의 내용을 거의 포함한 사본들을 가지고 있다는 것이다. 고문서 검증법을 통해서 살펴보아도 신약성경의 문헌상의 신뢰성은 아주 높다. 신약성경의 사본들에 담긴 본문 내용이 약 99퍼센트 동일하다면, 우리는 원본 신약성경의 내용을 거의 다 가지고 있는 것이다. 가이슬러의 말처럼, 신약성경의 사본학 연구 결과는 '사본 안에 원본이 담겨 있다'는 말로 표현된다.

신약성경은 성령의 감동으로 기록된 하나님의 무오한 말씀이다. 우리의 신약성경 사본들은 원본의 내용을 충실하게 보존하고 있다. 한국 교회는 더 이상 비평신학을 무비판적으로 수용해서 성경의 신적인 권위를 훼손하지 말고, 그 대신 성경을 우리에게 주신 하나님의 무오한 말씀으로 믿고 순종해야 한다. 우리는 성경의 권위를 인정하시고 그 말씀에 순종하셨던 예수님을 본받아야 할 것이다.

14장

기독교 변증의
다섯 가지 유형과 복음 전도:
어떻게 변증을 활용할 수 있나요?

21세기에 들어서며 반(反)기독교적 사상과 문화는 점차 그 영향력을 확대하고 있으며, 이는 복음주의 그리스도인들에게 심각한 신학적, 실천적 도전을 제기하고 있다. 이러한 시대적 상황 속에서, "복음주의자들은 복음을 어떻게 효율적으로 변증해야 하는가?"라는 근본적인 질문에 직면하게 되었다. 21세기에 복음주의 그리스도인들은 어떻게 복음을 변증해야 하는가?
  초대교회기 로마제국이라는 적대적 환경 속에서도 놀라운 성장을 이룰 수 있었던 이유는 그리스도인들이 행했던 다층적인 변증 전략에 있었다. 초기 그리스도인들은 교리적 변증, 윤리적 변증, 그리고 영적 변증을 통해서 기독교 신앙의 진정성과 탁월성을 세상 가운데 설득력 있게 제시했다.
  교리적 변증은 삼위일체, 창조와 타락, 성육신, 예수 그리스도의 부활 등 성경의 핵심교리에 대한 방어와 설명을 통해 기독교 신앙의 진리를 논증하는 작업이다. 이는 하나님의 영감으로 기록된 성경의 권위에 기초한다. 윤리적 변증은 예수 그리스도의 사랑을 실천함으로써 복음이 개인과 사회를 변화시키는 능력을 갖고 있다는 것을 나타내는 실천적 작업이다. 로마인들의 마음을 움직일 수 있었던 비결은 선한 사마리아인의 사랑과 섬김을 실천했기 때문이다. 그리고 영적 변증은 성령의 역사, 즉 초자연적인 치유, 귀신의 축출, 회심을 통해 기독교가 단순한 철학이나 종교를 넘어 참되고 유일하신 하나님을 섬기는 진정한 종교임을 입증하는 것이다.

사도 바울은 에베소서 2장 1절에서 "허물과 죄로 죽었던 너희를 살리셨도다"라고 선포하며, 인간은 본래적으로 영적으로 죽은 존재임을 분명하게 말한다. 그는 그들이 세상의 풍조를 따르고 공중의 권세 잡은 자를 추종하며 육체의 욕심에 사로잡혀 살아간다고 지적한다. 이와 같은 바울의 진단은 예수 그리스도의 선언과도 일맥상통한다. 그들은 육체적으로는 살아 있는 것 같지만, 하나님이 보시기에는 영적으로 죽은 자들이다.

예수님은 한 제자를 부르실 때 "죽은 자들이 그들의 죽은 자들을 장사하게 하고 너는 나를 따르라"(마 8:22)고 말씀하시며 영적으로 죽은 상태에 있는 인간의 실존을 충격적으로 묘사하셨다. 그래서 예수님은 니고데모에게 "사람이 거듭나지 아니하면 하나님의 나라를 볼 수 없느니라"(요 3:3)고 하셨으며, 이것은 회심과 중생이 구원에 있어서 절대적으로 필요함을 강조하신 것이다.

오늘날에도 수많은 사람들이 복음을 모르고 예수 그리스도를 믿지 않고 있다. 그렇다면 그리스도인은 이런 상황에서 왜 복음을 전해야 하는가? 그리고 어떻게 복음을 지혜롭고 설득력 있게 설명할 수 있는가? 이는 단순한 선교적 과제를 넘어서, 기독교의 정체성과 진리를 세상 가운데 선포하고 방어하는 사명이기도 하다.

그리스도인은 '주 예수 그리스도의 복음'을 선포할 책임이 있으며 기독교의 교리가 타 종교나 사상들과 비교하여 어떤 점에서 유일한 진리를 담고 있는지를 설명할 준비가 되어 있어야 한다. 예수께서는 승천하시면서 모든 제자에게 '만민을 제자 삼으라'는 대위임 명령을 부여하셨다(마 28:19).

사도 베드로는 "너희 속에 있는 소망에 관한 이유를 묻는 자에게는 대답할 것을 항상 준비"(벧전 3:15)하라고 권면했다. 변증의 사명은 구약의 선지자들로부터 시작하여 신약성경의 사도와 초대교회의 교부들, 종교개혁가들 그리고 현대의 그리스도인들에 이르기까지 이어져 내려왔다.

그렇다면 오늘날의 그리스도인은 어떤 유형의 기독교 변증을 수행해야 하는가? 먼저, 기독교 변증에는 어떤 유형들이 있는지를 살펴볼 필요가 있다.

기독교 변증학의 다섯 가지 유형

기독교 변증학에는 주로 다섯 가지 대표적인 변증적 접근 방식, 즉 고전주의, 증거주의, 전제주의, 신앙지상주의 그리고 경험적·서사적 변증학 등이 있다. 이들 각각의 방식은 기독교 진리를 방어하고 선포하는 데 있어 서로 다른 철학적, 신학적 전제와 방법론을 채택한다.

변증가들은 기독교 신앙의 본질, 즉 삼위일체, 성경의 권위, 예수 그리스도의 구속 사역 등 핵심적인 교리에 대해서는 대체로 일치된 입장을 견지한다. 그러나 변증의 구체적인 방법론에 있어서는 차이가 난다. 예를 들면, 기독교인과 비기독교인 사이에 공유된 이념들이 존재한다고 보는지, 신 존재 논증을 통한 전도의 효율성 여부, 복음 선포에서 세계관의 역할 정도, 혹은 고고학적 유물 및 역사적 증거가 전도에서 어떤 효과를 거두는지 그리고 믿음과 이성의 관계에 대한 이해 역시 방법의 차이를 가름 짓는 중요한 기준이 된다.

이와 같은 접근 방식의 다양성은 결국 하나님이 자신을 인간에게 계시하시는 방식에 대한 신학적 이해 차이에서 기인한다. 하나님은 두 가지 방식, 즉 일반계시와 특별계시로 자신을 계시하신다. 일반계시는 자연세계, 인간의 양심, 역사 등을 통해서 모든 인류에게 보편적으로 드러나는 계시이다. 특별계시는 성경과 예수 그리스도를 통해서 특정한 방식으로 전달되는 하나님의 자기계시이다. 변증가들은 일반계시와 특별계시의 관계와 우선성에 대해 서로 다른 견해를 갖고 있다. 특히 아담의 타락 이후, 인간 이성이 일반계시에 대하여 어느 정도 인식 가능하고 반응할 수 있는가에 대한 신학적 이해는 변증 방식에 영향을 미치고 있다. 이에 다섯 가지 변증 이론의 유형을 구체적으로 살펴보자.

고전적인 변증학(Classical Apologetics)

고전적인 변증학에서 '고전적'(classical)이라는 단어는 교회의 초기 역사부터 현대에 이르기까지 기독교 역사에서 '합리성'을 통해 기독교 신앙을 방어하는 변증 방식을 강조하는 표현이다.[1] 고전적인 변증 방식은 대개 다음 세 단계로 변증을 전개한다.

첫째, 고전적인 변증가에 따르면, 사람들은 자신의 세계관에 따라서 같은 자료라도 다르게 해석한다. 세계관이 해석 과정에서 결정적인 역할을 수행한다고 본다. 가령 무신론자들은 하나님의 존재를 믿지 않기 때문에, 하나님에게 독생자가 있다는 것을 수용하지 않는다. 변증가들은 세계관을 분석할 때, 누구나 인정하는 논리학의 법칙들, 인식의 주체로서의 개인의 존재, 지식의 가능성, 진리의 속성을 일차적으로 고려한다.

둘째, 세계관을 분석한 후, 고전적인 변증가는 신의 존재와 기적의 가능성을 지지하는 다양한 논증을 전개한다.

셋째, 고전적인 변증가들은 경험적 증거와 역사적 증거를 통해서 성경의 권위, 성경의 역사적 신뢰성, 기적 본문에 대한 신뢰, 그리고 예수 그리스도의 육체적 부활을 논증한다. 요약하자면, 고전적 변증은 '신 존재 증명'에서부터 시작하여 '예수 그리스도의 신성과 부활'에 이르기까지 합리적인 논증을 전개한다.

고전적 변증은 인간이 타락했음에도 불구하고 합리적인 논증을 이해할 수 있는 능력을 가지고 있으며, 하나님의 성령이 그런 합리적인 논증을 사용해서 복음을 개인에게 적용하신다고 본다.

미국의 변증학자 노먼 가이슬러에 의하면, 고전적인 변증은 '성경은 하나님의 말씀이며, 성경의 진리와 반대되는 모든 것은 거짓'이라고 주장한다. 사람들이 진리와 신의 존재를 알 수 있다면, 기적(하나님의 메시지를 확증하는 하나님의 행위)은 언제나 가능하다. '나사렛 예수가 하나님의 아들'이라는 신약성경의 메시지는 역사적인 신뢰성을 갖는다. 예수님은 죽은 지 삼 일 만에 부활하심으로써 자신의 신성을 증명했고 신약성경의 권위를 확증해 주셨기 때문이다.

고전적 변증학의 목적은 비기독교적인 도전과 비난에 대해서 그리스도인들이 '합리적'으로 답변할 수 있는 준비를 하도록 돕는 것이다. 이성(합리성)은 불신자들이 믿음을 받아들일 수 있는 지성적인 분위기를 만들 때 매우 중요한 역할을 한다. 고전적인 변증은 기독교의 논리적 견실함과 내적 일관성을 최대한 활용하여 기독교의 합리성을 설명하고 타 종교의 불합리성을 지적한다. 유신론의 신 존재 논증을 출발점으로 삼고 거기에 예수 그리스도의 부활을 논증한다.

노먼 가이슬러는 "합리적인 사람이라면 불안정한 엘리베이터를 타려고 하지 않을 것이며, 한쪽 날개가 손상되어 있는 비행기에 탑승하려고 하지 않을 것이 분명하다. 합리적인 사람들은 신을 믿기 전에 신이 존재한다는 증거를 원한다. 그리고 합리적인 불신자들은 그들이 예수를 믿기 이전에 예수가 하나님의 아들이라는 증거를 확인하고 싶어 할 것"이라고 말한 바 있다.[2]

그는 "진리에 대한 어떤 검증 방법도 충분하지 않다면, 진리는 세워질 수도 없고 검증될 수도 없다. 진리가 세워지지 않는다면 기독교 변증학자는 아무할 일이 없다"고 말하면서 진리를 세우는 데 '합리성'이 중요하다는 것을 강조했다.[3]

케네스 보아(Kenneth D. Boa)와 로버트 보우만 주니어(Robert M. Bowman Jr.)

는 고전적 변증의 롤모델로 유대인과 이방인을 상대로 설교했던 사도 바울을 꼽았다.[4] C. S. 루이스도 인간에게 진리를 이해할 수 있는 합리적인 능력이 남아 있다고 본다. 사도 바울은 성경과 복음을 알지 못하는 아테네 사람들에게 인간의 보편적인 종교심과 제우스에 관련된 신화의 내용 일부를 접촉점으로 활용하여 하나님의 창조와 예수 그리스도의 부활을 증거하고 회개를 촉구했다(행 17장).

고전적 변증학의 신 존재 논증은 우주론적 논증과 목적론적 논증을 활용한다.

첫째, 우주론적 논증은 우리가 살고 있는 이 우주가 왜 존재하는지를 설명하고자 한다. 우주의 존재를 설명하려면 최초의 원인이 필요하다. 고전적 변증학은 그 최초의 원인을 '하나님'으로 본다. '칼람우주론 논증'에 의하면, 우주 만물은 영원한 것이 아니라, 과거 특정한 시점부터 존재하기 시작했다고 본다. 우주를 존재하도록 만드신 분은 바로 '성경의 하나님'이라고 추론한다. 토마스 아퀴나스는 신 존재 논증의 다섯 가지 방식에서 '최초의 원동자'라는 개념을 통해 하나님의 창조를 설명했다.

둘째, 목적론적 논증에는 우주의 질서와 정교함을 바탕으로 신의 존재를 추론하는 '미세조정 논증'과 인간의 유전정보 안에 있는 환원불가능한 복잡성을 다루는 '지적설계 논증'이 있다. 모든 예술 작품에 창작자가 있듯이 아름다운 우주와 지구에도 창조주가 있다는 주장이 목적론적 논증의 핵심이다. 자연세계의 섬세함, 아름다움, 인체 내의 정교한 유전적 정보는 우연과 진화론으로는 결코 설명될 수 없다.

고전적 변증학은 신의 존재 논증으로부터 기독교 신앙의 핵심인 예수 그리스도의 신성과 부활에 대한 논증으로 나아간다. 십자가의 죽음과 부활에 대한 복음서의 기록, 제자들의 변화와 순교, 기독교 박해자 사울의 변화, 그리고 주의 형제 야고보와 유다의 변화는 예수의 부활이 실제로 발생한 역사적 사건이었다는 것을 확증한다. 요약하자면, 고전적 변증 방식은 기독교 신앙을 단순히 주관적 감정으로 축소하지 않고, 합리성을 통해서 기독교 신앙의 타당성을 설명하고, 그 후에 기독교 신앙의 핵심적인 진리인 예수 그리스도의 부활을 역사적 사실로 입증하는 변증 전략을 따른다.

고전적인 변증가로 잘 알려진 학자들로는 노먼 가이슬러, R. C. 스프로울, 윌리엄 레인 크레이그, J. P. 모어랜드, 리처드 스윈번, 알리스터 맥그라스, 그리고 래비 재커라이어스(Ravi Zacharias) 등이 있다. 교회사에서는 순교자 저스틴(Justin Martyr), 중세의 토마스 아퀴나스, 현대의 벤저민 B. 워필드(Benjamin B. Warfield) 등이 고전적인 변증 방식을 사용한 것으로 보인다.

증거적인 변증학(Evidential Apologetics)

증거주의 변증학은 고전주의 변증학의 연역적인 논증(결론이 논리적인 전제에 근거하고 있다는 점) 중심 접근과는 구별되는 귀납적인 논증을 강조한다는 특성이 있다. 고전주의 변증이 자명한 전제로부터 논리적으로 결론을 도출하는 방식을 선호하는 반면, 증거주의 변증학은 경험적 자료와 역사적 증거의 축적을 통해 결론에 도달하는 방식을 채택한다.

증거주의 변증학은 기독교 신앙과 교리들을 변호하기 위하여 다양한 분야의 증거들, 즉 역사학, 고고학, 인류학, 지리학 등의 연구 성과와 증거들을 적극적으로 활용한다. 그리고 성경에 기록된 초자연적인 기적과 사건들도 이런 경험적이고 실제적인 방식으로 설명하려고 한다. 그래서 '증거적 변증학'은 법정에서 증거를 제시하듯이 역사적이고 실증적인 증거들을 활용한 귀납적인 논증을 통해서 성경의 신뢰성과 진정성을 입증하고자 한다.

특별히 신약성경에 나타난 예수 그리스도의 생애, 죽음 그리고 부활 사건은 이러한 귀납적 방식의 중심 대상이다. 증거주의 변증학자는 복음서의 기록이 단순한 신화나 전설이 아니라, 검증 가능한 역사적 진술임을 강조한다.

이에 대한 외부 문서와 고고학적인 발견을 근거로 제시한다. 성경의 주장을 입증하기 위해서 관련된 사실들을 비교하고 검토한 후에, 사실들을 사용하는 귀납적 논증을 전개한다. 그 이유는 객관적인 증거가 성경의 사실성을 효과적으로 설명하는 데 기여하기 때문이다.

고고학적인 발굴 성과는 성경 기록의 진실성을 보여 준다. 성경의 인물에 대한 확실한 역사적 근거들도 성경의 정확성을 신뢰할 수 있게 한다. 하지만 증거주의 변증학이 고전주의 변증학의 수단, 즉 논리, 합리성, 신 존재 논증을 거부하는 것은 아니라는 점을 알아야 한다.

증거주의 변증학은 첫째로, 성경 사본학 연구와 고고학적인 발굴을 통해서 성경의 역사적 정합성과 필사본의 신뢰성을 입증하려고 한다. 사해 사본과 마소라 본문 등 고대 필사본의 발견은 성경 원문에 대한 보존의 정확성을 뒷받침한다.

둘째로, 성경 이외의 고대 문헌들, 초기 기독교 문서와 로마의 역사적 문서들, 고대 유대인의 문서를 근거로 하여 예수의 실존과 부활의 사실성을 입증하려고 한다. 『유대전쟁사』를 쓴 요세푸스의 글, 로마 역사가 타키투스의 글을 근거로 예수의 역사적 실존과 십자가 처형, 부활에 대한 외적인 증언을 확보하려고 한다. 이런 문헌들은 성경 기록의 역사성을 확증하는 데 결정적인 기여를 한다.

셋째로, 예수의 부활에 대한 논증은 특히 실증적인 자료와 합리적인 설명을 결합시켜서 이루어진다. 특히 윌리엄 레인 크레이그 박사는 십자가 처형설, 빈 무덤, 부활에 대한 목격담 등을 통해 예수 그리스도의 부활이 역사적 사실임을 입증하려고 한다. 게리 하버마스 역시 신약성경 이외의 역사적인 자료들을 통해서 예수 부활의 확실성을 주장한다.

증거적 변증학의 가장 대표적인 학자들로는 존 워윅 몽고메리(John Warwick Montgomery), 게리 하버마스, 톰 라이트, 클라크 피녹, 조쉬 맥도웰, 돈 스튜어트(Don Stewart) 등이 있다. 조쉬 맥도웰은 그의 저서 『평결에 대한 증거』 (Evidence that Demands a Verdict: Historical Evidences for the Christian Faith)에서 성경의 신뢰성을 구축한 다음에 나사렛 예수가 그리스도임을 입증하려고 했다.[5] 증거주의 변증학은 역사적인 자료들을 통해 의심을 잠재울 수 있다고 본다.

이와 같이, 증거주의 변증학은 고고학적인 발견, 사본학적인 성과, 고대 문헌 분석 등을 통해 실증적이고 경험적인 방식으로 기독교 신앙을 옹호한다. 이러한 증거적 변증학은 20세기 초부터 강력한 변증 방식으로 떠올랐다. 사해 사본과 마소라 사본 등 고대 필사본들의 발굴과 보존은 성경 원문의 내용을 추정하는 일에 큰 도움이 되었다.

또 고고학적 발굴 현장에서 발굴된 유물들은 성경에 등장하는 사건과 이야기가 신화가 아니라, 실제로 존재한 역사적 사실임을 확증하는 근거들이 되었다. 예수의 부활 사건에 대한 신약 복음서의 기록이 매우 신뢰할 만한 것임을 주장하고, 고고학적인 발굴을 통해 성경에 기록된 장소, 인물, 사건이 실제로 있었던 것임을 증명하는 증거로 제시한다.

증거적 변증학의 한계는 무엇일까?

첫째, 딘 하디 교수(Dean Hardy)에 의하면, 완고한 무신론자를 역사적 증거만으로 기독교 신앙을 갖도록 설득하는 것은 어렵다. 기독교 신앙은 궁극적으로 초자연적인 특징을 갖기 때문에 경험적 증거만으로 기독교 신앙의 모든 것을 설명하는 것에 분명한 한계가 있다. 가령 많은 사람은 우주 안에 초자연적인 힘이 있다고 믿으면서도 그것이 꼭 성경의 하나님 때문이라고는 생각하지 않는다.

둘째, 증거적 변증학자들이 '증거'를 통해서 뉴에이지 운동 지지자들을 그리스도인이 되도록 설득하는 것에도 분명한 한계가 있다. 뉴에이지 지지자들은 동일한 사건을 비기독교적인 관점으로 해석하기 때문이다. 따라서 증거적 변증학이 '증거를 사용한다'는 탁월한 장점에도 불구하고, 모든 사람에게 동일한 효과를 얻지는 못한다고 본다. 블레즈 파스칼이 말한 것처럼 증거의 설득력은 충분해도, 그것을 거부하는 것은 타락한 마음의 문제이기 때문이다. 한마디로 증거의 문제가 아니라 주관적 해석의 문제이다.

스티븐 코완(Steven B. Cowan) 박사는 누적사례 변증 방식(The Cumulative Case Method)을 증거적 변증학의 하부 영역에 둔다. '누적사례'라는 단어는 영국 철학자인 베이실 미첼(Basil Mitchell)이 사용한 말이다.[6] 고든 루이스(Gorden Lewis)는 이 방식을 '검증주의'(Verificationism)라는 명칭으로 부르기도 했으며, 노먼 가이슬러는 '결합주의'(Combinationalism)로 분류했다가 나중에 '증거주의적 변증 방식'의 하부 범주에 넣는 것에 동의했다. 누적사례 방식을 활용한 변증가들로는 베이실 미첼, 폴 파인버그(Paul Feinberg), C. S. 루이스 그리고 스티븐 에반스 등이 있다. 폴 파인버그에 의하면, 기독교 신학자들은 "기독교가 다른 모든 대안적 세계관, 그것이 다른 종교적 관점이든 아니면 무신론이든 상관없이, 모든 증거를 더 잘 설명한다"고 주장한다.

누적적인 사례 방식에는 여러 가지 자료와 정보를 통해서 우주의 존재와 본질, 종교적 경험의 실재, 도덕성의 객관성 그리고 예수의 부활과 같은 특정 역사적 사실들이 포함된다. 영국의 평신도 변증가이자 영문학 비평가인 C. S. 루이스는 "태양 때문에 만물을 밝게 볼 수 있는 것처럼, 기독교 신앙을 받아들였을 때 모든 것이 명료하게 이해된다"고 말한 바 있다. 한마디로 말하면, 증거적인 변증학은 기독교 신앙의 진리를 역사적, 고고학적, 문헌적 증거를 통해서 입증하려고 하는 변증적 접근 방식이다.

전제적인 변증학(presuppositional Apologetics)

전제주의 변증학에서 '전제'(presupposition)라는 말은 인간의 이성과 경험은 중립적인 것이 아니라 이미 전제된 어떤 신념을 토대로 작동하고 있다는 것을 뜻한다. 이 견해는 미국 필라델피아에 있는 웨스트민스터 신학교 교수 코넬리우스 반 틸이 주창한 변증 방식이다. 예나 지금이나 불신자들은 기독교 신앙을 불합리한 것으로 비난한다. 사도 바울은 "우리는 십자가에 못 박힌 그리스도를 전하니 유대인에게는 거리끼는 것이요 이방인에게는 미련한 것이로되"(고전 1:23)라고 말했다.

18세기 계몽주의 철학자들도 이성과 과학의 관점에서 기독교 신조를 맹신이라고 비판했다. 찰스 다윈은 성경적 창조론을 부정하고 진화론을 주장했다. 정신분석학자 지그문트 프로이트는 성령과 귀신의 존재를 부정할 뿐만 아니라 종교적인 믿음과 초자연적인 존재(신)를 무의식과 강박관념이라는 심리적 기제로 설명했다.

문화인류학자 미르치아 엘리아데는 성경 속의 이야기가 고대 근동 신화의 영향을 받고 형성되었다고 주장했다. 현대의 과학주의에 경도된 사람들은 오감으로 파악할 수 없고 검증할 수도 없는 기독교 신앙을 맹신으로 몰아붙였다. 또한 불신자들은 "정복하고 다스리라"는 창세기의 문화명령이 환경 파괴의 원인이라고 비판하며, 전쟁, 살육, 전염병, 지진, 자연재해는 성경의 하나님이 없다는 증거라고 주장한다. 이처럼 비기독교인, 불신자는 이미 '신은 존재하지 않는다'라는 전제 위에서 자신들의 주장을 전개한다.

전제주의 변증학은 칼뱅주의적 견해(또는 개혁주의적 인식론)를 중요한 거점으로 삼는다. 이들에 의하면, 증거주의 변증학의 난점은 인간의 타락을 과소평가하면서도 성경의 교훈을 이해하지 못할 정도로 상실된 인간의 능력을 과대평가한다는 것이다. 전제주의 변증학자들은 세속적인 이성으로는 기독교적 신앙에 이를 수 없다고 주장한다. 특별히 '성경의 하나님은 존재한다'는 것과 '하나님의 말씀은 진리이다'라는 것은 기독교 신앙의 핵심적인 전제이다. 사람들은 오직 성령의 사역을 통해서 이런 전제를 믿을 수 있다. 왜냐하면 "육에 속한 사람은 하나님의 성령의 일들을 받지 아니하나니 이는 그것들이 그에게는 어리석게 보임이요, 또 그는 그것들을 알 수도 없나니 그러한 일은 영적으로 분별되기 때문"(고전 2:14)이다.

전제주의는 개혁주의 인식론에 깊이 뿌리박고 있다. 타락한 인간은 죄악으로 가득한 본성을 갖고 있어서 하나님에 관한 영적인 진리를 이해할 수 없다. 결과적으로 전제주의 변증학자들은 중생한 그리스도인과 중생하지 않은 일반인들 사이에 공유되는 토대가 없다. 따라서 논리적이고 합리적인 주장들은 불신자들을 전도할 때 효과가 없다. 아담의 타락은 그 이후의 모든 인류의 이성, 감성, 의지를 완전하게 타락시켜서 자연계시와 특별계시로 주어진 하나님의 진리를 온전히 이해할 수 없게 만들었다.

고전적 변증과 증거적 변증은 '인간의 합리성'을 어느 정도 긍정적으로 사용하지만 전제주의는 그렇지 않다. 타락한 인간의 사고는 무신론적 전제에 뿌리를 내리고 있다. 전제주의 변증학은 형이상학적인 논증, 즉 어떤 사실이나 현상의 필요조건을 설명하는 연역적 논증을 활용한다. 형이상학적 논증은 '전제'에서 그러한 사실의 존재를 단정하고 '결론'에서 그러한 사실과 현상이 존재할 수 있는 조건이 무엇인지를 상술한다. 따라서 전제적 변증가들에 의하면, 성경의 하나님만이 '증거를 증거가 되게 하며' '논거를 논거가 되게' 하신다. 창조주 하나님은 모든 물리적인 사물의 원천이며 과학·도덕·논리적 법칙의 원천이다.

그러므로 전제주의 변증학은 불신자들이 그리스도인의 세계관을 먼저 수용할 때에만 참된 지식이 가능하다고 본다. 그래서 전제주의 변증학은 특별계시의 우위성을 전제하며, 그 출발점을 특별계시에 둔다. 성경에서 보여 주는 하나님의 존재와 세계관을 전제하지 않고서는 세상과 사람에 대한 진리는 획득할 수 없다. 신자들은 불신자들 안에서 믿음을 창조하시는 성령의 사역 때문에 하나님에 대한 진리를 이해할 수 있다.

코넬리우스 반 틸에 의하면, 진리는 사람을 그리스도에게로 인도하는 것이다. 성경의 진리를 전제하지 않는다면, 인간의 모든 추론과 논리는 불가사의하거나 모순이 된다. 따라서 성경적 전제와 반대되는 어떤 견해도 철학적으로 성립할 수 없다. 기독교와 상반되는 입장은 자신들의 신념 체계 안에서 내적인 일관성과 조화를 이룰 수 없다. 전제주의적 변증학자들은 '반대명제의 성립 불가능성'을 바탕으로 기독교의 진리를 변호한다.

반 틸이 말하는 핵심적인 요지는 '성경의 계시가 우리의 출발점'이라는 것이다. 그가 고전적인 논증과 증거주의를 완전하게 배제하는 것은 아니며, 오히려 전제주의는 다른 변증적 방법론에 근본적인 토대를 제공할 뿐만 아니라, 기독교와 경쟁관계에 있는 다른 세계관들의 토대가 얼마나 불충분한지, 그 한계를 노출시키는 데 목적이 있다.

전제주의 변증학을 지지하는 학자들은 웨스트민스터 신학교의 코넬리우스 반 틸, 존 프레임, 프란시스 쉐퍼, 고든 클락(Gordon Clark), 칼 헨리, 그레그 반슨(Greg Bahnsen), 루사스 러쉬두니(Rousas J. Rushdoony) 등이 있다. 미국의 철학자 알빈 플란팅가(Alvin Plantinga)는 반 틸의 지지자는 아니지만 전제주의적 변증 방법을 옹호하는 것으로 알려졌다. 대개 성 어거스틴의 은총신학과 개혁주의 신학사상을 가진 학자들이 전제주의 변증학을 지지하는 경향을 보이고 있다.

전제주의 변증학이 다른 변증 유형을 어떻게 비판하는가?

첫째, 전제주의자들은 '전통적인 변증학이 본질상 무익하다'고 비판한다. 구원받지 못한 인간의 정신은 죄로 오염되어 있어서 하나님의 진리를 이해할 수 없기 때문이다. 이성을 강조하는 고전적인 변증학과 논증들은 인간의 타락을 고려할 때 신학적으로 부적절하다고 본다. 고전적 변증가들은 이성을 활용하여 신의 존재와 기독교적 진리에 이를 수 있다고 본다는 점에서 전제주의 변증과는 확연하게 대조된다.

둘째, 회의론자는 자신이 동의하지 않을지라도 신의 존재를 전제하고 있다. 전제주의자들은 불신자들의 도덕적 분노와 논리는 창조의 관점에서만 의미가 있다고 본다. 코넬리우스 반 틸은 "신의 존재에 대한 유일한 증명은 불신자가 하나님 없이는 어떤 것도 증명할 수 없다는 것"이라고 주장한다. 불신자가 과학을 연구하거나 인용할 때도 그는 창조주가 만들고 유지하는 자연의 질서에 의존해야 하기 때문이다. 심지어 불신자들이 그리스도인을 도덕적인 이유로 비난할 때에도 그들은 객관적이고 보편적인 도덕적 진리가 살아 계신 하나님에 의해서 확증되는 초월적 진리에 근거하고 있다는 점에서 자기모순을 피할 수 없다. 그러므로 불신자들은 신이 만든 자연과 보편적 도덕성으로 신을 비난하기 때문에, 그들 스스로 자기 자신을 우스꽝스러운 구경거리로 만들 뿐이다.

셋째, 전통적인 변증학은 어리석게도 불신자들의 기준을 존중한다. 불신자들은 이성과 과학적 전제들이 지식의 토대를 구성한다고 주장한다. 그들은 감각과 경험에 의존하는 과학은 신뢰할 만하지만 종교적인 경험은 조금도 신뢰할 수 없다고 말한다. 가령 '하늘은 푸르다'는 주장은 '하나님이 선하다'는 주장보다 명료하게 증명된다는 것이다.

하지만 이것은 물리적인 대상을 측정하는 방식으로 비물리적인 방식을 측정하려고 하는 '범주착각의 오류'일 뿐이다. 전제주의 변증학은 왜 우리가 경험과 감각에만 의존해야 하는지를 묻는다. 미국 철학자 알빈 플란팅가는 신의 존재에 대한 믿음이야말로 '지식의 적절한 토대'라고 주장한다. 그는 특히 우주의 기원을 다루는 과학가설들이야말로 과학자의 세계관이 반영된 주관적 해석에 의존하는 경우가 대부분이라고 보았다.

넷째, 증명의 부담은 신자들이 아니라, 불신자들에게 있다. 불신자들은 그리스도인들의 믿음을 부정하면서 자신들의 신념이 옳다고 주장한다. '이 세상은 영원하고 우연히 모든 것이 형성되었다'는 무신론의 근거는 무엇인가? 불신자들이 기독교인들에게 신 존재 증명을 요구한다면, 기독교인들도 불신자들에게 신의 비존재 증명을 요구할 수 있으며, 이 점에서 증명의 부담은 불신자들에게 있다고 주장한 것이다.

다섯째, 변증학은 체계적인 수준에서 가장 잘 행해지며, 불합리(absurdity)로 축소되는 것이 선호되는 방식이다. 불신자들은 내적인 모순으로 황폐화된다. 가령 윤리적 상대주의자들은 절대적인 선악 기준이 없기 때문에 살인과 강간마저도 비난할 수 없다. 만약에 상대주의자가 범죄자를 비난한다면 자신의 관점에 내적인 일관성이 없다는 것을 드러내는 것일 뿐이다.

계시적 전제주의, 합리적 전제주의, 실용적 전제주의

전제주의 변증학을 체계화한 신학자는 코넬리우스 반 틸이며, 그는 '계시적 전제주의'를 발전시켰다. 반 틸의 변증학은 '인간의 타락한 이성으로는 기독교의 진리에 도달할 수 없기 때문에, 모든 인간 이성은 성경의 진리로 시작해야만 한다'는 것으로 요약된다. 반 틸은 기독교인과 비기독교인 사이에 공통되는 지성적인 근거가 있다는 것을 부정한다. 실제로 타락한 인간의 이성, 종교성 그리고 합리성은 신의 존재를 인정하는 데에 이를 수 없다. 오직 성경에 계시된 삼위일체 하나님을 전제해야만 한다.

그러나 반 틸과는 달리, 고든 클락 교수는 '합리적 전제주의'를 주장한다. 고든 클락은 비기독교인들도 최소한 논리적인 법칙들을 이해할 수 있다고 본다. 존 프레임 교수도 합리적 전제주의를 지지하면서 반 틸의 전제주의는 구체적인 논증이 부족하다고 평가했다. 고든 클락 교수는 동일률 모순률 같은 논리학의 기본 법칙들이 진리 판단에 있어 중요한 도구로 사용될 수 있다고 평가했다. 마지막으로 프랜시스 쉐퍼의 변증 방식은 실용적 전제주의로 분류된다. 그는 비기독교 체제를 허위로 규정하고, 성경을 우주와 역사에 관한 명제적 진리(propositional truth)를 담은 절대적 계시로 간주했다. 나아가 쉐퍼는 성경에 기반한 실용적 전제주의를 통해 진리를 혼란하게 만드는 상대주의와 주관주의를 거부했다. 반 틸, 클락, 쉐퍼는 모두 성경을 진리로 삼기 때문에 전제주의 변증학에 속한다.

전제주의 변증가들은 무신론자나 불신자들을 설득하지 못하는 경우에도, 설득적 논증에 문제가 있는 것이 아니라, 불신자들의 인격이 근본적으로 병리적이며 불합리하기 때문에 건전한 증명을 수용하지 못하는 것이라고 반박한다. 그러나 증거주의 변증학자들은 여전히 설득력 있는 증거를 통해서 불신자들에게 복음을 전해야 한다고 주장한다. 바울은 로마서 2장에서 이방인들에게 보편적인 도덕적 신념과 자연에 있는 하나님의 표시를 읽어 낼 수 있는 일반은총이 남아 있다고 진술하고 있다.

"율법 없는 이방인이 본성으로 율법의 일을 행할 때에는 이 사람은 율법이 없어도 자기가 자기에게 율법이 되나니 이런 이들은 그 양심이 증거가 되어 그 생각들이 서로 혹은 고발하며 혹은 변명하여 그 마음에 새긴 율법의 행위를 나타내느니라"(롬 2:14-15).

사도 바울은 아테네 전도에서 사람들의 종교성과 헬라 시인들의 시구(詩句)를 접촉점으로 사용해서 복음 전도를 했다. 전제주의 변증학은 아담의 타락 교리를 그대로 수용함으로써, 불신자들의 기독교에 대한 비판이 얼마나 왜곡된 것인지를 잘 드러낸다.

신앙지상주의(Fideism)

신앙지상주의(fideism)에 있는 라틴어 'fide'는 오직 믿음으로만 신에 대한 믿음에 이를 수 있다는 것을 뜻한다. 신앙지상주의는 기독교 신앙을 변호하는 데 필요한 어떤 합리적인 논증이나 증거는 없다고 주장한다. 이 입장에 따르면, 기독교 신앙은 이성의 영역 위에 있는 것이다. 하지만 이것은 기독교 신앙이 불합리하다는 것을 뜻하지 않는다. 오히려 기독교 신앙은 이성이 도달할 수 있는 영역 바깥에 있다는 것을 말한다.

그리스도인은 '하나님이 존재한다'는 사실과 '하나님이 자기를 찾는 자들에게 상을 주신다'는 것을 믿어야 한다(히 11:6). 하나님은 이성으로는 다가갈 수 없고 오직 믿음을 통해서만 만날 수 있다. 합리적인 논증은 불충분하고, 믿음의 경험이 필요할 뿐이다.

'강력한 신앙지상주의'와 '온건한 신앙지상주의'로 구분해 보자. '강력한 신앙지상주의'는 논리, 증거, 형이상학적인 논증 등을 기독교를 정당화하는 방법으로 사용하기를 거부한다. 왜냐하면 믿음만이 기독교의 진리를 이해하는 유일한 방법이기 때문이다. 믿음의 진리는 합리적으로 정당화할 수도 없다. 기독교의 진리 됨은 오직 믿음을 통해서만 알 수 있기 때문이다. 그래서 강력한 신앙지상주의 형태는 '신의 존재를 믿는 것에는 어떤 합리적인 논증이나 증거도 필요하지 않다'고 주장한다. 이 견해에 의하면 믿음은 이성보다 더 고차원적이다. 이성은 신을 믿는 데 꼭 필요한 요소가 아니다. 종교적 신념의 문제들은 이성으로 뒷받침되지 않는다.

반면에, '온건한 신앙지상주의'는 '신의 존재하심에 대한 합리적인 믿음을 지지하는 좋은 논증과 증거가 있다'고 보지만, 신의 존재에 대한 합리적인 믿음을 보증하기 위해서 그런 논증과 증거를 반드시 제시할 필요는 없다고 주장한다. 이성은 어떤 신념(하나님이 존재하신다는 것과 하나님이 전능자라는 것)에 대해서 충분하다고 본다.

신앙지상주의를 지지하는 학자들로는 종교개혁가 마르틴 루터, 쇠렌 키르케고르, 프랑스의 블레즈 파스칼 그리고 스위스 신학자 칼 바르트(Karl Barth, 1886-1968) 등이 있다. 유신론적인 증거주의는 신에 대한 믿음은 그 신앙에 대한 좋은 증거가 있기 때문에 합리적이라고 주장한다. '강력한 증거주의 입장'은 미국의 노먼 가이슬러, R. C. 스프로울 그리고 존 거스트너(John

Gerstner)에 의해서 발전했다.

신앙지상주의는 역사적으로 자연신학의 개념, 즉 신 존재는 특별계시에 호소하지 않고서도, 인간의 이성을 토대로 하여 철학적으로 논증될 수 있다는 전제를 반대한다. 가령 칼 바르트는 사람이 신에 대한 지식을 수용할 수 있는 자연적인 능력을 소유하고 있다는 것을 부정했다. 왜냐하면 인간 이성의 능력이 타락과 죄로 오염되었기 때문이다. 설사 일반계시 영역에 신에 대한 지식이 있다고 해도, 사람은 죄인이기 때문에 그런 지식을 이해할 수 없다. 강력한 신앙지상주의자들이 신의 존재에 대한 합리적 믿음을 요구하지 않는 반면에, 온건한 신앙지상주의자 블레즈 파스칼은 사람이 여전히 유신론적 신앙을 선택할 때 합리적일 수 있다고 말한다. 가령 그의 내기 논증(wager argument)은 엄격한 증거주의적 입장에 대한 대안으로 제시된 것이다. 내기 논증에 따르면, 우리는 증거 자체의 가치가 아니라, 수지타산적 고려를 통해서 신의 존재에 대한 합리적인 믿음을 가질 수 있다는 것이다.

물론, 성경은 자연신학의 가능성을 완전하게 부정하고 있지 않다. 다윗은 "하늘이 하나님의 영광을 선포하고 궁창이 그의 손으로 하신 일을 나타내는도다"(시 19:1)라고 노래한다. 바울은 로마서에서 창조된 자연계 안에서 하나님을 아는 지식을 획득하는 것이 가능하다고 말한다.

"이는 하나님을 알 만한 것이 그들 속에 보임이라 하나님께서 이를 그들에게 보이셨느니라 창세로부터 그의 보이지 아니하는 것들 곧 그의 영원하신 능력과 신성이 그가 만드신 만물에 분명히 보여 알려졌나니 그러므로 그들이 핑계하지 못할지니라"(롬 1:19-20).

자연 안에 드러난 하나님에 대한 지식은 어느 정도 지워졌을지라도 완전히 제거된 것은 아니다.

신앙지상주의에 따르면, 사람은 증거가 없이도 또는 이성과 반대되는 경우에도 신의 존재를 믿어야 한다. 가령 칼 바르트는 '기독교의 객관적인 주장들이 역사의 경험적 증거들 위에 구성되어야 한다'는 생각을 거부한다. 우리는 과거의 사건들에 대해 경험적인 접근을 할 수 없다. 따라서 역사적인 주장들이 우리에게 진리를 제공하는지를 확신할 수 없다. 오히려 하나님을 만난 사람은 신의 존재에 대한 즉각적인 확신을 가지며, 그런 만남은 신의 존재에 대한 합리적 논증이나 경험적 증거를 넘어선 기독교 진리를 믿게 한다. 그러나 개인의 신앙 체험이 기독교 진리를 구성하는 절대적인 토대일 수는 없다. 개인의 체험을 객관적으로 검증할 기준이 없기 때문이다.

철학자 리처드 로티(Richard Rorty)와 토마스 쿤의 포스트모던 상대주의는 실용주의적 진리관을 채택한다. 실용주의는 결과에 따라서 참이나 거짓이 될 수 있다. 로티 교수에 따르면, 어떤 신앙은 그것이 유용하거나 실천적인 성공을 거둘 때 진리가 될 수 있다. 토마스 쿤에 의하면 객관성은 존재하지 않는다. 왜냐하면 모든 데이터는 전제된 개념 틀, 즉 '패러다임'에 의해서 해석되는데, 패러다임은 특정한 과학 공동체가 수용하는 방법론과 연구의 틀로서, 이미 그 패러다임 안에 특정한 세계관이 전제되어 있다. 이 점에서 완전하게 중립적인 관점은 없다는 것이다.

미국 철학자 알빈 플란팅가의 '개혁주의 인식론'에 따르면, 하나님의 존재에 대한 믿음은 이성적인 증거나 논증 없이도 정당화될 수 있다. 그는 신(神) 인식이 인간의 본성 가운데 내재된 기본 신념일 수 있다고 주장한다. 우리 일상 속의 수많은 신념들(가령 '다른 사람도 나처럼 의식이 있다'거나 '기억은 신뢰할 만하다'는 믿음) 역시 자명한 명제로부터 도출된 것으로 보이지 않는다. 이런 주장은 복음의 논리와도 일치한다.

플란팅가는 신앙과 실제를 대응시키려 시도하는 고전적 정초주의(classical foundationalism)를 비판하고, 보다 완화된 개혁주의 인식론을 제안한다. 그렇지만 신앙지상주의는 기독교 신앙이 이성의 영역을 넘어서 있다고 주장한다. 초이성적이라는 말은 기독교의 진리를 실제로는 비이성적이거나 불합리한 것으로 여긴다는 말은 아니다.

케네스 보아와 로버트 보우만에 의하면, 신앙지상주의의 핵심은 "기독교 신앙의 일부 진리들은 논리적인 명확성으로 표현하고자 하는 인간의 능력을 넘어서 있다는 믿음이다."[7] 신앙지상주의자들은 이성적인 논리로는 하나님을 온전히 알 수 없으며, 오직 믿음을 통해서만 신을 알 수 있다고 말한다.[8] 논리적인 추론은 지성적 활동이지만, 하나님의 문제에 대해서는 한계에 이를 수밖에 없다.

마르틴 루터는 창조주와 성육신하신 하나님에 대한 진리는 "우리의 이성이 도달하기에는 너무 높은 곳에 있다"고 주장했다.[9] 기독교 실존주의 철학자인 쇠렌 키르케고르도 "이성은 하나님께 가능한 한 가까이 다가가려 했지만, 하나님은 변함없이 먼 곳에 계시다"라고 말한 바 있다.[10] 『팡세』의 저자 블레즈 파스칼도 이성의 최후의 사명은 이성의 한계를 인정하는 것이라고 보았다.

경험적 변증학(Experiential Apologetics)과 서사적 변증학(Narratival Apologetics)

알리스터 맥그라스(Alister McGrath)와 조슈아 채트로우(Joshua Chatraw)는 현대 기독교 변증학의 새로운 방법론으로 '경험적인 변증학'과 '서사적 변증학'을 제시하였다.[11] 현대의 기독교 변증에서 경험적인 변증학과 서사적 변증학은 전통적인 인식론적, 논리 중심의 변증을 넘어, 인간 실존의 깊은 차원과 감정, 체험, 내러티브 구조를 중심으로 신앙의 진리를 방어하고 설득한다는 점에서 주목된다.

먼저 '경험적인 변증'은 기독교가 다른 종교보다 인간의 실제적 경험과 내면의 갈망을 가장 정합적으로 해석할 수 있는 틀을 제공한다고 본다. 이는 인간의 공유된 경험 영역, 즉 고통, 죄책감, 희망, 아름다움에 대한 인식, 초월에 대한 갈망 등을 복음 변증의 진입로로 여긴다. 이 접근법은 단순한 교리를 논리적으로 설명하기보다는 살아 계신 하나님과의 인격적인 만남과 신적 임재에 대한 실존적 체험을 중심으로 신앙의 진실성을 정당화한다. 역사적으로도 성 어거스틴과 블레즈 파스칼은 이러한 초월적 체험의 중요성을 강조했다.

경험적인 변증학에서는 인간의 논리와 이성의 중요성은 부차적인 것이며, 하나님의 임재 체험은 다른 어떤 논증보다도 훨씬 더 강력한 확신을 준다. 경험(체험)적 변증학은 논리와 이성의 기능을 부정하지는 않지만, 그것들을 신앙의 중심에 두지도 않는다. 오히려 신의 임재에 대한 체험은 신자들의 믿음을 정당화하는 데 결정적으로 기여한다고 주장한다. 사도 바울 역시 다메섹 도상에서 부활하신 예수 그리스도를 인격적으로 만난 체험을 통해 극적인 회심을 경험했다. 이런 만남은 그의 삶 전체를 변화시켰고, 그는 복음 전도와 선교에 헌신하는 사도가 되었다. 알리스터 맥그라스는 C. S. 루이스도 인간의 갈망과 마음을 강조했기 때문에 블레즈 파스칼과 마찬가지로 경험적 변증 방식을 사용한다고 보았다.

맥그라스는 이런 경험 중심적 변증의 대표적 사례로 C. S. 루이스를 들고 있다. 그는 루이스가 인간 내면의 갈망과 실존적 공허함을 변증의 출발점으로 삼았다는 점에서 파스칼의 변증학과 밀접한 유형에 속한다고 보았다. 루이스는 "나는 태양이 떠오른 것을 믿듯 기독교를 믿는다. 내가 태양을 보기 때문이 아니라, 태양 덕분에 다른 모든 것을 볼 수 있기 때문이다"라고 말했다. 이 말은 기독교 세계관이 인간 경험 전체를 해석하는 조명으로 작용한다는 점 그리고 그 자체로 실재를 이해하는 총체적인 인식 틀을 제공한다는 사실을 상징적으로 보여 준다.

맥그라스에 의하면, 루이스는 '경험적 변증 방식'과 '서사적 변증 방식'을 통합적으로 구사한 변증가이다. 루이스는 이성적 논증 자체보다는 인생의 의미를 탐구하는 '이야기 구조'를 통해 기독교 신앙의 진정성을 설득하려고 했으며, 인간의 갈망, 상상력, 상징적 언어를 통해 기독교의 진리를 서술했다.

이와 유사하게 프란시스 쉐퍼도 기독교가 "사상의 통일성뿐만 아니라 인간 존재 전반에 대한 일관된 해석 틀을 제공한다"고 주장했다. 쉐퍼에 의하면, 기독교 세계관이 삶의 모든 차원을 통합적으로 설명할 수 있는 가장 설득력 있는 체계이다. 결국 경험적, 서사적 변증학은 인간의 실존과 심층 심리를 고려한 총체적 접근을 통해, 기독교 신앙이 지닌 실재성과 통합성을 조명하는 변증 전략이다. 이러한 방식은 오늘날 탈근대 문화 속에서 감성, 체험, 이야기의 힘이 강조되는 맥락에서 더욱 유효한 변증학적 유형으로 등장한 것이다.

변증 전도의 네 가지 단계

선지자들과 사도들은 예수 그리스도의 복음을 전파하기 위해 그리고 그 시대의 비판으로부터 기독교 신앙을 변호하기 위해 다양한 변증 방식을 사용했다. 사도들은 기적 논증, 예언성취 논증, 부활 논증을 종합적으로 활용했다. 베드로, 요한, 바울은 성경의 예언성취, 기적, 부활 논증을 주로 사용했다. 근대의 블레즈 파스칼은 『팡세』에서 인류학적 논증, 체험 논증, 내기 논증, 성경의 내적 논증 방식을 종합적으로 사용했다. 종교개혁가 칼뱅도 다양한 변증 방식을 사용했다. 앞에서 언급한 변증학자들도 여러 가지 방법을 사용하는 경우가 많다. 가령, C. S. 루이스는 고전적, 증거적, 서사적, 경험적 방식을 함께 사용했다.

따라서 현대의 그리스도인들은 전도 대상에 따라서 다양한 변증방법을 적절하게 종합해서 사용하는 것이 좋다. 이것은 '통합적 변증방식'이다. 프란시스 쉐퍼도 모든 사람에게 적용되는 단 하나의 전도 형태가 있다고 생각하지 않았다. 마찬가지로 모든 사람에게 적용되는 단 하나의 변증 방식이 있는 것도 아니다. 중요한 것은 전도 대상자를 향한 인격적 사랑이 변증과 전도의 동력이 되어야 한다는 것이다.[12]

신약성경의 사복음서는 네 가지 다른 관점에서 예수 그리스도를 상호보완적으로 묘사하고 있다. 마찬가지로 네 가지 변증 방식은 불신자들을 설득하여 기독교를 믿게 하는 데 필요한 상호보완적인 방식이다.[13]

현대 사회는 무신론, 진화론, 상대주의, 과학주의, 무도덕주의, 종교다원주의 등이 가득하다. 따라서 성경의 권위와 예수 그리스도의 진리를 변호하는 기독교 변증은 사도들이 사용했던 다양한 방식을 통합적으로 사용할 필요가 있다. 앞에서 설명한 전제주의, 고전주의, 증거주의, 신앙지상주의 등 네 가지 방식은 새로운 것이 아니다. 이런 변증 방식들은 성경의 저자들, 초대교회 교부들에게서 모두 발견된다. 중요한 것은 변증 방식에 있는 것이 아니라 전도할 때 성령의 역사하심이 있어야 한다는 것이다. 성령의 감동이 없다면, 논리와 증거만으로는 어떤 사람도 그리스도께로 인도할 수 없다.

사도 바울은 어떻게 변증했을까? 바울은 회당, 법정 그리고 거리에서 복음을 전하고 변증할 때 네 가지 요지-'변호', '증명', '논박', '초청'-를 활용했다. 변증 전도의 네 가지 방법을 살펴보자.

변호(Defense)

'변호'는 기독교 신앙에 대한 불신자들의 비판에 담긴 오해를 풀어 주고, 기독교 신앙과 교리를 변호하는 것을 말한다. 사도 바울은 그의 사명이 "복음을 변호하고 입증"(빌 1:7, 새번역)하는 것이라고 말한다. 여기에서 '입증'(confirming)은 '증명'(proof)을 의미하고 '변호'(defending)는 불신자가 가진 의심과 비판자들의 반대에 대하여 오해를 풀어 줄 만한 구체적인 답변을 제시하는 것이다. 여기에서 사도 바울은 '변호'라는 단어를 '입증'보다 먼저 사용했다. 유대의 대제사장 아나니아가 장로들과 변호사 더둘로와 함께 바울을 다음과 같은 이유로 고소했다.

"우리가 보니 이 사람은 전염병 같은 자라 천하에 흩어진 유대인을 다 소요하게 하는 자요 나사렛 이단의 우두머리라"(행 24:5).

바울은 총독 앞에서 자신의 사건에 대해 다음과 같이 변호하기 시작한다.

"그때에 총독이 바울에게 말하라고 머리를 끄덕이니, 바울이 대답하였다. '총독님께서 여러 해 동안 이 나라의 재판장으로 계신 것을, 내가 알고 있습니다. 그러므로 나는 기쁜 마음으로 내가 한 일을 변호하겠습니다'"(행 24:10, 새번역).

신약성경을 찬찬히 살펴보면 당시 사람들은 사도들을 '술 취했다'(행 2:13), '율법을 모독했다'(행 6:11), '세상을 어지럽힌다'(행 17:6), '광신자'(행 26:24)라고 조롱했다. 바울은 악의적으로 조롱하는 사람들에게 우선 그들의 오해를 풀어 주는 '변호'의 전략을 취한다. 바울은 로마서에서, 현실적인 대적들과 가상의 대적들을 향하여 답변한다. 따라서 기독교 변증가와 그리스도인들은 복음에 대한 오해를 풀어 주고 변호할 공통적인 책무를 지닌다고 할 수 있다.

불신자들은 초자연주의를 거부하기 때문에 창조, 노아 홍수, 헤렘 전쟁, 동정녀 탄생, 부활, 기적을 부인하며 기독교 신앙을 반지성적이라고 말하며 조롱한다. 그리스도인들은 이런 비판과 조롱에 대하여 복음의 진실성을 변호해야 한다.

증명(Proof)

바울은 '증명'(입증)을 통해 기독교 신앙과 교리가 진리라는 것을 입증(확증)하고자 했다. 예수님과 사도들은 복음을 쉽게 이해하지 못하는 사람들에게 복음이 진리임을 증명하고자 했다(요 14:11, 20:24-31; 고전 15:1-11). 기적은 신의 존재와 계시의 내용을 정당화하는 방식이다. 구약성경의 모세, 여호수아, 엘리야, 엘리사는 기적을 통해서 '여호와가 참 하나님'이시라는 것을 증명했다. 예수님도 메시아 기적을 통해서 자신이 구약에 예언된 메시아임을 확증해 주셨다. 사도들도 나사렛 예수가 그리스도임을 복음 선포와 동반되는 기적을 통해서 확증했다.

'증명'은 기독교가 진리임을 적극적으로 드러내는 방식이다. 변증적 전도는 복음을 선포하는 것으로 끝나는 것이 아니라, 여호와가 참되신 하나님이신 것, 예수 그리스도가 하나님의 아들이신 것을 입증해야 한다. 기독교의 진정성에 대한 입증은 예수 그리스도의 이름으로 행해지는 기적과 예언의 성취를 통해서 이루어진다.

2세기 중반의 순교자 저스틴은 그의 『제일 변증서』(First Apology)에서 그리스도인이 인간의 살을 먹는다는 악성 루머가 있다는 것을 언급하고 있다. 저스틴은 '그것은 성만찬에 대한 오해'라는 점을 잘 설명했다. 로마 역사가 타키투스에 따르면, 초대교회의 그리스도인들은 '인간혐오자'로 비판받고 있다는 점을 언급하고 있다. 이런 비판에 대하여 초대교회의 교부들은 어떻게 대응했을까?

우선, '변호'의 방법을 사용하여, 세상 사람들이 그리스도인들을 식인종이라고 비판하는 것은 완전히 잘못이라고 설명한다. 오해와 편견의 부당함을 드러낸 후에, 바울은 '입증'의 방법을 사용하여, 성찬식은 '타락한 인간의 죄를 해결하기 위해 십자가에 죽으신 그리스도의 희생을 기념하는 것'이라는 점을 설명했다.

논박(Refutation)

'논박'은 비기독교적 사상과 종교의 내적인 모순을 적극적으로 지적하고 드러내는 방식을 말한다. 논박은 비기독교 사상 체계 안에 있는 비합리성을 드러낸다. '공격적인 변증학'은 논박을 통해서 이 세상의 철학과 종교들의 내적인 자기모순을 지적하고 파쇄한다. 그러므로 변증학은 소극적으로 기독교 신앙을 변호하거나 입증하는 것이 아니다. 기독교 변증은 다른 세계관, 무신론, 진화론, 종교다원주의, 자유주의 신학사조 등의 모순과 오류를 적극적으로 드러낸다. 기독교 변증학은 공격적인 방식(논박)을 사용한다.

사도 바울은 고린도 성도들에게 보내는 두 번째 편지에서 다음과 같이 말한다.

"우리의 싸우는 무기는 육신에 속한 것이 아니요 오직 어떤 견고한 진도 무너뜨리는 하나님의 능력이라 모든 이론을 무너뜨리며 하나님 아는 것을 대적하여 높아진 것을 다 무너뜨리고 모든 생각을 사로잡아 그리스도에게 복종하게 하니"(고후 10:4-5).

또한 바울은 "통치자들과 권세들을 무력화하여 드러내어 구경거리로 삼으시고 십자가로 그들을 이기셨느니라"(골 2:15)고 진술한다. 기독교 변증가의 중대한 책무는 무신론, 진화론, 유신진화론, 종교다원주의, 과학주의 등과 같은 세상의 철학을 논박해서, 그런 사상 때문에 좌절하고 낙심하는 목회자들과 성도들을 적극적으로 도와주는 것이다.

"진리를 알지니 진리가 너희를 자유롭게 하리라"(요 8:32).

초청(Invitation)

'초청'은 불신자들에게 기독교의 신앙이 진리라는 것을 설명한 후에, 그 사람이 예수 그리스도를 구세주로 영접하도록 권유하는 것을 말한다. 초청은 복음 전도의 핵심이다. 불신자들은 예수 그리스도를 구세주로 믿을 것인지를 결단해야 한다. 기독교 변증은 단순히 법정의 변호, 논쟁의 승리, 토론의 달인을 만들어 내는 것을 목적으로 삼지 않는다.

변증에서 최고의 목적은 예수 그리스도를 인격적인 구세주로 영접하도록 돕는 것이다. 불신자들이 가진 기독교에 대한 오해와 반감을 풀어 주고, 기독교 신앙의 교리를 설명해 주며, 나아가 그들을 위해 죽으신 하나님의 아들 예수 그리스도를 구세주로 믿어 영원한 생명을 얻을 수 있도록 설득하는 것이다.

'초청'의 내용과 순서를 간략하게 정리하면 다음과 같다.

첫째, 청중에게 기독교에 대한 반감을 풀어 주고 기독교의 진리를 설명한다. 사도 바울은 안식일마다 회당에서 강론하고 유대인과 헬라인을 권면했다(행 18:4).

둘째, 청중에게 예수 그리스도를 믿는 신자가 되도록 호소한다. 모든 사람은 죄를 범하였기 때문에 하나님의 영광에 이르지 못한다(롬 3:23). 자신이 죄인임을 자각하도록 돕는다. 그리고 예수 그리스도를 믿는 것이 죄 사함의 유일한 방법이라는 것을 알려 준다. 바울은 아그립바왕과 베스도 총독에게 예수 믿기를 권유한다.

"바울이 이르되 말이 적으나 많으나 당신뿐만 아니라 오늘 내 말을 듣는 모든 사람도 다 이렇게 결박된 것 외에는 나와 같이 되기를 하나님께 원하나이다 하니라"(행 26:29).

셋째, 전도와 회심 과정에서 성령의 역사가 일어나도록 기도한다. 사도들이 예수 그리스도의 복음을 전할 때 유대인들은 자신들이 하나님과 메시아를 거부한 죄를 고백했다. 오순절 성령 강림 직후, 베드로는 "너희가 회개하여 각각 예수 그리스도의 이름으로 세례를 받고 죄 사함을 받으라 그리하면 성령의 선물을 받으리니"(행 2:38)라고 외쳤다. 변증은 예수 그리스도의 복음을 전하는 것이다. 그래서 복음을 전하는 변증가와 청중에게 필요한 것은 성령의 역사하심이다. 복음을 듣는 청중에게 성령의 역사하심이 없다면 회개를 할 수도 없다. 바울은 이렇게 말한다.

"그러므로 내가 너희에게 알리노니 하나님의 영으로 말하는 자는 누구든지 예수를 저주할 자라 하지 아니하고 또 성령으로 아니하고는 누구든지 예수를 주시라 할 수 없느니라"(고전 12:3).

결론_

기독교 변증의 사명과 시대적 요청

베드로와 바울을 통해 주셨던 말씀처럼(벧전 3:15; 골 4:6), 모든 그리스도인은 복음을 수호하고 진리를 증언하는 변증의 사명을 부여받은 존재이다. 예수 그리스도께서 명하신 "만민을 제자로 삼으라"는 선교 명령은 단순한 복음 선포에 그치지 않고, 이성과 신앙이 조화를 이루는 변증적 설득과 섬김의 실천을 통해 구체화된다.

기독교 변증의 주요 목적은 복음 선노 사억을 시시하고, 사노들로부터 계승된 교회의 신조와 정통 교리를 수호하는 데 있다. 현대의 복음 전도 현장은 다양한 세속문화와 철학의 도전에 직면하고 있다. 이러한 상황에서 기독교 변증은 세속적인 세계관의 내적인 모순과 논리적인 한계를 비판적으로 조명하고, 예수 그리스도의 복음을 이성적이고 설득력 있게 제시하는 변증적인 대화를 절실히 요구받고 있다.

기독교 변증의 전형적인 롤 모델은 초대교회 사도들의 사역에서 찾을 수 있다. 그들은 예수 그리스도의 복음을 담대히 전파하고 그리스도를 향한 신앙을 위해 순교까지도 마다하지 않았다. 오늘날의 복음주의 그리스도인과 변증가는 계몽주의로부터 유래한 이성중심주의와 성경의 초자연주의 요소를 부정하는 유물론적·진화론적 사상에 대응해야 하며, 종교다원주의와 상대주의가 지배하는 문화 속에서도 예수만이 유일한 구원자이심을 변함없이 증언해야 한다. 아울러 성경에 담긴 기독교의 핵심 교리들, 즉 창조, 타락, 속죄, 부활, 재림 등을 논리적으로 설명하고 변호할 수 있어야 한다. 그리고 교회 내부에 침투하려는 거짓 교사와 이단 사상으로부터 교회 공동체와 신앙을 보호하는 방파제의 역할 또한 감당해야 한다.

사도들은 창조의 역사성, 노아 홍수의 실재, 아담의 타락과 그로 인한 죽음, 성육신, 예수 그리스도의 죽음과 부활, 그리고 재림 등 기독교의 정통 교리를 수호해 왔다. 교부들 역시 사도들이 전해 준 교회의 핵심 신앙을 보호하는 데 최선을 다해 왔다. 그러므로 기독교 변증은 하나님의 계시인 진리(성경)와 교회를 수호했던 사도와 교부들의 사역을 계승하는 것이다. 성경의 권위와 복음의 본질을 약화시키는 접근은 올바른 기독교 변증이 아니다. 그렇다면 기독교 변증은 누구에게 필요한가?

첫째, 변증은 믿음이 연약한 성도들에게 필수적이다. 신앙의 기초가 흔들릴 때, 변증은 믿음을 성찰하고 성경에 근거하여 견고하게 세우는 데 중요한 역할을 한다. 마치 백신이 병원균에 대비해 신체의 면역력을 강화하듯, 변증은 세속사회가 퍼뜨리는 반(反)기독교적·반(反)성경적 주장에 대한 영적인 면역력을 길러 준다. 이런 점에서 변증은 '영적인 예방 접종'이라고 할 수 있다.

둘째, 변증은 불신자와 기독교에 비판적인 이들에게도 필요하다. 복음을 거부하는 이들이 지닌 사상과 세계관에는 사람이 스스로 인식하지 못하는 내적인 모순이 존재한다. 변증은 이런 모순을 드러내고 그들이 진리의 빛 앞에 설 수 있도록 돕는다. 이를 통해 불신자와 무신론자들이 회개와 믿음에 이르는 지성적 기반을 마련함으로써 복음을 받아들일 지적 분위기를 조성한다.

변증을 활용한 전도는 성령의 역사와 결합할 때 가장 온전하고 아름다운 열매를 맺는다. 변증은 단순히 인간의 이성·논리·증거만으로는 완성되지 않는다. 죄인을 구원으로 인도하려면, 궁극적으로는 성령이 각 사람의 마음의 문을 여시고, 거룩하신 하나님의 존재와 자신의 끔찍한 죄악 그리고 예수 그리스도를 통한 유일한 구원을 깨닫게 하셔야 한다. 변증은 성령 하나님이 사용하시는 구원의 도구가 될 때 진정한 효력을 발휘한다.

결론적으로, 기독교 변증은 외부의 비판과 조롱에 대응하는 지적인 방어에 국한되지 않고, 복음의 본질을 설명하고 영혼을 구원하는 전도 사역과 긴밀하게 연관되어야 한다. 변증은 성도의 신앙을 견고하게 만들고 영적 성숙을 돕는 신앙 훈련의 도구로 적극 활용되어야 한다. 변증은 단순히 이론적인 논증이 아니라, 신자로 진리를 알고 이해하며 사랑하게 만들어서 어두운 세상 속에서 빛이 되는 교회 공동체를 세우는 실제적 사역이다.

오늘날 한국 교회가 직면한 쇠퇴와 침체 상황을 극복하고 한국 교회의 회복과 부흥의 기초를 준비하기 위해서는 기독교 신앙의 본질, 즉 순수한 복음을 명료하게 선언하고 수호하는 기독교 변증을 활용하는 목회 사역이 필수적이다. 교회의 위기는 교인수의 감소에 있는 것이 아니라, 복음의 상실에 있다. 따라서 한국 기독교는 초대교회처럼 복음적이며 깊이 있는 변증을 신학교육과 교회학교 교육의 핵심으로 수용하고, 이를 실제 전도 사역과 통합시켜야 한다.

'포스트 기독교' 시대를 살아가는 현대인들에게 생명력 있는 복음을 전달하기 위한 변증 교육이 절실히 요청된다. 로마제국에서 초대교회를 지탱하고 성장시켰던 변증의 힘이 오늘날 한국 교회에도 동일한 효과를 가져올 수 있다고 본다. 기독교 변증이 한국 교회의 회복과 다음 세대를 향한 영적 부흥의 불씨가 되기를 간절히 소망한다.

주

1장 도덕 논증: 보편적인 도덕규범, 과연 하나님이 존재하는 증거인가요?

1) 칸트는 가언명법(Hypothetical imperative)과 정언명법(Categorical Imperative)을 구분했다. 가언명법은 '건강하고 싶으면 운동을 해라'와 같은 특정한 조건을 가진 명령이고, 정언명법은 조건 없는 절대적인 명령으로 '너의 의지의 준칙이 항상 동시에 보편적 법칙 수립의 원리로 타당할 수 있도록 행위하라'(보편화 원칙)와 '너 자신의 인격에서나 다른 모든 사람의 인격에서 인간을 수단으로 대하지 말고 목적 자체로 대하라'(인격성 원칙 혹은 목적성의 원칙)를 말한다. 이 중에서 정언명법이 도덕성의 근거가 된다고 보았다.
칸트는 정언명법에 따라 살 수 있는 인간의 자유의지가 있다고 보면서도 인간의 내면에 뿌리 깊은 악의 성향(근본악)이 있다는 것도 인정했다. 그의 철학 체계의 논리에서는, 인간 스스로 근본악을 극복하는 것이 가능하다. 그러나 필자가 보기에 인류의 현실에서는 결코 그렇지 않다. 칸트의 환대성의 원리도 적으로 분류된 인간에게 잔악한 습성이 있다는 것을 전제한다. 이 근본악은 어디서 온 것일까?
2) Immanuel Kant, *Perpetual Peace and other Essays* (Indianapolis: Hackett Publishing Co., 1983), p. 118.
3) Michael L. Morgan, *A Holocaust Reader: Responses to the Nazi Extermination* (New York: Oxford Univ. Press, 2001), pp. 102-115.
4) Stephen Shute and Susan Hurley, eds., *On Human Rights* (New York: BasicBooks, 1993), p. 2.
5) 위그노파는 종교개혁기인 16-17세기 프랑스의 프로테스탄트들로, 칼뱅의 영향을 받았다.

1598년 낭트칙령으로 자유를 얻었지만 1685년 루이 14세가 칙령을 무효화시키자 많은 위그노파 사람들이 영국과 네덜란드 등으로 망명을 했다.

6) Francis Beckwith, *Why I am a Christian?*, Norman L. Geisler ed., (Grand Rapids: Baker Books, 2001), p. 26.
7) Walter Sinnott-Armstrong, *Morality without God?* (New York: Oxford UP, 2009)
8) 존 롤즈, 황경식 역, 『정의론』(서울: 이학사, 2003), p. 36.
9) Francis Beckwith, *Why I am a Christian?*, pp. 15-29.
10) 한나 아렌트, 이진우 외 역, 『인간의 조건』(한길사, 2005), p. 29, 47.
11) 필자는 윌리엄 윌버포스(William Wilberforce)처럼 모순된 세상을 변화시키는 것은 기독교 복음의 가치를 통해서 가능하다고 생각한다. 윌버포스에게는 '클래펌 공동체'가 있었다. 당시에 토머스 배빙턴(Thomas Babington), 토머스 기즈번(Thomas Gisborne), 해나 모어(Hannah More), 자카리 매컬리(Zachary Macaulay) 등 사회 각 분야의 기독교 가치를 가진 지도자들이 함께 모여 토론하고 연구한 결과를 통해 영국 사회 전반의 개혁이 가능하게 된 것이다. 윌버포스처럼 세상을 변화시키는 비전은 성경에 근거해야 한다. 그렇지 않으면 엉뚱한 세상 변혁의 꿈을 가졌던 마르크스가 될 수도 있다. "너희는 이 세대를 본받지 말고 오직 마음을 새롭게 함으로 변화를 받아 하나님의 선하시고 기뻐하시고 온전하신 뜻이 무엇인지 분별하도록 하라"(롬 12:2).
12) 내정간섭은 많은 논점을 갖고 있다. 민주적 내정간섭은 세 가지 난관을 해결해야 한다. 내정간섭을 하는 국가의 실태, 내정간섭의 대상이 되는 사회 그리고 국제사회의 준거들과 반응이다. 책의 저자인 필립 모로 드파르주(Philippe Moreau Defarges)는 결국 장기적으로는 인류에게 하나의 세상을 구성하게 하는 재앙을 수반할 것으로 예측한다. 필립 모로 드파르주, 문경자 역, 『내정간섭』(한울, 2000).
13) Max Stirner, *The Ego and Its Own* (New York: Libertarian Book Club, 1963), p. 185.
14) John M. Frame, *Apologetics: A Justification of Christian Belief* (New Jersey: P&R Publishing, 2015), p. 107.
15) Michael J. Sandel, *Justice: What The Right Thing To Do* (New York: Farrar, Straus & Giroux, 2009).
16) 존 아더의 다음 저서를 참고하라. *The unfinished constitution: philosophy and constitutional practice*(1989).
17) 박재영, "'당신은 나쁜 짓을 한 적이 한 번도 없나요?'-〈스톤〉에 나타난 종교에 대한 도전", 「영어영문학 연구」 제42권 제3호(2016). 이 논문에서 윌리엄 레인 크레이그 박사의 인용문을 재인용함. 윌리엄 레인 크레이그 박사의 주장은 *On Guard: Defending Your Faith with Reason and Precision* (Colorado Springs: David C. Cook, 2010)에도 실려 있음.

18) 버틀러의 자기애(self-love)의 원리는 각 개인이 궁극적인 행복을 얻기 위해서는 충동이나 욕구를 조절하고 통제해야 한다는 것이다. 자기애는 자기 이익의 관점에서 이성적으로 계산하는 냉철한 사고작용이다. 이타심(benevolence)의 원리는 타인의 복지를 증진시키는 방향으로 사는 이성적 원리이다. 그러나 양심(conscience)의 원리는 자기애나 이타심보다 상위의 원리로, 다른 여러 요소들이 어디까지 작용해도 되는지 그 한계를 결정한다. 그러나 롤즈에 의하면, 합당한 자기애의 대상은 많은 사람 중에서 한 사람에게만 관련된 것이기에 사회의 도덕률이 될 수는 없다. 버틀러의 자기애나 이타심의 원리는 도덕적 권위를 제공하지 못한다고 말한다.
19) John Rawls, *Lectures on the History of Political Philosophy* (Cambridge: Harvard UP, 2007), pp. 416-457.
20) J. Berg, "How could ethics depend on religion?", Peter Singer ed., *A Companion to Ethics* (Massachusetts: Basil Blackwell, 1991), p. 525.
21) 임마누엘 칸트, 백종현 역, 『실천이성비판』(아카넷, 2004), pp. 261-264.
22) Francis Beckwith, *Why I am a Christian?*, p. 29.

2장 동성결혼 반대 논증: 복음주의 그리스도인은 동성애와 동성결혼을 왜 반대하는 거죠?

1) 데이빗 비일, 김효성 역, 『근본주의의 역사』(기독교문서선교회, 1994), p. 28. 저자는 미국 근본주의의 경우 '비순응주의적 근본주의'와 '분리주의적 근본주의'로 구분된다고 본다.
2) 알리스터 맥그래스, 소기천 외 역, 『신학의 역사』(지와사랑, 2001), p. 374.
3) 같은 책, pp. 376-377.
4) 같은 책, pp. 350-354.
5) Victor Paul Furnish, "What does the bible say", Sally B. Geis, eds., *Caught in the Crossfire*, pp. 57-66.
6) 존 스토트, 정옥배 역, 『현대 사회 문제와 그리스도인의 책임』(IVP, 2004), pp. 516-517. 가톨릭 역본인 예루살렘 성경은 이 단어를 "미동과 남색자"(catamites and sodomites)로 표현했다.
7) John R. W. Stott, *1 Timothy & Titus* (Downers Grove: IVP, 1996), p. 49.
8) https://www.federalregister.gov/. 이 사이트에서 미국 대통령 행정명령을 열람할 수 있다.
9) 길원평 외, 『동성애: 과연 타고나는 것일까?』(라온누리, 2014).
10) Hamer, Magnuson, and Pattatucci, "A linkage between DNA makers on the X-chromosome and male sexual orientation", *Science* 261(1993), p. 321.
11) https://www.thenewatlantis.com/publications/executive-summary-

sexuality-and-gender

12) https://www.science.org/content/article/no-single-gay-gene-found-largest-study-its-kind

13) Bryan Kliewer, *Sexuality: Creation, Brokenness, Truth and Grace* (Cape Town 2010 Advance Paper), p. 4.

14) http://lausanne.org/ko/statement/서울-선언. 로잔대회 공식 웹사이트를 통해서 결혼과 동성애에 대한 선언문 내용을 확인할 수 있다.

15) 길원평 외, 『동성애: 과연 타고나는 것일까?』, pp. 149-153.

16) https://www.axios.com/2024/09/27/gen-z-politics-new-book-2024-election?utm_source=chatgpt.com

17) "한 남자가 아내를 두고 또 다른 아내를 맞아들였을 때에, 그는 그의 첫 아내에게 먹을 것과 입을 것을 줄여서 주거나 그 아내와 부부 관계를 끊어서는 안 된다"(출 21:10, 새번역).

18) John Stott, *Same-Sex Partnerships?* (Zondervan, 1998) 제4장 참고.

19) http://www.christiandaily.co.kr/news/한국복음주의신학회-동성애동성혼 75719.html

3장 헤렘(진멸) 전쟁에 대한 변호 논증: 구약의 하나님은 잔인한 전쟁광인가요?

1) Christopher Hitchens, *God is not Great* (Boston: Twelve, 2007), p. 99.

2) Alister McGrath, *Heresy: A History of Defending the Truth* (New York: HarperCollins Pub., 2009), ch. 4.

3) 이 사건으로 초대교회는 마르시온의 독단적인 성경 편집과 선택에 대응하기 위해서 성경의 정경화 작업을 촉진했고 393년 히포 공의회와 397년 카르타고 공의회에서 그동안 교회 공동체에서 사용되어 오던 신약성경 27권의 정경 목록을 확정했다.

4) 김대순, 『국제법』(삼영사, 1997), p. 675.

5) 월터 카이저, 홍용표 역, 『구약성경 윤리』(생명의말씀사, 1990), p. 290.

6) 마이클 샌델, 『정의란 무엇인가』(김영사, 2010) 제7장에 소수집단 우대정책이 잘 설명되어 있다. 물론 과거 노예로 희생된 사람들이 직접 보상을 받지 못하기 때문에 한계가 있다. 그럼에도 노예 개인보다는 노예로 산 인종 전체에 대한 보상이라는 점에서 의미가 있다.

7) Millard J. Erickson, *Christian Theology*, vol. 1 (Grand Rapids: Baker Books, 1985), ch. 13.

8) Gordon, J. Wenham, *The Book of Leviticus* (Grand Rapids: Eerdmans, 1979), p. 252.

9) Roy Gane, *The NIV application Commentary Leviticus, Numbers* (Grand Rapids:

Zondervan, 2004), p. 321.
10) 가나안 부족에 대해서 간단한 설명을 하면 다음과 같다. 헷(Hittite)족은 족장시대부터 이스라엘이 가나안을 정복할 때까지 가나안 지역에 거주하던 비교적 큰 족속이었다. 가나안(Canaanite)족은 가나안에 살던 일곱 족속을 통칭하는 말로도 사용되기도 하며, 이들은 주전 3000년경에 아라비아 동북부 지역에서 이동해 온 것으로 보인다. 아모리(Amorite)족은 요단강 동쪽 지역에 주로 거주했고, 당시에 헤스본 왕국과 바산 왕국은 아모리인들이 세운 나라였다. 히위(Hivite)족은 호리(Horite)족속과 동일시되기도 하며, 본래 함의 후손으로 가나안 북쪽 지역에서부터 레바논 산맥과 안티레바논 산맥 사이의 하맛 어귀까지 자리를 잡은 민족이었다. 여부스(Jebusite)족은 가나안에 살던 소수민족으로 예루살렘 근처에 살았다.
11) J. G. 맥콘빌, 강대이, 황의무 역, 『신명기』(부흥과개혁사, 2019), p. 107.
12) 데니스 T. 올슨, 차종순 역, 『민수기』(한국장로교출판사, 2017), p. 215.
13) 강사문, "구약의 헤렘사상에 대한 연구", 『교회와 신학』 제20집(1988), pp. 7-23.
14) Douglas Groothuis, *Christian Apologetics: A Comprehensive Case for Biblical Faith*, p. 673.
15) James Kugel, *How to Read The Bible: A Guide to Scripture, Then and Now* (New York: Free Press, 2007). 한국어 번역본은 다음을 참고하라. 『구약성경개론』(CLC, 2011).
16) John Bright, *A History of Israel* (Philadelphia: The Westminster Press, 1981), Part II. ch. 3. 한국어 번역본은 다음을 참고하라. 『이스라엘의 역사』(크리스천다이제스트, 1993).
17) D. M. Howard, *Joshua* (Nashville: Broadman & Holman, 1998). 또한 월터 카이저 교수는 가나안 족속의 멸망은 노아 홍수와 소돔과 고모라 도시에 대한 심판과 동일한 원리로 진행된 것으로 본다. 월터 카이저, 『구약성경윤리』, p. 306.
18) 아말렉은 여호수아 시대에 진멸 명령의 대상이었고(출 17:8-16), 사울왕 때에도(삼상 15:1-33), 다윗왕 때에도 진멸 명령이 내려졌다(삼상 30:1-20). 그러나 아말렉은 히스기야 때, 에스더 시대에도 남아 있었다. 바벨론 제국 이후에는 아말렉 족속이 역사에서 그 자취가 사라진 것 같다.
19) 강사문, "전쟁에 대한 성서적 이해", 『선교와 신학』 제26집(2010), pp. 13-40.

4장 종교다원주의 비판 논증: 많은 종교가 있는데, 왜 예수만 믿어야 하나요?

1) David B. Barrett, George T. Kurian, and Todd M. Johnson, eds., *World Christian Encyclopedia: A Comparative Survey of Churches and Religions in The Modern World*, vol. 3 (Oxford: Oxford University Press, 2001).
2) 2010년 미국 '퓨 리서치 센터'(The Pew Research Center)의 통계와 비교해 보면, 다른 종

교는 거의 유사한 비율을 유지한 반면, 이슬람교는 23.2퍼센트에서 28퍼센트로 성장했다.
3) 존 롤즈, 장동진 역,『정치적 자유주의』(동명사, 2016), p. 656.
4) *New York Times*, 2001년 11월 24일.
5) 이만열 외 7인 공저,『한국기독교와 민족운동』(도서출판 보성, 1986), p. 368.
6) 이은선,『한국근대화와 기독교의 역할』(두란노아카데미, 2011).
7) 2012년 한국기독교목회자협의회에서 발표한 통계에 의하면, 한국 교회 교인들의 약 30퍼센트는 종교다원주의의 주장을 사실로 받아들이고 있으며, 심지어 궁합(29.5퍼센트), 풍수지리(24.7퍼센트), 윤회설(19.5퍼센트)이 맞다고 생각하는 이들도 상당수가 된다. 2016년도의 한 통계에 의하면, 기독교계 내에서 종교다원주의적 구원관(다른 종교에도 구원이 가능하다)에 동의하는 이들이 거의 40퍼센트에 육박한다고도 한다. 2025년 조사에 따르면, 기독교 청년의 45퍼센트는 최근 5년 사이에 사주, 타로, 점을 친 적이 있다고 고백했다. 한국성결신문, 2025년 2월 15일자.
8) Alvin Plangtinga, *Warranted Christian Belief* (Oxford: Oxford University Press, 2000).
9) 김영한,『포스트모던 시대의 세계관』(숭실대학교 출판부, 2009), pp. 25-26.
10) 문석호,『철학의 이해와 기독교 변증』(신학과지성, 2002), p. 594.
11) Miroslav Volf, *Allah: A Christian Response* (San Francisco: HarperOne, 2012).
12) 자미 앗 티르미디, 1663항목을 보라. 알라는 그들을 위해 72명의 아내를 준비해 주며, 그의 가족 중 70명을 위해 중재할 수 있는 특권을 준다고 한다. 사허흐 무슬림 하디스 2834항목에도 72명의 아내들이 준비된다고 말한다.
13) 수난 이븐 마자 4337항목을 보라. "천국의 사람들에게는 순결한 처녀들이 있으며, 그들은 정결하고, 다시 처녀로 돌아가는 존재들이다."
14) 이슬람의 순교자가 얻는 상은 지옥에 가지 않고 천국에 직행하며, 왕관을 쓰고, 72명의 천상의 미녀를 얻으며, 70명의 친척의 중보자의 자격을 얻는 것이라고 한다.
15) H. 카워드, 한국종교연구회 역,『종교다원주의와 세계종교』(서광사, 1990), p. 173.
16) 이것 이외에, 남편이 원하지 않는 복장을 입었을 때와 남편의 허락 없이 외출했을 때 남편은 아내를 구타할 수 있다(꾸란 4:34).
17) 무함마드는 25세 때 40세의 과부 카디자와 결혼을 했다. 두 번째 아내는 사우다, 세 번째 아내는 아이샤(6세에 무함마드와 결혼했다), 그다음엔 양자 자이드(Zayd ibn Haritha)의 부인 자이납과 결혼했다. 이집트 콥틱 교인으로 이집트 통치자가 선물로 보내온 마리야(Mariya, 여종의 신분으로 무함마드의 여인이 됨), 아랍 여인 주와이리야(Juwayriyya), 유대 여인인 사피야(Safiyya)와 라야나(Rayana) 등 모두 13명이 무함마드의 여인이 되었다고 한다. 무함마드가 죽을 때 곁을 지킨 아내가 모두 10명이었고, 이들은 재혼할 수 없게 했다(꾸란 33:53).

18) 석가모니의 탄생 연대는 몇 가지 설이 있다. 불교는 석가모니가 입적한 해를 중심으로 불기로 표시한다. 우리나라는 북방불기를 원래 사용해서 주전 1027-948 연대표기를 따랐다. 그러나 1956년에 있었던 제5차 세계불교도대회결의를 수용하여 주전 624년 탄생-544년 입적 년을 채택했다. 이외에도 주전 565-485년, 주전 463-383년, 주소왕 갑인년설(주전 1118년)을 말하기도 한다.
19) 이경원, 『한국의 종교사상』(문사철, 2011), p. 31.
20) "Socrates's Defense", 29d. *The Collected Dialogues of Plato* (Princeton: Princeton Univ. Press, 1982).
21) 같은 글.
22) 김학주, 『논어』(서울대학교출판부, 1989), p. 117.
23) 미르치아 엘리아데, 최종성-김재현 역, 『세계종교사상사』(이학사, 2005), p. 101.
24) 여기에서 화신은 니르마나 카야(Nirmana Kaya)로, 붓다가 이 땅에 태어나기 위해 스스로 육체를 가진 인간으로 바꾸어 나타난 변화된 신체를 말한다. 보신은 삼보가 카야(Sambhoga Kaya)로 성스런 신령의 형체를 가지고 아무 데나 나타날 수 있는 정기를 지닌 신체를 말하며, 마지막으로 법신은 다르마 카야(Dharma Kaya)로 정법으로서의 현신을 말하는 것이다. 이것은 힌두교의 영향이 대승불교에 들어온 것으로 보아야 한다. 막스 베버, 홍윤기 역, 『힌두교와 불교』(한국신학연구소, 1987), p. 350.
25) 그러나 법화경에서는 석가가 인간계에 처음으로 나타난 부처가 아니라 일곱 번째로 나타난 부처라고 한다. 여섯 번째 부처와 일곱 번째 부처 사이의 시간 간격은 무려 180겁(7776억 년)이라고 한다.
26) 막스 베버, 홍윤기 역, 『힌두교와 불교』, p. 353.
27) 한국철학사상연구회, 『강좌 한국철학』(예문서원, 1996), p. 72.
28) 황성기, 『불교학 개론』(도서출판 아름다운세상, 2005), p. 67.
29) 한자경, 『불교의 무아론』(이화여대 출판부, 2006). 저자는 근본불교의 무아론, 유부의 무아론, 경량부의 무아론, 유식의 무아론을 분석하면서 논의를 전개하고 있다.
30) "生平欺狂男女群(생평기광남녀군)하니 彌天罪業過須彌(미천죄업과수미)라 活陷阿鼻恨萬端(활함아비한만단)이여 一輪吐紅掛碧山(일륜토홍괘벽산)이라." "일생 동안 남녀의 무리를 속여서 / 하늘을 넘치는 죄업은 수미산을 지나친다 / 산 채로 무간지옥에 떨어져서 그 한이 만 갈래나 되는지라 / 둥근 한 수레바퀴 붉음을 내뿜으며 푸른 산에 걸렸도다."
31) 석가모니는 인생의 마지막 무렵에 중요한 에피소드를 남긴다. "만일 자신이 바란다면, 자신은 하나의 우주가 지속되는 기간에는 계속 생을 유지할 수 있다"고 제자인 아난다에게 말했다는 것이다. 그러나 그는 입적할 때에 "한번 태어난 자가 죽지 않는 일이 어떻게 가능하겠는가?"라고 말하면서 죽음을 받아들인다. 그래서 미르치아 엘리아데는 석가모니와 아난다의 대화를 호교론적으로 삽입된 에피소드로 치부한다. 한자경, 『불교의 무아론』, p. 113.
32) 같은 책, p. 176.

33) 같은 책, p. 135.
34) 어떤 학자들은 무함마드가 주후 580년에 태어났다고 하기도 한다.
35) 가브리엘이라는 천사에게서 받았다는 계시의 내용은 다음과 같다. "너는 큰 선지자이다. 아담, 노아, 아브라함, 모세, 예수 … 등이 있는데 네가 가장 큰 선지자이다."
36) John Ankerberg, John Weldon, *The Facts on ISLAM* (Eugene: Harvest House Pub., 1991), p. 27.
37) Robert Spencer, *Religious of Peace? Why Christianity Is and Islam Isn't* (New York: Regnery, 2007), p. 174.
38) Alister Mcgrath, *Heresy: A History of Defending the Truth*, 제10장을 보라.
39) 한스 큉, 정지련 역, 『교회』(한들출판사, 2007), p. 652.
40) 같은 책, p. 637.
41) 마르틴 루터, 지원용 역, 『말틴 루터의 종교개혁 3대 논문』(CLC, 2004).
42) 알리스터 맥그래스, 『종교개혁사상입문』(성광문화사, 1992), p. 25.
43) James W. Sire, *The Universe Next Door: A Basic Worldview Catalog* (Downers Grove: IVP, 1997), p. 200.
44) C. S. Lewis, *Mere Christianity*. 한국어 번역본은 다음을 참고하라. 장경철, 이종태 역, 『순전한 기독교』(홍성사, 2018), pp. 93-94.

5장 기적 논증: 기독교와 다른 종교의 기적이 어떻게 다른가요?

1) Bertrand Russell, *Why I am Not a Christian* (London: George Allen & Unwin LTD., 1964).
2) C. S. Lewis, *Miracles* (New York: HarperSanFrancisco, 1974), p. 4.
3) Michael Green, *Evangelism in the Early Church* (Grand Rapids: Wm. B. Eardmans, 2003). 마이클 그린은 초대교회 성장의 원인을 이 책에서 세 가지로 설명한다. 효과적인 기독교 변증가들의 활약, 그리스도인들의 변화된 성품과 자선, 치유와 축귀사역 등 성령의 권능이 나타나는 교회.
4) Philip Jenkins, *The Next Christendom* (New York: Oxford Univ. Press, 2002), pp. 124-127.
5) 사도 요한의 제자로 알려져 있는 폴리캅은 '속사도 교부'(Apostolic Father)로 불린다. 그는 서머나 교회의 지도자로 일을 했다. 그는 기독교 역사에서 가장 빛나는 순교자 중의 한 사람이다. 그의 순교 연도는 확실하지는 않아서 155-160년(트라야누스의 통치기) 혹은 161-180년(마르쿠스 아우렐리우스의 통치기) 중의 어느 해, 2월 22-23일에 순교했다고 한다. 화형을 시켰지만 불길이 그를 태우지 못해서 결국 칼로 처형을 했다는 일화가 전해지고 있다.

6) Irenaeus, *Against Heresies*, II, Ch. XXXII.
7) 반증주의에 의하면, 보편언명이 거짓이라는 것을 적절한 단칭언명에서 연역해 낼 수 있다. 반증주의(反證主義)는 윌리엄 휴얼(William Whewell)과 찰스 샌더스 퍼스(Charles Sanders Peirce)의 연구에서 제기됐으며, 카를 포퍼(Karl Popper)에 의해서 추측과 반박의 논리에 활용되었다. 어떤 가설이나 이론은 관찰이나 실험에 의해 지속적인 확인을 받아야 하며, 반대로 반증된 가설은 더 우수한 가설로 대체되어 과학이 발전한다는 과학관이다. 가령 '모든 백조는 하얗다'라는 기존 가설은 검은 백조 한 마리를 찾게 되면 '모든 백조는 하얗지 않다'는 새 가설로 대치된다는 것이다. 앨런 차머스, 신일철, 신중섭 역, 『현대의 과학철학』(서광사, 1985), pp. 76-92.
8) Benedict Spinoza, *A Theologico-Political Treatise*, R. H. M. Elwes, Trans., (New York: Dover Publications, 1951), pp. 82-83.
9) Steven Evans, *Why Believe?* (Grand Rapids: William B. Eerdmans Publishing Co., 1996), p. 88.
10) 김영길, 『공부해서 남 주자』(비전과리더십, 2016), p. 90.
11) 같은 책, p. 93.
12) H. 카워드, 한국종교회 역, 『종교다원주의와 세계종교』(서광사, 1990), p. 189.
13) 조은수, "불교의 경전 주해 전통과 그 방법론적 특징", 「철학사상」 제26호(2007년 12월), pp. 6-7.
14) 미르치아 엘리아데, 최종성, 김재현 역, 『세계종교사상사』(이학사, 2005), p. 110.
15) H. 카워드, 한국종교회 역, 『종교다원주의와 세계종교』, pp. 105-106.
16) Isma'il Faruqi, *Islam* (Niles, Ill.: Argus, 1984), p. 20.
17) 무함마드의 삼위일체에 대한 이해는 성부, 성모, 성자인데, 정통 기독교의 삼위일체는 그렇게 구성된 적이 한 번도 없다. 이 점에 대해서는 다음 책을 참고하라. 알리스터 맥그래스, 『그들은 어떻게 이단이 되었는가: 교회가 신앙을 지켜 온 치열한 역사』(포이에마, 2011), p. 329 이하.
18) Douglas Groothius, *Christian Apologetics*, p. 102.
19) 제임스 사이어, 김헌수 역, 『기독교세계관과 현대사상』(IVP, 2009), pp. 199-228.
20) 피터 바이어하우스, 이선민 역, 『현대선교와 변증』(CLC, 2004), 10장을 참고하라.
21) 정태기, 『내면세계의 치유』(규장, 2000), p. 118.
22) 가령, 크로산은 예수님의 기적이 가공된 이야기가 아니라고 본다. 실제로 예수님은 기적을 행하시는 분이었고, 복음서는 예수님의 기적들을 매우 치밀하게 기록하고 해석한 것이라고 주장한다. John Dominic Crossan, *The Historical Jesus: The life of a Mediterranean Jewish Peasant* (HarperSanFrancisco, 1991). 한국어 번역본은 다음을 참고하라. 존 도미닉 크로산, 김주우 역, 『역사적 예수』(한국기독교연구소, 2012), p. 496.

23) C. S. Lewis, *Miracles*, p. 173.
24) 존 C. 휘콤, "현대 기독교인과 기적", 「칼빈주의 신학과 신앙」(웨스트민스터출판부, 2005), pp. 357-372. (a) 중지론: 오늘날에는 기적의 은사가 존재하지 않는다고 본다. 초대교회의 설립을 위해 필요했던 은사는 교회가 확립된 후에 사도들의 죽음과 함께 중단되었다. (b) 열려 있지만 신중한 입장: 기적의 은사는 가능하지만, 복음전도와 성경공부가 더 중요하다. (c) 제3의 물결: 성령세례와 성령충만을 강조하지만, 방언은 성령충만의 증거로 보지 않는다. (d) 오순절파: 오늘날에도 기적의 은사가 있으며, 방언은 성령세례의 증거라고 주장한다. 휘콤 교수에 의하면, 다양한 표적과 은사들은 사도들 시대 이후에는 점차 사용되지 않았다. 예수님은 기적을 메시아 직임을 확증하는 수단으로 사용하셨고, 사도들도 부활의 메시지를 확증하는 방식으로 기적을 사용했다. 휘콤 교수는 신유의 기적이 저절로 보장되어 있지는 않으며, 교회사를 보면 사도들이 사망함에 따라 모든 형태의 기사들이 중지되었다는 것이 성경적인 결론이라고 주장한다.

6장 내기 논증: 신이 존재한다는 것에 왜 모든 것을 걸어야 하나요?

1) 파스칼의 『팡세』는 세 가지 판본이 있다. 라퓌마 판본, 셀리에 판본, 브롱슈빅 판본이다. 라퓌마 판본은 제1사본에 의거한 것으로 한국에서는 이환 역, 『팡세』(민음사, 2003)로 출간되었다. 셀리에 판본은 제2사본에 의거한 것으로 김형길 역, 『팡세』(서울대학교출판부, 1996)로 출간되었다. 이 논문에서는 두 역본을 사용하고, 인용 시에는 라퓌마 판본은 '단장L'로, 셀리에 판본은 '단장S'로 표기한 후 페이지 숫자를 기입하도록 한다.
2) 알반 크라일샤이머, 『파스칼』(문경출판, 1986), pp. 68-69.
3) 유럽 역사상 첫 번째 자동계산기는 1623년 독일의 빌헬름 쉬가르트가 만들었다. 파스칼은 1642년에 더 발전된 형태의 자동계산기 50대를 제작했고, 그중 한 대를 1652년에 스웨덴 여왕 크리스티나에게 헌정했다.
4) 김화영, "파스칼의 팡세에 나타난 과학과 시", 「한국 프랑스학 논집」 제83집(2013. 8), p. 31. 김화영은 이 논문에서 『기하학적 정신논고』를 중심으로 『프로뱅시알』과 『팡세』를 새롭게 조명해야 한다고 주장한다.
5) 통상 첫 번째 회심을 이성적인 회심, 두 번째 회심을 참다운 회심으로 보는 견해는 중생의 의미를 모르는 구분이라고 생각된다. 거듭나게 하는 중생을 의미하는 회심은 한 번이고, 그 이후에는 회개와 성화 그리고 성령세례와 같은 신의 임재 경험으로 구분해야 한다. 필자는 '회심'과 '은혜체험'으로 구분한다.
6) 장성민, "파스칼의 사랑의 개념", 「종교 연구」 제70호(2013. 3), p. 197.
7) "메모리알"은 불, 인간 영혼의 위대성, 예수 그리스도, 세 단어를 각 항목으로 하여 구분되어 있다. 불: "아브라함의 하나님, 이삭의 하나님, 야곱의 하나님, 철학자들이나 학자들의 하나님이 아니시다. ⋯ 인간 영혼의 위대성. 의로우신 아버지여, 세상이 아버지를 알지 못

하였어도 나는 아버지를 알았삽나이다. … 예수 그리스도. … 나의 지도자인 예수 그리스도에게 완전한 순종. 땅 위의 연단의 날 동안 영원히 기쁨 가운데서. 나는 결코 주의 말씀을 잊지 아니하리이다"(단장S, 742). 파스칼, 김형길 역, 『팡세』 참고. 마태복음 2구절, 룻기 1구절, 출애굽기 1구절, 시편 1구절 등이 인용되어 있다.
8) 장 보댕(Jean Baudin)은 파스칼을 데카르트주의자로 보고, 베르그송은 각자가 다른 사유와 방법의 대표자로 생각한다. 실제로 당시 24세인 파스칼은 1647년 9월 23일과 24일에 51세인 데카르트의 문병을 받고 대화를 나눈 적도 있다. 그해 9월에 "진공에 관한 새 실험"을 통해서 데카르트가 가졌던 진공에 대한 부정적인 견해를 비판하기도 한다.
9) 파스칼, 김형길 역, 『팡세』, 단장L, p. 297.
10) 파스칼은 반데카르트주의자가 아니라, 후기 데카르트주의자에 속한다고도 볼 수 있다. 파스칼이 반이성주의적 경향을 가지고 있음에도 불구하고, 데카르트에게서 받은 영향도 분명하기 때문이다. 장성민, "근대철학에 나타난 반이성주의: 파스칼의 데카르트 비판을 중심으로", 『철학탐구』 제21집, pp. 189-210.
11) 파스칼은 1654년 11월 23일 월요일 밤 10-12시 30분경에 흔히 "메모리알"로 알려진 신의 임재 사건을 경험한다. 메모리알은 "불"로 시작하여, "철학자와 학자들의 신이 아니라, 아브라함의 하나님, 이삭의 하나님, 야곱의 하나님"으로 이어지는 그의 비망록이다.
12) Douglas Groothuis, *Christian Apologetics* (Downers Grove: IVP Academic Press, 2011), p. 419.
13) 박동환, 『서양의 논리 동양의 마음』(까치, 1988), p. 17. 박동환은 이렇게 말하고 있다. "어른들은 망각으로 성숙해 가는가, 일곱 살 난 아이의 물음에 아직도 답할 수 없다. '사람이 죽으면 어떻게 되는 거야?', '어디로 가는 거야?' 모든 것이 신기해 잠자기를 싫어하는 아이, 잠든 다음에 일어날 세상일이 궁금한 아이. 어른들은 오래전에 아이가 던진 의문과 불안의 아주 미미한 가지에 매달려 바쁘다. 어른들의 세계는 줄거리가 잘려 나간 남은 부분이다. 그리고 망각에 대한 위장이다."
14) 내기 이론에 대해서는 학자들마다 선호가 다르다. 폴 클로델(Paul Claudel)은 무용성을, 폴 발레리(Paul Valéry)는 모욕적인 논증으로 비판하지만, 뤼시엥 골드만(Lucien Goldmann)은 내기는 숨은 신 앞에서 인간이 취할 수 있는 유일한 행동이라는 점에서 탁월하다고 평가한다.
15) James Franklin, "Two Caricatures, I: Pascal's wager", *International Journal for Philosophy of Religion*, Vol 44, No. 2 (Oct., 1998), p. 110. 그리고 김화영의 "파스칼의 '내기 논증'의 '이면' 연구", 『서양철학연구』 제74집, p. 104를 참고하라.
16) 리처드 도킨스, 이한음 역, 『만들어진 신』(김영사, 2007), pp. 164-165.
17) 김화영, "파스칼의 '내기 논증'의 '이면' 연구", p. 114.
18) Mary Douglas, "Pascal's Great Wager", *L'Homme, 25e Annee*, No. 93 (Jan.-Mar., 1985), p. 30.

19) 알반 크라일샤이머, 윤정현 역, 『파스칼』(시공사, 2022), p. 112.
20) 파스칼, 김형길 역, 『팡세』, L459.
21) 같은 책, L702.
22) 같은 책, L587.
23) 예언들의 성취에 대한 모음은 『팡세』, L614-664에 기록되어 있다.
24) 같은 책, L620.
25) 두 십계명: 첫 번째 돌비는 모세가 이스라엘 사람들을 정죄할 때에 깨어졌고, 두 번째 새겨진 십계명 돌비는 언약궤 안에 들어가게 된다. 두 성전: 솔로몬 성전과 헤롯 성전(스룹바벨 성전)인데, 두 번째 성전이 첫 번째 성전보다 위대한 것은 메시아가 방문하기 때문이다. 두 포수: 창세기의 요셉은 그리스도를 예표하며, 감옥에서 요셉과 함께 있던 두 죄수는 그리스도 옆의 두 강도를 예표한다.
26) "너희는 그리스도에 대하여 어떻게 생각하느냐 누구의 자손이냐 대답하되 다윗의 자손이니이다 이르시되 그러면 다윗이 성령에 감동되어 어찌 그리스도를 주라 칭하여 말하되 주께서 내 주께 이르시되 내가 네 원수를 네 발 아래에 둘 때까지 내 우편에 앉아 있으라 하셨도다 하였느냐 다윗이 그리스도를 주라 칭하였은즉 어찌 그의 자손이 되겠느냐 하시니 한 마디도 능히 대답하는 자가 없고 그날부터 감히 그에게 묻는 자도 없더라"(마 22:42-46).
27) 장성민, "파스칼의 사랑의 개념", p. 206.
28) William D. Wood, *"Axiology, Self-deception, and Moral Wrongdoing in Blaise Pascal's Pensees", Journal of Religious Ethics*, Vol. 37, No. 2 (Jun., 2009), p. 358.
29) William Lane Craig, *Reasonable Faith* (Wheaton: Crossway Books, 1984), pp. 51-54.

7장 부활 논증: 예수의 부활이 사실이란 증거 있나요?

1) 하버마스와 플루의 세 번째 논쟁은 Gary R. Habermas, Antony Flew and David J. Baggett, *Did the Resurrection Happen?* (Downers Grove: IVP, 2009)으로 출간되었다. 한국어 번역본은 다음을 참고하라. 게리 하버마스, 앤터니 플루, 최효은 역, 『부활논쟁』(IVP, 2012).
2) 존 맥아더, 리차드 메이휴 편, 박문재 역, 『성경교리: 성경진리의 체계적인 요약』(생명의말씀사, 2021), p. 538.
3) Richard Swinburne, *The Resurrection of God Incarnate* (New York: Oxford University Press, 2003).
4) Paul Copan, Ronals K. Tacelli, eds., *Jesus's Resurrection: Fact or Figment?* (Downers Grove: IVP, 2000).

5) Wolfhart Pannenberg, *Jesus-God and Man* (Philadelphia: Westminster Press, 1968), pp. 264-265.
6) 맥그래스에 의하면, 꾸란에서 진술하는 기독교 사상 가운데 가장 문제가 되는 것은 삼위일체 교리와 그리스도의 신성에 관한 교리이다. 꾸란의 내용은 그리스도인들에게 당혹감을 준다. 꾸란은 그리스도인들이 하나님, 예수, 마리아로 구성된 삼위일체를 믿는다고 말하는데, 이런 것은 당시 5세기 중동 지역에 있었던 컬리리디아니즘(Collyridianism)이라는 이단 종파의 내용이기도 하다. 따라서 맥그래스는 꾸란이 비판하는 기독교는 정통 기독교의 특징이 아니라, 당시 아라비아 지역에 상당한 영향력을 행사하던 컬리리디아니즘이라는 영지주의적 기독론이라고 밝힌다. Alister E. McGrath, *Heresy: A History of Defending the Truth* (2009). 한국어 번역본은 다음을 참고하라. 알리스터 맥그래스, 『그들은 어떻게 이단이 되었는가: 교회가 신앙을 지켜 온 치열한 역사』, p. 334.
7) John D. Crossan, *Jesus: A Revolutionary Biography* (New York: Harper Collins, 1995), p. 163. 한국어 번역본은 다음을 참고하라. 존 도미닉 크로산, 김기철 역, 『예수 사회적 혁명가의 전기』(한국기독교연구소, 2009).
8) John Stott, *Basic Christianity* (Downers Grove: IVP, 1971), pp. 58-59.
9) 전해지는 이야기로는 도마는 인도말 방언을 받았다. 어느 날 예루살렘을 방문한 인도-파르티아 제국의 초대 국왕 곤도파레스 1세(Gondophares I)의 신하들을 만나게 되었는데, 그들은 왕궁을 건축할 기술자를 구하기 위해서 왔다. 곤도파레스왕은 도마에게 많은 건축비를 주고 궁궐을 짓도록 했지만, 도마는 가난한 사람들을 위해 그 돈을 다 썼다고 한다. 건축이 진행되지 않은 것에 대한 왕의 추궁을 들은 도마는 "왕의 재물은 가난한 자들을 도왔으므로 왕께서는 하늘에 보물을 쌓았으며 왕의 궁궐은 그곳에 지어졌나이다"라고 답변했다고 한다. 왕이 진노하여 죽이고자 했지만, 처형하기 전날, 왕은 천국을 방문해서 자신의 이름이 붙어 있는 궁궐을 목격하는 꿈을 꾸게 되었다. 왕은 꿈에서 깨어난 후에 기독교로 개종하게 되었다. 파키스탄 북부 지역에서 곤도파레스왕의 유적과 동전이 발견되었다. 김동주, 『기독교로 보는 세계역사』(킹덤북스, 2012), p. 93.
10) 유대인들의 5대 제사는 번제, 소제, 화목제, 속건제, 속죄제이다.
11) J. P. Moreland, *Scaling the Secular City* (Grand Rapids: Baker Book House, 1987), p. 179.
12) Gary R. Habermas, *The Historical Jesus: Ancient Evidence for the Life of Christ* (Joplin: College Press Publishing Company, 1996), p. 250.
13) 요세푸스, 김지찬 역, 『요세푸스 II』(생명의말씀사, 1987), pp. 506-508.
14) 총독 플리니는 이렇게 황제에게 문의한 후에 지침을 기다린다. "그리스도인들의 수가 증가하여 다른 신전들이 텅 빌 정도입니다. 그들을 체포하여 경고를 주었고 뉘우치지 않으면 처형했습니다. 저의 이런 처리가 맞는지 또는 어떤 죄목으로 그들을 다루어야 하는지 의문이 듭니다." 트라야누스 황제는 그에게 이런 답변을 준다. "사냥하듯이 색출하지는 말고 제

보자들의 고발이 있는 경우에만 처리하라. 그러나 그들이 우리의 로마의 신들을 다시 믿겠다고 하면 사면하도록 하라."
15) 김동주, 『기독교로 보는 세계역사』(킹덤북스, 2012), p. 100, 160.

8장 지옥교리 논증: 사랑의 하나님이 수많은 사람을 지옥에 보낸다는 것이 말이 되나요?

1) 김희성, 『신약의 배경사』(대한기독교서회, 2006), pp. 191-194. 다른 한 편, 사두개인들은 사독 대제사장의 후손과는 전혀 관계가 없다는 설도 있다.
2) C. S. 루이스, 이종태 역, 『고통의 문제』(홍성사, 2002), p. 181.
3) 윌리엄 펠프레이, 『범죄학 입문』(길안사, 1996).
4) 리 스트로벨, 윤종석 역, 『특종! 믿음 사건』(두란노, 2001), p. 196.
5) Douglas Groothuis, *Christian Apologetics: A Comprehensive Case for Biblical Faith* (Downers Grove: IVP, 2010), p. 659.
6) C. S. 루이스, 이종태 역, 『고통의 문제』(홍성사, 2002), p. 188.
7) 존 H. 힉, 김희수 역, 『종교철학』(동문선, 2000), p. 248.
8) 칼람(Kalam) 논증은 우주론적 논증의 한 부분으로, 우주가 영원 전부터 있었던 것이 아니라, 우주에도 시작된 시점이 있을 수밖에 없다는 사실을 보여 주는 논증이다. 칼람우주론 논증을 지지하는 논거로는 수학적인 견해(실제적 무한수의 존재가 물리적인 세계에서는 가능하지 않다는 주장), 빅뱅이론(현재의 우주가 팽창하고 있다면 반드시 팽창의 시작점이 있어야 한다는 주장), 열죽음이론(열역학 제2법칙을 적용하면, 무한한 과거에 우주가 있었다면 벌써 모든 것이 소멸되는 열적 평형 상태에 이르렀어야 한다. 하지만 현재의 우주는 에너지가 높은 질서와 많은 에너지를 갖고 있기 때문에 무한한 과거는 없다는 주장) 등이 있다. 현재 바이올라 대학교의 윌리엄 레인 크레이그 박사와 J. P. 모어랜드 교수가 잘 사용하는 논증방식으로, 철학사에 뿌리를 둔 오랜 전통을 가진 논증이다.
9) 존 힉, 『종교철학』, p. 261.
10) 밀라드 J. 에릭슨, 신경수 역, 『복음주의 조직신학(하권)』(크리스챤다이제스트, 2005), p. 443.
11) C. S. 루이스, 홍종락 역, 『영광의 무게』(홍성사, 2022), pp. 33-34.
12) C. S. 루이스, 『고통의 문제』, p. 193.
13) Jacque Maritain, *The Range of Reason* (London: Geoffrey Bles Ltd. and New York: Charles Scribner's Sons), p. 60.
14) 웨인 그루뎀, 김광열, 곽철근 역, 『성경 핵심교리』(CLC, 2004), pp. 794-795. 교회사에서는 터툴리안, 아우구스티누스, 아퀴나스, 종교개혁자인 루터와 칼뱅, 미국 대각성운동의 도화선이 되었던 조나단 에드워즈 등이 '영원형벌설'을 지지한다.

15) C. S. 루이스, 『고통의 문제』, p. 194.
16) Wayne Grudem, *Systematic Theology* (Grand Rapids: Zondervan, 1994), p. 1148.
17) C. S. Lewis, *The Problem of Pain* (New York: Macmillan, 1962), p. 28.

9장 칼람우주론 논증: 우주는 왜 존재하는 것인가요?

1) 칼람우주론 논증을 포함한 스튜어트 해커트(Stuart C. Hackett)의 저서는 다음과 같다. *The Resurrection of Theism* (Grand Rapids: Baker, 1982).
2) William Lane Craig, *Reasonable Faith: Christian Truth and Apologetics* (Wheaton: Crossway, 2009), pp. 111-156.
3) 움베르토 에코 편, 최병진, 김효정 역, 『중세 1: 야만인 그리스도교, 이슬람교도의 시대』(시공사, 2019).
4) William Lane Craig, *On Guard: Defending Your Faith with Reason and Precision* (Colorado Springs: David C. Cook, 2010), pp. 73-104.
5) 양자물리학은 양자역학에 초점을 맞춘 과학의 한 분야이다. 양자역학은 물질과 에너지의 행동을 설명하는 데 사용되는 일련의 원리이다. 양자물리학은 양자역학 및 양자장이론과 같은 이론으로 설명되는 시스템에 초점을 맞춘 과학 분야이다. 과학자들은 이 지식을 사용하여 아원자 수준에서 입자의 거동을 이해하기 위해 이 영역에 집중한다. 양자역학은 원자(또는 아원자) 규모로 물질의 행동을 설명하는 일련의 원리이다. '양자'라는 단어 자체는 양자역학의 기본 개념, 즉 물질과 에너지의 양자화 또는 이산 특성을 설명한다. 그러나 때때로 '양자물리학'과 '양자역학'이라는 용어는 같은 의미로 사용되기도 한다.
6) Paul Davies, *God and the New Physics* (New York: Simon & Schuster, 1984), p. 31.
7) 양자역학(量子力學, quantum mechanics)은 쪼갤 수 없는 최소량의 에너지 단위인 양자(quantum)를 기반으로 전자, 광자, 양전자, 중성자 등의 소립자를 연구하는 물리학의 한 분야이다.
8) Timothy Ferris, *Coming of Age in the Milky Way* (New York: Morrow, 1988), p. 288.
9) R. C. 스프로울, 키이스 매티슨, 김태곤 역, 『창조인가 우연인가』(생명의말씀사, 2014), pp. 58-59.
10) J. P. Moreland, *Scaling the Secular City: A Defense of Christianity* (Ada, MI: Baker Academic, 1987), p. 22.
11) Gregory E. Ganssle, ed., *God and Time: Four Views* (Downers Grove:

InterVarsity Press, 2001), p. 159.
12) 같은 책, pp. 129-160.
13) 같은 책, p. 17.
14) 권진혁, 『빅뱅과 5차원 우주 창조론』(도서출판 일용할양식, 2017), pp. 38-39.
15) 일반상대성 이론이란 중력의 본질에 대한 중요한 이론이다. 뉴턴은 중력을 물체 간에 작용하는 힘으로 보았지만, 아인슈타인은 질량과 에너지가 시간과 공간을 휘게 한다고 보았다.
16) 특수상대성 이론이란 물체가 빠르게 움직일 때 발생하는 물리적 현상을 설명하는 이론이다. 이 이론에 따르면, 고속으로 이동하는 물체에서는 시간이 느리게 흐르고, 길이가 줄어들며, 질량과 에너지가 서로 변환될 수 있다.
17) 아인슈타인은 브라운 운동 연구를 통해서 분자 운동의 실제적 증거를 제공하고 분자의 존재를 실험적으로 입증했다.
18) G. Lemaître, "The Beginning of the World from the Point of View of Quantum Theory", *Nature* 127, n.3210, p. 706, 1931.
19) 스티븐 호킹, 레너드 믈로디노프, 조흥섭 역, 『위대한 설계』(까치, 2010), p. 161.
20) John Barrow and Frank Tipler, *The Anthropic Cosmological Principle* (Oxford: Oxford University Press, 1986), p. 442.
21) 『철학대백과사전』, p. 774.
22) J. P. Moreland, *Scaling the Secular City*, p. 34.
23) 더글라스 그로타이스, 구혜선 역, 『기독교변증학』(CLC, 2015), p. 346.
24) J. P. Moreland, *Scaling the Secular City*, pp. 38-39.
25) 같은 책, p. 38.
26) R. C. 스프로울, 『창조인가 우연인가』, p. 218.
27) Richard Swinburne, *The Existence of God* (New York: Oxford University Press, 1991), pp. 141-142.
28) 불교의 니카야 경전에는 "이 우주는 시작이 없다. 고와 괴로움은 무명의 연속에서 생긴 것이며, 그 원인을 없애는 것이 중요하다"는 말이 있다.
29) 이석영, 『빅뱅우주론 강의』(사이언스북스, 2017 증보판), p. 131.
30) 같은 책, p. 134.
31) 같은 책, p. 136.
32) 권진혁, 『빅뱅과 5차원 우주 창조론』, pp. 40-41.
33) 같은 책, p. 41.
34) 스티븐 호킹, 레너드 믈로디노프, 조흥섭 역, 『위대한 설계』, p. 14.
35) 같은 책, p. 173.
36) Paul Steinhardt, "A Cyclic Model of the Universe", *Science*, vol. 296, pp. 1436-

1439, 2002.
37) 권진혁,『빅뱅과 5차원 우주 창조론』, p. 54.
38) 같은 책, p. 55.
39) Victor Troitskii, "The Problem of the Redshift in Cosmology", *American Institute of Physics*, Vol. 30, 1987, pp. 202-204.
40) 스티븐 호킹, 레너드 플로디노프, 조흥섭 역,『위대한 설계』, p. 9.
41) 존 C. 레녹스, 원수영 역,『빅뱅인가 창조인가』(프리윌출판사, 2019), p. 28.
42) Carl Sagan, *Cosmos* (New York: Random House, 1980), p. 4.
43) https://link.springer.com/article/10.1007/s10773-011-0847-2?utm_source=chatgpt.com
44) 브라이언 그린,『엘러건트 유니버스』(서우리도서출판 승산, 1999), p. 519.
45) 스티븐 호킹, 레너드 플로디노프, 조흥섭 역,『위대한 설계』, p. 91.
46) John C. Lennox, *God and Stephen Hawking: Whose Design Is It Anyway?* (Oxford: Lion, 2011), pp. 29-32.
47) m.dongascience.com/news.php?idx=64873
48) 권진혁,『빅뱅과 5차원 우주 창조론』, p. 36.
49) 스티븐 호킹, 레너드 플로디노프, 조흥섭 역,『위대한 설계』, p. 163.
50) https://arxiv.org/abs/1107.2485?utm_source=chatgpt.com
51) R. C. 스프로울,『창조인가 우연인가』, p. 217.
52) 같은 책, p. 230.
53) W. L. Craig and Quentin Smith, *Theism, Atheism, and Big Bang Cosmology* (Oxford: Oxford Univ. Press, 2003).
54) 이석영,『빅뱅우주론 강의』, pp. 309-310.
55) C. S. Lewis, *Mere Christianity* (New York: Harper One, 2001), pp. 136-137.
56) C. S. Lewis, *The Weight of Glory* (New York: Harper One, 2001), p. 140.

10장 유신진화론 비판 논증: 교회가 진화적 창조론을 도입해야 한다고요?

1) 종교와 과학의 관계는 일반적으로 네 가지 유형으로 구분된다. 갈등, 독립, 대화 그리고 통합 등이다. 이에 대해서는 알리스터 맥그래스,『과학과 종교』(생명의말씀사, 2023) 제1장을 참고하라.
2) Justin Taylor, "On Theistic Evolution and Professor Waltke's Resignation", *The Gospel Coalition* (April 9, 2010). http://thegospelcoalition.org/blogs/

justintaylor/2010/04/09/on-theistic-evolution-and-professor-waltkes-resignation

3) William VanDoodewaard, *The Quest for the Historical Adam* (Grand Rapids: Reformation Heritage Books, 2015), 『역사적 아담 탐구: 창세기, 해석학, 인간의 기원』(부흥과개혁사, 2017), p. 445를 참고하라.

4) Biologos Editorial Team, "A Survey of Clergy and their Views on Origins"; "More from Our Survey", *Biologos Foundation* (May 2013). http://biologos.org/blog/a-survey-of-clergy-and their-views-on-origins. 2012년도 바이오로고스 재단의 조사에 따르면, 미국 목회자의 54퍼센트가 창조와 인간의 기원에 대해서 문자적 이해를 지지한다고 밝혔다. 특별히 28-46세 연령의 목회자가 47-65세 사이의 목회자들에 비해서 훨씬 더 전통적인 문자적 해석을 신뢰하는 것으로 나타났다.

5) J. P. Moreland, Stephen C. Meyer, Christopher Shaw, Ann K. Gauger, and Wayne Grudem, eds., *Theistic Evolution: A Scientific, Philosophical, and Theological Critique* (Wheaton: Crossway, 2017), p. 639.

6) Steven B. Cowan and Stanley N. Gundry, eds., *Five Views on Apologetics* (Grand Rapids: Zondervan, 2000), p. 8.

7) R. C. Sproul, *Defending your Faith* (Wheaton: Crossway Books, 2003), pp. 18-19.

8) Gregg R. Allison, "Theistic Evolution is Incompatible with Historical Christian Doctrine", *Theistic Evolution: A Scientic, Philosophical, and Theological Critique* (Wheaton: Crossway, 2017), pp. 927-952.

9) 베네딕트 스피노자, 최영익 역, 『신학정치론-정치학 논고』(비르투, 2011). 스피노자는 『신학정치론』에서 모세오경의 모세 저작설을 부정하고 성경에 많은 오류가 있다고 주장한다.

10) Michael J. Wilkins and J. P. Moreland, *Jesus under Fire* (Grand Rapids: Zondervan, 1995).

11) 에타 린네만, 『성경비평학은 과학인가 조작인가』(부흥과개혁사, 2010).

12) Craig A. Evans, *Fabricating Jesus: How Modern Scholars Distort the Gospels* (Downers Grove: IVP, 2006), p. 235.

13) 노먼 가이슬러, 권성수 역, 『성경무오: 도전과 응전』(도서출판 엠마오, 1994).

14) 우종학, 『과학시대의 도전과 기독교의 응답』(새물결플러스, 2017), p. 99.

15) 제임스 L. 쿠걸, 김구원, 강신일 역, 『구약성경개론』(기독교문서선교회, 2011), p. 964.

16) Yuval Noah Harari, *Sapiens: A Brief History of Humankind* (New York: Harper Perennial, 2011 & 2018), pp. 3-39.

17) 유발 하라리, 김명주 역, 『호모 데우스』(김영사, 2018), p. 242.

18) 윌리엄 밴두드워드, 『역사적 아담 탐구』, p. 473.
19) John Walton, *The Lost World of Genesis One: Ancient Cosmology and the Origins Debate* (Downers Grove: IVP, 2009), p. 161.
20) 같은 책, pp. 163-164.
21) 윌리엄 밴두드워드, 『역사적 아담 탐구』, p. 433.
22) Gleason L. Archer, *Encyclopedia of Bible Difficulties* (Grand Rapids: Zondervan, 1982).
23) John Walton, *Lost World of Adam and Eve*, pp. 201-202.
24) John MacArthur eds., *The Inerrant Word* (Wheaton: Crossway, 2016), 19장을 참고하라.
25) Wayne Grudem, *Systematic Theology: An Introduction to Biblical Doctrine* (Grand Rapids: Zondervan, 1994), p. 96.
26) J. Gresham Machen, *Christianity and Liberalism* (Grand Rapids: Eerdmans, 1992), pp. 69-79.
27) 존 맥아더, 박문재 역, 『성경교리: 성경진리의 체계적인 요약』(생명의말씀사, 2021), p. 294.
28) Edith Hamilton and Huntington Cairns, eds., "EUTHYPHRO", *The Collected Dialogues of Plato* (Princeton: Princeton Univ. Press, 1961), p. 178.
29) William Dyrness, *Christian Apologetics in a World Community* (Downers Grove: IVP, 2002), p. 153.
30) Moreland and Reynolds, eds., *Three Views on Creation and Evolution* (Grand Rapids: Zondervan Academic, 1999), p. 167.
31) 같은 책, p. 244.
32) 같은 책, p. 241.
33) 윌리엄 밴두드워드, 『역사적 아담 탐구』, p. 478.
34) John Rawls, *A Theory of Justice* (Cambridge: Harvard Univ. Press, 1971, 1999), pp. 11-15.
35) Harold S. Kushner, *When Bad Things Happen to Good People* (New York: Anchor Books, 2004).
36) Hans Madueme, "Some Reflections on Enns and the Evolution of Adam: A Review Essay", *Themelios* 37, no.2 (July 2012): pp. 283-284.
37) 김기호, 『God's Lawyer 오해와 이해』(동명사, 2019), 1장 도덕 논증을 보라.
38) Richard Dawkins, *The God Delusion* (Boston: A Mariner Books, 2008), pp. 245-254.

39) Matthew Barrett and Ardel B. Caneday, eds., *Four Views on The Historical Adam* (HarperCollins, 2013). 한국어 번역본은 다음을 참고하라. 『아담의 역사성 논쟁』(새물결플러스, 2015).
40) 같은 책, p. 396.
41) 같은 책, p. 407.
42) John Rawls, *A Theory of Justice*, p. 3.
43) John Rawls, *Collected Papers* (Cambridge: Harvard Univ. Press, 1999), p. 621.
44) Benjamin Warfield, "On the Antiquity and the Unity of the Human Race", *Biblical and Theological Studies*, Samuel G. Craig ed., (Philadelphia: Presbyterian and Reformed, 1968), p. 255.
45) Denis Alexander, *Creation or Evolution: Do We Have to Choose?* (Oxford and Grand Rapids: Monarch, 2014).
46) Ola Hossjer, Ann K. Gauger, and Colin R. Reeves, "An Alternative Population Genetics Model", *Theistic Evolution*, pp. 503-522.
47) 톰 라이트, 최효은 역, 『세상이 묻고 성경이 답하다』(IVP, 2016), p. 64-65.
48) Ola Hossjer, Ann K. Gauger, and Colin R. Reeves, "An Alternative Population Genetics Model", *Theistic Evolution*, pp. 503-522.
49) 프란키스쿠스 투레티누스, 박문재, 한병수 역, 『변증신학강요』(부흥과개혁사, 2017), p. 693.
50) 같은 책, p. 64.
51) C. S. Lewis, *The Abolition of Man* (New York: Harpercollins, 1944, 1974), p. 25.
52) 같은 책, p. 27.

11장 구약성경의 신적 권위 논증: 왜 유대인의 글이 하나님의 말씀인가요?

1) 유발 하라리, 김명주 역, 『호모 데우스』(김영사, 2017), p. 252. 유발 하라리의 성경에 대한 비판은 그의 책 『넥서스: 석기시대부터 정보 네트워크로 보는 인류역사』(김영사, 2024), 4장에 나와 있다.
2) 베네딕트 데 스피노자, 최형익 역, 『신학정치론·정치학논고』(비르투, 2011), p. 226.
3) *TANAKH: THE HOLY SCRIPTURES-The New JPS Translation According to the Traditional Hebrew Text* (Jerusalem: The Jewish Publication Society, 1985).
4) 플라비우스 요세푸스에 의하면, 70인의 장로와 2명의 사자가 알렉산드리아로 가서 번역했다. 그래서 70인 역본으로 불린다. 플라비우스 요세푸스, 박정수 외 역, 『유대 전쟁사』(나남출판사, 2008).

5) R. K. Harrison, *Introduction to the Old Testament* (Grand Rapids: Eerdmans, 1969), p. 262.
6) 나용화 역, 『웨스트민스터 신앙고백서』(기독교문서선교회, 2017).
7) Norman Geisler, *Christian Apologetics* (Grand Rapids: Baker, 1976), pp. 355-356.
8) 김영진, 『율법과 법전』(한들출판사, 2005).
9) 함무라비 법전에는 '채무로 인하여 종'이 된 경우에는 4년째에 방면하라는 규정이 있지만, '모든 종'을 방면하라는 규정은 아니었다. 성경은 '모든' 히브리인 종을 풀어주라는 것이다.
10) 유발 하라리, 『넥서스』, p. 81.
11) 사형에 해당되는 열다섯 가지 죄목은 살인, 부모를 치는 것, 유괴, 수간(獸姦), 간음, 근친상간, 동성애, 거짓 예언과 우상 숭배, 무당, 안식일을 범하는 것, 강간 등이다. Scott B. Rae, *Moral Choices* (Grand Rapids: Zondervan, 2009), pp. 247-269.
12) 조쉬 맥도웰, 오진탁 외 역, 『기독교변증총서』(순출판사, 2006), 1권, p. 235.
13) P. D. Wegner, *The Journey from Texts to Translations: The Origin and Development of the Bible* (Grand Rapids: Baker, 1999), pp. 87-95.
14) Josh McDowell, *Evidence That Demands a Verdict* (San Bernadino: Here's Life Publishers, 1972, 1979), p. 53.
15) J. 랜달 프라이스(J. Randall Price)에 의하면, 모세오경 114개, 예언서 57개, 시가서와 역사서 75개의 사본들이 발견되었다.
16) P. W. Flint, *The Dead Sea Psalms Scrolls and the Book of Psalms, Studies on the Texts of the Desert of Judah*, vol.17, F. Garcia Martinez and A. S. Van Der Woude ed., (New York: Brill, 1997), p. 1.
17) E. R. Brotzman, *Old Testaments Textual Criticism: A Practical Introduction* (Grand Rapids: Baker, 1994), p. 95.
18) E. Tov, *The Text-Critical Use of the Septuagint in Biblical Research* (Jerusalem: Simor, 1991), p. 269.
19) Josh McDowell, *Evidence That Demands a Verdict*, p. 55.
20) Bruce K. Waltke, "How We Got the Hebrew Bible: The Text and Canon of the Old Testament", in *The Bible at Qumran*, pp. 47-48.
21) E. R. Brotzman, *Old Testaments Textual Criticism: A Practical Introduction* (Grand Rapids: Baker, 1994), p. 95.
22) Bruce K. Waltke, "How We Got the Hebrew Bible: The Text and Canon of the Old Testament", in *The Bible at Qumran*, pp. 157-158.
23) Josh McDowell, *Evidence That Demands a Verdict*, p. 58.

24) Norman Geisler and William E. Nix, *A General Introduction to the Bible* (Chicago: Moody Press, 1968), p. 263.

25) Karen H. Jobes and Moises Silva, *Invitation to the Septuagint* (Grand Rapids: Baker Academic, 2000). 한국어 번역본은 다음을 참고하라. 김구원 역, 『70인역 성경으로의 초대』(2012, CLC), pp. 300-312.

26) Randall Price, "How do the Dead Sea Scrolls show the Reliability of the Old Testament Text?", *The Harvest Handbook of Apologetics* (Eugene: Harvest House, 2018), pp. 175-181.

27) Randall Price, *Secrets of the Dead Sea Scrolls* (Eugene: Harvest House, 1996), pp. 154-163.

28) 유진 H. 메릴 외, 유창걸 역, 『현대인을 위한 구약개론』(CLC, 2016), p. 214.

29) Roger T. Beckwith, *The Old Testament Canon of the New Testament: Church and Its Background in Early Judaism* (Eugene: Wipf and Stock Pub., 2008), p. 338 이하.

30) 성경의 무오성에 대한 시카고 선언문은 성경의 무오성에 대한 다섯 개의 요약적 진술과 19조항으로 구성되어 있다.

12장 신약성경의 신적 권위 논증: 신약성경은 왜 하나님의 말씀인가요?

1) Robert J. Miller ed., *The Complete Gospels* (Salem: Polebridge Press, 2010). 로버트 밀러는 지저스 세미나 학회의 멤버로, 역사적 예수 연구를 해온 학자이다.

2) Norman L. Geisler, *Baker Encyclopedia of Christian Apologetics* (Grand Rapids: Baker Books, 1999), p. 386.

3) 같은 책, p. 387.

4) Luke Timothy Johnson, *The Real Jesus: The Misguided Quest for the Historical Jesus and the truth of the traditional Gospels* (New York: Harper Collins, 1997) 한국어 번역본은 다음을 참고하라. 손혜숙 역, 『누가 예수를 부인하는가』(기독교문서선교회).

5) 에타 린네만, 송다니엘 역, 『성경비평학은 과학인가 조작인가』(부흥과개혁사, 2007), p. 23.

6) 목창균, 『이단논쟁』(두란노, 2016), p. 64.

7) 바트 어만 교수도 도마복음서는 영지주의 색채가 강하게 남아 있기 때문에, 2세기 이전에 이런 문서가 존재한 적이 없다고 결론짓는다. Bart Ehrman, *The New Testament: A Historical Introduction to the Early Christian Writings*. 한국어 번역본은 다음을 참고하라. 오세원 역, 『신약성서: 초기 기독교 문헌 역사해설』(서커스, 2024), p. 246.

8) Dan Brown, *The Da Vinci Code* (New York: Doubleday, 2003), p. 231.

9) Louis Markos, *Apologetics for the 21st century* (Wheaton: Crossway, 2010), pp. 185-194. 그리고 Darrell L. Bock, *Breaking the Da Vinci Code* (Nashville: Nelson, 2004); Hank Hanegraaff and Paul L. Maier, *The Da Vinch Code: Fact or Fiction?*; 김병두 역, 『다빈치 코드: 진실인가 허구인가』(생명의말씀사, 2004) 등을 참고하라.

10) Merrill C. Tenney, *New Testament: Its Background, Growth, and Content* (Grand Rapids: Eerdmans, 1985), p. 405.

11) 리처드 도킨스, 이한음 역, 『만들어진 신』(김영사, 2007), p. 154.

12) Bart D. Ehrman, *Misquoting Jesus: The Story Behind Who Changed the Bible and Why* (HarperCollins Pub., 2005).

13) 바트 어만, 민경식 역, 『성경왜곡의 역사』(청림, 2006), p. 34.

14) Norman Geisler and Thomas Howe, *When Critics Ask* (Grand Rapids: Baker Books, 1992), p. 370.

15) 바트 어만, 『성경 왜곡의 역사』, p. 174.

16) Bart D. Ehrman, *The New Testament-A Historical Introduction To The Early Christian Writings*, 오세원 역, 『신약성서-초기 그리스도교 문헌 역사 서설』(서커스, 2024), p. 44.

17) 바트 어만, 『성경 왜곡의 역사』, p. 204.

18) 이순신, 송찬섭 편역, 『난중일기』(서해문집, 2020), 서문 해설.

19) 대럴 L. 박 & 뷔스트 M. 패닝, 김광모 역, 『신약성서 해석학: 석의의 예술과 과학』(성서침례대학원대학교 출판부, 2017), p. 50.

20) 같은 책, p. 54.

21) J. Ed Komoszewski, M. James Sawyer and Daniel B. Wallace, *Reinventing Jesus* (Kregel, 2006), pp. 109-110.

22) 대럴 L. 박 & 뷔스트 M. 패닝, 김광모 역, 『신약성서 해석학: 석의의 예술과 과학』, p. 80.

23) 윌리엄 뎀스키 외 편, 박찬호 역, 『기독교를 위한 변론』(새물결플러스, 2016), p. 426.

24) 마이클 크루거 편, 『성경신학적 개론: 실현된 복음』(부흥과개혁사, 2015), p. 569.

25) R. C. Sproul, *Defending Your Faith* (Wheaton: Crossway Books, 2003), pp. 189-194.

26) Gary R. Habermas, *The Historical Jesus: Ancient Evidence for The Life of Christ* (Joplin: College Press Publishing Co., 2000), p. 224.

27) Alexander Roberts and James Donaldson, eds., *Nicene and Post-Nicene Fathers*, vol. 1, *The Church History of Eusebius* (Peabody, MA: Hendrickson, 2004), p. 222.

28) John A. T. Robinson, *Redating the New Testament* (Philadelphia: Westminster

Press, 1976), pp. 19-26.

29) Herman N. Ridderbos, *Redemptive History and the New Testament Scripture* (Philipsburg: P & R, 1988), pp. 7-32.

30) 브루스 M. 메쯔거, 『신약성경: 그 배경과 성립 과정 및 내용』(기독교문서선교회, 2005), p. 101.

31) 교부 오리겐(Origen)은 '호모레고메나'(보편적으로 성경으로 인정되는 책)에 4복음서, 바울의 13서신, 베드로전서, 요한일서, 사도행전, 요한계시록이 포함된다고 보았다. 그리고 '안티레고메나'(약간의 논쟁이 있는 책)에는 히브리서, 베드로후서, 요한이서, 요한삼서, 야고보서, 유다서, 바나바서, 헤르마스의 목자, 디다케, 히브리 복음서 등이 포함된다고 보았다. 유세비우스(Eusebius, 270-340)는 '호모레고메나'에 4복음서, 사도행전, 바울서신 14개(히브리서 포함), 요한일서, 베드로전서, 요한계시록이 포함된다고 보았다. '안티레고메나'에는 야고보서, 유다서, 베드로후서, 요한이서, 요한삼서를 포함시켰다. 그리고 '위경'(가짜라고 낙인찍힌 책)에는 바울행전, 헤르마스의 목자, 베드로의 묵시록, 바나바서, 라오디게아서를 포함시켰다. 키릴(Cyril, 315-386)이 요한계시록을 신약성경 목록에서 제외했던 것에 비하면, 그보다 훨씬 앞선 교부 오리겐과 교회사학자 유세비우스가 요한계시록을 신약성경에 속한 것으로 간주한 점은 매우 주목할 만하다. 레기우스 공의회(393년)와 카르타고 공의회(397년)는 현재의 신약성경 27권을 정경으로 공표했다. 특히 카르타고 공의회에 성 어거스틴이 참석했었다.

32) Joseph M. Holden and Norman Geisler, *The Popular Handbook of Archaeology and the Bible: Discoveries That confirm the Reality of Scripture* (Eugene: Harvest House Publishers, 2013), p. 175.

33) C. Steven Evans, "Canonicity, Apostolicity, and Biblical Authority: Some Kierkegaardian Reflections", *Canon and Biblical Interpretation* (Carlisle: Paternoster, 2006), p. 147.

34) C. S. 루이스, 양혜원 역, 『기독교적 숙고』(홍성사, 2020), pp. 279-306.

35) John Frame, *Apologetics to the Glory of God* (Phillipsburg: P&R, 1994), pp. 9-14.

36) Sir Frederic Kenyon, *The Bible and Archaeology* (New York: Harper & Brothers, 1940), pp. 288ff.

13장 신약성경 사본의 신뢰성: 고대문헌으로서 신약성경, 얼마나 믿을 만한가요?

1) Lee Strobell, *The Case for The Real Jesus* (Grand Rapids: Zondervan, 2007). 이 책은 『리 스트로벨의 예수 그리스도』(두란노)로 한국에서도 출간되었다. Lee Strobell, *The Case For Christ* (Grand Rapids: Zondervan, 1998). 이 책은 『예수는 역사다』(두란노)라

는 제목으로 한국에서 출간되었다. 리 스트로벨은 성경과 복음서의 문헌학적 신뢰성을 취재한 결과를 이 책들에 담았다.
2) 대럴 L. 박 & 뷔스트 M. 패닝, 김광모 역, 『신약성서 해석학: 석의의 예술과 과학』(성서침례대학원대학교 출판부, 2017), pp. 56-63.
3) William Lane Craig, *Reasonable Faith* (Wheaton: Crossway, 1994), p. 226.
4) 메쯔거에 의하면, 신약성경을 많이 인용하고 있는 교부들은 밀란의 암브로스, 알렉산드리아의 감독 아타나시우스, 히포의 감독 어거스틴, 콘스탄티노플의 감독 크리소스톰, 알렉산드리아의 클레멘트, 카르타고의 감독 키프리안, 알렉산드리아의 키릴, 알렉산드리아의 디디무스, 가이사랴의 감독 유세비우스, 닛사의 그레고리, 로마의 히폴리투스, 리온의 감독 이레니우스, 순교자 저스틴, 가이사랴의 오리겐, 카르타고의 터툴리안 등 30명의 교부들의 이름을 열거할 수 있다. 브루스 메쯔거, 『사본학』, pp. 110-113.
5) 셰익스피어의 작품들은 실제로 그가 저술했다는 견해와 아울러 저작자를 프랜시스 베이컨, 에드워드 드 비어, 크리스토퍼 말로 등으로 보는 견해들이 있다.
6) 니콜라스 로일, 이다희 역, 『How to read 셰익스피어』(웅진지식하우스, 2007).
7) 김종길, "시학, 모든 문학서를 잇는 고리-아리스토텔레스 시학", p. 8. http://www.arko.or.kr/zine/artspaper2001_04/8_13.pdf
8) 한국어 번역본은 다음을 참고하라. 김한영 역, 『카이사르의 갈리아 전쟁기』(사이, 2005).
9) 순교자 저스틴은 330개의 성구를 인용한다. 이레니우스는 1,819구절, 알렉산드리아의 클레멘트는 2,406구절, 오리겐은 17,992구절, 터툴리안은 7,258구절, 히폴리투스는 1,378구절, 로마의 유세비우스는 5,176개의 성경 구절을 인용한다.
10) Bruce Metzger, *The Text of The New Testament: Its Transmission, Corruption & Restoration*, 1992, 3rd Enlarged Edition, pp. 33-35.
11) Bart Ehrman, *Misquoting Jesus: The Story Behind Who Changed the Bible and Why* (New York: HarperSanFrancisco, 2005), pp. 89-90.
12) 바트 어만, 『신약성서-초기 그리스도교 문헌 역사 서설』, p. 46.
13) 리 마틴 맥도날드, 김주한 역, 『성경의 형성』(솔로몬, 2015), p. 257.
14) Bart Ehrman, *Misquoting Jesus*, p. 55.
15) Nida, "The 'Harder Reading' in Textual Criticism: Application of the Second Law of Thermodynamics", *The Bible Translator* 32, 1981, pp. 101-107. 나이다 교수의 글은 다음 책에서 재인용했다. 신현우, 『사본학 이야기: 잃어버린 원문을 찾아서』(웨스트민스터출판부, 2005), p. 123.
16) Stanley E. Porter, *Fundamentals of New Testament Textual Criticism* (Grand Rapids: William B. Eerdmans Publishing Co., 2015), p. 50.
17) Joseph M. Holden and Norman Geisler, *The Popular Handbook of Archaeology*

and the Bible: Discoveries That confirm the Reality of Scripture (Eugene: Harvest House Publishers, 2013), p. 113.
18) 장동수, 『신약성서: 사본과 정경』(침례신학대학교 출판부, 2005), pp. 65-66. 그리고 브루스 메쯔거, 『사본학』(기독교문서선교회, 2012), p. 108.
19) Holden and Geisler, The Popular Handbook of Archaeology and the Bible: Discoveries That confirm the Reality of Scripture, p. 122.

14장 기독교 변증의 다섯 가지 유형과 복음 전도: 어떻게 변증을 활용할 수 있나요?

1) Kenneth D. Boa and Robert M. Bowman jr., Faith Has Its Reasons (Colorado Springs: NavPress, 2001), p. 71.
2) Norman L. Geisler, Baker Encyclopedia of Christian Apologetics (Grand Rapids: Baker Books, 1999), p. 38.
3) Norman L. Geisler, Christian Apologetics (Grand Rapids: Baker Books, 1976), p. 141.
4) Boa and Bowman, Faith Has Its Reasons, p. 71.
5) Josh McDowell, Evidence for Christianity: Historical Evidences for the Christian Faith (Nashville: Thomas Nelson, 2006).
6) Basil E. Mitchell, The Justification of Religious Belief (New York: Oxford University Press, 1981), p. 39-57.
7) Boa and Bowman, Faith Has Its Reasons, p. 364.
8) 같은 책.
9) Martin Luther, Luther's Works, vol. 22, Sermons on the Gospel of St. John, Jaroslav Pelikan ed., (St. Louis, MO: Concordia House, 1957), p. 8.
10) Søren Kierkegaard, Philosophical Fragments, David Swenson and Howard V. Hong trans., (Princeton, NJ: Princeton University Press, 1974), p. 57.
11) 조슈아 채트로우, 마크 앨런, 노진준 역 『십자가 중심 변증학』(생명의말씀사, 2025), pp. 176-191. 알리스터 맥그라스, 박종현 역, 『변증이란 무엇인가』(복있는사람, 2024), p. 33.
12) Francis A. Schaeffer, The Complete Works of Francis A. Schaeffer, vol. 1, A Christian View of Philosophy and Culture (Wheaton, IL: Crossway, 1982), p. 177.
13) Boa and Bowman, Faith Has Its Reasons, p. 532.

사명선언문

너희가 흠이 없고 순전하여……세상에서 그들 가운데 빛들로
나타내며 생명의 말씀을 밝혀 _ 빌 2:15-16

1. 생명을 담겠습니다
만드는 책에 주님 주신 생명을 담겠습니다.
그 책으로 복음을 선포하겠습니다.

2. 말씀을 밝히겠습니다
생명의 근본은 말씀입니다.
말씀을 밝혀 성도와 교회의 성장을 돕겠습니다.

3. 빛이 되겠습니다
시대와 영혼의 어두움을 밝혀 주님 앞으로 이끄는
빛이 되는 책을 만들겠습니다.

4. 순전히 행하겠습니다
책을 만들고 전하는 일과 경영하는 일에 부끄러움이 없는
정직함으로 행하겠습니다.

5. 끝까지 전파하겠습니다
모든 사람에게, 땅 끝까지, 주님 오시는 그날까지
복음을 전하는 사명을 다하겠습니다.

서점 안내

광화문점	서울시 종로구 새문안로 69 구세군회관 1층 02)737-2288 / 02)737-4623(F)
강남점	서울시 서초구 신반포로 177 반포쇼핑타운 3동 2층 02)595-1211 / 02)595-3549(F)
구로점	서울시 동작구 시흥대로 602, 3층 302호 02)858-8744 / 02)838-0653(F)
노원점	서울시 노원구 동일로 1366 삼봉빌딩 지하 1층 02)938-7979 / 02)3391-6169(F)
일산점	경기도 고양시 일산서구 중앙로 1391 레이크타운 지하 1층 031)916-8787 / 031)916-8788(F)
의정부점	경기도 의정부시 청사로47번길 12 성산타워 3층 031)845-0600 / 031)852-6930(F)
인터넷서점	www.lifebook.co.kr